KB039107

특별형법 판례100선

한국형사판례연구회 · 대법원 형사법연구회 저

여훈구 · 김성돈 · 이주원 · 윤지영 · 류부곤 편저

박영사

서 문

한국형사판례연구회

한국형사판례연구회는 1992년 창립되어 삼십 성상의 오랜 기간 동안 매월 형사법 학계와 실무계의 최고 전문가들이 함께 자리하여, 형사법 판례의 발표와 토론을 통해 이론과 실무의 국내외 새로운 경향에 대한 정보를 공유하고, 형사 실체법 및 절차법에 관한 중요 판례를 비판적으로 분석·수용하며 매년 그 성과물을 담은 『형사판례연구』를 발간해 옴으로써 형사법 판례와 이론의 발전에 크나큰 기여를 하여 왔습니다. 본 연구회는 명실공히 형사법 분야에서 학계와 실무계의 소통과 교류의 커다란 플랫폼을 형성해 왔다고 자부하고 있습니다.

본 연구회는 이처럼 발표 및 토론을 거쳐 심도 있는 판례평석 논문집을 발간하는 것 외에도, 오랜 기간 형사판례를 연구해 온 성과를 어떤 형태로든 정리하여 형사법을 배우는 학생들은 물론 실무자들에게도 도움이 되는 책을 만드는 것이야말로 형사법학 및 형사판례의 발전을 위해 기여할 수 있는 길이라는 판단하에 2016년 11월 『형법판례 150선』을 발간한 바 있습니다. 그런데 형법 관련 판례 이상으로 특별형법 분야의 판례가 다수 집적됨에 따라 그에 관한 중요 판례들을 정리해 둘 필요성이 커졌습니다. 본 연구회와 공동학술대회를 개최해 온 대법원 형사법연구회에서도 이러한 필요성에 십분 공감하시어 이번에 본 연구회와 대법원 형사법연구회가 공동으로 『특별형법 판례100선』을 발간하게 되었습니다.

중요 판례의 판시사항 및 쟁점, 학설 및 관련 논점을 개관함으로써 판례의 전반적인 흐름과 논의 상황을 파악하고 보다 깊이 있는 연구를 수행할 수 있도록 자료를 제공하는 데에 목표를 두고 있는 본서의 특성상, 판례의 중요성, 빈도 등을 감안하여 특별형법 분야를 우선적으로 도로교통법, 특정범죄 가중처벌 등에 관한 법률, 성폭력범죄의 처벌 등에 관한 특례법 등 11개 영역으로 나누어 다양한 판례를 균형 있게 분석할 수 있도록 하였습니다. 대법원 형사법연구회에서 40여 건, 본 연구회에서 60여 건의 판례의 분석을 분담하되 각 특별형법 분야별로 골고루 분담될 수 있도록 하였습니다. 본서의 발간 과정에는 법관으로서 일선 재판업무를 통하여 판례를 적용하고 법적 안정성과 함께 구체적 타당성을 기하고자 그 판례 법리를 발전시켜 오고 계신 대법원 형사법연구회 회원분들께서 함께 관여하셔서 보다 다양하고 실질적인 시각을 제공해 주심으로써 판례평석과 학계·실무계 간 협업 사례의 지평을 크게 넓혔다는 데에 각별한 의미가 있습니다.

앞으로 본서의 개정 작업은 물론 이번에 포함되지 아니한 특별형법 분야 등에 대한 추가적인 판례백선 발간 작업도 계획하고 있습니다. 이러한 지속적인 노력의 과정을 통하여 형사법 판례에 관한 공론의 장이 크게 확산되고 판례 법리의 계속적인 발전이 이루어지길 소망합니다. 그 과정에서 학계와 실무계 여러분들의 조언과 질정은 이와 같은 노력이 큰 결실을 이루는 데에 불가결한 자양분이 되어 줄 것이라고 믿습니다.

이 자리를 빌려 형사법 분야에서의 실무계와 학계 간의 지속적인 소통과 논의의 필요성을 공감하시고 적극적인 지원을 아끼지 않고 계시며, 본서의 발간 여정을 흔쾌히 함께해 주신, 대법원 형사법연구회 회장이신 서울중앙지방법원 고연금 형사수석부장판사님과 간사이신 같은 법원 송승훈 부장판사님 등 연구회 관계자분들께 깊은 감사의 말씀을 드립니다. 아울러 막중한 재판업무, 수사·소송업무, 강의 및 연구 등으로 여념이 없으신 가운데에서도 소중한 옥고를 기고해 주신 대법원 형사법연구회 회원님들과 본 연구회 회원님들께도 깊이 감사드립니다.

그리고 본 『특별형법 판례100선』의 탄생은 고려대학교 법학전문대학원 이주원 교수님의 타고난 열정과 탁월한 기획력 및 추진력 덕택에 가능하였다는 점을 꼭 말씀드리고자 합니다. 또한 귀중한 시간을 할애하시어 헌신적으로 기고문에 대한 심사와 검토, 편집을 맡아 주신 성균관대학교 법학전문대학원 김성돈 교수님, 한국형사·법무정책연구원 윤지영 선임연구위원님, 본 연구회 총무간사 경찰대학교 류부곤 교수님께도 깊은 감사의 말씀을 전하지 않을 수 없습니다. 나아가 창간호부터 지금까지 변함없이 『형사판례연구』의 출판을 맡아 주시고 이 책의 출판까지 맡아주신 박영사의 안종만 회장님, 조성호 이사님 그리고 박영사 관계자 여러분께 심심한 감사의 말씀을 전합니다.

2022년 5월

한국형사판례연구회 회장 여훈구

서 문

대법원 형사법연구회

우리 사회가 고도화, 선진화됨에 따라 이에 대처하는 다양한 특별형법들이 계속해서 제정 및 개정되어 왔습니다. 그리고 도로교통법, 교통사고처리 특례법, 특정범죄 가중처벌 등에 관한 법률, 특정경제범죄 가중처벌 등에 관한 법률, 성폭력범죄의 처벌 등에 관한 특례법, 아동·청소년의 성보호에 관한 법률, 정보통신망 이용촉진 및 정보보호 등에 관한 법률, 부정수표 단속법, 여신전문금융업법 등 일반인들이 자주 접하게 되는 주요한 특별형법 분야도 많아지고, 관련된 의미 있는 판례들도 축적되어 가고 있습니다. 따라서 특별형법판례를 체계적으로 분석하고 정리하는 작업이 매우 필요한 시점이라고 할 수 있습니다.

이런 상황에서 한국형사판례연구회에서 『특별형법 판례100선』을 출간하자는 제안을 해 주셨고, 대법원 형사법연구회 여러 회원님들께서 적극적으로 호응해 주신 덕분에 한국형사판례연구회와 대법원 형사법연구회가 공동으로 『특별형법 판례100선』을 발간하게 되었습니다. 공동발간을 제안해 주신 한국형사판례연구회 여훈구 회장님을 비롯하여 집필과 발간에 협조해 주신 한국형사판례연구회 회원님들, 재판업무로 바쁜 와중에도 시간을 내어 참여해 주신 대법원 형사법연구회 회원님들 및 관계자 여러분들의 노고에 깊은 감사의 말씀을 드립니다.

법원 실무에서는 학술연구단체의 연구를 바탕으로 형사재판의 바람직한 방향을 모색하고, 학술연구단체 역시 법원 실무의 구체적인 판결을 바탕으로 연구의 깊이를 더해 나가기 때문에 서로 상생하는 관계에 있고, 형사법의 발전을 위해서 상호간의 소통과 교류는 반드시 필요하다고 생각합니다. 그런 의미에서 이번 『특별형법 판례100선』의 공동발간은 매우 뜻깊은 작업이었다고 생각하고, 앞으로 이 책자가 법원 실무와 학술연구단체의 협력 및 우리나라 특별형법 분야 발전의 든든한 토대가 되기를 기원합니다.

끝으로, 코로나로 움츠러든 몸과 마음을 녹여 줄 따스한 햇살과 함께 조만간 코로나가 종식되기를 간절히 바랍니다.

2022년 5월

대법원 형사법연구회 회장 고연금

목 차

제1장 도로교통법

제2장 교통사고처리특례법

제3장 특정범죄 가중처벌 등에 관한 법률

제4장 특정경제범죄 가중처벌 등에 관한 법률

제5장 성폭력범죄의 처벌 등에 관한 특례법

제7장 폭력행위 등 처벌에 관한 법률

제8장 정보통신망 이용촉진 및 정보보호 등에 관한 법률

제9장 부정수표단속법

제10장 여신전문금융업법

제11장 기타

※ "★"를 표기한 판례는 수험생 학습용 판례임

제1장

도로교통법

1 아파트 지하주차장에서의 운전과 무면허운전죄의 성립 여부

【대상판결】 **대법원 2017. 12. 28. 선고 2017도17762 판결**

【사실관계】 피고인은 2017. 5. H아파트 지하주차장에서 무면허 및 음주상태로 약 50m 정도 승용차를 운전하였다. 피고인은 도로교통법상 무면허운전죄(제43조) 및 음주운전죄(제44조)로 기소되었다. 제1심(춘천지법강릉지원 2017. 7. 12. 선고 2017고단571 판결) 및 항소심(춘천지법 강릉지원 2017. 10. 12. 선고 2017노330 판결) 법원은 두 죄 모두에 대해 유죄를 선고하였다. 그러나 대법원은 무면허운전죄를 인정한 항소심판결을 파기하고 사건을 항소심법원에 환송하였다.

사건을 환송받은 항소심법원은 위 지하주차장은 하나로 연결되어 있는 장소로, 지하주차장에 출입하기 위해서는 H아파트 단지의 정·후문 입구를 통과하여야 하는데, 그곳에는 차량 출입 차단시설이 설치되어 있고, 경비원이 외부 차량의 출입을 통제하여 외부인은 방문증 및 방문차량 주차증을 발급받아야만 H아파트 단지에 출입하여 지하주차장을 이용할 수 있는 사실이 인정된다는 이유로 피고인에게 무죄를 선고하였다(춘천지법 강릉지원 2018. 4. 18. 선고 강릉 2018노29).

【판결요지】

1. 도로교통법 제2조 제1호는 '도로'란 도로법에 따른 도로(가목), 유료도로법에 따른 유료도로(나목), 농어촌도로 정비법에 따른 농어촌도로(다목) 및 그 밖에 현실적으로 불특정 다수의 사람 또는 차마가 통행할 수 있도록 공개된 장소로서 안전하고 원활한 교통을 확보할 필요가 있는 장소(라목)를 말한다고 정하고 있다. … 여기에 규정된 도로가 아닌 곳에서 운전면허 없이 운전한 경우에는 무면허운전에 해당하지 않는다. 도로에서 운전하지 않았는데도 무면허운전으로 처벌하는 것은 유추해석이나 확장해석에 해당하여 죄형법정주의에 비추어 허용되지 않는다. 따라서 운전면허 없이 자동차 등을 운전한 곳이 위와 같이 일반교통경찰권이 미치는 공공성이 있는 장소가 아니라 특정인이나 그와 관련된 용건이 있는 사람만 사용할 수 있고 자체적으로 관리되는 곳이라면 도로교통법에서 정한 '도로에서 운전'한 것이 아니므로 무면허운전으로 처벌할 수 없다(: 필자 편집).

2. 아파트 단지 내 지하주차장은 아파트 단지와 주차장의 규모와 형태, 아파트 단지나 주차장에 차단 시설이 설치되어 있는지 여부, 경비원 등에 의한 출입 통제 여부, 아파트 단지 주민이 아닌 외부인이 주차장을 이용할 수 있는지 여부 등에 따라서 도로교통법 제2조 제1

호에서 정한 도로에 해당하는지가 달라질 수 있다.

3. 피고인이 자동차운전면허를 받지 않고 아파트 단지 안에 있는 지하주차장 약 50m 구간에서 승용차를 운전하여 도로교통법 위반(무면허운전)으로 기소된 사안에서, 위 주차장이 아파트 주민이나 그와 관련된 용건이 있는 사람만 이용할 수 있고 경비원 등이 자체적으로 관리하는 곳이라면 도로에 해당하지 않을 수 있는데, 도로교통법 제2조 제1호에서 정한 도로에 해당하는지가 불분명하여 피고인의 자동차 운전행위가 도로교통법에서 금지하는 무면허운전에 해당하지 않는다고 볼 여지가 있는데도, 아파트 단지와 주차장의 규모와 형태, 아파트 단지와 주차장의 진·출입에 관한 구체적인 관리·이용 상황 등에 관하여 심리하지 아니한 채 피고인의 자동차 운전행위가 무면허운전에 해당한다고 보아 유죄를 인정한 원심판결에 심리미진 및 도로교통법에서 정한 도로와 무면허운전에 관한 법리오해의 잘못이 있다.

【해설】

I. 들어가는 말

종전 판례는 아파트 단지 내 통행로에서 음주운전을 한 경우 동 통행로는 도로에 해당하므로 음주운전죄를 인정하였지만(대법원 2004. 6. 25. 선고 2002도6710 판결; 대법원 2010. 9. 9. 선고 2010도6579 판결), 가스충전소 내 가스주입구역은 도로에 해당되지 않는다고 하여 음주운전죄를 부인하기도 하였다(대법원 2005. 12. 22. 선고 2005도7293 판결). 이러한 이유로 2010. 7. 개정 도로교통법에서 도로가 아닌 곳에서의 음주운전행위 등에 대해서도 음주운전죄 등이 인정될 수 있도록 하였고, 2017. 10. 개정법률에서는 주·정차된 차 손괴 후 인적 사항 미제시 행위가 도로 아닌 곳에서 이루어진 경우에도 처벌하는 규정을 추가하였다(제2조 제24호).

그러나 도로가 아닌 곳에서 무면허로 운전한 경우 무면허운전죄가 성립하는지에 대한 명문규정이나 판례는 없었다. 대상판결은 아파트 단지 내 지하주차장에서 무면허 운전을 한 경우 아파트 지하주차장이 도로교통법상 도로에 해당될 경우에만 무면허운전죄가 성립할 수 있다는 것과 아파트 지하주차장이 도로에 해당되기 위한 기준을 최초로 제시하고 있다는 점에 의의가 있다.

II. 대상판결의 논거

1. 무면허운전죄의 성립요건으로서 '도로'에서의 운전

대상판결은 자동차를 도로가 아닌 곳에서 운전한 경우 무면허운전죄에 해당되지 않는다고 하면서 다음과 같은 근거를 제시하고 있다.

즉, 도로교통법 제2조 제26호는 ① 음주운전죄 및 음주측정거부죄(제44조), 약물상태운전죄(제45조), ② 교통사고 후 미조치죄(제54조 및 제148조), ③ 주·정차차량손괴 후 인적사항 미제공죄(제54조 제1항 제2호; 이 사건 당시에는 적용대상이 아니었으나 2017. 10. 개정법률에서 적용대상이 되었다)의 경우에는 도로 외의 곳에서 운전한 경우도 성립한다고 규정하고 있다. 그러나 무면허운전죄에 관해서는 이러한 예외를 규정하고 있지 않으므로 무면허운전죄(제152조, 제43조)가 성립하기 위해서는 무면허로 운전한 장소가 '도로법에 따른 도로', '유료도로법에 따른 유료도로', '농어촌도로 정비법에 따른 농어촌도로', '그 밖에 현실적으로 불특정 다수의 사람 또는 차마가 통행할 수 있도록 공개된 장소로서 안전하고 원활한 교통을 확보할 필요가 있는 장소(제2조 제1호)' 중 하나에 해당해야 한다.

2. 아파트단지 내 지하주차장의 도로 해당 여부

도로교통법 제2조 제1호 가목에서 다목까지 규정된 '도로'의 개념은 비교적 명확하므로, 아파트 단지 내 지하주차장이 이 세가지에 해당되지 않는 것은 분명하다. 그러나 지하주차장이 라목에 규정된 '그 밖에 현실적으로 불특정 다수의 사람 또는 차마가 통행할 수 있도록 공개된 장소로서 안전하고 원활한 교통을 확보할 필요가 있는 장소'인지 여부는 분명하지 않다.

대상판결은 먼저 일반교통경찰권이 미치는 공공성이 있는 장소가 아니라 특정인이나 그와 관련된 용건이 있는 사람만 사용할 수 있고 자체적으로 관리되는 곳은 라목에 규정된 장소에 해당되지 않는다고 하여, 도로로 인정되기 위한 요건으로 공공성과 불특정성을 제시하고 있다. 그리고 아파트 단지나 주차장의 규모와 형태도 고려해야 한다고 하는데 이는 다수인의 이용을 필요로 한다는 의미일 것이다. 즉, 도로에 해당하기 위해서는 공공성, 불특정성 및 다수인 이용 등의 요건을 갖춰야 한다는 것이다.

Ⅲ. 나오는 말

도로교통법 제2조 제26호의 개정연혁이나 형법해석의 엄격성원칙을 고려할 때 무면허운전죄가 도로에서의 운전에 국한된다고 하는 것은 당연하다고 할 수 있다. 그러나 이 사건에서 피고인에게 무면허운전죄를 인정하지 않은 것은 문제가 있다.

도로교통법 제2조 제1호 라목은 2005. 5. 31. 개정법률에서 처음 규정된 것으로 이것은 형법상 교통방해죄(제185조)에서 "'육로'라 함은 일반 공중의 왕래에 공용된 장소, 즉 특정인에 한하지 않고 불특정 다수인 또는 차마가 자유롭게 통행할 수 있는 공공성을 지닌 장소를 말한다."고 하는 판례의 입장(대법원 1988. 5. 10. 선고 88도262 판결; 대법원 2019. 4. 23. 선고 2017도1056 판결 등)을 그대로 따른 것이라고 할 수 있다.

그런데 육로나 도로의 개념상 불특정 다수를 '불특정 또는 다수'가 아니라 '불특정 및 다수'로 해석해야 하는지 의문이다. 후자에 의하면 특정 다수인이 공개적으로 통행하는 장소라고 하더라도 도로에 해당되지 않는다. 오늘날 대단지 아파트에서도 이 사건 H아파트와 같이 외부차량의 출입과 주차를 통제하고 있다. 이 경우 지하주차장뿐만 아니라 지상의 통행로도 도로에 해당하지 않을 수 있다.

설사 불특정성을 요건으로 하더라도 H아파트와 같은 아파트의 경우 지상 통행로이건 지하주차장이건 자동차의 출입은 제한되지만 불특정 다수의 보행자의 출입은 인정된다. 나아가 아파트주민은 특정인이지만 주민 때문에 방문하는 외부인들은 차량의 출입 및 주차 제한을 받지만 불특정인이라고 할 수 있으므로, 불특정이라는 요건도 충족된다고 할 수 있다.

〔**참고문헌**〕 안성조, "도로교통법상 도로의 의미", 형사특별법 판례 50선(2020)

〔**필자: 오영근 명예교수(한양대)**〕

2 도로교통법상 운전의 의미

【대상판결】 **대법원 2020. 12. 30. 선고 2020도9994 판결,**
대법원 2021. 1. 14. 선고 2017도10815 판결

【대상판결】

① 대법원 2020. 12. 30. 선고 2020도9994 판결

【사실관계】 피고인은 혈중알코올농도 0.148%의 술에 취한 상태로 소위 STOP&GO 기능(기본적으로는 차량이 주행하다 정차하여 운전자가 브레이크 페달을 계속 밟을 시 엔진이 꺼지지만, 차량의 전원은 꺼지지 않은 상태로 유지되다 이후 운전자가 브레이크 페달에서 발을 뗄 경우 엔진이 다시 시동되는 기능임. STOP&GO 기능의 재시동 조건을 만족시키지 못하는 경우에는 STOP&GO 기능이 해제되어 엔진이 재시동 되지 않음)이 장착된 승용차를 운전한 후 지인 A에게 운전을 맡기기 위하여 승용차를 정차시키고 내림에 따라 위 기능이 해제되어 차량의 시동이 완전히 꺼졌는데, 이러한 사실을 인식하지 못한 A가 시동 버튼을 눌렀지만 시동이 걸리지 않고 제동장치를 조작하였지만 오히려 차량이 뒤로 밀리자, 피고인이 다시 운전석에 탑승한 후 운전해 가려 했으나 피고인 역시 시동을 걸지 못했고 승용차가 후진하면서 후방에 정차 중이던 택시 앞부분을 들이받는 사고를 야기함에 따라 택시 운전기사가 요치 2주의 경추염좌 등 상해를 입었다. 이에 대하여 검사는 특정범죄가중처벌등에관한법률위반(위험운전치상)죄로 기소하였다.

【판결요지】 도로교통법 제2조 제26호에 의하면 '운전'이란 차마 또는 노면전차를 본래의 사용방법에 따라 사용하는 것을 말한다. 그중 자동차를 본래의 사용방법에 따라 사용했다고 하기 위해서는 엔진의 시동을 걸고 발진조작을 해야 한다. 피고인이 승용차를 운전하려는 의도로 제동장치를 조작하여 차량이 뒤로 진행하게 되었다고 해도, 시동이 켜지지 않은 상태였던 이상 자동차를 본래의 사용방법에 따라 사용했다고 보기 어렵다. 따라서 피고인의 행위가 '운전'에 해당함을 전제로 하는 특정범죄가중처벌등에관한법률위반(위험운전치상)죄를 인정할 수 없다.

② 대법원 2021. 1. 14. 선고 2017도10815 판결

【사실관계】 심야에 성명불상의 사람이 승용차를 운전하다가 도로 중앙분리대를 들이받아 승용차가 정지되었다. 피고인은 혈중알코올농도 0.122%의 술에 취한 상태로 운전석에 앉아 엔진의 시동을 걸고 기어를 주행모드로 조작한 다음 가속페달을 밟았으나 승용차는 사고 충격으로 파손되었기 때문에 움직이지 않았다. 이에 대하여 검사는 도로교통법위반(음주운전)

죄로 기소하였다.

【판결요지】 통상 자동차 엔진을 시동시키고 기어를 조작하며 제동장치를 해제하는 등 일련의 조치를 취하면 위와 같은 발진조작을 완료하였다고 할 것이지만, 애초부터 자동차가 고장이나 결함 등의 원인으로 객관적으로 발진할 수 없었던 상태에 있었던 경우라면 그와 같이 볼 수는 없다. 따라서 피고인의 행위가 '운전'에 해당함을 전제로 하는 도로교통법위반(음주운전)죄를 인정할 수 없다.

【해설】

Ⅰ. 들어가는 말

대상판결들의 쟁점은 공소사실을 유죄로 인정하기 위한 전제로서, 도로교통법 제2조 제26호의 운전, 즉 '자동차를 본래의 사용방법에 따라 사용하는 것'을 구체적으로 어떤 경우에 인정할 것인지 여부이다.

Ⅱ. 도로교통법상 운전의 의미(개시 시기)

도로교통법 제2조 제18호에 의하면 자동차란 철길이나 가설된 선을 이용하지 아니하고 원동기를 사용하여 운전되는 차를 말하는바, 자동차를 본래의 용법에 따라 사용하는 것에 해당하기 위해서는 원칙적으로 원동기 사용을 요한다. 다만 통상의 운전 중에 내리막길에 이르러 일시적으로 시동을 끄고 타력으로 내려가는 경우에는 운전에 해당한다고 할 것이다. 구체적인 개별 사안에서는 과연 어느 때에 운전이 개시된 것으로 볼 수 있는지 여부가 종종 문제된다.

1. 견해 대립

운전의 개시 시기에 관하여 일본에서는 다음과 같은 견해들이 개진되었다. ① 엔진시동설(발진준비설), 즉 엔진 시동 후 발진에 이르기까지의 준비조작을 포함한다는 견해, 발진시킬 목적으로 엔진을 시동시켰을 때로 보는 견해 등이다. 그 근거로는 가장 기본을 이루는 본체적인 적극 조작은 자동차의 동력을 작동시키는 것이고, 발진의 의도는 일반적으로 엔진시동의 단계에서 이미 명백히 실현되고 있기 때문에, 위와 같이 해석하는 것이 자동차의 본래적 기능, 도로교통법의 입법취지 및 도로교통단속의 현실에도 부합한다는 점 등을 들고 있다. 이 견해의 난점으로는, 엔진의 시동은 항상 자동차를 발진시킬 목적으로 행하여지는 것이 아니고 단지 냉온방, 차의 점검, 차량에 부착된 전기기구의 사용목적으로 행하여지는 경우도 많다는 점 등이 지적된다. ② 발진설(장소적 이동설, 차체이동설), 즉 자동차(차체)가 조금이라도 발진하여야(이동하여야) 운전에 해당한다는 견해이다. 그 근거로는 자동차의 장소적 이동을 야기시키는 행위를 자동차 운전으로 보는 것이 자연스럽고 일반인의 통념에도 부합하는 점, 음주운전 등에 있어서 자동차가 아직 정지단계에 있는 위험의 정도가 주행단계에 있는 위험의 정도와는 현저히 다르기 때문에, 정지단계에 있는 때까지도 가벌성의 영역을 확장하는 것은 상당하지 않기 때문이라는 점 등을 들고 있다. 이 견해의 난점으로는, 술에 취하여 자동차에 탑승한 사람을 발견한 경우 발진 전에 체포하는 것이 불가능하기 때문에 그 사람의 운전에 의한 위험의 발생을 미연에 방지하기 위하여 취할 수 있는 조치의 강도가 엔진시동설보다 떨어진다는 점, 자동차가 조금이라도 움직였다는 점에 대한 증명이 쉽지 않다는 점 등이 지적된다. ③ 발진조작완료설(전 2설의 중간적 입장에 해당하는 견해, 일본 최고재판소가 1973년 채택한 견해(일본 최고재판소 소화 48. 4. 10. 판결의 다수의견)), 즉 운전에 해당하기 위해서는 단지 엔진을 시동시켰다는 것만으로는 부족하고 발진조작 완료를 요한다고 보는 견해이다. 이 견해는 발진설과 그 근거를 대체로 같이하지만, 추가적 근거로는 운전 개념 중에 행위 그 자체와 차체의 이동이라고 하는 결과의 양 요소를 포함시키는 발진설보다는 행위 그 자체의 면만으로부터 운전의 개념을 정하는 것이 음주운전죄와 무면허운전죄 등을 비결과범으로 보는 일반의 이해에 부합한다는 점 등을 들고 있다.

2. 대법원 판례의 태도

우리 대법원은 승용차의 운행 중 발생한 사고와 관련하여 무면허운전에 대한 보험회사의 면책 여부 등이 문제된 민사사건에서 발진조작완료설을 채택하여, 발진조작을 완료하여 원동기의 동력에 의하여 승용차를 진행시켰다는 점을 인정할 증거가 없는 이상 운전에 해당하지 않는다고 보았다(대법원 1999. 11. 12. 선고 98다30834 판결). 그 이후 대법원은 민사사건과 형사사건에서 발진조작완료설을 일관되게 유지해 왔고(대법원 2009. 5. 28. 선고 2009다9294, 9300 판결; 대법원 2010. 5. 27. 선고 2010도4150 판결 등), 대상판결 ①에서도 이를 재차 선언하면서 엔진의 시동이 켜지지 않은 상태였던 이상 자동차를 운전한 것으로 볼 수 없다는 점을 분명히 하였다. 그런데 대상판결 ②에서는 발진조작완료설을 취하면서도, 애초부터 자동차가 고장이나 결함 등의 원인으로 객관적인 발진 불가능 상태에 있었던 경우라면 통상적인 엔진시동, 기어조작, 제동장치 해제 등과 같은 일련의 조치를 취하더라도 발진조작을 완료한 것으로 볼 수 없다고 처음으로 판시하여, 발진조작 완료 여부의 판단기준으로서 '자동차의 상태'를 일정 범위 내로 한정지었다는 점에서 주목할 만하다.

Ⅲ. 나오는 말

엔진시동설, 발진설, 발진조작완료설 모두 운전의 개시 요소 중 하나로 '엔진을 시동시키는 것'을 당연히 전제하고 있다. 따라서 주차된 자동차의 엔진 시동이 켜지지 않은 상태였던 이상 행위자가 운전의 고의로 제동장치 등을 조작하여 자동차가 움직였더라도 이를 운전으로 볼 수 없음은 당연하다. 나아가 엔진시동설, 발진설이 모두 앞에서 본 난점을 가지고 있음을 고려할 때, 대법원이 98다30834 판결 이후 일관되게 취해 온 발진조작완료설이 타당하다고 생각된다.

한편, 자동차가 고장이나 결함 등의 원인으로 인해 처음부터 객관적 발진불가능 상태에 있었다면, 그 경우에도 단지 행위자의 행위에만 초점을 맞추어 엔진시동 후 통상적인 발진조작 행위를 다하면 그 즉시 기수에 이르고 비록 엔진의 시동이 켜진 자동차가 움직이지 않더라도 이는 기수 이후의 사정에 불과할 뿐이라고 보아 음주운전죄 등을 유죄로 인정해야 하는지에 대하여 견해가 대립할 수 있는데(검사는 긍정설의 입장에서 기소하였다), 대상판결 ②는 그와 같은 상태의 자동차는 아무리 엔진을 시동시키고 통상적인 발진조작 행위를 하더라도 발진조작 완료로 볼 수 없다는 점을 분명히 하여 가벌성의 확장을 차단하였다. 위와 같은 객관적 발진불가능 상태의 자동차는 음주운전죄 등의 보호법익에 대한 위험 발생 가능성이 전혀 없다고 볼 수 있는바, 이러한 자동차에서는 비록 엔진을 시동시키고 기어를 조작, 가속페달을 밟더라도 그것만으로는 운전 개시로 볼 수 없다는 점을 대법원이 처음으로 선언하였다는 점에서 적지 않은 의의가 있다.

〔**참고문헌**〕 양진수, "자동차를 운전하여야 할 지위에 있던 자가 임무에 위배하여 운전무자격자 등에게 운전을 위탁하였을 때 위 운전무자격자 등이 자동차의 용법에 따른 사용행위를 실제로 한 경우 위 운전무자격자 등이 운전자에 해당하는지 여부 및 운전보조자 해당 여부의 판단 기준", 대법원판례해설 [107](2016 상반기)

〔필자: 이영진 부장판사(춘천지방법원)〕

3 운전면허 취소처분 철회의 효력과 무면허운전의 법리

【대상판결】 **대법원 2008. 1. 31. 선고 2007도9220 판결**

【사실관계】 피고인은 1997. 8. 23. 전라남도 지방경찰청장으로부터 「특정범죄 가중처벌 등에 관한 법률」 위반(도주차량)의 범행을 저질렀다는 이유로 자동차운전면허 취소처분(이하 '이 사건 운전면허 취소처분')을 받았다. 그 후 창원지방검찰청 진주지청은 1997. 11. 28. 피고인의 위 특가법 위반(도주차량)의 범행에 대하여 '혐의 없음'처분을 하였다.

그런데 ①피고인은 2007. 4. 9. 16;30분 유효한 운전면허가 없음을 잘 알면서도 전남 담양군 소재의 도로에서 약 2Km 정도 '이 사건 운전행위'를 하여 ②광주지방검찰청으로부터 2007. 4. 25. 도로교통법 위반(무면허운전)의 죄로 기소되었고, ④광주지방법원은 2007. 7. 19. 피고인에게 벌금형의 선고를 유예하는 제1심 판결을 선고하였다.

한편 ③전라남도 지방경찰청장은 2007. 6. 8. 피고인이 위와 같이 창원지방검찰청 진주지청으로부터 특가법 위반(도주차량)의 범행에 대해 무혐의처분을 받았음을 이유로 이 사건 운전면허 취소처분을 철회하였다.

이에 ⑤피고인은 이 사건 운전면허 취소처분이 위와 같이 '철회'되었으므로, 이 사건 운전행위에 대해 무면허운전의 도로교통법위반죄로 처벌할 수는 없다고 항소하였다. 하지만 항소심에서는 "도로교통법 위반(무면허운전)죄는 … 이른바 고의범이다. 피고인은 1997. 8. 23. 이 사건 운전면허 취소처분을 받았고, 그 후 유효한 운전면허가 없음을 잘 알면서도 2007. 4. 9. 자동차를 운전한 이상, 피고인의 이 사건 운전을 무면허운전으로 인한 도로교통법 위반죄로 처벌해야 할 것이고, 이 사건 운전 이후 전라남도 지방경찰청장이 위 운전면허 취소처분을 철회하였다는 등의 사후적인 사정이 있다고 하여 달리 볼 것은 아니다."라고 판단하여, ⑥피고인의 항소를 기각하였다.

피고인만이 제기한 상고심에서 ⑦대법원은, "원심판결에는 운전면허 취소처분의 철회의 효력 및 무면허운전에 관한 법리를 오해하여 판결에 영향을 미친 위법"이 있다는 이유로 원심판결을 파기하고, 사건을 광주지방법원 본원 합의부로 환송하고 있다.

【판결요지】 「특정범죄 가중처벌 등에 관한 법률」 위반(도주차량)으로 운전면허 취소처분을 받은 자가 자동차를 운전하였다고 하더라도 그 후 피의사실에 대하여 무혐의처분을 받고 이를 근거로 행정청이 운전면허 취소처분을 철회하였다면, 이 사건 운전면허 취소처분은 행정쟁송절차에 의하여 취소된 경우와 마찬가지로 그 처분 시에 소급하여 효력을 잃게 되고, 피

고인은 그 처분에 복종할 의무가 당초부터 없었음이 후에 확정되었다고 봄이 타당하다. 따라서 피고인의 이 사건 운전행위는 무면허운전에 해당하지 않는다.

【해설】

Ⅰ. 들어가는 말

대상판결에서 대법원은 행정청의 이 사건 운전면허 취소처분에 대한 '철회의 효력'이 행정쟁송절차에 의하여 취소된 경우와 마찬가지로 그 처분 시에 소급하여 효력을 상실하게 되므로 피고인이 이 사건 운전면허 취소처분에 복종할 의무가 처음부터 없었다고 판시하고 있다. 이처럼 행정처분의 효력이 형법상 범죄성립에 전제가 되는 경우, 형사재판의 선결문제로서 종래부터 행정처분(행위)의 공정력과 형사법원의 위법 판단 방법이 논의되어 왔다. 이를 달리 표현하면, 법원은 형사재판에서 법질서통일의 관점에서 행정행위에 종속되어 형사상 불법을 판단할 것인가 아니면 형법독자의 입장에서 불법을 판단할 것인가의 문제다.

대상판결에는 행정청의 '철회처분'의 효력을 행정쟁송절차에 의한 '취소판결'의 효력과 마찬가지로 소급효를 인정할 수 있는가의 기초적인 의문도 있다. 하지만 이 문제도 행정처분의 공정력(여기서는 이 사건 운전면허 취소처분)과 행정청의 사후적인 철회에 의하여 그 취소처분의 존재 또는 효력 유무가 형사재판의 선결문제가 되는 점에는 별반 차이가 없다. 결국 쟁점은 행정처분의 하자와 그 효력이 형사재판에서 어떤 영향을 미치는가에 있다.

Ⅱ. 형사재판의 선결문제와 법원의 행정행위의 종속 여부

1. 행정행위 공정력의 의미

행정소송법 제11조는 처분 등의 효력 유무 또는 존재 여부가 민사재판의 선결문제가 되는 경우에 대해 준용규정을 두고 있으나 형사재판의 경우에는 그렇지 않다. 이러한 재판의 선결문제에서 행정처분의 하자가 당연무효가 아닌 한 권한 있는 기관에 의해 취소되기 전까지는 그 처분의 유효한 잠정적 통용력을 인정하는 것이 행정행위의 공정력 이론이다. 즉, 공정력은 행정처분의 '사실상의 통용력' 내지 '잠정적 구속력' 정도로 이해되고 있다. 이러한 공정력의 대상범위는 행정처분의 직접 상대방만이 아니라 다른 기관, 특히 법원까지도 포함되는 것이 일반적 이해였다. 최근에는 직접상대방에 대한 공정력과 제3자에의 구속력을 의미하는 구성적 효력으로 구별하는 견해도 있다. 또 행정처분의 하자를 당연무효인 경우와 취소할 수 있는 행정처분으로 구분하여 공정력의 인정 여부를 달리 판단하는 견해도 보인다.

어느 경우이든 선결문제에서 행정행위의 공정력이나 또는 구성적 효력을 인정하게 된다면, 논리적으로는 형법상의 불법판단에 행정의 종속성이 인정될 수 있다. 반대로 행정처분의 효력을 다투는 행정법 분야와 범죄로 처벌하려는 형사상 불법판단영역이 서로 다른 법적 과제를 수행하는 것으로 본다면, 형사법원은 선결문제로서 행정처분의 위법과 효력 여부를 독자적으로 심사할 수 있을 것이다. 이처럼 형사재판에서 행정처분의 효력과 행정종속성의 선결문제는 공정력의 본질과 형법적 불법판단의 독자성 문제와 중첩되어 있다.

2. 학계의 태도

먼저 행정행위 공정력의 본질에 대하여 종래처럼 적법성의 추정으로 이해하면(적법성의 추정력설), 행정처분은 권한 있는 기관에 의해 취소·변경되기 전까지 그 적법성이 추정되고, 행정행위 취소소송의 배타적 관할 원칙에 따라 그 처분의 위법성 판단을 항고소송절차에 의해야 하므로 형사법원은 범죄성립의 전제가 되는 행정처분의 위법여부를 독자적으로 판단할 수 없다. 이 견해에 따르면, 무면허 운전으로 기소된 피고인은 이 사건 운전면허 취소처분에 위법사유가 있더라도 그 처분이 당연무효가 아닌 한 도로교통법 위반의 죄책을 면할 수 없게 된다.

다음으로 공정력의 본질이 사실상의 통용력에 있다는 최근의 이해에 따르면(사실상의 통용력설), 형사법원은 행정행위의 효력을 부인하지 않는 범위 안에서 선결문제로 행정처분의 위법여부를 독자적으로 심사할 수 있다. 이는 구성적 효력의 관점에서 이해하더라도 마찬가지다. 결국, 행정처분의 하자에 취소사유가 있는 경우 형사법원은 선결문제로서 행정처분의 위법 여부를 독자적으로 심리하여 형사불법을 판단할 수 있지만, 행정처분의 효력 자체를 부인할 수는 없게 된다. 이 견해가 행정법학계의 다수설의 입장으로 보인다.

다른 한편으로 형법적 불법판단의 독자성에 관하여, 법질서통일의 관점에서 간명하게 이해하여 형벌을 수단으로 행정법질서를 유지하는 경우 '행정형벌의 행정법 종속'이라는 측면에서 법원은 형사재판에서 행정처분의 위법이나 효력을 독자적으로 판단할 수 없다는 견해가 있다.

그러나 행정법과 형법은 각기 다른 영역에서 서로 다른 법적 과제를 수행하기 때문에 법질서의 통일이라는 일반명제로서 형사재판의 선결문제를 해결하는 것은 바람직하지 않다고 본다. 법익보호와 사회질서유지를 위하여 최후수단으로 형벌을 사용하는 형법의 불법판단과, 행정행위의 합목적적 달성을 위하여 행정처분의 위법 내지 효력 유무를 판단하게 하는 행정행위의 공정력은 질적으로 다르기 때문이다. 행정행위의 공정력 대상으로서 행정적 불법현상과 형벌의 대상인 범죄행위는 달리 판단되어야 한다. 이는 즉, 행정처분의 하자에 공정력이 인정되어 행정영역에서 그 처분의 효력이 인정되는 경우라 하더라도 형사불법의 판단에는 그 처분의 하자를 형사법원이 독자적으로 심리·선결하여 범죄의 성립을 최종적으로 판단할 수 있다는 것을 의미한다. 요컨대, 행정처분의 효력이 범죄의 성립을 좌우하는 경우 형사법원은 형법적 불법판단의 독자적 입장에서 행정처분의 적법성여부를 선결문제로서 판단할 수 있다.

3. 대법원의 태도

대법원은 대상판결에서 운전면허 취소처분의 철회의 효력 및 무면허운전에 관한 법리를 이유로 형법독자적인 입장에서 형사불법을 판단하고 있다. 먼저 대법원은 이 사건 운전면허 취소처분에 대한 사후적인 철회의 효력에 소급효를 인정하고 있다. 일반적으로는 철회의 의사표시에는 소급효가 인정되지 않는다. 대법원은 이 사건 행정청의 철회가 행정쟁송에 의한 취소와 마찬가지라고 설시하였다. 위의 【사실관계】에서처럼, 이 사건 운전면허 취소사유가 되는 특가법 위반(도주차량)의 피의사실이 무혐의처분을 받아(1997. 11. 28.) 그 취소사유가 해소되었기 때문이다. 즉, 피고인이 이 사건 운전행위(①2007. 4. 9.)에 대해 도로교통법 위반(무면허운전)의 피고사실로 기소되기(②2007. 4. 25.) 훨씬 이전에 이미 운전면허 취소사유의 이유가 없어졌음에도 단지 그 운전면허 취소처분이 취소되지 않았을 뿐이다. 대법원은 이 사실에 착목하여 1심판결선고(④2007. 7. 19.)전에 행해진 이 사건 운전면허 취소처분의 사후적 철회(③2007. 6. 8.)의 효력에 대하여, 비록 그 처분이 철회임에도 불구하고 처분대상인 운전면허 취소처분의 운전면허 취소사유(도로교통법 제93조, 동법 시행규칙 제91조 및 별표 28 제2호)가 애초부터 존재하지 않는 당연무효의 경우이거나 적어도 이 사건 운전면허 취소처분에 취소사유가 인정되는 경우로 보아, 【판결요지】에서 당초부터 피고인은 이 사건 운전면허 취소처분에 복종할 의무가 없었다고 설시한 것이다.

그 결과 실제로도 도로교통법 위반(무면허운전)의 죄에 대한 피고인의 고의를 합리적 의심의 여지가 없을 정도로 입증하기 곤란하였을 것이다. 도로교통법 위반의 무면허운전 죄는 이른바 고의범이다.

Ⅲ. 나오는 말

행정행위의 공정력은 행정의 실효성과 법적 안정성을 보장하기 위하여 행정행위의 하자를 행정쟁송절차로만 취소할 수 있도록 한 결과 인정되는 효력이다. 형사재판에서 그 선결문제로서 행정행위의 공정력이 문제되어 행정행위종속성을 긍정해야 하는가는 행정의 실효성보장과 법적 안정성의 관점에서 판단할 것이 아니라 형사불법의 성격에 일치하여 독자적으로 심리·판단할 수 있어야 한다.

대상판결에서 대법원은 행정행위의 효력이 인정됨으로써 범죄가 성립하는 경우 그 행정행위가 취소·변경되는 때에 그 취소·변경이전에 행한 피고인의 범죄행위가 처벌될 수 있는가를 판단하고 있다. 이 사건 운전면허 취소처분의 무효 내지 취소사유에 대하여 행정청이 철회한 경우에도 그 행정처분의 공정력에 종속되지 아니하고 행정쟁송절차에 의한 취소의 경우와 동일시하여 철회의 효력에 소급효를 인정하고 있다. 이점에서 형사불법판단의 독자성이 긍정될 수 있다.

이외에도 행정행위의 효력이 범죄성립의 전제가 되는 형사재판의 선결문제 쟁점에는 행정행위의 하자가 당연무효인 경우이거나 또는 취소사유가 인정되는 경우에 그 행정처분의 취소 전에 행한 피고인의 행위는 처벌되는가? 만일 처벌할 수 없다면, 그 취소 전에 유죄판결이 확정된 경우 피고인은 이를 재심사유로 삼아 재심을 청구할 수 있는가 등이 있다.

〔**참고문헌**〕 류전철, “형법상 불법판단에 있어서 행정행위의 종속성”, 전남대학교 법학논총 제33집 제1호(2013); 윤 민, “범죄성립의 전제가 되는 행정처분과 형사책임”, 사법논집 제62집(2017)

〔**필자: 이경렬 교수(성균관대)**〕

4 불법입국자의 국제운전면허증에 의한 운전과 무면허운전

【대상판결】 **대법원 2017. 10. 31. 선고 2017도9230 판결**

【사실관계】 중국 국적의 피고인은 2016. 2. 중순경 출입국관리법에 따른 적법한 입국심사절차를 거치지 아니한 채 대한민국에 해상을 통해 밀입국하였다. 피고인은 2016. 10. 10. 필리핀에서 1949년 제네바에서 체결된 「도로교통에 관한 협약」에 따른 국제운전면허증을 발급받았다. 피고인은 위와 같이 밀입국하여 불법체류 중 '2016. 12. 1.경부터 2017. 1. 23.경까지 수원시 등 일대의 도로에서 자동차운전면허를 받지 아니하고 승용차를 1일 평균 약 10km 구간에서 운전하였다.'는 사실에 대해 도로교통법 위반(무면허운전)죄로 기소되었다.

【판결요지】 도로교통법은 제1조에서 "이 법은 도로에서 일어나는 교통상의 모든 위험과 장해를 방지하고 제거하여 안전하고 원활한 교통을 확보함을 목적으로 한다."라고 규정하고, 제80조 제1항 본문에서 "자동차 등을 운전하려는 사람은 지방경찰청장으로부터 운전면허를 받아야 한다."라고 규정하면서, 제85조 제1항에서 "운전면허를 받으려는 사람은 운전면허시험에 합격하여야 한다."라고 규정한 것을 비롯하여 운전면허를 받기 위한 자격, 결격사유, 운전면허시험, 적성검사, 운전면허의 취소 등에 관하여 상세한 규정을 두고 있고, 한편 제96조 제1항에서 외국의 권한 있는 기관에서 1949년 제네바에서 체결된 「도로교통에 관한 협약」이나 1968년 비엔나에서 체결된 「도로교통에 관한 협약」 중 어느 하나에 해당하는 협약에 따른 운전면허증(이하 '국제운전면허증'이라고 한다)을 발급받은 사람은, 제80조 제1항에 따라 지방경찰청장으로부터 운전면허를 받지 않더라도 '국내에 입국한 날부터 1년 동안만' 그 국제운전면허증으로 자동차 등을 운전할 수 있다고 규정하고 있으며, 제152조 제1호에서 제80조에 따른 운전면허(원동기장치자전거면허는 제외한다)를 받지 아니하거나 제96조에 따른 국제운전면허증을 받지 아니하고(운전이 금지된 경우와 유효기간이 지난 경우를 포함한다) 자동차를 운전한 사람을 도로교통법 위반(무면허운전)죄로 처벌하도록 하고 있다.

이러한 도로교통법의 입법 취지와 목적, 운전면허 제도, 무면허운전 처벌규정의 체계와 내용 등을 종합하여 보면, 도로교통법은 교통상의 위험 방지 및 안전 확보 등을 위하여 운전면허시험 등 도로교통법이 정한 절차에 따라 운전면허를 받은 사람에 한하여 국내 도로에서 자동차 등 운전행위를 적법하게 할 수 있도록 허가하여 주고, 그러한 운전면허를 받지 아니하고 운전하는 경우를 무면허운전으로 처벌하는 것을 원칙으로 하되, 다만 1949년 제네바에서 체결된 「도로교통에 관한 협약」이나 1968년 비엔나에서 체결된 「도로교통에 관한 협약」을 존중하여 그에 따른 국제운전면허증을 발급받은 사람에 대하여는 별도의 허가 없이 입국한 날부터 1년 동안에 한하여 도로교통법이 정한 절차에 따른 운전면허를 받지 아니하고도 운전을 할 수 있도록 허용하는 예외를 두고 있는 것으로 이해된다. 이와 같이 운전면허가 허가라는 행정행위로서의 성격을 가지는 이상, 도로교통법 제80조 제1항 본문에 따라 운전면허를 받을 수 있는 사람은 내국인 또는 출입국관리법이 정한 적법한 절차에 따라 대한민국에 입국한 외국인이라고 보아야 한다. 따라서 국제운전면허증에 의하여 동일한 법률적 효과를 부여받기 위해서는 마찬가지 전제가 충족되어야 한다. 그런데도 국제운전면허증에 의한 운전의 경우에는 불법으로 입국한 외국인도 도로교통법 제96조 제1항에 의한 법률적 효과를 받을 수 있다고 본다면, 운전면허를 받아야 하는 경우와는 달리 운전행위 허가를 받을 수 없는 사람에게 국내에서의 운전행위를 허용해 주는 결과가 된다.

그리고 불법으로 입국한 사람도 입국한 날부터 1년 동안 국제운전면허증에 의한 운전을 할 수 있는 것으로 해석한다면, 밀입국의 특성상 입국 시기를 객관적으로 특정하기 어려워 사실상 당사자의 주장에 의존할 수밖에 없는 경우가 많아, 적법하게 입국한 사람보다 불법으로 입국한 사람이 더 유리하게 되는 불합리한 결과를 낳게 될 위험도 있다.

그러므로 도로교통법 제96조 제1항의 '국내에 입국한 날'은 출입국관리법에 따라 적법한 입국심사절차를 거쳐 입국한 날을 의미하고, 그러한 적법한 입국심사절차를 거치지 아니하고 불법으로 입국한 경우에는 국제운전면허증을 소지하고 있는 경우라도 도로교통법 제96조 제1항이 예외적으로 허용하는 국제운전면허증에 의한 운전을 한 경우에 해당한다고 볼 수 없다.

【해설】

Ⅰ. 들어가는 말

도로교통법에 의하면, 외국의 권한 있는 기관에서 국제운전면허증을 발급받은 사람은 운전면허를 받지 않고도 예외적으로 국내에 입국한 날부터 1년 동안만 그 국제운전면허증으로 국내 도로에서 자동차 등을 운전할 수 있고(제96조 제1항), 위와 같은 운전은 특별한 사정이 없는 한 형사처벌의 대상인 무면허운전에 해당하지 않는다(제152조 제1호). 이러한 도로교통법의 규정내용 등에 비추어 보면, 여기서의 '국내에 입국한 날'은 국제운전면허증에 의한 운전가능기간의 기산일로서 범죄구성요건인 무면허운전의 위반행위를 저질렀는지 여부를 판단하는 핵심 요소이다. 그러나 도로교통법에 그 의미에 관하여 정의한 규정이 없다. 대상판결 사안에서는 출입국관리법에 따른 적법한 입국심사절차를 거치지 않고 불법으로 입국한 경우도 여기서의 '입국'에 해당하는 것으로 해석할 수 있는지 여부가 쟁점이 되었다.

Ⅱ. 대상판결의 판단과 논거

1. 도로교통법 제96조 제1항의 '국내에 입국한 날'의 의미

대상판결에서 대법원은, 도로교통법 제96조 제1항의 '국내에 입국한 날'은 출입국관리법에 따라 적법한 입국심사절차를 거쳐 입국한 날을 의미한다고 명시적으로 판시하였다. 그리하여 대상판결 사안의 피고인이 불법으로 입국한 이상, 비록 국제운전면허증을 발급받아 소지하고 있고 국내에 입국한 날부터 1년 이내에 자동차를 운전하였더라도, 도로교통법 제96조 제1항이 예외적으로 허용하는 국제운전면허증에 의한 운전이라고 하기 어렵고, 따라서 이는 같은 법 제152조 제1호에서 규정하는 무면허운전에 해당한다고 판단하였다. 대법원이 '국내에 입국한 날'의 의미를 위와 같이 해석한 이유는 다음과 같다.

2. 행정행위인 허가로서의 운전면허의 성격

도로교통법상 운전면허는 '허가'라는 행정행위로서의 성격을 가진다는 점이다. 즉, 도로교통법의 입법 취지와 목적, 운전면허 제도, 무면허운전 처벌규정의 체계와 내용 등을 종합하여 보면, 도로교통법은 교통상의 위험 방지 및 안전 확보 등을 위하여 국내 도로에서 자동차 등 운전행위를 일반적으로 제한하면서 운전면허를 받은 사람에 한하여 이를 허용해 주고 있다는 것이다. 대법원은, 운전면허가 국내에서의 운전행위를 적법하게 할 수 있도록 해 주는 강학상 '허가'인 이상, 운전면허를 받을 수 있는 사람은 내국인 또는 출입국관리법에 따른 적법한 입국심사절차를 거쳐 대한민국에 입국한 외국인이라고 보아야 한다고 판단하였다. 그리고 이러한 운전행위 허가의 법률적 효과를 받을 수 있는 사람의 자격은 운전면허에 의한 운전뿐만 아니라 특정 협약을 존중하여 국내에서 국제운전면허증에 의한 예외적인 운전을 허용하는 경우에도 마찬가지로 충족되어야 한다고 보았다. 그에 따라 위 자격 기준에 부합할 수 있도록 '국내에 입국한 날'의 의미를 해석하였다.

3. 입국 시기에 관한 객관적 특정의 필요성과 어려움

국제운전면허증에 의한 예외적인 운전의 허용은 '국내에 입국한 날부터 1년 동안'이라는 기간제한이 있다는 점이다. 출입국관리법은 출입국항에서 출입국관리공무원에 의하여 이루어지는 대한민국 국민의 입국심사절차(제6조)와 외국인의 입국심사절차(제7조, 제12조)를 규정하면서 이를 위반하여 입국한 사람을 처벌하도록 규정하고 있다(제93조의3 제1호, 제94조 제2호, 제95조 제1호). 그런데 출입국관리법에 따른 입국심사절차를 거치지 않고 불법으로 입국한 경우 입국 시기를 객관적으로 특정하기 어려운 경우가 많은 것이 현실이다. 대법원은 이러한 현실상 불법으로 입국한 사람에 대하여 그 입국일로부터 1년간 국제운전면허증에 의한 운전을 허용할 경우 불법으로 입국한 사람이 적법하게 입국한 사람보다 더 유리하게 되는 불합리한 결과가 발생할 수 있다는 점을 '국내에 입국한 날'의 의미를 해석하는 논거로 고려하였다.

Ⅲ. 나오는 말

대상판결에서 도로교통법 제96조 제1항의 '국내에 입국한 날'의 의미에 관한 대법원의 해석은 도로교통법의 입법 취지와 목적, 운전면허와 국제운전면허증 제도, 무면허운전 처벌 등에 관한 도로교통법령의 체계적·목적론적 해석에 기초한 것이다. 이에 따르면 구성요건적 사실인 운전가능기간 내의 운전인지 여부를 결정짓는 기산일을 명확히 함으로써 그 불명확성으로 인해 발생할 수 있는 불합리한 결과를 방지한다. 특히 밀입국한 외국인은 국내에서 운전면허는 물론 국제운전면허증에 의한 예외적인 운전도 허용되지 않아 도로교통법상 운전행위에 대한 허가를 받을 자격을 서로 일치시키는 측면도 있다.

반면 대법원의 해석에 대하여는 대상판결의 제1심 및 원심의 판단처럼 명문 규정에 없는 요건을 추가함으로써 무면허운전의 처벌범위를 확대하는 형벌법규의 확장해석이 되어 죄형법정주의에 반한다는 비판이 제기될 수 있다. 도로교통법과 출입국관리법의 입법 취지와 목적, 규율대상과 보호법익이 서로 다른데도, 국제운전면허증에 의하여 뒷받침되는 동일한 운전능력과 그에 기초한 운전행위 허가 여부를 출입국관리법의 입국심사절차 충족 여부에 따라 달리 정하는 셈이 되기 때문이다.

〔**필자: 정문경 고법판사(서울고등법원)**〕

5 혈중알코올농도의 산출을 위한 수정된 위드마크 공식

【대상판결】 **대법원 2000. 11. 10. 선고 99도5541 판결**

【사실관계】 피고인은 1999. 6. 27. 00:10경부터 03:30경까지 혈중알코올농도 미상의 술에 취한 상태에서 원주시 학성 1동 소재 영빈여인숙 앞길에서 원주시 명륜 2동 소재 명륜2차아파트 부근까지 50cc 텍트 오토바이를 운전하였다. 경찰관은 피고인이 소주 2홉들이 2병 반(900㎖)을 마셨다는 피고인의 진술과 피고인의 체중이 54kg이라는 사실에 기초하여 소위 위드마크 공식을 적용하여 산출된 0.469%를 피고인의 운전 당시 혈중알코올농도로 추정하였다.

【판결요지】

[1] 음주운전에 있어서 운전 직후에 운전자의 혈액이나 호흡 등 표본을 검사하여 혈중알코올농도를 측정할 수 있는 경우가 아니라면 소위 위드마크 공식을 사용하여 수학적 방법에 따른 계산결과로 운전 당시의 혈중알코올농도를 추정할 수 있으나, 범죄구성요건사실의 존부를 알아내기 위해 과학공식 등의 경험칙을 이용하는 경우에는 그 법칙 적용의 전제가 되는 개별적이고 구체적인 사실에 대하여는 엄격한 증명을 요한다 할 것이고, 위드마크 공식의 경우 그 적용을 위한 자료로는 섭취한 알코올의 양, 음주시각, 체중 등이 필요하므로 그런 전제사실을 인정하기 위해서는 엄격한 증명이 필요하다 할 것이며, 나아가 위드마크 공식에 따른 혈중알코올농도의 추정방식에는 알코올의 흡수분배로 인한 최고 혈중알코올농도에 관한 부분과 시간경과에 따른 분해소멸에 관한 부분이 있고 (중략) 음주 후 특정 시점에서의 혈중알코올농도에 영향을 줄 수 있는 다양한 요소들이 있는바, 형사재판에 있어서 유죄의 인정은 법관으로 하여금 합리적인 의심을 할 여지가 없을 정도로 공소사실이 진실한 것이라는 확신을 가지게 할 수 있는 증명이 필요하므로, 위 각 영향요소들을 적용함에 있어 피고인이 평균인이라고 쉽게 단정하여서는 아니되고 필요하다면 전문적인 학식이나 경험이 있는 자의 도움을 받아 객관적이고 합리적으로 혈중알코올농도에 영향을 줄 수 있는 요소들을 확정하여야 한다.

[2] 위드마크(Widmark) 공식의 적용을 위한 전제사실인 음주량, 음주시각, 체중에 대한 엄격한 증명이 있고, 혈중알코올농도에 영향을 미치는 다른 요소들에 대하여 피고인에게 가장 유리한 수치를 대입하여 위드마크(Widmark) 공식에 따라 혈중알코올농도를 산출한 결과 혈중알코올농도 0.05%를 상당히 초과함을 이유로 음주운전의 공소사실에 대한 충분한 증명에 이르렀다고 볼 여지가 있다.

【해설】

Ⅰ. 들어가는 말

도로교통법 제44조 제1항은 '술에 취한 상태에서의 운전'을 금지하면서 동조 제4항에서 '술에 취한 상태'의 기준은 혈중알코올농도 0.03% 이상으로 규정한 후, 도로교통법 제148조의2에서 술에 취한 상태에서의 자동차등의 운전을 처벌하고 있다. 그리고 대법원은 도로교통법상 음주운전죄에서 혈중알코올농도가 특정될 것을 요구하고 있다(대법원 1999. 12. 28. 선고 98도138 판결). 따라서 현행법상 음주운전죄에서 혈중알코올농도의 측정과 확정의 문제는 그 처벌의 핵심적인 과제라고 할 수 있다.

운전자의 운전 당시 또는 그 직후 운전자에 대한 호흡측정이나 혈액측정 등이 이루어지지 않거나 운전시점으로부터 일정 시간이 경과한 이후 비로소 음주측정이 이루어진 경우, 실무적으로 이른바 위드마크 공식이라는 수학적 계산식을 도입하여 음주량이나 사후 측정결과를 근거로 운전시점의 혈중알코올농도를 추정하고 있고, 대법원 판례에 의하여 이러한 추정방식이 음주운전사건에서의 증명방법으로 공인받게 되었다(대법원 2000. 6. 27. 선고 99도128 판결). 그러나 이 위드마크 공식은 특정한 방식의 실험에 따른 수학적 계산식이고, 측정대상의 신체적 조건에 따라 결정되는 변수에 따라 추정결과의 변동폭이 비교적 넓어서 신뢰도에 대해 지속적인 문제제기가 이루어지고 있다. 대상판결은 이러한 추정에 있어서 형사소송법상의 엄격한 증명의 법리를 충족하기 위한 하나의 기준을 제시하고 있다고 할 수 있다.

Ⅱ. 위드마크 공식의 내용과 산출기준에 대한 대상판결의 의미

1. 위드마크 공식의 의미와 구체적 내용

이른바 위드마크 공식(Widmark Equation)은 운전자가 마신 술의 종류, 음주량, 운전자의 체중·성별 등을 토대로 수학적인 방법으로 운전시점의 혈중알코올농도를 계산하는 수식으로, 1931년 스웨덴 생리학자 위드마크(Erik Widmark)가 창안한 것이다. 위드마크의 실험대상은 스웨덴의 19세에서 40세까지의 학생들 30명(남자 20명, 여자 10명)으로 구성되었고, 실험방식은 공복에 세 종류의 술을 약 15분 내에 신속하게 정량을 마시게 한 후 4시간 동안 여러 회 혈액을 채취하는 방식으로 이루어졌으며, 위드마크는 이러한 실험을 54일 동안 반복적으로 실시하였다.

일반적으로 술을 마시면 섭취한 알코올은 소화기관에 의하여 일정량이 혈액에 흡수되고, 그 후 간의 분해작용에 의하여 시간의 경과에 따라 혈중알코올농도가 감소하게 된다. 이른바 위드마크 공식은 이러한 알코올의 흡수와 분해라는 두 측면을 포착하여 수식화한 것인데, 구체적 내용은 다음과 같다.

C = A × 0.7(**체내흡수율**)/(p × r) − ßt
C : 혈중알코올농도 A : 섭취한 알코올의 양=음주량(mℓ)×술의 농도(%)×알코올비중 0.7894(g/mℓ) p : 체중(kg)/t : 음주 후 경과된 시간 r : Widmark 상수. 남자 : 0.52~0.86(평균치 0.68), 여자 : 0.47~0.64(평균치 0.55) ß : 시간당 알코올 분해량(mg/100mℓ). 최저 0.008%, 최고 0.03%, 평균치 0.015%

2. 위드마크 공식의 적용에 대한 판례의 태도와 대상판결의 의미

대법원은 2000년대 이후 위드마크 공식에 의해 음주운전죄를 인정할 수 있음을 명백하게 밝히고 있다. 즉, 대법원은 "음주운전에 있어서 운전 직후에 행위자의 혈액이나 호흡으로 혈중알코올농도를 측정할 수 있는 경우가 아니라면 위드마크 공식을 사용하여 그 계산결과로 특정 시점의 혈중알코올농도를 추정할 수도 있다."고 설시하였으며 이후 대상판결을 비롯한 판결들에서 이러한 입장을 견지하고 있다. 그런데 대법원은 위드마크 공식의 적용을 위해서는 필요한 기초사실에 대하여 엄격한 증명이 필요하다는 입장이다. 즉, "위드마크 공식의 경우 그 적용을 위한 자료로는 음주량, 음주시각, 체중, 평소의 음주정도 등이 필요하므로 그런 전제사실을 인정하기 위해서는 엄격한 증명이 필요하다."는 것이다.

대상판결은 위드마크 공식의 적용을 위해 기초사실에 대한 엄격한 증명이 필요하다는 기존의 입장을 재확인하면서, 나아가 위드마크 공식에 내재한 변수로 인해 추정치에 상당한 차이가 발생할 수 있다는 문제점에 대해 이를 보완할 수 있는 하나의 방법론을 제시하고 있다는 점에서 의미가 있다. 앞서 본 바와 같이 위드마크 공식은 사람의 체질적 차이와 성별을 고려하여 일정한 범위의 변수를 부여하고 있는데, 이 변수의 최고치를 적용하느냐 최저치를 적용하느냐에 따라 계산결과에 적지 않은 차이가 발생한다. 그런데 음주운전죄를 인정하기 위해서는 혈중알코올농도가 법이 정한 일정한 수치 이상이라는 점이 '입증'되어야 하므로 이 점에서 문제가 발생하게 되고, 이러한 이유로 대상판결의 항소심은 "위 공식에 따라 산출된 혈중알코올농도를 엄격한 증명을 요하는 형사재판에서 특정한 피고인에 대한 유죄의 자료로 삼을 수는 없다."고 판단하였다. 그러나 대상판결은 이러한 문제에 대해 피고인에게 가장 유리한 수치를 적용하여 위드마크 공식에 의한 혈중알코올농도를 계산하는 것을 허용하는 방식으로 해결하고 있다. 즉 위드마크 공식의 적용에 있어서 위드마크 상수(r), 시간당 알코올 분해량(ß)에 관하여 이미 알려져 있는 신빙성 있는 통계자료 중 '피고인에게 가장 유리한 것'을 대입하여 위 공식을 적용하는 것은 특별한 사정이 없는 한 인정될 수 있다는 것이다. 피고인에게 가장 유리한 수치를 대입하여 계산된 결과가 법이 정하고 있는 일정한 수치를 상당히 초과하는 경우(이 사건의 경우 그러한 계산의 결과는 0.1177%이고 당시 음주운전 기준치는 0.05%였다) 범죄사실에 대한 충분한 증명이 이루어졌다고 볼 수 있다는 것이다.

Ⅲ. 나오는 말

대상판결은 혈중알코올농도 추정의 방법으로 위드마크 공식을 경험칙의 일종으로 보는 것이라 할 수 있다. 위드마크 공식에 따른 혈중알코올농도 측정방법은 그 기초되는 사실이 엄격히 증명된 경우에는 일반적인 신뢰성을 가지는(일종의 공인된 과학법칙과 같은) 경험법칙이라고 평가하면서, 다만 변수의 존재에 따라 발생하는 오차에 대해서는 피고인에게 가장 유리한 경우를 상정하여 그 결과가 범죄성립요건을 충족하는지 여부를 확인하는 '수정된' 방식을 제안하고 있다.

그러나 위드마크 공식은 특정 외국의 한정된 사람들을 대상으로 한 실험결과이고, 변수의 내용에 있어 개인별 편차가 매우 크며, '공복에 15분 만에 한꺼번에 섭취'한다는 전제조건이 비현실적이고, 나아가 혈중알코올농도에 영향을 주는 요인은 매우 다양하다는 점에서 일반적인 경험법칙으로 받아들이기 어렵다고 할 수 있다. 따라서 운전시점의 혈중알코올농도 추정 방식으로서의 이른바 위드마크 공식은 도저히 법관의 심증형성을 제한할 정도에 이르는 경험칙이라고 평가할 수는 없다고 할 것이다.

〔**참고문헌**〕 김우진, "음주운전죄에 있어서 혈중알코올농도와 위드마크 공식", 형사판례연구 11(2003)

〔**필자: 류부곤 교수(경찰대)**〕

6 음주측정불응죄의 성립시기 및 측정불응의사의 판단 방법

【대상판결】 **대법원 2015. 12. 24. 선고 2013도8481 판결**

【사실관계】 ① ㅁㅁ경찰서 ○○파출소 소속 경찰관 2명은 2012. 5. 29. 05:21경 폭행 신고를 받고 고속도로 휴게소로 출동하여, 당시 그곳에 시동과 전조등이 켜져 있는 승용차 앞에서 피해 여성의 머리채를 잡아 흔들고 있던 피고인을 발견하고서는, 피고인과 피해 여성에게 ○○파출소까지 동행해 줄 것을 요구하면서 언제라도 자유로이 퇴거가 가능하다고 알려주었다. ② ○○파출소에서 위 경찰관 중 1명은 폭행 사건을 조사하던 중에 피해 여성으로부터 피고인이 음주운전을 하였다는 진술을 듣고서 그 사실을 다른 경찰관에게 알려주었고, 이에 그 경찰관이 같은 날 06:10경 피고인을 상대로 음주측정을 요구하였는데, 피고인은 후배가 운전한 것이라고 하면서 음주측정을 거부하였다. ③ 그러자 위 경찰관들은 더 이상 음주측정요구를 하거나 주취운전자 적발보고서 등 측정불응에 따른 서류를 작성하지 아니한 채, 피해 여성을 상대로 폭행 사건에 관한 조사만을 마친 다음, 피고인에게 폭행 사건의 추가 조사를 위하여 ㅁㅁ경찰서까지 임의동행해 줄 것을 요구하였고, 피고인은 위 경찰관들과 함께 ㅁㅁ경찰서까지 동행하였다. ④ ㅁㅁ경찰서 폭력계 담당 경찰관은 인계받은 서류를 검토한 후 위와 같이 동행한 경찰관들에게 음주운전 부분을 조사하라고 하였고, 이에 위 경찰관들은 ㅁㅁ경찰서 본관 입구에 있던 피고인에게 교통조사계 사무실로 가자고 권유하였으나, 피고인은 음주운전을 한 사실이 없다고 하면서 동행을 거절하였다. ⑤ 위 경찰관들은 피고인의 팔을 잡아당기며 교통조사계 사무실로 이끌었고, 피고인은 교통조사계 사무실에서 같은 날 09:06경, 09:21경, 09:33경 등 3회에 걸쳐 음주측정요구를 받았으나 이를 모두 거부하였다.

【판결요지】 도로교통법 제148조의2 제1항 제2호(이하 '처벌조항'이라 한다)의 주된 목적은 음주측정을 간접적으로 강제함으로써 교통의 안전을 도모함과 동시에 음주운전에 대한 입증과 처벌을 용이하게 하려는 데 있는 것이지, 측정불응행위 자체의 불법성을 처벌하려는 데 있는 것은 아닌 점, 한편 처벌조항의 음주측정불응죄는 주취운전죄 중에서도 불법성이 가장 큰 유형인 3회 이상 또는 혈중알코올농도 0.2% 이상의 주취운전죄와 동일한 법정형으로 규율되고 있는 점, 경찰청의 교통단속처리지침 제38조 제11항은 처벌조항의 입법 취지 등을 참작하여 "음주측정 요구에 불응하는 운전자에 대하여는 음주측정 불응에 따른 불이익을 10분 간격으로 3회 이상 명확히 고지하고, 고지에도 불구하고 측정을 거부한 때(최초 측정 요

구 시로부터 30분 경과)에는 측정결과란에 [측][정][거][부][×]로 기재하여 주취운전자 적발보고서를 작성한다."고 규정하고 있는 점 등을 고려해 볼 때, 처벌조항에서 말하는 '경찰공무원의 측정에 응하지 아니한 경우'란 전체적인 사건의 경과에 비추어 술에 취한 상태에 있다고 인정할 만한 상당한 이유가 있는 운전자가 음주측정에 응할 의사가 없음이 객관적으로 명백하다고 인정되는 때를 의미하고, 운전자가 경찰공무원의 1차 측정에만 불응하였을 뿐 곧이어 이어진 2차 측정에 응한 경우와 같이 측정거부가 일시적인 것에 불과한 경우까지 측정불응행위가 있었다고 보아 처벌조항의 음주측정불응죄가 성립한다고 볼 것은 아니다.

따라서 술에 취한 상태에 있다고 인정할 만한 상당한 이유가 있는 운전자가 호흡측정기에 숨을 내쉬는 시늉만 하는 등으로 음주측정을 소극적으로 거부한 경우라면, 소극적 거부행위가 일정 시간 계속적으로 반복되어 운전자의 측정불응의사가 객관적으로 명백하다고 인정되는 때에 비로소 음주측정불응죄가 성립하고, 반면 운전자가 명시적이고도 적극적으로 음주측정을 거부하겠다는 의사를 표명한 것이라면 즉시 음주측정불응죄가 성립할 수 있으나, 그 경우 운전자의 측정불응의사가 객관적으로 명백하였는지는 음주측정을 요구받을 당시의 운전자의 언행이나 태도 등을 비롯하여 경찰공무원이 음주측정을 요구하게 된 경위 및 측정 요구의 방법과 정도, 주취운전자 적발보고서 등 측정불응에 따른 관련 서류의 작성 여부 및 운전자가 음주측정을 거부한 사유와 태양 및 거부시간 등 전체적 경과를 종합적으로 고려하여 신중하게 판단하여야 한다.

【해설】

Ⅰ. 들어가는 말

현재 혈중알코올농도 0.03퍼센트 이상에서의 운전은 금지된다. 경찰공무원은 교통의 안전과 위험방지를 위하여 필요하거나 술에 취한 상태에서 자동차를 운전하였다고 인정할 만한 상당한 이유가 있는 경우에는 운전자가 술에 취하였는지를 호흡조사로 측정할 수 있고, 운전자는 경찰공무원의 측정에 응하여야 한다(도로교통법 제44조 제2항). 술에 취한 상태에 있다고 인정할 만한 상당한 이유가 있는 사람이 경찰공무원의 측정에 응하지 아니한 경우에는 음주측정불응죄로 처벌된다(도로교통법 제148조의2 제2항).

Ⅱ. 음주측정불응죄와 헌법재판소의 결정

음주측정을 요구하고 이에 불응할 경우 형사처벌하는 것과 관련해서 과거에 위헌성 문제가 제기되었는데, 헌법재판소는 "음주측정은 호흡측정기에 입을 대고 호흡을 불어넣음으로써 신체의 물리적·사실적 상태를 그대로 드러내는 행위에 불과하므로 이를 두고 '진술'이라 할 수 없고, 그 성질상 강제될 수 있는 것이 아니며 궁극적으로 당사자의 자발적 협조가 필수적인 것이므로 법관의 영장을 필요로 하는 강제처분이라고도 할 수 없다. 따라서 음주측정에 응할 의무를 지우고 이에 불응할 경우 처벌하는 것이 헌법 제12조 제2항에서 보장하는 진술거부권을 침해하거나, 헌법 제12조 제3항에 규정된 영장주의에 위배되지 아니한다. 또한, 음주측정제도의 실효성을 위해서 음주측정불응행위와 음주운전행위를 동일한 형벌로 처벌한다 하여 책임주의원칙에 어긋난다거나 법정형에 있어 형평성을 잃은 것이라고 볼 수도 없다."고 판시하였다(헌법재판소 1997. 3. 27. 선고 96헌가11 전원재판부 결정).

Ⅲ. 대상판결의 분석

1. 대상판결은 음주측정불응죄의 입법취지, 법정형, 경찰청 교통단속처리지침 내용을 고려하여 '경찰공무원의 측정에 응하지 아니한 경우'의 의미를 밝힘과 아울러 그 구체적인 판단방법을 제시하고 있다. 과거에 제기되었던 위헌성 문제를 고려하면 위와 같이 운전자의 측정불응의사가 객관적으로 명백한지는 종합적으로 고려하여 신중하게 판단하여야 함이 타당하다. 다만, 판례는 경찰공무원에게 음주 측정 방법이나 측정 횟수에 관하여 어느 정도 재량이 있다고 보고 있고(대법원 2017. 6. 8. 선고 2016도16121 판결), 전체적으로 측정불응의사가 명백하다고 인정되는 경우에는 측정요구 과정에서 경찰공무원이 교통단속처리지침을 다소 위반한 사정이 있다고 하더라도 음주측정요구가 위법하게 되는 것은 아니라고 한다(대법원 2005. 12. 9. 선고 2005도8075 판결).

2. 위 헌법재판소 결정과 같이 음주측정과정에서는 운전자의 협조, 즉 차량을 정지하고 음주감지기에 의한 테스트에 응할 것, 음주감지기 테스트 결과 음주 반응이 나타날 경우 음주측정기에 숨을 불어넣을 것, 측정하는 동안 현장에서 벗어나지 않을 것, 현장에 음주측정기가 없는 경우 음주측정을 위해 경찰서 등에 동행할 것 등이 요구된다. 그러나 운전자의 협조는 어디까지나 자발적 의사에 의한 것임을 전제로 하는 것이므로, 이를 강제하기 위해서는 형사소송법상의 강제처분 절차에 따라야 하고, 그러한 절차를 위반하여 음주측정을 요구하였다면 이에 불응한다 하여 음주측정불응죄로 처벌할 수 없다.

3. 대상판결은 (1) 파출소에서의 측정불응행위에 관해서는, 피고인은 자유로이 퇴거할 수 있음을 고지받고 자발적으로 동행한 것이므로 파출소에서의 음주측정요구를 위법한 체포상태에서 이루어진 것이라고 할 수 없으나, ① 피고인은 폭행 사건으로 동행하였다가 피해

여성의 진술로 인해 갑작스럽게 음주측정요구를 받게 된 점, ② 피고인이 운전을 한 사실이 없다고 다투자, 경찰관들은 더 이상 음주측정을 요구하지 않은 채 폭행 사건만을 조사한 점, ③ 당시 경찰관들은 피고인에게 측정불응으로 인한 불이익을 고지해 주지 않았을 뿐만 아니라 주취운전자 적발보고서 등 측정불응에 따른 서류를 작성하지 않았던 점 등을 종합해 볼 때, 피고인이 파출소에서 음주측정요구에 1회 불응한 사실만으로는 '술에 취한 상태에 있다고 인정할 만한 상당한 이유가 있는 운전자로서 음주측정에 응할 의사가 없음을 객관적으로 명백하다고 인정할 수 있을 정도로 명시적이고도 적극적으로 표명한 것'이라고 할 수 없어, 음주측정불응죄가 성립한다고 볼 수 없다고 판단하였다. (2) 또한, 교통조사계에서의 측정불응행위에 관해서는, 당시 경찰관들이 동행을 거절하는 피고인의 팔을 잡아끌고 교통조사계로 데리고 간 것은 위법한 강제연행에 해당하고, 위법한 체포 상태에서 이루어진 음주측정요구는 위법하므로, 피고인이 이에 불응하였다고 하여 음주측정불응죄로 처벌할 수 없다고 보았다.

Ⅳ. 나오는 말

최근 음주운전의 위험성에 대한 사회적 인식의 변화로 음주운전 처벌 규정이 대폭 강화되었다. 그러나 음추측정과정에서 운전자의 절차적 권리가 침해되어서는 안 된다. 대상판결은 운전자의 측정불응의사가 객관적으로 명백한지 판단하는 방법을 제시함과 아울러 음주측정과정에서 형사소송법상의 적법절차가 준수되어야 함을 명백히 하였다.

〔**필자: 이관형 부장판사(서울중앙지방법원)**〕

7 음주운전죄의 죄수관계

【대상판결】 **대법원 2007. 7. 26. 선고 2007도4404 판결**

【사실관계】 ㉮피고인은 목포시 남교동 순대골목에서 친구들과 술을 마신 후 술에 취한 상태로 레간자 승용차를 운전하여 2006. 7. 28. 03:20경 목포시 용당동 소재 ○○광장 △△△여관 앞 노상에 이르러 노상에 주차되어 있던 라세티 승용차의 우측 휀더 및 앞범퍼 측면부를 손괴하고(제1차 사고), 그 즉시 필요한 조치를 취하지 아니하고 차량을 정차하거나 하차함이 없이 그대로 진행하였다. ㉯피고인은 그로부터 20분 후인 같은 날 03:40경 목포시 상동 소재 ㅁㅁㅁ칼국수 앞 노상에 이르러 노상에 주차되어 있던 칼로스 승용차 좌측 앞 휀다 부분을 손괴한 후(제2차 사고), 같은 날 03:50경 음주측정을 받았는데 혈중알콜농도가 0.161%로 측정되었다.

그 후 피고인은 "혈중알콜농도 0.161%의 술에 취한 상태로 목포시 남교동 소재 순대골목에서 목포시 상동 소재 ㅁㅁㅁ칼국수 앞 노상까지 3km의 거리를 운전"한 도로교통법 위반(음주운전)죄로 벌금 150만 원의 약식명령을 받아 그 약식명령이 확정되었다.

그 후 검사는 피고인을 다시 음주운전으로 인한 도로교통법 위반죄로 기소하였다. 공소사실은 "피고인이 2006. 7. 28. 03:20경 혈중알콜농도 0.161%의 술에 취한 상태로 위 레간자 승용차를 운전하여 목포시 상동 소재 ㅁㅁㅁ칼국수 방향으로 3km의 거리를 운전하던 중 목포시 용당동 소재 ○○광장 △△△여관 앞 노상에 이르렀다."는 것으로서 제1차 사고 당시의 음주운전행위를 대상으로 하고 있다.

제1심은 이를 유죄로 인정하고 재물 손괴후 미조치로 인한 도로교통법위반죄와 형법 제37조 전단 경합범 관계에 있는 것으로 판단하여 1개의 형(벌금 100만 원)을 선고하였다. 피고인이 항소하였다.

항소심(원심)은 '사회통념에 의한 범죄행위의 횟수, 법익침해의 횟수, 범의의 개수 등에 비추어 피고인의 위 각 운전행위는 사회통념상 동일한 기회에 일련의 과정에서 계속된 하나의 운전행위로 봄이 상당하므로 위 확정된 약식명령의 기판력은 그와 포괄일죄관계에 있는 이 부분 공소사실에 미치게 되어 결국 이 부분 공소사실은 이미 확정판결이 있는 때에 해당하여 형사소송법 제326조 제1호에 의하여 면소를 선고하여야 할 것'이라고 하여 제1심을 파기하면서도 벌금액수는 그대로 100만 원을 재물손괴후 미조치로 인한 도로교통법 위반죄와 관련하여 유지하였다(광주지방법원 2007. 5. 10. 선고 2006노1850 판결).

검사는 포괄일죄에 대한 법리 오해를 이유로, 피고인은 양형부당을 이유로 대법원에 상고

하였다.

【판결요지】 동일 죄명에 해당하는 수개의 행위 혹은 연속된 행위를 단일하고 계속된 범의하에 일정기간 계속하여 행하고 그 피해법익도 동일한 경우에는 이들 각 행위를 통틀어 포괄일죄로 처단하여야 할 것인바(대법원 2005. 9. 30. 선고 2005도4051 판결, 대법원 2006. 5. 11. 선고 2006도1252 판결 등 참조), 앞서 본 음주운전으로 인한 도로교통법 위반죄의 보호법익과 처벌방법을 고려할 때, 피고인이 혈중알콜농도 0.05% 이상의 음주 상태로 동일한 차량을 일정기간 계속하여 운전하다가 1회 음주측정을 받았다면 이러한 음주운전행위는 동일 죄명에 해당하는 연속된 행위로서 단일하고 계속된 범의하에 일정기간 계속하여 행하고 그 피해법익도 동일한 경우이므로 포괄일죄에 해당한다.

【해설】

Ⅰ. 들어가는 말

이 판결에서는 음주운전하다 약 20분 간격으로 교통사고를 야기한 경우 제1차 사고시의 음주운전과 제2차 사고시의 음주운전을 1죄로 볼 것인지 여부가 문제되었다.

Ⅱ. 도로교통법상 음주운전죄

도로교통법은 술에 취한 상태에서 자동차 등을 운전하는 행위를 형사처벌하고 있다(제148조의2 제1항, 제3항 → 제44조 제1항, 제4항). 음주운전을 처벌하는 목적은 음주로 인하여 책임능력이 결여되거나 미약한 상태에서 운전함으로써 교통사고를 유발할 위험성을 방지하기 위한 것이다. 음주운전을 처벌하는 방법으로는 혈중알콜농도의 일정기준치를 초과하면 무조건 처벌하는 방법과 혈중알콜농도의 구체적 수치와 상관없이 운전능력 저하 여부를 기준으로 처벌하는 방법이 있을 수 있다. 도로교통법은 전자의 방법을 취하여 도로교통법 제44조 제4항에서 '술에 취한 상태'의 기준을 혈중알콜농도 0.03% 이상으로 규정한 다음 도로교통법 제44조 제1항에서 '술에 취한 상태에서 자동차 등을 운전'하는 것을 금지하고 있다(제44조 제1항, 제4항). 2018. 12. 24. 개정 전에는 0.05% 이상이었다. 이 기준이 대상 사건 당시에는 적용되었다.

Ⅲ. 도로교통법상 업무상 과실 · 중과실 재물손괴죄와 음주운전죄의 관계

형법은 과실손괴죄를 인정하지 않고 있으나, 도로교통법은 이를 처벌하고 있다. 즉, 차의 운전자인 피고인이 업무상 필요한 주의를 게을리하거나 중대한 과실로 다른 사람의 재물인 승용차를 손괴한 것을 처벌하고 있다(제151조, 행위 당시도 제151조). ㉯사실과 관련하여 칼로스 승용차 좌측 앞 휀다 부분을 손괴한 피고인의 행위는 도로교통법상 과실재물손괴죄에 해당한다.

또한 혈중알콜농도 0.161%로 03:40경 칼국수 앞 노상까지 자동차를 운전한 피고인의 행위는 도로교통법상 음주운전죄(제148조의2 제3항→제44조 제1항, 행위 당시 도로교통법 제150조 제1호→제44조 제1항)에 해당한다. 과실재물손괴행위와 음주운전행위는 별개의 행위로서 과실재물손괴죄와 음주운전죄의 실체적 경합에 해당한다. 음주를 하여 운전하였기 때문에 정상의 주의를 다하지 못하였고 재물 손괴에 이른 것이라면, 음주운전행위라는 하나의 행위에 의하여 과실재물손괴죄와 음주운전죄의 2개의 범죄를 실행한 것이라고 할 수 있다. 이러한 경우에는 상상적 경합에 해당할 것이다. 그러나, 정상의 주의를 다하지 못한 것이 음주로 인한 것이 아니라면, 또는 다른 원인에 의한 것이라면 어떻게 될 것인가? 과실재물손괴죄 실행행위를 하기 이전에 이미 음주운전죄의 실행행위를 하여 이미 기수에 이른 상태에서 계속 그 범죄를 실행하고 있었다는 점에서 일반적으로 2개의 행위라고 보는 것이 타당할 것이다.

Ⅳ. 도로교통법상 교통사고발생시 조치의무 불이행죄와 음주운전죄의 관계

도로교통법은 차의 운전 등 교통으로 인하여 물건을 손괴(이하 "교통사고"라 한다)한 경우에는 그 차의 운전자나 그 밖의 승무원은 즉시 정차하여 사상자를 구호하는 등 필요한 조치 등을 하지 않은 경우 형사처벌하고 있다(제148조→제54조 제1항).

㉮사실과 관련하여 ⓐ라세티 승용차 우측 휀더 및 앞범퍼 측면부를 손괴한 행위(제1차 사고), ⓑ그 즉시 필요한 조치를 취하지 아니하고 차량을 정차하거나 하차함이 없이 그대로 진행한 피고인의 행위는 도로교통법상 과실재물손괴죄와 도로교통법상 교통사고 발생시 조치의무 불이행죄에 해당한다.

과실재물손괴행위와 교통사고 발생시 조치의무 미이행 행위는 별개의 행위로서 과실재물손괴죄와 교통사고 발생시 조치의무 불이행죄의 실체적 경합에 해당한다. 전자는 과실범이고 후자는 고의범으로서 그 보호법익, 주체, 행위 등 구성요건이 전혀 다른 별개의 범죄이기 때문이다(대법원 1991. 6. 14. 선고 91도253 판결).

또한 혈중알콜농도가 0.161%로 03:20경 여관 앞 노상까지 자동차를 운전한 피고인의 행위는 도로교통법상 음주운전죄(제148조의2 제3항→제44조 제1항, 행위 당시 도로교통법 제150조 제1호→제44조 제1항)에 해당한다. 과실재물손괴행위 및 교통사고 발생시 조치의무 미이행 행위와 음주운전행위는 별개의 행위로서 과실재물손괴죄 및 교통사고 발생시 조치의무 불이행죄와 음주운전죄의 실체적 경합에 해당한다.

V. 나오는 말

음주운전하다 약 20분 간격으로 교통사고를 야기한 경우 제1차사고시의 음주운전과 제2차 사고시의 음주운전을 1죄로 볼 것인가에 대해 대법원은 포괄일죄라고 보고 있다. 음주운전으로 인한 도로교통법 위반죄의 보호법익과 처벌방법을 고려할 때, 이러한 음주운전행위는 동일 죄명에 해당하는 연속된 행위로서 단일하고 계속된 범의하에 일정기간 계속하여 행하고 그 피해법익도 동일한 경우이므로 포괄일죄에 해당한다고 판시하고 있다.

생각건대, 제1차 사고시 음주운전과 제2차 사고시 음주운전을 일죄로 본 결론은 타당하지만, 그 논거로 접속범 내지 연속범의 논지를 들고 있는 것은 생각해볼 필요가 있다. 이 판결이 참조한 판례는 컴퓨터로 음란 동영상을 제공한 제1범죄행위로 서버컴퓨터가 압수된 이후 다시 장비를 갖추어 동종의 제2범죄행위를 한 사건으로 음란물유포죄는 즉시범에 해당하고, 이러한 행위를 접속범 내지 연속범으로서 포괄일죄에 해당하는지 여부를 논의한 것이다(대법원 2005. 9. 30. 선고 2005도4051 판결).

이에 대해 음주운전죄는 계속범이다. 계속범이란 일정한 법익의 침해 또는 위태화가 발생함으로써 범죄가 기수로 된 후에도 그 법익의 침해 또는 위태화상태(위법상태)가 계속되는 동안에는 범죄행위가 종료되는 것으로 평가되지 않는 범죄를 말한다. 예컨대, 약취·유인죄, 체포·감금죄, 주거침입죄, 퇴거불응죄 등이 여기에 해당한다. 음주운전죄는 음주운전을 개시함으로써 성립하고 시간적인 계속을 요하지 않는다. 하지만, 그 운전이 계속되는 한 그 사이에 교통신호 등에 의하여 일시적으로 정지하였더라도 그 운전행위가 종료할 때까지 일죄가 성립한다. 주행 거리·시간에 따라 그 죄수가 달라지지 않는다. 이 사건에서도 음주상태로 자동차를 운전하다가 제1차 사고를 내고 그대로 진행하여 제2차 사고를 낸 후 음주측정을 받은 피고인의 행위는 계속범으로서 일죄에 해당한다.

〔**참고문헌**〕 이유정, "교통사고와 죄수－교통사고판례를 중심으로", 형사판례연구 4(1996)

〔**필자: 문성도 교수(경찰대)**〕

8 위법한 체포와 음주측정불응죄의 관계

【대상판결】 **대법원 2012. 12. 13. 선고 2012도11162 판결**

【사실관계】 23:10경 화물차를 운전하던 피고인은 음주단속 중이던 경찰관 1이 차량 정지를 유도하였으나 약 3㎞를 도주하다가, 순찰차에 막혀 도주하지 못하게 되자 운전석에서 내렸다. 피고인이 술에 취한 상태에서 운전하였다고 판단한 경찰관 2가 피고인에게 음주측정을 요구하였으나 피고인은 계속 도망가려고 하였고, 이에 경찰관 2가 도망가지 못하게 붙잡자 피고인은 근처에 있던 간판에 머리를 부딪치며 자해를 하였다. 경찰관 2가 피고인의 자해를 말리는 도중에 피고인의 차량에 동승 하였던 피고인의 처가 경찰관 2의 멱살을 잡았고, 피고인은 반대편 도로를 향해 달아났다. 피고인이 달려가다가 넘어지자 경찰관 2는 피고인을 도망가지 못하게 제압하였다. 곧이어 동료 경찰관들이 현장에 도착하였고, 현장에서는 음주측정을 하기 힘들다고 판단한 경찰관 2는 동료 경찰관들에게 피고인을 가까운 지구대로 데려가라고 말하였다. 경찰관 2는 피고인을 피고인의 처에게 피고인을 봉담지구대로 데려간 사실을 알렸다. 지구대에 도착한 피고인은 같은 날 23:38경 경찰관 3으로부터 음주측정기에 입김을 불어 넣는 방법으로 음주측정에 응할 것을 요구받았으나 1차 측정을 거부하였고, 같은 날 23:49경 위 장소에서 다시 2차 측정을 요구받았으나 이를 거부하면서 갑자기 경찰관 3의 배를 주먹으로 가격하여 약 14일간의 치료를 요하는 복부좌상 등을 가하였다. 이에 경찰관 3은 피고인에게 "선생님은 저를 때렸기 때문에 공무집행방해로 현행범으로 체포한다."고 말하고 미란다원칙을 고지한 후 다시 3차 측정을 하려고 하였으나 갑자기 피고인이 바닥에 쓰러져 소리를 질렀고, 봉담지구대에 같이 있던 피고인의 아들이 피고인에게 지병이 있어 위험하다고 하여 119구급차를 불러 피고인을 인근 병원으로 후송하였다. 그러나 피고인은 인근 병원에 도착하자마자 아무런 치료를 받지 않고 그대로 귀가하였다.

【판결요지】

[1] 경찰관직무집행법 제4조 제1항 제1호에서 규정하는 술에 취한 상태로 인하여 자기 또는 타인의 생명·신체와 재산에 위해를 미칠 우려가 있는 피구호자에 대한 보호조치는 불가피한 최소한도 내에서만 행사되도록 발동·행사 요건을 신중하고 엄격하게 해석하여야 한다. 따라서 이 사건 조항의 '술에 취한 상태'란 피구호자가 술에 만취하여 정상적인 판단능력이나 의사능력을 상실할 정도에 이른 것을 말하고, 보호조치를 필요로 하는 피구호자에 해당하는지는 구체적인 상황을 고려하여 경찰관 평균인을 기준으로 판단하되, 그 판단은 보

호조치의 취지와 목적에 비추어 현저하게 불합리하여서는 아니 되며, 피구호자의 가족 등에게 피구호자를 인계할 수 있다면 특별한 사정이 없는 한 경찰관서에서 피구호자를 보호하는 것은 허용되지 않는다.

[2] 경찰관직무집행법 제4조 제1항 제1호의 보호조치 요건이 갖추어지지 않았음에도, 경찰관이 실제로는 범죄수사를 목적으로 피의자에 해당하는 사람을 이 사건 조항의 피구호자로 삼아 그의 의사에 반하여 경찰관서에 데려간 행위는, 현행범체포나 임의동행 등의 적법 요건을 갖추었다고 볼 사정이 없다면, 위법한 체포에 해당한다고 보아야 한다.

[3] 교통안전과 위험방지를 위한 필요가 없음에도 주취운전을 하였다고 인정할 만한 상당한 이유가 있다는 이유만으로 이루어지는 음주측정은 이미 행하여진 주취운전이라는 범죄행위에 대한 증거수집을 위한 수사절차로서 의미를 가지는데, 도로교통법상 규정들이 음주측정을 위한 강제처분의 근거가 될 수 없으므로 위와 같은 음주측정을 위하여 운전자를 강제로 연행하기 위해서는 수사상 강제처분에 관한 형사소송법상 절차에 따라야 하고, 이러한 절차를 무시한 채 이루어진 강제연행은 위법한 체포에 해당한다. 이와 같은 위법한 체포 상태에서 음주측정요구가 이루어진 경우, 음주측정요구를 위한 위법한 체포와 그에 이은 음주측정요구는 주취운전이라는 범죄행위에 대한 증거수집을 위하여 연속하여 이루어진 것으로서 개별적으로 적법 여부를 평가하는 것은 적절하지 않으므로 일련의 과정을 전체적으로 보아 위법한 음주측정요구가 있었던 것으로 볼 수밖에 없고, 운전자가 주취운전을 하였다고 인정할 만한 상당한 이유가 있다 하더라도 운전자에게 경찰공무원의 이와 같은 위법한 음주측정요구까지 응할 의무가 있다고 보아 이를 강제하는 것은 부당하므로 그에 불응하였다고 하여 음주측정거부에 관한 도로교통법 위반죄로 처벌할 수 없다.

【해설】

Ⅰ. 들어가는 말

경찰관의 호흡 측정과 그에 대한 운전자의 의무규정은 1980. 12. 31. 도로교통법의 개정을 통해 신설되었다. 도로교통법 제44조 제2항에 의하면, 경찰관이 호흡 조사를 할 수 있는 2가지의 경우가 규정되어 있다. 이 중 '교통안전과 위험방지의 필요성'은 경찰 행정작용의 성격이지만, '술에 취한 상태의 운전'은 경찰 행정작용의 성격과 경찰 사법작용의 성격이 동시에 존재한다. 즉, '술에 취한 상태의 운전'은 도로교통법 위반(음주운전)죄에 대한 수사의 측면이 존재한다. 대상판결은 술에 취한 상태의 운전하였다고 인정할 만한 상당한 이유가 있는 경우에서 행해진 경찰관의 호흡 조사에 있어서, 대상판결은 이 경우에 수사절차의 적법성이 전제된다는 점을 명확히 밝히고 있다.

Ⅱ. 경찰관의 적법한 측정요구

음주운전을 하였다고 인정할 만한 상당한 이유가 있다는 이유만으로 이루어지는 음주 측정은 경찰 행정작용이 아니라 음주운전이라는 범죄행위에 대한 증거수집을 위한 수사절차를 의미하는 것이고, 도로교통법의 규정들이 음주 측정을 위한 강제처분의 근거가 될 수 없다(대법원 2006. 11. 9. 선고 2004도8404 판결). 이러한 경우의 음주 측정은 도로교통법 위반(음주운전)죄에 대한 증거수집이고 음주 측정을 하기 위하여 운전자를 강제로 연행하기 위해서는 수사상의 강제처분에 관한 절차에 따라야 하며, 이러한 절차를 무시한 채 이루어진 강제연행은 위법한 체포에 해당한다.

대상판결은 이러한 점을 명확하게 밝혔다. 경찰관 직무집행법에 따라 보호조치 된 사람에게 행해지는 음주 측정의 적법성은 먼저 보호조치의 실질적인 목적과 요건을 엄격하게 심사하여 그에 따라 판단하도록 하고 있다. 이것은 영장에 의하지 않는 경찰관의 보호조치가 형사절차를 잠탈하는 수단으로 활용될 위험성을 방지하는 의미라고 평가할 수 있다. (반면 대상판결이 음주운전자의 적극적 도주·항거행위를 오히려 정당화하는 빌미를 제공한다는 비판도 존재한다.)

위법한 체포 상태에서 그에 이어진 음주 측정 요구는 음주운전이라는 범죄행위에 대한 증거수집을 위하여 연속하여 이루어진 것으로서 일련의 과정을 전체적으로 보아 위법한 음주측정요구가 있었던 것으로 보게 되며, 운전자가 음주운전을 하였다고 인정할 만한 상당한 이유가 있더라도 운전자에게 경찰관의 위법한 음주측정 요구에 대해서까지 응할 의무는 없고 운전자가 그에 불응하였다고 하여 도로교통법 위반(음주측정거부)죄로 처벌할 수는 없다(대법원 2015. 9. 24. 선고 2015도7096 판결).

Ⅲ. 나오는 말

경찰관직무집행법의 보호조치는 불가피한 최소한도 내에서만 행사되도록 요건을 신중하고 엄격하게 해석하여야 한다. 대상판결은 보호조치의 대상인 '술에 취한 상태'란 피구호자가 술에 만취하여 정상적인 판단능력이나 의사능력을 상실할 정도에 이른 것을 말하며, 가족 등에게 피구호자를 인계할 수 있다면 특별한 사정이 없는 한 피구호자를 경찰관서에서 보호하는 것은 허용되지 않는다는 것을 명확히 밝혔다. 경찰관 직무집행법의 보호조치 요건이 갖추어지지 않았음에도, 경찰관이 실제로는 범죄수사를 목적으로 피의자의 의사에 반하여 피의자를 경찰관 직무집행법의 피구호자로 경찰관서에 데려간 행위는 현행범체포나 임의동행 등의 적법 요건을 갖추었다고 볼 사정이 없다면, 위법한 체포에 해당한다. 그리고 위법한 체포 상태에서 음주측정요구가 이루어진 경우라면, 운전자가 음주운전을 하였다고 인정할 만한 상당한 이유가 있더라도 운전자가 음주측정에 불응하였다고 하여 그를 도로교통법 위반(음주측정거부)죄로 처벌할 수는 없다.

〔**참고문헌**〕 김택수, "음주운전자에 대한 보호조치와 음주측정불응죄의 성립관계", 형사판례연구 22(2014)

〔**필자: 김정환 교수(연세대)**〕

9 호흡측정 후 혈액채취에 의한 음주측정의 적법성

【대상판결】 **대법원 2015. 7. 9. 선고 2014도16051 판결**

【사실관계】 피고인은 승용차량을 운전하여 편도 4차로 도로의 1차로를 진행하다 전방에서 신호대기 중이던 승용차량의 뒷부분을 충격하였고, 위 승용차량이 밀리면서 다른 차량 2대를 충격하였다. 피고인은 곧바로 1, 2미터 후진한 후 중앙선을 넘어 진행하다 다시 중앙차선을 넘은 다음 당초 진행방향의 차로 쪽으로 진행하면서 2 내지 4차로에서 신호대기 중이던 다른 차량 3대를 들이받고 보도 경계석에 부딪혀 멈췄다. 위 사고로 피해자 3명은 각 3주간 치료를 요하는 상해를, 7명은 각 2주간의 치료를 요하는 상해를 입었다. 경찰은 사고 직후 현장에 출동하여 피고인과 함께 경찰서로 이동한 후 호흡측정기로 음주측정을 한 결과 혈중알코올농도 0.024%로 측정되었다. 당시 피고인은 얼굴색이 붉고 혀가 꼬부라진 발음을 하며 걸음을 제대로 걷지 못한 채 비틀거리는 등 술에 상당히 취한 모습을 보였고, 피해자들에게 호흡측정결과를 알려주자 일부 피해자들은 측정결과를 믿을 수 없다며 경찰에게 혈액채취에 의한 측정을 요구하였다. 이에 경찰은 피고인에게 호흡측정수치를 알려주고, 혈액채취에 의한 음주측정에 응하도록 설득하였고, 피고인은 순순히 응하여 혈액채취 동의서에 서명·무인한 다음 경찰과 인근 병원에 동행하여 혈액을 채취하였다. 경찰은 채취한 혈액을 제출받아 국립과학수사연구소에 감정을 의뢰하였는데, 혈중알코올농도가 0.239%로 측정되었다.

【판결요지】 구 도로교통법(2014. 12. 30. 법률 제12917호로 개정되기 전의 것, 이하 같다) 제44조 제2항, 제3항, 제148조의2 제1항 제2호의 입법연혁과 내용 등에 비추어 보면, 구 도로교통법 제44조 제2항, 제3항은 음주운전 혐의가 있는 운전자에게 수사를 위한 호흡측정에도 응할 것을 간접적으로 강제하는 한편 혈액채취 등의 방법에 의한 재측정을 통하여 호흡측정의 오류로 인한 불이익을 구제받을 수 있는 기회를 보장하는 데 취지가 있으므로, 이 규정들이 음주운전에 대한 수사방법으로서의 혈액 채취에 의한 측정의 방법을 운전자가 호흡측정 결과에 불복하는 경우에만 한정하여 허용하려는 취지의 규정이라고 해석할 수는 없다. 음주운전에 대한 수사 과정에서 음주운전 혐의가 있는 운전자에 대하여 구 도로교통법 제44조 제2항에 따른 호흡측정이 이루어진 경우에는 그에 따라 과학적이고 중립적인 호흡측정 수치가 도출된 이상 다시 음주측정을 할 필요성은 사라졌으므로 운전자의 불복이 없는 한 다시 음주측정을 하는 것은 원칙적으로 허용되지 아니한다. 그러나 운전자의 태도와 외관, 운전 행태 등에서 드러나는 주취 정도, 운전자가 마신 술의 종류와 양, 운전자가 사고를 야기하였다면 경위

와 피해 정도, 목격자들의 진술 등 호흡측정 당시의 구체적 상황에 비추어 호흡측정기의 오작동 등으로 인하여 호흡측정 결과에 오류가 있다고 인정할 만한 객관적이고 합리적인 사정이 있는 경우라면 그러한 호흡측정 수치를 얻은 것만으로는 수사의 목적을 달성하였다고 할 수 없어 추가로 음주측정을 할 필요성이 있으므로, 경찰관이 음주운전 혐의를 제대로 밝히기 위하여 운전자의 자발적인 동의를 얻어 혈액 채취에 의한 측정의 방법으로 다시 음주측정을 하는 것을 위법하다고 볼 수는 없다. 이 경우 운전자가 일단 호흡측정에 응한 이상 재차 음주측정에 응할 의무까지 당연히 있다고 할 수는 없으므로, 운전자의 혈액 채취에 대한 동의의 임의성을 담보하기 위하여는 경찰관이 미리 운전자에게 혈액 채취를 거부할 수 있음을 알려주었거나 운전자가 언제든지 자유로이 혈액 채취에 응하지 아니할 수 있었음이 인정되는 등 운전자의 자발적인 의사에 의하여 혈액 채취가 이루어졌다는 것이 객관적인 사정에 의하여 명백한 경우에 한하여 혈액 채취에 의한 측정의 적법성이 인정된다.

【해설】

Ⅰ. 들어가는 말

대상판결의 쟁점은 두 가지로 압축될 수 있다. ① 도로교통법 제44조 제2항은 '경찰공무원은 교통의 안전과 위험방지를 위하여 필요하다고 인정하거나 술에 취한 상태에서 자동차 등을 운전하였다고 인정할 만한 상당한 이유가 있는 경우에는 운전자가 술에 취하였는지를 호흡조사로 측정할 수 있고, 이 경우 운전자는 경찰공무원의 측정에 응하여야 하고, 호흡측정결과에 불복하는 운전자에 대하여는 그 운전자의 동의를 받아 혈액 채취 등의 방법으로 다시 측정할 수 있다.'고 규정하고 있는바, 운전자가 호흡측정결과에 불복한 경우에만 혈액 채취 방법에 의해 다시 측정할 수 있는지 여부, ② 운전자가 호흡측정결과에 불복한 경우만이 아니라 호흡측정결과에 오류가 있다고 인정할 만한 객관적이고 합리적인 사정이 있는 경우에 혈액 채취에 의한 측정의 적법성이 인정되기 위한 요건이 문제된다.

대법원은, 쟁점①에 대해 도로교통법 제44조 제3항의 명문규정에도 불구하고, 음주운전에 대한 수사방법으로서의 혈액 채취에 의한 측정의 방법을 운전자가 호흡측정 결과에 불복하는 경우에만 한정하여 허용하려는 취지의 규정이라고 해석할 수는 없다고 판단하였고, 쟁점②에 대해서는 운전자의 혈액 채취에 대한 동의의 임의성을 담보하기 위하여는 경찰관이 미리 운전자에게 혈액 채취를 거부할 수 있음을 알려주었거나 운전자가 언제든지 자유로이 혈액 채취에 응하지 아니할 수 있었음이 인정되는 등 운전자의 자발적인 의사에 의하여 혈액 채취가 이루어졌다는 것이 객관적인 사정에 의하여 명백한 경우에 한하여 혈액 채취에 의한 측정의 적법성이 인정된다고 판단하였다.

Ⅱ. 운전자가 불복하는 경우에만 혈액 채취 방법에 의한 측정이 인정되는지 여부 (쟁점①)

1995. 1. 5. 도로교통법 개정 전에는 음주운전에 대한 처벌규정만 있었는데, 즉 도로교통법 제41조 제2항은 '경찰공무원은 교통안전과 위험방지를 위하여 필요하다고 인정하는 때에는 운전자가 술에 취하였는지의 여부를 측정할 수 있으며, 운전자는 이러한 경찰공무원의 측정에 응하여야 한다.'고 규정하고, 제107조의2 제2호에서 경찰공무원의 측정요구에 응하지 아니한 사람에 대한 처벌규정을 두었다. 이에 대해 대법원은 도로교통법 제41조 제2항에서 규정하는 경찰관의 음주측정은 교통안전과 위험방지를 위한 예방적인 행정행위이므로, 운전자가 운전을 종료하여 더 이상 자동차를 음주한 상태로 운전하지 아니할 것임이 명백한 경우에는 범죄수사를 위한 경찰관의 음주측정 요구에 불응하더라도 음주측정불응죄는 성립하지 아니한다고 판시하였다(대법원 1993. 5. 27. 선고 92도3402 판결 등 참조).

그런데 1995. 1. 5. 개정 도로교통법 제41조 제2항 중 '교통안전과 위험방지를 위하여 필요하다고 인정하는'을 '교통안전과 위험방지를 위하여 필요하다고 인정하거나 제1항의 규정에 위반하여 술에 취한 상태에서 자동차 등을 운전하였다고 인정할 만한 상당한 이유가 있는'으로 개정함으로써 운전자에게 수사를 위한 호흡측정에도 응할 의무를 부과하면서 이에 응하지 아니하는 행위를 처벌하도록 규정하였다. 또한 제41조 제3항을 신설하여 호흡측정 결과에 불복하는 운전자에 대하여는 혈액 채취 등의 방법으로 다시 측정할 수 있도록 규정함으로써 호흡측정에 대한 불복절차를 규정하였다.

1. 학설의 태도

(1) 긍정설

도로교통법이 수사상의 음주측정 방법과 절차를 제한하는 취지의 규정은 아니므로, 운전자가 호흡측정에 응하여 측정결과가 있는 경우 운전자의 불복이 없더라도 경찰관이 다시 동의에 의한 호흡측정 또는 혈액채취의 방법으로 재측정하는 것이 가능하다는 견해이다.

(2) 부정설

도로교통법상의 음주측정에 관한 규정을 수사상의 음주측정방법과 절차를 제한하는 취지의 규정으로 해석하여 운전자가 호흡측정에 응하여 측정결과가 있는 경우에는 운전자의 불복이 없는 한 경찰관이 운전자의 동의를 받아 혈액채취의 방법으로 재측정 하는 것은 허용되지 않는다는 견해이다. 즉, 혈액채취방법은 운전자가 호흡검사에 응하였으나, 음주측정 결과에 불복하고, 혈액검사(채취)에 동의하는 예외적인 경우에만 가능하다.

2. 대법원의 태도

교통안전과 위험방지를 위한 경찰 행정상의 음주측정은 침해적인 행정작용으로 법률유보의 원칙에 따라 도로교통법에서 규정한 절차와 방법에 의해서만 할 수 있으므로, 경찰행정상으로는 1차로 호흡검사를, 2차로 운전자가 불복하는 경우에 한하여 혈액검사를 할 수 있는 것으로 볼 수 있다. 그러나 수사상의 음주측정에 관해서는 1995. 1. 5. 도로교통법 개정시 수사상의 음주측정을 간접적으로 강제할 목적으로 수사상의 호흡측정에 응할 의무와 이에 관한 처벌조항을 추가한 것이므로, 입법취지상 수사상의 음주측정의 구체적인 방법을 도로교통법에 규율하는 방법이나 순서에 한정하고 있다고 볼 수 없다. 따라서 음주운전으로 인한 도로교통법위반죄의 수사를 위한 음주측정의 구체적인 방법이나 허용한계 등은 여전히 형사소송법의 관점에서 판단할 수 있고, 도로교통법 제44조 제3항의 명문규정에도 불구하고, 음주운전에 대한 수사방법으로서의 혈액 채취에 의한 측정의 방법을 운전자가 호흡측정 결과에 불복하는 경우에만 한정하여 허용하려는 취지의 규정이라고 해석할 수는 없다.

Ⅲ. 채취에 의한 측정의 적법성이 인정되기 위한 요건(쟁점②)

대법원은 '범죄혐의의 유무를 명백히 하여 공소를 제기·유지할 것인가의 여부를 결정하기 위하여 범인을 발견·확보하고 증거를 수집·보전하는 수사기관의 활동은 수사 목적을 달성함에 필요한 경우에 한하여 사회통념상 상당하다고 인정되는 방법 등에 의하여 수행되어야 하는 것'이라고 판시하여 수사의 조건으로 필요성과 상당성을 적시하였다.

음주운전 혐의자가 호흡측정에 응하여 호흡측정 수치가 있는 경우에 원칙적으로 다시 음주측정을 할 필요성과 상당성은 상실하였다고 보아야 한다. 그런데 경찰공무원이 다시 호흡측정이나 혈액채취 방법에 의한 측정을 할 수 있으려면 호흡측정 당시의 구체적 상황에 비추어 호흡측정기의 오작동 등으로 인하여 호흡측정결과에 오류가 있다고 인정할 만한 객관적이고 합리적인 사정이 있어야 한다.

대법원은 경찰관이 음주운전 혐의를 제대로 밝히기 위하여 운전자의 자발적인 동의를 얻어 혈액 채취에 의한 측정의 방법으로 다시 음주측정을 하는 것을 위법하다고 볼 수는 없고, 이 경우 운전자가 일단 호흡측정에 응한 이상 재차 음주측정에 응할 의무까지 당연히 있다고 할 수는 없으므로, 운전자의 혈액 채취에 대한 동의의 임의성을 담보하기 위하여는 경찰관이 미리 운전자에게 혈액 채취를 거부할 수 있음을 알려주었거나 운전자가 언제든지 자유로이 혈액 채취에 응하지 아니할 수 있었음이 인정되는 등 운전자의 자발적인 의사에 의하여 혈액 채취가 이루어졌다는 것이 객관적인 사정에 의하여 명백한 경우에 한하여 혈액 채취에 의한 측정의 적법성이 인정된다고 판시하였다.

이 사안의 경우 피고인이 처벌기준에 미달하는 호흡측정 결과를 알면서도 경찰관의 설득에 따라 혈액 채취에 순순히 응하여 혈액 채취 동의서에 서명·무인하였고, 그 과정에서 경찰관이나 피해자들로부터 강요를 받았다는 정황이 없는 점, 피고인이 경찰서에서 병원으로 이동하여 혈액을 채취할 때까지 이를 거부하는 의사를 표시한 사실이 없는 점 등에 비추어 피고인에 대한 혈액채취는 피고인의 자발적인 의사에 따라 이루어졌다고 볼 수 있으므로 임의성의 요건은 갖춘 것으로 보아 혈액채취에 의한 음주측정결과에 따른 유죄판결은 적법하다고 판단하였다.

Ⅳ. 나오는 말

1. 경찰공무원에 의한 운전자에 대한 호흡측정 당시의 구체적 상황에 비추어 호흡측정기의 오작동 등으로 인하여 호흡측정결과에 오류가 있다고 인정할 만한 객관적이고 합리적인 사정이 있는 경우에는 운전자가 요구한 경우에만 혈액채취 방법에 의한 측정요구를 한정할 이유가 없으나, 판례의 취지에 따라 도로교통법 제44조 제3항을 개정할 필요가 있다.

2. 운전자의 혈액 채취에 대한 동의의 임의성을 담보하기 위하여는 경찰관이 미리 운전자에게 혈액 채취를 거부할 수 있음을 알려주었거나 운전자가 언제든지 자유로이 혈액 채취에 응하지 아니할 수 있었음이 인정되는 등 운전자의 자발적인 의사에 의하여 혈액 채취가 이루어졌다는 것이 객관적인 사정에 의하여 명백한 경우에 한하여 혈액 채취에 의한 측정의 적법성이 인정되는바, 경찰공무원이 형식적으로 혈액채취 동의서에 서명·무인을 받는다 하더라도 운전자가 원하지 않는 경우에는 거부할 수 있음을 고지하였다는 확인서까지 징구하여 실질적으로 운전자의 자의에 의한 혈액채취인지 확인할 필요가 있다.

3. 장기적으로는 호흡측정기의 오류가능성 등을 감안할 때 호흡측정을 1회에 한정할 것이 아니라 처벌기준을 상회하는 수치가 나온 경우에는 3회 등 수회 호흡측정을 하여 제일 낮은 값을 기준으로 처벌하는 등의 방법으로 호흡측정에 의한 혈중알코올농도 측정의 신뢰도를 높일 필요가 있어 보인다.

〔**참고문헌**〕 이종환, "운전자가 호흡측정에 응하였음에도 경찰관이 다시 동의에 의한 혈액측정의 방법으로 측정할 수 있는지 및 그 허용요건과 한계", 대법원판례해설[107](2016)

〔필자: 빈태욱 부장판사(청주지방법원)〕

10 구 도로교통법 제148조의2 제1항 제1호에서 '제44조 제1항을 2회 이상 위반한 사람'의 의미

【대상판결】 **대법원 2018. 11. 15. 선고 2018도11378 판결**

【사실관계】 피고인은 2008년 도로교통법위반(음주운전)죄로 벌금 150만 원의 약식명령을 받은 전력이 있는데 2017. 2. 2. 23:20 혈중알콜농도 0.125%의 술이 취한 상태에서 승용차를 운전하다가 단속되었고(이하 '2. 2. 음주운전'이라 함), 그로부터 25일 후인 2017. 2. 27. 02:10 혈중알콜농도 0.177%의 술에 취한 상태에서 승용차를 운전하다가 다시 단속되었다(이하 '2. 27. 음주운전'이라 함). 검사는 2. 2. 음주운전에 대해 구 도로교통법(2018. 12. 24. 법률 제16037호로 개정되기 전의 것, 이하 같다) 제148조의2 제2항 제2호, 제44조 1항(혈중알콜농도가 0.1% 이상 0.2% 미만인 사람은 6개월 이상 1년 이하의 징역이나 300만 원 이상 500만 원 이하의 벌금에 처한다)을 적용하고, 2. 27. 음주운전에 대해서는 도로교통법 제148조의2 제1항 제1호, 제44조 제1항(제44조 제1항을 2회 이상 위반한 사람으로서 다시 같은 조 제1항을 위반하여 술에 취한 상태에서 자동차를 운전한 사람은 1년 이상 3년 이하의 징역이나 500만 원 이상 1천만 원 이하의 벌금에 처한다)을 적용하여 2. 2. 음주운전과 2. 27. 음주운전을 함께 기소하였다.

【판결요지】 도로교통법 제148조의2 제1항 제1호(이하 '이 사건 규정'이라고 한다)는 행위주체를 단순히 2회 이상 음주운전 금지규정을 위반한 사람으로 정하고 있고, 이러한 음주운전 금지규정 위반으로 형을 선고받거나 유죄의 확정판결을 받은 경우 등으로 한정하지 않고 있다. 이것은 음주운전 금지규정을 반복적으로 위반하는 사람의 반규범적 속성, 즉 교통법규에 대한 준법정신이나 안전의식의 현저한 부족 등을 양형에 반영하여 반복된 음주운전에 대한 처벌을 강화하고, 음주운전으로 발생할 국민의 생명·신체에 대한 위험을 예방하며 교통질서를 확립하기 위한 것으로 볼 수 있다.

위와 같은 이 사건 규정의 문언 내용과 입법 취지를 종합하면, 위 조항 중 '제44조 제1항을 2회 이상 위반한 사람'은 문언 그대로 2회 이상 음주운전 금지규정을 위반하여 음주운전을 하였던 사실이 인정되는 사람으로 해석해야 하고, 그에 대한 형의 선고나 유죄의 확정판결 등이 있어야만 하는 것은 아니다.

이 사건 규정을 적용할 때 위와 같은 음주운전 금지규정 위반자의 위반전력 유무와 그 횟수는 법원이 관련 증거를 토대로 자유심증에 따라 심리·판단해야 한다. 다만 이는 공소가 제기된 범죄의 구성요건을 이루는 사실이므로 그 증명책임은 검사에게 있다.

【해설】

Ⅰ. 들어가는 말

대상판결의 원심은 "유죄의 판결이 확정되기 전에 단속사실만으로 도로교통법 제44조 제1항을 위반하였다고 해석하는 것은 무죄 추정의 원칙에 위배되므로 '제44조 제1항을 2회 이상 위반한 사람'은 제44조 제1항을 2회 이상 위반하여 유죄의 판결(확정된 경우 판결과 동일한 효력이 있는 약식명령 포함)이 확정된 사람을 의미하는 것으로 해석하여야 한다."라고 판시하였다.

이 사건의 쟁점은 이 사건 규정이 정한 "제44조 제1항을 2회 이상 위반한 사람"은 "제44조 제1항을 2회 이상 위반하여 유죄의 판결(확정된 경우 판결과 동일한 효력이 있는 약식명령 포함)이 확정된 사람"을 의미하는 것인지 여부이다. 대법원은 여기서 더 나아가 "제44조 제1항을 2회 이상 위반한 사람"의 구체적인 의미에 관하여도 판시하였다.

Ⅱ. 유죄의 확정판결을 받은 사람을 의미하는지 여부

대법원은 아래와 같이 이 사건 규정의 문언 내용과 그 입법취지를 근거로 '제44조 제1항을 2회 이상 위반한 사람'은 '제44조 제1항을 2회 이상 위반하여 유죄의 판결(확정된 경우 판결과 동일한 효력이 있는 약식명령 포함)이 확정된 사람'을 의미하는 것은 아니라고 판시하였다.

1. 문리적 해석

'제44조 제1항을 2회 이상 위반한 사람'이라는 문언상 유죄의 확정판결이 있을 것을 구성요건으로 하지 않고 있다. 이 사건 규정에서 사용하고 있는 '위반'이라는 표현은 도로교통법을 비롯하여 여러 법령에서 법률을 위반한 행위의 실체적인 측면을 지칭하는 데 사용되고 있을 뿐, 그 범죄로 인하여 형을 선고받거나, 유죄의 판결이 확정된 경우까지를 포함하는 개념으로 사용되고 있지는 않다. 관련 법령을 위반하여 형을 선고받거나 유죄의 판결이 확정될 것을 요건으로 삼는 경우에는 특정범죄 가중처벌 등에 관한 법률 제5조의4 제5항의 "세 번 이상 징역형을 받은 사람이" 또는 같은 조 제6항의 "두 번 이상 실형을 선고받고", 폭력행위 등 처벌에 관한 법률 제2조 제3항의 "이 법을 위반하여 2회 이상 징역형을 받은 사람이"와 같이 그 내용을 좀 더 구체적으로 적시하고 있다.

2. 입법 취지

이 사건 규정을 포함하여 도로교통법 제148조의2가 개정된 경위에 관하여 국회 의안원문에서는 "음주운전 처벌기준을 혈중알콜농도 및 음주운전 횟수에 따라 차등하여 법정형의 하한을 마련"하기 위한 것이라고 설명하고 있다. 이 사건 규정이 음주운전 금지규정을 2회 이상 위반한 행위자의 반규범적 속성을 양형에 반영하여 반복된 음주운전행위에 대한 처벌기준을 강화하고, 2회 이상 위반자의 경우 혈중알콜농도 수치와 관계없이 혈중알콜농도 0.2% 이상의 음주운전과 동일한 법정형으로 처벌함으로써 음주운전을 억제하기 위한 것이다.

Ⅲ. '제44조 제1항을 2회 이상 위반한 사람'의 구체적인 의미

대법원은 '제44조 제1항을 2회 이상 위반'하였다는 의미가 문언 그대로 '2회 이상 음주운전 금지규정을 위반하여 음주운전을 하였던 사실이 인정되는 사람'이라고 판시하였다.

이에 따르면 비록 본 사안과 달리 음주운전 사실에 대해 검사의 기소유예처분이나 법원의 공소기각 판결 또는 결정의 경우와 같이 당시 법원의 실체적 심리 · 판단이 없었던 경우에도 검사가 음주운전 사실을 증명하면 그 요건을 충족할 수 있는 것으로 보게 된다.

검사의 기소유예처분 등의 경우에도 그 위반사실이 합리적 의심의 여지없이 증명된 경우라면 음주운전 금지규정을 2회 이상 위반한 전력에 포함시킬 수 있으므로 법원은 기소유예처분의 음주운전 사실이 존재하였다는 점에 관하여 실체적인 심리, 판단을 하여야 한다.

대법원은 2회 이상 음주운전 금지규정을 위반한 사실이 공소가 제기된 범죄의 구성요건을 이루는 사실이므로 그 증명책임은 검사에게 있다고 판시하였다.

Ⅳ. 나오는 말

이 대법원 판결은 '제44조 제1항을 2회 이상 위반한 사람'의 의미를 명시적으로 판단한 최초 판결이다.

먼저 대법원은 '제44조 제1항을 2회 이상 위반한 사람'의 의미를 '제44조 제1항을 위반하여 2회 이상 유죄의 확정판결을 받은 사람'으로 해석하지 않았다. 대법원은 법원이 음주운전 금지규정을 2회 이상 위반하였는지 여부를 구체적으로 심리, 판단할 것이므로 헌법상 무죄 추정의 원칙에 반하는 것도 아니라는 판단을 한 것으로 보인다.

나아가 대법원은 '제44조 제1항을 2회 이상 위반한 사람'의 의미는 문언 그대로 '2회 이상 음주운전 금지규정을 위반하여 음주운전을 하였던 사실이 인정되는 사람'이라고 구체적으로 정의하여 하급심 법원에 판단기준을 제시하였다. 즉, 대법원은 검사의 기소유예 처분과 같이 그 당시 음주운전 금지규정의 위반 여부에 관하여 법원의 실체적인 심리, 판단을 거치지 않았던 경우라도 이 사건 규정을 심리하는 법원이 검사의 입증을 통해 기소유예 처분 등의 범죄사실이 되는 음주운전 사실이 실제로 존재하였다고 판단하였다면 이 사건 규정을 적용할 수 있도록 판시하였다.

한편 헌법재판소는 2021. 11. 25. 선고 2019헌바446 결정 등 사건에서 구 도로교통법(2018. 12. 24. 법률 제16037호로 개정되고, 2020. 6. 9. 법률 제17371호로 개정되기 전의 것) 제148조의2 제1항(제44조 제1항 또는 제2항을 2회 이상 위반한 사람은 2년 이상 5년 이하의 징역이나 1천만 원 이상 2천만 원 이하의 벌금에 처한다)이 과거의 음주운전과 처벌대상이 되는 재범인 음주운전 사이에 아무런 시간적 제한이 없이 예컨대 10년 이상 세월이 지난 과거 음주운전을 근거로 가중 처벌할 수 있도록 규정되어 책임과 형벌 간의 비례원칙을 위반하였다고 판시하면서 해당 조항에 관하여 단순위헌결정을 하였다. 본 대상판결의 적용 법률인 구 도로교통법은 2018. 12. 24. 법률 제16037호로 개정되기 전의 것으로 헌법재판소의 심판대상 조항은 아니지만 헌법재판소 결정의 취지에 따라 '제44조 제1항을 2회 이상 위반한 시점'과 재범인 음주운전 사이의 시간적 간격이 어느 정도인지 여부가 문제될 수 있겠다.

〔필자: 한정석 부장판사(서울중앙지방법원)〕

11 운전 시점과 측정시점 사이에 시간 간격이 있는 경우의 혈중알코올농도 인정 여부

【대상판결】 **대법원 2019. 7. 25. 선고 2018도6477 판결**

【사실관계】 피고인은 2017. 3. 7. 23:38경까지 술을 마셨고, 이후 약 50m 가량 자동차를 운전하다가 같은 날 23:45경부터 23:50경 음주운전 단속에서 음주감응기에 의하여 음주사실이 감지되자, 경찰관의 안내에 따라 자동차를 도로변에 세우고 자동차에서 내려 음주측정을 하는 장소까지 걸어서 이동하였고, 제공받은 생수로 입안을 헹구고 호흡측정 방법 등에 관한 설명을 들은 후 23:55경 호흡측정기를 불어 음주측정을 한 결과 혈중알코올농도 0.059%로 측정되었다.

【판결요지】 운전 시점과 혈중알코올농도의 측정 시점 사이에 시간 간격이 있고 그 때가 혈중알코올농도의 상승기로 보이는 경우라고 하더라도, 그러한 사정만으로 언제나 실제 운전 시점의 혈중알코올농도가 처벌기준치를 초과한다는 점에 대한 증명이 불가능하다고 볼 수는 없다. 이러한 경우 운전 당시에도 처벌기준치 이상이었다고 볼 수 있는지는 운전과 측정 사이의 시간 간격, 측정된 혈중알코올농도의 수치와 처벌기준치의 차이, 음주를 지속한 시간 및 음주량, 단속 및 측정 당시 운전자의 행동 양상, 교통사고가 있었다면 그 사고의 경위 및 정황 등 증거에 의하여 인정되는 여러 사정을 종합적으로 고려하여 논리와 경험칙에 따라 합리적으로 판단하여야 한다.

피고인에 대한 혈중알코올농도 측정 방법과 절차는 경찰의 통상적인 음주운전 단속에 따른 것이고, 운전 종료 시점부터 불과 약 5분 내지 10분이 경과되어 운전 종료 직후 별다른 지체 없이 음주측정이 이루어진 점, 주취운전자 정황진술보고서에는 피고인의 혈색이 약간 붉은 편이라고 기재되어 있고, 단속 경찰관은 "피고인은 이 사건 당시 혈색이 약간 붉은 편이었고, 술을 마셔 취기가 좀 있어 보이는 상태였으며, 음주측정에 관한 설명을 제대로 잘 알아듣지 못하였다."라고 진술한 점 등을 종합하면, 비록 피고인의 음주측정 시점이 혈중알코올농도 상승기에 속해 있을 가능성이 있다는 사정을 감안하더라도, 운전 당시 혈중알코올농도 수치는 0.05% 이상은 된다고 볼 수 있다.

【해설】

Ⅰ. 들어가는 말

도로교통법위반(음주운전)죄 사건에서 음주운전을 한 시점으로부터 일정 시간이 경과한 후 음주측정이 이루어지는 경우가 실무상 빈번하게 발생한다. 음주운전자가 음주단속을 피해 도주하였다가 상당한 시간이 흐른 후에 음주측정이 이루어진 경우를 예로 들 수 있다. 대상판결의 사안도 운전시점으로부터 5분에서 10분 정도 경과한 시점에 음주측정이 이루어진 경우이다. 운전시점과 측정시점 사이에 시간 간격이 있는 경우 몇 가지 쟁점이 있다. 먼저, 측정시점에서의 혈중알코올농도를 운전시점의 혈중알코올농도로 볼 수 있는지 문제되고, 만약 그럴 수 없다면 측정시점에서의 혈중알코올농도를 운전시점에서의 혈중알코올농도로 환산하는 방법이 있는지, 그리고 그 환산방법에는 어떠한 제한이 있는지 등이 문제된다.

Ⅱ. 상승기에서의 혈중알코올농도에 대한 증명

운전시점과 음주측정 시점에 시간 간격이 있는 경우 원칙적으로 측정시점에서의 혈중알코올농도를 운전시점의 혈중알코올농도로 볼 수 없고, 측정시점에서의 혈중알코올농도를 기초로 운전시점에서의 혈중알코올농도를 추산해야 하는데, 이때 위드마크공식이 이용된다. 통상 음주 후 30~90분 사이에 혈중알코올농도가 최고치에 이르고, 최고치 이후 시간당 약 0.008~0.03%씩 분해소멸되어 혈중알코올농도가 감소하는 것으로 알려져 있는데, 측정된 혈중알코올농도 수치에서 시간경과에 따른 감소량을 공제하는 방법으로 운전시점에서의 혈중알코올농도를 계산하는 방법을 위드마크공식에 의한 역추산이라고 한다.

그런데 위드마크 공식은 혈중알코올농도가 최고치에 이른 이후의 혈중알코올농도를 추정하는 공식이므로, 혈중알코올농도가 최고치를 향하여 상승하고 있는 상황에서는(음주 후 30~90분까지) 위 공식을 적용할 수 없다. 판례도 혈중알코올농도 상승기에서 위드마크공식에 따른 역추산을 허용하지 않고 있다(대법원 2007. 1. 11. 선고 2006두15035 판결).

도로교통법 제148조의2 제3항(대상판결의 사안에서 시행되던 도로교통법은 처벌기준치가 0.05% 이상이었으나, 2018. 12. 24. 개정으로 처벌기준치가 0.03% 이상으로 강화되었다)은 혈중알코올농도 수치를 기준으로 음주운전의 처벌 여부와 형량을 규정하고 있는데, 만약 혈중알코올농도 상승기에서 무조건 실제 운전 시점의 혈중알코올농도가 처벌기준치를 초과한다는 점에 대한 증명이 불가능하다고 본다면 처벌의 공백이 발생할 수 있다.

대법원 2013. 10. 24. 선고 2013도6285 판결은 음주운전 시점과 혈중알코올농도 측정 시점 사이에 시간 간격이 있고 그때가 혈중알코올농도의 상승기인 경우, 운전 당시에도 혈중알코올농도가 처벌기준치 이상이었다고 볼 수 있는지 판단하는 기준을 제시한 판례이다. 대법원은 위 판례에서 '음주운전 시점과 혈중알코올농도 측정 시점 사이에 시간 간격이 있고 그때가 혈중알코올농도의 상승기인 경우 운전 당시에도 처벌기준치 이상이었다고 볼 수 있는지 여부는 ① 운전과 측정 사이의 시간 간격, ② 측정된 혈중알코올농도의 수치와 처벌기준치의 차이, ③ 음주를 지속한 시간 및 음주량, ④ 단속 및 측정 당시 운전자의 행동 양상, ⑤ 교통사고가 있었다면 그 사고의 경위 및 정황 등 증거에 의하여 인정되는 여러 사정을 종합적으로 고려하여 논리와 경험칙에 따라 합리적으로 판단하여야 한다.'는 취지로 판시하였다.

Ⅲ. 운전시점과 측정시점의 시간적 간격이 없는 경우의 혈중알코올농도 인정

대상판결은 23:45경부터 23:50경 음주운전 단속에서 음주감응기에 의하여 음주사실이 감지되었고, 23:55경 호흡측정기로 음주측정을 하여 운전 종료 시점부터 약 5분 내지 10분이 경과 후 음주측정이 이루어진 사안이었다. 음주 종료시점이 23:38경으로 운전 당시에는 혈중알코올농도 상승기에 있었다.

대상판결은 2013도6285 판결의 법리를 그대로 원용하면서 2013도6285 판결이 제시한 판단기준을 따르고 있다. ① 운전과 측정사이의 시간간격(5분 내지 10분으로 매우 짧다), ② 측정수치(0.059%)와 처벌기준치(0.05%)의 차이(0.009%, 혈중알코올농도 상승기에서 약 5분 사이에 혈중알코올농도 0.009% 넘게 상승하는 것이 충분히 가능하다고 한 국과수 감정관의 제1심 증언은 추측성 진술에 불과하다고 판단하였다), ③ 단속 및 측정당시 운전자의 행동양상(주취운전자 정황진술보고서에는 피고인의 혈색이 약간 붉은 편이라고 기재되어 있고, 단속 경찰관은 "피고인은 이 사건 당시 혈색이 약간 붉은 편이었고, 술을 마셔 취기가 좀 있어 보이는 상태였으며, 음주측정에 관한 설명을 제대로 잘 알아듣지 못하였다."라고 진술하였다)을 종합적으로 고려할 때 혈중알코올농도 상승기에 있었다고 하더라도 운전 당시 혈중알코올농도 수치가 0.05% 이상이 된다고 판단하였다.

위와 같은 대상판결의 판시는 타당한 것으로 보이고, 운전과 측정 사이의 시간간격에 대해서 추가로 검토해본다.

교통단속처리지침 제30조는 단속경찰관은 먼저 음주감지기를 통해 음주한 것으로 감지되는 경우 음주측정기 등에 의한 방법으로 측정을 하고, 호흡측정시에는 피측정자의 입안의 잔류 알콜을 헹궈낼 수 있도록 음용수를 제공하여야 한다고 규정하고 있고, 교통단속처리지침 제31조 제5항 제3호는 '단속 경찰관이 음주측정 불응에 따른 불이익을 5분 간격으로 3회 이상 고지(최초 측정요구시로부터 15분 경과)했음에도 계속 음주측정에 응하지 않은 때'에는 음주측정 거부자로 처리하도록 규정하고 있다.

이러한 교통단속처리지침에 따른 음주단속은, 음주감지기에 음주감지, 음용수로 입을 헹구는 시간, 호흡측정 방법 등에 관한 설명시간, 음주측정 요구시간 등 그 절차에 상당한 시간이 소요되고, 통상적인 단속절차에 따르더라도 약 10분 이상의 시간이 소요될 수 있다. 이렇게 음주단속으로 통상적으로 경과된 시간의 경우에도 음주시점과 측정시점의 시간간격이 있는 경우로 보는 것은 타당하지 않다.

대상판결이 판결이유에서 "피고인에 대한 혈중알코올농도 측정 방법과 절차는 경찰의 통상적인 음주운전 단속에 따른 것이고, 운전 종료 시점부터 불과 약 5분 내지 10분이 경과되어 운전 종료 직후 별다른 지체 없이 음주측정이 이루어졌으므로, 위와 같은 음주측정 결과는 특별한 사정이 없는 한 운전 당시의 혈중알코올농도라고 보는 것이 경험칙에 부합한다."고 판시한 것은 이러한 의미에서 이해할 수 있고, 타당한 판단이라고 생각된다. 다만, 측정수치와 처벌기준치의 차이가 매우 근소할 경우에는 ① 운전과 측정 사이의 시간 간격, ② 측정된 혈중알코올농도의 수치와 처벌기준치의 차이, ③ 음주를 지속한 시간 및 음주량, ④ 단속 및 측정 당시 운전자의 행동 양상, ⑤ 교통사고의 경위 및 정황 등을 종합적으로 고려하여 운전 당시 혈중알코올농도가 처벌기준치 이상이었는지 여부를 판단하여야 할 것이다.

Ⅳ. 나오는 말

경찰의 통상적인 음주운전 단속에 따라 운전 종료 시점부터 불과 약 5분 내지 10분이 경과된 후 측정된 음주측정결과는 경험칙상 운전 당시의 혈중알코올농도로 볼 수 있다고 판시한 점에서 의의가 있다.

〔**참고문헌**〕 이영진, "혈중알코올농도 상승기의 도로교통법위반(음주운전)죄 성립 여부[구 도로교통법(2018. 12. 24. 법률 제16037호로 개정되기 전의 것) 제148조의2 제1항 제1호, 제44조 제1항]", 대법원판례해설 [122](2019)

〔**필자: 이도행 부장판사(광주지방법원 순천지원)**〕

12 도로교통법상 업무상과실 재물손괴죄에서 '타인의 재물'의 의미

【대상판결】 **대법원 2007. 3. 15. 선고 2007도291 판결**

【사실관계】 피고인은 2006. 2. 1. 04:50경 절취하여 가지고 있던 공소외인 소유의 그랜저 승용차 시가 1,400여만 원 상당을 운전하여 서울 영등포구 노상을 운행하다가 운전 미숙으로 급브레이크를 밟은 과실로 도로에 미끄러지며 반대편에 주차되어 있던 차량들을 들이받아 그 충격으로 위 그랜저 승용차를 손괴하였다.

【판결요지】 구 도로교통법(2005. 5. 31. 법률 제7545호로 전문 개정되기 전의 것) 제108조는 "차의 운전자가 업무상 필요한 주의를 게을리하거나 중대한 과실로 다른 사람의 건조물이나 그 밖의 재물을 손괴한 때에는 2년 이하의 금고나 500만 원 이하의 벌금의 형으로 벌한다."고 규정하고 있는바, 원래 형법에서는 고의가 아닌 과실로 재물을 손괴한 경우를 처벌하지 않고 있으나 도로운송에 즈음하여 차량 운행과 관련없는 제3자의 재물을 보호하려는 입법 취지에서 도로교통법에 특별히 위와 같은 처벌 규정을 둔 것이므로, 위 법조의 '그 밖의 재물' 중에는 범행의 수단 또는 도구로 제공된 차량 자체는 포함되지 아니한다.

【해설】

I. 들어가는 말

현행 도로교통법상 업무상과실 내지 중과실 재물손괴죄에 관한 규정인 제151조는 1961. 12. 도로교통법 제정 당시에는 제74조로 규정되어 있다가, 1973 3. 12. 일부 개정이 된 후, 1984. 8. 4. 같은 법의 전부개정 시 제108조로 규정되었고, 다시 2005. 5. 31. 같은 법의 전부개정 시 제151조로 규정된 다음 2018. 3. 27. 일부개정되어 현재에 이르고 있다. 위 조항에서 손괴죄의 대상으로 규정하고 있는 '다른 사람의 건조물이나 그 밖의 재물', 특히 '다른 사람[타인]의 … 그 밖의 재물'의 의미가 문제된다. 법문언상으로는 '다른 사람의 … 그 밖의 재물'이라고만 되어 있을 뿐 어떠한 부가적인 제한을 두고 있지 않으므로 일견 사고를 일으킨 운전자가 운행 중 손괴시킨 운전 차량도 다른 사람(타인)의 소유이기만 하면 위 법조항에 해당하여 처벌 대상이 되는 것으로 보인다. 그러나 대법원은 일찍이 위 법조항의 입법취지를 고려하여 이를 부정하는 입장을 취하였고, 대상판결은 기존의 판례의 입장을 재확인하면서 현 상황에서 특별히 이를 재검토할 필요가 없다고 선언하였다는 데에 의미가 있다.

Ⅱ. 도로교통법상 업무상과실 재물손괴죄의 대상이 되는 '타인의 재물'의 의미

1. 대법원의 입장

대법원은 오래 전에 업무상과실 재물손괴죄를 규정한 구 도로교통법 제74조와 관련하여 범행의 수단 또는 도구로써 제공된 차량 자체가 위 법조항 소정의 재물손괴죄의 객체가 될 수 있는지에 대해서 입법취지를 고려한 상세한 내용의 판시를 한 바 있다. 즉, 대법원 1976. 3. 9. 선고 75도3751 판결은 부정설(불포함설)의 입장을 취하여 "과연 과실로 인한 재물손괴죄에 있어서 범행의 수단 또는 도구로 제공된 물건 자체에까지 과실로 인한 재물손괴죄의 객체가 될 수 있느냐 하는 문제는 위 조문[구 도로교통법 제74조]의 간단한 표현만으로써 판단하기에는 그렇게 용이한 것으로 보여지지 않으며 특히 과실에 의한 재물손괴를 일반적으로 벌하지 않는 형벌제도하에서는 군형법 제73조, 제69조 및 제66조로써 처벌되는 군용시설물에 대한 과실범을 명문으로 규정하고 있는 경우 등을 제외하고는 본건과 같은 경우는 위 도로교통법 제74조의 입법취지를 차량운행에 수반되는 고도의 위험성에 비추어 운전자에게 고도의 주의의무를 강조하고 나아가 차량운행과 직접적으로 관계없는 제3자의 재물을 보호하는 데 있는 것으로 보고 범행의 수단 또는 도구로써 제공된 그 차량 자체까지를 본죄의 보호법익으로 보지 않고 따라서 이 점에 대한 것은 민사상의 책임문제로서 그친다고 보는 것이 본조의 입법 경위로 보아서도 타당하다 할 것이다. 즉, 1961. 12. 31. 본법 입법 당시에는 피해법익을 타인의 건조물에 한하였지만 그 후의 개정으로 비로소 기타의 재물이 첨가된 것을 보면 기타 재물은 원래 피해법익은 타인의 건조물을 위주로 한 것이고 후에 기타 재물도 경제적가치로 보아 소중한 것도 있기에 이를 첨가한 것이라 보여지며 이로써 첨가된 기타 재물 중에는 범행의 도구나 수단으로 사용된 것까지도 포함된 것이라 하기에는 위에서 설시한 사정 등을 종합할 때에 단정지을 수 없는 것으로 봄이 상당하다 할 것"이라고 판시하였다.

그 후에도 같은 취지의 대법원 판결(1986. 7. 8. 선고 86도620 판결; 1986. 10. 14. 선고 86도1387 판결 등)이 계속되어 오다가 대상판결이 같은 법리를 재확인하기에 이른 것이다. 현재 판례의 확립된 입장은 도로교통법상 업무상과실 재물손괴죄의 대상의 되는 '그 밖의 재물'에는 범행의 수단 또는 도구로 제공된 차량 자체는 포함되지 아니한다는 취지까지를 명확히 하고 있다고 볼 수 있다.

2. 학설의 입장

도로교통법상 업무상과실 재물손괴죄의 객체가 되는 '다른 사람의 … 그 밖의 재물'에 범행의 수단 또는 도구로 제공된 차량 자체가 포함되지 아니한다는 점은 학설상으로도 통설이다.

나아가 사고 운전자가 운행한 차량에 적재된 타인 소유의 물건이 위 '그 밖의 재물'에 포함되는지에 관하여 학설상 논의가 있다. 이에 관하여도 부정설(불포함설)이 통설적 입장이라고 할 수 있다. 그 논거로는 ① 도로교통법상 업무상과실 재물손괴죄 조항이 차량 운행과 관련 없는 제3자의 재물을 보호하고자 하는 것이라는 입법취지를 고려하여 범행의 수단 또는 도구로 제공된 차량 자체는 위 조항에서 정한 '그 밖의 재물'에 포함되지 아니한다고 하는 것이 대법원 판례의 입장인 점, ② 적재한 화물은 운행 중에는 운행차량과 일체가 되어 운전자의 통일적 지배하에 있다고 볼 수 있는 점, ③ 적재한 화물의 손괴는 도로교통법이 목적하고 있는 도로교통의 안전과 원활함과 직접적인 관계가 없다는 점 등이 제시되고 있다[최재원, 교통사고처리특례법 시행상의 몇 가지 문제점, 317면; 이주원, 특별형법(7판), 84면; 하광호, 교통사고처리특례법상의 문제점, 526면 등]. 이러한 통설적 견해가 타당하다고 본다.

Ⅲ. 그 밖의 관련 논점

1. 사고 운전자가 타인 소유 차량을 운행하던 중 이를 손괴한 행위에 대하여 도로교통법위반죄로 공소제기되었으나 사고 차량에 대한 종합보험에 가입한 경우의 판결 주문

운전자가 타인 소유 차량을 운행하다가 업무상과실로 사고를 일으켜 그 운전 차량을 손괴하였음을 이유로 도로교통법상 업무상과실 재물손괴죄로 공소제기된 때에 그 사고 차량에 대하여 그 차량 손해를 보상하는 종합보험 가입이 되어 있거나 차량 소유자의 운전자에 대한 처벌불원 의사표시가 있는 경우 판결 주문에서 무죄 선고를 하여야 하는지, 아니면 공소기각 판결 선고를 하여야 하는지가 문제될 수 있다.

이에 관하여는 비록 무죄에 해당한다고 하더라도 도로교통법상 업무상과실 재물손괴죄에 관한 법조항을 적용하여 기소가 된 것이므로 일죄의 전부에 관하여 무죄, 공소기각 사유가 경합하는 경우로서 형식재판 우선의 원칙에 따라 공소기각 판결을 선고하여야 한다는 견해가 있을 수 있다. 그러나 도로교통법상 업무상과실 재물손괴죄의 경우 범행의 도구로 제공된 차량 자체는 위 죄의 구성요건인 '다른 사람의 재물'에 해당하지 아니한다는 법해석에 따라 구성요건해당성을 흠결하고 있음이 공소사실 자체로 명백하여(따라서 형사소송법 제325조 전단의 범죄로 되지 아니하는 때에 해당) 추가적인 심리가 필요하지 않고, 처벌특례를 규정한 교통사고처리특례법 제3조 제2항 소정의 '도로교통법 제151조의 죄를 범한 운전자'에 해당한다고 볼 수 없으므로 판결 주문에서 무죄를 선고하는 것이 타당하다고 본다(대법원 2010. 12. 16. 선고 2010도5986 전원합의체 판결; 대법원 2015. 5. 14. 선고 2012도11431 판결의 취지 참조).

2. 업무상과실 자동차파괴죄와의 관계

판례에 따르면, 형법 제189조 제2항, 제187조 소정의 업무상과실 자동차파괴등죄와 도로교통법상 업무상과실 재물손괴죄는 그 보호법익을 달리하고 있고 행위의 객체 및 태양에 있어서 전자의 구성요건이 후자의 구성요건보다 축소 한정되는 관계에 있는 점에 비추어 위 양 법규는 일반법과 특별법 관계가 아닌 별개의 독립된 구성요건으로 해석하여야 한다는 입장이다(대법원 1983. 9. 27. 선고 82도671 판결). 그리고 업무상과실 자동차파괴등죄의 경우, 죄가 성립하려면 피고인 외의 사람이 그 자동차에 현존하기만 하면 되고 그 자동차가 피고인의 소유이든 다른 사람의 소유이든, 범행의 수단으로 제공된 것이든 아니든 상관없다.

예컨대, 사고 운전자가 자신 외의 사람이 탑승한 상태에서 타인 소유의 차량을 운행하던 중 업무상과실로 그 차량을 단순 손괴한 정도가 아니라 파괴한 경우, 즉 교통기관으로서의 용법의 전부 또는 일부를 불가능하게 할 정도로 파손한 경우에 도로교통법상 업무상과실 재물손괴죄에는 해당하지 않지만 업무상과실 자동차파괴죄에는 해당하게 된다.

〔**필자: 여훈구 변호사(김 · 장 법률사무소)**〕

13 교통사고발생시 조치의무위반죄의 성립 여부

【대상판결】 **대법원 1993. 11. 26. 선고 93도2346 판결**

【사실관계】 피고인은 1992. 12. 3. 23:15경 차량을 운전하고 편도 4차선 도로의 4차선을 따라 진행하다가 앞서 진행하던 피해자의 택시가 급제동하는 것을 피하지 못하고 택시의 뒷범퍼를 들이받는 사고를 발생시켰다. 이 사고로 택시가 입은 피해는 뒷범퍼에 약간의 흠집이 난 정도이며(수리비 금 70,000원 상당), 피고인은 사고 후 차량에서 내려 피해의 정도를 살핀 후 피해자에게 미안하다고 하면서 금 10,000원을 주고 사건을 해결하려고 하였다. 그러나 피해자가 이를 거절하면서 인근 파출소에 동행할 것을 요구하자, 피고인은 당시 음주운전을 하고 있던 사실이 발각될 것을 염려한 나머지 피해자의 제지에도 불구하고 자신의 인적사항이나 연락처도 알려주지 아니한 채 다시 승차하여 그대로 도주하였다.

【판결요지】

가. 도로교통법 제50조 제1항의 취지는 도로에서 일어나는 교통상의 위험과 장해를 방지, 제거하여 안전하고 원활한 교통을 확보함을 그 목적으로 하는 것이지 피해자의 물적 피해를 회복시켜 주기 위한 규정이 아니나, 이 경우 운전자가 위 규정 소정의 필요한 조치를 다하였는지의 여부는 사고의 내용, 피해의 태양과 정도 등 사고현장의 상황에 비추어 우리의 건전한 양식상 통상 요구되는 정도의 조치를 다하였는지의 여부에 따라 결정되어야 한다.

나. 피해 정도가 경미하고 교통사고 후 피해 상태를 확인한 후 피해변제조로 금원을 지급하려고 하였으나 피해자가 이를 거절하면서 사고신고하자고 하였는데도 인적사항이나 연락처를 알려주지 아니한 채 도주하였다면 위 '가'항의 조치를 다하였다고 볼 수 없다 한 사례.

【해설】

Ⅰ. 들어가며

「도로교통법」 제148조는 '제54조 제1항에 따른 교통사고 발생 시의 조치를 하지 아니한 사람'에 대한 형사처벌을 규정하고 있다. 이른바 '조치의무위반죄' 또는 '사고후미조치죄'로 불리는 이 죄는 법률상 의무의 불이행을 내용으로 하는 진정부작위범이다. 동조의 적용을 위해서는 '의무'와 '불이행'의 내용과 범위가 확정되어야 하고, 이를 위해서는 사고발생 시 조치의무를 규정한 「도로교통법」 제54조 제1항(구법 제50조 제1항)의 적용범위 해석이 선행되어야 한다.

「도로교통법」 제54조 제1항의 조치의무는 그 불이행 시 동법 제148조에 따른 형사처벌의 대상이 되고, 나아가 조치의무를 이행하지 아니하고 도주하여 사상의 결과가 발생하게 되면 「특정범죄 가중처벌 등에 관한 법률」 제5조의3에 따른 가중처벌로 이어진다는 점에서, 동조의 개념요소에 대한 명확하고도 엄격한 해석이 필요하다.

다음에서는 제54조 제1항의 기본개념에 대한 해석(Ⅱ)과 함께, '의무'의 측면에서 '조치의무의 인정 여부'를(Ⅲ), '불이행'의 측면에서 '조치의무의 이행 여부'를(Ⅳ) 살펴보기로 한다.

Ⅱ. 제54조 제1항의 기본개념

「도로교통법」 제54조 제1항은 '사고발생 시의 조치'라는 표제 아래 차의 운전 등 교통으로 인하여 사람을 사상하거나 물건을 손괴(교통사고)한 경우 그 차의 운전자등이 하여야 할 조치에 대하여 규정하고 있다.

'운전'이란 도로(제54조 제1항의 경우 도로 외의 곳 포함)에서 차마를 그 본래의 사용 방법에 따라 사용하는 것을 말한다(「도로교통법」 제2조 제26호). 여기서 운전은 고의의 운전행위만을 의미하고, 자동차 안에 있는 사람의 의지나 관여 없이 자동차가 움직인 경우는 운전에 해당하지 아니한다(대법원 2004. 4. 23. 선고 2004도1109 판결 등). '교통사고'란 차의 교통으로 인하여 사람을 사상하거나 물건을 손괴하는 것을 말하는데(「교통사고처리 특례법」 제2조 제2호), 여기서 '차의 교통'이란 차량을 운전하는 행위 및 그와 동일하게 평가할 수 있을 정도로 밀접하게 관련된 행위를 포함하는 것으로 해석된다(대법원 2007. 1. 11. 선고 2006도7272 판결 참조). 대법원은 이러한 '운전'과 '차의 교통'의 해석에 관한 법리가 「도로교통법」 제54조 제1항에서의 '차의 운전 등 교통'의 해석에 관하여도 마찬가지로 적용된다고 하고 있다(대법원 2016. 11. 24. 선고 2016도12407 판결).

한편 「교통사고처리 특례법」이 과실로 인한 교통사고의 특례에 관한 것이라는 점에서 「도로교통법」 제54조의 적용범위가 과실범에 한정되는 것인가 하는 의문이 있다. 이에 대하여 대법원은 「도로교통법」 제54조 제1항 및 제2항에서 정한 교통사고 발생 시의 구호조치의무 및 신고의무는 교통사고를 발생시킨 차량 운전자의 고의·과실 혹은 유책·위법 유무에 관계없이 부과된 의무이고, 운전자가 사고의 발생에 귀책사유가 없는 경우에도 위 의무를 진다는 점을 명백히 하고 있다(대법원 2015. 10. 15. 선고 2015도12451 판결 참조).

이를 종합해 보면, 「도로교통법」 제54조 제1항은 '도로 또는 그 이외의 장소'에서, '차량을 본래 용법에 따라 사용하는 행위 및 그와 동일하게 평가할 수 있을 정도로 밀접하게 관련된 행위'로서, '고의·과실, 위법·유책 여부를 불문'하고 '사람을 사상하거나 물건을 손괴'한 경우를 적용범위로 한다고 할 수 있다.

Ⅲ. 조치의무의 인정 여부

교통사고가 발생한 경우 사고운전자등은 즉시 정차하여 다음 각 호의 조치, 즉 '사상자 구호 등 필요한 조치(제1호)'와 '피해자에 대한 인적사항 제공(제2호)'을 하여야 한다.

종래 「도로교통법」은 '사상자 구호 등 필요한 조치'만을 규정하고 있었다. 법률상 예시된 사상자 구호가 조치의무에 포함된다는 점에는 별다른 의문이 없었으나, 그 외에 어떤 조치가 '필요한' 조치에 해당하는지, 특히 이른바 '신원확인조치'가 이에 포함되는지 여부에 논란이 집중되었다. 대상판결은 별다른 이유설시 없이 이를 긍정하는 취지로 판시해 온 기존의 판례와 달리 신원확인조치가 필요한 조치에 해당한다는 법리적 논거를 제시한 대법원의 초기 판례이다.

「도로교통법」 제54조 제1항과 제148조의 연계구조상 조치의 필요성 여부는 조치의무의 인정 여부로 연결되고, 조치의무의 인정은 형사처벌의 전제가 된다. '의무'와 '불이행'을 양대 축으로 하는 부작위범에서 이러한 '의무'의 인정은 사실상 절반의 범죄성립을 뜻한다는 점에서 그 판단에 신중을 기할 필요가 있다. 논란이 되었던 신원확인조치는 2016년 12월 「도로교통법」 일부개정(법률 제14356호)을 통해 조치의무의 내용으로 명문화됨으로써 이를 둘러싼 논란은 입법적으로 해결되었다.

참고로 대법원은 조치의 필요성 여부 판단기준으로 사고의 경위와 내용, 피해자의 상해 부위와 정도, 피해 차량의 손괴 정도, 사고운전자와 피해자의 나이와 성별, 사고 후의 정황, 사고 뒤 피해자들의 태도 등을 제시하고 있다(대법원 2002. 1. 11. 선고 2001도2869 판결; 대법원 2002. 10. 22. 선고 2002도4452 판결 등).

Ⅳ. 조치의무의 이행 여부

일단 조치의 필요성이 인정되었다면 해당 조치를 할 의무가 발생하고 그 의무의 이행이 요구된다. 「도로교통법」상 조치의무의 이행 여부는 '교통상 위험과 장해의 방지·제거 및 안전하고 원활한 교통의 확보'라는 동법의 입법취지를 고려하여 판단되어야 한다.

대법원은 사고 후 조치 여하에 따라 본인의 도주운전이나 피해자의 추격운전 등으로 또 다른 교통상 위험과 장해가 야기될 수 있다는 점에 주목하고 있다. 따라서 구호조치 없이 현장을 벗어난 경우는 물론 대상판결 사안과 같이 조치가 있었어도 그 정도가 미흡했던 경우에는 조치의무를 이행한 것으로 보기 어렵다는 입장이다. 이러한 결론은 피해차량이 경미한 물적 피해를 입은 데 그치고 파편물이 도로 위에 흩어지지 않았거나(대법원 2019. 7. 11. 선고 2017도15651 판결 등), 피해차량이 실제로 사고차량을 추격하지 않았거나 추격 과정에서 교통상 구체적 위험이 발생하지 않았더라도(대법원 2020. 2. 6. 선고 2019도3225 판결 등) 특별한 사정이 없는 한 마찬가지이다.

조치의무 이행의 정도와 관련하여 대법원은 필요한 조치를 다하였는지 여부는 사고의 내용, 피해의 태양과 정도 등 사고현장의 상황에 비추어 우리의 건전한 양식상 통상 요구되는 정도의 조치를 다하였는지의 여부에 따라 결정되어야 한다고 하고 있다(대법원 1991. 2. 26. 선고 90도2462 판결 등). 구체적으로는 사고 직후 즉시정차 여부, 피해의 파악·수습 및 피해자와의 소통을 위한 노력 여부 등이 고려요소가 될 것이다.

IV. 나오는 말

대상판결은 현실적인 교통상 위험과 장해가 없는 경미한 교통사고에서도 피해자의 추격 가능성 등으로 새로운 교통상 위험이 예상된다면 사회통념상 조치의무를 다한 것으로 볼 수 없고, 신원확인조치는 이러한 위험의 방지·제거를 위한 '필요한 조치'에 해당한다는 취지의 논지를 전개한 대법원의 초기 판례이다. 주지하는 바와 같이 대법원은 종래 조치의무의 '인정 여부'와 '이행 여부'의 측면을 나누어 조치의 '의무'와 그 '불이행'을 검토하여 왔으나, 특히 신원확인조치와 관련하여서는 기존의 판례가 명문규정이나 별다른 이유설시 없이 이를 조치의무의 내용으로 전제함으로써 논란이 야기된 바 있다. 이 판결은 조치의무의 내용으로서 신원확인조치의 필요성과 논거를 명확히 제시하였다는 점에서 의미가 크다고 할 것이며, 논란을 입법적으로 해결한 2016년 12월 「도로교통법」 개정 역시 이러한 취지로 이해할 수 있을 것으로 본다.

〔참고문헌〕 최상욱, "교통사고발생시 미조치죄에 대한 소고", 강원법학 제50권(2017); 김현철, "도로교통법위반(사고후 미조치)의 형사처벌에 관한 실무연구", 형사법의 신동향 제40호(2013)

〔필자: 황태정 교수(경기대)〕

14 교통사고 범죄의 죄수관계

【대상판결】 **대법원 1993. 5. 11. 선고 93도49 판결, 대법원 1991. 6. 14. 선고 91도253 판결, 대법원 1997. 3. 28. 선고 97도447 판결, 대법원 1987. 2. 24. 선고 86도2731 판결, 대법원 1972. 10. 31. 선고 72도2001 판결, 대법원 2008. 12. 11. 선고 2008도9182 판결**

【대상판결】

① 대법원 1993. 5. 11. 선고 93도49 판결

【판결요지】 차의 운전자가 업무상 주의의무를 게을리하여 사람을 상해에 이르게 함과 아울러 물건을 손괴하고도 피해자를 구호하는 등 도로교통법 제50조 제1항의 규정에 의한 조치를 취하지 아니한 채 도주한 때에는, 같은 법 제113조 제1호 소정의 제44조 위반죄(=안전운전의무위반죄)와 같은 법 제106조 소정의 죄(=교통사고발생시 미조치죄) 및 특정범죄가중처벌등에관한법률위반죄(=도주치상죄)가 모두 성립하고, 이 경우 특정범죄가중처벌등에관한법률위반죄와 물건손괴 후 필요한 조치를 취하지 아니함으로 인한 도로교통법 제106조 소정의 죄(=교통사고발생시 미조치죄)는 1개의 행위가 수개의 죄에 해당하는 상상적 경합범의 관계에 있고, 위의 2개의 죄와 같은 법 제113조 제1호 소정의 제44조 위반죄(=안전운전의무위반죄)는 주체나 행위 등 구성요건이 다른 별개의 범죄이므로 실체적 경합범의 관계에 있다.

② 대법원 1991. 6. 14. 선고 91도253 판결

【판결요지】 도로교통법 제106조에 의해 처벌되는 동법 제50조 제1항 위반죄(=교통사고발생시 미조치죄)는 (중략) 고의범으로서, 과실범인 형법 제268조의 죄 중 업무상과실 또는 중과실치상죄 및 도로교통법 제108조의 죄(=업무상과실재물손괴죄)와는 그 보호법익, 주체, 행위 등 구성요건이 전혀 다른 별개의 범죄이므로, 차의 운전자가 업무상과실 또는 중과실에 의하여 사람을 상해에 이르게 하거나 재물을 손괴하고 같은 법 제50조 제1항 소정의 구호조치 등 필요한 조치를 취하지 아니한 경우에는 업무상과실, 중과실치상죄 또는 같은 법 제108조의 죄(=업무상과실 재물손괴죄) 외에 같은 법 제106조의 죄(=교통사고발생시 미조치죄)가 성립하고 이는 실체적 경합범이라고 보아야 한다.

③ 대법원 1997. 3. 28. 선고 97도447 판결

【판결요지】 원심은 (중략) 도주한 점에 관하여 특정범죄가중처벌등에관한법률 제5조의3 제1항형법 제268조, 도로교통법 제50조 제1항을, 음주운전의 점에 대하여 도로교통법 제107조의2 제1항, 제41조 제1항을 적용하고 위 두 죄를 형법 제37조 전단의 경합범으로 보아 처벌하였는바, 원심의 위 판단은 적법하고 … (후략).

④ 대법원 1987. 2. 24. 선고 86도2731 판결

【판결요지】 형법 제40조에서 말하는 1개의 행위란 법적 평가를 떠나 사회관념상 행위가 사물자연의 상태로서 1개로 평가되는 것을 말하는 바, 무면허인데다가 술이 취한 상태에서 오토바이를 운전하였다는 것은 위의 관점에서 분명히 1개의 운전행위라 할 것이고 이 행위에 의하여 도로교통법 제111조 제2호, 제40조(=무면허운전죄)와 제109조 제2호, 제41조 제1항(=음주운전죄)의 각 죄에 동시에 해당하는 것이니 두 죄는 형법 제40조의 상상적 경합관계에 있다고 할 것이다.

⑤ 대법원 1972. 10. 31. 선고 72도2001 판결

【판결요지】 운전면허 없이 운전을 하다가 두 사람을 한꺼번에 치어 사상케 한 경우에 이 업무상 과실치사상의 소위는 상상적 경합죄에 해당하고 이와 무면허운전에 대한 본법위반죄와는 실체적 경합관계에 있다.

⑥ 대법원 2008. 12. 11. 선고 2008도9182 판결

【판결요지】 특정범죄가중처벌 등에 관한 법률위반(위험운전치사상)죄의 입법취지와 문언에 비추어볼 때 교통사고처리특례법위반(업무상과실치사상)죄는 위 죄에 흡수된다.

【해설】

Ⅰ. 들어가는 말

죄수·경합론은 범인이 행한 범죄의 수를 산정하는 '죄수론', 그리고 수죄가 인정됨을 전제로 행위의 단복(單複)을 살펴 상상적 경합인지(한 개의 행위) 아니면 실체적 경합인지(수개의 행위)를 논하는 '경합론'으로 나누어 볼 수 있다. 대상판결① 내지 ⑤는 수죄가 인정됨을 전제로 그 행위의 단복을 논하는 '경합론'에 관한 것이고, 대상판결⑥은 '죄수론'에 관한 것이다. 아래에서는 판례가 어떠한 방법으로 운전행위의 단복을 판정하는지를 살펴본다.

Ⅱ. 교통사고 관련 행위의 단복 판단 기준

형법 제40조의 "한 개의 행위"를 판단하는 방법으로는 자연적 관찰방법을 강조하는 입장과 구성요건적·법적 관찰방법을 강조하는 입장이 대립한다. 여기서 대상판결④는 "법적 평가를 떠나 사회관념상 행위가 사물자연의 상태로서 1개로 평가"되는가를 중심으로 살펴야 한다고

하여, '하나의 운전행위'라는 자연적 관찰방법에 따르면서도, 대상판결⑤에서는 구성요건적·법적 관찰방법을 따라 일련의 계속된 운전행위 중에 발생한 교통사고이지만 수개의 행위라고 판단하고 있다.

판례는 교통사고와 관련하여, (1) 운전행위 자체(무면허운전, 음주운전), (2) 운전행위로 발생한 재물손괴 내지 치사상사고(업무상과실치상, 업무상과실재물손괴), (3) 재물손괴 내지 사상사고 후의 도주 행위(특가법상 도주치상, 도교법상 손괴후 미조치)를, 각 별개의 행위로 보고 있다. 즉, 판례는 위 (1)과 (2)의 관계(대상판결⑤), (1)과 (3)의 관계(대상판결①, ③), 그리고 (2)와 (3)의 관계(대상판결②)에서 각 실체적 경합관계를 인정하고 있다. 이는 각각의 행위가 별도의 구성요건적 행위라는 점을 중시한 것이라고 생각된다. 이에 반하여 독일의 통설과 판례는 무면허운전죄와 무면허운전중 범해진 다른 교통사고범죄는 상상적 경합관계에 있다고 본다. 한편 판례는 도로교통법 소정의 안전운전의무위반행위와 업무상 과실치상행위는 별개의 것이므로 안전운전의무위반으로 통고처분에 따른 범칙금을 납부하였더라도 교특법위반죄로 처벌하는 것이 이중처벌이라 할 수 없다고 한다(대법원 1983. 7. 12. 선고 83도1296 판결).

판례는 위 (1)과 관련하여 무면허운전 및 음주운전이 각 문제될 경우 '한 개의 행위'라고 보고 상상적 경합범으로 처리한다(대상판결④). 이는 무면허 및 음주운전이 일정한 목적지로 이동하기 위한 동일한 의사를 가진 하나의 운전행위이기 때문이다. 무면허운전은 운전을 개시함으로써 성립하고 운전이 계속되는 한 그 종료까지는 1죄가 성립하고, 하루 또는 수시간 내에 운전이 계속적으로 반복된 경우에는 포괄1죄로 평가되므로(그러나 사회통념상 운전한 날을 기준으로 운전한 날마다 1개의 운전행위가 있다고 보는 것이 상당하므로 운전한 날마다 1죄가 성립하고 여러 날에 반복된 무면허운전은 포괄1죄가 아니라 실체적 경합범의 관계에 있다. 대법원 2002. 7. 23. 선고 2001도6281 판결 참조) 가령 오전에 무면허운전으로 음식점에 도착하여 다량의 음주를 한 후 다시 오후에 음주운전을 한 경우에도 무면허운전죄와 음주운전죄는 상상적 경합관계에 있다고 하겠다.

그리고 판례는 위 (2)와 관련하여, 한꺼번에 여러 사람을 충격하여 사상케 한 경우 이를 '한 개의 행위'라고 본다(위 대상판결⑤). 이는 예컨대 모여 있는 군중을 향하여 폭탄을 한 번 던진 경우와 같이 하나의 업무상과실에 의한 교통사고로 여러 개의 전속적 법익을 침해한 경우이기 때문이다. 마찬가지로 운전행위로 인한 하나의 사고로 재물손괴와 사상사고가 일어난 경우 업무상과실재물손괴죄와 업무상과실치사상죄는 상상적 경합의 관계에 있다.

또한 위 (3)과 관련하여, 운전자가 차량손괴 및 피해자 치사상사고를 낸 후 도주한 경우 판례는 도로교통법상 사고 후 미조치죄와 그리고 특정범죄 가중처벌등에 관한 법률상 도주치상죄는 상상적 경합의 관계에 있다고 한다(대상판결①). 이때 대인사고에 대해서는 특가법상 도주치상죄만 성립하고 교특법위반죄와 도교법상 미조치죄는 이에 흡수된다. 대물사고에 대해서는 도교법상 업무상과실재물손괴죄와 미조치죄가 각각 성립하고 실체적 경합관계에 있다.

마지막으로 대상판결⑥은 '죄수론'에 관한 것인데, "입법취지와 문언"을 근거로 구성요건간의 관계를 설명하고 있어 법조경합 중 흡수관계가 아닌 특별관계(위험운전치사상죄가 특별법)를 인정한 것이라고 하겠다. 문제는 음주운전과 교특법상 다른 단서사유가 경합하여 사고가 발생한 경우인데, 이때에는 음주운전으로 인한 교특법위반 부분은 특가법위반(위험운전치사상)죄만 성립하지만, 다른 단서사유로 인한 교특법위반 부분은 별도로 교특법위반죄가 성립하고, 두죄는 상상적 경합관계에 있다고 본다(상상적 경합범설).

Ⅲ. 나오는 말

위 판례들 외에도 교통범죄의 다양한 법규위반의 형태에 따라 죄수가 문제될 수 있다. 각각의 구성요건적 행위가 상상적 경합관계에 있는지 실체적 경합관계에 있는지는, 기본적으로 하나의 운전행위로 평가될 수 있는 것인지 또는 일련의 계속된 운전행위 중에 발생한 것이라도 그것이 별도의 독립된 구성요건적 행위이므로 그 운전행위와는 별개의 행위로 보아야 할지를 따져보면 된다. 실행행위의 부분적 동일성은 동시성만으로 족하지 않고 실행행위의 객관적 동일성도 인정되어야 하기 때문이다.

〔**참고문헌**〕 이유정, "교통사고와 죄수 - 교통사고판례를 중심으로", 형사판례연구 4(1996)

〔**필자: 노수환 교수(성균관대)**〕

15 우회전차로가 분리된 사거리 교차로에서 직진차로를 따라 우회전하는 행위의 도로교통법 위반 여부

【대상판결】 **대법원 2012. 4. 12. 선고 2011도9821 판결**

【사실관계】 서울 서대문구 소재 사직터널을 지나 독립문사거리에 도달하기 전 도로에는 직진과 우회전 표지가 설치되어 있고, 삼각형 모양의 화단을 사이에 두고 직진 2개 차선과 우회전 2개 차선으로 도로가 분리된다. 위 직진 2개 차선을 따라 독립문 사거리 쪽으로 진행하면 아래 [현장약도]와 같이 독립문 사거리 도달 직전 노면에 좌회전 진행방향 표시가 되어 있고, 위와 같이 분리된 4개 차선 모두 서대문과 독립문을 잇는 도로에 맞닿아 있다. 독립문 사거리 위쪽에는 사직터널과 금화터널을 쌍방향으로 직진할 수 있는 고가도로가 있다.

피고인은 2010. 8. 6. 18:36경 사직터널 쪽에서 금화터널 쪽으로 진행하던 중 직진 차선을 따라 진행하였고 독립문사거리에서 좌회전 진행방향 표시가 되어 있는 2개 차선 중 오른쪽 차선을 따라 독립문 쪽으로 우회전하였다.

【현장약도】

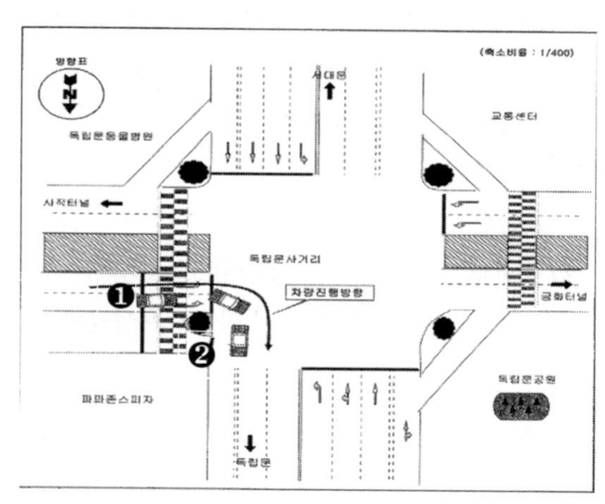

【판결요지】 구 도로교통법(2010. 7. 23. 법률 제10382호로 개정되기 전의 것) 제25조 제1항, 제2조 제12호 및 '도로의 구조 · 시설 기준에 관한 규칙'제2조 제24호, 제43호, 제32조 제3항의 내용과 취지 등을 종합하면, 교통섬이 설치되고 그 오른쪽으로 직진 차로에서 분리된 우회전차로가 설치되어 있는 교차로에서 우회전을 하고자 하는 운전자는 특별한 사정이 없는 한 도로 우측 가장자리인 우회전차로를 따라 서행하면서 우회전하여야 하고, 우회전차로가 아

닌 직진 차로를 따라 교차로에 진입하는 방법으로 우회전하여서는 아니 된다. 따라서 자동차 운전자인 피고인이, 교통섬이 설치되고 그 오른쪽으로 직진 차로에서 분리된 우회전차로가 설치되어 있는 교차로에서 우회전차로가 아닌 직진 2개 차로 중 오른쪽 차로를 따라 교차로에 진입하는 방법으로 우회전한 것은 위와 같은 교차로 통행방법에 위배된다.

【해설】

Ⅰ. 들어가는 말

이 사건의 1심(서울서부지방법원 2010고정2469)은 피고인에게 구 도로교통법(2010. 7. 23. 법률 제10382호로 개정되기 전의 것, 이하 '구 도로교통법'이라고 한다) 위반을 인정하였으나, 항소심(서울서부지방법원 2011노278)은 ❶ 좌회전 표시가 된 2개 차로와 서대문 방향에서 독립문 방향을 연결하는 도로가 교차하는 부분과 ❷ 우회전 2개 차로와 위 도로가 맞닿은 부분을 각 별도의 교차로로 보고, 피고인이 교차로와 맞닿은 2개 차로 중 오른 쪽 차로를 따라 우회전하였으므로 피고인이 교차로 통행방법을 위반하지 않았다고 판단하였다. 이에 대하여 대법원은 위 ❶도로부분과 ❷도로부분을 모두 하나의 교차로로 보고 피고인이 우회전차로가 아닌 차로로 우회전한 것은 교차로 통행방법에 위배된다는 이유로 위 항소심 판결을 파기하였으므로, 이 사건과 같이 교통섬이 있어 우회전차로와 직진 또는 좌회전차로가 분리된 경우 이를 하나의 교차로로 볼 수 있는지, 그와 같은 경우 도로교통법에 따른 적법한 통행방법은 무엇인지가 이 사건의 쟁점이 된다.

Ⅱ. 우회전차로를 포함하여 하나의 교차로에 해당하는지 여부 및 적법한 통행방법

1. 관련 법령

① 구 도로교통법 제2조 제12호는 십자로, T자로나 그 밖에 둘 이상의 도로(보도와 차도가 구분되어 있는 도로에서는 차도를 말한다)가 교차하는 부분을 '교차로'로 규정하고 있다. 같은 조 제1호는 도로법, 유료도로법, 농어촌도로 정비법에 의한 각 도로와 그 밖에 현실적으로 불특정 다수의 사람 또는 차마의 통행을 위하여 공개된 장소로서 안전하고 원활한 교통을 확보할 필요가 있는 장소를 '도로'로, 제4호는 연석선(차도와 보도를 구분하는 돌 등으로 이어진 선을 말한다. 이하 같다), 안전표지나 그와 비슷한 공작물로써 경계를 표시하여 모든 차의 교통에 사용하도록 된 도로의 부분을 '차도'로, 제6호는 차마가 한 줄로 도로의 정하여진 부분을 통행하도록 차선에 의하여 구분되는 차도의 부분을 '차로'로 각 정의하고 있다.

② 한편, 도로의 구조·시설 기준에 관한 규칙(2009. 2. 19. 국토해양부령 제101호로 전부 개정된 것) 제2조 제24호는 "회전차로란 자동차가 우회전, 좌회전 또는 유턴을 할 수 있도록 직진하는 차로와 분리하여 설치하는 차로를 말한다."고 규정하고, 같은 조 제43호는 "교통섬이란 자동차의 안전하고 원활한 교통처리나 보행자 도로횡단의 안전을 확보하기 위하여 교차로 또는 차도의 분기점 등에 설치하는 섬 모양의 시설을 말한다."고 하며, 같은 규칙 제32조 제3항은 "평면으로 교차하거나 접속하는 구간에서는 필요에 따라 회전차로, 변속차로, 교통섬 등의 도류화시설(도로의 흐름을 원활하게 유도하는 시설)을 설치하여야 하며, 이에 관하여 필요한 사항은 국토해양부장관이 따로 정한다."고 규정하고 있다.

③ 교차로에서의 통행방법에 대하여 구 도로교통법 제25조 제1항은 "모든 차의 운전자는 교차로에서 우회전을 하고자 하는 때에는 미리 도로의 우측 가장자리를 서행하면서 우회전하여야 한다."고 규정하고, 같은 법 제156조 제1호에서 위 규정을 위반한 자에게 20만 원 이하의 벌금이나 구류 또는 과료에 처할 것을 정하고 있다.

2. 대상판결의 논거

대법원은 이 사건 교차로와 같이 화단(교통섬)으로 분리된 우회전차로인 [현장약도] ❷부분을 별도의 도로가 아닌 회전차로로 보아 독립문사거리 전체가 하나의 교차로라는 전제에서, 우회전을 할 경우 운전자는 구 도로교통법에서 규정한대로 도로의 우측 가장자리인 우회전차로를 따라 서행하면서 우회전하여야 한다고 판시하였다.

구 도로교통법은 차량과 사람의 통행을 위한 도로 중 차의 교통에 사용되는 부분을 '차도'로, 차마가 한 줄로 통행할 수 있도록 차선에 의해 구분되는 차도의 부분을 '차로'로 각 규정하고 있으며, 교차로는 '도로'가 서로 교차하여야 한다. 대법원은 이 사건 도로 부분에 설치된 화단은 도로가 넓어지는 부분에 보행자 도로횡단의 안전과 원활한 교통의 흐름을 위하여 설치된 것으로서 위 규칙에서 규정한 '교통섬'에 해당하고, [현장약도] ❷부분은 직진차로와 분리되어 설치된 '회전차로'에 해당한다고 보았다. 따라서 ❶부분과 ❷부분은 각 차도의 부분인 '차로'에 불과하고 별개의 도로가 아니므로 각 부분과 서대문에서 독립문을 연결하는 도로가 맞닿은 부분이 별개의 교차로가 될 수도 없다. 따라서 이 사건 교차로에서 우회전을 할 때엔 구 도로교통법 규정에 따라 우회전차로인 ❷부분을 따라 우회전을 하여야 하고, ❶부분을 따라 우회전을 하는 것은 위법하다.

만일 우회전차로가 교통섬 등으로 주된 도로와 분리되었다는 이유로 주된 도로의 오른쪽 가장자리 차로를 이용하여 우회전하는 것을 허용할 경우 교차로를 이용하는 보행자와 다른 운전자들의 신뢰나 예측가능성이 감소하여 결국 사고가 증가하게 될 것이며, 이는 안전하고 원활한 교통을 확보하고자 하는 도로교통법의 입법목적 및 회전차로와 교통섬을 설치한 위 규칙의 취지에도 부합하지 않는다.

Ⅲ. 나오는 말

대상판결은 교통섬으로 분리된 우회전차로가 설치되어 있는 교차로에서의 통행방법에 관한 법리를 처음으로 선언한 판결로서 이에 위반한 운전자의 형사적 책임을 명확히 하였을 뿐 아니라, 향후 유사한 상황에서 교통사고가 발생하였을 경우 업무상 과실 여부에 대한 판단근거를 마련하였다는 점에 그 의의가 있다.

〔**참고문헌**〕 김승주, "우회전차로가 분리된 사거리 교차로에서 주된 도로의 오른쪽 가장자리 차로로 우회전하는 행위가 교차로 통행방법 위반인지 여부", 대법원판례해설 [92](2012)

〔**필자: 연선주 판사(서울중앙지방법원)**〕

제2장

교통사고처리특례법

16 교특법상 처벌특례의 인적 적용범위

【대상판결】 **대법원 2017. 5. 31. 선고 2016도21034 판결**

【사실관계】 피고인 甲은 회사의 작업팀장이고, 피고인 乙은 4.5톤 트럭의 운전자이다. 피고인들은 피해자의 오리농장 내 공터에서 피해자가 사육한 오리를 위 트럭 적재함의 오리케이지에 상차하는 작업을 하였다. 그곳은 경사진 공터이었으므로, 오리케이지를 고정하는 줄을 제대로 고정하는 등 안전하게 작업을 진행하여야 할 업무상 주의의무가 있었다. 乙은 트럭을 경사진 곳에 정차하여 오리케이지가 기울어지게 하였는데, 아직 차량의 시동을 끄지 아니한 상태에서 운전석에 앉아 있었다. 甲은 트럭을 안전한 장소로 이동하게 하거나 오리케이지를 고정하는 줄이 풀어지지 않도록 필요한 조치를 하지 아니한 채 작업을 진행하게 하였다. 오리케이지를 고정하는 줄이 하중을 이기지 못하고 풀어지면서 오리케이지가 피해자의 하반신 위로 떨어져, 피해자는 약 8주간의 치료가 필요한 갈비뼈 골절 등의 상해를 입었다. 검사는 피고인들은 업무상과실치상죄의 공동정범으로 기소하였다.

【판결요지】 "피고인 甲은 트럭을 운전하지 아니하였을 뿐 아니라 피고인 乙이 속하지 아니한 회사의 작업팀장으로서 위 트럭의 이동·정차를 비롯한 오리의 상하차 업무 전반을 담당하면서 상하차 작업 과정에서 사고가 발생하지 않도록 필요한 조치를 제대로 하지 아니한 업무상의 과실을 이유로 기소되었으므로, 이러한 공소사실이 인정된다면, 피고인 甲이 담당하는 업무 및 그에 따른 주의의무와 과실의 내용이 피고인 乙의 경우와 달라 피고인 甲은 '특례법이 적용되는 운전자라 할 수 없고' 형법 제268조에서 정한 업무상과실치상의 죄책을 진다."

【해설】

Ⅰ. 들어가는 말

교통사고처리 특례법(이하 '교특법') 제1조는 "업무상과실 또는 중대한 과실로 교통사고를 일으킨 '운전자에 관한 형사처벌 등의 특례'를 정함으로써 교통사고로 인한 피해의 신속한 회복을 촉진하고 국민생활의 편익을 증진함을 목적으로 한다."고 규정하고 있다. 그리고 교특법 제3조 제1항은 "차의 운전자가 교통사고로 인하여 「형법」 제268조의 죄를 범한 경우에는 5년 이하의 금고 또는 2천만 원 이하의 벌금에 처한다."고 규정하고 있다. 한편, 교특법은 그 처벌특례와 관련하여, 제3조 제2항 본문에서 "차의 교통으로 제1항의 죄 중 업무상과실치상죄 또는 중과실치상죄와 도로교통법 제151조의 죄를 범한 '운전자에 대하여는' 피해자의 명시적인 의사에 반하여 공소를 제기 할 수 없다."고 규정하고, 제4조 제1항 본문에서 차의 교통으로 업무상과실치상죄 등을 범하였을 때 "교통사고를 일으킨 차가 교특법 제4조 제1항에서 정한 보험 또는 공제에 가입된 경우에는 그 차의 '운전자에 대하여' 공소를 제기할 수 없다."고 규정하고 있다.

원심은 이 사건 사고가 교통사고에 해당한다고 보아 피고인들을 모두 교통사고처리특례법위반(제3조 제1항)죄의 공동정범으로 인정한 다음 특례법 제4조 제1항을 적용하여 피고인들에 대한 공소를 각 기각한 제1심 판결을 유지하였다. 대법원은 乙에 대해서는 검사의 상고를 기각하였으나, 甲에 대해서는 "교특법이 적용되는 운전자라 할 수 없다"는 이유로 원심판결 및 제1심판결 중 피고인 甲에 대한 부분을 파기하고 제1심 법원에 환송하였다. 환송 후 제1심은, 피고인 甲을 乙과 업무상과실치상죄(형법 제268조)의 공동정범으로 인정한 다음 금고형의 집행유예를 선고하였다.

교특법 제3조 제2항 본문과 제4조 제1항 본문은 차의 운전자에 대한 소송조건 내지 공소제기의 조건을 규정한 것이다. 교특법의 문언상 제3조 제2항 및 제4조 제1항은 '운전자에 대하여' 특례를 규정하고 있음은 분명하다. 여기서 운전자가 아닌 자에게 과실범의 공동정범이 성립한다면, 그 공동정범에게도 위 특례가 적용되는지 여부가 문제된다.

Ⅱ. 처벌특례의 인적 적용범위

1. 학설

긍정설은 교특법 제3조 제1항의 공동정범인 경우에는 제4조 제1항의 운전자에 해당하는 것으로 확대해석하는 것이 타당하다는 견해이다. 그 논거로는 이러하다. ① 자동차손해배상보장법 제2조 제4호에는 "운전자란 '다른 사람을 위하여 자동차를 운전하거나 운전을 보조하는 일에 종사하는 자'를 말한다."고 규정되어 있고, ② 국가형벌권의 남용으로부터 시민의 자유와 권리를 보호하고 형법 이전의 사회규범이나 법규범으로 피해자를 보호하면서 사회적 갈등을 원만히 해결할 수 있는 경우에는 형법의 투입을 자제해야 한다는 것이다.

반면, 부정설은 보험특례의 인적 적용범위에 대해서는 문언 그대로 '운전자에 대하여'만 제한적으로 적용되는 것으로 해석하는 견해이다. 자동차손해배상보장법은 교특법과 달리 그 입법목적이 '손해배상을 보장하는 제도를 확립하여 피해자를 보호' 등에 있는 것이므로, 제4조 제1항의 적용범위를 확대하는 근거로 삼기에는 난점이 있다는 것이다.

2. 비운전자에 대한 처벌특례의 적용 여부

교특법상 처벌특례는 법문상 운전자에게만 인정되는 특례이므로, 비운전자에게는 공동정범이라고 하더라도 당연히 그 특례가 적용되는 것은 아니다. 교특법은 일반 업무상과실치상죄 가운데 오로지 교통사고의 운전자에 대해서만 그 특례를 인정하는 것이다. 교통사고에서 운전자와 사이에 과실범의 공동정범을 인정하는 경우 운전자를 제외한 다양한 형태의 공동정범(비운전자)에 대해서는 보험특례가 적용되지 않는다는 해석은, 형법상 업무상과실치상죄의 처벌 원칙이 특별법 적용에서도 그대로 관철된다는 것을 의미한다. 더구나 운전자 그 자체가 신분이 될 수는 없으므로, 운전자라는 사정이 친족상도례처럼 인적 처벌조각사유가 되는 것도 아니다. 친족상도례에서조차도 인적 처벌조각사유는 비신분자(비친족)에게 적용되지 않는다는 점을 감안한다면, 교특법상 보험특례 역시 비운전자에 대해서는 적용되지 않는다고 하는 것이 논리적이다.

입법상의 문제점도 감안되어야 한다. 즉, ① 교특법의 입법과정에서 종합보험의 가입으로 운전자에 대한 피해자의 처벌불원의사표시를 대체하는 것은 법이론적으로도 문제가 있는 것으로 지적된 바 있다. 반의사불벌죄는 피해자의 의사를 존중하여 국가형벌권의 발동을 피해자의 의사에 종속시키는 범죄인데, 보험특례 규정은 피해자의 의사와 관계없이 심지어는 피해자의 의사에 반하더라도, 피해자와 가해자의 형사법적 관계를 피해자와 보험자의 민사법적 관계로 치환을 결과적으로 강제한다는 문제가 있다는 것이다. ② 사적 보험의 존재가 피해자의 처벌불원의사를 일반적으로 대체한다고 할 수는 없을 것이다. ③ 종국적 전액보상이 곧 피해자의 불원의사라는 등식이 성립하는 것은 아니며, 이 점은 대인사고인 치상사고에서 더욱 크게 부각된다. ④ 현행 보험제도의 실태에 비추어 충분한 보상이나 공정한 보상이 항상 기대되는 것도 아니라는 점에서, 피해자보호 측면의 문제점이 없는 것도 아니다.

Ⅲ. 나오는 말

대상판결은 교특법의 인적 적용범위 및 그 처벌특례(특히 종합보험가입 특례)의 인적 적용범위에 대해 명시적·직접적으로 판시한 최초의 판결이라는 점에서 그 의미가 적지 않다. 다만, 비운전자에 대한 교특법상 처벌특례의 적용배제, 즉 교특법은 운전자에게만 적용되고 종합보험의 특례는 비운전자에게 효력을 미치지 않는다는 점만을 확인해 주고 있을 뿐, 구체적인 논증이 결여된 점은 아쉬움이 있다. 물론 대상판결의 해석론은 과실범의 공동정범을 인정하는 등의 전제 아래 논의되는 것이며, 만일 과실범의 공동정범 성립을 부정하는 학설의 입장에서는 아예 문제조차 될 수 없는 쟁점이다. 판례는 과실범의 공동정범을 인정하는 입장(대법원 1962. 3. 29. 선고 4294형상598 판결 등 참조)이다. 나아가 반의사불벌죄의 경우에는 친고죄에서의 주관적 고소불가분의 원칙이 적용되지 않는다는 입장(대법원 1994. 4. 26. 선고 93도1689 판결)이다.

〔**참고문헌**〕 이주원, "교통사고처리 특례법상 처벌특례의 인적 적용범위", 형사판례연구 26(2018)

〔**필자: 이주원 교수(고려대)**〕

17 교특법상 '교통'의 의미

【대상판결】 **대법원 2010. 4. 29. 선고 2010도1920 판결, 대법원 1998. 9. 4. 선고 98다22604 판결**

【사실관계】 피고인은 운전하던 차를 ㅇㅇ교회 앞에 주차를 시켜놓고 운전석 문짝을 열고 하차함에 있어 전방, 좌, 우 및 후방을 잘 살피지 않아 후방에서 자전거를 타고 직진하는 피해자를 미처 발견하지 못하여 피고인 차량 좌측 문짝 안쪽 부분이 피해자의 자전거 핸들 부분에 충격을 가하고, 피해자가 도로에 넘어지게 하여 피해자에게 전치 약 3주간의 치료를 요하는 상해를 입게 하고 현장에서 아무런 구호조치 없이 그대로 도주하였다.

【판결요지】 구 특정범죄 가중 처벌 등에 관한 법률 제5조의3 제1항에서 정하는 도주차량 운전자에 대한 가중처벌 규정은 자신의 과실로 교통사고를 야기한 운전자가 그 사고로 사상을 당한 피해자를 구호하는 등의 조치를 취하지 않고 도주하는 행위에 대해 강한 윤리적 비난 가능성이 있음을 감안하여 이를 가중처벌함으로써 교통의 안전이라는 공공의 이익의 보호뿐만 아니라 교통사고로 사상을 당한 피해자의 생명·신체의 안전이라는 개인적 법익을 보호하고자 함에도 그 입법 취지와 보호법익이 있는 점에 비춰 피고인을 유죄로 판단한 원심은 법리오해의 위법이 없다.

【해설】

Ⅰ. 들어가는 말

특가법 제5조의3 제1항은 도교법 제2조의 규정에 따라 자동차의 '교통'으로 인하여 형법 제268조의 죄를 범한 해당 차량의 운전자(이하 "사고운전자"라 한다)가 피해자를 구호하는 등 도교법 제54조 제1항의 규정에 의한 조치를 취하지 않고 도주한 경우를 구성요건으로 하여 가중처벌을 규정하고 있지만, 그 적용의 핵심 요건이 된다고 볼 수 있는 '교통'의 구체적 의미가 무엇인지 정의 규정을 명시적으로 두고 있지 않다. 다만, 교특법은 제2조 제2호에서는 '교통사고'에 대해 '차의 교통으로 인하여 사람을 사상(死傷)하거나 물건을 손괴(損壞)하는 것을 말한다.'고 정의하면서, 제3조 제1항에서는 "차의 운전자가 교통사고로 인하여 형법 제268조의 죄를 범한 때에는 5년 이하의 금고 또는 2천만 원 이하의 벌금에 처한다."라고 규정하여 '교통사고'에 대해서는 명시적으로 정의하고 있다. 그러나 동어반복에 불과한 것이기 때문에 이것이 교통의 의미에 대한 명시적 정의라고 보기는 어렵다. 따라서 대상판결은 특가법이 적용되는 사안이지만 결국 '교통'의 의미가 무엇인지를 둘러싸고 도교법과 교특법의 의미를 해석해야 하고, 특히 교특법상 '교통'의 의미 해석이 중요하다. 그러므로 대상판결의 쟁점은 차량을 주차한 후 운전석을 열고 하차하는 과정에서 발생한 사고가 교특법에서 정하고 있는 교통사고에 해당하는지 여부가 된다. 피고인은 사건에서 교통사고가 차의 교통으로 인해 사람을 사상하거나 물건을 손괴하는 것이고, 차의 교통이라는 것이 차를 본래의 용법에 따라 사용하는 것을 의미하는데 사건 사고는 차의 본래 용법인 주행을 위해 사용하던 중 일으킨 사고가 아니기 때문에 문제가 되지 않는다고 주장하였지만, 1심과 2심, 대법원 판결 모두 특가법상 도주차량 운전자로 보아 자동차의 교통으로 인하여 사람을 다치게 하고도 구호조치 없이 도주한 경우에 해당한다고 하였다.

Ⅱ. 교통의 의미에 대한 해석

1. 학설과 판례

교특법은 그 적용대상에 관해 명시적인 규정을 직접적으로 두고 있지 않지만, 간접적으로 그 적용대상을 정하고 있는데, 이에 따르면 '차의 운전자'가 '교통사고'를 일으킨 경우에 한정된다고 할 수 있다. 그런데, 교특법상 교통의 개념을 정의한 명문규정이 없기 때문에 교통의 의미가 무엇인지에 대해서는 해석론에 따라야 할 것이다.

교통이란 사전적으로는 "사람이 자동차 · 기차 · 배 · 비행기 따위를 이용하여 오고 가거나, 짐을 실어 나르는 일"로 정의되는데, 교통의 의미에 대하여 다음과 같이 견해가 대립하고 있다. 차의 운전과 동일하다는 견해, 차의 운전은 물론 운전과 동일하게 평가할 수 있는 이와 밀접한 행위도 포함된다는 견해, 주행을 위해 자동차의 문을 연 때로부터 당해 주행의 목적이 달성된 때인 자동차의 문을 열고 내린 후 문을 잠근 때까지라는 견해 등이 그것이다. 대상판례에 따르면 차의 교통이란 차량을 운전하는 행위 및 그와 동일하게 평가할 수 있을 정도로 밀접하게 관련된 행위를 포함한다.

2. 교특법상 '교통'의 의미

도교법 제54조의 제1항은 사고발생시의 조치에 관하여 규정하면서, '차 또는 노면전차의 운전 등 교통으로 인하여 사람을 사상하거나 물건을 손괴(이하 "교통사고"라 한다)한 경우'라고 하고 있으므로, 문언에 의하면 도교법상 '운전'이 당연히 교특법상 '교통' 개념에 포함된다는 점에서는 의문의 여지가 없다. 즉, 교통은 적어도 차의 운전과 동일한 개념이 아닌 그보다 넓은 개념이다. 그러나 교특법상 '교통' 개념과 관련하여 운전과 동일하게 평가할 수 있을 정도로 밀접하게 관련된 행위, 즉 운전과 동일한 밀접관련행위가 무엇인지는 명확하게 파악되지 않으며, 교통사고 중 이러한 행위로 인해 발생한 사고에 대해서도 논란의 여지가 있다. 이와 관련하여 대상판례에서 문제가 되는 것은 '주·정차상태'와 '운전자 또는 승객의 승·하차'에 관한 것이다.

주·정차상태에 대해 살펴보면, 주·정차는 차의 주행과 관련한 운전과정에 수반되기 때문에 주행의 전후단계에서 운전과 밀접불가분의 관련이 있다고 할 수 있고, 주차와 정차 자체가 고의행위이기 때문에 주차상태는 적어도 도교법상 운전에 포함되지 않지만, 교특법상 교통의 개념에는 포함된다. 이러한 주·정차시 사고에 있어 '교통사고로 인하여'라 하는 것은 '주·정차에 관한 주의의무위반으로 인한 사고'를 의미하며, 주차와 사고 간 인과관계가 인정되지 않는다면 교통사고에 해당하지 않는다(대법원 1991. 6. 25.선고 91다3024 판결). 운전자 또는 승객의 승·하차에 대해 살펴보면, 승·하차는 일반적으로 운전 전후에 운전에 수반되는 것이기 때문에 운전과 밀접불가분의 관계에 있다고 할 수 있으므로, 주차 후 운전자 또는 승객의 승·하차는 도교법상 운전은 아니지만 교특법상 교통의 개념에 포함된다. 예를 들어, 운전자가 도로 우측에 바짝 붙여 주차한 자동차에서 조수석의 동승자가 하차하다 차량 밖 터널바닥으로 떨어져 다친 사고는 자동차가 당해 장치의 용법에 따라 사용하는 것으로 차량의 운행에 해당(대법원 1998. 9. 4.선고 98다22604, 22611 판결)하며, 교통사고로서 교특법이 적용된다. 이와 관련하여 도교법 제49조 제7호는 모든 운전자의 주의의무에 대해 '운전자는 안전을 확인하지 아니하고 차의 문을 열거나 내려서는 아니 되며, 승차자가 교통의 위험을 일으키지 아니하도록 필요한 조치를 할 것'을 규정하고 있다.

그 밖에도 도교법상 운전은 아니지만 교특법상 교통 개념에 포함되는 것으로, 유사운전, 타력주행 등의 개념을 생각해 볼 수 있으며, 판례상 운전과 동일하게 평가할 수 있을 정도로 밀접하게 관련된 행위로 평가되지 않아 교통에 포함되지 않는 것으로는 화물의 상차·하역과 과실발진의 문제가 있다. 이 중 자동차 안에 있는 사람의 의지나 관여 없이 자동차가 움직인 경우에 해당하는 과실발진은 고의의 운전행위가 아니기 때문에 고의의 운전행위만을 의미하는 도교법상 운전에 해당하지 않고, 특히 주·정차 위반사고로, 교통(주정차)에 관한 주의의무위반으로 인한 사고가 아닌 한 교특법상 교통에 해당하지 않는다.

한편, 교특법상 교통 개념은 자배법상 '운행' 의미와도 유사하다고 볼 수 있지만, '교통'이 원칙적으로 사람 또는 물건의 이동이나 운송을 전제로 하는 용어인 점과, 교특법은 교통사고를 일으킨 운전자에 대한 형사처벌의 특례를 정하는 것을 주된 목적으로 하고 자배법은 자동차 운행으로 인한 피해자의 보호를 주된 목적으로 한다는 점에서 두 법의 입법취지가 서로 다르다는 것을 고려하면, 교특법상의 교통은 자배법 제2조 제2호에 정한 운행보다 제한적으로 해석된다.

Ⅲ. 나오는 말

특가법상 교통의 개념을 정의한 명문의 규정이 없기 때문에 해석론에 맡겨져 있을 수밖에 없는 상황에서, 특가법이 교특법과 마찬가지로 교통이라는 용어를 그대로 사용하고 있으므로, 특가법상 교통의 의미가 교특법상 교통의 의미와 동일한지 여부가 문제 될 수 있다. 법체계의 통일성을 고려하면 동일하게 해석하는 것이 타당하며, 이러한 관점에서 특가법상 교통은 교특법상 교통과 같은 의미로 볼 수 있다. 따라서 운전행위는 물론 운전과 동일하게 평가할 수 있을 정도로 밀접하게 관련된 행위를 포함한다. 대상판례도 이러한 관점에서 차량을 주차한 후 운전석 문을 열다가 후방에서 진행하여 오던 자전거의 핸들 부분을 충격하여 상해를 입히고도 구호조치 없이 현장에서 이탈한 경우 특가법상 도주차량 운전자에 해당한다고 판시한 것이다. 그러나 특가법은 가중처벌하는 규정을 두고 있기 때문에 엄격하게 해석될 필요성 또한 있다고 할 수 있으므로 이에 대한 입법적 보완이 필요하다.

〔**참고문헌**〕 손기식, "교통사고처리특례법의 물적·장소적 적용범위", 형사판례연구 2(1994); 이주원, "교통사고처리 특례법상 처벌특례의 인적 적용범위", 형사판례연구 26(2018)

〔필자: 심영주 초빙교수(인하대)〕

18 교특법위반죄에 대한 형식판단 우선의 원칙과 예외

【대상판결】 **대법원 2015. 5. 14. 선고 2012도11431 판결**

【사실관계】 택시 운전사인 피고인은 2011. 7. 6. 03:10경 차량 정지신호를 위반하여 계속 같은 속도로 진행하다가, 진행방향 좌측에서 우측으로 교차로를 진행하던 A가 운전하는 승용차 우측 후미 부분을 피고인의 택시 앞범퍼 부분으로 충돌하였다. 피고인은 위와 같은 업무상 과실로 피고인 운전 택시 차량에 탑승한 피해자에게 약 2주간의 치료를 요하는 상해를 입게 하였다.

【판결요지】 교통사고처리 특례법 제3조 제1항, 제2항 단서, 형법 제268조를 적용하여 공소가 제기된 사건에서, 심리 결과 교통사고처리 특례법 제3조 제2항 단서에서 정한 사유가 없고, 같은 법 제3조 제2항 본문이나 제4조 제1항 본문의 사유로 공소를 제기할 수 없는 경우에 해당하면 공소기각의 판결을 하는 것이 원칙이다. 그런데 사건의 실체에 관한 심리가 이미 완료되어 교통사고처리 특례법 제3조 제2항 단서에서 정한 사유가 없는 것으로 판명되고 달리 피고인이 같은 법 제3조 제1항의 죄를 범하였다고 인정되지 않는 경우, 같은 법 제3조 제2항 본문이나 제4조 제1항 본문의 사유가 있더라도, 사실심 법원이 피고인의 이익을 위하여 교통사고처리특례법 위반의 공소사실에 대하여 무죄의 실체 판결을 선고하였다면, 이를 위법이라고 할 수 없다.

【해설】

Ⅰ. 들어가는 말

소송조건은 실체 판단을 위한 기본 조건이므로, 소송조건이 구비되지 않은 때에는 형식재판으로 소송을 종결하여야 하고, 실체 재판인 유·무죄 판결을 할 수는 없다. 이처럼 무죄사유와 공소기각 사유가 경합하는 경우, 무죄의 실체 판결보다는 공소기각의 형식 판결을 우선해야 한다는 이론을 형식재판우선의 원칙이라고 한다.

그런데 일죄의 일부에 대하여는 무죄, 나머지 일부에 대하여는 공소기각 사유가 있는 경우에도 예외 없이 형식재판우선의 원칙을 관철시키는 것이 과연 타당한지에 관한 의문이 있다. 예컨대, 결과적 가중범이나 결합범으로 기소된 피고인이 자신은 무죄라고 주장하면서 치열하게 다투다가, 선고 직전에 유죄 판결이 선고될지도 모른다는 불안한 마음에, 피해자로부터 고소취하서 등을 받았는데, 심리 결과 가중적 구성요건(중한 결과)은 물론 기본적 구성요건마저도 인정되지 않은 경우, 고소 취소 등을 이유로 공소기각 판결을 선고하는 것은 무죄 판결을 받을 피고인의 이익을 침해하는 것은 아닌지 문제가 된다.

대상 판결은, 교통사고처리특례법 위반죄로 기소된 사안에서, 심리 결과 신호위반 사실이 인정되지 아니할 뿐만 아니라 다른 주의의무 위반도 인정되지 않았으나, 교통사고처리특례법 제3조 제2항 본문이나 제4조 제1항 본문의 사유로 공소를 제기할 수 없는 경우, 형식재판우선 원칙을 관철하여 공소기각 판결을 선고하여야 하는지, 아니면 피고인의 이익을 보호하기 위하여 예외적으로 무죄 판결을 선고할 수 있는지에 관한 문제이다.

Ⅱ. 일죄의 일부에 대하여는 무죄, 나머지 부분에 공소기각 사유가 존재하는 경우 판결 주문의 표시 방법

1. 학설의 태도

결과적 가중범이나 결합범에서, 중한 결과에 대하여는 무죄 사유가 있고, 기본 범죄에 대하여는 무죄 사유와 공소기각 사유가 있는 경우, 형식재판을 우선할 것인지 아니면 실체재판을 우선할 것인지에 대해서는 아래와 같이 견해가 대립한다.

우선 형식재판설은, 결과적 가중범 등에 있어서는 중한 결과에 대한 증명이 없어 그 부분이 무죄에 해당한다고 하더라도 기본 범죄가 공소기각 사유에 해당한다면, 실체 판결인 무죄를 선고하기보다는 형식재판인 공소기각을 선고하여야 한다는 견해이다. 이 견해는 결과적 가중범에서 가중 요건(중한 결과)보다는 기본 범죄가 주된 것이므로, 대표 주문으로서는 기본범죄 부분에 대한 판단을 내세우는 것이 자연스러운데, 기본 범죄에 대하여 공소기각 사유가 있다면 형식재판우선 원칙에 따라 공소기각 판결을 선고해야 한다고 한다.

이에 반해 무죄판결설은, 결과적 가중범은 기본범죄와 중한 결과가 밀접하게 연결되어 있고, 무죄 부분을 제외한 나머지 부분이 유죄여서 그 부분만이라도 유죄 선고를 하여야 하는 경우와 달리 나머지 공소사실만(기본범죄)으로는 공소를 제기하지 않았을 것으로 보이는 상황에서 무죄가 아닌 형식판결을 선고하는 것은 당사자에 부합하지 않으므로 결과적 가중범 전체에 대하여 무죄를 선고하여야 한다는 견해이다. 예를 들어 폭행치상죄에서 치상의 결과가 인정되지 아니한다면 폭행치상죄 전부에 대하여 무죄를 선고해야 한다는 견해이다.

한편 절충설은, 축소사실에 대하여 실질적인 심리가 이루어져 축소사실도 무죄로 판단되는 경우라면 축소사실에 대하여 형식재판 사유가 경합한다고 하더라도 무죄 판결을 할 수 있다(또는 하여야 한다)는 입장이다. 기본범죄가 무죄인 경우에도 고소 취소되었다는 사정만으로 공소기각을 하는 것은 피고인의 의사와 이익에 반한다는 점을 논거로 한다.

2. 대법원의 태도

결과적 가중범 혹은 결합범 등에서 중한 결과에 대한 증명이 없어 그 부분은 무죄이고, 나머지 부분은 공소기각 사유가 있는 경우, 결과적 가중범 혹은 결합범의 공소사실 전체에 대하여 형식판결인 공소기각 판결을 해야 한다는 것이 주류적인 판례의 태도였다(대법원 1988. 3. 8. 선고 87도2673 판결; 대법원 1994. 11. 11. 선고 94도2349 판결; 대법원 1996. 2. 23. 선고 95도1642 판결; 대법원 1999. 4. 15. 선고 96도1922 전원합의체 판결; 대법원 2002. 7. 12. 선고 2001도6777 판결 등 참조).

그러나 절충설에 따라 형식재판우선원칙에 대한 예외를 인정한 판결도 있었다. 대법원 2003. 10. 24. 선고 2003도4638 판결이 그것이다. 위 판결은 특정범죄 가중처벌 등에 관한 법률 위반(도주차량)죄로 공소제기된 사안으로, 원심은 도주의 점과 업무상과실치상의 점을 모두 범죄의 증명이 없다고 판단하면서도, 업무상과실치상의 점에 관하여는 보험가입을 이유로 주문에서 공소기각을 선고하였다. 그런데 대법원은, 심리 결과 도주 사실이 인정되지 아니하고 교통사고처리특례법상 업무상과실치상죄가 인정되면 공소사실 범위 내에서 유죄의 판결을 하고, 다만 공소권이 없으면 공소기각의 판결을 하여야 하지만, 도주사실은 물론이고 업무상 과실치상 사실까지도 인정되지 아니한다면 특정범죄 가중처벌 등에 관한 법률 위반의 공소사실 전부에 대하여 무죄를 선고하여야 한다는 이유로, 이와 달리 공소기각을 선고한 원심을 파기하였다.

대상 판결은 주류적인 판례와 달리 피고인의 이익을 중시하는 입장에서 절충설을 취하였으나, 위 대법원 2003도4638 판결과는 다소 결을 달리하고 있다. 즉, 절충설을 취하더라도, '기본 범죄에 무죄 사유와 형식재판 사유가 경합하는 경우 무죄를 선고하여야 한다.'는 입장과 '그 경우 무죄를 선고하여도 위법은 아니다(즉, 형식재판도 가능하고 무죄판결도 가능하다는 취지)'는 입장이 있을 수 있으나, 대상 판결은 후자의 취지로 판시하였다.

Ⅲ. 나오는 말

대상판결은 형식재판 우선의 원칙에 입각한 기존의 주류적인 판례의 태도와는 다른 취지라는 점에서 의의가 있다. 다만 대상판결은 '피고인의 이익을 위하여 무죄의 실체 판결을 하여도 위법은 아니다.'라는 취지로서, 형식재판 우선의 원칙을 폐기한 것이라기보다는 기존의 법리를 기초로 하여 이에 대한 예외를 인정한 것으로 보인다.

〔참고문헌〕 민철기, "사건의 실체에 관한 심리가 이미 완료되어 교통사고처리 특례법 제3조 제2항 단서에서 정한 사유가 없는 것으로 판명되고, 달리 피고인이 같은 법 제3조 제1항의 죄를 범하였다고 인정되지 않은 경우 공소기각 사유가 있다고 하더라도 무죄 판결을 선고할 수 있는지 여부", 대법원판례해설 [104](2015)

〔**필자: 고제성 변호사(김 · 장 법률사무소)**〕

19 교통사고처리 특례법 제3조 제2항 단서의 법적 성격

【대상판결】 **대법원 2011. 7. 28. 선고 2011도3630 판결**

【사실관계】 택시 운전자인 피고인은 교차로에서 전방의 신호등이 적색신호인 상태에서 일시 정지하고 신호에 따라 진행하는 다른 차량들의 교통을 방해하지 않고 안전하게 우회전하여야 할 업무상 주의의무가 있었음에도 이를 게을리 한 채 그대로 신호위반하여 우회전하였다. 그 순간 진행방향 왼쪽에서 오른쪽으로 정상신호에 따라 교차로를 직진하여 진행하던 피해자 V1이 운전하는 승용차의 오른쪽 뒷부분을 피고인의 차량 왼쪽 앞부분으로 들이받아 그 충격으로 피해차량이 진행방향 오른쪽으로 튕겨나가 그 곳 인도에 설치되어 있던 변압기를 충돌하게 되었다. 이로 인해 피해자 V1은 사망하고, 피해차량의 탑승자인 피해자 V2, 피해자 V3는 중상해를 입게 되었고, 검사는 피고인을 교특법 위반죄로 공소제기 하였다. 이에 원심은 피고인이 전방 및 좌우 주시의무 위반을 인정하면서도 신호위반에 대해서는 무죄로 판단하였다.

【판결요지】

[1] 교통사고로 업무상과실치상죄 또는 중과실치상죄를 범한 운전자에 대하여 피해자의 명시한 의사에 반하여 공소를 제기할 수 있는 구 교통사고처리 특례법(2010.1.25. 법률 제9941호로 개정되기 전의 것) 제3조 제2항 단서 각 호에서 규정한 신호위반 등의 예외사유는 같은 법 제3조 제1항 위반죄의 구성요건요소가 아니라 공소제기의 조건에 관한 사유이므로, 단서 각 호의 사유가 경합하더라도 하나의 교통사고처리특례법 위반죄가 성립할 뿐 각 호마다 별개의 죄가 성립하는 것은 아니다.

[2] 구 교통사고처리특례법 위반죄가 유죄로 인정되는 이상 공소사실에 기재된 업무상 과실을 이루는 주의의무 위반 유형 중 일부 인정되지 아니하는 유형이 있더라도 이에 대하여 따로 무죄로 판단할 것은 아니고, 범죄사실 성립 여부에 관한 쟁점이나 양형의 전제사실로 판단하면 충분하다.

[3] 택시 운전자인 피고인이 교차로 전방 신호등이 적색신호인 상태에서 일시 정지하고 신호에 따라 진행하는 다른 차량들의 교통을 방해하지 않고 안전하게 우회전하여야 할 업무상 주의의무를 위반한 과실로, 교차로를 직진하던 승용차를 충격하여 업무상과실치사상죄를 범하였다고 하여 구 교통사고처리특례법(2010. 1. 25. 법률 제9941호로 개정되기 전의 것) 위반으로 기소되었는데, 원심이 공소사실 중 '전방 및 좌우 주시의무 위반 등'을 이유로 유죄를 인정하면서 '신호위반' 부분에 대하여는 무죄로 판단한 사안에서, 같은 법 제3조 제2항

단서 제1호에서 규정한 신호위반 등 예외사유들은 공소제기 조건에 관한 사유에 불과하여 무죄판단의 대상이 되지 못하고, 전방 및 좌우 주시의무 위반 등으로 인하여 같은 법 위반죄가 유죄로 인정되는 이상 이에 대하여 따로 무죄로 판단할 것은 아니므로 원심이 무죄판단의 대상이 아닌 '신호위반' 부분을 무죄로 판단한 것이 부적절하기는 하나, 그러한 사정만으로 판결 결과에 영향을 미친 위법이 있다고 볼 수 없고 이는 위 무죄판단이 도로교통법 관련 규정의 법리를 오해한 것으로 보는 경우에도 마찬가지이며, 결국 위 무죄 부분은 양형의 전제사실에 관한 판단에 불과한 것으로 평가되므로 이에 대하여 검사가 법리오해 등의 위법이 있다는 사유를 들어 상고이유로 주장할 수 없다고 한 사례.

【해설】

Ⅰ. 들어가는 말

교통사고처리특례법은 교통사고로 인한 피해의 신속한 회복과 국민생활의 편익 증진을 위해서 운전자에 대하여 반의사불벌의 특례를 규정하고 있다. 교특법 제3조 제2항 본문은 차의 교통으로 인한 업무상과실·중과실치상죄와 업무상과실·중과실 재물손괴죄에 대하여 반의사불벌의 원칙을 규정하고 있다. 그리고 단서에는 도주차량운전죄와 음주측정불응죄 및 단서 각 호의 12개 사유에 해당하는 경우에는 공소를 제기할 수 있도록 본문의 특례에 대한 예외를 두고 있다. 단서 각 호의 12개 예외사유로는 신호 또는 안전표지 위반사고(제1호), 중앙선 침범 사고(제2호), 과속사고(제3호), 앞지르기·끼어들기 사고(제4호), 철도건널목 사고(제5호), 횡단보도사고(제6호), 무면허운전사고(제7호), 음주·약물운전사고(제8호), 보도침범사고(제9호), 개문발차 사고(제10호), 어린이보호구역 사고(제11호), 화물낙하 사고(제12호) 등이 있는데, 이러한 사유는 제한적으로 열거된 규정으로 본다. 이와 관련한 대상판결의 쟁점을 살펴보면, 반의사불벌의 특례에 대한 12개 예외사유, 예컨대 신호위반 등이 본죄의 구성요건요소인지 또는 공소제기조건인지 여부가 문제가 된다. 이는 구성요건요소로 볼 것인지 공소제기조건으로 볼 것인지에 따라 이들 예외사유가 경합하거나 결여된 경우에 실체법적, 소송법적 취급에 차이가 발생한다는 점에서 의미가 있기 때문이다.

Ⅱ. 교통사고처리특례법 제3조 제2항 단서의 법적 성격 및 죄수관계

1. 12개 예외사유의 법적성격

12개 예외사유인 신호위반 등이 교특법위반죄의 구성요건요소인지 또는 공소제기조건인지 여부가 문제된다. 구성요건요소설은 교특법위반죄가 성립하기 위해서는 교통사고란 결과의 발생 외에 그 교통사고가 단서 각 호의 행위와 인과관계를 가질 것이 요구되고 그 교통사고의 발생이 예외사유와 인과관계를 가질 때만이 교특법 제3조 제2항 단서위반으로 처벌할 수 있다고 보아 단서 각 호의 행위를 구성요건요소로 보아야 한다는 견해이다. 이에 반해 공소제기조건설은 교특법 제3조 제2항의 규정형식상 본문이 반의사불벌죄의 소극적 소추조건을 규정하고, 단서 각 호는 소극적 소추조건을 적용받지 않는 사유를 예외적으로 규정하여 소추조건을 회복시켜주는 적극적 소추조건을 규정한 것이라는 견해이다. 대법원은 교통사고로 인하여 업무상과실치상죄 또는 중과실치상죄를 범한 운전자에 대하여 피해자의 명시한 의사에 반하여 공소를 제기할 수 있도록 하고 있는 교통사고처리특례법 제3조 제2항 단서의 각 호에서 규정한 신호위반 등의 예외사유는 같은 법 제3조 제1항 위반죄의 구성요건 요소가 아니라 그 공소제기의 조건에 관한 사유라고 판단하고 있다(대법원 2007. 4. 12. 선고 2006도4322 판결).

2. 죄수관계

만약 교특법위반죄로 공소제기된 사안에 대하여 심리결과 피고인이 신호위반 등 12개 예외사유에 해당하지 않는다고 판단되는 경우 법원은 어떤 조치를 해야 할까? 12개 예외사유를 구성요건요소로 이해하는 입장에서는 신호위반 등 12개 예외사유에 대하여는 무죄로 판단해야 할 것이다. 하지만 12개 예외사유를 공소제기조건으로 이해하는 입장에서는 공소제기는 형사소송법 제327조 제2호 소정의 공소제기 절차가 법률의 규정에 위반하여 무효인 때에 해당한다고 하여 무죄로 판단할 것이 아니라고 한다. 이에 대해 대상판결은 교특법 제3조 제2항 단서 각 호의 사유는 공소제기조건에 관한 사유이기 때문에 사유가 경합하더라도 하나의 교특법 위반죄가 성립할 뿐 그 각 호마다 별개의 죄가 성립하는 것은 아니라고 하면서, 교특법위반죄가 유죄로 인정되는 이상, 공소사실에 기재된 업무상 과실을 이루는 주의의무 위반 유형 중 일부 인정되지 아니하는 유형이 있더라도 이에 대하여 따로 무죄로 판단할 것은 아니고, 범죄사실 성립 여부에 관한 쟁점이나 양형의 전제사실로 판단하면 충분하다는 태도를 취하고 있다.

Ⅲ. 나오는 말

교특법 제3조 제1항은 교특법위반죄의 구성요건을 규정한 것이고, 제3조 제2항 본문은 소극적 소송조건을 규정한 것이며, 제3조 제2항 단서는 다시 그 소극적 소송조건이 적용되지 않는 원래의 상태, 즉 제3조 제1항의 상태로 되돌아가는 것을 규정한 것이기 때문에 12개 예외사유는 공소제기조건으로 이해하는 것이 타당할 것이다. 또한 교특법 제3조 제2항 단서 각 호의 사유가 경합하는 경우에 하나의 교특법위반죄가 성립한다는 점에서 신호위반 등 12개 예외사유는 공소제기 조건에 관한 사유에 불과하여 무죄판단의 대상이 되지 못하고, 전방 및 좌우주시의무 위반 등으로 인하여 교특법위반죄가 유죄로 인정되는 이상 이에 대하여 따로 무죄로 판단할 것은 아니라고 한다. 이와 같이 대상판결의 경우에도 교특법 제3조 제2항 단서에서 규정한 신호위반은 공소제기의 조건에 관한 사유에 불과하여 무죄판단의 대상이 되지 못하는데, 원심이 신호위반에 대하여 무죄로 판단한 것은 적절하지 않다고 하면서도, 무죄판단의 대상이 아닌 사항에 대하여 무죄로 판단한 사정만으로 판결 결과에 영향을 미친 위법이 있다고 볼 수 없고, 또한 위 무죄 부분은 양형의 전제사실에 관한 판단에 불과한 것으로 평가된다는 점에서 상고를 기각한 것이다.

〔**참고문헌**〕 이주원, "교통사고처리 특례법상 처벌특례의 인적 적용범위", 형사판례연구 26(2018)

〔**필자: 이상한 강사(충북대)**〕

20 적색등화에서의 우회전과 교통사고처리 특례법상 신호위반 여부

【대상판결】 대법원 2011. 7. 28. 선고 2011도3970 판결, 대법원 2011. 7. 28. 선고 2009도8222 판결

【대상판결】

① 대법원 2011. 7. 28. 선고 2011도3970 판결

【사실관계】 택시공제조합에 가입되어 있는 영업용 택시를 운전하던 피고인이 교차로에서 적색등화에 우회전하다 신호에 따라 진행하던 피해자 운전의 승용차를 충격하여 그에게 상해를 입혔다. 피고인은 구 교통사고처리 특례법(2011. 4. 12. 법률 제10575호로 개정되기 전의 것) 위반으로 기소되었다.

【판결요지】 구 도로교통법 시행규칙(2010. 8. 24. 행정안전부령 제156호로 개정되기 전의 것, 이하 '구 시행규칙'이라고 한다) 제6조 제2항 [별표 2]의 조문 체계, [별표 2]는 녹색등화에 우회전 또는 비보호좌회전표시가 있는 곳에서 좌회전을 하는 경우에도 다른 교통에 방해가 되지 아니하도록 진행하여야 하나 다만 좌회전을 하는 경우에만 다른 교통에 방해가 된 때에 신호위반책임을 진다고 명시적으로 규정하고 있는 점, 비보호좌회전표시가 있는 곳에서 녹색등화에 좌회전을 하다 다른 교통에 방해가 된 경우 신호위반의 책임을 지우는 대신 안전운전의무위반의 책임만 지우도록 하기 위하여 2010. 8. 24. 행정안전부령 제156호로 구 시행규칙 [별표 2] 중 녹색등화에 관한 규정을 개정하였으나 비보호좌회전표지·표시가 있는 곳에서 녹색등화에 좌회전을 하더라도 여전히 반대방면에서 오는 차량 또는 교통에 방해가 되지 아니하도록 하여야 하는 점에다가 우리나라의 교통신호체계에 관한 기본태도나 그 변화 등에 비추어 보면, 적색등화에 신호에 따라 진행하는 다른 차마의 교통을 방해하지 아니하고 우회전할 수 있다는 구 시행규칙 [별표 2]의 취지는 차마는 적색등화에도 원활한 교통소통을 위하여 우회전을 할 수 있되, 신호에 따라 진행하는 다른 차마의 신뢰 및 안전을 보호하기 위하여 다른 차마의 교통을 잘 살펴 방해하지 아니하여야 할 안전운전의무를 부과한 것이고, 다른 차마의 교통을 방해하게 된 경우에 신호위반의 책임까지 지우려는 것은 아니다.

② 대법원 2011. 7. 28. 선고 2009도8222 판결

【사실관계】 자동차종합보험에 가입되어 있는 자동차를 운전하던 피고인이 삼거리 교차로에서 차량용 신호기가 적색등화인 때에 우회전하다가 신호에 따라 진행하던 피해자 자전거의 교통을 방해하여 사고가 발생하였다. 위 삼거리 교차로에 연접하여 횡단보도가 설치되어 있었으며 그 횡단보도에 차량용 보조등은 설치되어 있지 아니하였으나 거기에 설치되어 있던

보행등은 녹색이었고, 위 삼거리 교차로의 차량용 신호등은 적색이었다. 그럼에도 불구하고 피고인은 횡단보도 정지선에서 정지하지 아니한 채 횡단보도를 통과하여 교차로에 진입·우회전을 하다가 당시 신호에 따라 위 교차로를 지나 같은 방향으로 직진하던 피해자 운전의 자전거를 왼쪽 앞 범퍼로 들이받아 피해자에게 상해를 입혔다. 피고인은 교통사고처리 특례법 위반으로 기소되었다.

【판결요지】 교차로와 횡단보도가 연접하여 설치되어 있고 차량용 신호기는 교차로에만 설치된 경우에 있어서는, 그 차량용 신호기는 차량에 대하여 교차로의 통행은 물론 교차로 직전의 횡단보도에 대한 통행까지도 아울러 지시하는 것이라고 보아야 할 것이고, 횡단보도의 보행등 측면에 차량보조등이 설치되어 있지 아니하다고 하여 횡단보도에 대한 차량용 신호등이 없는 상태라고는 볼 수 없다. 위와 같은 경우에 그러한 교차로의 차량용 적색등화는 교차로 및 횡단보도 앞에서의 정지의무를 아울러 명하고 있는 것으로 보아야 하므로, 그와 아울러 횡단보도의 보행등이 녹색인 경우에는 모든 차량이 횡단보도 정지선에서 정지하여야 하고, 나아가 우회전하여서는 아니되며, 다만 횡단보도의 보행등이 적색으로 바뀌어 횡단보도로서의 성격을 상실한 때에는 우회전 차량은 횡단보도를 통과하여 신호에 따라 진행하는 다른 차마의 교통을 방해하지 아니하고 우회전할 수 있다. 따라서 교차로의 차량신호등이 적색이고 교차로에 연접한 횡단보도 보행등이 녹색인 경우에 차량 운전자가 위 횡단보도 앞에서 정지하지 아니하고 횡단보도를 지나 우회전하던 중 업무상과실치상의 결과가 발생하면 교통사고처리 특례법 제3조 제1항, 제2항 단서 제1호의 '신호위반'에 해당하고, 이때 위 신호위반 행위가 교통사고 발생의 직접적인 원인이 된 이상 사고장소가 횡단보도를 벗어난 곳이라 하여도 위 신호위반으로 인한 업무상과실치상죄가 성립함에는 지장이 없다.

【해설】

Ⅰ. 들어가는 말

차의 운전자가 교통사고로 인하여 업무상 과실·중과실치상죄(형법 제268조)를 범하였더라도, ① 도로교통법 제54조 제1항에 따른 조치를 하지 아니하고 도주하거나 피해자를 사고장소로부터 옮겨 유기하고 도주한 경우, ② 도로교통법 제44조 제2항을 위반하여 음주측정 요구에 따르지 아니한 경우(운전자가 채혈 측정을 요청하거나 동의한 경우 제외)와 ③ 교통사고처리 특례법(이하 '교특법') 제3조 제2항 단서에서 정하는 사유에 해당하는 경우가 아닌 한, 검사는 운전자에 대하여 피해자의 명시적인 의사에 반하여 공소를 제기할 수 없다(교특법 제3조 제1항, 제2항). 한편 교통사고를 일으킨 차가 보험 또는 공제에 가입된 경우에는,

①, ②, ③ 및 피해자에게 중상해가 발생한 경우, 보험회사, 공제조합 또는 공제사업자의 보험금 또는 공제금 지급의무가 없어진 경우에 해당하지 않는 한, 검사는 운전자에 대하여 공소를 제기할 수 없다(교특법 제4조 제1항). 대상판결들에서는 피고인들이 교차로에서 적색등화에 차량을 우회전하다가 발생한 각 사고가 교특법 제3조 제1항 단서 제1호에서 정하는 '신호위반'으로 인한 사고인지 여부가 문제되었다. 이러한 '신호위반'으로 인한 사고가 아닐 때 형사소송법 제327조 제2호에 의한 공소기각판결이 선고될 수 있다.

Ⅱ. 교차로와 횡단보도가 연접하여 설치되지 않은 경우(대상판결①)

차량신호등이 적색일 때 차마는 정지선, 횡단보도 및 교차로의 직전에서 정지하여야 하지만, 신호에 따라 진행하는 다른 차마의 교통을 방해하지 아니하고 우회전할 수 있다(도로교통법 시행규칙 제6조 제2항 [별표 2]). 과거에는 운전자는 차량신호기가 녹색등화를 표시할 때 비보호좌회전표시가 있는 곳에서 좌회전을 하다가 신호에 따르는 다른 교통에 방해가 된 때에는 신호위반 책임을 졌다. 그런데 2010. 8. 24. 도로교통법 시행규칙이 개정되면서 [별표 2]에서 차량신호기가 녹색등화를 표시할 때의 뜻에 변경이 있었고 운전자는 녹색등화에 비보호좌회전을 하는 과정에서 다른 교통에 방해가 되더라도 신호위반 책임을 지지 않게 되었다. 그렇다면 차량신호기의 신호가 적색등화일 때 운전자가 우회전하다가 신호에 따라 진행하는 다른 차마의 교통을 방해했더라도 신호위반 책임은 지지 않는다고 해야 한다. 대법원도 차량신호기가 위 [별표 2]에서 차량신호등이 적색일 때의 뜻을 설명하는 부분의 취지를 안전운전의무를 부과한 것으로 이해한다.

Ⅲ. 교차로와 횡단보도가 연접하여 설치된 경우(대상판결②)

대법원은 이때 차량용 신호기가 교차로에만 설치되었더라도 그 신호기는 차량에 대하여 교차로의 통행은 물론 교차로 직전의 횡단보도에 대한 통행까지도 아울러 지시하는 것이고, 횡단보도의 보행등 측면에 차량보조등이 설치되어 있지 아니하다고 하여 횡단보도에 대한 차량용 신호등이 없는 상태라고는 볼 수 없다고 한다. 그 교차로의 차량용 적색등화는 교차로 및 횡단보도 앞에서의 정지의무를 아울러 명하고 있는 것이고, 그와 아울러 횡단보도의 보행등이 녹색인 경우에는 모든 차량이 횡단보도 정지선에서 정지하여야 하고, 횡단보도의 보행등이 적색으로 바뀌어 횡단보도로서의 성격을 상실한 때에는 우회전 차량은 횡단보도를 통과하여 신호에 따라 진행하는 다른 차마의 교통을 방해하지 아니하고 우회전할 수 있다고 한다. 이에 의하면 교차로의 차량신호등이 적색이고 교차로에 연접한 횡단보도 보행등이 녹색인 때에는 운전자는 우회전할 수 없다. 그렇지 않고 운전자가 우회전하면 이는 교특법 제3조 제2항 단서 제1호의 '신호위반'에 해당한다. 피고인은 이러한 상황에서 우회전하다 업무상과실치상죄를 범하였으므로 피고인에 대해서 공소기각판결(형사소송법 제327조 제2호)은 선고될 수 없다.

IV. 나오는 말

운전자는 차량신호기가 적색등화를 표시하더라도 원활한 교통소통을 위해서 우회전을 할 수 있지만 신호에 따라 진행하는 다른 차마의 교통을 방해하지 않도록 할 안전운전의무를 진다. 그러나 교차로에 연접하여 횡단보도가 설치된 경우에는 교차로의 차량신호등이 적색이고 횡단보도 보행등이 녹색인 때 운전자는 우회전을 할 수 없다. 이를 위반한 것은 차량신호등과 횡단보도 보행등의 신호에 위반하여 애초 허용되지 않는 우회전을 한 것이므로 교특법 제3조 제2항 단서 제1호의 '신호위반'에 해당한다고 해야 한다. 대상판결들을 통하여 교차로 차량신호등이 적색일 때 운전자가 우회전하는 것이 교특법 제3조 제1항 단서 제1호의 '신호위반'에 해당하는 경우와 그렇지 않은 경우를 구별할 수 있다.

〔필자: 이창섭 교수(제주대)〕

21 교특법상 중앙선침범의 의미

【대상판결】 **대법원 1990. 9. 25. 선고 90도536 판결, 대법원 1998. 7. 28. 선고 98도832 판결**

【대상판결】

① 대법원 1990. 9. 25. 선고 90도536 판결

【사실관계】 피고인이 트럭을 운전하여 시속 약 60킬로미터로 진행하다가 앞쪽에 정차하고 있던 시내버스를 추월하려고 황색실선의 중앙선을 넘어 진행할 무렵 때마침 반대방향에서 대형트럭이 마주 오는 것을 보고 급히 자기차선으로 들어가려고 핸들을 꺾었으나 차체가 기우뚱거리자 다시 핸들을 좌측으로 급히 꺾어 막 출발하려는 위 버스의 우측 뒷부분을 들이받아 그 충격으로 버스승객 25명에게 상해를 입혔다.

【판결요지】 교특법 제3조 제2항 단서 제2호는 차선이 설치된 도로의 중앙선을 침범한 행위로 인하여 업무상과실치사상죄 등을 범한 때를 그 조항의 처벌특례에 대한 예외사유로 하고 있으므로 그 중앙선 침해행위가 진행차선에 나타난 장해물을 피하기 위하여 다른 적절한 조치를 취할 겨를이 없이 이루어졌다거나 자기차선을 지켜 운행하려 하였으나 운전자가 지배할 수 없는 외부적 여건으로 말미암아 어쩔 수 없이 이루어진 경우 등을 제외하고는 위 특례법상의 중앙선침범에 해당한다고 보아야 할 것이고 한편 그 중앙선 침범행위가 교통사고 발생의 직접적인 원인이 된 이상 그 사고장소가 중앙선을 넘어선 반대차선이어야 된다거나 피해차량이 마주오던 차량이어야 한다는 등의 장소와 피해차량에 따라 특례법상의 처벌특례에 대한 예외를 달리 구성할 수는 없다고 보아야 할 것이다.

피고인이 진행방향에 정차 중인 버스를 추월함에 있어서 그곳이 약간 왼쪽으로 굽은 도로이었고 그 중앙선에 황색실선이 그어져 있었는데도 반대차선에서 차량이 마주 오고 있는가를 확인하지도 아니한 채 시속 약 60킬로로 위 중앙선을 침범하여 운행 중 마주 오던 11톤 트럭을 발견하고서야 충돌을 피하기 위하여 급정거 조치를 취하면서 핸들을 오른쪽으로 꺾어 원래의 자기차선으로 진입해 들어 왔으나 위 속력에 의한 주행탄력으로 계속 진행하는 경우 도로 옆의 인가를 덮칠 염려가 있는 데다가 급회전으로 인하여 차체가 불안정해져서 그 균형을 바로잡기 위하여 다시 핸들을 왼쪽으로 꺾게 되어 그 바람에 그 앞에서 막 출발하려는 피해버스를 충격하여 이 사건 사고가 발생한 사실을 알아볼 수 있으므로, 사실이 이와 같다면 피고인은 그 차량의 운행상 반드시 황색실선의 중앙선을 침범하여야 할 부득이한 사정이 없었는데도 위 중앙선을 침범하여 운행하였고 또한 위 중앙선을 침범하였다가 원래의 자기차선으로 복귀하는 조치를 취한 후 이 사건 사고가 발생할 때까지 다른 운행상의 과

실이 있었다고 보이지 아니하므로 결국 이 사건 사고는 피고인의 중앙선침범이란 운행상의 과실을 직접적인 원인으로 하여 발생한 것이라 보아야 할 것이다.

② 대법원 1998. 7. 28. 선고 98도832 판결

【사실관계】 피고인은 편도 2차선 도로의 2차로를 진행하다가 운전기기 조작을 제대로 하지 못하여 1차선으로 급차선변경을 함으로써 1차선에서 진행하던 피해자 공소외 1 운전의 차량을 들이받아서 그 차량이 밀리면서 중앙선을 넘어가서 마주 오던 공소외 2 운전의 차량과 충돌하여 공소외 1 차량에 타고 있던 피해자 공소외 3이 사망하였고, 공소외 1과 공소외 2 차량에 타고 있던 피해자 공소외 4, 공소외 5가 각 상해를 입었으며, 피고인 차량도 곧바로 중앙선을 침범하여 들어가서 마주 오던 피해자 공소외 6, 공소외 7 운전의 차량을 순차로 들이받아서 공소외 6, 공소외 7과 그 차량에 타고 있던 피해자 공소외 8 외 3인이 각 상해를 입혔다.

【판결요지】 피해자 공소외 1, 공소외 4, 공소외 5에 관한 상해의 교통사고는 피고인 차량이 공소외 1 차량을 들이받은 충격으로 인하여 공소외 1 차량이 중앙선을 넘어가서 일어난 것일 뿐 피고인 차량이 중앙선을 침범하여 충격한 사고로 인한 것이 아니므로, 비록 위 사고가 중앙선을 넘은 지점에서 발생하였다고 하더라도 위 사고의 발생에 있어서는 피고인의 중앙선 침범행위가 직접적인 원인이 되지 않았음이 명백하다. 따라서 이 부분 교통사고는 교특법 제3조 제2항 제2호 단서 전단이 규정하는 중앙선침범사고라고 할 수 없는데, 기록에 의하면 피고인 차량은 자동차종합보험에 가입되어 있는 사실이 인정되므로 이 부분에 관한 공소는 그 절차가 법률에 위반하여 무효인 경우에 해당하므로 그 부분 공소를 기각하여야 한다.

【해설】

Ⅰ. 들어가는 말

차마의 운전자는 차로가 설치된 도로에서는 그 차로를 따라 통행하여야 하고(도교법 제14조 제2항), 차마의 운전자는 도로의 중앙선 우측 부분을 통행하여야 한다(도교법 제13조 제3항). 중앙선을 침범하는 것은 반대차선을 운행 중인 운전자의 신뢰에 크게 어긋날 뿐만 아니라 교통사고의 위험성을 증대시키는 행위로서, 교특법은 이를 처벌특례에 대한 두 번째의 예외사유로 규정하고 있다.

중앙선이란 차마의 통행을 방향별로 명확하게 구분하기 위하여 도로에 황색실선 또는 황

색점선 등의 안전표지로 표시한 선이나 중앙분리대, 울타리 등으로 설치한 시설물을 말한다. 가변차로가 설치된 경우에는 신호기가 지시하는 진행방향의 가장 왼쪽의 황색점선이 중앙선이 된다(도교법 제2조 제3호).

중앙선을 침범하였는지 여부는 차륜(차바퀴)이 아니라 차체를 기준으로 하며, 차체의 일부라도 중앙선을 침범하면 반대차로를 운행 중인 차량의 도로교통에 심각한 장애를 줄 수 있기 때문에 자체의 일부만이 중앙선을 넘어가면 중앙선 침범으로 볼 수 있다. 그리고 반드시 계속적으로 중앙선을 침범하여 운행할 필요는 없고 일시적으로 중앙선을 침범한 경우도 중앙선침범에 해당한다. 중앙선이 있는 도로의 좌측 부분으로 역주행하는 것은 중앙선침범에 해당하나, 일방통행로를 역주행하는 것은 교특법 제3조 제2항 제1호의 '통행의 금지를 내용으로 하는 안전표지가 표시하는 지시 위반'에 해당하고 중앙선침범에는 해당하지 않는다(대법원 1993. 11. 9. 선고 93도2562 판결).

중앙선침범은 고의에 의한 경우뿐만 아니라 과실에 의한 경우도 포함한다. 그리고 과실에 의한 중앙선침범은 중앙선침범행위 자체에 과실이 있는 경우뿐만 아니라, 그 선행행위에 과실이 있는 경우(예컨대 과속, 전방주시의무태만, 안전거리미확보, 졸음운전, 조향장치 또는 제동장치 조작 미숙, 빙판길·빗길·내리막길 등에서의 과속 등)도 포함한다.

중앙선침범사고에 해당한다고 하기 위해서는 중앙선침범에 부득이한 사유가 없어야 하고 나아가 중앙선침범이 사고발생의 직접적인 원인일 것을 요한다.

Ⅱ. 부득이한 사유가 없을 것

'부득이한 사유'라 함은 진행차로에 나타난 장애물을 피하기 위하여 다른 적절한 조치를 취할 겨를이 없었다거나 자기 차로를 지켜 운행하려고 하였으나 운전자가 지배할 수 없는 외부적 여건으로 말미암아 어쩔 수 없이 중앙선을 침범하게 되었다는 등 중앙선 침범 자체에는 운전자를 비난할 수 없는 객관적 사정이 있는 경우를 말한다(대법원 1998. 7. 28. 선고 98도832 판결).

예컨대 브레이크파열로 제동이 되지 않는 상황에서 중앙선을 넘어가거나(대법원 1985. 4. 23. 선고 85도329 판결), 차량바퀴에 구멍이 나는 등 차량고장으로 중앙선을 넘어가는 경우(대법원 1994. 11. 8. 선고 94도2393 판결)는 중앙선침범에 해당하지 않는다. 미끄러운 도로에서 앞차와의 충돌을 피하려다 중앙선을 넘은 경우(대법원 1987.12.2. 선고 87도2173 판결), 편도 1차로 도로에서 제한속도로 우회전을 하던 중 정차한 버스를 발견하고 급제동조치를 취하였으나 빗길에 미끄러지면서 중앙선을 넘은 경우(대법원 1990. 5. 8. 선고 90도6060 판결),

도시고속도로에서 다른 차량이 갑자기 진행차로로 들어와 역행하여 정지하는 등 다른 차량을 피하다가 빗길에 미끄러지면서 중앙선을 넘은 경우(대법원 1991. 1. 15. 선고 90도1918 판결)도 중앙선침범에 해당하지 않는다. 그러나 전방에 고인 빗물을 피하기 위하여 차선을 변경하였다가 빗길에 미끄러져 중앙선을 넘은 경우(대법원 1988. 3. 22. 선고 87도2171 판결), 평탄한 편도 2차로인 직선로의 빙판길에서 다소 과속하다가 운전조작을 제대로 하지 못하여 중앙선을 넘은 경우(대법원 1997. 5. 23. 선고 95도1232 판결), 편도 1차로에서 앞서가던 버스가 정차하자 그 버스를 피하여 앞서가기 위하여 황색실선인 중앙선을 넘은 경우(대법원 1997. 7. 25. 선고 97도927 판결)는 중앙선침범에 해당한다.

Ⅲ. 사고발생의 직접적인 원인일 것

다음으로 중앙선침범에 해당한다고 하기 위해서는 그것이 사고발생의 직접적인 원인일 것을 요한다. 중앙선침범행위가 교통사고 발생의 직접적인 원인이 된 이상 사고발생장소가 중앙선을 넘어진 반대차로이거나 피해차량이 마주오던 차량일 것을 요하지 않는다.

위의 【대상판결①】은 트럭의 운전사가 진행방향 앞에 정차 중인 버스를 추월하기 위하여 황색실선인 중앙선을 침범하여 운행하던 중 마주오던 트럭과의 충돌을 피하기 위하여 급히 원래의 자기차선으로 복귀하였으나 자기차선 앞에서 막 출발하려는 버스를 충격한 사건으로, 주행탄력으로 계속 진행하면 도로 옆의 인가를 덮칠 염려가 있는 데다가 급회전으로 인하여 차체가 불안정해져서 그 균형을 바로잡기 위하여 다시 핸들을 왼쪽으로 꺾는 바람에 자기차선의 버스와 충격한 것이므로 중앙선침범이 사고발생의 직접적인 원인이 된다고 보았다.

그리고 위의 【대상판결②】는 피고인 차량이 피해자 차량을 들이받은 충격으로 인하여 피해자 차량이 중앙선을 넘어가서 일어난 것일 뿐 피고인 차량이 중앙선을 침범하여 충격한 사고로 인한 것이 아니므로, 비록 위 사고가 중앙선을 넘은 지점에서 발생하였다고 하더라도 위 사고의 발생에 있어서는 피고인의 중앙선 침범행위가 직접적인 원인이 되지 않았다고 보았다.

〔**참고문헌**〕 허광룡, “중앙선침범으로 인한 교통사고”, 국민과 사법 : 윤관 대법원장 퇴임기념, 1999, 431면 이하.

〔필자: 김태명 교수(전북대)〕

22 선행차량의 추월과 교특법상 중앙선침범 여부

【대상판결】 **대법원 1985. 6. 11. 선고 84도2923 판결, 대법원 1991. 6. 11. 선고 91도821 판결**

【사실관계】

1. 甲이 1983.11.9.15:00경 버스를 운전하여 해남읍을 향하여 시속 50킬로미터의 속력으로 진행하다가 본건 사고지점에 이르렀는데 그곳은 중앙선이 설치되어 있는 노폭 5.8미터의 2차선 도로인바 전방 약 100여미터 지점 우측도로변을 같은 방향으로 자전거를 탄채 진행하는 V1을 발견하고 경음기를 울리면서 V1을 피하기 위하여 중앙선을 침범하면서 진행하였으나 위 자전거를 추월할 무렵 위 V1이 자전거를 탄채 갑자기 도로 중앙부위로 꺾어 들어옴으로서 위 차량의 우측 후미보대 부분으로 위 자전거를 충격하여 이로 인하여 V1에게 전치 10주의 우경골 개방성 골절상을 입게 하였다(대법원 1985. 6. 11. 선고 84도2923 판결).

2. 乙이 승합차량을 운전하고 황색점선으로 중앙선이 표시되어 있는 편도 1차선 직선도로의 바깥쪽으로부터 3분의1 정도의 지점에서 같은 방향으로 앞서 진행하던 V2 운전의 자전거를 안전하게 앞지르기 위하여 대향차선에 진행 중인 차량이 없음을 확인한 후 중앙선을 넘어 대향차선에 진입하였는데, 이어서 V2도 도로를 횡단하기 위하여 중앙선을 넘어 대향차선으로 들어와 충돌하게 되었다(대법원 1991. 6. 11. 선고 91도821 판결).

【판결요지】

1. 교통사고처리특례법(이하 '교특법') 제3조 제2항 제2호 전단의 도로교통법 제13조 제2항 규정에 위반하여 차선이 설치된 도로의 중앙선을 침범하였을 때라 함은 위 특례법의 입법취지에 비추어 그 교통사고가 중앙선을 침범하여 운전한 행위로 인하여 일어난 경우를 말하는 것이고 교통사고장소가 중앙선을 넘어선 지점인 모든 경우를 포함하는 것은 아니다(대법원 1985. 6. 11. 선고 84도2923 판결).

2. 乙이 황색점선의 중앙선을 넘어 반대차선으로 들어간 행위는, 도로교통법에 규정된 통행방법에 따른 것으로서, 교통사고처리특례법 제3조 제2항 단서 제2호 전단에 해당하지 아니할 뿐만 아니라, 乙의 중앙선을 침범한 행위가 교통사고의 직접적인 원인이 되었다고 볼 수도 없으므로, 위 교통사고가 교통사고처리특례법 제3조 제2항 단서 제2호 전단 소정의 중앙선침범사고에 해당하지 아니한다고 할 것이다(대법원 1991. 6. 11. 선고 91도821 판결).

【해설】

Ⅰ. 들어가는 말

대상판결의 쟁점은 두 가지로 정리할 수 있다. 첫째 교특법 제3조 제2항 제2호 전단의 중앙선침범으로 인정되는 경우와 외형상 중앙선을 넘어갔다고 하더라도 중앙선침범으로 인정되지 않는 경우의 구분이고(쟁점①), 둘째 그와 같은 중앙선침범이 교통사고의 직접적인 원인이 되었는지 여부로서 인과관계 판단의 문제(쟁점②)이다. 쟁점①의 경우에는 그간의 판례의 축적을 통하여, 중앙선 침범행위를 교특법상의 예외의 단서로 규정한 것은 "교통의 기본원칙인 신뢰의 원칙과 반대 방향 차로에서 진행 중인 무과실 피해자의 보호에 그 목적"이 있기 때문이라고 한다. 판례는 "중앙선 침범사고는 반대차선 운전자의 신뢰와 어긋난 운행으로 사고를 일으킨 경우에 한하여 적용하여야 한다고 볼 수 없다."고 일관되게 설명하고 있다. 그러나 쟁점②에 관하여는 대체로 직접적인 인과관계의 인정 여부에 대해서만 적시할 뿐이고 구체적인 판단기준을 제시하고 있지는 않다는 점에서 비판을 받는다.

Ⅱ. 중앙선침범에 해당하는지 여부(쟁점①)

(1) 중앙선침범이란 고의에 의한 중앙선침범 및 과속 전방주시태만 등 선행과실에 의해 반대차로 정상진행 차량에 위해를 주는 경우를 말한다. 판례는 사고의 직접적인 원인이 도로교통법을 위반한 중앙선침범에 의한 것이지, 사고지점이 중앙선을 넘어선 장소일 것을 요하지 않는다. 즉, 중앙선침범사고란 "부득이한 사유가 없이 중앙선을 침범하여 교통사고를 발생케 한 경우를 뜻하며, 여기서 '부득이한 사유'라 함은 진행차로에 나타난 장애물을 피하기 위하여 다른 적절한 조치를 취할 겨를이 없었다거나 자기 차로를 지켜 운행하려고 하였으나 운전자가 지배할 수 없는 외부적 여건으로 말미암아 어쩔 수 없이 중앙선을 침범하게 되었다는 등 중앙선 침범 자체에는 운전자를 비난할 수 없는 객관적 사정이 있는 경우(대법원 1998. 7. 28. 선고 98도832 판결)"를 의미한다.

(2) 그 결과 중앙선침범사고로 볼 수 없는 경우로는 피고인 운전차량에게 들이받힌 차량이 중앙선을 넘으면서 마주오던 차량들과 충격하여 사고가 일어난 경우(대법원 1998. 7. 28. 선고 98도832 판결), 앞서가던 택시와의 안전거리를 확보하지 아니한 채 미끄러운 도로를 그대로 운행과 과실이 있더라도 그 택시와의 충돌을 피하기 위하여 부득이 중앙선을 침범할 수밖에 없었던 경우(대법원 1987. 12. 22. 선고 87도2173 판결), 추월선을 진행하던 피고인이 앞서가던 차량의 갑작스런 제동을 피하기 위해 피고인의 차선으로 들어와 역행하여 정지하

는 바람에 이를 피하다 빗길에 미끄러지면서 중앙분리대를 넘어 반대편 차와 충돌한 경우(대법원 1991. 1. 15. 선고 90도1918 판결), 1차선을 진행 중 2차로에서 차선변경 진입하는 차량을 보고 피하려다 중앙선을 넘은 경우(대법원 1986. 3. 11. 선고 86도56 판결), 차로변경 차량을 보고 급정거하다 빗길에 미끄러져 중앙선을 넘은 경우(대법원 1986. 3. 11. 선고 86도50 판결), 앞서가는 자전거를 피하여 중앙선을 넘어가다 자전거와 좌회전하여 일어난 사고(대법원 1991. 1. 11. 선고 90도2000 판결) 등이다. 따라서 일반적으로는 부득이한 사유로 선행차량을 추월하기 위해 중앙선을 넘는 경우는 중앙선침범에 해당하지 않는다.

(3) 반면 중앙선침범사고에 해당하는 경우로는 후진시 차 뒷부분이 중앙선에 걸치게 된 후 반대방향 차선 위로 45도 각도로 운행한 경우(대법원 1990. 6. 26. 선고 90도296 판결), 횡단보도를 통로로 하여 반대차선을 넘어 들어가다 충돌사고가 발생한 경우(대법원 1995. 5. 12. 선고 95도512 판결), 정차 중인 차를 추월하기 위해 중앙선을 일부 침범한 상태로 진행하다 횡단하던 피해자를 충격한 경우(대법원 2004. 3. 26. 선고 2003도8145 판결) 등이다.

Ⅲ. 중앙선침범 행위와 과실치사상 결과 간의 인과관계 판단(쟁점②)

(1) 업무상과실치사상죄의 구성요건으로서 객관적 주의의무의 판단기준에 관하여 주관설(행위자표준설)은 도의적 책임론의 입장에서 행위자 본인의 주의능력을 표준으로 하여 주의의무위반의 유무를 판단한다. 반면 객관설은 사회적 책임론을 기초로 일반인의 주의능력을 표준으로 하여 주의의무위반의 유무를 판단해야 한다고 본다. 절충설은 주의의 정도는 일반인을 표준으로 하여 객관적으로 결정하고 주의력(결과예견가능성)은 행위자의 주의능력을 표준으로 하는데, 그 근거로는 규범이 일반인의 주의능력 이상의 것을 요구할 수 없고 또한 행위자에게 불가능한 것을 강요할 수 없다는 것을 내세운다. 객관적 주의의무는 수범자 일반에게 요구된 것이므로 객관설의 입장이 타당하다. 객관설에 있어서 판단의 표준이 되는 일반인은 평균인으로, 판단의 관점은 행위자의 사회적 역할과 구체적으로 행위자가 처했던 정황 속에 있었다면 어떠했을 것인가 하는 사전판단이라고 보아야 할 것이다.

(2) 다음으로, 일정한 결과가 일정한 행위를 통하여 발생하였다고 하기 위한 결과와 행위 사이의 불가분의 관계를 인과관계라 하며, 교통사고 발생으로 인한 업무상 과실치사상죄는 과실범이므로 만일 인과관계가 부정된다면 과실범의 미수는 성립할 수 없으므로 해당 범죄 자체가 불성립하게 된다. 학설은 행위와 결과간의 인과관계와 객관적 귀속을 구분하지만, 판례는 상당인과관계설을 취함으로써 사실판단과 규범판단을 분리하지 않는다. 판례는 상당인과관계설의 입장에서 주의의무를 다했다면 결과를 회피할 수 있었는가를 판단하는데,

판단기준은 무죄추정설로 해석된다.

또한 중앙선침범사고에 있어서는, 중앙선침범행위가 교통사고 발생의 "직접적인" 원인이 될 것을 요구하지만 직접성 판단의 구체적인 기준은 제시하고 있지 않다. 학설은 대체로 직접성에 관하여, 행위자의 행위의 외적인 효과가 결과의 발생에 이르는 과정에서 제3의 개입되는 다른 행위의 영향이 없음을 의미한다고 본다. 이에 따르면 행위자가 중앙선 침범이라는 원인을 제공하였더라도, 객관적으로 예상불가능한 다른 원인이 개입되어서 치사상의 결과가 발생한 경우에는 행위와 결과와의 '직접성'이 부정된다거나, 그와 같은 행위가 치사상의 결과에 대한 직접적인 원인이 되었다고 보기 어렵게 될 것이다. 다만 객관적 귀속의 척도에 해당하는 직접성의 원칙을 원용하지 않는 판례의 입장에서는, 무엇이 '직접성' 여부를 결정하는 기준인지에 대하여 보다 구체적인 판단척도를 제시할 필요가 있다.

〔**참고문헌**〕 **이**종상, "교통사고처리특례법의 장소적 적용범위", 형사판례연구 4(1996)

〔**필자: 김혜경 교수(계명대)**〕

23 보행등의 녹색점멸신호와 교특법상 횡단보도 여부

【대상판결】 **대법원 2009. 5. 14. 선고 2007도9598 판결**

【사실관계】 피고인은 2007. 4. 13. 17:20경 서울 은평구 대조동 (지번 생략) ○○마트 앞길에서, ㅁㅁ상운 주식회사 소속 (차량번호 생략) 옵티마 영업용 택시를 운전하여 역촌사거리 방면에서 연신내사거리 방면으로 우회전을 하던 중 보행자보호의무를 위반하여 그대로 진행한 업무상 과실로, 진행방향 좌측에서 우측으로 보행자 점멸 신호에 횡단보도를 뛰어가던 피해자 공소외 1을 미처 발견하지 못하고 위 택시 좌측 앞범퍼 부분으로 피해자의 우측 다리 부분을 충격하여 그 충격으로 피해자가 도로에 넘어져 약 2주간의 치료를 요하는 우슬관절 염좌 및 찰과상을 입게 하였다.

【판결요지】 교통사고처리 특례법 제3조 제2항 제6호, 도로교통법 제5조 제1항, 제27조 제1항 및 도로교통법 시행규칙 제6조 제2항 [별표 2] 등의 규정들을 종합하면, 보행신호등의 녹색등화 점멸신호는 보행자가 준수하여야 할 횡단보도의 통행에 관한 신호일 뿐이어서, 보행신호등의 수범자가 아닌 차의 운전자가 부담하는 보행자보호의무의 존부에 관하여 어떠한 영향을 미칠 수 없다. 이에 더하여 보행자보호의무에 관한 법률규정의 입법 취지가 차를 운전하여 횡단보도를 지나는 운전자의 보행자에 대한 주의의무를 강화하여 횡단보도를 통행하는 보행자의 생명·신체의 안전을 두텁게 보호하려는 데 있는 것임을 감안하면, 보행신호등의 녹색등화의 점멸신호 전에 횡단을 시작하였는지 여부를 가리지 아니하고 보행신호등의 녹색등화가 점멸하고 있는 동안에 횡단보도를 통행하는 모든 보행자는 도로교통법 제27조 제1항에서 정한 횡단보도에서의 보행자보호의무의 대상이 된다.

【해설】

Ⅰ. 들어가는 말

대상판결의 쟁점은 교통사고처리특례법 제3조 제2항 제6호에 의해 보호되는 보행자에 보행신호등의 녹색등화 점멸신호 중에 횡단보도를 통행하는 자도 포함되는가이다. 동규정은 차의 운전자가 교통사고로 인하여 업무상과실치상죄 또는 중과실치상죄를 저지르는 경우 인정될 수 있는 처벌상 특례(반의사불벌죄)에 대한 예외를 인정하여 예외사유가 인정되면 피해자의 명시적인 의사에 반해서도 공소제기가 이루어질 수 있다.

횡단보도와 보행자신호기의 관계를 살펴보면 판례는 먼저 횡단보도에 보행자를 위한 보행등이 설치되어 있지 않다고 하더라도 횡단보도표시가 되어 있는 이상 그 횡단보도는 도로교통법에서 말하는 횡단보도에 해당하고 횡단보도를 진행하는 차량의 운전자는 도로교통법 제24조 제1항에 따른 보행자보호의무를 위반하여 교통사고를 낸 경우에는 교통사고처리특례법 제3조 제2항 단서 제6호 소정의 횡단보도에서의 보행자보호의무 위반의 책임을 지게 되는 것이라고 하였다(대법원 2003. 10. 23. 선고 2003도3529 판결). 그리고 판례의 입장에서는 횡단보도상의 사고라 할지라도 횡단보도의 보행자신호가 적색등화라면 횡단보도로서의 기능을 상실하게 되어 차량운전자에게 횡단보도에서의 보행자 보호의무가 있다고 볼 수 없다(대법원 2001. 10. 9. 선고 2001도2939 판결)고 하였다. 반대로 보행신호등이 녹색등화인 경우 횡단하는 보행자는 도로교통법 제27조 제1항 및 교통사고처리특례법 제3조 제2항 제6호의 보행자로 볼 수 있다.

II. 보행등의 녹색점멸신호시 보행자보호의무의 유무

문제는 보행신호등이 녹색등화 점멸신호단계에 있을 때 횡단보도를 건너는 자의 경우에도 녹색신호시의 보행자와 같이 법적으로 취급할 수 있는 가이다. 이와 관련하여 다음과 같은 견해대립이 있다.

1. 기존 판례의 견해

기존 판례는 신호기가 설치된 횡단보도에서 녹색등화의 점멸신호에 위반하여 횡단보도를 통행하고 있던 보행자는 횡단보도를 통행 중인 보행자라고 보기는 어렵다고 보아 차량운행자는 도로교통법 제27조 제1항 소정의 보행자 보호의무를 위반한 잘못이 없다고 하였다(대법원 2001. 10. 9. 선고 2001도2939 판결). 그 논거로 녹색등화의 점멸신호에 대한 의미를 담고 있는 도로교통법 시행규칙 제6조 제2항 [별표 2]를 들고 있는데 이에 따르면 보행신호등에서 녹색등화의 점멸의 뜻은 보행자는 횡단을 시작하여서는 아니 되고, 횡단하고 있는 보행자는 신속하게 횡단을 완료하거나 그 횡단을 중지하고 보도로 되돌아와야 한다는 것이다. 이러한 규범을 위반하고 있는 보행자는 도로교통법 제6조 제1항을 위반한 자이고 그러한 보행자를 차량으로 충격한 운전자는 도로교통법 제27조의 보행자의 보호의무를 침해한 것이 아니게 된다.

2. 대상 판례의 견해

대상 판례는 이러한 기존의 입장을 다음과 같이 비판한다. 보행신호등의 녹색등화 점멸신호는 보행자가 준수하여야 할 횡단보도의 통행에 관한 신호일 뿐이어서, 보행신호등의 수범자가 아닌 차의 운전자가 부담하는 보행자보호의무의 존부에 관하여 어떠한 영향을 미칠 수 없다는 것이다. 즉, 보행자가 자신에게 적용되는 규범을 준수했느냐와 상관없이, 다시 말해 녹색등화 점멸신호 전·후 여부와 무관하게 횡단보도에 진입하는 차의 운전자는 보행자에 대한 보호의무를 가지고 있다는 것이다. 대상 판례는 이러한 결론을 보행자 보호의무를 규정하고 있는 도로교통법 제27조 제1항의 입법취지를 통해 보강하고 있다. 이러한 입장은 대법원의 이후 판결을 통해서 확장되는데 이에 따르면, 모든 차의 운전자는 신호기의 지시에 따라 횡단보도를 횡단하는 보행자가 있을 때에는 횡단보도에의 진입 선후를 불문하고 일시정지하는 등의 조치를 취함으로써 보행자의 통행이 방해되지 아니하도록 하여야 한다고 하였다(대법원 2017. 3. 15. 선고 2016도17442 판결).

이러한 판례는 규범이 적용되는 대상을 구별함으로써 보행자의 주의의무위반이 차량 운전자의 보행자보호의무위반을 배제하지 않는 것으로 보았다. 이는 차량이 우회전 할 때 횡단보도를 횡단하는 보행자의 생명 및 신체의 완전성을 차의 운전자의 통행권보다 우선시한다는 점에서 타당하다. 교통사고처리 특례법이 '교통사고로 인한 피해의 신속한 회복을 촉진하고 국민생활의 편익을 증진'한다는 형사정책적 목적을 실현한다는 법률이라는 점에서 다른 나라에서는 보기 드문 제도이다. 이를 고려한다면 특례를 인정할 수 없는 사유를 넓게 해석할 필요가 있다. 보행신호등이 설치되지 않은 횡단보도의 경우와 비교할 때 보행신호등이 설치되었지만 그 녹색등화가 점멸인 경우를 피해자에게 불리하게 해석할 수는 없다. 점멸상태에 있어도 녹색등화는 녹색등화이다. 이는 특히 우리나라의 교통사정상 보행신호등이 녹색등화에서 점멸신호로 금방 넘어간다는 점을 고려하면 더욱 그러하다.

Ⅲ. 나오는 말

보행신호등의 직접적인 수범자는 도로교통법 시행규칙에 따를 때 보행자이고 차의 운전자는 아니다. 차량 운전자의 입장에서 중요한 규범은 도로교통법 제27조인데, 동조 제1항은 모든 차의 운전자는 보행자가 횡단보도를 통행하고 있을 때에는 보행자의 횡단을 방해하거나 위험을 주지 아니하도록 그 횡단보도 앞에서 일시정지하여야 한다고 하고 있다. 해당 법률규정은 같은 조 제2항처럼 보행자가 예컨대 '신호기에 따라' 횡단보도를 통행해야하는 지에 관하여는 침묵하고 있다. 그렇다면 보행신호를 위반하여, 즉 적색등화에 횡단보도를 건너는 보행자에 대해서도 차량 운전자는 보호의무를 가진다고 할 수 있다. 물론, 차의 운전자는 특히 우회전시 좌측전방에 있는 보행신호등이 적색등화인 것을 확인하였고 갑작스레 횡단보도로 진입하는 보행자를 인지하지 못하였다면 횡당보도에 보행자가 없을 것이라는 점을 신뢰할 수 있다. 그럼에도 불구하고 차량 운전자가 계속 운전하여 횡단보도상의 보행자를 치었다면 차량 운전자는 도로교통법 제27조의 의무에 부합하게 운전하였기 때문에 면책되는 것이 아니라 과실범의 일반원칙인 신뢰의 원칙이 적용되기 때문이다.

〔필자: 허황 교수(동아대)〕

24 보행등의 적색신호와 교특법상 횡단보도를 통행 중인 보행자

【대상판결】 **대법원 2001. 10. 9. 선고 2001도2939 판결**

【사실관계】 2000.11.7. 07:55경 피해자 V는 보행자용 녹색신호가 깜박일 때 횡단보도를 건너기 시작하였는데, 도중에 보행자 신호가 적색으로 변경되었다. V는 정지선에 정차한 차량들을 향하여 손을 들고 횡단을 계속하였고, 운전자인 피고인 甲은 차량신호등이 녹색등화로 변경된 것을 확인하고, 우회전을 하기 위해 정차 중인 차들을 피하여 3차선에서 4차선으로 차선을 변경하여 진행하다가, 횡단보도를 보행하던 V를 미처 발견하지 못하고, 승용차 앞범퍼 부분으로 V를 들이받았다. 그 충격으로 피해자가 2개월간의 치료를 요하는 골절상을 입었다. 甲은 자동차종합보험에 가입되어 있었다.

【판결요지】 도로를 통행하는 보행자나 차마는 신호기 또는 안전표지가 표시하는 신호 또는 지시 등을 따라야 하는 것이고(도로교통법 제5조), '보행등의 녹색등화의 점멸신호'의 뜻은, 보행자는 횡단을 시작하여서는 아니되고 횡단하고 있는 보행자는 신속하게 횡단을 완료하거나 그 횡단을 중지하고 보도로 되돌아와야 한다는 것인바(도로교통법 시행규칙 제5조 제2항 [별표 3]), 피해자가 보행신호등의 녹색등화가 점멸되고 있는 상태에서 횡단보도를 횡단하기 시작하여 횡단을 완료하기 전에 보행신호등이 적색등화로 변경된 후 차량신호등의 녹색등화에 따라서 직진하던 피고인 운전차량에 충격된 경우에, 피해자는 신호기가 설치된 횡단보도에서 녹색등화의 점멸신호에 위반하여 횡단보도를 통행하고 있었던 것이어서 횡단보도를 통행 중인 보행자라고 보기는 어렵다고 할 것이므로, 피고인에게 운전자로서 사고발생방지에 관한 업무상 주의의무위반의 과실이 있음은 별론으로 하고, 도로교통법 제24조 제1항 소정의 보행자 보호의무를 위반한 잘못이 있다고는 할 수 없다.

【해설】

Ⅰ. 들어가는 말

이 사건의 쟁점은 녹색등화의 점멸 개시 후 횡단을 시작한 보행자가 적색신호로 변경되었을 때, 보행자 보호의무 대상인지 여부이다. 과거 대법원 1983. 12. 13.선고 83도2676판결에서 피해자가 보행신호등의 녹색등화에 따라 횡단보도를 통행하던 중 적색신호로 바뀌자, 도로중앙선 부분에서 통행을 중단한 상황이라면, 피해자를 '횡단보도를 통행 중인 보행자'라고 보기 어렵다고 하였는데, 이 판례와 맥을 같이한다. 다만 다른 점이 있다면, 검사가 항소 이유에서 주장하듯이 녹색등화가 짧은 우리나라의 실정상, 녹색등화가 점멸되고 있는 상태에서 횡단보도에 진입하여 적색등화로 변경된 경우도 운전자에게 업무상 주의의무가 있기 때문에 이 보행자를 '횡단보도를 통행 중인 보행자'라고 보자는 주장에 대해, 적색등화로 변경된 이상 횡단보도를 통행 중인 보행자로 보기 어렵다는 판례이다. 여기서 '횡단보도를 통행중인 보행자'가 중요한 이유는, 교통사고처리특례법(이하 교특법) 제3조 제2항 단서 제6호 '보행자 보호의무 위반'인지 여부에 따라 공소제기 여부가 결정되기 때문이다. 교특법 제3조 제2항 본문에서 업무상 과실치상죄를 범한 운전자에 대해 피해자의 명시적 의사에 반하여 운전자를 처벌할 수 없다고 규정하고 있고, 교특법 제4조 제1항에 본문에 따르면, 가해차가 보험 등에 가입된 경우 공소제기할 수 없다(특례). 다만, 12개의 예외사유에 해당되면 특례적용이 배제된다(제3조 제2항 단서). 그 예외 사유 중 제6호가 '횡단보도에서의 보행자 보호의무 위반'이며, 이를 판단하기 위해 V가 '횡단보도에서 보행자 보호의무 대상'이 되는지가 중요하다(이하 법에 대한 언급은 판례 당시를 기준으로 하고, 유사한 내용이 조문을 달리하는 경우 현행법으로 병기한다).

II. 신호등이 있는 횡단보도에서 녹색등화의 점멸 개시 후 횡단을 시작한 보행자가 적색신호로 변경되었을 때 횡단보도에서의 보행자 보호의무 대상인지 여부

1. 횡단보도에서 운전자의 주의의무

당시 도로교통법 제2조 제8호(현행 도로교통법 제2조 제12호)에서 '횡단보도'란 보행자가 도로를 횡단할 수 있도록 안전표지로 표시한 도로의 부분이다. 도로교통법 제24조 제1항(현행 도로교통법 제27조 제1항에 해당) (보행자의 보호)에서 '모든 차의 운전자는 보행자가 횡단보도를 통행하고 있을 때에는 횡단보도 앞(정지선이 설치되어 있는 곳에서는 그 정지선을 말한다)에서 일시정지하여 보행자의 횡단을 방해하거나 위험을 주어서는 아니 된다.'라고 규정하고 있다.

2. 보행자의 도로횡단

당시 도로교통법 제10조 제4항에 따르면, '보행자는 횡단보도를 횡단하거나 신호기 또는 경찰공무원등의 신호 또는 지시에 따라 도로를 횡단하는 경우를 제외하고는 모든 차의 바로 앞이나 뒤로 횡단하여서는 아니 된다.'라고 규정하고 있다. 그리고 동법 제5조에 따르면, '도로를 통행하는 보행자나 차마는 신호기 또는 안전표지가 표시하는 신호를 ~ 따라야 한다.'

라고 규정하고 있다. 그렇다면 보행자는 보행신호등의 신호를 따라야 하는데, 보행신호등의 녹색등화의 점멸은 당시 도로교통법 시행규칙 제5조 제2항 [별표3](현행 도로교통법 시행규칙 제6조 제2항 [별표2]에 해당)에서 규정하듯이 '보행자는 횡단을 시작하여서는 아니되고, 횡단하고 있는 보행자는 신속하게 횡단을 완료하거나 그 횡단을 중지하고 보도로 되돌아와야 한다.'는 의미이다. 보행등의 적색등화는 '보행자는 횡단을 하여서는 아니 된다.'는 의미이다.

3. 녹색등화의 점멸 개시 후 횡단을 시작한 보행자가 적색신호로 변경되었을 때 횡단보도에서의 보호의무 대상이라고 보는 견해(검사의 항소이유, 검사의 상고이유)

검사는, 보행자가 녹색등화인 보행자 신호에 따라 횡단보도를 횡단하던 중 보행자신호가 적색신호로 변경된 경우에도 운전자는 보행자신호가 변경될 것 등을 예상하여 일시 정지하는 등 보행자를 보호하여야 할 업무상 주의의무가 있고, 녹색등화 주기가 매우 짧은 당시 신호체계에 비추어, 녹색등화가 점멸하는 상태에서 횡단보도에 진입하고 적색신호로 변경된 경우에도 운전자의 업무상 주의의무는 마찬가지로 인정되는 것이어서, 교특법 제3조 제2항 단서 제6호에서 정한 '보행자보호의무를 위반'한 경우에 해당한다고 주장한다.

4. 녹색등화의 점멸 개시 후 횡단을 시작한 보행자가 적색신호로 바뀌었을 때 횡단보도에서의 보호의무 대상이 아니라고 보는 견해(판례의 입장)

도로교통법 제24조 제1항의 '보행자가 횡단보도를 통행하고 있을 때'라 함은 보행자가 횡단보도를 통행하는 모든 경우를 의미하는 것이 아니라, 동법 제10조 제4항, 동법 시행규칙 제5조 제2항 별표3의 규정을 위반하지 않고 정상적으로 횡단보도를 통행하는 자만을 의미한다고 할 것이어서, 보행등의 녹색등화가 점멸되기 전에 보행자가 횡단보도에 진입한 경우라면 횡단 도중 신호가 변경되었다고 하더라도 위 보행자를 동법 제24조 제1항에 의하여 보호받는 보행자라고 할 수 있을 것이나, 보행등의 녹색등화가 점멸할 당시 횡단보도에 진입한 보행자는 위 규정에 의하여 보호받는 보행자라고 할 수 없을 것이다. 그러므로 횡단보도상 보행자용 신호가 적색신호였고, 운전자는 도로교통법 제24조 제1항에서 정하는 보행자보호의무를 위반한 것으로 볼 수 없으며, 甲의 차량은 자동차보험에 가입되어 있기 때문에, 교특법 제4조 제1항 본문과 동법 제3조 제2항 본문에 따라 이 사건 공소를 기각한 것이다.

5. 대상판례 이후 판례

대상판례 이후 판례에서는 '보행신호등의 녹색등화 점멸신호는 보행자가 준수하여야 할 횡단보도의 통행에 관한 신호일 뿐이어서, 보행신호등의 수범자가 아닌 차의 운전자가 부담하는 보행자보호의무의 존부에 관하여 어떠한 영향을 미칠 수 없다. 이에 더하여 보행자보호의무에 관한 법률규정의 입법 취지가 차를 운전하여 횡단보도를 지나는 운전자의 보행자에 대한 주의의무를 강화하여 횡단보도를 통행하는 보행자의 생명·신체의 안전을 두텁게 보호하려는데 있는 것임을 감안하면, 보행신호등의 녹색등화의 점멸신호 전에 횡단을 시작하였는지 여부를 가리지 아니하고 보행신호등의 녹색등화가 점멸하고 있는 동안에 횡단보도를 통행하는 모든 보행자는 횡단보도에서의 보행자 보호의무의 대상이 된다(대법원 2009. 5. 14. 선고 2007도9598 판결)'라고 판시하였다. 대상판례와 구별해야 할 점은 이 사례는 녹색등화가 점멸하고 있는 동안에 횡단보도를 통행하는 보행자의 보호의무에 관한 것이고, 대상판례는 적색신호로 변경된 경우 횡단보도를 통행하는 보행자의 보호의무에 관한 것이다.

Ⅲ. 나오는 말

대상판례는 횡단보도에서 보행등이 적색신호로 바뀌면, 설령 녹색점멸신호 개시 후 횡단을 시작한 보행자일지라도 녹색점멸신호는 '횡단을 시작하여서는 안되는 표시'이므로, 그 보행자는 더 이상 '횡단보도를 통행 중인 보행자'라고 보기 어렵기 때문에, 운전자는 횡단보도에서 보행자 보호의무를 위반하여 운전한 경우에 해당하지 않아 교특법 제4조 제1항에 따른 형사처벌은 받지 않는다는 판례이다.

〔**필자: 이정민 교수(단국대)**〕

25 보행자용 신호등이 없는 횡단보도에 차량이 보행자보다 먼저 진입한 경우에도 보행자 보호의무가 적용되는지 여부

【대상판결】 **대법원 2020. 12. 24. 선고 2020도8675 판결**

【사실관계】 택시기사인 피고인은 택시공제조합에 가입된 택시를 운전하여 교차로에서 우회전하게 되었다. 그곳에서 우회전을 하면 신호등이 없는 횡단보도를 만나게 되는데, 도로 양쪽 모두에 횡단보도를 침범하여 주차된 차량으로 횡단보도 진입부가 제대로 보이지 않는 상황이었다. 피고인이 주차된 차량을 피해 왕복 2차로의 가운데 부분으로 우회전을 하여 횡단보도에 들어선 순간, 7세 어린이가 피고인의 차량 진행 방향 좌측에 주차되어 있던 차량 뒤쪽에서 뛰어나와 횡단보도를 건너기 시작했고, 횡단보도 중간 부근에서 피고인의 차량 오른쪽 범퍼와 어린이의 오른쪽 다리가 충돌하여 어린이가 약 2주간 치료가 필요한 우측 고관절 근육의 손상 등을 입었다.

【판결요지】 보행자용 신호등이 설치되지 않은 횡단보도를 건너는 보행자가 있을 때, 운전자는 그대로 진행하더라도 보행자의 횡단을 방해하지 않거나 통행에 위험을 초래하지 않을 경우를 제외하고는, 횡단보도에 차가 먼저 진입하였는지와 관계없이 차를 일시정지하는 등의 조치를 취함으로써 보행자의 통행이 방해되지 않도록 할 의무가 있다. 만일 이를 위반하여 형법 제268조의 죄를 범하면 교통사고처리 특례법 제3조 제2항 단서 제6호의 '횡단보도에서의 보행자 보호의무를 위반하여 운전한 경우'에 해당하여 보험 또는 공제 가입 여부나 처벌에 관한 피해자의 의사를 묻지 않고 같은 법 제3조 제1항에 따라 처벌 대상이 된다.

【해설】

Ⅰ. 들어가는 말

교통사고처리 특례법 제3조 제2항 본문 및 제4조 제1항은 피해자의 처벌불원 의사가 있거나 가해차량이 보험업법 제4조, 제126조, 제127조 및 제128조, 여객자동차 운수사업법 제60조, 제61조 또는 화물자동차 운수사업법 제51조에 따른 보험 또는 공제에 가입되어 있을 경우, 교통사고로 업무상과실치상죄 등을 범한 운전자를 기소할 수 없도록 규정한다. 만약 기소된다면 법원은 형사소송법 제327조에 따라 공소기각 판결을 선고한다. 다만 교통사고처리 특례법 제3조 제2항 단서 제6호 및 제4조 제1항 제1호에 따르면, 운전자가 도로교통법

제27조 제1항에 따른 횡단보도에서의 보행자 보호의무를 위반하여 운전하다가 사고를 낸 경우에는 그와 같은 특례규정이 적용되지 않고 운전자는 업무상과실치상죄 등으로 처벌을 받는다.

도로교통법 제27조 제1항은 "모든 차 또는 노면전차의 운전자는 보행자가 횡단보도를 통행하고 있을 때에는 보행자의 횡단을 방해하거나 위험을 주지 아니하도록 그 횡단보도 앞(정지선이 설치되어 있는 곳에서는 그 정지선을 말한다)에서 일시정지하여야 한다."라고 규정하는데, 횡단보도에서의 보행자 보호의무와 관련하여 대법원은 "모든 차의 운전자는 신호기의 지시에 따라 횡단보도를 횡단하는 보행자가 있을 때에는 횡단보도에의 진입 선후를 불문하고 일시정지하는 등의 조치를 취함으로써 보행자의 통행이 방해되지 아니하도록 하여야 한다. 다만 자동차가 횡단보도에 먼저 진입한 경우로서 그대로 진행하더라도 보행자의 횡단을 방해하거나 통행에 아무런 위험을 초래하지 아니할 상황이라면 그대로 진행할 수 있다고 보아야 한다."라고 하여 차량이 보행자보다 먼저 '보행자용 신호등이 설치된' 횡단보도에 진입하더라도 보행자 보호의무를 부담한다는 취지로 판시한 바 있다(대법원 2017. 3. 15. 선고 2016도17442 판결).

이 사건 사고는 '보행자용 신호등이 설치되지 않은' 횡단보도에 차량이 보행자보다 먼저 진입한 상태에서 발생하였다. 위와 같은 대법원의 판시가 신호등이 설치되지 않은 횡단보도에도 적용되어 피고인이 횡단보도에서의 보행자 보호의무를 위반했다고 볼 수 있는지가 쟁점이라고 할 수 있다.

Ⅱ. 보행자용 신호등이 설치되지 않은 횡단보도에 차량이 보행자보다 먼저 진입한 경우에도 보행자 보호의무를 부담하는지 여부

1. 가능한 견해

(1) 부정설

도로교통법 제27조 제1항의 "보행자가 횡단보도를 통행하고 있을 때", "횡단보도 앞에서 일시정지하여야 한다."라는 문구상 자동차의 일시정지 의무는 '횡단보도' 앞에서만 발생한다고 볼 수 있다. 위 도로교통법 규정은 같은 법 제156조 제1호와 관계에서 처벌규정의 일부이고 교통사고처리 특례법과 관계에서는 소추요건이므로, 죄형법정주의의 파생원칙인 유추해석금지의 원칙상 이를 넓게 해석하는 것은 바람직하지 않다. 그리고 신호등이 설치된 횡단보도와 그렇지 않은 횡단보도에 관한 일반 공중의 인식이 같다고 볼 수 없다. 따라서 신호등이 설치되지 않은 횡단보도에서는 보행자보다 먼저 진입한 차량의 보행자 보호의무를 인정하기 어렵다(대상판결의 1심–공소기각 판결).

(2) 긍정설

도로교통법 제2조 제12호는 횡단보도를 "보행자가 도로를 횡단할 수 있도록 안전표지로 표시한 도로의 부분"이라고 규정할 뿐이고, 같은 법 제10조 제1, 2항 및 도로교통법 시행규칙 제11조의 내용을 종합하여 보아도 신호등이 설치된 횡단보도와 그렇지 않은 횡단보도 사이에 특별한 차이를 발견할 수 없다. 아울러 횡단보도를 통행하는 보행자의 생명·신체를 두텁게 보호하려는 교통사고처리 특례법 제3조 제2항 본문, 단서 제6호, 제4조 제1항 및 도로교통법 제27조 제1항의 입법취지에 비추어 볼 때, 모든 차량의 운전자는 신호등 설치 여부에 관계없이 횡단보도를 횡단하는 보행자가 있을 때는 횡단보도 진입 선후를 불문하고 보행자를 보호할 의무가 있다(대상판결의 2심–파기환송 판결).

2. 대법원의 태도

대법원은 대상판결에서 "자동차의 운전자는 횡단보행자용 신호기의 지시에 따라 횡단보도를 횡단하는 보행자가 있을 때에는 횡단보도에의 진입 선후를 불문하고 일시정지하는 등의 조치를 취함으로써 보행자의 통행이 방해되지 않도록 하여야 하고, 다만 자동차가 횡단보도에 먼저 진입한 경우로서 그대로 진행하더라도 보행자의 횡단을 방해하지 않거나 통행에 위험을 초래하지 않을 상황이라면 그대로 진행할 수 있는 것으로 해석된다. 이러한 법리는 그 보호의 정도를 달리 볼 이유가 없는 횡단보행자용 신호기가 설치되지 않은 횡단보도를 횡단하는 보행자에 대하여도 마찬가지로 적용된다고 보아야 한다. 따라서 모든 차의 운전자는 보행자보다 먼저 횡단보행자용 신호기가 설치되지 않은 횡단보도에 진입한 경우에도, 보행자의 횡단을 방해하지 않거나 통행에 위험을 초래하지 않을 상황이 아니고서는, 차를 일시정지하는 등으로 보행자의 통행이 방해되지 않도록 할 의무가 있다."라고 판시하여 신호등이 없는 횡단보도에 차량이 먼저 진입한 경우에도 보행자 보호의무가 있음을 명시적으로 인정하고 피고인의 상고를 기각하였다.

Ⅲ. 나오는 말

(1) 교통사고처리 특례법은 피해자의 처벌불원 의사가 있거나 교통사고를 일으킨 차량이 종합보험 등에 가입하였을 때 그 운전자를 처벌하지 않음으로써 교통사고로 인한 전과자 양산을 방지하고 운전자들의 종합보험 가입을 유도하여 교통사고 피해자의 손해를 신속하고 적절하게 구제하려는 목적에서 제정되었다. 그럼에도 같은 법 제3조 제2항 단서 및 제4조

제1항 제1호에서 예외를 두는 이유는, 신호 위반, 중앙선 침범, 횡단보도에서의 보행자 보호의무 위반 등으로 발생한 교통사고와 같이 비난가능성이 높은 경우를 처벌함으로써 운전자의 관련 주의의무를 강화하고 상대방(횡단보도에서는 보행자)을 두텁게 보호하기 위함이다. 도로교통법 제27조 제1항이 처벌규정의 일부이고 소추요건과도 관계가 있지만, 차량이 보행자보다 횡단보도에 먼저 진입한 경우에도 보행자 보호의무를 부담한다고 보는 것은 죄형법정주의 원칙상 금지되는 유추해석이라기보다는 교통사고처리 특례법 제3조 제2항 단서 등의 입법 취지에 부합하는 해석이다.

(2) 보행자용 신호등이 설치된 횡단보도와 그렇지 않은 횡단보도에서의 보행자 보호의무에 차이가 있다고 볼 만한 도로교통법 규정은 보이지 않는다. 대상판결 역시 양자에 대하여 “보호의 정도를 달리 볼 이유가 없는”이라는 표현을 사용하였고, 신호등 설치 여부에 관계없이 횡단보도에 차량이 보행자보다 먼저 진입한 경우에도 보행자 보호의무를 부담한다는 입장을 명확히 하였다. 따라서 신호등이 설치되지 않은 횡단보도는 보행자용 녹색불이 들어온 횡단보도와 크게 다르지 않고, 운전자는 신호등이 설치되지 않은 횡단보도라고 하여 만연히 빠른 속도로 지나가서는 안 되며 언제든지 보행자가 있다면 정지할 수 있도록 주의를 기울여 운전해야 한다.

(3) 특히 대상판결의 사실관계를 살펴보면 횡단보도 양쪽에 주차된 차량으로 시야가 확보되지 않았으므로 피고인으로서는 더욱 주의를 기울여 운전할 필요가 있었다. 피고인의 보행자 보호의무 및 운전자로서의 업무상 주의의무 위반도 충분히 인정될 만한 사안으로 보인다. 대상판결의 결론은 여러모로 타당하다고 생각한다.

〔**참고문헌**〕 천대엽, “교통사고처리 특례법 제3조 제2항 단서 제6호의 적용범위”, 대법원판례해설 [88](2011)

〔**필자: 배인영 판사(부산가정법원)**〕

제3장

특정범죄 가중처벌 등에 관한 법률

26 금전투자의 경우 수뢰액 산정

【대상판결】 **대법원 1995. 6. 30. 선고 94도993 판결**

【사실관계】 피고인 乙은 경찰공무원인 피고인 甲의 사무실에서 관내 슬롯머신 허가 및 단속업무를 관장하던 피고인 甲에게, 동업자인 공소외인의 명의로 영업허가신청을 한 바 있는 A호텔 슬롯머신 영업허가를 해 달라는 취지로 청탁을 하였다. 피고인 甲은 위 영업허가를 해주겠다면서 자신이 위 슬롯머신 영업에 금 5천만 원을 투자할 테니 위 영업의 허가기간인 3년 동안 매월 금 3백만 원씩 교부하여 달라고 제의하였다. 피고인 乙은 이를 수락하여 위 슬롯머신 영업허가가 난 후 피고인 甲으로부터 금 5천만 원을 송금받고 그 이후 3년 동안 35회에 걸쳐 피고인 甲에게 매월 금 3백만 원씩 합계 금 105,000,000원을 송금하였다.

【판결요지】 일반적으로 뇌물죄에 있어서 뇌물의 내용인 이익이라 함은 금전, 물품 기타의 재산적 이익뿐만 아니라 사람의 수요, 욕망을 충족시키기에 족한 일체의 유형, 무형의 이익을 포함하므로, 예컨대 공무원이 그 직무와 관련하여 다른 사람으로부터 주식등의 재산을 시가보다 싼 가격에 취득함으로써 장차 이를 시가에 처분할 수 있는 이익을 얻은 때에는 그 자체가 뇌물수수가 된다고 할 것이다. 그러나 이 사건에서는 피고인 甲이 위 금 50,000,000원을 투자함으로써 바로 위와 같은 이익을 얻었다고는 볼 수 없고, 다만 앞으로 피고인 乙로부터 매월 금 3,000,000원씩을 지급받기로 하는 약속이 이루어진 것에 지나지 않는다고 할 것이므로, 이는 단순히 뇌물의 수수를 약속한 것에 불과하고 피고인 乙로부터 현실적으로 매월 금 3,000,000원씩을 지급받은 것이 뇌물을 수수한 것이라고 보아야 할 것이며, 이러한 35회에 걸친 뇌물의 수수 및 위 뇌물의 약속은 포괄하여 1죄를 구성한다고 할 것이다.

그렇다면 피고인 甲이 지급받은 위 금 105,000,000원은 그 자체가 뇌물이 된다고 할 것이고, 다만 위 피고인이 이러한 이익을 얻기 위하여 금 50,000,000원을 투자한 이상 실제의 뇌물의 액수는 위 금 50,000,000원을 투자함으로써 얻을 수 있는 통상적인 이익을 초과한 금액이라고 보아야 할 것이며, 여기서 위 피고인이 얻을 수 있는 통상적인 이익이라 함은 다른 특별한 사정이 없는 한 위 피고인이 피고인 乙 내지 그와 같은 처지의 사람에게 피고인 甲의 직무와 관계없이 투자하였더라면 얻을 수 있었을 이익을 말하는데, 구체적으로는 이 사건 투자의 형태가 실질에 있어서는 금원을 대여하고 그에 대하여 이자를 받은 것과 다를 바가 없으므로 피고인 乙과 같은 사람에게 위 금 50,000,000원을 직무와 관계없이 대여하였더라면 받았을 이자 상당이 위와 같은 통상적인 이익이 된다고 할 것이며 그 이율은 양 당사자의 자금사정과 피고인 乙의 신용도 및 해당 업계의 금리체계에 따라 심리 판단해야 할 것이며, 피고인 甲이 다른 방법으로 위 돈 금 50,000,000원을 투자하였더라면 어느 정도의 이익을 얻을 수 있었을 것인지는 원칙적으로 고려할 필요가 없다고 할 것이다.

【해설】

Ⅰ. 들어가는 말

뇌물이란 직무와 관련된 부당한 이익을 의미한다. 여기에서 "이익"은 사람의 경제적·법적·인격적 지위를 유리하게 해주는 것으로서 재산적 이익뿐만 아니라 사람의 수요나 욕망을 충족시키는 일체의 유형·무형의 이익을 포함하는 개념이다(대법원 2002. 5. 10. 선고 2000도2251 판결 등). 뇌물로 인정된 금품은 몰수하고 몰수하기 불가능한 경우 그 가액을 추징하며, 뇌물죄 중 일부 범죄에 대하여 그 수수·요구 또는 약속한 뇌물의 가액이 3천만 원 이상인 때에는 특정범죄 가중처벌 등에 관한 법률(특가법) 제2조에 의하여 가중처벌되므로, 뇌물이 금품과 같이 유형적 이익인지 아니면 향응의 제공과 같은 무형의 이익인지를 특정하고 그 가액을 산정하는 것은 중요하다.

대상판결의 사안에서는 경찰공무원인 피고인 甲이 슬롯머신 영업에 금전을 투자하고 매월 배당금을 받았는데, 이와 관련하여 ① 금전을 투자하고 매월 배당금을 받은 것이 뇌물에 해당하는지, ② 투자자로서의 지위 자체가 뇌물인지, 아니면 배당금이 뇌물인지, ③ 뇌물의 가액을 구체적으로 산정하는 방식은 무엇인지가 문제되었다.

Ⅱ. 금전 투자를 통한 뇌물죄의 성립과 뇌물의 내용

뇌물은 재산적·비재산적, 유형·무형의 이익을 포함하는 개념이므로, 금전소비대차계약에 의한 금융이익, 임차금 명목의 금원, 시가 앙등이 예상되는 주식을 액면가로 매수하게 하는 것, 향응의 제공, 투기적 사업에 참여할 기회, 성적 욕구의 충족, 취직의 알선, 해외여행 등이 모두 뇌물이 될 수 있다. 따라서 피고인 甲이 5천만 원을 투자하고 배당금을 받은 것이라고 하더라도 그것이 직무에 관련된 부당한 이익에 해당한다면 뇌물이 된다. 대상판결은 피고인 甲은 일반인으로서는 슬롯머신 영업에 투자하는 것이 사실상 불가능함에도 직무와 관련하여 투자의 기회를 얻게 되었고, 배당률이 월 6푼, 연 7할 2푼이라는 고율이어서 일반적인 투자의 방법으로는 도저히 얻을 수 없는 이익을 얻었다는 점에서 뇌물죄의 성립을 인정하였다.

다음으로 부당한 이익의 구체적 내용이 무엇인지에 대하여, 원심은 피고인 甲이 투자자로서 슬롯머신 영업에 참여할 수 있는 기회를 얻은 것 그 자체를 무형의 이익으로서 뇌물에 해당한다고 보았다. 그러나 대법원은 공무원이 직무와 관련하여 주식 등 재산을 시가보다 싼 가격에 취득함으로써 이를 시가에 처분할 수 있는 이익을 얻은 때에는 그 자체가 뇌물수수가 될 것이지만, 이 사건에서 피고인 甲은 5천만 원을 투자함으로써 곧바로 위와 같은 이익을 얻었다고 볼 수 없고, 동업지분권을 취득한 것도 아니며, 매월 300만 원씩 지급받기로 하는 약속이 이루어진 것에 지나지 않으므로 이는 뇌물수수 약속에 불과하고, 피고인 乙로부터 매월 금 300만 원씩을 지급받은 것이 뇌물을 수수한 것이라고 보아야 한다고 하였다.

뇌물의 구체적 내용을 특정하기 위해서는 투기 등 사업에 참여하는 기회 자체가 뇌물에 해당하는지, 아니면 실제 수익금을 부당한 이익으로 볼 것인지를 검토하여야 한다. 판례는, 장차 개발이익이 발생할 것으로 생각되는 임야의 매입기회를 제공받아 임야를 매수한 경우 그후 매입 당시의 예상과는 달리 임야에 아무런 개발이익이 생기지 않았다고 하더라도 임야의 매입기회를 얻은 것 자체로서 뇌물수수죄가 기수에 이르렀다고 하고(대법원 2002. 5. 10. 선고 2000도2251 판결), 재개발주택조합장으로부터 액수 미상의 프리미엄이 예상되는 그 조합아파트 1세대를 분양받은 경우 프리미엄의 금액이 불확실하였다고 하더라도 조합이 선택한 수분양자가 되어 분양계약을 체결한 것 자체가 경제적 이익이라고 하였다(대법원 2002. 11. 26. 선고 2002도3539 판결). 대상판결의 사안은 고율의 배당금을 기대하고 금전의 일방적 지출(투자)만 이루어졌다는 점에서 위 2000도2251, 2002도3539 판결의 사안(투자자로서의 지위 취득 당시 저가의 주식·임야를 취득하거나 아파트 분양계약을 체결하는 등 부당한 이익이 구체화되었으나 반면 기대했던 수익은 현실화되지 않았다)과는 구별된다.

대상판결과 같이 금전을 투자하고 배당금을 수령하는 방법으로 뇌물을 수수하는 경우에는 금전 투자기회의 제공과 그로 인한 배당금 수령이 전체로서 하나의 직무 관련 부당한 이익에 해당한다고 볼 것이다. 이 경우에는 현실적으로 취득한 금품, 즉 배당금등 유형적 이익이 뇌물의 구체적 내용이 된다.

Ⅲ. 수뢰액의 구체적 산정방법

수뢰액은 특가법위반죄의 구성요건으로 엄격한 증명의 대상이 되므로 정확한 산정이 요구된다. 수뢰액의 산정이 불가능한 경우에는 형법상 뇌물죄가 적용된다. 특가법 제2조 제2항 제1호 위반의 공소사실 중에는 형법상 뇌물죄의 공소사실이 당연히 포함되어 있으므로 심리 결과 뇌물의 가액이 위 조항 소정의 금액 이상임이 인정되지 아니하더라도 형법상의 뇌물수수죄가 인정되면 유죄의 판결을 하고, 공소기각 또는 면소의 사유가 있으면 공소기각 또는 면소의 판결을 하여야 하며, 무죄의 선고를 할 것은 아니다(대법원 2011. 7. 28. 선고 2009도9122 판결 등). 뇌물로 받은 물품의 가액평가에 상이한 가격자료가 있는 경우 그중 어느 하나를 채택하여 피고인에게 유죄로 인정하기 위하여는 그것이 다른 자료보다 더 신빙성이 담보되는 객관적·합리적인 것이라야 하고, 이를 알기 어려운 경우에는 합리성이 없는 것으로 보여지지 않는 한 피고인에게 유리한 자료를 채택하여야 한다(대법원 2002. 4. 9. 선고 2001도7056 판결).

투자 방식의 뇌물죄에서 수뢰액은 투자로 인하여 얻을 수 있는 통상적인 이익을 초과한 금액이고, 통상적인 이익이란 다른 특별한 사정이 없는 한 그 공무원의 직무와 관계없이 투자하였더라면 얻을 수 있었을 이익을 의미한다. 대상판결은 이 사건 투자의 형태는 실질에 있어서는 금원을 대여하고 그에 대하여 이자를 받은 것과 다를바 없으므로 피고인 乙과 같은 사람에게 금 5천만 원을 직무와 관계없이 대여하였더라면 받았을 이자 상당이 통상적인 이익이 된다고 하였다. 이율은 양 당사자의 자금사정과 피고인 乙의 신용도 및 해당 업계의 금리체계에 따라 심리 판단해야 할 것이며, 피고인 甲이 다른 방법으로 위 금원을 투자하였더라면 어느 정도의 이익을 얻을 수 있었을 것인지는 원칙적으로 고려할 필요가 없다고 할 것이다.

〔필자: 강수진 교수(고려대)〕

27 직무관련성이 혼재된 경우 뇌물가액의 산정

【대상판결】 **대법원 2011. 5. 26. 선고 2009도2453 판결**

【사실관계】 해양수산부 해운정책과장인 피고인이 05. 12.경 갑 회사의 대표로부터 '중국 정부 사무인 중국 국적 선박에 대한 운항허가를 받을 수 있도록 노력해 달라(①명목)'는 명목 및 '갑 회사의 편의 명목(②명목)'으로 1,000만 원을 교부받는 등, 같은 명목으로 8회에 걸쳐 합계 8,000만 원을 교부받았다. 이에 대하여 1심은 위 8,000만 원 전부가 직무관련성이 있는 뇌물에 해당한다고 판단하여 구 특정범죄 가중처벌 등에 관한 법률(이하 '구 특가법'이라고 한다) 제2조 제1항 제2호, 형법 제129조 제1항을 적용하여 징역 3년6월을 선고하고 수뢰액 8,000만 원을 추징하였다. 이에 대하여 항소심은 ①명목은 직무관련성이 없고 오로지 ②명목만 직무관련성이 있는데 피고인이 수수한 위 8,000만 원 중 ②명목에 해당하는 금원이 얼마인지 정확하게 특정할 수 없으므로 액수 미상의 금원만을 수수하였다고 인정하여 구 특가법 제2조 제1항 제2호에 대하여는 무죄를 선고하고 형법 제129조 제1항만을 인정하여 징역 1년에 집행유예 2년을 선고하면서, 추징부분에서 ②명목과 관련된 뇌물의 크기는 여러 정황상 2,000만 원으로 봄이 상당하다고 하여 2,000만 원의 추징을 명하였다. 이에 대하여 검사가 상고하였다.

【판결요지】 해운정책과의 업무는 대한민국 국적선사의 선박에 관한 것일 뿐 외국 국적선사의 선박에 대한 행정처분에 관한 것은 포함되어 있지 않고 이를 좌우할 수 있는 어떠한 영향력이 있다고 할 수도 없어 ①명목은 직무관련성이 없다. 반면에 ②명목은 직무관련성이 있다. 그런데, 피고인이 수수한 돈에 직무관련성이 있는 업무에 대한 대가의 성질과 직무관련성이 없는 업무에 대한 사례의 성질이 불가분적으로 결합되어 구분이 객관적으로 불가능하다면 추징을 아예 하지 않거나, 그렇지 않고 추징을 할 것이라면 직무관련성이 있는 수뢰액을 특정하여 그에 따라 적용법조 및 추징액을 결정하여야하는데도 비율적 방법으로 수뢰액을 추산하여 추징한 원심판단은 위법하다.

【해설】

Ⅰ. 들어가는 말

1. 일반론

뇌물의 가액이 얼마인지 산정하는 것은, ① 특정범죄 가중처벌 등에 관한 법률(이하 '특가법'이라고 한다) 제2조 제1항 각 호의 적용 여부 판단, ② 특가법 제2조 제2항에 따라 병과할 벌금액의 결정, ③ 형법 제134조에 의한 추징액의 확정, ④ 양형기준의 적용 등을 위하여 필요하다. 한편 특가법 제2조 제1항 제1호 위반의 공소사실 중에는 형법상 뇌물죄의 공소사실이 구성요건으로서 당연히 포함되어 있는 것이므로, 특가법 제2조 제1항 제1호 위반의 죄로 공소가 제기된 경우에 심리 결과 뇌물의 가액이 위 조항 소정의 금액 이상임이 인정되지 아니한다고 하더라도 형법상의 뇌물수수죄가 인정되면 유죄의 판결을 하고, 공소기각 또는 면소의 사유가 있으면 공소기각 또는 면소의 판결을 하여야 한다(대법원 2011. 7. 28. 선고 2009도9122 판결).

그리고 공무원이 뇌물을 받음에 있어서 그 취득을 위하여 뇌물의 가액에 상당하는 금원의 일부를 비용의 명목으로 출연하거나 그 밖에 경제적 이익을 제공하였다 하더라도, 이는 뇌물을 받는 데 지출한 부수적 비용에 불과하므로 공제하지 아니한다(대법원 1999. 10. 8. 선고 99도1638 판결). 한편, 뇌물로 받은 물품의 가액 평가에 상이한 가격자료가 있는 경우 그중 어느 하나를 채택하여 피고인에게 유죄를 인정하기 위하여는 그것이 다른 자료보다 더 신빙성이 담보되는 객관적 · 합리적인 것이라야 하고, 이를 알기 어려운 경우에는 피고인에게 유리한 합리성 있는 자료를 채택해야 한다(대법원 2002. 4. 9. 선고 2001도7056 판결).

2. 문제의 소재

인간의 거의 모든 행동의 동기가 복합적이듯, 공무원이 금품을 수수하는 동기도 복합적인 경우가 많다. 그런데 대법원은 원칙적으로 수수된 금품에 직무 관련성이 있는 업무에 대한 대가와 직무관련성이 없는 업무에 대한 사례가 혼재되어 불가분적으로 결합되어 있는 경우에 수수된 금품 전부를 뇌물로 취급한다(대법원 2009. 7. 9. 선고 2009도3039 판결).

그러나 이러한 판시를 문언 그대로 관철하게 되면, 사안에 따라 책임원칙이 심각하게 훼손된다. 항소심과 대상판결은 이런 사안에 대하여 다른 해결책을 제시한다. 항소심은 대략적으로 수수한 금액 8,000만 원 중 대략 6,000만 원은 직무와 관련이 없고, 나머지 2,000만 원만 직무와 관련 있는 뇌물로 보인다고 판단하고, 이러한 사안에서까지 위와 같은 판시를 문언 그대로 적용하여 수수액 전부를 뇌물로 처단할 경우에는 책임원칙이 심각하게 훼손된다는 전제에서 판결한 것이고, 대상판결은 이러한 항소심의 입장을 수긍한 것이다.

Ⅱ. 해결

앞에서 본 바와 같이 대법원은 원칙적으로 수수된 금품에 직무관련성이 있는 업무에 대한 대가와 직무관련성이 없는 업무에 대한 사례가 혼재되어 불가분적으로 결합되어 있는 경우에 수수된 금품 전부를 뇌물로 취급한다(대법원 2009. 7. 9. 선고 2009도3039 판결).

그러나 위와 같은 판시를 문언 그대로 관철하면, 사안에 따라 책임원칙이 심각하게 훼손된다. 예를 들어, '슈퍼마켓을 운영하는 남자 을이 딸이 교통사고를 당하고 처가 집을 나가는 등 우환이 발생하자, 평소 친분이 있던 관할 구역을 담당하는 경찰이면서 아마추어 무속인으로 활동하는 갑에게 굿을 부탁하고, 부수적인 명목으로 슈퍼마켓 주변 치안에 좀 더 힘써 달라고 하면서 200만 원을 준 경우'를 상정하여 보자. 그런데 갑은 무속인으로서 평소 굿과 관련하여 150만 원만을 사람들로부터 받았다고 할 때, 갑이 수수한 금원 중 굿값에 상응하는 150만 원에 대해서는 뇌물성을 부정하는 것이 합당하다. 실제로도 '직무 외의 행위에 대한 보수 또는 사례가 직무행위에 대한 보수 또는 사례에 비하여 그 비중이 높거나 월등히 높다고 평가할 수밖에 없는 경우'에 피고인이 수수한 금원 전부가 직무 외의 행위에 대한 보수라고 판단하여 검찰에서 무혐의 처분을 하거나 법원에서 무죄로 판단하는 경우가 왕왕 있다(피고인이 건축과 과장으로서 건축설계업자들이 납품하는 아파트 설계를 검수하는 직무를 담당하는 한편, 1급 건축사의 자격을 가지고 있어 설계업자들로부터 그들이 납품할 설계에 필요할 구조계산의 용역을 위촉받아 그 일을 하여 주고 금원을 수수하였는데, 그 가액이 용역의 대가로 상당한 사안에서, 수수한 금원이 피고인의 직무에 관한 것이 아니라 피고인 개인의 용역대가로 인정한 사례(대법원 1980. 2. 26. 선고 79도31 판결), 공무원이 개인자격으로 외국상인을 만나 문제를 해결해 주고 금품을 수수한 경우 뇌물이 아니라고 본 사례(대법원 1984. 4. 10. 선고 82도766 판결)).

뿐만 아니라 위와 같은 판시를 문언 그대로 관철하면, 뇌물액수와 관련하여, 수뢰자가 받은 실질적 이익만을 뇌물액수로 인정하는 대법원 판례와 그 논리를 같이한다고 볼 수 없다. 대법원은 경찰공무원이 슬롯머신 영업에 5,000만 원을 투자하고 35회에 걸쳐 매월 300만 원 합계 1억 500만 원을 받은 사건에서, '실제 뇌물의 액수는 5,000만 원을 투자함으로써 얻을 수 있는 통상적인 이익을 초과한 금액이라고 보아야 하며, 여기서 통상적인 이익이라 함은 다른 특별한 사정이 없는 한 그 경찰공무원의 직무와 관계없이 투자하였더라면 얻을 수 있었을 이익을 말한다.'고 판시하였다(대법원 1995. 6. 30. 선고 94도993 판결). 이와 같이 수뢰자가 받은 금원 중 실질적 이익만을 수뢰액으로 인정하고 수수한 금품 중 일부 정당한 이익 등이 포함되어 있다면 이를 제외하여 산정하고, 그 가액 산정이 불가능하면 액수미상으로 인정한다. 이와 비교하여 볼 때, 수수된 금품에 직무관련성이 있는 업무에 대한 대가와 직무관련성이 없는 업무에 대한 사례가 혼재되어 있으나 이를 객관적으로 구분하는 것이 어려울 때, 전체에 대하여 뇌물로 인정할 수 있다고 보는 것은 불합리하다.

Ⅲ. 나오는 말

수수한 금품에 직무관련성이 있는 업무에 대한 대가와 직무관련성이 없는 업무에 대한 사례가 혼재되어 불가분적으로 결합된 경우, 이와 같이 수수된 금품에는 그 금품 중 일부 또는 전부에 다른 성격이 포함되어 있으나 실체적으로는 금품 전체에 뇌물성이 인정되는 경우(①유형), 수수된 금품 중 일부에 대하여만 실체적으로 뇌물성이 인정되고 나머지에 대하여는 정당한 대가 등이 인정되어 뇌물성이 인정되지 않는 경우(②유형)가 존재한다. 이러한 ①유형의 대표적 사례는, 사교적 의례의 형식을 사용하고 있어도 직무행위의 대가로서의 의미를 가진 때에는 전체 금액 모두가 뇌물이 되고(대법원 1982. 9. 14. 선고 81도2774 판결 참조), 정치자금 등의 명목으로 이루어진 금품의 수수라 하더라도 그것이 정치인인 공무원의 직무행위에 대한 대가로서의 실체를 가지는 한 뇌물로서의 성격을 잃지 않는다(대법원 1997. 12. 26. 선고 97도2609 판결)는 것이다. 반면에 ②유형에는 대상판결이나 대법원 1980. 2. 26. 선고 79도31 판결 사례, 대법원 1984. 4. 10. 선고 82도766 판결 사례 등이 해당한다. 통상적으로 직무관련성 없는 업무에 대한 사례의 명목이 무상이전의 동기에 불과하다면 이는 ①유형에 해당하여 수수한 금원 전체에 대하여 뇌물성을 인정할 수 있을 것이고, 정당한 대가로 볼 수 있는 부분이 상당히 포함되어 있다면 ②유형으로 볼 수 있을 것이다.

Ⅳ. 보론(후속판결)

대법원은 2012. 1. 12. 선고 2011도12642 판결에서 대상판결의 의미와 관련하여 "다만 그 금품의 수수가 수회에 걸쳐 이루어졌고 각 수수 행위별로 직무관련성 유무를 달리 볼 여지가 있는 경우에는 그 행위마다 직무와의 관련성 여부를 가릴 필요가 있을 뿐이다(대법원 2011. 5. 26. 선고 2009도2453 판결 참조)."고 판시하여 대상판결의 의미를 축소하였다.

〔**참고문헌**〕 권순건, "수수된 금품에 직무관련성이 있는 업무에 대한 대가와 직무관련성이 없는 업무에 대한 사례가 혼재되어 있는 경우의 형사상 취급", 형사판례연구 21(2013)

〔**필자: 권순건 부장판사(창원지방법원)**〕

28 알선수재죄에서 알선의 의미와 대가관계

【대상판결】 **대법원 2017. 1. 12. 선고 2016도15470 판결**

【사실관계】 피고인 甲은 2012. 9.경 피고인 乙로부터 그가 학교법인 이사장으로 취임할 수 있도록 교육부처 담당공무원 등에게 로비활동을 하는 데 필요한 자금 명목으로 5억 원을 받기로 합의하고 우선 2012. 9.경부터 2012. 12.경까지 2억 2,000만 원 및 상품권 1,000만 원을 로비명목으로 받았다. 또한 甲은 乙의 계좌를 사용하면서 그의 사전동의나 사후승낙 없이 乙이 A로부터 빌려 위 계좌로 입금된 2억 원 중 ① (甲의 형사합의금 대여 명목으로) 2013. 12. 27. 8,000만 원, ② 2013. 12. 30. 1,000만 원, ③ 2014. 1. 20. 1,000만 원 등 세 차례에 걸쳐 총 1억 원을 인출하였다. 그 후 甲과 乙은 비용정산 문제로 다투던 중 乙이 2억 원을 지급하기로 약정하였는바, 乙이 이사장에 취임한 후 甲은 약정한 바에 따른 2억 원 상당을 요구하여 ④ (甲의 아파트 매입자금 명목으로) 2015. 1. 30. 6,000만 원, ⑤ (甲 대신 변제 명목으로) 2015. 2. 4. 4,000만 원을 받았다. 이로써 甲은 합계 4억 3,000만 원을 교부받았다.

【판결요지】

1. 알선수재죄는 '공무원의 직무에 속한 사항을 알선한다는 명목'으로 '금품 등을 수수'함으로써 성립하는 범죄이다. 여기에서 '알선'이란 공무원의 직무에 속하는 일정한 사항에 관하여 당사자의 의사를 공무원 측에 전달하거나 편의를 도모하는 행위 또는 공무원의 직무에 관하여 부탁을 하거나 영향력을 행사하여 당사자가 원하는 방향으로 결정이 이루어지도록 돕는 등의 행위를 의미한다. 이 경우 공무원의 직무는 정당한 직무행위인 경우도 포함되고 알선의 상대방인 공무원이나 직무내용이 구체적으로 특정되어 있을 필요도 없다. 또한 알선의 명목으로 금품을 받았다면 실제로 어떤 구체적인 알선행위를 하였는지와 상관없이 범죄는 성립한다.

2. 공무원의 직무에 속한 사항의 알선과 수수한 금품 사이에 대가관계가 있는지는 알선의 내용, 알선자와 이익 제공자 사이의 친분관계, 이익의 다과, 이익을 주고받은 경위와 시기 등 여러 사정을 종합하여 결정하되, 알선과 주고받은 금품 사이에 전체적·포괄적으로 대가관계가 있으면 충분하다. 한편 알선자가 받은 금품에 알선행위에 대한 대가로서의 성질과 그 밖의 행위에 대한 대가로서의 성질이 불가분적으로 결합되어 있는 경우에는 그 전부가 불가분적으로 알선행위에 대한 대가로서의 성질을 가진다.

【해설】

Ⅰ. 들어가는 말

특정범죄 가중처벌 등에 관한 법률(이하 "특가법") 제3조의 알선수재죄는 공무원의 직무에 속한 사항의 알선에 관하여 금품이나 이익을 수수·요구 또는 약속함으로써 성립한다. 본조는 공무원에 대한 로비행위 처벌규정으로, 보호법익은 뇌물죄와 같다. 공무원 신분을 가지지 않은 자도 학연이나 지연 또는 개인의 영향력 등을 이용하여 공무원의 직무에 영향력을 미칠 수 있어 이러한 자가 공무원의 직무와 관련하여 알선자 내지는 중개자로서 알선을 명목으로 금품 등을 수수하는 등의 행위를 하게 되면, 공무원의 직무 집행의 공정성은 의심받게 될 것이므로 이러한 행위를 처벌하는 것이다(대법원 2014. 6. 26. 선고 2011도3106 판결).

본죄의 주체는 제한이 없는 점에서 특정경제범죄 가중처벌 등에 관한 법률(이하 "특경법") 제7조의 알선수재죄와 같지만, 공무원 또는 금융회사 등의 임직원이 주체이고 '지위를 이용'할 것이 필요한 형법 제132조나 특가법 제2조의 알선수뢰죄 및 특경법 제5조 제3항의 알선수재죄와는 구별된다.

본죄의 성립과 관련하여, 공무원의 직무, 알선의 의미 및 알선과 금품 등 수수와의 대가관계가 문제되는데, 대상판결은 알선의 의미와 대가관계의 판단기준을 제시하였다.

Ⅱ. 알선수재죄에서 알선의 의미와 대가관계

1. 알선의 의미

알선이란 일정한 사항에 관하여 어떤 사람과 그 상대방 사이에서 중개하거나 편의를 도모하는 것을 의미한다(판례). 따라서 알선수재죄의 알선이란 알선행위자가 알선의뢰인의 의사 내지 청탁을 공무원에게 전달하거나 그 스스로 공무원에게 청탁을 하는 것(대법원 2014. 6. 26. 선고 2011도3106 판결)은 물론 공무원에게 영향력을 행사하여 의뢰인이 원하는 방향으로 결정이 이루어지도록 돕는 등의 행위(대법원 2014. 10. 30. 선고 2012도12394 판결)를 말한다. 공무원의 직무는 정당한 직무행위도 포함되고, 알선상대방이나 직무내용이 구체적으로 특정되어 있을 필요는 없으며, 공무원의 직무에 속한 사항의 알선에 관하여 금품 등을 수수하였다면 실제로 어떤 알선행위를 하였는지와 관계없이 성립한다(대법원 2014. 10. 30. 선고 2012도12394 판결).

본죄는 알선행위자 스스로 중개할 것을 요하므로 단순히 알선행위를 할 사람을 소개하거나 알선행위자가 아닌 제3자가 그 대가인 금품 등을 중간에서 전달한 것에 불과하다면 알선수재죄가 성립하지 않지만(대법원 2000. 10. 24. 선고 99도3115 판결; 대법원 2012. 12. 27. 선고 2012도11200 판결), 반드시 담당 공무원을 구체적으로 특정하여 그에게 직접 청탁·알선할 것을 금품수수의 명목으로 하여야만 성립되는 것이 아니라, 청탁할 공무원을 구체적으로 특정하지 아니한 경우는 물론 영향력 등을 행사할 수 있는 중간인물을 통하여 청탁·알선해준다는 명목으로 금품 등을 수수한 경우에도 알선수재죄가 성립할 수 있다(대법원 2007. 6. 28. 선고 2002도3600 판결; 대법원 2010. 1. 14. 선고 2009도11138 판결).

알선은 알선의뢰인과 알선상대방 사이에서 중개 또는 주선하는 것이므로 단순히 알선상대방의 직무에 속하는 사항과 관련하여 의뢰인에게 편의를 제공하고 그 대가로 금품을 수수하였을 경우에는 알선에 해당하지 않는다. 예컨대 의뢰인으로부터 가계수표를 발급받는데 필요한 거래실적을 만들어 달라는 부탁을 받고 그 명의로 예금통장을 개설하고 그 통장에 일정 금원을 입출금하여 거래실적을 만들어 주고 수수료 명목으로 금품을 수수하였을 뿐인 경우(대법원 1997. 5. 30. 선고 97도367 판결), 창업투자 회사 투자심사위원이 의뢰인으로부터 주식매수자금의 대출을 요청받고 이를 승낙한 다음 창업투자 회사가 은행으로부터 자금을 대출받아 이를 다시 의뢰인에게 대출해 주었을 뿐 의뢰인과 은행 사이의 대출 거래를 중개하였다고 볼 수 없는 경우(대법원 2005. 8. 19. 선고 2005도3045 판결) 또는 금융기관으로부터 대출이 성사될 수 있도록 사업계획서를 작성하고 알선의뢰인을 대신하여 그 내용을 설명하는 등의 방법으로 그의 대출 관련 업무를 도와주었을 뿐인 경우(대법원 2010. 9. 9. 선고 2010도5972 판결)에는 금융기관 임직원의 직무에 속한 사항에 관한 알선의 명목으로 금품을 수수한 행위로 볼 수 없다.

사안과 같이 피고인 甲이 乙의 학교법인 이사장 취임을 위해 교육부처 담당공무원에게 로비활동을 하는 것이 알선에 해당한다는 점은 명백하다.

2. 알선과 금품 사이의 대가관계

알선수재죄는 금품 등의 수수가 '알선에 관하여' 이루어져야 한다. '알선에 관하여'라 함은 알선의뢰인과 그 상대방이 될 공무원 사이의 중개 명목으로 금품 기타 이익을 수수하는 것을 말한다. 즉, 알선과 수수한 금품 사이에 대가관계가 있어야 한다.

알선과 대가관계가 있으면 족하며, 반드시 로비자금이어야 하는 것은 아니다. 그 명칭도 묻지 않으므로, 보수 또는 사례비, 수수료·경비로 지급되거나 용역비용으로 계약하였더라도 관계없다. 대가관계가 있는지 여부는 당해 알선의 내용, 알선자와 이익 제공자 사이의 친분관계 여부, 이익의 다과, 이익을 수수한 경위와 시기 등의 제반 사정을 종합하여 판단하되, 알선과 수수한 금품 사이에 전체적·포괄적으로 대가관계가 있으면 충분하다(대법원

2008. 1. 31. 선고 2007도8117 판결; 대법원 2015. 3. 12. 선고 2013도363 판결). 나아가 알선자가 수수한 금품에 그 알선행위에 대한 대가로서의 성질과 그 밖의 행위에 대한 대가로서의 성질이 불가분적으로 결합되어 있는 경우에는 그 전부가 불가분적으로 알선행위에 대한 대가로서의 성질을 가진다고 봄이 상당하다(대법원 2013. 9. 12. 선고 2013도6570 판결).

금품 등의 수수가 알선에 관하여 이루어지면 족하므로 실제 알선할 의사가 있었는지, 청탁할 알선상대방이 구체적으로 특정되었는지 또는 실제로 어떤 구체적인 알선행위를 하였는지와 상관없이 본죄는 성립한다(대법원 2014. 10. 30. 선고 2012도12394 판결).

사안에서 피고인 甲이 乙에게 로비자금으로 5억 원을 지급받기로 합의하고 받은 금품 2억 3,000만 원이 알선의 대가임은 분명하다. 문제는 甲이 2013. 12.경부터 2015. 2.경까지 사이에 당시의 상황에 따라 외형상 빌리거나 다른 명목으로 교부받았다고 주장하는 2억 원의 대가성이다. 원심은 乙은 甲과 공무원에 대한 로비자금 명목으로 5억 원을 교부하기로 한 당초의 약정을 이행한다는 의미에서 2억 원을 주고받은 것으로서 이 돈의 수수에는 공무원에 대한 알선행위의 대가로서의 성질이 포함되어 있음을 부인할 수 없다고 하였고, 대법원도 이를 수긍하였다. 甲은 乙의 은행 계좌를 사용하면서 乙로부터 동의나 승낙을 받지 않고 돈을 직접 인출하여 사용하였으며, 변제기나 이자를 정한 바가 없고 변제를 독촉한 바도 없는 사정 등에 비추어 보면, 알선에 대한 대가의 성격을 부인할 수 없다.

Ⅲ. 나오는 말

특가법 제3조 알선수재죄의 구성요건 중 대상판결의 쟁점은 알선과의 대가성인바, 대법원은, 대가관계 여부는 알선의 내용, 알선자와 이익 제공자 사이의 친분관계, 이익의 다과, 이익을 수수한 경위와 시기 등의 제반 사정을 종합하여 판단하되, 전체적·포괄적으로 대가관계가 있으면 족하다고 하였는데, 이러한 판단은 타당하다.

공무원이 그 지위를 이용하여 다른 공무원의 직무에 속한 사항의 알선에 관하여 뇌물을 수수, 요구 또는 약속한 경우(알선수뢰) 특가법 제2조에 의하여 가중처벌될 경우(수뢰액 3천만 원 이상) 이외에는 특가법 제3조가 적용되며(대법원 1983. 3. 8. 선고 82도2873 판결), 금융회사 임직원의 직무에 속하는 사항에 관하여 알선할 의사와 능력이 없음에도 알선을 한다고 기망하고 이에 속은 피해자로부터 알선 명목으로 금품 등을 수수하면 사기죄와 특경법 제7조 위반죄에 각 해당하고 위 두 죄는 상상적 경합 관계에 있다(대법원 2012. 6. 28. 선고 2012도3927 판결).

〔**필자: 강동범 교수(이화여대)**〕

29 금품 전달 변호사의 알선수재죄 성부

【대상판결】 **대법원 2007. 6. 28. 선고 2002도3600 판결**

【사실관계】 교육부장관이 某 학교법인(이하 '재단') 설립자의 유족 겸 이사였던 C에 대한 임원취임승인을 취소하고 제3자를 임시이사로 선임하자, C는 피고인을 변호사로 선임하여 행정소송으로 다투었다. C의 딸 B는 피고인에게 5,000만 원을 교부하면서, 대통령 비서실장 A에게 과거 A가 C의 형사사건에서 불기소처분을 받아낸 성공보수 명목으로 그 전액을 전달하되, 교육부장관에게 영향력을 행사하여 재단 운영권을 회복시켜 달라는 청탁 취지를 전해달라고 부탁하였다. 피고인은 국민고충처리위원회에 대한 재단 임시이사선임취소 신청사건도 대리하였는데, B는 고충처리위원에게 로비하고, 대통령 정치담당특별보좌관이 된 A를 통해 교육부를 상대로 로비하게 할 내심의 생각으로, 피고인에게 경비 명목으로 3회에 걸쳐 5억 원을 교부하였다. 피고인은 당초 1억 원을 받으면서 수임료로 잡겠다며 수령하고 그중 2,000만 원을 고충처리 사건 착수금으로 충당하였다.

【판결요지】

1. 공무원의 직무에 속한 사항의 알선에 관하여 금품 등을 수수함으로써 성립하는 특정범죄 가중처벌 등에 관한 법률(이하 '특가법') 제3조의 알선수재죄와 공무원이 취급하는 사건 또는 사무에 관하여 청탁 또는 알선을 한다는 명목으로 금품·향응 기타 이익을 받는 등의 행위를 하는 경우에 성립하는 구 변호사법(2000. 1. 28. 법률 제6207호로 전문 개정되기 전의 것, 이하 '구 변호사법') 제90조 제1호 위반죄에서, 위 금품 등은 어디까지나 위와 같은 청탁 혹은 알선행위의 대가라는 명목으로 수수되어야 하므로, 알선행위자가 아닌 제3자가 그 대가인 금품 기타 이익을 중간에서 전달한 것에 불과한 경우에는 그 제3자가 알선행위자와 공동가공의 의사를 가지고 전달행위를 하여 실행행위에 관여한 것으로 평가할 수 있는 경우는 별론으로 하고 그 자체만으로는 특가법 제3조가 정하는 알선수재죄의 구성요건에 해당하지 아니하며, 공무원이 취급하는 사건 또는 사무에 관한 청탁 의뢰를 받고 청탁 상대방인 공무원에게 제공할 금품을 받아 그 공무원에게 단순히 전달한 경우에는 구 변호사법 제90조 제1호 위반죄가 성립할 수 없다.

2. 금품수수의 명목이 단지 알선행위를 할 사람을 소개시켜 준다는 것으로 국한되는 경우에는 특가법 제3조 혹은 구 변호사법 제90조 제1호 위반죄가 성립하지 아니하지만, 반드시 담당 공무원을 구체적으로 특정하여 그에게 직접 청탁·알선할 것을 금품수수의 명목으로 하

여야만 성립되는 것이 아니라, 청탁할 공무원을 구체적으로 특정하지 아니한 경우는 물론 영향력 등을 행사할 수 있는 중간인물을 통하여 청탁·알선해준다는 명목으로 금품 등을 수수한 경우에도 특가법 제3조 혹은 구 변호사법 제90조 제1호 위반죄가 성립할 수 있으며, 금품수수의 명목이 된 청탁·알선의 상대방은 구체적으로 특정될 필요는 없다 하더라도 최종적으로는 공무원일 것을 요하고 또 청탁·알선의 대상이 그의 직무에 속한 사항이거나 그가 취급하는 사건 또는 사무에 해당하여야 하지만, 중간인물은 반드시 공무원일 필요는 없고 공무원이라 하더라도 청탁·알선의 대상이 반드시 그의 직무에 속하여야 하는 것은 아니다.

3. 변호사 지위의 공공성과 직무범위의 포괄성에 비추어 볼 때, 특가법 제3조 및 구 변호사법 제90조 제1호의 규정은 변호사가 그 위임의 취지에 따라 수행하는 적법한 청탁이나 알선행위까지 처벌대상으로 한 규정이라고는 볼 수 없고, 정식으로 법률사건을 의뢰받은 변호사의 경우, 사건의 해결을 위한 접대나 향응, 뇌물의 제공 등 이른바 공공성을 지닌 법률전문직으로서의 정상적인 활동이라고 보기 어려운 방법을 내세워 의뢰인의 청탁 취지를 공무원에게 전하거나 의뢰인을 대신하여 스스로 공무원에게 청탁을 하는 행위 등을 한다는 명목으로 금품 등을 받거나 받을 것을 약속하는 등, 금품 등의 수수의 명목이 변호사의 지위 및 직무범위와 무관하다고 평가할 수 있는 경우에 한하여 특가법 제3조 및 구 변호사법 제90조 제1호 위반죄가 성립한다.

[조세범처벌법위반의 점, 증거위조의 점에 관한 판결요지 및 이에 대한 해설은 생략]

【해설】

Ⅰ. 들어가는 말

① 알선의뢰인으로부터 받은 돈을 알선행위자에게 전달하는 행위가 '공무원의 직무에 속한 사항의 알선에 관하여 금품이나 이익을 수수(收受)' 또는 '공무원이 취급하는 사건 또는 사무에 관하여 청탁 또는 알선을 한다는 명목으로 금품·향응 기타 이익을 받는 행위'에 해당하는지, ② 청탁·알선의 대상이 되는 직무관련성은 누구를 기준으로 판단할지, ③ 변호사가 청탁·알선을 한 경우 범죄의 성부를 살펴본다.

Ⅱ. 대상판결의 판단과 해설

1. 쟁점①

동일사항을 규율하는 특가법 제3조 및 변호사법 제111조 제1항(구 변호사법 제90조 제1호)

의 '알선'이라 함은 '일정한 사항에 관하여 어떤 사람과 그 상대방의 사이에 서서 중개하거나 편의를 도모하는 것'을 말한다(대법원 2015. 4. 23. 선고 2014도16274 판결, 대법원 2018. 6. 28. 선고 2018도1629 판결 참조). 공무의 불가매수성을 보호하기 위해, 알선의뢰인으로부터 알선의 대가를 받는 행위를 처벌한다.

즉, '알선에 관하여' 또는 '청탁 또는 알선을 한다는 명목으로' '금품 등을 받아야' 처벌하므로, 알선의뢰인과 알선을 할 사람(알선행위자) 사이에서 금품을 전달하기만 한 경우 그 전달자는 이득을 취한 바가 없어 알선수재죄가 성립하지 않고, 이는 대법원이 거듭 확인해 왔다(대법원 1997. 6. 27. 선고 97도439 판결 등 참조).

다만, 금품의 전달자가 알선행위자의 알선 행위에 대하여 공동가공의 의사를 가지고 전달행위를 함으로써, 이를 알선수재죄의 실행행위에 관여한 것으로 평가할 수 있는 경우에는 알선행위자에게 금품 전부를 전달했더라도 알선수재죄의 공동정범이 성립할 수는 있다.

위 사례에서 피고인은 5,000만 원을 받아 알선행위자인 A에게 전달만 하였으므로 알선수재죄가 성립하지 않는다.

2. 쟁점②

알선이나 청탁의 목적이 되는 '공무원의 직무에 속한 사항' 또는 '공무원이 취급하는 사건 또는 사무'에서 '공무원'은 청탁·알선의 상대방(알선상대방)인 공무원을 의미한다. 이는 알선행위자가 공무원인 경우에도 같다.

원심은 B가 피고인에게 교부한 5억 원의 성격을, 고충처리위원에 대한 청탁·알선명목, A에 대한 청탁·알선명목 또는 교육부장관에 대한 청탁·알선명목으로 가정적으로 구분하면서, ㉠ 이를 A에 대한 알선명목으로 보더라도 대통령 정치담당특별보좌관에게 재단의 문제와 관련한 직무관련성이 없고, ㉡ 그 돈이 고충처리위원이나 교육부장관에 대한 알선명목으로 교부되었다고 볼 증거도 없다는 이유로, 이 부분 알선수재의 점을 무죄로 판단하였다. 그러나 대법원은 이 사안에서 청탁·알선의 대상이 '공무원의 사무'에 해당하는지는 그것이 고충처리위원 또는 교육부장관의 직무범위에 속하는지에 따라 판단해야 하므로, 원심이 무죄의 이유로 ㉠을 든 것은 특가법 제3조 및 구 변호사법 제90조 제1호의 각 구성요건에 관한 법리를 오해한 것이라 설시하였다.

즉, 대법원은 A가 재단 관련 직무를 수행하는 공무원에게 영향력을 행사할 수 있는 중간인물에 불과하다고 보았다.

3. 쟁점③

변호사의 직무는 공공성, 포괄성을 가지므로(변호사법 제2조, 제3조) 변호사가 접대, 향응, 뇌물 제공 등 비정상적인 방법으로 청탁·알선한다는 명목으로 금품을 받은 것이 아닌 이상, 알선수재로 처벌할 수 없다.

위 사례에서 대법원은, B가 피고인에게 5억 원을 교부하면서 피고인이 로비할 것을 내심 기대하였더라도 그 명목 자체는 경비였고, B는 피고인이 요구한 바 없음에도 재단 운영권을 되찾을 경우 성공보수 10억 원을 지급하겠다고 제안했는데 위 5억 원은 그중 일부이며, 피고인이 적극적·구체적으로 청탁·알선의 방법을 제안하거나 금품을 요구했다고 볼 증거가 없고, 변호사선임계 제출 및 구체적 활동내역 등에 비추어, 5억 원을 받은 것이 비정상적인 방법으로 청탁·알선 등을 해줄 것을 승낙하거나 용인하는 취지라 보기 어렵다고 판단하였다.

즉, 교육부장관 등에 대한 알선명목으로 돈을 받았더라도 변호사로서 비정상적인 알선을 하겠다는 의미로 받은 것으로 보기 어렵다는 취지로 이해된다. 이에 대해 피고인이 대통령 측근 A를 통할 경우 정상적인 알선이라 보기 어렵다는 비판이 가능하다.

Ⅲ. 나오는 말

대상판결은 금품을 전달한 경우 알선수재죄가 성립하지 않는다는 기존 법리를 확인하고, 영향력 있는 중간인물을 통해 알선이 이루어지는 경우 중간인물이 공무원이더라도 직무관련성은 알선상대방을 기준으로 판단해야 한다는 법리를 명확히 하였다.

또한 대법원은 판사와 교제한다는 명목으로 금품을 받는 행위를 처벌하는 변호사법 제110조 제1호에서 '교제'의 의미를 '접대나 향응은 물론 사적인 연고관계나 친분관계를 이용하는 등 이른바 공공성을 지닌 법률전문직으로서의 정상적인 활동이라고 보기 어려운 방법으로 당해 공무원과 직접·간접으로 접촉하는 것'이라고 본 해석(대법원 2006. 11. 23. 선고 2005도3255 판결 참조)을 토대로, 변호사가 수행할 수 있는 '알선'의 범위를 밝혔다.

〔필자: 김찬년 판사(춘천지방법원 속초지원)〕

30 중개대리상의 알선행위와 알선수재죄

【대상판결】 **대법원 2014. 6. 26. 선고 2011도3106 판결**

【사실관계】 제주도에서 실내건축업체를 운영하던 피고인은 2006. 1.경 울산의 인조잔디 납품업체 A의 운영자 B를 찾아가 자신이 제주도 내 유력인사 및 교육 관계자와 친분관계가 있다고 과시하며, 납품가액의 일정비율을 영업활동비로 주면 학교장 등에게 부탁하여 A회사 제품을 학교에 납품할 수 있게 해 주겠다고 제안하였다. 이에 B는 피고인과 사이에, 피고인이 학교장 및 제품선정위원들에게 회사제품을 홍보하고, 납품 완료시 영업대가로 납품가액의 일정 부분을 지급받기로 하는 내용의 구두계약을 체결하였다. 피고인은 실제 도내 국공립학교 교장 등에게 청탁하여 A회사로 하여금 인조잔디 제품 등을 납품하게 해준 다음, B로부터 영업대가로 63,799,022원을 받았다. 피고인은 2007. 7.경 경기 군포시의 인조잔디 납품업체인 C의 실질적 운영자 D에게도 같은 방법으로 접근하여 영업위탁계약을 체결하고, 청탁을 통해 C회사로 하여금 인조잔디 제품 등을 납품하게 해 준 다음 영업대가로 165,797,000원을 받았다.

【판결요지】 공무원 신분을 가지지 않은 자도 학연이나 지연 또는 개인의 영향력 등을 이용하여 공무원의 직무에 영향력을 미칠 수 있으므로 이러한 자가 공무원의 직무와 관련하여 알선자 내지는 중개자로서 알선을 명목으로 금품 등을 수수하는 등의 행위를 하게 되면, 공무원의 직무 집행의 공정성은 의심받게 될 것이므로, 특정범죄 가중처벌 등에 관한 법률 제3조에서는 공무원의 직무에 속한 사항에 관해 알선을 명목으로 금품 등을 수수하면 형사처벌을 하고 있다. 여기서 '알선'이란 형식을 불문하고 '일정한 사항에 관하여 어떤 사람과 그 상대방의 사이에 서서 중개하거나 편의를 도모하는 것'을 의미하므로, 어떤 사람이 청탁한 취지를 상대방에게 전하거나 그 사람을 대신하여 스스로 상대방에게 청탁을 하는 행위는 '알선'에 해당하고, 그 알선행위가 정당한 직무행위를 대상으로 하는 경우에도 이에 포함된다.

【해설】

Ⅰ. 들어가는 말

특정범죄 가중처벌 등에 관한 법률 제3조, 특정경제범죄 가중처벌 등에 관한 법률 제7조, 변호사법 제111조의 알선수재죄는 공무원 또는 금융기관 임직원의 직무에 대한 알선 명목의 금품수수 등 행위를 처벌한다. 판례에 의하면 알선수재죄의 알선은 '일정한 사항에 관하여 어떤 사람과 그 상대방의 사이에 서서 중개하거나 편의를 도모하는 것'을 말한다. 대법원은 이러한 입장에서 금융기관에 대한 대출알선을 의뢰한 사람에게 자신이 직접 금융기관으로부터 대출을 받아 이를 다시 대출해 준 것과 같이 알선의뢰인에게 단순히 노무나 편의를 제공하고 그 대가로 금품을 수수하였거나(대법원 2005. 8. 19. 선고 2005도3045 판결), 알선 의뢰인과 상대방 사이에 직접 중개행위를 하지 아니하고 단순히 알선행위를 할 제3자를 소개시켜 준 경우(대법원 2000. 10. 24. 선고 99도3115 판결) 알선수재죄의 성립을 부정한다.

대법원은 알선행위의 대상인 '공무원이 취급하는 사건 또는 사무'는 타인을 위한 사무에 한정된다고 해석하므로(대법원 2001. 11. 27. 선고 2001도4042 판결), 그 반대해석상 피고인 자신을 위한 사무는 알선수재죄의 대상이 되지 않는다고 보아야 한다. 따라서 동업관계에 있어 동업사업의 인허가를 받는 사무는 피고인 자신의 사무에 해당하여 동업자로부터 이와 관련한 금품을 수수하여도 알선수재죄가 성립하지 않고(대법원 1982. 9. 14. 선고 82도1359 판결), 건축 중인 건물의 매도인이 건축주 명의를 매수인으로 변경하는 것과 같이 계약당사자가 계약에 따른 의무이행을 위하여 담당하는 사무도 그러하며(대법원 1980. 11. 11. 선고 79도1665 판결), 법인의 탈세사건에 관하여 그 임원이 대표이사로부터 청탁 명목으로 금품을 수수한 것과 같이 알선의뢰인과 알선행위자 사이에 대리위임관계가 있는 경우에도 사무의 타인성이 인정된다고 보기 어렵다(대법원 1987. 7. 21. 선고 85도2659 판결). 그렇다면 알선행위자와 알선의뢰자 사이에 중개대리점계약 또는 영업위탁계약이 체결되어 있는 경우는 어떠한가. 대법원은 영업위탁계약이 쟁점이 된 대상판결 사건에서 알선수재죄가 성립하지 않는다고 본 원심을 파기하였는데, 대법원이 구체적으로 어떠한 논거로 그러한 결론에 이르게 된 것인지에 대하여 검토가 필요하다.

Ⅱ. 중개대리상의 알선행위와 알선수재죄 성립 여부

상인을 위하여 상업사용인이 아니면서 상시 그 영업부류에 속하는 거래의 대리 및 중개를 영업으로 하는 자를 대리상이라 한다(상법 제87조). 대리상에는 거래의 대리를 영업으로 하는 체약대리상과 거래의 중개를 영업으로 하는 중개대리상이 있다. 대상판결 사건에서 피고인은 잔디납품업체들과 영업위탁계약을 체결하고 그에 따른 영업활동을 하였고, 영업활동의 결과 납품업체와 수요처 사이에 납품계약을 체결하여 보수를 지급받았으므로, 피고인은 일응 중개대리상에 해당하는 것으로 보인다.

이와 같이 영업위탁계약을 체결한 제3자가 위탁자를 위하여 공무원 등을 상대로 영업활동을 하는 행위를 알선수재죄로 처벌할 수 있는지에 대하여는 다음과 같은 견해를 생각해 볼 수 있다.

1. 견해의 대립

먼저, 영업위탁계약을 체결한 중개대리상의 중개, 알선행위는 타인을 위한 사무가 아닌 자신의 사무이므로 중개대리상을 알선수재죄로 처벌할 수 없다는 견해가 있을 수 있다(부정설). 대상판결의 원심이 취한 태도이다. 다음으로, 알선수재죄의 입법취지는 로비행위로 불리는 공적 영역에서의 중개 및 알선을 금지하는 것이므로(헌법재판소 2005. 11. 24. 선고 2003헌바108 결정), 중개대리상이라 하더라도 공무원의 취급사무와 관련하여 특정 알선의뢰자의 제품 등을 구매하도록 알선하는 행위는 처벌대상이 된다는 견해가 있을 수 있다(긍정설). 마지막으로, 영업위탁계약의 실질을 따져 청탁, 알선의 편의를 위해 형식적으로만 대리위임관계가 설정된 경우 타인을 위한 사무에 해당한다고 보아 알선수재죄가 성립하지만, 그렇지 않은 경우에는 알선수재죄로 처벌할 수 없다는 견해가 있을 수 있다(구별설).

2. 대법원의 태도

대법원은 대상판결에서, 피고인과 납품업체들 사이의 계약 체결경위, 납품과정에서 피고인의 역할 등 제반 사정에 비추어, 피고인이 비록 중개대리상의 외형을 가지고 있더라도 실질은 학교장 등 공무원과의 친분관계 및 인맥을 통해 그들에게 청탁하여 인조잔디 납품업체들이 학교 납품업체로 선정되게 해주는 대가로 금품을 수수한 것이어서 피고인의 행위가 알선수재죄에 해당한다고 판시하였다.

대법원은 대상판결과 유사하게 과학기기 제조 · 판매회사와 알선행위자 사이에 교육청이나 공립학교의 물품구매담당 공무원에게 부탁하여 과학기기를 구매하도록 알선하여 주면 계약대금의 일정 비율을 대가로 지급하기로 약정하고, 이에 따라 대가를 지급받은 사건에서, 알선행위자가 체결한 대리점 계약이 형식상 체결된 것으로 보기 어렵다며 알선행위자를 유죄로 본 원심판결을 무죄 취지로 파기한바 있다(대법원 2001. 2. 9. 선고 98도503 판결). 이 사건 판결에서 대법원이 기존 판결을 명시적으로 폐기한 것은 아니므로, 대상판결이 공적 영역에서 중개대리상의 영업행위를 처벌하는 긍정설의 입장을 취하였다고 단정하기는 어렵다.

오히려 대법원이 '대리상 여부는 대리점 총판계약이라고 하는 명칭의 계약을 체결하였는지 여부에 따라 결정되는 것이 아니라, 그 계약 내용을 실질적으로 살펴 판단하여야 한다.'고 보고 있는 점이나(대법원 1999. 2. 5. 선고 97다26593 판결), 대상판결에서 대법원이 피고인이 제품에 관한 전문적 지식이 전혀 없는 점, 피고인 개인수첩에서 드러난 로비정황 등을 근거로 피고인과 납품업체 사이에 체결된 계약이 중개대리상의 외형을 가지고 있다 하더라도 그 실질은 그렇지 않다는 취지로 판시한 점에 비추어, 대상판결은 계약의 실질을 따져 실질적 대리위임관계를 인정할 수 있는 경우에는 사무의 타인성을 부정하는 구별설의 입장을 취한 것으로 보인다.

Ⅲ. 나오는 말

긍정설은 전국적 영업망을 갖추기 어려운 중소기업의 공공기관 납품 등 공적 영역에 대한 참여를 사실상 봉쇄할 수 있다는 점에서, 부정설은 알선수재죄의 입법취지를 훼손시킬 수 있는 점에서 각각 부당하며, 이를 절충한 판례의 입장은 타당하다고 본다.

다만 구별설을 취할 경우, 구체적 사안에서 영업위탁계약의 실질을 판단하는 문제가 여전히 남아 있는데, 이는 적법한 증거에 입각한 개별적인 사실인정의 문제이다(대법원 2021. 8. 26. 선고 2021도7331 판결).

영업위탁계약의 실질을 판단함에 있어서는, 업무의 효율성, 전문성, 경제성 추구와 같은 계약체결 동기, 알선행위자가 자신의 전문지식을 바탕으로 제품에 대한 홍보, 견적제공, 성능에 대한 설명 등 일반적으로 이루어질 수 있는 영업활동을 하였는지, 그렇지 않고 공무원과의 친분관계 및 인맥 등을 이용하여 그들에게 청탁하고 그 대가로 금품을 수수한 것인지 여부, 영업활동에 있어 부정청탁 및 금품 등 수수의 금지에 관한 법률 등 실정법 위반 여부와 함께 그로 인하여 공무 등의 공정성과 불가매수성에 대한 사회 일반의 신뢰가 침해되었는지 여부, 알선행위자가 지급받은 영업보수가 사회통념상 인정되는 범위를 현저하게 초과하였는지 여부 등이 일응의 판단기준이 될 수 있을 것으로 보인다.

〔**참고문헌**〕 한경환, “중개대리상의 알선행위와 알선수재죄”, 대법원판례해설 [100](2014)

〔**필자: 황성욱 재판연구관(판사)(대법원)**〕

31 특정범죄가중처벌등에관한법률 제4조 제1항 공무원 의제규정의 적용범위

【대상판결】 **대법원 2002. 5. 14. 선고 2002도666 판결**

【사실관계】 피고인은 농업협동조합중앙회 유통종합지원부 소속 2급 직원(과장급)으로 자회사인 주식회사 농협유통의 축산부장으로 파견근무하면서 수도권 내 하나로마트에 축산물을 조달하여 공급하는 업무 등을 총괄하였는데, 1998. 9. 말경 농협유통의 거래업자인 육가공업자로부터 소와 돼지의 도축물량을 많이 수주할 수 있도록 하고 육가공물의 검수 및 감독 등과 관련하여 여러 모로 편의를 봐 달라는 취지로 4,350만 원을 교부받았다.

【판결요지】 특정범죄가중처벌등에관한법률 제4조 제1항, 같은 법 구 시행령 제2조 제48호, 제3조 제1호(1998. 12. 31. 대통령령 제16081호로 개정되기 전)에 따라 형법상 뇌물죄의 적용에 있어 피고인을 공무원으로 보아야 하고, 또 주식회사 농업유통은 농업협동조합중앙회가 그 업무의 원활한 수행을 위하여 자본금을 전액 출자하여 설립한 회사로서, 피고인이 그 회사에 파견되어 수행하는 직무가 농업협동조합중앙회의 직무와 성격을 달리하지 아니하므로, 피고인이 그 직무와 관련하여 돈을 받은 행위가 형법 제129조 제1항의 뇌물죄에 해당한다.

【해설】

I. 들어가는 말

대상판결의 쟁점은 정부관리기업체의 간부직원이 자회사에 파견근무 중 직무와 관련하여 금품을 수수한 경우에도 특정범죄 가중처벌 등에 관한 법률(이하 '특정범죄가중법'이라 한다) 제4조에 의하여 공무원으로 의제되어 뇌물죄가 성립하는지 여부이다.

특정범죄가중법 제4조는 뇌물죄 적용대상의 확대하고 있다. 즉 형법상 뇌물죄의 규정을 공무원뿐만 아니라 동법 제4조 제1항을 통해서 1. 국가 또는 지방자치단체가 직접 또는 간접으로 자본금의 2분의 1 이상을 출자하였거나 출연금·보조금 등 그 재정지원의 규모가 그 기관 또는 단체 기본재산의 2분의 1 이상인 기관 또는 단체 2. 국민경제 및 산업에 중대한 영향을 미치고 있고 업무의 공공성이 현저하여 국가 또는 지방자치단체가 법령에서 정하는 바에 따라 지도·감독하거나 주주권의 행사 등을 통하여 중요 사업의 결정 및 임원의 임면 등 운영 전반에 관하여 실질적인 지배력을 행사하고 있는 기관 또는 단체로서 대통령령으로 정하는 기관 또는 단체의 간부직원을 공무원으로 간주하여 뇌물죄를 적용한다는 내용이다.

특정범죄가중법 제4조와 그 시행령 제2조에 의해 뇌물죄 적용대상의 확대 대상에 포함되는 자가 직무와 관련하여 금품을 수수한 경우에는 배임수재죄가 아닌 뇌물수뢰죄가 적용된다. 뇌물죄의 주체는 공무원 또는 중재인이고 배임수재죄의 주체는 타인의 사무를 처리하는 자이다. 배임수재죄는 임무에 관하여 부정한 청탁을 받을 것을 요건으로 하는 점에서 공무원의 수뢰죄와 다르다. 또 공무원의 수뢰죄는 뇌물의 수수뿐만 아니라 요구 또는 약속까지 함께 처벌하고 있는 데 반하여 배임수재죄는 재물 또는 재산상의 이익을 현실적으로 취득하여야 처벌할 수 있다. 이러한 법적용의 차이로 인해서 뇌물죄 적용대상의 확대와 관련된 사안은 실무에서 다양한 정부관리기업체의 간부와 관련해서 치열한 다툼이 있다.

Ⅱ. 뇌물죄 적용대상의 확대와 관련된 쟁점

1. 위임입법 및 명확성 원칙과 관련된 쟁점

1993년 포항제철 간부직원으로 재직하던 자가 거래업체로부터 교부받아 정부관리기업체인 포항제철의 간부직원으로서 그 직무에 관하여 뇌물을 수수하였다는 범죄사실로 기소되어 공판을 받던 중 특정범죄가중법 제4조 제1항 및 제2항에 대하여 헌법소원심판청구를 하였다. 헌법재판소는 특정범죄가중법 제4조 제1항의 "정부관리기업체"라는 용어는 수뢰죄와 같은 이른바 신분범에 있어서 그 주체에 관한 구성요건의 규정을 지나치게 광범위하고 불명확하게 규정하여 전체로서의 구성요건의 명확성을 결여한 것으로 죄형법정주의에 위배되고, 나아가 그 법률 자체가 불명확함으로 인하여 그 법률에서 대통령령에 규정될 내용의 대강을 예측할 수 없는 경우라 할 것이므로 위임입법의 한계를 일탈한 것으로서 위헌이라고 하였다. 이러한 위헌 결정에 따라 1995년 특정범죄가중법의 개정을 통해 뇌물죄의 적용에 있어 그 간부직원을 공무원으로 보도록 되어 있는 정부관리기업체의 정의규정을 신설하여 대통령령에 규정될 정부관리기업체의 내용 및 범위의 기본적 사항을 구체적으로 규정하고, 정부관리기업체의 간부직원의 범위에 대한 위임기준을 명백히 규정하게 되었다. 그러나 특정범죄가중법 제4조의 개정에도 불구하고 농업협동조합중앙회를 '정부관리기업체'의 하나로 규정한 특정범죄 가중처벌 등에 관한 법률 시행령 제2조 제48호가 위임입법의 한계를 벗어난 것인지 여부는 쟁점이 되고 있다(대법원 2007. 11. 30. 선고 2007도6556 판결; 대법원 2008. 4. 11. 선고 2007도8373 판결).

2. 정부관리기업체의 자회사 파견직원도 뇌물죄 적용 확대대상인지 여부

대상판결에서 피고인은 특정범죄가중법 제4조 제1항과 형법 제129조의 해석상 간부직원이 담당하고 있는 정부관리기업체의 직무에 관하여 금품을 받을 때에 한하여 뇌물죄가 성립한다고 보아야 하는데, 특정범죄법 시행령은 농협유통을 정부관리기업체로 열거하고 있지 아니하고, 농협유통은 농협중앙회가 영리를 목적으로 설립한 주식회사이므로 농협유통의 직무를 수행한 피고인이 농협중앙회의 직무를 수행한 것으로 볼 수 없으므로, 정부관리기업체의 직무를 수행하지 아니한 피고인을 특정범죄가중법 제4조 제1항에 의하여 공무원으로 의제할 수 없다고 주장하였다. 이에 대해 법원은 특정범죄가중법 제4조와 그 시행령은 정부관리기업체의 간부직원으로서의 신분을 보유하고 있을 것만 요구하고 그 직무내용을 한정하고 있지 않으며, 농협유통은 농협중앙회의 자회사로 농협중앙회의 직무와 농협유통의 직무가 그 성격을 달리한다고 보기 어려울 뿐만 아니라 정부관리기업체의 간부직원이 자회사 파견근무 여부에 따라 처벌이 달라지는 것은 타당하지 않다는 이유에서 뇌물죄 적용확대 대상이라고 하였다.

Ⅲ. 나오는 말

대상판결의 평석에서는 그 쟁점을 정부관리기업체의 간부직원이 자회사에 파견근무한 경우에도 특정범죄가중법 제4조에 의하여 공무원으로 의제되어 뇌물죄의 주체가 될 수 있는지에 맞추었지만, 피고인이 수수한 돈이 정부관리기업체의 직무에 관련되었는지는 또 다른 문제로 판단되어야 한다. 특정범죄가중법 제4조와 그 시행령에 명시된 정부관리기업체의 간부 등에 대한 검찰의 법적용은 비교적 명확하지만, 명시된 정부관리기업체의 자회사 성격의 파견근무자에 대한 법적용과 관련해서는 배임수재죄로 기소할 것인지 수뢰죄로 기소할 것인지 애매한 경우(실제로 농협중앙회 간부직원으로 농협유통에 파견되어 수산부장으로 근무하다가 납품업자로부터 돈을 받은 자들이 배임수재죄로 기소되어 유죄판결이 확정된 경우가 있었음)가 있을 수 있다. 이러한 점을 고려하였을 때 이 판결은 특정범죄가중법 시행령 제2조에 열거되어 있는 정부관리기업체의 간부직원이 정부관리기업체가 아닌 곳에 파견근무 중이어서 실제로 정부관리기업체에 근무하고 있지는 않더라도 위 조항에 열거된 정부관리기업체의 직무에 관하여 금품을 수수한 경우 뇌물죄가 성립한다는 점을 분명히 한 데 의의가 있다.

〔**참고문헌**〕 한창훈, 정부관리기업체의 간부직원이 자회사에 파견근무중 직무와 관련하여 금품을 수수한 경우에도 특정범죄가중처벌등에관한법률 제4조에 의하여 공무원으로 의제되어 뇌물죄가 성립하는지 여부, 대법원판례해설 [41](2002); 한상훈, "농협중앙회 간부를 공무원으로 볼 수 있는지 여부", 형사특별법 판례 50선(2020).

〔**필자: 류전철 교수(전남대)**〕

32 의제공무원에게 뇌물을 공여한 사람에 대한 뇌물공여죄 성립 여부

【대상판결】 **대법원 2014. 6. 12. 선고 2014도2393 판결**

【사실관계】 피고인이 운영하는 A회사는 토지구획정리사업 허가를 받은 B조합으로부터 일부 공사를 위탁받아 시행하고 B조합에 대하여 상당한 공사대금 채권이 있었다. B조합이 위 공사대금을 지급하지 아니하자 A회사는 B조합을 상대로 체비지 처분금지가처분 결정을 받은 다음 본안소송으로 미지급 공사대금 채권에 갈음하여 체비지대장상의 조합 체비지 명의를 A회사로 변경하라는 취지의 확정판결을 받았다. 그러나 B조합은 가처분결정 이후 A조합에 이전하여야 할 체비지 대부분을 제3자에게 처분하여 버렸고, 사실상 와해된 상태였다. 피고인은 공사대금을 받기 위하여 C에게 '조합장이 되어 미지급 공사대금채권을 변제받을 수 있도록 도와주면 나중에 사례하고 조합경비도 모두 부담하겠다.'고 하면서 C로 하여금 조합장에 취임하게 하였고, C는 조합장이 되어 체비지 대장의 소유자 명의를 임의로 수정하는 등 피고인의 채권회수를 도왔다. 피고인은 C에게 이사비용 명목으로 1억 8,000만 원을 빌려 주었다. 제1심은 피고인에게 1억 8,000만 원에 대한 뇌물공여죄를 인정하였으나 원심은 이를 빌려준 것으로 보아 그 금융이익 상당 뇌물공여죄만 인정하였다.

【판결요지】 도시개발법 제84조는 "조합의 임직원, 제20조에 따라 그 업무를 하는 감리원은 형법 제129조부터 제132조까지의 규정에 따른 벌칙을 적용할 때 공무원으로 본다."고 규정하고 있으므로, 도시개발구역의 토지 소유자가 도시개발을 위하여 설립한 조합(이하 '도시개발조합'이라 한다)의 임직원 등은 형법 제129조 내지 제132조가 정한 죄의 주체가 된다. 이에 따라 도시개발조합의 임직원 등이 그 직무에 관하여 부당한 이익을 얻었다면 그러한 이익도 형법 제133조 제1항에 규정된 "제129조 내지 제132조에 기재한 뇌물"에 해당하므로, 그 뇌물을 약속, 공여 또는 공여의 의사를 표시한 자에게는 형법 제133조 제1항에 의한 뇌물공여죄가 성립한다.

【해설】

I. 들어가는 말

형법 제133조 제1항은 형법 제129조 내지 제132조에 기재한 뇌물을 약속, 공여 또는 공여의 의사표시를 한 자에 대한 처벌을 정하고 있다. 그러나 도시개발법(구 토지구획정리사업법)

제84조는 조합의 임직원에 대하여 형법 제129조부터 132조까지의 규정에 따른 벌칙을 적용할 때 공무원으로 본다(이하 '의제공무원'이라 한다)고 규정하면서도 그들에게 재물을 공여한 사람에 대한 처벌규정을 따로 정하지 않고 있다. 이와 같은 규정형식은 "추진위원장, 조합임원, 청산인, 전문조합관리인 및 정비사업전문관리업자의 대표자, 직원 및 위탁지원자는 형법 제129조부터 제132조까지의 규정을 적용할 때에는 공무원으로 본다."고 규정한 도시 및 주거환경정비법(이하 '도시정비법'이라 한다) 제134조에서도 찾아볼 수 있다.

나아가 특정범죄 가중처벌 등에 관한 법률(이하 '특가법'이라 한다) 제4조에서는 "국가 또는 지방자치단체가 직접 또는 간접으로 자본금의 2분의 1 이상을 출자하였거나 출연금·보조금 등 그 재정지원의 규모가 그 기관 또는 단체의 기본재산의 2분의 1 이상인 기관 또는 단체, 국민경제 및 산업에 중대한 영향을 미치고 있고 업무의 공공성이 현저하여 국가 또는 지방자치단체가 법령에서 정하는 바에 따라 지도, 감독하거나 주주권의 행사 등을 통하여 중요사업의 결정 및 임원의 임면 등 운영 전반에 관하여 실질적인 지배력을 행사하고 있는 기관 또는 단체로서 대통령령이 정하는 기관 또는 단체의 간부직원은 형법 제129조부터 제132조까지의 규정을 적용할 때에는 공무원으로 본다."고 규정하여 뇌물죄의 적용대상을 확대하고 있다(특가법 시행령에서 법 제4조 제1항에서 정한 기관 단체로 한국은행 등 46개 기관을 정하고 있다).

또한 공공기관의 운영에 관한 법률(이하 '공공기관운영법'이라 한다) 제53조에서도 "공공기관의 임직원, 운영위원회의 위원과 임원추천위원회의 위원으로서 공무원이 아닌 사람은 형법 제129조부터 제132조까지의 규정을 적용할 때에는 공무원으로 본다."고 규정하고 있고, 이와 같은 의제공무원에 관한 규정은 변호사법 제111조 제2항에도 있다.

그러나 법으로 뇌물죄의 적용을 받는 공무원으로 의제되는 대상을 확대하고 있는 것에 반하여 그들에게 재물을 공여한 자의 죄책에 관하여 별도로 규정한 법률은 찾아볼 수 없다.

이러한 입법의 부재로 도시개발법 등에서 형법 제133조를 제외한 것은 조합의 임직원 등을 처벌하기 위한 규정일 뿐, 그들에게 뇌물을 공여한 자는 처벌대상에서 제외한 것이라는 이론이 가능하다. 대상판결에서도 피고인은 이러한 점을 들어 도시개발조합의 조합장에게 뇌물을 공여한 자를 뇌물공여죄로 처벌하는 것이 형벌법규의 유추해석금지 등 죄형법정주의에 반한다고 주장하였다.

Ⅱ. 학설과 종전 대법원 판례의 입장

1. 가능한 견해

근대형법의 기본원리인 죄형법정주의의 원칙상 법문상 명시적으로 제외하고 있고, 이는 조합의 임직원은 법령상의 공무원이 아니고, 법령상 공무원이 아닌 자에게 재물을 공여한 행위는 그 비난가능성이 상대적으로 적다는 점에서 형법 제133조의 적용을 제외하여야 한다는 견해와 형법 제129조부터 제132조까지의 적용에 있어 공무원으로 의제되는 범위를 정하게 되면, 형법 제133조의 '제129조 내지 제132조에 기재한 뇌물'을 공여하는 자도 처벌할 수 있고 이와 같이 공무원의제규정은 다수의 특별법에서 동일하게 규정하고 있으며, 이는 위와 같은 입법기술에 따른 것일 뿐 처벌에서 제외하거나 처벌규정이 누락된 것이 아니라는 견해가 있을 수 있다.

2. 학설

이에 관한 명시적인 논의는 찾기 힘들다. 주석형법에서는 "특가법 제4조 제1항에서 정한 이러한 공무원으로의 간주는 특가법 제2조 제1항에 의하여 가중처벌되는 경우에만 적용되는 것이 아니라 단순한 형법상 뇌물죄에 해당하는 경우에도 마찬가지로 적용되기 때문이라는 이유로, 법령상의 공무원이 아닌 형법 제129조 내지 제132조 규정에 따른 벌칙의 적용에 있어서 공무원으로 의제되는 특가법 제4조 제1항의 정부관리기업체 간부직원 등이 직무에 관하여 부당한 이익을 얻었다면 그와 같은 이익도 형법 제133조 제1항에 규정된 형법 제129조 내지 제132조의 뇌물에 해당하므로 그 뇌물을 약속, 공여하거나 공여의 의사를 표시한 자는 뇌물공여죄가 성립한다."고 하고 있다.

3. 대법원 판례

도시개발법에서는 찾아볼 수 없으나, 특가법에서 정한 정부관리기업체의 간부직원에게 뇌물을 공여한 자에 대하여 형법 제133조의 뇌물공여죄가 성립한다고 보았다(대법원 1971. 11. 23. 선고 71도1786 판결; 대법원 1975. 6. 24. 선고 70도2660 판결).

Ⅲ. 나오는 말

형법 제129조 내지 제132조에서 공무원의 수뢰죄 등을 정하고, 제133조에서 '제129조 내지 제132조에 기재한 뇌물'을 공여한 자 등에 대한 처벌규정을 정하고 있는 입법형식에 비추어 볼 때, 도시개발법에서 뇌물죄의 적용에 있어서 공무원의제규정을 두고 별도로 그들에게 재물을 공여한 자에 대한 특칙을 따로 정하지 않고 있다고 하더라도 그 공여자에 대하여 형법 제133조의 뇌물공여죄가 성립한다고 해석하는 데에는 무리가 없다. 이러한 입법형식이 예측가능성을 저해하고 죄형법정주의에 반한다고 보기도 어렵다. 도시개발법에서 의제공무원에 대한 규정을 두고 있는 것은 해당 직역에 종사하는 자들에 대한 공공성, 청렴성을 강화하기 위한 것으로, 그 입법취지는 충분히 공감할 수 있다.

다만 공공기관운영법이나 특가법에서는 외형 및 그 업무, 운영의 특성상 의제공무원 여부를 쉽게 파악할 수 있으나 도시개발법이나 도시정비법에서는 그 설립에 공적자금이 투입되지도 아니하고, 운영에 있어서 감사원법에 의한 감사를 받지 않는다는 점에서 특가법이나 공공기관운영법에서 정하는 의제공무원과는 성격이 다르다(국가, 지방자치단체가 지도, 감독 등을 통하여 실질적으로 지배한다고 보기도 어렵다). 특히 도시정비법에서는 종전 공공개발의 영역에 포함되지 아니하던 재건축을 공공개발의 영역으로 포함시키면서 재건축조합 관련자도 의제공무원의 범주에 포함시켰고, 그 범위도 확대하고 있다(도시정비법이 제정된 2002. 12. 30. 법률 제6841호에서는 '조합의 임원과 정비사업 전문관리업자의 대표자, 직원'이라고만 규정하고 있다가 2009. 2. 6. 법률 제9444호로 개정된 법률에서는 '추진위원회의 위원장'을 포함시켰고, 2010. 4. 15. 법률 제10268호에서는 '위탁관리자'를, 2016. 1. 27. 법률 제13912호에서는 '청산인, 전문조합관리인'을 포함시켰다). 이러한 점에 비추어 특가법이나 공공기관운영법과 다른 성격의 의제공무원을 규정하고, 이들에 대해서도 뇌물죄를 적용함에 있어서는 그 공여자에 대한 뇌물공여죄도 함께 입법을 하는 것이 바람직할 것으로 보인다(일본의 토지구획정리법, 도시계획법에서는 공여자에 대한 처벌규정을 따로 두고 있다).

〔**참고문헌**〕 김영훈, "의제공무원에게 뇌물을 공여한 사람의 죄책", 대법원판례해설 [100](2014)

〔**필자: 김선희 부장판사(서울서부지방법원)**〕

33 특정범죄 가중처벌 등에 관한 법률 제5조의4 제5항 제1호

【대상판결】 **대법원 2020. 2. 27. 선고 2019도18891 판결**

【사실관계】

1. 범죄전력

피고인은 2009. 5. 27. 대전고등법원에서 강도죄, 절도죄 등으로 징역 2년 6개월을 선고받고, 2012. 3. 23. 인천지방법원 부천지원에서 절도죄 등으로 징역 6개월을 선고받았으며, 2013. 4. 3. 대전고등법원에서 특수강도죄 등으로 징역 5년을 선고받아 2017. 11. 11. 그 형의 집행을 종료하였다.

2. 범죄사실

피고인은 2019. 6. 3. 및 같은 달 11.의 각 형법 제331조 제1항 소정의 특수절도와 2019. 6. 7.의 형법 제342조, 제331조 제1항 소정의 특수절도미수로 기소되었다. 제1심과 항소심은 피고인에 대하여 특정범죄 가중처벌 등에 관한 법률 제5조의4 제5항 제1호를 적용법조로 하여 징역형 선고하였다.

【판결요지】 특정범죄 가중처벌 등에 관한 법률(이하 '특정범죄가중법'이라고 한다) 제5조의4 제5항의 규정 취지는 같은 항 각 호에서 정한 죄 가운데 동일한 호에서 정한 죄를 3회 이상 반복 범행하고, 다시 그 반복 범행한 죄와 동일한 호에서 정한 죄를 범하여 누범에 해당하는 경우에는 동일한 호에서 정한 법정형으로 처벌한다는 뜻으로 보아야 한다. 그러므로 특정범죄가중법 제5조의4 제5항 제1호 중 '이들 죄를 범하여 누범으로 처벌하는 경우' 부분에서 '이들 죄'란, 앞의 범행과 동일한 범죄일 필요는 없으나, 특정범죄가중법 제5조의4 제5항 각 호 에 열거된 모든 죄가 아니라 앞의 범죄와 동종의 범죄, 즉 형법 제329조 내지 제331조의 죄 또는 그 미수죄를 의미한다.

【해설】

Ⅰ. 들어가는 말

상습성 등을 이유로 절도, 강도, 장물취득의 범행을 가중하여 처벌하던 특정범죄가중법 제5조의4 제1항, 제6항에 대한 헌법재판소의 위헌결정(헌법재판소 2015. 2. 26. 선고 2014헌가

16, 19, 23(병합) 결정, 헌법재판소 2015. 11. 26. 선고 2013헌바343 결정)으로 2016. 1. 6. 법률 제13717호로 특정범죄가중법 제5조의4 규정이 정비되어 제1항, 제3항, 제4항이 삭제되었고, 제2항, 제5항, 제6항이 개정되었다.

대상판결은 위와 같은 경과로 개정된 특정범죄가중법 제5조의4 제5항에서 "형법 제329조부터 제331조까지, 제333조부터 제336조까지 및 제340조·제362조의 죄 또는 그 미수죄로 세 번 이상 징역형을 받은 사람이 다시 이들 죄를 범하여"를 어떻게 해석할 것인지에 관한 것이다.

▣ 구 특정범죄 가중처벌 등에 관한 법률 제5조의4(2016. 1. 6. 법률 제13717호로 개정되기 전의 것, 이하 '구 특정범죄가중법'이라 한다)

⑤ 「형법」 제329조부터 제331조까지, 제333조부터 제336조까지 및 제340조·제362조의 죄 또는 그 미수죄로 세 번 이상 징역형을 받은 사람이 다시 이들 죄를 범하여 누범(累犯)으로 처벌하는 경우에도 제1항부터 제4항까지의 형과 같은 형에 처한다.

▣ 특정범죄 가중처벌 등에 관한 법률 제5조의4

⑤ 「형법」 제329조부터 제331조까지, 제333조부터 제336조까지 및 제340조·제362조의 죄 또는 그 미수죄로 세 번 이상 징역형을 받은 사람이 다시 이들 죄를 범하여 누범(累犯)으로 처벌하는 경우에는 다음 각 호의 구분에 따라 가중처벌한다.

1. 「형법」 제329조부터 제331조까지의 죄(미수범을 포함한다)를 범한 경우에는 2년 이상 20년 이하의 징역에 처한다.
2. 「형법」 제333조부터 제336조까지의 죄 및 제340조제1항의 죄(미수범을 포함한다)를 범한 경우에는 무기 또는 10년 이상의 징역에 처한다.
3. 「형법」 제362조의 죄를 범한 경우에는 2년 이상 20년 이하의 징역에 처한다.

* 형법 제329조(절도), 제330조(야간주거침입절도), 제331조(특수절도)
* 형법 제333조(강도), 제334조(특수강도), 제335조(준강도), 제336조(인질강도), 제340조(해상강도)
* 형법 제362조(장물의 취득, 알선 등)

Ⅱ. 특정범죄가중법 제5조의4 제5항의 해석

1. 제1심 및 원심의 태도

대상판결의 제1심과 원심은 "형법 제329조부터 제331조, 제333조부터 제336조, 제340조,

제362조의 죄 또는 그 미수죄로 세 번 이상 징역형을 받은 사람이 다시 이들 죄를 범하여" 부분의 해석에 관하여, 위에 규정된 어느 범죄이든 범하여 3번 이상 징역형을 받은 사람이 다시 죄를 범한 경우 각 호의 구분에 따라 가중하여 처벌하는 것으로 해석하였다.

이러한 해석에 따라 제1심과 원심은 절도죄로 2회, 강도죄로 1회, 특수강도죄로 1회 징역형을 선고받고 특수절도죄, 특수절도미수죄를 범한 피고인에 대하여 특정범죄가중처벌법 제5조의4 제5항 제1호를 적용한 것이다.

다만, 제1심은 특정범죄가중법 제5조의4 제5항이 형법 제35조의 누범 가중에 대한 특별한 규정이라고 보아 누범 가중을 하지 않았고, 원심은 이와 달리 누범 가중을 하였으며, 피고인의 상고이유는 형법 제35조의 누범 가중 여부에 관한 것이었다.

2. 대법원의 태도

대법원은 2010. 3. 25. 선고 2010도8 판결 등에서 구 특정범죄가중법 제5조의4 제5항에 대하여 같은 조 제1항이 형법 제329조부터 제331조까지의 죄, 같은 조 제3항이 형법 제333조, 제334조, 제336조, 제340조 제1항의 죄, 같은 조 제4항이 형법 제363조의 죄를 범한 경우를 각각 규정하고 있었으므로, 같은 조 제5항에 대하여도 열거되어 있는 형법 조항을 세 범주(절도, 강도, 장물취득)로 나누어 각 범주에 속하는 죄를 범하여 3번 이상 징역형을 받은 사람이 당해 범주에 속하는 죄를 범하여 누범이 되는 경우 구 특정범죄가중법 제5조의4 제5항의 적용을 받는다고 해석하였다.

대법원은 개정된 특정범죄가중법 제5조의4 제5항의 적용에 관하여도, 위와 같은 구 특정범죄가중법의 해석을 그대로 적용하여 피고인은 절도죄로 2번의 징역형을 받았을 뿐이므로, 특정범죄가중법 제5조의4 제5항 제1호의 적용대상이 아니라고 하여 상고이유에 대한 판단을 생략한 채 원심을 파기하였다.

Ⅲ. 나오는 말

특정범죄가중법 제5조의4 제5항의 적용범위를 제한하고자 한 대상판결의 취지에는 대체적으로 찬성한다. 즉, 형법 제329조부터 제331조 및 그 미수죄(절도범행)로 3번 이상 징역형을 받은 사람이 형법 제333조부터 제336조까지의 죄, 제340조 제1항의 죄(강도범행, 미수범을 포함)를 범한 경우 특정범죄가중법 제5조의4 제5항 제2호를 적용할 경우 피고인에게 가혹한 결과가 초래되므로 이를 제한적으로 적용할 필요성은 인정된다.

그런데 예를 들어, 甲은 강도범행(형법 제333조부터 제336조, 제340조 및 그 미수죄)으로 3

번 이상 징역형을 받았고 乙은 절도범행(형법 제329조부터 제331조까지 및 그 미수죄)으로 3번 이상의 징역형을 받았는데, 甲과 乙 모두 누범 기간 중 합동하여 절도범행을 하여 재판을 받는 사안에서, 대상판결의 취지대로라면, 甲은 특정범죄가중법 제5조의4 제5항 제1호의 적용대상이 되지 않아 1년 이상 20년 이하의 징역형이, 乙은 그 적용대상이 되어 2년 이상 40년 이하의 징역형이 법정형이 된다. 일반적으로 강도범행의 행위의 불법성이 더 크다는 점에 비추어 보면, 불합리한 결과가 도출되는 것은 아닌지 의문이 든다.

〔**참고문헌**〕 성현창, "특정범죄 가중처벌 등에 관한 법률 제5조의4 제5항 제1호의 취지 및 규율 범위", 대법원판례해설 [124](2020)

〔**필자: 이호동 판사(인천지방법원)**〕

34 죄형법정주의
- 가중요건으로 규정된 처벌전력의 범위

【대상판결】 **대법원 2021. 6. 3. 선고 2021도1349 판결**

【사실관계】 피고인은 2015. 7. 1. 상습절도죄 등으로 징역 1년, 2016. 11. 10. 절도죄 등으로 징역 1년, 2019. 6. 13. 절도죄로 징역 1년 2월을 각각 선고받은 사람으로서 2019. 8. 14. 위 최종형의 집행을 종료하였다. 피고인은 2020. 3. 8. 지하철 2호선 열차 안에서 좌석에 앉아 잠을 자고 있는 피해자 소유의 스마트폰 휴대전화 1대를 가지고 가 절취하였다.

【판결요지】 「특정범죄 가중처벌 등에 관한 법률」(이하 '특정범죄가중법') 제5조의4 제5항 제1호(이하 '이 사건 처벌규정')는 '형법 제329조부터 제331조까지의 죄 또는 그 미수죄로 세 번 이상 징역형을 받은 사람이 다시 이들 죄를 범하여 누범으로 처벌하는 경우에는 2년 이상 20년 이하의 징역에 처한다.'고 규정하고 있는데, 형법 제332조(상습범)는 '상습으로 제329조 내지 제331조의2의 죄를 범한 자는 그 죄에 정한 형의 2분의 1까지 가중한다.'고 규정하고 있는 등 상습절도죄의 구성요건에 '형법 제329조부터 제331조까지의 죄'를 포함하고 있다. 그리고 상습절도죄의 전과를 이 사건 처벌규정에서 정한 '징역형'에 포함하지 않을 경우 단순 절도죄의 전력이 세 번인 자가 절도를 저지른 경우에는 이 사건 조항으로 가중처벌 받는 반면, 세 번의 절도 전력 중 상습절도의 전력이 있는 자가 절도를 저지른 경우에는 단순 절도죄로 처벌받게 되는 데에 그치는 처벌의 불균형이 발생한다. 이러한 특정범죄가중법의 목적, 이 사건 처벌규정과 형법 제332조의 내용, 처벌의 불균형 등에 비추어 보면, 이 사건 처벌규정에서 정한 '징역형'에는 절도의 습벽이 인정되어 형법 제329조부터 제331조까지의 죄 또는 그 미수죄의 형보다 가중 처벌되는 형법 제332조의 상습절도죄로 처벌받은 전력도 포함되는 것으로 해석해야 한다.

【해설】

Ⅰ. 들어가는 말

이 사건 처벌규정은 절도 범죄의 가중처벌규정이다. 이 사건 규정 법문은 형법 제329조부터 제331조까지의 죄(절도죄, 야간주거침입절도죄, 특수절도죄) 및 그 미수죄로 세 번 이상 징역형을 받은 사람이 또다시 이들 죄를 범한 경우 형법보다 높은 형으로 처벌한다고 규정한다. 문제는 형법 제332조에 따라 상습절도죄로 처벌받은 경우에도 이 사건 처벌규정에서 말하는 형법 제329조부터 제331조까지의 죄로 징역형을 받은 경우에 포함되어야 하는지 여부이다. 이 사건 처벌규정 문언에는 형법 제332조의 죄가 명시되어 있지 않기 때문에, 이를 포함할 경우 형법보다 무거운 형을 정한 이 사건 처벌규정의 적용범위가 확장되고, 이는 죄형법정주의의 유추해석 또는 확장해석 금지원칙에 위배되는 것이 아닌가 하는 의문이 제기되기 때문이다.

Ⅱ. 대상판결의 취지와 의미

대상판결의 원심은 피고인이 종전에 받은 형법 제332조의 상습절도죄 전력은 이 사건 처벌규정에서 말하는 형법 제329조부터 제331조까지의 죄에 포함되지 않는 것으로 판단하였으나, 대법원은 형법 제332조로 처벌받은 전력도 여기에 포함되는 것으로 보았다. 그 이유는 형법 제332조의 구성요건은 이미 형법 제329조부터 제331조까지의 구성요건을 포함하고 있고, 이를 제외할 경우 절도죄의 반복범죄자를 무겁게 처벌하려는 특정범죄가중법의 취지나 목적에 반하여 처벌의 불균형이 생기기 때문이라는 것이다.

대법원은 이미 형벌법규는 문언에 따라 엄격하게 해석·적용하여야 하고 피고인에게 불리한 방향으로 확장해석하거나 유추해석을 하여서는 안 되는 것이지만, 문언이 가지는 가능한 의미의 범위 안에서 규정의 입법 취지와 목적 등을 고려하여 문언의 논리적 의미를 분명히 밝히는 체계적 해석을 하는 것은 죄형법정주의의 원칙에 어긋나지 않는다고 판시한바 있다(대법원 2020. 8. 27. 선고 2019도11294 전원합의체 판결 참조). 죄형법정주의에 관한 대법원의 위와 같은 태도에 따르면, 이 사건 처벌규정에 직접적으로 형법 제332조가 명시되어 있지는 않으나, 이를 이 사건 처벌규정에서의 가중요건이 되는 처벌전력으로 해석하더라도 위 판시와 같이 이는 특정범죄가중법의 입법 취지와 목적 및 구성요건의 문언 등을 고려한 체계적 해석의 범위 내로서 죄형법정주의가 금지하는 확장해석이나 유추해석은 아닌 것으로 보았다고 할 수 있다.

따라서 이 사건 처벌규정의 적용범위는 명시된 형법 제329조부터 제331조까지의 죄로만 처벌받은 경우에 국한되지 않는다. 대상판결에서 문제된 형법 제332조에 따른 상습절도죄뿐만 아니라 종전에 이 사건 처벌규정으로 처벌받은 경우도 다시 이 사건 처벌규정의 가중요건이 되는 처벌전력이 될 수 있고, 특정범죄가중법 제5조의4 제2항, 제6항 등 또 다른 절도죄의 가중처벌 규정에 따라 처벌받은 경우도 이 사건 처벌규정의 적용이 가능하게 되는 것이다.

Ⅲ. 나오는 말

이 사건 처벌규정의 문언이 통상의 일반인에게 다의적으로 해석될 여지가 크지 않고, 대법원은 이전에 '처벌의 필요성만으로 죄형법정주의 원칙을 후퇴시켜서는 안 된다.'고 천명한 바가 있고(대법원 2017. 12. 21. 선고 2015도8335 전원합의체 판결 참조), 처벌의 불균형 문제는 입법으로 해결할 문제이므로, 이 사건 처벌규정에 명시되지 않은 상습절도죄까지 가중요건이 되는 처벌전력에 포함시키는 것은 확장해석 또는 유추해석에 해당할 수 있다는 의견도 경청할 가치가 있다.

그러나 이 사건 처벌규정은 전에 형법 제329조부터 제331조까지의 죄를 범한 사람이라는 행위자적 속성을 가중처벌의 요건으로 하는 것으로서, 그 행위자적 속성의 본질은 구성요건적 행위를 반복한다는 '사실'에 있는 것이지, 그 구성요건적 행위인 사실에 대하여 어떠한 법률을 적용하였느냐는 '평가' 또는 '포섭'의 문제가 아니다. 또한 죄형법정주의는 국민에게 어떤 행위가 범죄이고 어떻게 처벌되는지를 미리 알려주어야 한다는데 기본 취지가 있고, 그 취지는 범죄의 성립과 처벌에 관한 예견가능성을 본질로 하는 것인데, 종전 절도행위에 대하여 단지 상습절도범으로 의율되었다는 사정만으로 후행 절도행위에 대하여 이 사건 처벌규정이 적용되지 않으리라고 생각하거나 그 적용을 예견할 수 없다고 할 수 없다. 따라서 이 사건 처벌규정에 대한 대법원의 해석은 죄형법정주의의 본질을 후퇴시키거나 법적 안정성을 훼손시키는 해석은 아니다.

다만 대상판결의 논리에 따르면 새로운 가중처벌규정이 생기고 그 가중처벌 규정으로 처벌받은 경우에도 이 사건 처벌규정의 적용가능하게 되는 결과가 된다. 이는 이 사건 처벌규정의 문언에 변화가 없이 다른 법령의 개폐만으로도 그 적용범위의 변동이 생길 수 있음을 의미하는 것이어서, 이 사건 처벌규정에서 그 적용범위를 명백하게 나타내는 것도 바람직한 입법일 수 있다.

〔**필자: 윤성진 판사(수원지방법원)**〕

35 특가법상 도주치상죄에서의 도주의 의미

【대상판결】 **대법원 2004. 3. 12. 선고 2004도250 판결**

【사실관계】 피고인은 이 사건 교통사고 후 즉시 정차하여 피해차량으로 가서 피해자 V에게 다쳤는지를 묻고 V의 일행인 A에게 자신의 이름, 직장, 전화번호 등이 기재된 명함을 건네주었고, A는 이 명함 뒤에 피고인의 차량 번호를 메모하였다. 사고현장에 있던 택시기사 B 등은 V를 택시에 옮겨 태웠는데 피고인은 B에게 근처의 OO병원으로 V를 빨리 이송하여 달라고 하였으나, V가 경찰이 오기 전에는 가지 않겠다고 하면서 경찰서에 교통사고 발생 사실을 신고하였다. 피고인은 교통사고 후 15분 가량 사고현장에 머물렀으나 경찰관 I가 도착하였을 때에는 사고현장에 있지 아니하였으며, V는 I가 사고현장에 도착한 후 B의 택시를 타고 병원으로 가서 입원치료를 받았다. 그리고, 피고인은 교통사고 후 자신의 차량과 V의 차량을 도로 한쪽으로 치우고 사고현장에 도착한 견인차 기사 C에게 차량들을 정비공장으로 견인하게 하였다.

1심법원은 특가법위반과 도로교통법위반(사고후미조치)을 모두 유죄로 인정하였다(상상적 경합). 2심법원은 도로교통법위반에 대해 무죄로 판결하였고, 특가법위반에 대해서도 V가 병원으로 이송된 시점이나 I가 도착하였을 무렵에 피고인이 사고현장에 있지 않았다고 하더라도, 피고인이 교통사고를 일으킨 자로서 취하여야 할 구호의무 등은 모두 이행하였다고 보아야 한다는 이유로 피고인의 행위는 특가법위반이 아니며 특가법위반의 공소사실에 포함된 교통사고처리특례법위반죄에 대하여 피고인의 차량이 자동차종합보험에 가입되어 있다는 이유로 공소기각의 판결을 선고하고 주문에서 따로 무죄선고를 하지 아니하였다. 검사 P가 상고하였다.

【판결요지】 특정범죄가중처벌등에관한법률 제5조의3 제1항 소정의 '피해자를 구호하는 등 도로교통법 제50조 제1항의 규정에 의한 조치를 취하지 아니하고 도주한 때'라 함은 사고 운전자가 사고로 인하여 피해자가 사상을 당한 사실을 인식하였음에도 불구하고 피해자를 구호하는 등 도로교통법 제50조 제1항에 규정된 의무를 이행하기 이전에 사고현장을 이탈하여 사고를 낸 자가 누구인지 확정될 수 없는 상태를 초래하는 경우를 말하는 것이므로(대법원 2001. 1. 5. 선고 2000도2563 판결; 대법원 2003. 3. 25. 선고 2002도5748 판결 등 참조), 사고 운전자가 사고로 인하여 피해자가 사상을 당한 사실을 인식하였음에도 불구하고 피해자를 구호하는 등 도로교통법 제50조 제1항에 규정된 의무를 이행하기 이전에 사고현장을 이탈하였다면, 사고 운전자가 사고현장을 이탈하기 전에 피해자에 대하여 자신의 신원을 확인할 수 있는 자료를

제공하여 주었다고 하더라도, '피해자를 구호하는 등 도로교통법 제50조 제1항의 규정에 의한 조치를 취하지 아니하고 도주한 때'에 해당한다 할 것이다(대법원 1996. 4. 9. 선고 96도252 판결; 대법원 1996. 8. 20. 선고 96도1415 판결; 대법원 2002. 1. 11. 선고 2001도5369 판결 등 참조).

한편, 위 법률 조항 소정의 피해자 구호조치는 반드시 본인이 직접 할 필요는 없고, 자신의 지배하에 있는 자를 통하여 하거나, 현장을 이탈하기 전에 타인이 먼저 구호조치를 하여도 무방하다고 할 것이나, 이 사건의 경우와 같...(중간생략)...다면, 비록 그 후 V가 택시를 타고 병원에 이송되어 치료를 받았다고 하더라도 운전자는 V에 대한 적절한 구호조치를 취하지 않은 채 사고현장을 이탈하였다고 할 것이어서, 설령 운전자가 사고현장을 이탈하기 전에 V의 동승자 A에게 자신의 신원을 알 수 있는 자료를 제공하였다고 하더라도, 피고인의 이러한 행위는 '피해자를 구호하는 등 조치를 취하지 아니하고 도주한 때'에 해당한다고 할 것이다.

【해설】

Ⅰ. 들어가는 말

도주의 의미를 정의하는 법률규정은 따로 없다. 대상판결이 제시하는 ① 도로교통법 제54조 제1항에 규정된 의무를 이행하기 이전에 ② 사고현장을 이탈하여 ③ 사고야기자로서 확정될 수 없는 상태를 초래한 것 이라는 도주의 요건은 대법원의 확립된 판결이다.

①에서는 도교법이 규정하고 있는 즉시정차의무, 사상자구호의무, 인적사항제공의무, 기타 필요조치의무를 이행했는지 여부, ②에서는 사고현장을 이탈했다고 볼 수 있는 경우가 무엇인지, ③에서는 인적사항제공의무와 신고의무(도교법 제54조 제2항)과의 관계 등이 문제가 된다. ①, ②, ③이 모두 도주의 요건이라고 이해하는 방식이 일반적이라고 보이는데, 도주의 고의는 ①, ②, ③에 대한 인식과 의욕이라는 설명은 이를 보여준다. 대상판결도 ②를 논의하면서, 피고인이 적절한 구호조치를 하지 않았다고 보아(①의 의무미이행) 도주라고 판단한다. 하지만 ①과 ②, ③은 구별할 수 있으며 구호조치의 의미(대법원 2021. 2. 10. 선고 2020도15208 판결)와 구호조치의 제한 필요성(대법원 2002. 1. 11. 선고 2001도2869 판결)에 대하여는 다른 글에서 다루기 때문에, 이 글은 ①, ②, ③의 상호 관계 및 ②, ③의 의미에 대하여 논의한다.

Ⅱ. 도주의 의미에 관한 설명

1, 학설의 태도

이 조문의 보호법익에서 출발하여 도주의 의미 또는 상해의 범위를 제한해야 한다는 설명이 있으며 도로교통법과 구별되는 특가법의 규범의 보호목적도 그 논거로 제시되는데, 이는 주로 ①의 의미와 내용에 관한 논의이다.

②에 대한 독립된 논의는 많지 않은데, 대개 사고현장의 무단이탈 자체로 도주가 추정되나 사고현장으로부터 일정한 거리를 이탈하였다는 것만으로 도주가 인정되지는 않으며, 사고현장에 있었다는 점만으로 도주가 부인되지도 않는다고 한다. 그리고, 사고운전자의 구호의사 없음 또는 신원확인의사 없음이 명백히 나타났다면 이탈거리가 짧아도 도주라고 한다.

2. 대법원의 태도

대법원은 구호의무와 신원확인의무의 두 축 중에서 어느 하나라도 이행하지 않으면 도주차량죄가 성립한다고 보고 있는데, 대상판결은 신원확인의무는 이행했으나 구호의무를 이행하지 않았다고 판단한 것이다.

구호조치는 사고운전자 본인이 직접 해야 하는 것이 원칙이나 대상판결이 밝히듯이 자신의 지배하에 있는 자를 통하여 하여도 무방한데, 대법원은 교통사고 당시 동승했던 사고운전자의 아내가 구호조치를 취한 경우(대법원 1997. 1. 21. 선고 96도2843 판결)나 사고차량을 현장에 두었고 자신의 아들을 현장에 불러 피해자와 피해자의 아버지 및 경찰관에게 피고인의 인적사항을 알리고 피고인을 대신하여 사고 현장 및 파출소에서 사고처리를 하도록 하였으며, 피고인이 사고 당일 경찰서에 자진 출석하여 조사를 받은 경우(대법원 2002. 6. 14. 선고 2002도1581 판결) 등은 도주가 아니라고 보았다. 피해자를 그 동행인들이 병원으로 후송함을 보고 경찰서에 신고자수하기 위해 사고현장을 이탈한 경우(대법원 1980. 8. 26. 선고 80도1492 판결), 이미 경찰관이 사고현장을 조사중이었고 피해자도 병원에 후송된 상태에서 피해자 일행에게 자신의 연락처 등을 적어 주고 현장을 이탈한 경우(대법원 1992. 4. 10. 선고 91도1831 판결) 등은 현장이탈 전에 제3자가 먼저 구호조치를 한 경우이다. 대상판결의 사안은 이 둘 중 어디에도 해당하지 않는다.

도주를 인정하기 위해서는 행위자에게 도주의 고의가 있어야 하며, 피해자 일행의 구타를 피하기 위해 사고현장을 이탈한 경우(대법원 1995. 9. 24. 선고 85도1616 판결), 사고운전자 자신이 부상을 입어 병원에 후송된 경우(대법원 1999. 4. 13. 선고 98도3315 판결) 등은 도주가 아니라고 대법원은 판단하였다.

Ⅲ. 나오는 말

대상판결의 요지를 언뜻 보면, 위에서 구별한 ①, ②, ③의 요건에서 ①과 ②의 결과로 ③

에서의 사고야기자로 확정될 수 없는 상태가 초래되었는지 여부를 다시 검토해야 한다고 생각할 수도 있다. 하지만, 실제로는 신원확인의무는 수사기관에 대한 신고의무와는 구별되며 판례의 확고한 설시를 내용으로 하는 법률개정에 의해 ①의 내용이 되었기 때문에 ③은 독자적인 의미를 가지기 어렵다. ②에서도 사고장소를 장소적으로 벗어나야 이탈이라고 볼 것인데, 이탈의 이유가 피해자와 동승하는 등의 ①의 구호의무 이행이라면 무단이탈로 볼 수 없다. ①에서는 사고운전자는 원칙적으로, 사고의 내용, 피해의 태양과 정도 등 사고현장의 상황에 비추어 통상 요구되는 정도의 구호조치를 스스로 또는 그에 버금가는 형태(자신의 지배하에 있는 자를 이용)로 하여야 한다.

〔참고문헌〕 황상현, "특정범죄가중처벌등에관한법률 제5조의3 제1항 위반죄와 관련된 제문제", 형사판례연구 3(1995); 조상제, "도주차량운전자의 가중처벌(특가법 제5조의 3) 소정의 도주의 의미해석과 그 한계", 형사판례연구 5(1997); 이기헌, "특가법 제5조의3의 도주운전죄", 형사판례연구 5(1997); 조준현, "특정범죄가중처벌등에관한 법률 제5조의3 도주차량운전자의 가중처벌조항의 해석－도주의 의미를 중심으로－", 형사판례연구 7(1999)

〔필자: 최준혁 교수(인하대)〕

36 특가법상 도주치상죄에서 구호조치의 의미

【대상판결】 **대법원 2021. 2. 10. 선고 2020도15208 판결**

【사실관계】 피고인이 트럭을 운전하여 삼거리를 진행하면서, 전방 및 좌측을 소홀히 살핀 과실로 전방 맞은편 도로에서 교차로를 진행하던 피해자 이○○(60세)가 운전하는 승용차를 충격하여(이하 '이 사건 사고'라고 한다) 피해자 이○○에게 약 2주간의 치료가 필요한 상해를, 동승자인 피해자 김○○에게 약 2주간의 치료가 필요한 상해를 각 입게 함과 동시에 피해차량에 수리비 120만 원 상당의 수리가 들게 손괴하고도 곧바로 정차하여 피해자를 구호하는 등의 조치를 취하지 아니하고 그대로 도주하였다.

【판결요지】 「특정범죄 가중처벌 등에 관한 법률」(이하 '특정범죄가중법'이라 한다) 제5조의3 제1항은 자동차와 교통사고의 격증에 상응하는 건전하고 합리적인 교통질서가 확립되지 못한 현실에서 자신의 과실로 교통사고를 야기한 운전자가 그 사고로 사상을 당한 피해자를 구호하는 등의 조치를 취하지 아니하고 도주하는 행위에 강한 윤리적 비난가능성이 있음을 감안하여 이를 가중처벌 함으로써 교통의 안전이라는 공공의 이익을 보호함과 아울러 교통사고로 사상을 당한 피해자의 생명·신체의 안전이라는 개인적 법익을 보호하기 위하여 제정된 규정이다(대법원 2002. 6. 28. 선고 2002도2001 판결; 대법원 2014. 2. 27. 선고 2013도15885 판결 등 참조). 따라서 사고의 경위와 내용, 피해자의 나이와 상해의 부위 및 정도, 사고 뒤의 정황 등을 종합적으로 고려하여 피해자를 구호하는 등의 조치를 취할 필요가 있었다고 인정되지 아니하는 때에는 사고운전자가 피해자에게 인적 사항을 제공하는 조치를 이행하지 아니하고 사고 장소를 떠났다고 하더라도 특정범죄가중법 제5조의3 제1항 위반죄는 성립하지 않는다.

【해설】

I. 들어가는 말

구 도로교통법(2016. 12. 2. 법률 제14356호로 개정되기 전의 것) 제54조 제1항은 교통사고가 발생한 경우 운전자, 승무원 등은 즉시 정차하여 '사상자를 구호하는 등 필요한 조치'를 하여야 한다고 규정하고, 제148조에서 제54조 제1항의 조치를 취하지 않은 사람을 처벌하도록 규정하였다. 개정된 현행 도로교통법 제54조 제1항은 교통사고 발생시 필요한 조치로

'사상자를 구호하는 등 필요한 조치(1호)' 외에 '피해자에게 인적사항을 제공(2호)'할 것을 추가하였고, 제148조에서는 제54조 제1항의 조치를 취하지 않은 사람을 5년 이하의 징역이나 1,500만 원 이하의 벌금으로 처벌하면서 '주·정차된 차만 손괴한 것이 분명한 경우에 피해자에게 인적사항을 제공하지 않은 자'는 위 처벌대상에서 제외하였으며, 이에 해당하는 자는 제156조 제10호에 따라 20만 원 이하의 벌금, 구류, 과료로 처벌하도록 하였다.

한편 특정범죄가중법 제5조의3은 '도로교통법 제2조에 규정된 자동차·원동기장치자전거의 교통으로 형법 제268조의 죄를 범한 해당 차량의 운전자가 피해자를 구호하는 등 도로교통법 제54조 제1항에 따른 조치를 하지 아니하고 도주한' 경우를 처벌하도록 규정하고 있다. 위 특정범죄가중법 제5조의3은 도로교통법 제54조 제1항의 개정을 전후하여 종전과 동일한 내용을 그대로 유지하고 있다.

Ⅱ. 종래 판례의 태도

종래 판례는 특정범죄가중법 제5조의3에서 정한 도주차량 운전자의 가중처벌에 관한 입법 취지와 그 보호법익에 비추어 사고운전자가 실제로 피해자를 구호하는 등 구 도로교통법 제54조 제1항의 조치(사상자를 구호하는 등 필요한 조치)를 취할 필요가 인정되지 않는 경우에는 사고운전자가 피해자를 구호하는 등의 조치 없이 사고 현장을 떠났더라도 특정범죄가중법 위반죄가 성립하지 않는다고 보아왔다(대법원 2007. 5. 31. 선고 2006도5525 판결 등 참조). 교통사고가 극히 경미하여 구호가 필요한 사상자가 발생하지 않은 경우가 이에 해당한다. 이러한 판례의 입장은 도주차량죄의 성립 범위를 제한하였다고 평가된다.

다만 판례는 위와 같은 구호조치 의무가 인정되는 이상 사고운전자에게 요구되는 구호조치에는 ① 즉시 정차하여(즉시정차의무) ② 피해자를 구호하는 외에(구호조치의무) ③ 피해자나 경찰관 등 교통사고와 관계있는 사람에게 사고운전자의 신원을 밝히는 것(신원확인조치의무)도 포함된다고 보아 왔다(대법원 2003. 3. 25. 선고 2002도5748 판결 등 참조). 즉, 극히 경미한 교통사고가 아닌 한 사고운전자는 피해자를 구호할 의무뿐만 아니라 자신의 신원을 밝힐 의무가 있고, 피해자 구호를 위한 조치를 취하더라도 자신의 신원을 밝히지 않은 채 도주하였다면 특정범죄가중법 위반죄로 처벌받게 된다.

Ⅲ. 대상판결 - 법 개정 이후 대법원의 판단

도로교통법 제54조 제1항의 개정으로 교통사고시 필요한 조치의 내용에 종래의 사상자

구호 등 조치에 더하여 신원확인의무가 추가되었다. 특정범죄가중법의 도주차량죄 처벌규정은 개정되지 않았으나 위 도주차량죄 처벌규정이 도로교통법 제54조 제1항을 인용하고 있으므로 도로교통법의 개정으로 특정범죄가중법의 내용도 개정된 것과 다름없게 되었다.

대상판결 사건의 제1심은 교통사고로 인한 피해자의 상해 정도가 구호가 필요한 정도에 이르지 않았다고 보아 도주차량죄에 대해 무죄로 판단하였다. 종래 판례의 법리를 그대로 유지한 해석이다.

반면 항소심은 도로교통법의 개정으로 제54조 제1항의 조치에 사상자를 구호하는 등 필요한 조치(제1호)뿐만 아니라 피해자에게 인적 사항을 제공하는 조치(제2호)도 함께 취하도록 병렬적으로 규정하고 있으므로, 사고가 경미하여 피해자를 구호할 필요가 없더라도 피해자에게 인적사항을 제공하지 않은 채 사고현장을 이탈하였다면 도주차량죄가 성립한다고 판단하였다. 종래 판례와 달리 교통사고 발생시 인적 피해가 있다면 그 사고의 경중을 불문하고 사고운전자의 인적사항을 알려주지 않았다면 도주차량죄로 처벌받게 된다는 새로운 해석이다.

대법원은 종래의 판례 법리를 그대로 유지하는 입장을 취하였다. 특정범죄가중법 제5조의3은 교통의 안전이라는 공공의 안전과 교통사고로 사상을 당한 피해자의 생명 · 신체의 안전이라는 개인적 법익을 보호하기 위해서 제정된 규정이므로(위 대법원 2002도2001 판결 등 참조), 사고가 극히 경미하여 생명 · 신체의 보호 필요성이 없는 경우에까지 사고운전자에게 피해자 구호와 신원확인의무를 부과하고 형사처벌할 필요성이 없다. 이는 개정 도로교통법이 사고운전자에게 신원확인의무를 명문으로 규정하더라도 달라진다고 볼 수 없다. 더구나 개정 도로교통법에서 추가된 신원확인의무는 종래 도주차량죄에 관한 대법원 판례에 의하더라도 사고운전자가 취해야 할 구호조치의 내용에 포함된 것이었다. 도로교통법의 개정으로 도주차량죄와 관련한 사고운전자의 의무 내용에 실질적인 변화가 생겼다고 보기 어렵다. 그리고 사상자를 구호할 필요가 없는 경미한 사고의 경우라면 인적 사항을 알려주지 않았다고 하여 도주차량죄로 처벌할 필요성도 없다. 도로교통법의 개정 이후에도 종래 판례의 법리를 그대로 유지한 대상판결의 입장은 타당하다고 본다.

Ⅳ. 나오는 말

교통사고로 인적 피해를 야기한 후 도주한 경우 특정범죄가중법 위반죄와 도로교통법 제148조 위반죄의 관계에 대해 종래 법조경합의 관계로 보아 특정범죄가중법 위반죄만 성립한다고 보는 것이 통설이고, 검찰 · 법원의 실무도 통설에 따랐던 것으로 보인다.

그런데 도로교통법 개정 이후 특정범죄가중법 위반죄와 도로교통법 제148조 위반죄의 관계는 다시 정립될 필요가 있다고 본다. 대상판결로 인해 특정범죄가중법 위반죄는 피해가 극히 경미하여 구호조치의 필요성이 인정되지 않는 경우에는 성립하지 않는데, 도로교통법 제148조 위반죄 역시 동일하게 보아야 한다고 단정하기 어렵다. 개정된 도로교통법 제148조는 주·정차된 차량만 손괴한 것이 분명한 경우에 인적사항을 제공하지 않은 경우만 배제하여 별도로 처벌하고 있기 때문이다. 따라서 대상사건 사안과 같이 인적 사고를 야기하였으나 피해자를 구호하는 등의 조치를 취할 필요가 없는 경우 도로교통법 제148조 위반죄가 성립하는지 여부, 나아가 구호의 필요성이 인정되는 상황에서 피해자를 구호하는 등의 조치를 취하였으나 인적사항 제공의무를 불이행한 경우의 죄책에 대해서는 향후 논의 및 판례의 추이를 확인할 필요가 있다.

〔필자: 이완형 판사(대법원)〕

37 구호조치 필요성의 제한과 특가법상 도주치상죄 여부

【대상판결】 **대법원 2002. 1. 11. 선고 2001도2869 판결,**
대법원 2012. 1. 12. 선고 2011도14018 판결

【대상판결】

① 대법원 2002. 1. 11. 선고 2001도2869 판결

【사실관계】 피고인은 교통사고를 낸 후 자신이 운전하던 차량을 도로변에 정차시키고 차에서 내려 피해자가 목을 주무르고 있는 것을 보고도 별다른 조치 없이 운전하던 차량을 사고현장에 놓아둔 채 다른 사람에게 사고처리를 부탁하기 위하여 사고현장을 이탈하였으나, 위 사고로 피해자가 입은 상해는 목이 뻐근한 정도로서 그 다음날 병원에서 엑스레이를 촬영한 결과 이상이 없고 임상적 추정에 의하여 약 2주간의 치료를 요하는 급성경추염좌의 진단을 받았다.

【판결요지】 특정범죄가중처벌등에관한법률 제5조의3 제1항의 규정은 (중략) 입법 취지와 보호법익에 비추어 볼 때, 사고의 경위와 내용, 피해자의 상해의 부위와 정도, 사고운전자의 과실 정도, 사고운전자와 피해자의 나이와 성별, 사고 후의 정황 등을 종합적으로 고려하여 사고운전자가 실제로 피해자를 구호하는 등 도로교통법 제50조 제1항에 의한 조치를 취할 필요가 있었다고 인정되지 아니하는 경우에는 사고운전자가 피해자를 구호하는 등 도로교통법 제50조 제1항에 규정된 의무를 이행하기 이전에 사고현장을 이탈하였더라도 특정범죄가중처벌등에관한법률 제5조의3 제1항 위반죄로는 처벌할 수 없다 할 것이다.

② 대법원 2012. 1. 12. 선고 2011도14018 판결

【판결요지】 실제로 피해자를 구호하는 등의 조치를 취할 필요가 있었는지 여부는 사고의 경위와 내용, 피해자의 나이와 그 상해의 부위 및 정도, 사고 뒤의 정황 등을 종합적으로 고려하여 판단할 것이되, 도로교통법 제54조 제1항이 사고를 야기한 자에게 응급적인 수습책임을 부여하고 있음에 비추어 피해자를 구호하는 등의 조치를 취할 필요가 없었다고 인정하기 위하여는 피해자 측에서 구호조치가 불필요함을 적극적으로 표명하였다거나 기타 응급적인 조치가 필요 없다는 사정이 사고 직후의 시점에서 객관적이고 명확히 드러나야 할 것이고, 단지 사고 직후 피해자의 거동에 큰 불편이 없었고 외관에 상처가 없었으며 피해 정도가 비교적 가벼운 것으로 사후에 판명되었다는 등의 사유만으로 가벼이 그러한 필요가 없었다고 단정할 수는 없다.

【해설】

Ⅰ. 들어가는 말

현행 도로교통법 제54조 제1항은 차의 운전 등 교통으로 인하여 사람을 사상하거나 물건을 손괴한 경우에는 그 차의 운전자는 즉시 정차하여 다음 각 호의 조치, 즉 사상자를 구호하는 등 필요한 조치(제1호), 피해자에게 인적 사항(성명·전화번호·주소 등을 말한다) 제공(제2호)을 하여야 한다고 규정하고 있다. 교통사고운전자에게 ① 즉시정차의무, ② 사상자구호 등의 필요한 조치의무, 그리고 ③ 인적사항 제공의무를 부과하고 있는 것이다. 그리고 동법 제148조(벌칙)에서는 위 교통사고 발생 시의 조치를 하지 아니한 사람에 대하여 5년 이하의 징역이나 1천 500만 원 이하의 벌금으로 처벌하고 있다.

한편, 현행 특가법 제5조의3(도주차량 운전자의 가중처벌)은 자동차의 교통으로 인하여 형법상 업무상과실치사상죄를 범한 사고운전자가 피해자를 구호하는 등 도로교통법 제54조 제1항에 따른 조치를 하지 아니하고 도주한 경우를 가중처벌 – 피해자를 사망에 이르게 하고 도주하거나 도주 후에 피해자가 사망한 경우에는 무기 또는 5년 이상의 징역에 처하고(제1호), 피해자를 상해에 이르게 한 경우에는 1년 이상의 유기징역 또는 500만 원 이상 3천만 원 이하의 벌금에 처한다(제2호) – 하고 있다. 위 특가법 제5조의3은 이른바 교통사고 뺑소니사범에 대한 가중처벌을 규정하고 있는바, 여기서의 '피해자를 구호하는 등 도로교통법 제50조 제1항의 규정에 의한 조치를 취하지 아니하고 도주한 경우'라 함은 "사고운전자가 사고로 인하여 피해자가 사상을 당한 사실을 인식하였음에도 불구하고 피해자를 구호하는 등 도로교통법 제50조 제1항에 규정된 의무를 이행하기 이전에 사고현장을 이탈하여 사고야기자로서 확정될 수 없는 상태를 초래하는 경우를 말한다(대법원 1996. 4. 9. 선고 96도252 판결; 대법원 1996. 8. 20. 선고 96도1415 판결; 대법원 1996. 12. 6. 선고 96도2407 판결)".

본 대상판결①과 대상판결②는 특가법상 도주치상죄의 성립 여부와 관련하여 경미한 교통사고에 있어서는 피해자 구호조치의 필요성을 제한하고 있는 동시에 구호조치가 필요한 경우와 필요하지 않는 경우에 대한 구체적인 구별기준을 제시하고 있다는 점에 그 의의가 있다.

Ⅱ. 구호조치의 내용 및 정도

일반적으로 교통사고에 있어서 '피해자를 구호'한다고 함은 사고운전자가 현장에서 부상자의 구출 내지 응급조치를 하거나, 소방이나 경찰에 신고하여 구급차의 출동 등을 요청하거나, 경우에 따라서는 부상자를 직접 사고차량으로 병원까지 후송하는 것을 의미한다고 볼 수 있다. 대법원 판례는 위 ②의 도로교통법 제54조 제1항에 따른 필요한 조치와 관련하여 "도로에서 일어나는 교통상의 위험과 장해를 방지 · 제거하여 안전하고 원활한 교통을 확보함을 그 목적으로 하는 것이지 피해자의 물적 피해를 회복시켜 주기 위한 규정은 아닌 것"이라고 하면서, 또한 이 경우 운전자가 하여야 할 필요한 조치는 "사고의 내용, 피해의 태양과 정도 등 사고현장의 상황에 따라 적절히 강구되어야 할 것이고, 그 정도는 우리의 건전한 양식에 비추어 통상 요구되는 정도의 조치를 말한다."고 판시하고 있다(대법원 1991. 2. 26. 선고 90도2462 판결; 대법원 1995. 1. 24. 선고 94도2691 판결; 대법원 1999. 11. 12. 선고 99도3140 판결).

또한, 판례는 피해자 구호조치와 관련된 사례에 있어서 사고운전자가 여성이라 두 피해자가 피를 흘리며 신음하고 있는 것을 발견하였으나 혼자의 힘으로 구호조치를 할 수 없다고 생각하였다 하더라도, "피해자들에게 최소한의 응급조치를 하고 병원으로 후송하도록 하거나, 피해자들에게 고지한 후 현장을 떠나 즉시 경찰관서나 병원에 연락 또는 신고를 하는 등 필요한 조치를 취하였어야 함에도 불구하고, 승용차에서 하차하지도 아니한 채 그대로 승용차를 운전하여 가 버렸다면, 설사 20분 후 피해자들을 구호하기 위하여 사고 현장으로 되돌아 왔다 하더라도 도주에 대한 범의가 있었다고 봄이 상당하다."고 하였다(대법원 1996. 12. 6. 선고 96도2407 판결).

Ⅲ. 구호조치의 필요성 유무 및 그 제한

1. 구호조치의 필요성 유무는 피해자의 상해부위와 정도, 사고의 내용과 사고 후의 정황, 치료의 시작시점 · 경위와 기간 및 내용, 피해자의 연령 및 건강상태 등을 종합하여 판단하여야 하는 것이되, 대개의 경우는 피고인(사고운전자)이 피해자와 직접 대화함으로써 피해자에게 통증 진술의 기회를 부여하던지 아니면 적어도 피고인이 정차하여 피해자의 상태를 눈으로 확인하여야 구호조치의 필요가 없는 경우라고 판단할 수 있을 것이고, 그렇지 않았던 경우에는 구호조치의 필요가 없었다고 쉽사리 판단하여서는 안 된다(대법원 2002. 1. 11. 선고 2001도2763 판결).

2. 대상판결①은 교통사고로 목이 뻐근한 정도로서 그 다음날 병원에서 엑스레이를 촬영한 결과 이상이 없고 임상적 추정에 의하여 2주간의 치료를 요하는 급성경추염좌(일명 목디스크)의 진단만을 받은 사안인바, 이에 대하여 대법원은 특가법상 도주차량 운전자의 가중처벌에 관한 규정의 입법 취지와 보호법익에 비추어 볼 때, 사고의 경위와 내용, 피해자의 상해의 부위와 정도, 사고운전자의 과실 정도, 사고운전자와 피해자의 나이와 성별, 사고 후

의 정황 등을 종합적으로 고려하여 사고운전자가 실제로 피해자를 구호하는 등 도로교통법 제50조 제1항에 의한 조치를 취할 필요가 있었다고 인정되지 아니하는 경우에는 사고운전자가 피해자를 구호하는 등 도로교통법 제50조 제1항에 규정된 의무를 이행하기 이전에 사고현장을 이탈하였더라도 특가법상 도주치상죄로는 처벌할 수 없다고 하였다.

3. 대상판결②의 경우 그 사실관계가 2주간의 치료를 요하는 경추부염좌 및 요추부염좌 등의 상해이지만, 사고 당시 차량의 속력이 시속 60km 정도였고, 현장에서 피해자의 상태에 대한 대화가 없었던 상태에서 인적사항을 알리지 아니한 채 차를 옆으로 빼자고 한 다음 자신의 차량을 운전하여 그대로 도주한 사안인바, 이에 대하여 대법원은 피해자를 구호하는 등의 조치를 취할 필요가 없었다고 인정하기 위하여는 "피해자 측에서 구호조치가 불필요함을 적극적으로 표명하였다거나 기타 응급적인 조치가 필요 없다는 사정이 사고 직후의 시점에서 객관적이고 명확히 드러나야" 한다는 기준을 제시하면서, 덧붙여 "단지 사고 직후 피해자의 거동에 큰 불편이 없었고 외관에 상처가 없었으며 피해 정도가 비교적 가벼운 것으로 사후에 판명되었다는 등의 사유만으로 가벼이 그러한 필요가 없었다고 단정할 수는 없다."고 하였다(대법원 2009. 5. 28. 선고 2009도1317 판결 등 참조).

Ⅳ. 나오는 말

특가법상 도주치상죄는 형법상 업무상과실치상죄를 범한 사고운전자가 도로교통법 제54조 제1항에 따른 조치, 즉 즉시정차, 사상자구호, 인적사항 제공의 조치를 취하지 않고 도주한 경우에 성립한다. 따라서 사상자구호 조치를 취하는 않는 경우는 물론 사상자구호 조치를 취했더라도 인적사항 제공 의무를 위반한 경우에는 본죄가 성립한다.

그러나 가중처벌 규정의 입법 취지와 보호법익에 비추어 볼 때, 본죄의 성립 범위를 지나치게 확대하는 것은 바람직하지 않다. 이러한 의미에서 사고운전자가 실제로 피해자를 구호하는 등의 조치를 취할 필요가 인정되지 않는 극히 경미한 교통사고에 있어서 특가법상 도주치상죄의 성립을 부정한 대상판결의 입장은 타당하다고 본다.

〔**참고문헌**〕 조상제, "도주차량운전자의 가중처벌(특가법 제5조의3) 소정의 도주의 의미해석과 그 한계", 형사판례연구 5(1997).

〔**필자: 이동희 교수(경찰대)**〕

38 도주운전자 가중처벌 규정과 인과관계

【대상판결】 **대법원 1985. 9. 10. 선고 85도1462 판결**

【사실관계】 피고인은, 1984. 11. 26. 22:00경 전북 김제군에서 2.5톤 트럭을 운전하고 시속 약 60킬로미터의 속력으로 진주시 방면으로 운행중, 함양군 수동면 우명리 구라부락앞 국도상에 이르러 우측 전방 30미터 지점에서 도로를 횡단하려는 피해자 성명불상의 남자(약 50세 가량)을 발견하였지만 그대로 진행하다가, 위 피해자가 도로를 횡단하다가 다시 되돌아오는 것을 발견하고 핸들을 우측으로 꺾으면서 피하였으나 미치지 못하고 위 트럭의 좌측 백미러 부분으로 위 피해자가 들고있던 길이 약 116센치미터 가량의 나무막대기를 충격하여 위 피해자를 도로에 넘어뜨렸고, 이어서 피고인의 트럭을 뒤따라오던 타인의 4.5톤 트럭이 도로에 쓰러진 위 피해자를 역과하여 피해자는 두개골 파열상등으로 현장에서 사망하였다.

【판결요지】 특정범죄 가중처벌 등에 관한 법률 제5조의3 제1항 제1호 소정의 치사라고 함은 교통사고를 직접적 원인으로 하여 사망한 경우를 말하고 또 도주후 피해자의 사망이라 함은 교통사고로 인한 피해자를 구호조치를 취하지 아니하고 그대로 방치한 결과 교통사고의 충격 내지는 상해상태가 타력의 개입없이 자연적인 경과로 악화되어 사망한 경우를 가리키며 다른 가해로 인한 치사 내지는 사망의 경우는 여기에 해당되지 아니하며 도주라 함은 치사 내지는 상해 등 사실을 인식하고 (미필적으로도) 사고후 구호조치를 함이 없이 현장을 이탈하는 경우라고 할 것이다.

【해설】

Ⅰ. 들어가는 말

특정범죄 가중처벌 등에 관한 법률(이하, '특가법'이라 한다) 제5조의3 제1항은 도로교통법 제2조에 규정된 자동차 등의 교통으로 인하여 형법 제268조의 죄(업무상과실 · 중과실 치사상)를 범한 당해 차량의 운전자가 피해자를 구호하는 등 구 도로교통법 제50조 제1항(현 도로교통법 제54조 제1항)의 규정에 의한 조치를 취하지 아니하고 도주한 때에는, 피해자를 사망에 이르게 하고 도주하거나, 도주 후에 피해자가 사망한 경우에는 무기 또는 5년 이상의 징역에 처하도록 하고 있다. 이 사안에서는 피고인이 운전과실로 그가 운전하던 트럭으로 피해자가 들고 있던 막대기를 충격하여 피해자를 도로에 넘어뜨리고 뒤따라 오던 제3자의 트럭으로 하여금 피해자를 역과하게 하여 두개골 파열상 등으로 현장에서 사망에 이르게 하였는데, 이 점이 특가법 제5조의3 제1항에서 말하는 "피해자를 구호하는 등 필요한 조치를 취하지 아니하고 도주한" 경우에 해당하는지가 쟁점이다.

Ⅱ. 특가법상 도주차량 운전자의 가중처벌 취지와 인과관계의 판단

1. 특가법상 도주차량 운전자의 가중처벌 내용과 취지

특가법은 제5조의3 제1항에서 교통사고를 낸 운전자가 도로교통법이 규정한 사상자 구호조치 등의 조치를 행하지 않고 사고현장을 이탈한 경우, 그로 인하여 피해자가 사망한 경우에는 무기 또는 5년 이상의 징역으로 가중처벌하고 있다. 이는 교통사고를 내어 사람의 생명·신체에 대한 일정한 위험을 야기한 자는(선행행위) 그 위험이 결과로 실현되지 않도록 일정한 조치를 취해야 하고(위험방지 조치의무), 그러한 조치의무를 이행하지 않아서 중한 결과가 발생한 경우에는 그 발생된 결과에 의하여 처벌한다(부작위범, 형법 제18조)는 형법 일반의 원리에 따라, 교통사고로 인하여 발생할 수 있는 사람의 생명·신체에 대한 중한 위험을 방지하고자 하는데 그 취지가 있다. 구체적으로 특가법은 가중처벌의 대상이 되는 도주행위의 경우를 나누어 ① 교통사고로 피해자를 이미 치사에 이르게 하고 도주한 경우와 ② 교통사고로 피해자에게 상해 등을 야기했는데 구호조치를 하지 않아 방치된 피해자가 사망에 이른 경우를 대상으로 하고 있다. 그러므로 특가법에 의한 가중처벌의 대상이 되기 위해서는 ① 피고인의 교통사고행위와 피해자의 사망 간에 직접적인 인과관계가 인정되거나, ② 피고인이 교통사고를 낸 후 피해자를 방치한 행위와 피해자의 사망 간에 인과관계가 인정되어야 한다.

2. 특가법상 도주차량 운전자 가중처벌 규정이 적용되기 위한 인과관계 판단기준

앞서 보았듯이 도주차량 운전자에게 특가법에 의한 가중처벌 규정이 적용될 수 있는 첫 번째의 경우는 도주운전자에 의한 교통사고행위가 피해자의 사망에 대한 직접적인 원인이 된 경우이다. 즉, 사고의 충격이 피해자의 생명·신체에 직접적인 위해를 야기하였고 이것이 사망의 원인으로 판명된 경우이다. 이 경우는 구조적으로 행위와 결과발생 간에 다른 원인이 개입하지 않는 경우를 의미하는 것으로 형법상 인과관계의 판단에 관한 어느 견해에 의하더라도 인과관계의 인정에 문제가 없는 경우라고 할 수 있다.

인과관계의 판단기준과 관련하여 문제가 될 수 있는 부분은 두번째 경우이다. 교통사고로 인하여 피해자의 생명·신체에 대한 위해의 결과가 확정되지 않은 상태에서 '구호조치 미이행의 효과'로 인하여 피해자가 사망에 이른 경우로, 이 경우는 '교통사고로 인한 위해의 발생+구호조치 미이행의 효과'가 사망의 원인으로 평가되어야 한다. 여기서 해석의 여지가 생기는 부분은 '구호조치 미이행의 효과'를 어디까지 포섭할 것인가 하는 것으로, 구체적으로 교통사고로 인하여 위해를 입은 피해자가 사상의 결과를 방지하기 위한 적절한 구호조치를 받지 않은 경우에 기 발생한 위해의 결과가 악화되는 것만을 말하는 것인지, 교통사고를 당하여 방치된 피해자에게 이후에 발생할 수 있는 모든 상황에 의한 결과를 포함하는 것인지의 문제이다. 이에 대해 행위자가 창출한 위험의 실현여부를 기준으로 하고 우연한 결과나 타 규범의 보호영역에서 발생한 결과를 배제하고자 하는 객관적 귀속이론에 의하면 이 경우 '구호조치가 이루어지지 않아 기 발생한 위해의 결과가 악화되는 것'에 한정된다는 판단을 할 가능성이 높지만, 사회적 상당성이나 예견가능성을 기준으로 하는 상당인과관계설의 입장에 의하면 '사고로 방치된 피해자에게 발생할 수 있는 예견가능한 추가적 위해'까지 인과관계의 인정범위가 확장될 가능성이 있다.

대법원은 이에 대하여 "교통사고로 인한 피해자를 구호조치를 취하지 아니하고 그대로 방치한 결과 교통사고의 충격 내지는 상해상태가 타력의 개입없이 자연적인 경과로 악화되어 사망한 경우"라고 판시하여, 인과관계 판단의 대상을 도주운전자의 방치행위와 교통사고로 야기된 피해자에 대한 위해의 결과가 악화된 정도로 한정함을 분명히 하고 있다.

Ⅲ. 나오는 말

특가법상 도주차량 운전자에 대한 가중처벌 규정의 적용에 있어서 인과관계를 '구호조치의 미이행과 이에 따라 기 발생한 위해의 악화'로 한정한 대법원의 입장은 특가법의 가중처벌 취지를 교통사고를 낸 운전자가 구호조치를 이행하지 않음에 따라 발생한 가중된 결과에 대한 책임을 묻고자 함으로 이해한 것이라고 할 수 있다. 즉 특가법의 취지를 운전자의 도주행위로 나타날 수 있는 포괄적인 결과에 대한 책임을 묻고자 하는 것이 아니라 구호조치의무를 진 자가 그 의무를 이행하지 않아서 범할 수 있는 일종의 부작위범에 한정하는 것으로 해석하는 것이다. 대법원의 이러한 해석은 특별법에 의한 가중처벌은 되도록 한정되어야 한다는 형법의 겸억성이라는 원리에는 충실한 것이나, 대법원이 일반적인 (작위)고의범의 인과관계 판단에서는 사회적 상당성이나 예견가능성을 핵심기준으로 하는 상당인과관계설을 채택하고 있다는 점에서 의문이 생기는 이례적인 판단결과라고도 할 수 있다.

〔**필자: 이용식 명예교수(서울대)**〕

39 위험운전치사상죄와 교통사고처리특례법위반죄의 관계

【대상판결】 **대법원 2008. 12. 11. 선고 2008도9182 판결**

【사실관계】 피고인은 2008. 6. 7. 16:20경 자동차운전면허를 받지 아니하고 혈중알코올농도 0.243퍼센트의 술에 취한 상태로 자신의 승용차를 운전하여 서울 관악구 소재 X아파트 148동 주차장을 출발하여 위 아파트 단지 안에 있는 도로를 따라 진행하던 중 우회전하다가 운전상 요구되는 주의의무를 게을리 한 채 술에 취하여 조향장치를 제대로 조작하지 못한 잘못으로 그곳 우측에 주차되어 있는 타인 소유의 124시시 오토바이 뒷부분을 위 승용차 앞부분으로 들이받아 오토바이가 넘어지면서 마침 그곳을 지나가던 피해자의 왼쪽 팔에 부딪히게 하여 피해자에게 약 2주간의 치료를 요하는 우측 수근관절 염좌상 등을 입게 하였다.

【판결요지】 음주로 인한 특정범죄가중처벌 등에 관한 법률 위반(위험운전치사상)죄는 그 입법 취지와 문언에 비추어 볼 때, 주취상태에서의 자동차 운전으로 인한 교통사고가 빈발하고 그로 인한 피해자의 생명·신체에 대한 피해가 중대할 뿐만 아니라 사고발생 전 상태로의 회복이 불가능하거나 쉽지 않은 점 등의 사정을 고려하여, 형법 제268조에서 규정하고 있는 업무상과실치사상죄의 특례를 규정하여 가중처벌함으로써 피해자의 생명·신체의 안전이라는 개인적 법익을 보호하기 위한 것이므로, 그 죄가 성립되는 때에는 차의 운전자가 형법 제268조의 죄를 범한 것을 내용으로 하는 위 교통사고처리특례법 위반죄는 그 죄에 흡수되어 별죄를 구성하지 아니한다고 볼 것이다.

【해설】

Ⅰ. 들어가는 말

대상판결에서는 특정범죄가중처벌 등에 관한 법률(이하 '특가법') 제5조의11 위반(위험운전치상)죄와 교통사고처리특례법(이하 '교특법') 위반죄의 죄수문제를 다루고 있다. 위 사건에서 대법원은 운전자에게 위험운전치사상죄가 성립하는 경우에는 그와 동시에 범해진 형법상 업무상 과실치사상의 죄를 내용으로 하는 교특법 위반죄는 위험운전치사상죄에 흡수되어 교특법 위반죄는 별죄를 구성하지 않는다고 판시하였다. 대법원의 이러한 죄수 판단은 교특법 위반죄의 불법내용이 이미 위험운전치사상죄에 포함되어 있으므로 별도로 교특법 위반죄가 성립하지 않는다는 것으로 이해할 수 있다. 그러나 대법원은 위 사건과 유사한 사건에서는 위험운전치사상죄만 성립하는 것이 아니라 그 경합하는 죄와 상상적 경합을 인정하거나 실체적 경합이 된다고 판시하기도 하였다. 이 점에서 특가법 제5조의11에 따른 위험운전치사상죄와 업무상 과실치사상죄를 내용으로 하는 교특법 위반죄의 관계를 어떻게 보아야 할 것인지 유사한 판례와 비교하여 보다 심도 있는 검토가 필요하다.

Ⅱ. 교통사고 영역에서 위험운전치사상죄와 타죄의 관계

1. 위험운전치사상죄의 입법취지와 보호법익

1. 특가법 제5조의11은 "음주 또는 약물의 영향으로 정상적인 운전이 곤란한 상태에서 자동차(원동기장치자전거를 포함한다)를 운전하여 사람을 상해에 이르게 한 사람은 1년 이상 15년 이하의 징역 또는 1천만 원 이상 3천만 원 이하의 벌금에 처하고, 사망에 이르게 한 사람은 무기 또는 3년 이상의 징역에 처한다."고 명시하고 있다. 2007년 12월 21일자 특가법 개정으로 제5조의11에 신설된 위험운전치사상죄의 입법취지는, 음주운전으로 인한 교통사고가 급증하는 추세에 있고 음주운전으로 인해 사망하거나 부상하는 자의 수도 늘고 있으나 교특법상 음주운전사고에 대한 처벌규정은 미약하여 음주운전이 줄어들지 않고 있는 문제를 해결하기 위함이었다. 대법원도 위험운전치사상죄의 입법취지를 '... 주취상태에서의 자동차 운전으로 인한 교통사고가 빈발하고 그로 인한 피해자의 생명·신체에 대한 피해가 중대할 뿐만 아니라 사고발생 전 상태로의 회복이 불가능하거나 쉽지 않은 점 등의 사정을 고려하여, 형법 제268조에서 규정하고 있는 업무상과실치사상죄의 특례를 규정하여 가중처벌함으로써 피해자의 생명·신체의 안전이라는 개인적 법익을 보호하기 위한 것'이라고 판시하고 있다(대법원 2008. 11. 13. 선고 2008도7143 판결).

2. 위험운전치사상죄의 입법취지에 관한 대법원 판례에 주목해 보면 위험운전치사상죄는 사람의 생명·신체를 1차적인 보호법익으로 한다. 그러나 위험운전치사상죄는 단순히 사람의 생명·신체에 대한 침해의 위험성을 증대시켰다는 점에만 그 비난의 중점이 있는 것이 아니다. 오히려 이 죄의 본질은 음주상태에서의 자동차 운전으로 인한 교통사고의 빈발에 따른 생명·신체의 위험성을 증대시킨다는 데 있다. 그렇다면 위험운전치사상죄는 사람의 생명·신체를 주된 보호법익으로 하지만 부차적으로 교통의 안전도 보호법익으로 하고 있는 것으로 보아야 한다.

2. 위험운전치사상죄와 타죄와의 관계

대법원은 지금까지 교통사고 분야에서 위험운전치사상죄와 경합되는 음주운전죄 등 타범죄와의 죄수론적 관계에 대하여도 몇 가지 의미 있는 판시를 하였다.

우선 위험운전치사상죄와 음주운전죄의 관계이다. 대법원은, 피고인이 혈중알콜농도 0.112%에 달하는 음주의 영향으로 정상적인 운전이 곤란한 상태에서 택시를 운전하여 전방 주시를 게을리한 업무상 과실로 마침 전방에 신호대기 중인 피해자의 승용차 뒷부분을 들이받아 그 충격으로 피해자에게 약 2주간의 치료를 요하는 경추염좌 등의 상해를 입힌 사건에서, 음주로 인한 특가법 위반(위험운전치사상)죄와 도로교통법 위반(음주운전)죄는 입법 취지와 보호법익 및 적용 영역을 달리하는 별개의 범죄로서 양 죄가 모두 성립하는 경우 두 죄는 실체적 경합관계에 있는 것으로 보아야 한다고 판시하였다(대법원 2008. 11. 13. 선고 2008도7143 판결).

다음으로 위험운전치사상죄와 도로교통법상 업무상과실 재물손괴죄와의 관계이다. 대법원은, 피고인이 자동차 운전면허 없이 혈중알콜농도 0.201%의 술에 취하여 정상적인 운전이 곤란한 상태에서 승용차를 운전하던 중, 전방에 신호대기로 정차하고 있던 포터 화물차량의 뒷부분을 들이받아 위 포터 화물차량이 밀리면서 그 앞에 정차하고 있던 포터Ⅱ 화물차량을 들이받도록 함으로써 피해자로 하여금 상해를 입게 함과 동시에 위 각 화물차량을 손괴한 사건에서, 위험운전치사상죄와 각 업무상과실 재물손괴로 인한 도로교통법 위반죄는 1개의 운전행위로 인한 것으로서 상상적 경합관계에 있다고 판시하였다(대법원 2010. 1. 14. 선고 2009도10845 판결).

Ⅲ. 나오는 말

대법원이 교통사고 분야에서 위험운전치사상죄와 음주운전죄, 업무상과실 재물손괴죄 및 위 판례의 대상이 되는 교특법 위반죄와의 죄수 관계를 검토할 때 적용한 통일적인 판단기준은 없고, 경우에 따라서 불분명하기도 하다. 어떤 경우는 죄수론의 일반적인 규칙에 따라서 판단하고, 위의 위험운전치사상죄와 음주운전죄의 경우와 같이 각각의 범죄구성요건의 입법 취지와 보호법익 및 적용 영역을 따져서 두 죄가 실체적 경합인지, 상상적 경합인지, 아니면 일죄관계에 있는지를 판단하기도 한다.

대상판결에서 대법원은 위험운전치사상죄와 교특법 위반죄의 관계에 관하여 후자가 전자에 흡수된다고 판시하였다. 단순일죄로 처리되는 흡수관계란 일정한 구성요건의 불법과 책임내용이 다른 구성요건의 불법과 책임을 포함하고 있는 경우를 말한다. 일정한 범죄행위에 일반적 · 전형적으로 수반되는 경한 법익침해가 다른 구성요건에 해당 내지 포함되는 경우에 흡수관계가 발생한다. 흡수관계에서는 “전부법은 부분법을 폐지한다.”는 원칙에 의하여 전부법인 흡수하는 법만 적용되고 흡수되는 부분법은 적용이 배제된다.

위험운전치사상죄는 음주 또는 약물의 영향으로 정상적인 운전이 곤란한 상태에서 자동차를 운전하여 사람을 상해에 이르게 하거나 사망에 이르게 한 경우에 성립한다. 위험운전치사상죄의 구성요건은 차의 운전자가 교통사고로 인하여 업무상 과실치사상의 죄를 범한 것을 전제로 하고 있다. 이 점에서 교특법 위반죄는 부분법으로서 전부법인 위험운전치사상죄에 흡수된다고 판시한 대법원 판례는 원칙적으로 타당한 것으로 보인다. 다만 교특법 위반죄는 차의 운전자가 교통사고로 인하여 업무상 과실치사상죄를 범해야 성립되는 것인데 위험운전치사상죄의 구성요건이 교특법 위반죄는 완전하게 포섭하는 것으로 볼 수 없다는 문제는 제기될 수 있을 것이다.

〔**참고문헌**〕 김형준, "위험운전치사상죄와 음주운전죄의 관계", 중앙법학 제11집 제2호(2009)

〔**필자: 이진국 교수(아주대)**〕

40 특정범죄가중처벌법상 운전자폭행치사상죄의 적용 범위

【대상판결】 **대법원 2015. 3. 26. 선고 2014도13345 판결**

【사실관계】 피고인은 2013. 3. 20. 23:10경 피해자가 운전하는 승용차의 뒷좌석에 술에 취해 누워있었다. 피해자가 서울 송파구 소재 도로에서 신호대기를 위해 정차하던 중, 피고인은 승용차가 공사구간에서 흔들리고 신호대기로 정지한다는 이유로 화를 내면서 손으로 피해자의 얼굴을 2회 때리고 목을 졸랐다. 피해자는 약 14일간의 치료가 필요한 기타 유리체의 장애 등의 상해를 입었다.

【판결요지】 특정범죄 가중처벌 등에 관한 법률(이하 '특정범죄가중법'이라 한다) 제5조의10 제1항, 제2항은 운행 중인 자동차의 운전자를 폭행하거나 협박하여 운전자나 승객 또는 보행자 등의 안전을 위협하는 행위를 엄중하게 처벌함으로써 교통질서를 확립하고 시민의 안전을 도모하려는 목적에서 특정범죄가중법이 2007. 1. 3. 법률 제8169호로 개정되면서 신설된 것이다.

법 해석의 법리에 따라 법률에 사용된 문언의 통상적인 의미에 기초를 두고 입법 취지와 목적, 보호법익 등을 함께 고려하여 살펴보면, 특정범죄가중법 제5조의10의 죄는 제1항, 제2항 모두 운행 중인 자동차의 운전자를 대상으로 하는 범행이 교통질서와 시민의 안전 등 공공의 안전에 대한 위험을 초래할 수 있다고 보아 이를 가중처벌하는 이른바 추상적 위험범에 해당하고, 그중 제2항은 제1항의 죄를 범하여 사람을 상해나 사망이라는 중한 결과에 이르게 한 경우 제1항에 정한 형보다 중한 형으로 처벌하는 결과적 가중범 규정으로 해석할 수 있다. 따라서 운행 중인 자동차의 운전자를 폭행하거나 협박하여 운전자나 승객 또는 보행자 등을 상해나 사망에 이르게 하였다면 이로써 특정범죄가중법 제5조의10 제2항의 구성요건을 충족한다.

【해설】

Ⅰ. 들어가는 말

1. 관련 규정

구 특정범죄 가중처벌 등에 관한 법률(2015. 6. 22. 법률 제13351호로 개정되기 전의 것) 제5조의10(운행 중인 자동차 운전자에 대한 폭행 등의 가중처벌)

① 운행 중인 자동차의 운전자를 폭행 또는 협박한 자는 5년 이하의 징역 또는 2천만 원 이

하의 벌금에 처한다.

② 제1항의 죄를 범하여 사람을 상해에 이르게 한 때에는 3년 이상의 유기징역에 처하고, 사망에 이르게 한 때에는 무기 또는 5년 이상의 징역에 처한다.

(이하에서는 위 조문의 제1, 2항을 각각 '이 사건 제1항', '이 사건 제2항'이라 한다)

2. 입법 과정

2004년 당시 운전 중인 시내버스 운전기사에 대한 폭행사건이 빈발하였는데 그것이 언론의 보도로 알려지면서 우려의 목소리가 높아지게 되었다. 이에 2004. 7. 27. 형법 중 개정법률안이 제안되었다. 그 내용은 "운행 중인 기차, 전차, 자동차 또는 선박의 운전자에게 폭행 또는 협박을 가하여 교통사고 등 공공의 위험을 발생하게 한 자는 5년 이하의 징역 또는 1천만원 이하의 벌금에 처한다."는 형법 제187조의2(운전자에 대한 폭행 등)를 신설하고, 제188조 전단과 제190조를 개정하는 것을 내용으로 하였다. 제안이유는 "운행 중인 기차, 전차, 자동차 또는 선박의 운전자를 상대로 폭력 또는 협박을 행사하여 운전자나 승객 또는 보행자의 안전을 위협하는 행위를 엄중히 처벌함으로써 교통질서를 확립하고 시민의 안전을 도모하려는 것"이었다.

국회 법제사법위원회에서는 그 취지에 대하여 공감하였으나 형사법의 전체적인 체계를 고려할 때 형법에 규정하는 것보다는 특정범죄가중법에 규정하는 것이 적절하다고 판단하여 법제사법위원장이 특정범죄가중법 일부개정법률을 제안하였고, 위 형법 개정법률안은 2006. 12. 30. 폐기되었다.

국회 법제사법위원장은 2006. 12. 6. 이 사건 각 조항과 동일한 규정의 특정범죄가중법 일부개정법률안을 제안하였는데, 그 의안원문의 제안이유에는 "운행 중인 자동차의 운전자를 상대로 폭력 또는 협박을 행사하여 운전자나 승객 또는 보행자 등의 안전을 위협하는 행위를 엄중하게 처벌함으로써 교통질서를 확립하고 시민의 안전을 도모하려는 것임"이라고 기재되어 있다. 이 개정안은 2006. 12. 7. 국회 본회의에서 원안대로 통과되어 2007. 1. 3. 공포되었고 3개월 후부터 시행되었다.

Ⅱ. 쟁점

이 사건 제2항은 폭행치상에 관하여 3년 이상의 유기징역을 규정하고 있다. 형법상 상해죄는 7년 이하의 징역(제257조 제1항), 중상해죄는 1년 이상 10년 이하의 징역(제258조 제1항), 상해치사죄는 3년 이상의 유기징역(제259조), 폭행치상죄(제262조)는 상해죄와 같은 형으로 처벌하도록 규정되어 있다.

이 사건에서 이 사건 제2항을 적용하게 되면 운행 중인 운전자를 폭행하여 운전자에게 2주간의 치료를 요하는 상해를 입혔는데 상해치사죄와 같은 형으로 처벌하는 결과가 된다.

이에 이 사건 제2항의 적용 범위에 관하여, 이 사건과 같이 운전자 폭행의 직접 결과로 운전자에게만 상해가 발생한 경우에도 적용할 수 있는지, 아니면 운전자 폭행의 결과로 교통안전이나 시민에 대한 구체적 위험이 발생하고 실현되어 사람의 상해라는 결과가 발생한 경우에만 적용되는 것으로 한정하여 해석해야 하는지가 쟁점이다.

Ⅲ. 원심의 판단과 대상 판결의 의의

1. 원심의 판단

이 사건 제1, 2항은 운전자뿐 아니라 불특정 다수인에게 손해를 끼칠 위험이 크므로 엄중 처벌을 통해 교통질서를 확립하고 공공의 안전을 도모하려는 데 입법취지가 있고, 이는 위 조항의 입법연혁에서도 확인된다. 따라서 이 사건 제1항은 운전자에 대한 폭행 등이 일어난 경우 그 자체로 초래된 공공의 교통안전에 대한 추상적 위험을 고려하여 가중처벌하는 추상적 위험범이다. 그리고 이 사건 제2항은 그 위험 발생이 구체화·현실화된 경우, 즉 운전자에 대한 폭행 등이 교통사고 등 교통안전 및 시민의 안전에 직접적이고 구체적인 위험을 초래하여 사람의 사상이라는 결과로 실제 이어진 경우에 한하여 적용되는 구체적 위험범으로 보아야 한다.

그러므로 교통사고 등과 같이 구체적 위험을 초래하는 중간 매개원인이 유발되지 않고 직접적으로 운전자에 대한 상해의 결과만을 발생시킨 이 사건에서는 이 사건 제2항이 적용되지 않는다.

2. 대상판결의 의의

대법원은 법 해석의 기본원칙을 강조한 후, 법문의 통상적인 의미에 기초를 두고 입법 취지 등을 고려하여 볼 때 이 사건 제1항은 추상적 위험범에 해당하고, 제2항은 제1항의 죄에 대한 결과적 가중범 규정으로 해석할 수 있다고 판시하였다. 즉, 폭행으로 인해 운전자에게만 상해가 발생한 경우에도 이 사건 제2항이 적용될 수 있음을 명확히 한 것이다.

이 사건 제2항은 '제1항의 죄를 범하여 사람을 상해에 이르게 하는 것'을 구성요건으로 요구하고 있을 뿐이다. 그러므로 여기에 '교통사고 등과 같은 구체적인 위험을 초래하는 중간 원인이 발생할 것'을 요구하는 것은 새로운 구성요건을 추가하는 셈이 되므로, 문언의 통상적인 의미에 충실한 해석이 타당하다는 의미로 이해할 수 있다.

Ⅳ. 관련 문제

이 사건 제2항의 처벌 정도가 형벌체계상의 균형을 상실하여 평등원칙에 위배되는지 여부에 대한 헌법소원 사건에서, 헌법재판소 2015헌바336 전원재판부 결정이 2017. 11. 30. 선고되었다. 위 결정은 이 사건 제2항에 대하여, "'운행 중' 운전자를 폭행함으로써 운전자나 승객 또는 보행자 등의 안전을 위협할 수 있는 행위를 엄중 처벌함으로써 교통질서를 확립하고 시민의 안전을 도모할 목적으로 입법자가 징역형의 하한을 3년으로 정한 것이므로 법정형의 선택에 있어서 합리적인 이유를 발견할 수 있고, 별도의 작량감경이 없어도 행위자의 특별한 사정을 참작하여 법관이 집행유예를 선고할 수 있으므로 인간의 존엄과 가치를 훼손할 만큼의 가혹한 형벌이라고 볼 수 없다."고 하여 헌법상 평등원칙에 위배되지 않는다고 판단하여 합헌결정을 내렸다.

〔**참고문헌**〕 김영훈, "「특정범죄 가중처벌 등에 관한 법률」 제5조의10 제2항의 적용 범위", 대법원판례해설 [104](2015)

〔**필자: 황성욱 부장판사(대전지방법원)**〕

41 동일인 사업체들 사이에서 허위 세금계산서를 발급·수취한 경우 특정범죄 가중처벌 등에 관한 법률 제8조의2의 공급가액 합계액 산정 방법

【대상판결】 **대법원 2020. 2. 13. 선고 2019도12842 판결**

【사실관계】 피고인은 A 주식회사의 실운영자이고, B 주식회사의 대표이사이며, C 개인사업체의 대표자이다. 피고인은 B 주식회사의 매출이 감소하자 피고인 운영 위 각 업체들 간 삼각 구도로 상호 간 실물거래 없이 허위 세금계산서를 발급하는 등의 행위를 하였고, 검찰은 피고인에 대하여 허위 공급가액 합계액을 15,224,870,409원으로 하여 공소를 제기하였으나, 1심과 원심은 하나의 세금계산서에 대한 발급 및 수취 행위가 별개로 기소된 경우 발급 부분만을 유죄로 인정하고 수취 부분은 이유무죄로 판단하였다. 위 무죄 부분에 대한 공소사실은, 피고인은 영리를 목적으로 2017. 1. 31.경 A 주식회사 사무실에서 B 주식회사로부터 공급가액 135,100,000원의 허위 전자세금계산서 1장을 발급받은 것을 비롯하여 그때부터 2017. 12. 31.경까지 합계 6,755,236,000원 상당의 허위세금계산서 15장을 발급받았다는 것이다.

【판결요지】 구 조세범 처벌법(2018. 12. 31. 법률 제16108호로 개정되기 전의 것, 이하 같다) 제10조 제3항 제1호에 따르면, '재화 또는 용역을 공급하지 아니하거나 공급받지 아니하고 부가가치세법에 따른 세금계산서를 발급하거나 발급받은 행위'를 한 사람은 3년 이하의 징역 또는 그 세금계산서에 기재된 공급가액에 부가가치세의 세율을 적용하여 계산한 세액의 3배 이하에 상당하는 벌금에 처한다. 그런데 특정범죄 가중처벌 등에 관한 법률(이하 '특정범죄가중법'이라고 한다) 제8조의2는 영리를 목적으로 구 조세범 처벌법 제10조 제3항의 죄를 범한 사람은 세금계산서에 기재된 공급가액 등을 합산하여 그 합계액이 50억 원 이상인 경우에는 3년 이상의 유기징역에 처하고, 합계액이 30억 원 이상 50억 원 미만인 경우에는 1년 이상의 유기징역에 처하며, 합계액에 부가가치세의 세율을 적용하여 계산한 세액의 2배 이상 5배 이하의 벌금을 병과한다고 규정하고 있다. 이러한 가중처벌 규정이 특정범죄가중법에 별도로 마련된 이유는 세금계산서 수수질서를 확립하여 궁극적으로 근거과세와 공평과세를 실현하기 위한 것이다. 한편 부가가치세법은 부가가치세의 납세의무자를 '사업자'로 정하고, 사업자는 사업장마다 사업자등록을 하도록 하며, 납부세액의 계산에 관하여는 이른바 전단계세액공제법을 채택하고 있으므로(제3조, 제8조 제1항, 제37조), 세금계산서는 이를

발급하는 사업자와 발급받는 사업자 모두에게 부가가치세 과세자료가 된다. 이러한 부가가치세법 규정의 내용, 특정범죄가중법 제8조의2의 문언과 입법 취지, 구 조세범 처벌법 제10조 제3항 제1호가 세금계산서를 발급한 사람과 발급받은 사람을 모두 처벌하고 있는 점 등을 종합하여 보면, 피고인이 재화 또는 용역을 공급하는 사업자로서 허위 세금계산서를 발급하는 한편, 다른 별개의 사업자로서 실제로는 재화나 용역을 공급받지 않으면서 위 허위 세금계산서를 발급받은 경우, 특정범죄가중법 제8조의2 제1항 각 호 및 제2항에서 정한 공급가액 등의 합계액을 산정할 때에는 발급하는 사업자로서의 공급가액과 발급받는 사업자로서의 공급가액을 합산하는 것이 타당하다.

Ⅰ. 들어가는 말

조세범 처벌법 제10조 제3항의 가중처벌 규정인 특정범죄가중법 제8조의2가 적용되기 위해서는 실물거래 없이 발급 또는 수취된 세금계산서 등의 '공급가액 등의 합계액'이 30억 원 또는 50억 원 이상이어야 한다. 이와 같은 '공급가액 등의 합계액' 계산방법과 관련하여, 대법원은 조세범 처벌법 제10조 제3항의 각 위반행위가 영리를 목적으로 단일하고 계속된 범의 아래 일정기간 계속하여 행해지고 그 행위들 사이에 시간적·장소적 연관성이 있으며 범행의 방법 간에도 동일성이 인정되는 등 하나의 특정범죄가중법 제8조의2 제1항 위반행위로 평가될 수 있고, 그 행위들에 해당하는 문서에 기재된 공급가액 등을 모두 합산한 금액이 위 조항에 정한 금액에 해당하면, 그 행위들에 대하여 포괄하여 위 조항 위반의 1죄가 성립된다고 판시하였다(대법원 2018. 10. 25. 선고 2018도9810 판결, 공2018하, 2302). 또한 대법원은 조세범 처벌법의 죄수와 관련하여, 세 개의 사업체를 운영하는 자가 그 사업체들 사이에서 각 사업체를 대표하여 동일한 허위세금계산서를 수수한 행위는 사회 관념상 한 개의 행위로 평가함이 상당하므로 그 각 세금계산서를 교부함으로 인한 조세범 처벌법 위반죄와 이를 교부받음으로 인한 조세범 처벌법 위반죄는 상상적 경합의 관계에 있다고 판단하였다(대법원 2012. 10. 25. 선고 2012도7172 판결, 미간행).

대상판결의 쟁점은, 특정범죄가중법 제8조의2 '공급가액 등의 합계액' 관련하여, 동일인이 운영하는 사업체들 사이에서 허위세금계산서의 발급 및 수취시, 그 발급 부분의 공급가액과 그 수취 부분의 공급가액을 모두 합산하여야 하는지 여부이다. 위 대법원 2012도7172 판결의 취지에 따르면, 동일인에 의한 조세범 처벌법상 발급과 수취는 상상적 경합의 관계에 있어 발급죄 또는 수취죄에 정한 형으로 처벌하게 되는데, 특정범죄가중법 제8조의2와 관련하여서도 '공급가액 등의 합계액' 산정시에 발급죄 또는 수취죄 중 어느 하나의 공급가액만을 합산하면 되는 것인지 아니면 모두 합산하여야 하는지가 문제이다. 이는 특정범죄가중법 제8조의2의 적용 자체의 문제뿐만 아니라 벌금형 산정의 문제와도 바로 연결된다. 종래 하급심 실무에서는 합산설과 비합산설, 벌금형 범위 산정시 공제설 등 사이에 대립이 있었는바, 이하에서는 주된 견해인 합산설과 비합산설의 논거 및 그 당부를 상세히 살펴보도록 한다.

Ⅱ. 쟁점에 대한 견해의 대립

1. 비합산설

이 견해는 발급분과 수취분 중 하나만 합산하여야 한다는 견해이다. 특정범죄가중법 제8조의2가 적용되기 위해서는 그 전제로서 기본범죄인 조세범 처벌법 제10조 제3항으로 처벌될 수 있어야 하고, 여기서 처벌될 수 있다는 것은 조세범 처벌법 제10조 제3항의 구성요건을 충족할 뿐만 아니라 상상적 경합의 경우에는 상상적 경합으로 처벌받는 1개의 죄만 해당한다고 보아야 한다는 것이다. 동일인이 여러 개의 사업체를 운영하면서 그 사업체들 사이에서 허위의 세금계산서를 주고받았다면 범정이 더 무거운 하나의 행위로 처벌되고 이 경우 특정범죄가중법 제8조의2 소정의 조세범 처벌법 제10조 제3항의 죄를 범한 사람은 범정이 더 무거운 범행을 한 사람이므로, 범정이 더 무거운 부분의 공급가액을 합계한 금액을 기준으로 가중 처벌되어야 한다는 것이다. 또한 이 사건 사안에서 가공거래 1건당 세금계산서 1장이 발급되었을 뿐이므로 특정범죄가중법 제8조의2 제1항을 적용함에 있어서 실제 수수된 세금계산서 1장에 기재된 공급가액을 기준으로 범죄의 성립여부 및 벌금형의 범위를 정하여야지 그 행위가 관념상 세금계산서를 발급하는 행위와 발급받는 행위로 구분된다는 이유로 마치 2개의 세금계산서가 존재하는 것처럼 취급하여 그 세금계산서에 기재된 공급가액을 이중으로 계산하여 위 죄의 성립 여부와 벌금의 범위를 정하여서는 아니 된다는 것이다.

2. 합산설

이 견해는 발급분과 수취분 모두를 합산하여야 한다는 견해이다. 특정범죄가중법 제8조의2 제1항 및 조세범 처벌법 제10조 제3항 제1호의 문언상 허위세금계산서 발급 행위와 수취 행위는 별개의 범죄이고, 위 대법원 2012도7172 판결도 허위세금계산서의 수취와 발급이 별개의 조세범 처벌법 위반죄에 해당함을 전제로 하는 것인바, 동일인 운영 사업체들 사이의 발급 및 수취는 각 별도의 구성요건에 해당하므로 발급분과 수취분 모두 합산하는 것이 타당하다고 한다.

Ⅲ. 나오는 말

이 사건 제1심과 원심은 비합산설의 입장이었는데, 대상판결은 합산설을 채택하여 원심판결을 파기하였다. 동일인이 운영하는 두 개의 사업체들 사이에 1건의 가공거래에 관하여 허위의 세금계산서 1장이 발급 및 수취되었다고 하더라도 그 사람의 행위는 발급행위와 수취행위 모두를 한 것으로 2개의 법적 행위를 한 것이고, 수수된 허위 세금계산서가 1장이라고 하여 어느 하나의 행위가 이유무죄가 된다고 보기 어려울 뿐만 아니라 과연 발급분 또는 수취분 중 어느 행위를 이유무죄로 하여야 하는지 여부도 불명확하다. 비록 하나의 허위세금계산서에 대하여 공급가액의 두 배의 책임을 지게 되는 면은 있지만, 두 개의 범죄가 모두 성립하는 이상 합산설의 태도가 법문언상 타당하고 그것이 특정범죄가중법의 입법취지에 부합한다고 보인다. 이러한 합산설의 논거는 특정범죄가중법 제8조의2 제1항의 적용의 문제뿐만 아니라, 같은 조 제2항의 벌금액 산정의 측면에서도 마찬가지로 적용되어야 한다.

특정범죄가중법 제8조의2 제1항 및 제2항의 적용과 관련하여 하급심에서 합산설과 비합산설의 극명히 대립하고 있던 상황에서, 대법원이 합산설의 법리를 대상판결에서 처음으로 채택하였다는 점에서 대상판결의 의의를 찾을 수 있다.

〔**참고문헌**〕 이영진, "피고인 운영 사업체들 간 허위세금계산서 발급·수취시, 특정범죄 가중처벌법 등에 관한 법률 제8조의2 '세금계산서에 기재된 공급가액의 합계액'을 산정함에 있어서 발급분·수취분 각 공급가액을 합산할 것인지 여부" 대법원 판례해설 [124](2020)

〔**필자: 박정제 부장판사(서울중앙지방법원)**〕

42 사업자 등록을 하지 않은 자로부터 재화를 공급받고 세금계산서를 미수취한 자의 조세범처벌법위반 여부

【대상판결】 **대법원 2019. 6. 27. 선고 2018도14148 판결**

【사실관계】 피고인 甲은 2015. 7. 1.경부터 2016. 6. 28.경까지 공소외 A로부터 총 374회에 걸쳐 합계 약 62억 원 상당의 컴퓨터 부품(이하 '이 사건 물품'이라 한다)을 구입하면서 A와 통정하여 A 명의의 세금계산서를 발급받지 않았다.

그런데 A는 처음부터 부가가치세를 포탈하기 위해 자신 명의로는 사업자등록을 하지 않은 채 단기간 내에 허위 세금계산서를 발급하고 폐업할 이른바 '폭탄업체'를 설립하고자 공소외 B로부터 1심 공동피고인 乙 등의 명의대여자들을 소개받았다. A는 2014. 12.경부터 2015. 12.경까지 위 명의대여자들에게 약 4,500만 원씩 주고 명의를 차용하여 각 사업자등록을 마쳤고, 이후 등록된 폭탄업체들의 명의로 합계 약 62억 원 상당의 허위 신용카드매출전표 등을 발급한 다음 약 3 내지 7개월 만에 각 사업자등록을 폐지하였다.

【판결요지】 구 조세범 처벌법(2018. 12. 31. 법률 제16108호로 개정되기 전의 것, 이하 같다)은 '부가가치세법에 따라 세금계산서를 작성하여 발급하여야 할 자'가 세금계산서를 발급하지 아니한 행위(제10조 제1항 제1호)와 '부가가치세법에 따라 세금계산서를 발급받아야 할 자'가 공급자와 통정하여 세금계산서를 발급받지 아니한 행위(제10조 제2항 제1호)를 각 처벌하도록 정하고 있다. 이는 세금계산서 발급을 강제하여 거래를 양성화하고, 세금계산서를 발급하지 않거나 발급받지 않아 조세의 부과와 징수를 불가능하게 하거나 현저히 곤란하게 하는 것을 막고자 하는 취지이다.

한편 '세금계산서를 발급하여야 할 자'에 관하여, 구 부가가치세법(2013. 6. 7. 법률 제11873호로 전부 개정되기 전의 것)에서는 '납세의무자로 등록한 사업자'가 재화 또는 용역을 공급하는 경우에는 세금계산서를 발급하여야 한다고 규정하고 있다가(제16조 제1항), 위 법률 제11873호로 전부 개정되어 2013. 7. 1. 시행된 부가가치세법에서는 '납세의무자로 등록한 사업자'가 '사업자'로 개정되었다(제32조 제1항). 여기서 '사업자'란 부가가치세법상 사업자등록 여부를 불문하고 사업 목적이 영리이든 비영리이든 관계없이 사업상 독립적으로 재화 또는 용역을 공급하는 자를 말한다(개정된 부가가치세법 제2조 제3호).

이와 같은 관련 규정의 체계와 입법 취지 및 개정된 부가가치세법의 문언 내용 등에 비추어 보면, 개정된 부가가치세법이 시행된 2013. 7. 1. 이후에 재화 또는 용역을 공급한 '사업자'는 부가가치세법에 따른 사업자등록을 하였는지와 상관없이 구 조세범 처벌법 제10조 제1항 제1호의 '부가가치세법에 따라 세금계산서를 작성하여 발급하여야 할 자'에 해당한다. 다만 위에서 '사업자'는 일반과세자를 말하므로 간이과세자 및 면세사업자는 이에 해당하지 않고, 일반과세자도 세금계산서 발급의무가 면제되는 경우(부가가치세법 제33조)와 영수증 발급대상인 경우(같은 법 제36조)에는 구 조세범 처벌법 제10조 제1항 제1호의 '부가가치세법에 따라 세금계산서를 작성하여 발급하여야 할 자'에 해당하지 않는다.

【해설】

I. 들어가는 말

대상판결의 쟁점은 '부가가치세법상 사업자 등록을 하지 않은' 재화 공급자로부터 재화를 공급받고도 세금계산서를 발급받지 않은 경우에 구 조세범 처벌법 제10조 제2항 제1호(세금계산서 미수취죄)로 처벌할 수 있느냐는 것이다. 즉, 다른 사람 명의로 사업자 등록을 하여 자신 명의로 사업자 등록을 하지 않은 재화 공급자로부터 재화를 공급받고 세금계산서를 수취하지 않으면 구 조세범 처벌법 제10조 제2항 제1호로 처벌받느냐는 것이다.

피고인 甲에게 구 조세범 처벌법 제10조 제2항 제1호 위반죄가 성립하려면 이 사건 물품의 실제 공급자인 A에게 구 조세범 처벌법 제10조 제1항 제1항 위반죄(세금계산서 미발급죄)가 성립하여야 한다.

이와 관련하여 부가가치세법 개정 과정을 살펴볼 필요가 있다. 구 부가가치세법(2013. 6. 7. 법률 제11873호로 전부 개정되기 전의 것, 이하 '개정 전 부가가치세법'이라 한다) 제16조 제1항에서는 '납세의무자로 등록한 사업자'가 '재화 또는 용역을 공급하는 경우에는 세금계산서를 발급하여야 한다.'는 취지로 규정하고 있었는데 2013. 6. 7. 법률 제11873호로 개정되고 2013. 7. 1. 시행된 부가가치세법(이하 '개정 후 부가가치세법'이라 한다)에서는 세금계산서를 발급하여야 하는 주체가 '납세의무자로 등록한 사업자'에서 '사업자'로 개정되었다.

위와 같은 부가가치세법 개정과 관련하여 '사업자등록을 하지 않은 공급자'를 구 조세범 처벌법 제10조 제1항으로 처벌할 수 있는지가 이 사건의 쟁점이다.

II. 견해 대립의 상정

1. 미등록사업자 불포함설

이는 기존 대법원 판례인 대법원 1999. 7. 13. 선고 99도2168 판결의 입장이다. 위 판결은

'부가가치세법상 사업자로 등록된 사람'만이 실제로 재화나 용역을 공급하여 구체적으로 세금계산서를 작성하여 교부하여야 할 의무를 부담하므로 그러한 자만이 구 조세범 처벌법 제10조 제1항 제1호의 세금계산서 미발급죄의 주체가 된다고 보아 일종의 신분범으로 보았다.

위 판례에 따른다면 대상판결에서 피고인 甲은 부가가치세법상 사업자로 등록되지 않은 재화 공급자 A로부터 이 사건 물품을 공급받았으므로 구 조세범 처벌법 제10조 제2항 제1호로 처벌받지 않게 된다.

2. 미등록사업자 포함설

개정 후 부가가치세법은 세금계산서를 발급하여야 하는 주체를 '납세의무자로 등록한 사업자'에서 '사업자'로 개정하였으므로, 구 조세범 처벌법 제10조 제1항 소정의 '부가가치세법에 따라 세금계산서를 작성하여 발급하여야 하는 자'에는 '미등록사업자'도 포함된다는 견해이다.

이에 따른다면 대상판결에서 피고인 甲은 구 조세범 처벌법 제10조 제2항 제1호로 처벌받게 된다.

Ⅲ. 나오는 말

2013. 7. 1. 시행된 개정 후 부가가치세법은 종전과 달리 세금계산서를 발급하여야 할 주체를 사업자등록 유무와는 관련 없이 모든 '사업자'로 개정하였으므로 법문에 맞게 위 '미등록사업자 포함설'이 타당하다고 할 것이다. 종전 판례는 '사업자등록을 한 사업자가 재화 공급 후 제3자 명의로 세금계산서를 처벌한 경우'는 처벌하고 '사업자등록을 하지 않은 사업자가 재화 공급 후 제3자 명의로 세금계산서를 처벌한 경우'는 처벌하지 않았는데 이는 형평에 어긋났다. 즉 후자가 형사 처벌의 필요성이 더 큼에도 이를 처벌하지 않은 불합리가 있었다. 대상판결은 위 종전 판례의 불합리를 개선한 것으로 타당하다.

대상판결에 대하여는 사업자등록을 하지 않으면 세금계산서를 현실적으로 발급하지 못하므로 이는 자기책임의 원칙에 어긋나는 것이 아니냐는 반론이 있을 수 있다. 그러나 사업자등록을 하지 않은 자는 스스로 그러한 상황을 초래한 것이므로 이러한 자를 구 조세범 처벌법으로 처벌하는 것을 두고 자기책임의 원칙에 어긋난다고 보기는 어려울 것이다.

〔**참고문헌**〕 이정원, "2019년 조세 분야 주요 판례", 특별법연구 제17권(2020); 이용호, "미등록 사업자로부터 세금계산서를 발급받지 않은 경우 조세범 처벌법 제10조 제2항 제1호 위반죄가 성립하는지 여부", 대법원판례해설 [120](2019)

〔**필자: 김세현 부장판사(부산지방법원 서부지원)**〕

43 특정범죄 가중처벌 등에 관한 법률 제8조의2 제1항 '공급가액 등 합계액'의 산정

【대상판결】 **대법원 2017. 12. 28. 선고 2017도11628 판결**

【사실관계】 피고인은 재화 또는 용역을 공급한 사실이 없음에도 (1) 2015. 2. 3.경부터 2015. 11. 30.경까지 52회에 걸쳐 공급가액 합계 2,692,127,726원(=2015년 1기 허위 세금계산서 11장 공급가액 합계 407,741,818원+2015년 2기 허위 전자세금계산서 41장 공급가액 합계 2,284,385,908원)의 세금계산서를 발급하고, (2) 2015년 1기 부가가치세 확정신고를 하면서 공급가액 합계 407,741,818원(=허위 세금계산서 1장 공급가액 18,181,818원+허위 전자세금계산서 10장 공급가액 합계 389,560,000원)을 공급한 것처럼 매출처별 세금계산서합계표를 기재하여 제출하고, (3) 2015년 2기 부가가치세 확정신고를 하면서 공급가액 합계 392,425,908원(허위 전자세금계산서 41장 중 17장의 공급가액 합계)을 공급한 것처럼 매출처별 세금계산서합계표를 기재하여 제출하였다. 한편 전자세금계산서 발급분에 대해서는 기한 내에 국세청장에게 그 발급명세를 전송하였다.

【판결요지】

1. 동일한 거래에 대한 허위 세금계산서 발급·수취행위와 허위의 매출·매입처별 세금계산서합계표 제출행위는 서로 구별되는 별개의 행위로서 특정범죄 가중처벌 등에 관한 법률 제8조의2에 따라 가중처벌을 하기 위한 기준인 공급가액 등의 합계액을 산정할 때에 별도로 산정된 각 공급가액을 합산하는 것이 타당하다.
2. 세금계산서합계표를 제출할 필요가 없는 전자세금계산서 발급분에 관하여 세금계산서합계표를 제출하였더라도 부가가치세법에 따른 세금계산서합계표를 기재하여 제출한 것으로 평가하기는 어렵고, 그 부분 거래가 허위로 발급된 전자세금계산서에 관한 것이라도 조세범 처벌법 제10조 제3항 3호의 위반행위에 해당한다고 볼 수 없다.

【해설】

Ⅰ. 들어가는 말

대상판결의 쟁점은 ① 동일한 거래에 대한 허위 세금계산서상의 공급가액과 허위의 매출·매입처별 세금계산서합계표상의 공급가액을 별도로 산정 후 합산해서 특정범죄 가중처벌 등에 관한 법률(이하 '특정범죄가중법'이라 한다) 제8조의2 적용 여부를 판단하여야 하는지,

② 세금계산서합계표를 제출할 필요가 없는 전자세금계산서 발급분에 관하여 세금계산서합계표를 제출하였으나, 그 부분 거래가 허위로 발급된 전자세금계산서에 관한 것인 경우, 조세범 처벌법 제10조 제3항 제3호의 부가가치세법에 따른 매출·매입처별 세금계산서합계표를 거짓으로 기재하여 정부에 제출한 행위에 해당하는지 이다.

Ⅱ. 동일한 거래에 대한 허위 세금계산서상의 공급가액 및 세금계산서합계표상의 공급가액을 별도로 산정 후 합산해서 특정범죄가중법 제8조의2를 적용해야 하는지(쟁점①)

1. 의의

조세범 처벌법 제10조 제3항은 재화 또는 용역을 공급하지 아니하거나 공급받지 아니하고 부가가치세법에 따른 세금계산서를 발급하거나 발급받은 행위(제1호)와 부가가치세법에 따른 매출·매입처별 세금계산서합계표를 거짓으로 기재하여 제출하는 행위(제3호)를 한 자를 각 3년 이하의 징역 등에 처하도록 규정하고 있다. 한편 특정범죄가중법 제8조의2 제1항은 영리를 목적으로 조세범 처벌법 제10조 제3항 각 호의 죄를 범한 사람에 대하여 세금계산서에 기재된 공급가액이나 매출·매입처별 세금계산서합계표에 기재된 매출·매입금액의 합계액(이하 '공급가액 등 합계액'이라 한다)이 50억 원 이상인 경우에는 3년 이상의 유기징역으로(제1호), 합계액이 30억 원 이상 50억 원 미만인 경우에는 1년 이상의 유기징역으로(제2호) 가중처벌함과 동시에 벌금을 필요적으로 병과하도록 하고 있다.

2. 견해의 대립

동일 거래행위를 대상으로 허위의 세금계산서를 발급·수취하고 세금계산서합계표를 제출한 경우, ① 각 문서의 공급가액을 모두 합산하여 특정범죄가중법의 적용 여부를 판단하여야 한다는 견해와 ② 세금계산서합계표상의 공급가액은 세금계산서상의 공급가액에 흡수된 것으로 보아 세금계산서상의 공급가액만을 기준으로 특정범죄가중법 적용 여부를 판단하여야 한다는 견해가 있다.

3. 대법원의 태도

조세범 처벌법 제10조 제3항 각 호의 행위는 각 문서별로 1개의 죄가 성립하나(대법원 2006. 10. 26. 선고 2006도5147 판결; 대법원 2009. 8. 20. 선고 2008도9634 판결 등 참조), 조세범 처벌법 제10조 제3항의 각 호의 행위가 영리를 목적으로 단일하고 계속된 범의 아래 일정 기간 계속하여 행하여지고 행위들 사이에 시간적·장소적 연관성이 있으며 범행의 방법 간에도 동일성이 인정되는 등 하나의 법률조항 위반행위로 평가될 수 있고, 그 행위들에 해당하는 문서에 기재된 공급가액을 모두 합산한 금액이 특정범죄가중법에서 정한 금액에 해당하면, 그 행위들은 포괄하여 특정범죄가중법 위반의 1죄가 될 수 있다(대법원 2015. 6. 23. 선고 2015도2207 판결; 대법원 2018. 10. 25. 선고 2018도9810 판결 등 참조). 각 문서가 동일한 유형인 경우(대법원 2010. 5. 13. 선고 2010도336 판결; 대법원 2011. 1. 27. 선고 2010도12758 판결 등 참조)는 물론 동일하지 않은 유형인 경우(대법원 2011. 9. 29. 선고 2009도3355 판결 등 참조)에도 각 문서에 기재된 공급가액 등을 합산할 수 있다.

Ⅲ. 허위 전자세금계산서 발급분에 관한 세금계산서합계표 제출행위가 조세범 처벌법 제10조 제3항 제3호에 해당하는지(쟁점②)

1. 의의

사업자는 세금계산서를 발급·수취한 경우 매출·매입처별 세금계산서합계표를 제출해야 하나(부가가치세법 제54조 제1항), 일정 기한 내에 전자세금계산서 발급명세를 국세청장에게 전송한 경우에는 위 세금계산서합계표를 제출하지 않을 수 있다(부가가치세법 제54조 제2항). 일정 기한 내에 전자세금계산서 발급명세를 전송하지 않더라도 그 발급명세 미전송으로 인한 가산세가 부과될 뿐 세금계산서합계표 미제출로 인한 가산세가 부과되지 않는다(부가가치세법 제60조 제2항, 제9항).

2. 견해의 대립

허위 전자세금계산서와 관련하여 허위 세금계산서합계표를 작성·제출하는 행위를 조세범 처벌법 제10조 제3항 제3호 위반행위로 처벌할 수 있을지와 관련하여 ① 위반행위에 해당한다는 견해, ② 위반행위에 해당하지 않는다는 견해, ③ 기한 내에 발급명세를 전송한 경우에는 위반행위에 해당하지 않는다는 견해가 있을 수 있다.

3. 대법원의 견해

과다한 납세협력비용 및 행정비용을 절감하기 위해 전자세금계산서 제도를 도입한 점, 발급명세가 전송된 전자세금계산서 발급분에 대하여 세금계산서합계표 제출의무가 면제된 점, 국세청장에게 발급명세를 전송한 전자세금계산서 발급분에 대하여는 필수적 기재사항인 매출·매입처별 명세가 세금계산서합계표에 기재되지 않도록 규정하고 있는 점 등을 종합할 때, 세금계산서합계표를 제출할 필요가 없는 전자세금계산서 발급분에 관하여 세금계산서합계표를 제출하였다고 하더라도 부가가치세법에 따른 세금계산서합계표를 기재하여 제출한 것으로 평가하기는 어려워 조세범 처벌법 제10조 제3항 제3호의 위반행위에 해당한다고 볼 수 없다(대법원 2017. 12. 28. 선고 2017도11628 판결 참조).

Ⅳ. 나오는 말

특정범죄가중법 제8조의2 제1항의 공급가액 등의 합계 산정에 관한 현재까지 대법원의 판결을 정리하면, 다음과 같다. ① 조세범 처벌법 제10조 제3항 각 호의 행위는 각 문서별로 1개의 죄가 성립한다. ② 하나의 법률조항 위반행위로 평가할 수 있는 일련의 행위들에 대해서는 문서의 종류를 불문하고 각 문서에 기재된 공급가액 등을 합산한 금액이 일정 이상에 해당하는 경우 특정범죄가중법 제8조의2 위반의 1죄가 된다. ③ 다만, 일정 기한 내에 발급명세를 국세청장에게 전송한 허위 전자세금계산서와 관련하여 허위 세금계산서합계표를 작성·제출하였다고 하더라도 조세범 처벌법 제10조 제3항 제3호에 해당하지 않으므로, 위 세금계산서합계표에 기재된 공급가액 등을 허위 전자세금계산서 등에 기재된 공급가액 등에 합산하여 특정범죄가중법 제8조의2 적용 여부를 판단하여서는 안 된다.

대상판결의 사안은 일정 기한 내에 국세청장에게 발급명세를 전송해서 세금계산서합계표 제출의무가 면제된 경우이다. 이와 달리 일정 기한 내에 국세청장에게 발급명세를 전송하지 않고 세금계산서합계표를 제출한 행위도 조세범 처벌법 제10조 제3항 제3호 위반행위에 해당하지 않을지 여부에 관하여는 추가 검토가 필요할 것으로 보인다.

〔**참고문헌**〕 신종열, “구 특정범죄 가중처벌 등에 관한 법률 제8조의2 제1항 소정의 ‘공급가액 등의 합계액’의 의미”, 대법원판례해설 [90](2012); 하태한, “동일한 가공거래 또는 전자세금계산서 발급분인 경우 특정범죄 가중처벌 등에 관한 법률 제8조의2 제1항 적용 요건으로서 “공급가액 등의 합계액” 산정 대상 및 방법“, 대법원판례해설 [114](2018)

〔**필자: 윤준석 판사(창원지방법원 통영지원)**〕

제4장

특정경제범죄 가중처벌 등에 관한 법률

44 물적 부담 있는 부동산 편취의 이득액

【대상판결】 **대법원 2007. 4. 19. 선고 2005도7288 전원합의체 판결**

【사실관계】 피고인은 피해자들이 빌라의 신축공사를 진행하려 하였으나 자금부족으로 공사를 중단한 것을 알고, 신축공사를 진행할 자금력이 없을 뿐만 아니라 OO은행과 대지를 담보로 한 대출약속도 없었다. 그럼에도 피고인은 피해자들로부터 대지를 16억 4,600만 원에 매수하기로 약정하면서, 피해자들에게 대지의 소유권을 일단 넘겨주면 이미 대출약속을 받은 OO은행에 이를 담보로 제공하여 기존의 근저당채무 등 12억 2,600만 원을 해결해 주고, 잔금 4억 2천만 원 중 2억 2천만 원은 계약 당일부터 4회에 걸쳐 지급하고, 나머지 2억 원은 나중에 다른 2층 상가로 대물변제하여 주겠다고 거짓말하여, 이에 속은 피해자들로부터 소유권이전등기에 필요한 서류를 넘겨받아 소유권이전등기를 경료하였다. 피고인은 등기경료한 대지에 채권최고액 5억 2천만 원의 근저당권을 설정하고 사채업자에게 5억 원을 빌려 피고인의 다른 채무변제에 사용하고, OO은행에 대출을 받지도 않고 인수하기로 한 기존채무를 변제하지도 않고, 건축공사도 진행하지 못하여 결국 대지는 기존 근저당권자의 임의경매신청으로 경매개시되었다. 이에 피고인은 16억 4,600만 원 상당의 대지를 편취한 혐의로 특경법위반죄(제3조)로 기소되었다.

제1심법원은 기소된 전체 피해액수에 대하여 유죄를 선고하였으나, 항소심법원은 검사의 공소장변경신청(대지 시가 16억 4,600만 원에서 근저당권 채권최고액인 10억 2,000만 원을 공제한 6억 2,600만 원을 피해금액으로 축소)을 허가하고, 감축된 피해액 역시 특경법위반죄에 해당한다고 보아 제1심의 유죄판결을 유지하였다. 이에 대하여 피고인이 상고하였고 대법원은 피고인의 상고를 기각하였다.

【판결요지】

1. 다수의견

(1) 형법 제347조의 사기죄는 사람을 기망하여 재물의 교부를 받거나 재산상의 이익을 취득하거나 제3자로 하여금 재물의 교부를 받게 하거나 재산상의 이익을 취득하게 함으로써 성립하고, 그 교부받은 재물이나 재산상 이익의 가액이 얼마인지는 문제되지 아니하는 데 비하여, 사기로 인한 특경법 위반죄에 있어서는 편취한 재물이나 재산상 이익의 가액이 5억 원 이상 또는 50억 원 이상이라는 것이 범죄구성요건의 일부로 되어 있고 그 가액에 따라 그 죄에 대한 형벌도 가중되어 있으므로, 이를 적용함에 있어서는 편취한 재물이나 재산상

이익의 가액을 엄격하고 신중하게 산정함으로써, 범죄와 형벌 사이에 적정한 균형이 이루어져야 한다는 죄형균형 원칙이나 형벌은 책임에 기초하고 그 책임에 비례하여야 한다는 책임주의 원칙이 훼손되지 않도록 유의하여야 한다.

(2) 따라서 부동산을 편취한 경우에 특경법 제3조의 적용을 전제로 하여 그 부동산의 가액을 산정함에 있어서는, 그 부동산에 아무런 부담이 없는 때에는 그 부동산의 시가 상당액이 곧 그 가액이라고 볼 것이지만, 그 부동산에 근저당권설정등기가 경료되어 있거나 압류 또는 가압류 등이 이루어져 있는 때에는 특별한 사정이 없는 한 아무런 부담이 없는 상태에서의 그 부동산의 시가 상당액에서 근저당권의 채권최고액 범위 내에서의 피담보채권액, 압류에 걸린 집행채권액, 가압류에 걸린 청구금액 범위 내에서의 피보전채권액 등을 뺀 실제의 교환가치를 그 부동산의 가액으로 보아야 한다.

2. 별개의견

(1) 특경법 제3조의 적용을 전제로 한 부동산의 가액도 통상적으로 사용되는 재물의 시장가치 즉 아무런 부담이 없는 상태에서의 그 부동산의 객관적인 시가 상당액을 뜻한다고 보는 것이 문언에 충실한 해석이다.

(2) 다수의견에 의하면 편취 당시의 근저당권 피담보채무 등이 사후에 채무자의 변제 등을 통해 소멸하는 경우 부동산의 실제 교환가치가 증가하게 되는데 이러한 편취 이후 사정에 따라 적용법조를 달리하여야 할 것인지 문제가 되고, 공동담보가 설정되거나 하나의 압류·가압류의 대상이 된 수개의 부동산들 중 일부를 편취한 경우와 근저당권 이외의 담보물권 또는 용익물권, 대항력 있는 임차권 등이 있는 경우 그 공제의 범위를 어느 정도까지로 한정할 것인지에 관해서 명확한 기준을 제시하기 어려우므로, 명확성 원칙에 반하고 형사절차에서 혼란을 가져오는 것이어서 적절하지 않다.

【해설】

Ⅰ. 들어가는 말

특경법 제3조는 「형법」 제347조(사기) 등의 죄를 범한 사람은 그 범죄행위로 인하여 취득하거나 제3자로 하여금 취득하게 한 재물 또는 재산상 이익의 가액(소위 이득액)이 5억 원 이상일 때에는 가중처벌한다. 즉, 이득액이 50억 원 이상일 때에는 무기 또는 5년 이상의 징역으로, 이득액이 5억 원 이상 50억 원 미만일 때에는 3년 이상의 유기징역으로 하고, 이득액 이하에 상당하는 벌금을 병과할 수 있다. 따라서 사기죄와 같은 특정 재산범죄의 경우 그 이득액에 따라 법정형이 달라지기 때문에 대상판결의 사실관계에서 그 이득액에 대한 확정이 필요하다.

Ⅱ. 특경법 제3조의 위헌가능성

1. 명확성의 원칙 위배 여부

본조는 이득액의 평가에 관하여 아무런 기준을 두지 않아 형식적 이득액을 의미하는지 실질적 이득액을 의미하는지 불명확하므로 죄형법정주의 명확성원칙에 위배된다고 주장할 수 있다. 그러나 본죄의 '재물'의 교부나 '재산상 이익'의 취득은 사기죄(형법 제347조)에서도 이를 구성요건으로 하는 것으로서, 건전한 상식과 통상적인 법감정을 가진 일반인이라면 무엇이 금지된 행위인지를 충분히 알 수 있고, 그 가액에 따라 본 조항에 해당하는지 여부는 구체적 사건에서 법관의 합리적인 해석에 의하여 판단될 수 있으므로 본조는 명확성원칙에 위배된다고 볼 수 없다(헌법재판소 2016. 3. 31. 선고 2016헌바25 결정).

2. 비례의 원칙 위배 여부

본조는 '이득액'만을 기준으로 처벌의 정도를 달리함으로써 수많은 양형인자 가운데 법익침해라는 불법요소만 지나치게 강조하고 있으며, 범죄의 가액만을 기준으로 차등적으로 처벌하다 보니 그 범죄가 포괄일죄인지 또는 경합범인지에 따라 법정형에 현저한 차이가 나게 되어 처벌의 불균형이 심해지고, 그 법정형이 사람의 생명이나 신체를 침해하는 범죄의 법정형과 비슷하여 형벌체계상의 불균형을 초래한다는 점에서 비례원칙에 위배된다고 주장할 수 있다.

그러나 경제범죄가 대형화·조직화·지능화되고 피해규모가 커지고 있는 상황에서 이득액에 따라 단계적으로 가중처벌하는 것은 입법목적의 정당성이 인정된다. 또한 이득액에 따른 가중처벌규정은 일반예방 및 법적 안정성에 기여할 수 있고, 법원의 양형편차를 줄여 사법에 대한 신뢰를 제고할 수도 있다. 그리고 재산범죄에서 이득액은 법익침해라는 결과불법의 핵심요소이므로 이에 따른 가중처벌은 합리적 이유가 있으며, 형법 제53조에 따라 집행유예의 선고도 가능하므로 본조가 책임에 비해 형벌이 지나치게 가혹하다고 보기 어려우므로 비례원칙에 위배된다고 볼 수 없다(헌법재판소 2001. 3. 21. 선고 99헌바7 결정; 헌법재판소 2016. 3. 31. 선고 2016헌바25 결정).

Ⅲ. 이득액의 산정

'이득액'이란 범죄행위로 인하여 취득하거나 제3자로 하여금 취득하게 한 불법영득의 대상이 된 재물이나 재산상 이익의 가액의 합계인 것이지 궁극적으로 그와 같은 이득을 실현할 것인지, 거기에 어떠한 조건이나 부담이 붙었는지 여부는 영향이 없다(대법원 1990. 10. 16. 선고 90도1815 판결). 따라서 부동산의 가액을 산정할 경우, 그 부동산에 아무런 부담이 없는 때에는 그 부동산의 시가 상당액이 곧 그 가액이라고 볼 수 있다. 그러나 부동산에 근저당권설정등기가 경료되어 있거나 압류 또는 가압류 등이 이루어져 있는 때에는 특별한 사정이 없는 한 아무런 부담이 없는 상태에서의 부동산의 시가 상당액에서 근저당권의 채권최고액 범위 내에서의 피담보채권액, 압류에 걸린 집행채권액, 가압류에 걸린 청구금액 범위 내에서의 피보전채권액 등을 뺀 실제의 교환가치를 부동산의 가액으로 보아야 한다. '이득액'은 범죄구성요건의 일부로 되어 있고 그 가액에 따라 가중처벌하도록 규정되어 있으므로, 부동산의 실제 객관적 교환가치를 이득액으로 판단하는 대상판결의 태도는 적절하다. 횡령과 관련한 판결에서도 피해자를 위하여 보관하고 있는 부동산에 제3자에게 근저당권을 설정해 주는 방법으로 횡령하는 경우 이득액은 부동산 시가 상당액이 아니라, 부동산을 담보로 제공한 피담보채무액 또는 채권최고액이라고 판단하는 입장(대법원 2013. 5. 9. 선고 2013도2857 판결)도 동일한 취지이다.

Ⅳ. 나오는 말

부동산의 이득액 산정은 아무런 부담이 없는 상태에서의 그 부동산의 시가 상당액에서 근저당권의 채권최고액 범위 내에서의 피담보채권액, 압류에 걸린 집행채권액, 가압류에 걸린 청구금액 범위 내에서의 피보전채권액 등을 뺀 실제의 교환가치를 그 부동산의 가액으로 보아야 한다. 따라서 대상판결에서 피고인이 편취한 이득액은 대지의 시가(16억 4,600만 원)에서 근저당권의 피담보채권액(12억 2,600만 원)이 아닌 채권최고액(10억 2,000만 원)을 공제한 6억 2,600만 원이다.

〔**참고문헌**〕 박길성, "부동산을 편취한 경우에 특정경제범죄 가중처벌 등에 관한 법률 제3조의 적용을 전제로 그 부동산의 가액을 산정함에 있어 부동산의 시가 상당액에서 근저당권 등에 의한 부담에 상당하는 금액을 공제하여야 하는지 여부(적극)", 대법원 판례해설 [70[(2007); 손동권, "배임 경영자에게 적용되는 업무상 배임죄의 구성요건요소로서의 재산상 손해와 이익(이득액)", 형사판례연구 24(2016)

〔**필자: 전지연 교수(연세대)**〕

45 투자사기와 이득액의 산정

【대상판결】 **대법원 2006. 5. 26. 선고 2006도1614 판결**

【사실관계】 피고인은 2002. 3. 초경 동생 공소외 1과 가전제품 및 상품권 판매수익금을 미끼로 투자금을 유치하여 이를 편취하기로 공모하고, 2002. 3. 22. 서울 강남구 청담동에 있는 사무실에서, 사실은 투자금을 받더라도 원금 및 수익금을 제대로 지불하여 줄 의사나 능력이 없음에도 불구하고, 공소외 1은 피해자에게 "가전제품이나 상품권을 대량으로 구입하여 판매하면 높은 수익금이 발생하니 투자해라. 월 5~8%의 수익금을 줄 수 있다."고 거짓말하여, 이에 속은 피해자로부터 그 무렵 투자금 명목으로 15,000,000원을 피고인 명의의 우리은행 계좌로 송금받은 것을 비롯하여, 그 때부터 2003. 12. 31.까지 위와 같은 방법으로 피해자 등 11명으로부터 133회에 걸쳐 투자금 명목으로 합계 7,001,320,000원을 각 교부받아(이 과정에서 피고인은 투자금 사기 피해자들로부터 투자금을 교부받은 후 약정된 투자원리금을 피해자들에게 실제로 반환하였다가 다시 그 돈을 재투자받는 방식으로 투자금을 수수한 사실이 있다) 이를 편취하였다.

【판결요지】 사기죄는 기망으로 인한 재물의 교부가 있으면 바로 성립하고, 특정경제범죄 가중처벌 등에 관한 법률(이하 '특경법'이라고 한다) 제3조 제1항 소정의 '이득액'이란 거기에 열거된 범죄행위로 인하여 취득하거나 제3자로 하여금 취득하게 한 불법영득의 대상이 된 재물이나 재산상 이익의 가액 합계이지 궁극적으로 그와 같은 이득이 실현되었는지 여부는 영향이 없는 것이다. 따라서 피고인이 원금 및 수익금을 제대로 지불하여 줄 의사나 능력 없이 피해자들로부터 투자금을 교부받아 이를 편취하였다면 그 투자금을 교부받을 때마다 각별로 사기죄가 성립하는 것이므로, 교부받은 투자금을 피해자들에게 반환하였다가 다시 그 돈을 재투자받는 방식으로 계속적으로 투자금을 수수하였다면 그 각 편취범행으로 교부받은 투자금의 합계액이 특경법 제3조 제1항 소정의 이득액이 되는 것이지, 반환한 원금 및 수익금을 공제하여 이득액을 산정해야 하는 것은 아니다.

【해설】

Ⅰ. 들어가는 말

특정경제범죄 가중처벌 등에 관한 법률(이하, '특경법'이라 한다) 제3조 제1항은 형법상 사기

(제347조 및 제347조의2)와 공갈(제350조 및 제350조의2)(상습범 포함), 횡령과 배임(제355조 및 제356조)의 죄를 범한 사람이 그 범죄행위로 인하여 취득하거나 제3자로 하여금 취득하게 한 재물 또는 재산상 이익의 가액(이하 '이득액'이라 한다)이 5억 원 이상일 때에는 이득액의 규모에 따라 가중처벌하도록 하고 있다. 구체적으로 이득액이 5억 이상, 50억 미만일 경우에는 3년 이상의 유기징역형에, 이득액이 50억 원 이상일 경우에는 무기 또는 5년 이상의 징역형에 처하며, 이득액 이하에 상당하는 벌금을 병과할 수 있다. 이와 같이 특경법은 특정 재산범죄의 경우 범죄행위의 이득액을 기준으로 가중처벌하는 규정을 두고 있기 때문에 특경법의 적용에 있어서는 범죄행위의 이득액이 일종의 구성요건이 되는 것이고, 따라서 이득액의 산정기준은 특경법의 구성요건 해석기준이 되는 중요한 문제가 된다. 이 사안은 피해자로부터 연속적으로 투자금을 수수하면서도 중간에 투자금을 반환하였다가 다시 재투자를 받는 방식으로 이루어진 투자사기의 사례로, 이 경우 이득액의 산정기준이 투자받은 원리금의 합계액이 되는 것인지, 반환한 원리금은 공제한 실제 이득액이 되는 것인지가 쟁점이 된다.

Ⅱ. 연속적 방식의 투자사기와 이득액의 산정방식

1. 특경법의 적용을 위한 이득액 산정의 기본원칙

특경법 제3조의 적용에 있어서는 이득액이 범죄구성요건의 일부가 됨은 전술한 바와 같다. 특경법 제3조 적용을 위한 이득액 산정의 기본원칙은 우선 죄수관계에서 보자면, 단순일죄의 이득액이나 포괄일죄가 성립하는 경우의 이득액의 합산액을 의미한다. 즉, 이득액은 단순일죄이거나 포괄일죄에 해당하는 경우에는 전체 이득액을 합한 금액이 특경법 제3조의 이득액이 되지만, 수개의 편취행위가 각각 별개의 사기죄를 구성하는 실체적 경합일 경우에는 경합범으로 처벌될 수 죄의 각 이득액을 합한 금액을 의미하는 것이 아니라 각각의 개별적인 이득액이 특경법 제3조의 적용기준이 되어야 한다. 예컨대 수인의 피해자에 대하여 각별로 기망행위를 하여 각각 재물을 편취한 경우에는 범의가 단일하고 범행방법이 동일하더라도 각 피해자의 피해법익은 독립한 것이므로 이를 포괄일죄로 파악할 수 없고 피해자별로 독립한 사기죄가 성립된다. 이 경우 수개의 사기범행이 사기의 포괄일죄가 되는지 또는 경합범이 되는지는 형법상의 일반죄수론의 원칙에 따라 결정되어야 한다.

2. 연속적 방식의 투자사기의 유형에 따른 이득액 산정기준

이 사안의 경우와 같이 한 명의 피해자에게 단일한 기망행위를 통해 연속적으로 투자금을 교부받는 방식으로 투자사기범행을 하는 경우에는 대법원은 그러한 연속적 투자금 수수행위가 죄수론의 원칙에 따라 각각 개별적인 사기행위로 평가되는지의 여부에 따라 이득액의 산정방식이 다르게 된다는 입장이다. 즉, 연속적 투자금 수수행위의 과정이 최초 투자금에 대해 현실적으로 반환함이 없이 투자계약의 내용을 갱신하는 방식으로 이루어진 경우(대법원 2000. 11. 10. 선고 2000도3483 판결)에는 "피해자를 기망하여 편취한 재물의 반환을 회피할 목적으로 현실적인 자금의 수수 없이 기존 차입원리금을 새로이 투자하는 형식을 취하였다 하더라도 이는 새로운 법익을 침해하는 것이 아니므로 별도로 사기죄를 구성하지 않는다 할 것"이므로 "그 후 편취한 차입금의 변제기에 종전과 같은 방법으로 피해자들을 기망하여 그 원리금을 지급하는 대신 동액 상당을 다시 차입하는 것으로 정리하기로 하고 그 차입금 증서를 새로이 발행하였더라도 이는 현실적인 자금의 수수 없이 이루어진 것으로서 형식적으로는 별도의 차입에 해당하나 실질적으로는 기존 차입금에 대한 사기 범행을 은폐하거나 그 편취금의 반환을 회피하기 위한 방편에 불과할 뿐, 기존 차입금의 편취 범행과 별도의 사기죄를 구성하는 것은 아니라 할 것"이라고 하여 이득액은 최초 차입금에 한정된다는 실질설의 입장을 취하였다.

그러나 이 사안과 같이 사기 피해자들로부터 투자금을 교부받은 후 약정된 투자원리금을 피해자들에게 실제로 반환하였다가 다시 그 돈을 재투자받는 방식으로 투자금을 수수한 경우에는 각 투자금의 수수행위는 "현실적인 자금의 수수가 있는 등 새로운 법익의 침해가 발생하였다는 의미"로 해석될 수 있어서 각별로 사기죄가 성립한다는 것이 대법원의 입장이다. 그런데 이 각각의 사기행위는 동일한 피해자에 대해 단일한 범의하에 행해진 것이므로 포괄일죄의 관계에 있게 되고(연속범), 따라서 각각의 사기행위에서의 수수금액은 특경법 제3조의 적용을 위한 이득액의 산정에 있어서는 합산의 대상이 되는 것이다.

Ⅲ. 나오는 말

특정 재산범죄에 있어서 이득액의 규모는 특경법 제3조의 구성요건이 되므로 이득액의 산정기준은 매우 중요한 문제이다. 이에 대해 대법원은 다수의 피해자에 대해 수회의 재산취득이 행해지는 다중투자사기와 같은 유형은 일반적인 죄수론의 원칙에 따라 일죄와 수죄를 구별하여 일죄의 경우는 전체금액을 합산하고, 수죄의 경우에는 각 죄별로 분리하여 산정해야 한다는 입장을 취하고 있다. 이득액의 평가에 있어서도 원칙은 법률적 의미의 이득이 아닌 실질적이고 현실적인 이득을 평가해야 한다는 입장이지만, 이 사안의 경우와 같이 범죄의 형식적인 구별기준에 의해 개별적인 범죄행위로 평가되는 경우에는 반환된 부분을 상계한 실질이득액을 기준으로 할 것이 아니라 각각의 범죄행위 이득액을 단순합산한다는 다소 형식적인 기준을 제시하고 있다. 그러나 대법원의 이러한 입장은 동일한 유형의 재산범죄에서 구체적인 범죄행위의 형식적 행태에 따라 (실질 이득액이 동일함에도 불구하고) 범죄구성요건인 이득액이 달라질 수 있다는 점에서 비판의 여지가 있다. 근본적으로는 구체적인 금액을 범죄구성요건으로 설정한 특경법의 입법태도에서 기인하는 문제로, 양형요소로 평가되어야 할 부분을 구성요건화함에 따른 문제점이라고 할 수 있다.

〔필자: 류부곤 교수(경찰대)〕

46 법률상 무효인 행위와 배임죄의 재산상 손해

【대상판결】 **대법원 2013. 4. 11. 선고 2012도15890 판결**

【사실관계】 피고인 甲은 피고인 乙의 자금지원 등을 통해 A 회사를 인수하였다. 피고인 乙은 이를 이용하여 자신이 운영하는 B 회사가 C 회사에 대하여 가지고 있던 채권을 회수하기로 마음먹었다. 피고인 甲은 피고인 乙의 적극적인 요구에 따라 A 회사로 하여금 별다른 반대급부도 받지 않고 C 회사의 B 회사에 대한 금전채무와 그 담보목적으로 C 회사가 발행한 약속어음 채무를 연대보증하도록 하였다. 피고인 甲은 그 후 피고인 乙이 위 연대보증에 기초하여 강제집행을 할 때 A 회사가 아무런 이의를 제기하지 않기로 하는 약정을 피고인 乙과 체결하여 피고인 乙이 A 회사로부터 약속어음금을 추심하도록 함으로써 A 회사에 손해를 가하였다.

【판결요지】 배임죄에서 '재산상의 손해를 가한 때'에는 현실적인 손해를 가한 경우뿐만 아니라 재산상 실해 발생의 위험을 초래한 경우도 포함한다. 재산상 손해의 유무에 대한 판단은 본인의 전 재산 상태와의 관계에서 법률적 판단에 의하지 아니하고 경제적 관점에서 파악하여야 하므로, 법률적 판단에 의하여 당해 배임행위가 무효라 하더라도 경제적 관점에서 파악하여 배임행위로 인하여 본인에게 현실적인 손해를 가하였거나 재산상 실해 발생의 위험을 초래한 경우에는 재산상의 손해를 가한 때에 해당되어 배임죄를 구성한다. 최초 배임행위가 법률적 관점에서 무효라고 하더라도 그 후 타인의 사무를 처리하는 자가 계속적으로 배임행위에 관여하여 본인에게 현실적인 손해를 가한 경우에도 마찬가지이다.

【해설】

Ⅰ. 들어가는 말

배임죄는 타인의 사무를 처리하는 자가 임무에 위배하는 행위로써 본인에게 손해를 가한 때에 성립하는 범죄이다. 판례는 구성요건 요소가 되는 재산상의 손해 유무를 본인의 전 재산상태와의 관계에서 법률적 판단이 아닌 경제적 관점에서 판단한다(대법원 1992. 5. 26. 선고 91도2963 판결; 대법원 1995. 5. 23. 선고 94도1375 판결; 대법원 2005. 9. 29. 선고 2003도4890 판결 등). 대상판결은 이와 같은 판례의 태도를 재확인한 것으로서, 사안에서는 특히 법인 대표자의 임무위배행위가 대표권 남용행위로서 법률상 무효가 되는 경우 재산상의 손해 발생을 인정할 수 있을 것인지가 문제되었다. 아래에서는 배임죄에서 재산상 손해의 개념, 법률상 무효인 배임행위와 재산상 손해 발생 여부에 관한 논의들을 바탕으로 대상판결을 검토한다.

Ⅱ. 배임죄에 있어서 재산상의 손해

재산상의 손해란 본인의 전체적 재산 가치의 감소를 의미한다(전체계산 원칙). 기존 재산의 감소로 인한 적극적 손해와 장래 취득할 이익의 상실로 인한 소극적 손해를 모두 포함하는 개념이다. 재산 가치를 어떻게 판단하는지에 대하여 법률적 재산개념설, 경제적 재산개념설, 법률적·경제적 재산개념설 등이 주장되고 있는데, 통설과 판례는 재산상의 손해 유무에 대한 판단은 법률적 판단이 아니라 본인의 전 재산상태를 고려하여 경제적 관점에서 판단하여야 한다고 본다(경제적 재산개념설). 또한 재산상의 손해에는 현실적인 손해뿐만 아니라 재산상 손해 발생의 위험도 포함된다고 본다. 다만 재산상 손해가 발생하였다고 평가될 수 있는 위험이라 함은 본인에게 손해가 발생할 막연한 위험이 있는 것만으로는 부족하고 재산상 실해 발생의 위험, 즉 경제적인 관점에서 보아 본인에게 손해가 발생한 것과 같은 정도로 구체적인 위험이 있는 경우를 의미한다(대법원 2015. 9. 10. 선고 2015도6745 판결 등).

형법상 배임죄에서 손해의 가액이 구체적으로 확정되어야만 하는 것은 아니나, 발생된 손해액을 구체적으로 산정하여 인정하는 경우 이를 잘못 산정하는 것은 위법하다(대법원 2012. 1. 27. 선고 2011도15179 판결 등). 물론 손해의 발생 여부는 합리적인 의심이 없는 정도로 증명되어야 한다. 특정경제범죄 가중처벌 등에 관한 법률(특경법) 제3조는 배임죄를 비롯하여 사기, 횡령, 공갈죄 등으로 취득한 재물 또는 재산상 이익의 가액이 5억 원 이상인 경우 가중처벌하므로, 이 경우에는 이득액이 구성요건 요소가 되고 그 가액은 구체적으로 산정되어야 한다. 이득액의 구체적 산정이 불가능한 경우에는 특경법위반죄가 아닌 형법상 배임죄가 성립한다.

Ⅲ. 법률상 무효인 행위와 재산상 손해의 인정 여부

재산상 손해를 법률적 관점이 아닌 경제적 관점에서 판단하고 재산상 손해 발생의 위험까지도 포함하여 이해하는 이상, 법률적으로 당해 배임행위가 무효라고 하더라도 본인에게 현실적인 손해를 가하였거나 손해발생의 위험을 초래하는 경우에는 재산상 손해의 발생을 인정할 수 있다. 대상판결의 사안에서 주식회사의 대표이사인 피고인 甲은 피고인 乙과 공모하여 별다른 반대급부도 없이 피고인 乙 운영의 회사를 위하여 연대보증의 채무부담행위를 하고, 이에 기초한 강제집행 과정에서 이의부제기' 약정을 체결하였다. 먼저 피고인 甲의 임무위배행위에 관하여, 대상판결은 피고인 乙의 적극 가담 등을 이유로 법률상 무효로 평가되는 연대보증행위 이외에도 이를 기초로 한 강제집행 절차에서 이의부제기 약정을 한 행위 역시 대표이사로서의 권한을 남용한 일련의 임무위배행위가 된다고 판단하였다. 그리고 이와 같은 일련의 임무위배행위가 직접적인 원인이 되어 A 회사에게 추심금 63억 원 상당의 현실적 손해를 가한 이상 배임행위의 무효 여부와 관계없이 재산상의 손해 발생을 인정할 수 있다고 하였다.

한편 판례는 대표이사 등의 대표권 남용행위가 회사에 대하여 법률상 무효인 경우, 현실적인 손해 또는 재산상 실해발생의 위험이 초래되었다는 점을 인정하기 어렵다면 배임죄가 성립하지 않는다고 한다. 대표권을 남용하여 차용증을 작성하는 등 채무부담행위를 하고 그 행위가 법률상 무효가 되는 경우, 그 행위로 차용증 등에 기한 변제책임 내지 보증책임을 부담하지 않는 것이고 회사가 사용자책임 등에 따른 손해배상의무를 부담할 여지가 없다면, 재산상 손해가 발생하였다거나 재산상 실해발생의 위험이 초래되었다고 볼 수 없다고 하였다(대법원 2010. 5. 27. 선고 2010도1490 판결).

다만, 어음발행행위에 대하여는 과거 어음의 유통 가능성을 고려하여 보다 넓은 범위에서 재산상 손해발생을 인정하였다가(대표이사가 대표권을 남용하여 회사 명의의 약속어음을 발행하였다면 비록 상대방이 그 사실을 알고 있었거나 중대한 과실로 알지 못하여 회사가 상대방에 대하여는 채무를 부담하지 아니한다 하더라도 약속어음이 제3자에게 유통되지 아니한다는 특별한 사정이 없는 한 경제적 관점에서는 회사에 대하여 배임죄에서의 재산상 실해발생의 위험이 초래된다고 본 대법원 2012. 12. 27. 선고 2012도12822 판결 등), 최근 전원합의체판결로 이를 변경하였다(대법원 2017. 7. 20. 선고 2014도1104 전원합의체 판결). 위 전원합의체 판결에서 대법원은 대표권 남용으로 의무부담행위나 약속어음발행행위를 하고 상대방이 대표이사의 진의를 알았거나 알 수 있었을 때로서 회사에 대하여 무효가 되는 경우, 경제적 관점에서 보아도 회사에 현실적인 손해가 발생하였다거나 실해발생의 위험이 초래되었다고 평가하기 어려우므로, 달리 그 의무부담행위로 인하여 실제로 채무의 이행이 이루어졌거나 회사가 민법상 불법행위책임을 부담하게 되었다는 등의 사정이 없는 한 배임죄의 기수에 이른 것이 아니라고 하였고, 배임의 범의로 임무위배행위를 함으로써 실행에 착수한 것이므로 배임죄의 미수범이 된다고 하였다. 물론 상대방이 대표권남용 사실을 알지 못하는 등으로 의무부담이나 약속어음 발행행위가 회사에 대하여 유효한 경우에는 채무의 발생 자체로 현실적인 손해 또는 재산상 실해발생의 위험이 되므로 그 채무가 현실적으로 이행되기 전이라도 배임죄의 기수에 이르렀다고 본다. 또한, 어음발행이 무효라고 하더라고 그 어음이 실제로 제3자에게 유통되거나, 상대방이 약속어음 공정증서에 기하여 압류 및 전부명령을 받은 다음 이를 지급받은 사실이 인정되는 경우에는 현실적인 손해 또는 실해발생의 위험이 생겼다고 보고 배임죄의 기수를 인정하였다(대법원 2017. 9. 21. 선고 2014도9960 판결).

IV. 나오는 말

특경법위반죄가 성립하기 위하여는 이득액이 구체적으로 산정되어야 한다. 대상판결의 사안에서는 법률상 무효인 연대보증 채무부담행위 및 이에 기초한 이의부제기 약정과 같은 일련의 임무위배행위로 인하여 추심금 상당의 현실적인 손해가 발생하였으므로, 추심금 상당액을 이득액으로 산정함에 큰 문제가 없다. 그런데 약속어음의 발행 또는 보증채무의 부담과 같은 의무부담행위가 유효한 경우, 판례는 채무의 발생 자체로 현실적인 손해 또는 재산상 실해발생의 위험이 된다고 보고 어음 액면금액 전액 또는 보증금액 전액과 같이 손해발생의 위험액 자체를 이득액으로 산정한다. 이에 대하여, 배임죄의 기수시점을 기준으로 재산의 잠재적 이동가능성 만으로 이득액을 평가하는 것은 죄형법정주의상 엄격 해석의 원칙이나 책임주의에 반한다는 비판이 있다.

〔참고문헌〕 손동권, "배임 경영자에게 적용되는 업무상배임죄의 구성요건요소로서의 재산상 손해와 이익(이득액)", 형사판례연구 24(2016)

〔필자: 강수진 교수(고려대)〕

47 특정경제범죄가중처벌등에관한법률위반(배임)죄의 이득액 산정기준과 산정불능

【대상판결】 **대법원 2015. 9. 10. 선고 2014도12619 판결**

【사실관계】 피고인이 실질적으로 소유·지배하는 갑 주식회사 명의로 빌딩을 매입하면서 은행에서 매입자금을 대출받고 을 주식회사로 하여금 대출금채무에 연대보증하게 함으로써 을 회사에 손해를 가하였다고 하여 특정경제범죄가중처벌등에관한법률위반(배임)으로 기소된 사안이다. 원심 법원은 연대보증으로 인한 손해액을 연대보증의 피담보채무인 대출 원리금 상당액, 즉 A 빌딩에 관하여는 대출원금 21억 5,000만 엔 및 액수 미상의 이자 상당액, B 빌딩에 관하여는 대출원금 18억 엔 및 액수 미상의 이자 상당액으로 인정한 다음, 피고인이 취득한 재산상 이익의 가액(이하 '이득액'이라 한다)이 각 50억 원 이상이라고 보아 각 배임행위에 대하여 특정경제범죄 가중처벌 등에 관한 법률(이하 '특정경제범죄법'이라 한다) 제3조 제1항 제1호를 적용하였다.

【판결요지】 형법 제355조 제2항의 배임죄는 타인의 사무를 처리하는 자가 임무에 위배하는 행위로써 재산상의 이익을 취득하거나 제3자로 하여금 이를 취득하게 하여 본인에게 손해를 가함으로써 성립하고, 형법 제356조의 업무상배임죄는 업무상의 임무에 위배하여 제355조 제2항의 죄를 범한 때에 성립하는데, 이득액이 얼마인지는 범죄 성립에 영향을 미치지 아니한다. 반면 배임 또는 업무상배임으로 인한 특정경제범죄법 제3조 위반죄는 이득액이 5억 원 이상 또는 50억 원 이상이라는 것이 범죄구성요건의 일부로 되어 있고 이득액에 따라 형벌도 매우 가중되어 있으므로, 특정경제범죄법 제3조를 적용할 때에는 취득한 이득액을 엄격하고 신중하게 산정함으로써, 범죄와 형벌 사이에 적정한 균형이 이루어져야 한다는 죄형균형 원칙이나 형벌은 책임에 기초하고 책임에 비례하여야 한다는 책임주의 원칙이 훼손되지 않도록 유의하여야 한다. 따라서 업무상배임으로 취득한 재산상 이익이 있더라도 가액을 구체적으로 산정할 수 없는 경우에는, 재산상 이익의 가액을 기준으로 가중 처벌하는 특정경제범죄법 제3조를 적용할 수 없다.

【해설】

Ⅰ. 들어가는 말

배임죄는 타인의 사무를 처리하는 자가 그 임무에 위배하는 행위로써 재산상의 이익을 취득하거나 제3자로 하여금 이를 취득하게 하여 본인에게 손해를 가하는 것을 내용으로 하는 범죄이다(형법 제355조 제2항).

한편, 배임으로 인한 특정경제범죄법위반죄에 있어서는 이득액이 5억 원 이상 또는 50억 원 이상인 경우 가중처벌하도록 규정되어 있는데, 대법원은 종래부터 이렇게 이득액에 따라 특정경제범죄법이 적용될 경우 그 이득액은 가중적 구성요건요소인 것으로 해석하고 있다(대법원 2007. 4. 19. 선고 2005도7288 전원합의체 판결).

대상판결은 위와 같은 해석을 다시 확인하면서, 죄형균형 원칙이나 책임주의 원칙이 훼손되지 않도록 이득액을 엄격하고 신중하게 산정하여야 함을 천명하고, 나아가 배임으로 취득한 이득액이 있더라도 그 가액을 구체적으로 산정할 수 없는 경우에 특정경제범죄법 제3조를 적용할 수 있는지 여부에 대하여 판단하였다.

따라서 이하에서는 특정경제범죄법상 배임으로 취득한 이득액 산정의 구체적인 기준과 산정불능 시 대법원의 태도를 차례로 살펴보기로 한다.

Ⅱ. 이득액 산정기준과 산정불능

1. 이득액 산정기준

이에 관하여는 ① 취득한 재산상 이익의 전체를 하나의 단위로 파악하고 그것의 가액을 이득액으로 평가하는 전체가치설, ② 예컨대 취득한 채권에 담보물권이 설정되어 있는 경우처럼 범죄를 저질러 실질적으로 취득한 것이 채권 전체가 아닌 채권의 일부 가치뿐일 때에는 그 실질가치만을 이득액으로 보는 실질가치설, ③ 공허한 위험액을 제외하고 '이동된 재산가치의 실제 크기만큼의 가액', 즉 '이동된 재산의 실질가치(객관적 교환가치 내지 실제가치)'만으로 새롭게 정의되고 제한적으로 해석되어야 하다는 견해 등이 있다.

대법원은 구체적인 사안에 따라 개별적으로 해결하고 있을 뿐, 어느 한쪽의 입장에 서 있는 것으로 보이지는 않는다.

판례에 나타난 구체적인 사안을 보면, ① 타인을 위하여 도급계약을 체결할 임무가 있는 자가 부당하게 높은 가격으로 도급계약을 체결하여 타인에게 부당하게 많은 채무를 부담하게 한 경우 이득액은 도급계약의 도급금액 전액에서 정당한 도급금액을 공제한 금액이고(대법원 1999. 4. 27. 선고 99도883 판결), ② 부당한 외상 거래행위의 경우 담보물의 가치를 초과하여 외상 거래한 금액이나 실제로 회수가 불가능하게 된 외상거래 금액만이 아니라 재산상 권리의 실행이 불가능하게 될 염려가 있거나 손해 발생의 위험이 있는 외상 거래대금 전액을 그 손해액으로 보아야 하고 그것을 제3자가 취득한 경우에는 그 전액이 이득액에 해당하며(대법원 2000. 4. 11. 선고 99도334 판결), ③ 이중매매 대상이 된 부동산 가액을 산정하는 경우, 부동산에 아무런 부담이 없는 때에는 부동산 시가 상당액이 곧 가액이라고 볼 것이지만, 부동산에 근저당권설정등기가 경료되어 있거나 압류 또는 가압류 등이 이루어진 때에는 특별한 사정이 없는 한 아무런 부담이 없는 상태의 부동산 시가 상당액에서 근저당권의 채권최고액 범위 내에서 피담보채권액, 압류에 걸린 집행채권액, 가압류에 걸린 청구금액 범위 내에서 피보전채권액 등을 뺀 실제 교환가치를 이득액으로 보아야 하고(대법원 2011. 6. 30. 선고 2011도1651 판결), ④ 타인에 대하여 근저당권설정의무를 부담하는 자가 제3자에게 근저당권을 설정하여 주는 배임행위로 인하여 취득하는 이득액 내지 그 타인의 손해는 그 타인에게 설정하여 주기로 한 근저당권의 담보가치 중 제3자와의 거래에 대한 담보로 이용함으로써 상실된 담보가치 상당으로서, 이를 산정하는 때에 제3자에 대한 근저당권 설정 이후에도 당해 부동산의 담보가치가 남아 있는 경우에는 그 부분을 재산상 이익 내지 손해에 포함시킬 수 없다(대법원 2009. 9. 24. 선고 2008도9213 판결).

2. 이득액 산정불능

재산상의 이익은 발생하였다고 인정할 수 있으나 그 가액을 구체적으로 산정할 수 없는 경우가 있는데, 이때에는 이득액을 기준으로 가중처벌 하는 특정경제범죄법위반(배임)죄로 의율할 수 없고, 단순 배임죄나 업무상배임죄로 처벌할 수 있을 뿐이라는 것이 대법원의 확립된 태도이다(대법원 2001. 11. 13. 선고 2001도3531 판결; 대법원 2005. 4. 29. 선고 2005도856 판결 등).

대법원은 종래 국방부 조달본부의 물자과장으로서 유류조달과 관련하여, 수개월 내에 급격한 환율하락에 따라 유가가 급락할 것을 예상하고도 국가를 당사자로 하는 계약에 관한 법률 제19조, 같은 법률 시행령 제64조 제1항, 제2항에 위반하여 유류가격 하락에 따라 계약금액을 조정할 수 있도록 하는 내용의 계약특수조건을 두지 아니하고 이를 배제하는 계약을 체결함으로써 국가에게 손해를 입혔고 계약의 상대방에게 이익을 취득하게 하였다고 하더라도, 배임행위 당시 향후 유류가격이 얼마만큼 하락하여 국가에게 어느 정도의 손해가 되고 계약의 상대방에게 어느 정도의 이익이 될 것인가 하는 점은 피고인은 물론 사회 평균인의 입장에서도 이를 확정할 수 없는 것이므로, 피고인의 업무상배임으로 인하여 계약 상대방이 취득하게 된 이득액은 이를 산출할 수 없는 것으로 보아야 한다고 판시한 바 있다(대법원 2004. 9. 13. 선고 2003도1566 판결).

대상판결은 이 사건에서도 주채무자인 갑 주식회사 명의로 매입한 빌딩은 일본 동경 중심가의 상업적 요지에 있는 건물로 대출 당시 부동산 가격과 임대료의 상승이 예측되고 있었던 점 등 제반 사정을 종합하여 보면, 을 주식회사의 연대보증 당시 주채무자인 갑 주식회사가 이미 채무변제능력을 상실한 상태에 있었거나 사실상 변제능력을 상실한 것과 같다고 평가될 정도의 상태에 있었다고 단정하기 어렵고, 오히려 상당한 정도의 대출금 채무를 자력으로 임의 변제할 능력을 갖추고 있었던 것으로 볼 수 있어 배임행위로 취득한 이득액을 산정할 수 없는 경우임에도, 연대보증의 피담보채무인 대출원리금 상당액을 이득액으로 하여 특정경제범죄법 제3조 제1항 제1호를 적용한 원심판결에 이득액 산정에 관한 법리오해의 잘못이 있다고 판시하였다.

Ⅲ. 나오는 말

범죄와 형벌 사이에 적정한 균형이 이루어져야 한다는 죄형균형 원칙과 형벌은 책임에 기초하고 책임에 비례하여야 한다는 책임주의 원칙은 훼손되어서는 아니 될 형사법의 대원칙이다.

따라서 특정경제범죄법 제3조가 이득액이 5억 원 이상 또는 50억 원 이상이라는 것을 범죄구성요건의 일부로 규정하고 있는 이상, 배임으로 취득한 이득액이 있더라도 그 가액을 구체적으로 산정할 수 없는 경우에 위 규정을 적용할 수 없다고 한 대상판결의 태도는 당연하다고 할 것이다.

〔**참고문헌**〕 손동권, “배임 경영자에게 적용되는 업무상배임죄의 구성요건요소로서의 재산상 손해와 이익(이득액)”, 형사판례연구 24(2016)

〔**필자: 송승훈 부장판사(서울중앙지방법원)**〕

48 특경법 제7조의 알선행위의 의미

【대상판결】 **대법원 2002. 6. 11. 선고 2000도357 판결**

【사실관계】 갑은 A 회사와 B 회사의 실질적 소유자이고, 을은 A 회사의 형식상 대표이사이다. 을은 갑으로부터 A 회사와 B 회사에서 인수하는 회사채에 대하여 C 회사가 보증을 하도록 C 회사 사장 병에게 부탁하여 달라는 명목으로 금 5,000만 원을 받았다.

【판결요지】 특정경제범죄 가중처벌 등에 관한 법률 제7조 소정 금융기관의 임·직원의 직무에 속한 사항이라 함은 자기 자신을 제외한 모든 자의 사건 또는 사무를 가리키는 것으로 해석하는 것이 상당하고, 회사의 이사가 대표이사로부터 돈을 받고 청탁을 부탁받은 내용이 자신이 이사로 있는 회사에 관한 것이고 위 이사가 회사의 대표이사를 대리하여 위 회사의 대표자로서 사무를 처리하였다고 보여질 경우에는 사건에 관한 청탁을 타인의 사건 또는 사무에 관한 청탁이라고 볼 수 없을 것이지만, 피고인이 청탁을 명목으로 법인의 대표이사로부터 금원을 받고 로비활동을 하여 오던 중, 그 활동상의 편의를 위하여 그 법인의 통상업무에는 전혀 관여함이 없이 형식적으로 그 법인의 이사로 등기를 경료하고 그 법인의 이사 등 직함을 사용하면서 청탁 명목으로 금원을 교부받았다면, 이는 피고인 자신의 사무라고는 볼 수 없다.

【해설】

I. 들어가는 말

특경법 제7조 알선수재죄는 금융회사등 임직원의 직무에 속하는 사항을 알선하여 대가를 수수하는 행위를 처벌하는 이른바 브로커 처벌 규정으로 특가법 제3조나 변호사법 제111조에 상응한다. 금융회사등 임직원의 직무가 공무원의 공무에 버금가는 공공성을 띠고 있어 그 직무의 공정성을 보호하고 직무의 불가매수성을 확보하기 위한 것이다.

알선수재죄의 성립에는 직무관련성과 알선대가성이 필수 요건이고, 알선의 대상이 자신의 사무가 아닌 타인의 사무여야 한다는 점(타인사무성) 또한 당연히 요구된다. 알선행위가 알선의뢰인, 알선행위자 및 알선상대방의 3각관계를 전제하기 때문에 알선행위자가 자신의 사무로 한 것이 아니라 타인의 사무로 한 것이라야 알선수재죄가 성립한다. 대상판결은 알선의 대상인 사무가 행위자 본인의 사무인지, 아니면 타인의 사무인지를 어떻게 가를지 판단 기준을 제시하고 있다.

Ⅱ. 알선과 타인의 사무

1. 알선의 의미

알선이란 일정한 사항에 관하여 어떤 사람과 그 상대방의 사이에 서서 중개하거나 편의를 도모하는 것을 말한다. 어떤 사람이 청탁한 취지를 상대방에게 전하거나 그 사람을 대신하여 스스로 상대방에게 청탁을 하는 것은 알선행위에 해당한다(대법원 2005. 1. 28. 선고 2004도7359 판결). 의뢰인과 상대방을 본인이 중개하지 않고 단순히 알선행위를 할 사람을 소개하는 것은 알선행위가 아니다(대법원 2000. 10. 24. 선고 99도3115 판결). 알선을 전제하지 않고 오로지 사건 또는 사무와 관련하여 노무 · 정보 · 편의를 제공하고 그 대가로서 금품을 수수한 것을 알선행위라 할 수 없다(대법원 2005. 8. 19. 선고 2005도3045 판결). 알선행위자가 아닌 제3자가 그 대가인 금품 기타 이익을 중간에서 전달한 것에 불과한 경우에는 그 자체만으로는 알선수재죄의 구성요건에 해당하지 아니한다(대법원 2007. 6. 28. 선고 2002도3600 판결).

2. 타인의 사무에 대한 알선

알선은 '자신을 제외한 타인의 사건 또는 사무'를 전제하기 때문에 알선행위자가 알선의뢰인과 동일한 지위에 있어 3각관계가 성립하지 않으면 알선 명목으로 금품을 수수하더라도 알선수재죄가 성립하지 않는다.

(1) 행위자가 의뢰인으로부터 금융기관등 임직원의 직무에 속한 사항에 대한 청탁을 부탁받았으나 그 사항이 행위자 자신의 직무에 속하는 사항이라면 알선에 해당하지 않는다.

(2) 행위자가 의뢰인으로부터 타인인 알선상대방의 직무에 속한 사항과 관련하여 청탁을 부탁받았으나 청탁의 대상인 사무가 의뢰인의 사무가 아니라 행위자 자신의 사무라면 알선에 해당하지 않는다.

3. 자신의 사무와 타인의 사무의 구별

(1) 동업사업에 필요한 인허가를 받기 위해 동업자로부터 돈을 받은 경우 타인의 사무에 관하여 금품제공을 받은 것이 아니다(대법원 2001. 11. 27. 선고 2001도4042 판결). 그러나 등록이나 허가를 얻어주기 위한 방편으로 자신의 명의를 대여한 것에 불과하다면 타인의 사무에 해당한다(대법원 1994. 10. 14. 선고 94도1964 판결; 대법원 1994. 12. 22. 선고 93도1041 판결).

(2) 공동 목적을 가진 집단의 대표자가 목적 달성을 위한 사무를 처리하는 과정에 돈을 받은 경우 비록 그 사무 내용이 적법하지 않더라도 타인의 사무라 할 수 없다(대법원 1991. 4. 23. 선고 91도416 판결).

(3) 계약 당사자가 계약상 의무이행을 위한 사무는 자신의 사무이고, 상대방인 타인의 사무가 아니다(대법원 1986. 12. 23. 선고 86도1113 판결). 그러나 건설회사가 건축사에게 주택건설사업 승인을 받는 업무를 위임하거나 건축주가 건축업자에게 건축물 사용검사를 받는 업무를 위임한 경우 그 업무가 법령상 업무주체가 아닌 그 수임자의 사무로 되는 것은 아니다(대법원 1995. 5. 26. 선고 95도476 판결; 대법원 1997. 7. 22. 선고 96도2422 판결). 하지만 법령 규정만으로 사무 주체를 판단할 것이 아니라 사적 자치가 인정되는 계약 내용과 사무처리결과에 따른 중대하고 직접적인 이해관계를 기준으로 사무 주체를 판단해야 한다는 견해가 있다.

(4) 중개대리상이 공무원 또는 금융기관등 임직원의 직무에 속하는 사항에 관하여 중개·알선하고 그 대가를 수수료 형식으로 수수한 경우 ① 중개대리상의 중개·알선행위는 자기의 사무이기에 알선수재죄가 성립하지 않는다는 견해, ② 대리점 계약이 형식적으로 체결된 것이 아니라 실질적으로 체결되었다면 알선수재죄가 성립하지 않는다는 견해 및 ③ 중개·알선행위가 아니라 중개·알선을 통해 이루려고 하는 일을 기준으로 판단하면 타인인 알선의뢰인의 사무이지 중개대리상 자신의 사무가 아니기 때문에 알선수재죄가 성립한다는 견해가 대립하고 있다.

(5) 법인의 사무총장이 법인의 형사사건과 관련하여 청탁한다는 명목으로 돈은 받은 경우 그 사무가 법인에 속하고 법인 대표자를 대리하여 사무를 처리하는 것이기에 타인의 사무가 아니다(대법원 1983. 11. 8. 선고 83도1656 판결). 그러나 외형상 당해 사건·사무의 당사자로 나타난 경우라도 청탁·알선의 편의를 위하여 형식적으로만 이해관계인으로 되었다면 그 사무처리에 관한 청탁이 자신의 사무라고 볼 수 없다(대법원 1995. 9. 15. 선고 94도940 판결).

4. 대상판결의 검토

대상판결의 사안에서 갑은 을에 대한 구체적인 알선 청탁이 없었더라면 을에게 금 5,000만 원을 제공하지 않았을 것이기에 알선 청탁과 금품제공 사이에는 대가관계가 있다.

을이 비록 A 회사의 대표이사라 할지라도 실질적 소유자인 갑으로부터 청탁을 받은 내용은 A 회사뿐만 아니라 B 회사가 향후 매입하게 될 회사채의 보증에 관한 것이고, 실지로 C 회사가 보증한 회사채 중 B 회사의 명의로 회사채매매약정을 한 부분이 있다. 이러한 회사채보증업무를 단지 개인인 갑의 사무가 아니라 각 회사의 사무로 본다고 하더라도, 단지

을이 A 회사의 대표이사였다는 점만으로 갑으로부터 청탁받은 사무가 타인의 사무가 아니라고 볼 수는 없다.

그러나 더욱이 청탁을 명목으로 법인의 대표이사로부터 금원을 받고 로비활동을 하여 오던 중에 활동상의 편의를 위하여 법인의 통상업무에는 전혀 관여함이 없이 형식적으로 법인의 이사로 등기를 경료하고 법인의 이사 등 직함을 사용한 경우에는 청탁 명목으로 금원을 교부받은 것을 자신의 사무라고 볼 수 없다.

Ⅲ. 나오는 말

대법원은 알선의 대가를 형식적으로 체결한 고용계약에 근거하여 급여의 형식으로 지급한 경우에도 알선수재죄의 성립을 인정한 바 있다(대법원 2012. 6. 14. 선고 2012도534 판결). 대상판결에서 자기의 사무인지 타인의 사무인지를 형식이 아니라 실질에 근거하여 판단해야 함을 분명히 하고 있다. 비록 형식과 실질의 분별이 언제나 명확한 것은 아닐지라도 합법의 형식을 빌려 불법의 실질을 감추려는 다양한 시도에 대하여 꾸준히 경계가 이루어져야 할 것이다.

〔**참고문헌**〕 강수진, “변호사법위반죄에 있어서의 타인의 사무”, 형사판례연구 5(1997); 한경환, “중개대리상의 알선행위와 알선수재죄”, 대법원판례해설, [100](2014)

〔**필자: 최병각 교수(동아대)**〕

49 재산국외도피죄의 성립요건

【대상판결】 **대법원 2019. 8. 29. 선고 2018도2738 전원합의체 판결**

【사실관계】 피고인들은 공모하여 피고인 甲의 승계작업 등을 도와 달라는 부정한 청탁의 대가로 돈을 공소외 C에게 주기 위하여, 계열회사 자금을 외국환거래법상 요구되는 자본거래의 신고를 하지 아니하거나 허위의 신고를 하고 독일로 이동시키기로 마음먹고, 피고인 甲은 피고인 乙, 丙, 丁에게 지시하고, 피고인 乙, 戊는 실제로는 공소외 E 회사를 통해 공소외 C에게 용역비 등 명목으로 반대급부 없이 돈을 주는 것임에도, 외국환거래법상 신고를 요하지 아니하는 거래로 가장하기 위해 2015. 8. 26. 공소외 D 회사가 공소외 E 회사에 승마훈련 비용을 지급한다는 내용의 용역계약을 체결한 다음, '컨설팅서비스'를 지급사유로 하는 '허위의 지급신청서'를 외국환은행인 ■■은행에 제출하고, 독일 ☆☆☆☆☆은행 공소외 E 회사 명의의 계좌에 2015. 9. 14.부터 2016. 7. 26.까지 4회에 걸쳐 합계 2,829,969유로(한화 36억 3,484만 원 상당)를 외화 증여에 따른 지급신고 및 지급신청을 하지 아니하고 '컨설팅서비스'를 지급사유로 하는 허위의 지급신청을 하여 용역비 명목으로 독일 ☆☆☆☆☆은행 공소외 E 회사 명의의 계좌에 외화를 송금하여 대한민국 국민의 재산을 법령에 위반하여 국외로 이동하여 도피시켰다는 것이다.

【판결요지】 특정경제범죄 가중처벌 등에 관한 법률 제4조 제1항은 "법령을 위반하여 대한민국 또는 대한민국 국민의 재산을 국외로 이동하거나 국내로 반입하여야 할 재산을 국외에서 은닉 또는 처분하여 도피시켰을 때에는 1년 이상의 유기징역 또는 해당 범죄행위의 목적물 가액의 2배 이상 10배 이하에 상당하는 벌금에 처한다."라고 정하고, 제2항에서 도피액이 5억 원 이상일 때에는 금액에 따라 가중처벌하고 있다. 재산국외도피죄는 자신의 행위가 법령을 위반하여 국내 재산을 해외로 이동한다는 인식과 그 행위가 재산을 대한민국의 법률과 제도에 의한 규율과 관리를 받지 않고 자신이 해외에서 임의로 소비, 축적, 은닉 등 지배·관리할 수 있는 상태에 두는 행위라는 인식을 가지고 국내 재산을 해외로 이동하여 대한민국 또는 대한민국 국민의 재산이 유출될 위험이 있는 상태를 발생하게 한 때에 성립한다. 대한민국 또는 대한민국 국민의 국내 재산을 국외로 이동한 행위가 도피에 해당하려면 재산에 대한 지배·관리 상태를 국내에서 국외로 옮기는 경우여야 하고 이동으로 인하여 재산에 대한 지배·관리 상태를 상실하는 경우는 여기에 해당하지 않는다.

【제1심 판결 취지】 피고인들이 용역계약을 체결하고 용역대금 명목으로 외화를 독일 은행 공소외 E 회사 명의의 계좌로 송금한 것은 그 원인되는 거래가 외국환거래법령상 신고가 필요 없는 경상거래라 볼 수 없고, 이는 '거주자인 공소외 D 회사의 비거주자인 공소외 E 회사에 대한 증여'로서 외국환거래법령상 자본거래의 신고가 필요하며, 피고인들이 뇌물을 공여한다는 동기로 용역계약을 체결하고 그 용역대금을 지급하는 외관을 만들고 내부 품의절차를 거치는 은밀하고 탈법적인 수단을 사용하였으며, 위 돈은 공소외 C의 개인적인 필요에 따라 독일에서 소비되었고, 피고인들도 이와 같은 사정을 인지하고 있었으므로, 위 법리와 재산국외도피죄의 입법취지를 고려하면 피고인들의 이 사건 용역대금 송금행위는 특정경제범죄법 제4조 제1항이 규정한 '도피'에 해당한다고 판단하였다.

【항소심 판결요지】 재산국외도피죄의 입법 취지가 국내의 재산을 해외에 도피시킴으로써 국부에 손실을 가져오는 행위를 처벌함으로써 국가재산을 보호하려는 데에 있다는 점을 고려하더라도, (중략) 재산국외도피사범에 대한 징벌의 정도를 강화하고 있는 점이나 국가경제의 발전과 세계화 추세 등에 따라 외환거래에 관한 규제가 크게 완화된 점 등에 비추어 볼 때, 어떠한 행위가 특정경제범죄법 제4조 제1항 소정의 재산국외도피에 해당하는지를 판단함에 있어서는 당시 행위자가 처하였던 경제적 사정 내지 그 행위를 통하여 추구하고자 한 경제적 이익의 내용 등 그러한 행위에 이르게 된 동기, 행위의 방법 내지 수단이 은밀하고 탈법적인 것인지 여부, 행위 이후 행위자가 취한 조치 등 여러 사정을 두루 참작하여 엄격하고 신중하게 판단하여야 할 것이다(대법원 2010. 9. 9. 선고 2007도3681 판결).

앞서 본 바와 같이 특정경제범죄법 제4조 제1항에서 정하고 있는 '재산을 국외로 이동하여 도피시켰을 때'의 재산국외이동행위는 재산을 대한민국의 법률과 제도에 의한 규율과 관리를 받지 않고 '자신이' 해외에서 임의로 소비, 축적, 은닉 등 지배·관리할 수 있는 상태에 두는 행위를 의미하고, 대법원이 재산국외도피에 해당하는지를 판단할 때 고려하여야 하는 사정 중 '행위 이후 행위자가 취한 조치'를 들고 있는 것도 그러한 이유 때문이다. 그런데 피고인들과 공소외 C의 관계는 뇌물공여자와 뇌물수수자의 관계에 불과하고, 이 사건 용역대금은 그 수수자인 공소외 C이 해외에서 자신의 필요에 따라 임의로 소비, 축적, 은닉 등 지배·관리 지배하였을 뿐이므로 뇌물공여자인 피고인들이 이 사건 용역대금에 대하여 임의로 소비, 축적, 은닉 등 지배·관리하였던 것으로 볼 수 없을 뿐만 아니라, 비록 피고인들이 공소외 E 회사 명의의 계좌로 송금된 돈이 그 뇌물수수자인 공소외 C에 의하여 해외에서 임의로 소비, 축적, 은닉 등 지배·관리할 수 있는 상태에 있게 된다는 점을 인식하였다고 하더라도 마찬가지이다.

또한 피고인들이 이 사건 뇌물을 공여하는 과정에서 공소외 E 회사와의 용역계약을 이용하는 등 은밀하고 탈법적인 수단을 동원하였다고 하더라도 이는 뇌물공여사실을 숨기기 위한 것일 뿐 재산을 국외로 도피하기 위하여 그러한 수단을 동원한 것이라고 볼 수 없고, 피고인들의 이 사건 용역대금의 송금은 뇌물을 공여한다는 의도에 의하여 이루어진 것이어서 피고인들에게 재산을 국외로 도피시킨다는 범의가 있었다고 볼 수도 없다.

따라서 이 부분 공소사실을 유죄로 판단한 원심판결에는 사실오인 또는 법리오해로 판결 결과에 영향을 미친 위법이 있고, 피고인들과 변호인의 이 부분 주장은 이유 있다.

【해설】

Ⅰ. 들어가는 말

이 사건은 대기업 총수가 대통령에게 자신의 기업승계작업과 관련한 민원 처리와 관련하여 대통령과 특수관계에 있는 자의 마필구입, 승마훈련 등과 관련된 비용을 대신 지불하기로 하고, 계열회사를 통하여 용역계약의 형식으로 독일 회사의 계좌로 상당액을 송금하여 특수관계에 있던 자가 이를 임의로 소비하게 한 사안에 대하여 이를 재산국외도피죄로 기소한 사안에 대한 판시사항이다.

건국 초기부터 대한민국은 정당한 이유 없이 국내 자본이 국외로 이탈되는 것, 외국에서 국내로 들어와야 할 자본이 들어오지 않는 것까지도 강력한 처벌 규정을 두었는데 이것이 특정경제범죄 가중처벌 등에 관한 법률 제4조(재산국외도피의 죄)의 입법취지이다. 그 전제가 되는 것은 대외무역법을 포함하는 외국환거래법령이다. '외국환거래법' 제2조도 사실상 외국에서 외국(법)인 간의 자본거래를 제외한 거의 모든 거래를 적용범위로 하고 있다. 제16조(지급 또는 수령의 방법의 신고), 제17조(지급수단 등의 수출입 신고), 제18조(자본거래의 신고 등)이 구체적 자본거래의 신고의무를 두고 있고 그 위반을 처벌하고 있다. 그러나 최근에 들어 자본유출 관련 제한이 완화되는 추세이고, 본조의 구성요건이 명확성 원칙의 위반의 의심을 받는 등 위헌론도 제기되는 실정이다.

Ⅱ. 재산도피의 해석

'국내재산 도피 방지법(1950년 제정)' 제1조는 누구든지 국내에 있는 재산을 도피시킬 목적으로 외국 또는 군사분계선 이북의 지역으로 재산을 이동하거나 이동하는 결과를 생기게 하는 행위를 할 수 없다고 규정하여 '이동' 자체를 금지하고 있음에 비하여, 본법상 재산국외도피죄의 해석상 국부유출의 위험성이 있는 '이동', '은닉', '처분' 등의 행태만으로 성립하는 것이 아니라, 이로서 결국 '도피'의 결과를 초래하였을 때에 기수에 이른다고 보아야 하는 것이므로 핵심이 되는 것은 '(재산)도피'의 해석이다. '재산도피' 행위란 '재산을 해외로 숨겨 놓는다 또는 빼돌려 놓는다.'는 의미인데 이는 결국 해외로 숨겨놓거나 빼돌려 놓은 재산을 '범인이' 지배, 관리하는 상태에 둔다는 의미를 내포한 것으로 보아야 한다.

Ⅲ. 나오는 말

제1심은 부정한 동기로서 신고의무 없는 정상거래로 가장하여 국내 재산이 외국으로 이동되었다는 점을 강조하여 이를 '도피'로 파악하였지만, 항소심과 대법원은 단순한 이동만으로는 부족하고, 이동, 은닉한 범인이 이를 계속적으로 지배, 관리하는 경우라야 한다고 본 것이다. 예를 들어 국내회사가 밀수 목적의 불법거래에서 사기를 당하여 외국으로 송금한 경우를 생각해보면, 구성요건을 엄격하게 해석하여 적용범위를 제한할 필요성이 큰 본죄의 해석상 항소심과 대법원의 태도가 타당하다고 할 수 있다.

〔**참고문헌**〕 노수환, "재산국외도피죄에 관한 몇 가지 고찰–'도피'행위를 중심으로", 형사법연구 제30권 제4호(2018)

〔**필자: 이근우 교수(가천대)**〕

제5장

성폭력범죄의 처벌 등에 관한 특례법

50 성폭력처벌법 제4조 합동범의 성립요건

【대상판결】 **대법원 2004. 8. 20. 선고 2004도2870 판결**

【사실관계】 피고인과 공소외 A, B, C는 피해자 V1, V2, V3와 만나 놀던 중 C의 제의로 피해자들을 야산으로 유인하여 강간하기로 계획하고, 자정이 넘은 심야에 피해자들을 트럭에 태워 인가에서 멀리 떨어져 있고 인적도 없어 피해자들이 쉽게 도망할 수 없는 야산의 저수지로 데리고 간 다음, 처음에는 트럭에서 100미터 정도 떨어진 벤치에 앉아 있다가 피고인은 V3을 트럭으로 데리고 가고, A는 30m 가량 떨어진 다른 벤치로 V2를 데리고 가고, B는 C와 V1 둘만 그 자리에 남을 수 있도록 자리를 피하여 주는 등 피해자들을 장소적으로 분리시킨 후, 피고인은 트럭에서 V3를 강간하였는데, 피고인이 V3의 옷을 강제로 벗기는 등으로 실랑이를 하고 있을 무렵, B와 C가 트럭으로 다가와 피고인에게 "빨리 하라."고 재촉하였고, A는 위 다른 벤치에서 V2를 강간하고 그로 인하여 V2로 하여금 요부염좌상 등을 입게 하였고, C는 V1을 트럭으로 데리고 가 강간하려고 하였으나 V1이 반항하는 바람에 강간하지 못하였는데, 이때 피고인은 V1에게 "트럭에 타지 말라."고 하는 V3을 붙잡아 V1에게 가지 못하도록 하였고, B는 직접 피해자들을 강간하려고 하지는 않았으나 피고인과 A, C가 피해자들과 짝을 맞추자 자리를 피해 저수지 뚝을 오가며 망을 보았을 뿐 아니라 C가 V1을 강간하려고 트럭으로 데리고 오는 것을 보고 트럭 앞 좌석에 있던 휴지를 뒷좌석에 갖다 놓은 다음 C에게 "세팅 다 해 놓았다. 빨리 하고 나오라."고 하고, 위와 같이 V1에게 트럭에 타지 말라고 하는 V3에게 "가만히 있어라. 화가 나면 나도 어떻게 할지 모른다."고 겁을 주었다.

【판결요지】 성폭력범죄의 처벌 및 피해자보호 등에 관한 법률 제6조 제1항의 2인 이상이 합동하여 형법 제297조의 죄를 범함으로써 특수강간죄가 성립하기 위하여는 주관적 요건으로서의 공모와 객관적 요건으로서의 실행행위의 분담이 있어야 하고, 그 실행행위는 시간적으로나 장소적으로 협동관계에 있다고 볼 정도에 이르면 된다고 할 것이다. (중략)

사실관계가 위와 같다면 피고인 등은 피해자들을 강간하기로 하는 공모관계에 있었다고 보아야 할 것이고, 또 피고인 등이 비록 특정한 1명씩의 피해자만 강간하거나 강간하려고 하였다 하더라도, 사전의 모의에 따라 강간할 목적으로 심야에 인가에서 멀리 떨어져 있어 쉽게 도망할 수 없는 야산으로 피해자들을 유인한 다음 곧바로 암묵적인 합의에 따라 각자 마음에 드는 피해자들을 데리고 불과 100m 이내의 거리에 있는 곳으로 흩어져 동시 또는 순차적으로 피해자들을 각각 강간한 이상, 그 각 강간의 실행행위도 시간적으로나 장소적으로로 협동관계에 있었다고 보아야 할 것이므로, 피해자 3명 모두에 대한 특수강간죄 등이 성립된다고 보아야 할 것이다.

【해설】

Ⅰ. 들어가는 말

성폭력범죄의 처벌 등에 관한 특례법(이하, 성폭력처벌법이라 한다) 제4조는 흉기나 그 밖의 위험한 물건을 지닌 채 또는 2명 이상이 합동하여 형법상의 강간·강제추행·준강간·준강제추행죄를 범한 사람을 가중처벌하는 특수강간등죄에 관한 규정을 두고 있다. 2명 이상이 합동하여 범행하는 합동범은 형법의 특수절도죄(제331조 제2항), 특수강도죄(제334조 제2항), 특수도주죄(제146조)에도 규정되어 있는데, 합동범인 특수강간등죄는 1990. 12. 31. 특정범죄 가중처벌 등에 관한 법률 제5조의7에 처음 규정되었다가 성폭력범죄의 처벌 및 피해자보호 등에 관한 법률(1994. 1. 5. 제정, 2010. 4. 15. 폐지) 제6조를 거쳐 2010. 4. 15. 제정된 성폭력처벌법 제4조에 규정되었다.

합동범의 입법적 연원은 독일 형법의 집단절도죄(Bandendiebstahl)(제244조 제1항 제2호)인데, 동 조문의 'Mitwirkung'의 번역인 '합동'의 의미에 관해서는 학설상 ① 공모공동정범설, ② 가중적 공동정범설, ③ 현장설, ④ 현장적 공동정범설이 대립되고 있다. 통설인 ③의 현장설은 독일에서의 Mitwirkung의 해석과 마찬가지로, 합동이란 '시간적·장소적 협동(zeitliches und örtliches Zusammenwirkenn)'을 의미한다고 해석하고 있다.

대법원은 합동절도와 관련하여, 대법원 1969. 7. 22. 선고 67도1117 판결에서 "합동절도의 경우에는 주관적 요건으로서의 공모 외에 객관적 요건으로서의 실행행위의 분담이 있어야 할 것이고, 그 실행행위에 있어서는 시간적으로나 공간적으로 합동관계가 있다고 볼 수 있는 것이라야 할 것이다."고 판시한 이래, 일관되게 ③의 현장설의 입장을 취하고 있다. 이후 대법원은 합동범인 특수강간죄에 관해서도 같은 취지로 판시하였는데(대법원 1994. 11. 25. 선고 94도1622 판결), 본 판결도 그 연장선상에서 합동의 의미를 해석한 것이라고 하겠다. 다만, 본 판결은 2명 이상이 피해자 1명을 강간한 경우(제1유형)가 아니라 2명 이상이 각각 서로 다른 피해자를 강간한 경우(제2유형)에 합동범을 인정하였다는 점에서 그 의의를 찾을 수 있다.

Ⅱ. 본 판결의 분석

1. 사건의 경과

본 판결의 원심판결인 부산고등법원 2004. 4. 22. 선고 2004노64 판결은 합동범의 성립요건 중 ① 주관적 요건으로서의 공모는 인정하였으나, ② 객관적 요건으로서의 실행행위의 분담, 즉 시간적·공간적 협동관계가 인정되지 않는다는 이유로 무죄를 선고하였다. 이에 검사가 상고하였는데, 대법원은 ②의 객관적 요건도 인정된다는 이유로 원심판결을 파기환송하였다.

2. 공모 여부

주관적 요건으로서의 공모는 법률상 어떠한 정형을 요구하는 것이 아니어서 공범자 상호간에 직접 또는 간접으로 범죄의 공동가공의사가 암묵리에 서로 상통하면 되고, 사전에 반드시 어떠한 모의과정이 있어야 하는 것도 아니어서 범의 내용에 대하여 포괄적 또는 개별적인 의사연락이나 인식이 있었다면 공모관계가 성립한다(대법원 2012. 6. 28. 선고 2012도2631 판결). 본 사례에서는 C의 제의로 피고인과 A, B가 사전에 피해자들을 강간하기로 계획한 것이므로 공모가 인정된다는 데는 의문이 없다.

3. 실행의 분담 여부

객관적 요건으로서의 실행의 분담은 시간적·장소적으로 협동관계가 있는 것을 말한다. 판례는 위 제1유형의 합동범에서 공모자가 강간하는 동안 방문 밖에서 교대로 대기하거나(대법원 1996. 7. 12. 선고 95도2655 판결), 피해자에게 공모자를 위하여 폭행을 가하고 강간하는 동안 옆방에 함께 있었던(대법원 1998. 2. 27. 선고 97도1757 판결) 사안에서 실행의 분담을 인정하였으나, 제2유형의 합동범에서 각자 여관의 다른 객실에 들어가 강간하거나(대법원 1998. 2. 24. 선고 97도3390 판결), 각기 다른 장소에서 1명은 강간을 포기하고 다른 1명은 강간한(대법원 1994. 11. 25. 선고 94도1622 판결) 사안에서는 실행의 분담을 부정하였다.

본 사례에서 원심판결은 피고인과 A, C가 강간행위에 대한 실행의 착수, 즉 폭행·협박을 개시한 때에 협동관계를 이루어 분담한 행위가 없고, B가 저수지 뚝에서 서성이거나 차량까지 오가는 정도로는 협동관계를 이루어 실행행위를 분담하였다고 인정하기 부족하다는 이유로 실행의 분담을 부정하였다. 그러나 본 판결은 위 판결이유와 같이 실행의 분담을 인정하였다. 생각건대, 피고인과 A, C가 짧은 시간 내에 불과 100m 이내의 거리에서 동시 또는 순차적으로 서로 다른 피해자를 강간(또는 강간미수)하는 사이에 위 사실관계와 같이 피고인과 B, C는 다른 사람의 강간이 용이하도록 협력하였고, 특히 B는 망까지 보았으므로 충분히 실행의 분담을 인정할 수 있고, A는 비록 구체적인 협력행위는 없었지만 짝을 맞추어 다른 벤치로 가서 V2를 강간함으로써 소극적이나마 협력을 한 것이므로 마찬가지로 실행의 분담을 인정할 수 있다. 따라서 본 판결의 결론은 타당하다고 할 것이다.

Ⅲ. 관련 문제

1. 합동범의 공동정범

시간적·장소적 협동을 요하는 합동범에서도 공동정범이 인정되는지에 대하여 ① 긍정설과 ② 부정설이 대립하는데, 판례는 합동절도에서 현장에서 직접 실행행위에 참여하지 않은 사람에 대해서도 정범성의 표지를 갖추고 있으면 공동정범이 될 수 있다고 판시하여(대법원 1998. 5. 21. 선고 98도321 전원합의체 판결) ①의 긍정설의 입장이다. 합동범인 특수강간등죄의 경우에도, 합동절도에 비하면 실제로 그 사례를 찾아보기는 어렵지만 공동정범이 성립할 수 있다.

2. 죄수

피해자가 1명인 때에는 비록 수회 강간 등이 이루어졌더라도 포괄하여 하나의 특수강간등죄가 성립하고, 피해자가 여러 명인 때에는 피해자별로 범죄가 각 성립하고 각 죄는 실체적 경합관계가 된다(본 판결도 피해자별로 특수강간미수죄, 특수강간치상죄, 특수강간죄가 성립한다고 판시).

〔**참고문헌**〕 정영일, “합동범에 관한 판례연구”, 형사판례연구 7(1999); 박찬주, “형법 제331조 제2항 후단의 ‘2인 이상이 합동하여’의 의미”, 대법원판례해설 [10](1988).

〔**필자: 조균석 교수(이화여대)**〕

51 사실상 관계에 의한 친족의 범위

【대상판결】 **대법원 2006. 1. 12. 선고 2005도8427 판결**

【사실관계】 피해자는 1988년생인 조선족이다. 피고인은 2000. 4. 11. 브로커를 통해 조선족인 피해자와 사이에 약정을 했는데, 피고인이 피해자의 교육을 지원하고, 피해자는 결혼한 후에도 피고인의 사망시까지 피고인과 함께 살며 피고인은 사망시 재산의 30%와 함께 살던 집을 피해자에게 주기로 하였다. 이 약정에 따라 피고인은 2000. 9. 16. 피해자를 중국에서 우리나라로 데려온 후 피고인의 집에서 함께 생활하면서 피해자에게 생활비와 교육비를 지원하였고, 2002. 4. 9.에는 피해자를 자신과 처인 공소외 A 사이의 친생자로 출생신고까지 하였다. 피해자의 생모인 공소외 B는 법정대리인으로서 위 약정 및 출생신고에 동의하였으나, 피고인은 그의 처 A와는 상의 없이 혼자만의 의사로 친생자출생신고를 하였으며 처 A와는 2002. 9. 14. 이혼하였다. 그런데 피고인은 피해자를 2000. 9. 하순부터 2002. 11. 초순까지 피고인의 주거지 방에서 수차례 강간하였다.

【판결요지】

[1] 사실상의 양자의 양부와 같이 법정혈족관계를 맺고자 하는 의사의 합치 등 법률이 정하는 실질관계는 모두 갖추었으나 신고 등 법정절차의 미이행으로 인하여 법률상의 존속으로 인정되지 못하는 자도 성폭력범죄의 처벌 및 피해자보호 등에 관한 법률 제7조 제5항이 규정한 사실상의 관계에 의한 친족에 해당한다.

[2] 처가 있는 자가 입양을 함에 있어서 혼자만의 의사로 부부 쌍방 명의의 입양신고를 하여 수리된 경우, 처와 양자가 될 자 사이에서는 입양의 일반요건 중 하나인 당사자간의 입양합의가 없으므로 입양이 무효가 되는 것이지만, 처가 있는 자와 양자가 될 자 사이에서는 입양의 일반 요건을 모두 갖추었어도 부부 공동입양의 요건을 갖추지 못하였으므로 처가 그 입양의 취소를 청구할 수 있으나, 그 취소가 이루어지지 않는 한 그들 사이의 입양은 유효하게 존속하는 것이고, 당사자가 양친자관계를 창설할 의사로 친생자출생신고를 하고, 거기에 입양의 실질적 요건이 모두 구비되어 있다면 그 형식에 다소 잘못이 있더라도 입양의 효력이 발생하고, 양친자관계는 파양에 의하여 해소될 수 있는 점을 제외하고는 법률적으로 친생자관계와 똑같은 내용을 갖게 되므로, 이 경우의 허위의 친생자출생신고는 법률상의 친자관계인 양친자관계를 공시하는 입양신고의 기능을 발휘하게 된다.

[3] 피고인이 피해자의 생모의 동의를 얻어 피해자를 입양할 의사로 데려왔으나 자신의

처의 동의 없이 피해자를 자신과 처 사이의 친생자로 출생신고를 한 경우, 피고인은 친생자 출생신고 전에는 성폭력범죄의 처벌 및 피해자보호 등에 관한 법률 제7조 제5항의 '사실상의 관계에 의한 친족'에 해당하고, 친생자출생신고 후에는 같은 법 제7조 제1항의 '친족'에 해당한다.

【해설】

Ⅰ. 들어가는 말

사실상 친족에 의한 성폭력을 가중처벌하는 규정은 1994년 1월 5일 성폭력특별법 제정 당시부터 있었던 것으로서 친족은 아니지만 '사실상' 친족이라는 개념을 도입하여 적용범위를 넓혀 성폭력을 엄격히 처벌하려는 취지를 담고 있었다. 그런데 민법에는 없는 '사실상의 관계에 의한 친족'이란 무엇이며, 그 범위가 어떻게 되는가가 문제된다. 형벌법규는 그 규정 내용이 명확하여야 하는데, '사실상'이란 개념을 사용함으로써 외연이 지나치게 확대되어 무엇을 의미하는지 불명확하게 될 수 있으므로 가능한 한 명확한 판단기준으로 규명하는 것이 중요하다. 대상판결은 어떤 경우 '사실상의 관계에 의한 친족'이라고 볼 수 있는지를 논리적으로 타당하게 설명하고 있다.

Ⅱ. 친족강간 등에서 사실상의 관계에 의한 친족의 범위

1. 성폭력처벌법상 친족강간 등

대상판결 당시의 적용규정은 「성폭력범죄의 처벌 및 피해자보호 등에 관한 법률」 제7조 제5항이었으나, 2010. 4. 15. 「성폭력범죄의 처벌 등에 관한 특례법」(약칭 '성폭력처벌법')과 「성폭력방지 및 피해자보호 등에 관한 법률」(약칭 '성폭력방지법')로 분리하여 제정함으로써 이 사안의 경우 현행법상으로는 「성폭력범죄의 처벌 등에 관한 특례법」 제5조 제5항에 해당하게 되었다. 대상판결 당시보다 법정형이 높아져, 현행법상 친족관계인 사람이 (준)강간죄를 범한 경우에는 7년 이상, (준)강제추행죄는 5년 이상의 유기징역에 처하며(제1항－제3항), 친족의 범위는 4촌 이내의 혈족 및 인척이며(제4항), 친족은 사실상의 관계에 의한 친족을 포함한다(제5항).

학계에서는 '성폭력처벌법'에 대해 제정 당시부터 졸속·부당한 입법이라는 비판이 있어 왔고, 불명확한 개념이나 확대되는 미수범과 예비죄 등으로 야기되는 해석문제나 잦은 법률 개정과 함께 지나치게 높아져 가는 법정형에 대해 문제점을 지적하고 있다.

2. 사실상 관계에 의한 친족의 범위

'사실상의 관계에 의한 친족'의 범위를 어디까지 인정할 수 있는가에 대해서는 논란이 있을 수 있는데, '의붓아버지'는 사실상의 친족관계에 해당되지 않는다는 대법원 1996. 2. 23. 선고 95도2914 판결에 의하여 비교적 일찍 명확하게 정리되었다.

즉, 사실상의 관계에 의한 존속은 '인지 전의 혼인 외의 출생자의 생부'처럼 자연혈족의 관계에 있으나 법정절차의 미이행으로 인하여 법률상의 존속으로 인정되지 못하는 사람, 또한 '사실상의 양자의 양부'처럼 법정혈족관계를 맺고자 하는 의사의 합치 등 법률이 정하는 실질관계는 모두 갖추었으나 신고 등 법정절차의 미이행으로 인하여 법률상의 존속으로 인정되지 못하는 사람을 말하며, 생활관계, 당사자의 역할·의사 등이 존속관계와 유사한 외관을 가진다는 이유만으로 위의 사실상의 관계에 의한 존속에 포함된다고 할 수는 없다고 한다. '의붓아버지'는 생활관계에서는 아버지와 유사한 외관을 갖지만 아무런 혈연관계 없이 단지 어머니와 사실상의 동거관계에 있을 뿐이므로 사실상의 친족에 해당하지 않는다고 봄은 타당하다.

3. 대상판결의 취지

대상판결은 피고인이 양친자관계를 창설할 의사로 친생자출생신고를 하였고, 입양의 실질적 요건이 구비되었지만 피고인의 처와 상의 없이 출생신고를 한 경우인데, 기존 판례의 태도에 의하면 형식에 다소 잘못이 있더라도 입양의 효력이 발생하고 법률적으로 친생자관계와 똑같은 내용을 갖는다. 따라서 피고인과 피해자 사이는 '사실상 친족'이 아니라 '친족'에 해당한다고 본 것은 타당하다. 다만 친생자출생신고 전이라면 피고인은 '사실상의 양자의 양부'로서 '사실상의 관계에 의한 친족'이 될 것이다.

그런데 만약 피고인이 처음부터 피해자를 성폭력하기 위한 방편으로 입양약정을 하였고 친생자출생신고를 하였다고 하더라도, 피고인을 대상판례의 취지대로 성폭력처벌법상 친족으로 봄이 타당하며, 친생자출생신고 전에는 사실상 친족이 될 것이다. 강간의도 등 진정한 입양의사가 없으면 입양이 무효이므로 법률상 친족이나 사실상 친족도 아니라고 본다면, 친족 간의 성폭력을 처벌하려는 취지가 무색해진다. 입양 후 성폭력하거나 성폭력의 의도로 입양하는 경우가 종종 발생하고 있는 현실에서 행위 당시 대상판례에서 말하는 기준의 친족관계가 인정된다면 성폭력처벌법의 적용이 될 것이다.

Ⅲ. 나오는 말

대상판결은 미성년자 입양의 경우 가정법원의 허가가 필요하지 않았던 구 민법상 입양의 경우에 관한 것이다. 입양신고 대신 친생자 출생신고를 한 경우에도 입양의 효력이 인정됨을 전제로 한 사건이다. 그러한 취지에서 보았고, 대상판결의 논리와 근거는 모두 타당하다고 할 수 있다.

〔**참고문헌**〕 오영근, "2006년도 형법판례 회고", 형사판례연구 15 (2007)

〔**필자: 정현미 교수(이화여대)**〕

52 성폭력처벌법 제6조에서 규정하는 '신체적인 장애가 있는 사람'의 의미 및 그 판단 기준

【대상판결】 **대법원 2021. 2. 25. 선고 2016도4404 판결**

【사실관계】 피해자는 어릴 때 소아마비를 앓아 오른쪽 다리 뒤꿈치가 왼쪽 다리보다 짧아 보행이 불편하며 오른쪽 눈이 거의 보이지 않은 사람으로, 지체장애(하지기능) 3급(부장애 시각)의 장애인 등록이 되어 있다. 피고인은 옆집에 혼자 사는 피해자를 찾아가 수회에 걸쳐 강제로 추행하고 강간하였으며(일부는 미수), 이후 다시 피해자의 집을 찾아가 피고인의 말에 따르지 않으면 결국 힘으로 밀어붙이는 등의 방법으로 자신을 강제로 간음할 것이라고 생각하여 겁을 먹은 채 반항을 포기한 피해자를 간음하였다.

【판결요지】 성폭력범죄의 처벌 등에 관한 특례법(이하 '성폭력처벌법'이라고 한다) 제6조는 신체적인 장애가 있는 사람에 대하여 강간의 죄 또는 강제추행의 죄를 범하거나 위계 또는 위력으로써 그러한 사람을 간음한 사람을 처벌하고 있다.

2010. 4. 15. 제정된 성폭력처벌법 제6조는 '신체적인 장애 등으로 항거불능인 상태에 있는 여자 내지 사람'을 객체로 하는 간음, 추행만을 처벌하였으나, 2011. 11. 17.자 개정 이후 '신체적인 장애가 있는 여자 내지 사람'을 객체로 하는 강간, 강제추행 등도 처벌대상으로 삼고 있다. 이러한 개정 취지는 성폭력에 대한 인지능력, 항거능력, 대처능력 등이 비장애인보다 낮은 장애인을 보호하기 위하여 장애인에 대한 성폭력범죄를 가중처벌하는 데 있다.

장애인복지법 제2조는 장애인을 '신체적·정신적 장애로 오랫동안 일상생활이나 사회생활에서 상당한 제약을 받는 자'라고 규정하고 있고, 성폭력처벌법과 유사하게 장애인에 대한 성폭력범행의 특칙을 두고 있는 아동·청소년의 성보호에 관한 법률 제8조는 장애인복지법상 장애인 개념을 그대로 가져와 장애 아동·청소년의 의미를 밝히고 있다. 장애인차별금지 및 권리구제 등에 관한 법률 제2조는 장애를 '신체적·정신적 손상 또는 기능상실이 장기간에 걸쳐 개인의 일상 또는 사회생활에 상당한 제약을 초래하는 상태'라고 규정하면서, 그러한 장애가 있는 사람을 장애인이라고 규정하고 있다. 이와 같은 관련 규정의 내용을 종합하면, 성폭력처벌법 제6조에서 규정하는 '신체적인 장애가 있는 사람'이란 '신체적 기능이나 구조 등의 문제로 일상생활이나 사회생활에서 상당한 제약을 받는 사람'을 의미한다고 해석할 수 있다.

한편 장애와 관련된 피해자의 상태는 개인별로 그 모습과 정도에 차이가 있는데 그러한 모습과 정도가 성폭력처벌법 제6조에서 정한 신체적인 장애를 판단하는 본질적인 요소가 되므로, 신체적인 장애를 판단함에 있어서는 해당 피해자의 상태가 충분히 고려되어야 하고 비장애인의 시각과 기준에서 피해자의 상태를 판단하여 장애가 없다고 쉽게 단정해서는 안 된다.

아울러 본죄가 성립하려면 행위자도 범행 당시 피해자에게 이러한 신체적인 장애가 있음을 인식하여야 한다.

【해설】

Ⅰ. 들어가는 말

구 성폭력처벌법(2011. 11. 17. 법률 제11088호로 개정되기 전의 것) 제6조는 '신체적인 장애 등으로 항거불능인 상태에 있는 여자 내지 사람'을 객체로 하는 간음, 추행만을 처벌하였다. 대법원은 "위 규정은 장애인의 성적 자기결정권을 보호법익으로 하므로, 피해자가 지적 장애등급을 받은 장애인이라고 하더라도 단순한 지적 장애 외에 성적 자기결정권을 행사하지 못할 정도의 정신장애를 가지고 있다는 점이 증명되어야 한다."고 판시하였다(대법원 2013. 4. 11. 선고 2012도12714 판결).

2011. 11. 17. 법률 제11088호로 개정된 성폭력처벌법 제6조는, "신체적인 또는 정신적인 장애가 있는 사람(위 개정 당시 '여자'였으나 2012. 12. 18. 법률 제11556호로 '사람'으로 개정됨)"에 대한 강간을 제1항으로, 유사강간을 제2항으로, 강제추행을 제3항으로, 위계 또는 위력 간음을 제5항으로, 위계 또는 위력 강제추행을 제6항으로 세분하여 규율하고, 개정 전 제6조를 제6조 제4항으로 이동하면서 '항거불능'의 요건 외에 '항거곤란'의 요건을 추가하였다.

Ⅱ. 성폭력처벌법 제6조의 '신체적인 장애가 있는 사람'의 의미 및 '장애'의 판단 기준

1. 문제의 소재

성폭력처벌법 제6조는 '신체/정신적인 장애가 있는 사람'에 대한 성범죄를 비장애인을 대상으로 한 범죄보다 가중처벌한다. 그런데 성폭력처벌법은 '신체/정신적인 장애가 있는 사람'에 대한 아무런 정의규정을 두고 있지 않다. 성폭력처벌법 제6조 위반죄는 고의범이므로 범인은 범행 당시 피해자의 장애 여부에 대해 인식하여야 함은 물론이다. 따라서 본조 성립과 관련하여 범행의 객체 및 고의의 인식 대상으로서의 '장애' 개념을 어떻게 파악하여야 하는지 문제된다.

2. 성폭력처벌법 제6조의 '신체적인 장애가 있는 사람'의 개념 및 범위

(1) '장애'의 의미

사전적 의미로서의 장애는 "신체 기관이 본래의 제 기능을 하지 못하거나 정신 능력에 결함이 있는 상태"라고 정의된다. 장애인차별금지 및 권리구제 등에 관한 법률 제2조 제1항은 장애를 "신체적·정신적 손상 또는 기능상실이 장기간에 걸쳐 개인의 일상 또는 사회생활에 상당한 제약을 초래하는 상태"로 정의하고, 장애인복지법 제2조는 "장애인"을 "신체적·정신적 장애로 오랫동안 일상생활이나 사회생활에서 상당한 제약을 받는 자"라고 정의한다. 다른 관련 법령에서도 대체로 장애인복지법에서의 장애인 개념을 차용하여 정의규정을 두고 있다. 장애의 사전적 의미 및 관련 법령의 정의 등을 종합하면, 장애의 개념지표는 '신체적·정신적 손상 내지 기능의 상실, 저해' 및 그로 인한 '일상/사회생활의 제약'이라고 할 수 있고, '장애인(person with disabilities)'은 '그러한 상태에 있는 사람'으로 파악할 수 있다.

(2) 성폭력처벌법 제6조의 '신체적인 장애가 있는 사람'의 개념에 대한 견해 상정

위의 일반적 '장애' 개념에 더하여 성폭력처벌법 제6조에서의 '장애'의 개념을 보호법익인 성적 자기결정권과 관련지어 파악해야 하는지에 관해 아래와 같은 견해를 상정해 볼 수 있다.

① 성적 자기결정권 관련성 필요설

대상판결의 원심은 "성폭력처벌법 제6조의 법률 문언 및 규정된 형량, 개정 내력과 그 취지, 장애인의 성적 자기결정권이라는 보호법익 등을 종합적으로 고려할 때, (중략) 객관적으로 보아 피해자의 인지능력, 항거능력 또는 대처능력 등이 비장애인보다 상대적으로 낮아서 피해자의 성적 자기결정권 행사를 특별히 보호해야 할 필요가 있을 정도의 신체적 또는 정신적인 장애가 있어야 한다."고 보았다. 본 조의 보호법익이 장애인의 성적 자기결정권이므로, 본 조의 '장애'는 피해자의 성적 자기결정권을 약화시킬 수 있는 종류 및 정도여야 한다는 것이다.

② 성적 자기결정권 관련성 불요설

성폭력처벌법 제6조의 '장애'는 그 자체로 의미를 파악하면 충분하고 이를 해석하는 데 있어 보호법익 등 다른 관념의 인입이 불필요하다는 입장이다. 성폭력처벌법이 '장애' 또는 '장애인'의 정의규정을 두고 있지 아니하므로, 장애의 사전적 의미 또는 장애인 관련 법령에서의 장애 개념을 종합하여 해석하면 되고, 법문에 없는 '성적 자기결정권 행사의 제한' 요소를 장애 개념의 해석에 부가할 필요는 없다는 것이다.

3. 대상판결의 판단

대상판결은 판결 요지의 설시에서 알 수 있듯이 성적 자기결정권 관련성 불요설의 입장을 취하였다. 이 사건 원심은, 피해자가 보정신발을 신으면 혼자 걸을 수 있는 등 독자적인 일상생활이 가능한 신체 상태로서 '피해자에게 성적 자기결정권의 행사를 특별히 보호할 필요가 있는 정도의 신체적 또는 정신적인 장애가 있다고 보기 어렵다.'고 판단하였으나, 대법원은 피해자가 오른쪽 다리와 눈의 기능이 손상되어 일상생활이나 사회생활에 상당한 제약을 받으므로 본 조의 '신체적인 장애가 있는 사람'에 해당한다고 보았다. 또한 신체적인 장애를 판단할 때 해당 피해자의 상태를 충분히 고려하고 비장애인의 시각과 기준에서 피해자의 상태를 판단하여 장애가 없다고 쉽게 단정해서는 안 된다고 판시하였다. 대법원은 같은 날 대상판결과 동일한 일반론을 설시하며 '구개, 연구개 파열'로 인해 언어장애 4급인 피해자를 본 조의 장애인에 해당하지 않는다고 본 원심 판결을 파기하기도 하였다(대법원 2021. 2. 25. 선고 2017도16186 판결).

Ⅲ. 나오는 말

대상판결은 성폭력처벌법 제6조의 '신체적인 장애'에 대해 보호법익으로서 성적 자기결정권과의 관련성을 요구하지 않고 그 자체의 사전적 의미 또는 장애인보호법령상의 '장애' 개념에 기초하여 장애 여부를 판단하고 있다. 본 조의 입법취지는 장애인에 대한 성범죄를 사전에 방지하고자 하는 일반예방적 목적을 포함한다. '장애' 개념 자체가 일상/사회생활에서의 '제약'의 요소를 내포하므로, 장애인은 그러한 제약으로 인해 성범죄의 대상이 되기 쉽거나 범행에 대한 대처 및 사후처리 절차에서도 제약을 받을 것이다. 이러한 '장애인의 일반적 취약성'을 고려하지 아니한 채 본 조의 장애를 성적 자기결정권과 관련된 것으로 한정하여 해석한다면 장애인의 보호라는 입법취지가 몰각될 수도 있다. 또한 대상판결은 장애의 판단에 있어 피해자 중심주의를 취할 것을 시사하고 있는바, 결과적으로 대상판결은 장애인에 대한 보호를 보다 넓힌 것으로 평가할 수 있다.

〔**필자: 정진아 부장판사(서울중앙지방법원)**〕

53 항거불능 상태의 의미

【대상판결】 **대법원 2007. 7. 27. 선고 2005도2994 판결**

【사실관계】 피고인은 자신의 내연녀 A의 딸인 피해자(여, 1986. 7. 21.생)가 정신상의 장애가 있음을 알고 1990년 10월부터, 2003년 10월 8월까지 피해자를 아무도 없는 야산으로 데리고 가거나 피해자의 집에서 아무도 없는 틈을 이용하여 피해자를 강제로 바닥에 눕히고 바지와 팬티를 벗긴 다음 간음하는 등 총8회에 걸쳐 피해자를 간음하였다(공소사실 참조). 법정감정 결과에 의하면 피해자는 2등급 정신지체 장애여성으로서 지적 능력이 4−8세에 불과하고 특히 비일상적인 문제 상황에서 자신의 의사를 분명하게 표현하고 이를 해결하는 능력이 뚜렷하게 낮았으며, 피해자와 같은 정신지체를 가진 사람들은 자기보다 힘이나 능력이 우월한 사람에게는 위압감을 느끼고 누가 시키지 않아도 이에 절대적으로 복종하는 경향을 보이는 사실이 인정되었다.

【판결요지】 "신체장애 또는 정신상의 장애로 항거불능인 상태에 있음"이라 함은, 신체장애 또는 정신상의 장애 그 자체로 항거불능의 상태에 있는 경우뿐 아니라 신체장애 또는 정신상의 장애가 주된 원인이 되어 심리적 또는 물리적으로 반항이 불가능하거나 현저히 곤란한 상태에 이른 경우를 포함하는 것으로 보아야 하고, 그중 정신상의 장애가 주된 원인이 되어 항거불능인 상태에 있었는지 여부를 판단함에 있어서는 피해자의 정신상 장애의 정도뿐 아니라 피해자와 가해자의 신분을 비롯한 관계, 주변의 상황 내지 환경, 가해자의 행위 내용과 방법, 피해자의 인식과 반응의 내용 등을 종합적으로 검토해야 한다(대법원 2007. 7. 27. 선고 2005도2994 판결).

【참조판례】 장애인의 성적 자기결정권을 충실하게 보호하고자 하는 구 성폭법 제6조의 입법 취지에 비추어 보면, 위와 같은 '항거불능인 상태'에 있었는지 여부를 판단할 때에는 피해자가 정신적 장애인이라는 사정이 충분히 고려되어야 하므로, 외부적으로 드러나는 피해자의 지적 능력 이외에 정신적 장애로 인한 사회적 지능·성숙의 정도, 이로 인한 대인관계에서 특성이나 의사소통능력 등을 전체적으로 살펴 피해자가 범행 당시에 성적 자기결정권을 실질적으로 표현·행사할 수 있었는지를 신중히 판단하여야 한다(대법원 2014. 2. 13. 선고 2011도6907 판결).

【해설】

Ⅰ. 들어가는 말

대상판결에서는 정신지체 장애인 피해자에 대한 8차례에 걸친 피고인의 간음행위가 정신상의 장애로 인한 항거불능상태를 이용한 간음에 해당하여 '(구) 성폭력범죄의 처벌 및 피해자보호 등에 관한 법률(이하 '구 성폭법(1)'이라 한다) 제8조의 준강간죄[1]를 구성하는 것인지와 관련하여 '항거불능상태'에 관한 해석 및 판단기준이 문제되었다. 원심법원(1심법원 및 2심법원)은 피고인의 간음행위 당시 피해자의 대응 및 정신 감정전문가의 소견을 기초로 삼아 피해자의 상태가 항거불능에 해당하지 않는다고 판시하면서 피고인에 대한 무죄판결을 내렸다. 그러나 대법원은 피해자의 상태가 '정신상의 장애로 인한 항거불능 상태'에 있었음을 긍정하면서 원심을 파기환송하였다.

대상판결이 항거불능을 "심리적 또는 물리적으로 반항이 불가능하거나 현저히 곤란한 상태에 이른 경우"로 해석하는 태도에서 출발하고 있음에는 이견이 있을 수 없다. 강간죄와 동일한 법정형으로 처벌되는 준강간죄의 '항거불능' 개념은 기본적으로 강간죄의 행위 수단인 폭행 또는 협박의 정도(최협의의 폭행 또는 협박개념)에 상응하도록 해석하여야 하기 때문이다. 심리적인 반항불가능 또는 현저한 곤란은 강간죄의 협박에 상응하고, 물리적인 반항불가능 또는 현저한 곤란은 강간죄의 폭행에 상응한다. 그러나 피해자가 정신장애자인 대상판결의 사안과 관련하여 대법원은 그 항거불능의 원인에 관한 한, 법률의 문언 그대로 정신상의 장애 '그 자체'로 인해 항거불능에 이르게 된 경우에 한정하지 않는다. 정신상의 장애가 '주된 원인'이 되어 항거불능에 이르게 된 경우도 포함시키는 법리를 형성하고 있다. 항거불능상태의 원인을 정신상의 장애 그 자체에서만 찾는 태도와 대법원의 태도와 같이 확장적으로 파악하는 태도에는 어떤 차이가 있는가? 항거불능상태 여부를 판단하는 '기준'에서 차이가 있을 것으로 보인다. 항거불능 상태의 원인을 심신상의 장애 그 자체에서만 찾는 태도는 항거불능상태 여부를 판단하는 결정적인 기준을 '간음행위 당시 피해자에게 인정될 수 있는' 장애의 '정도'에서 찾으려 할 것이다. 간음행위 당시 피해자가 항거불능상태에 있지 않았다고 판결한 원심도 이러한 태도를 취한 듯하다. 이와는 달리 정신상의 장애가 '주된 원인'이 된 경우까지 항거불능 상태의 원인을 확장시키고 있는 대법원의 법리에 따르면 피해자의 항거불능 상태 여부를 판단하기 위한 기준도 다르게 보고 있다. 항거불능상태의 원인에 관한 한 대법원의 법리 및 항거불능상태 인정 여부를 판단하기 위한 기준에 관한 대법원

1) 구성폭법(1) 제8조는 "신체장애 또는 정신상의 장애로 항거불능인 상태에 있음을 이용하여 여자를 간음하거나 사람에 대하여 추행한 자는 형법 제297조(강간) 또는 제298조(강제추행)에 정한 형으로 처벌한다."고 되어 있다. 구성폭법 제8조의 준강간죄는 형법상의 준간강죄와 법정형이 같지만, 행위객체가 일반인이 아니라 '장애인'이었다.

의 태도는 구 성폭법(1) 제8조에 관한 올바른 해석론이라고 할 수 있는가?

Ⅱ. 장애가 주된 원인이 되어 항거불능상태에 이르게 된 경우의 의미

대법원이 항거불능 상태의 의미를 위와 같은 확장시키고 있음은 우선 장애인복지법과의 체계정합성의 유지에서 찾아 볼 수 있다. 대법원이 대상판결에서 구 성폭법(1) 제8조의 개정취지를 장애인복지법에 명시된 신체장애 내지 정신장애 등을 가진 장애인을 망라함으로써 그 장애인의 범위를 확대하기 위함에 있다고 설명하고 있기 때문이다.[2] 신체장애로 인한 항거불능만을 대상으로 하고 있었던 구 성폭법(1)을 개정하여 정신적 장애로 인한 항거불능도 대상으로 포함시키는 것이 바람직하고 이로써 구 성폭법(1) 제8조의 행위객체가 확대되는 결과로 귀결됨에는 이견이 있을 수 없다. 그러나 장애의 대상범위 내지 행위객체의 확대가 반드시 그 장애인의 '항거불능의 원인의 확대'로 귀결된다고 보기는 어렵다. 신체장애 외에 정신상의 장애도 추가로 구성요건의 행위객체의 속성으로 포함시키는 문제와 그 행위객체인 피해자에게 요구되는 항거불능상태의 원인에 – 신체상의 장애이든 정신상의 장애이든 – 장애 그 자체 외에 다른 원인도 추가시키는 문제는 동일한 차원의 문제가 아니기 때문이다. 이러한 관점에서 보면 항거불능의 원인을 정신상의 장애 '그 자체'에서만 찾지 않고 정신상의 장애가 '주된 원인'이 된 경우도 포함시키고 있는 대법원의 확장해석의 근거는 체계적인 해석방법 외에 다른 데서 찾아야 한다.

생각건대, 장애인의 범위가 변경된 구 성폭법(1) 제8조의 구성요건을 해석함에 있어서 간과해서는 안될 점은 두 가지이다. 하나는 장애인복지법이 장애인을 형식적으로 신체장애인와 정신장애인으로 분류하는 데 그치지 않고 장애인의 개념 자체를 실질적으로 정의하고 있었다는 점[3]이고, 다른 하나는 형법전의 준강간죄등(형법 제299조)의 구성요건에서도 정신적인 장애로 인한 항거불능 상태를 포섭하기 위한 구성요건요소가 존재한다는 점이다. 먼저 형법전의 준강간죄의 구성요건의 경우를 보자. 형법전의 준강간죄등의 구성요건은 심신상실 또는 항거불능상태를 이용한 간음 등으로 되어 있다. 이와 관련하여 대법원은 심신상실은 정신적인 장애가 원인이 된 항거불능상태로 해석되고, 항거불능은 심신상실 외의 사유로 인한 항거불능상태로 해석하고 있다.[4] 이에 따르면 형법전의 준강간죄의 등의 피해자의 상

2) 1994. 1. 5. 제정된 구 성폭법(1) 제8조는 그 대상이 '신체'장애인 뿐이었으나 1997. 8. 22. 개정에 따라 그 대상을 신체장애인 외에 '정신'장애인까지 확장하였다.

3) 1997. 8. 22. 제정된 장애인복지법상 "장애인"은 장애(지체장애, 시각장애, 청각장애, 언어장애 또는 정신지체등 정신적 결함으)로 인하여 장기간에 걸쳐 일상생활 또는 사회생활에 상당한 제약을 받는 자로서 대통령령으로 정하는 기준에 해당하는 자로 정의되었다.

4) '심신상실'이란 정신기능의 장애로 인하여 성적 행위에 대한 정상적인 판단능력이 없는 상태를 의미하고, 항거불능

태인 심신상실이나 항거불능은 원칙적으로 일반인이 상황적인 요인(수면 중이거나 술에 만취하여 의식을 잃는 경우)에 기인하여 정신상의 장애를 유발한 경우를 예상으로 하고 있고, 구 성폭법(1) 제8조의 피해자는 처음부터 일신전속적 신분적 특성을 가진 '장애인'으로만 특정되어 있다. 이 때문에 형법전의 준강간죄등의 경우는 상황적 요인만 충족되면 '누구나' 피해자가 될 수 있지만 구 성폭법(1)상의 준강간죄등의 경우는 처음부터 '장애인'이라는 신분자만 피해자가 될 수 있다. 이에 따르면 대상판결에서 문제된 구성요건이 보호하는 법익은 '장애인'의 성적 자기결정권으로 특화되어 있다. 이러한 맥락에서 볼 때 구 성폭법(1)의 준강간죄의 행위객체가 처한 항거불능상태를 해석함에 있어서도 주목해야 할 점은 장애인복지법상의 장애인에 관한 실질적 정의내용이다. 즉, 장애인복지법은 장애인을 "장기간에 걸쳐 일상생활 또는 사회생활에 상당한 제약을 받는 자"로 정의[5]하고 있는 한, 구 성폭법(1)상의 준강간죄의 항거불능 상태도 '행위 당시' 피해자의 장애 그 자체에만 초점을 맞추고 그 시점에서의 장애의 정도만을 기준으로 삼아 항거불능상태 여부를 판단하는 태도는 위 구성요건의 보호법익의 관점에서 볼 때 지나치게 좁은 해석태도라고 평가하지 않을 수 없다.

대상판결과 같이 대법원이 항거불능의 원인을 정신상의 장애 그 자체에서만 찾지 않고 정신상의 장애가 '주된 원인'이 된 경우도 포함하는 법리를 생산하고 있음도 이와 같은 장애인복지법상의 장애인 개념 및 형법전의 준강간죄등의 피해자 요건등과의 차이점 등을 고려한 목적론적 확장해석의 결과인 것으로 읽힌다. 특히 대법원은 정신상의 장애가 '주된 원인'이 되어 항거불능의 상태에 있었는지를 판단함에 있어 다음과 같이 판단기준을 다양화하고 있다: "피해자의 '정신상 장애의 정도뿐 아니라(필자에 의한 강조)' 피해자와 가해자의 신분을 비롯한 관계, 주변의 상황 내지 환경, 가해자의 행위 내용과 방법, 피해자의 인식과 반응의 내용 등을 종합적으로 검토해야 한다." 이와 같이 대법원이 항거불능의 원인을 확장적으로 해석하는 태도에는 체계적 해석 방법 외에 목적론적 해석방법을 함께 동원한 결과라고 평가할 수 있다.

Ⅲ. 현행의 성폭법체계하에서의 항거불능상태의 의미

구 성폭법은 2010년 두 개의 법률('성폭력범죄의 처벌에 관한 특례법'과 '성폭력방지 및 피해

상태란 "심신상실 이외의 원인으로 심리적 또는 물리적으로 반항이 절대적으로 불가능하거나 현저히 곤란한 경우를 의미한다."고 한다(대법원 2021. 2. 4. 선고 2018도9781 판결).

5) 이와 같은 장애인 개념은 현행 장애인복지법 제2조에서도 동일하다; '신체적·정신적 장애로 오랫동안 일상생활이나 사회생활에서 상당한 제약을 받는 자'. 장애인차별금지 및 권리구제 등에 관한 법률 제2조에서도 '신체적·정신적 손상 또는 기능상실이 장기간에 걸쳐 개인의 일상 또는 사회생활에 상당한 제약을 초래하는 상태'에 있는 사람을 장애인으로 규정하고 있다.

자보호등에 관한 법률')로 분화되었다. 그중에 구 성폭력범죄 및 피해자보호법 제8조(장애인에 대한 준강간죄 등)는 성폭력범죄의 처벌에 관한 특례법(이하 현행 구 성폭법(2)이라 한다) 제6조 제4항으로 위치가 이동되었다. 특히 구 성폭법(2)은 구 성폭법(1)에 비해 장애인에 대한 성적 자기결정권을 침해하는 행위태양을 세분화하고 있을 뿐 아니라 그에 따라 법정형의 상한도 상당부분 상향조정하고 있다.[6] 문제는 구 성폭법(1) 제8조의 장애인에 대한 항거불능에 관한 대법원의 위 법리가 구 성폭법(2) 제6조 제4항(장애인에 대한 준강간죄등)의 해석과 적용에도 그대로 유지될 수 있는지에 있다.

현행 구 성폭법(2)의 해석 및 적용과 관련하여 2015년 판시된 '참조판결'이 이에 관한 단서를 제공해 주고 있다. 위 참조판결에서는 '정신지체 장애 3급(앞의 대상판결에서는 피해자가 정신지체 장애 2급에 해당)'에 해당하는 여성에 대한 준강제추행죄의 성립여부가 문제되었다. 여기서도 피해자가 항거불능상태에 있었는지가 쟁점이 되었고, 원심(1심 및 2심)과 대법원은 2007년 대상판결의 경우와 마찬가지로 정반대의 결론을 내렸다. 먼저 원심은 피해자가 항거불능상태에 있었던 것인지를 판단함에 있어 – 목적론적 확장해석에 기초한 – 2007년 대상판결의 법리와 같이 피해자가 "범행 당시 정신적인 장애가 주된 원인이 되어 심리적 또는 물리적으로 반항이 불가능하거나 현저히 곤란한 항거불능의 상태에 있었는지"에 초점을 맞추었다. 특히 원심법원은 '피해자의 정신지체 수준, 범행당시 및 범행후의 피해자의 태도 등 사정을 – 2007년 대상판결에서와 같이 – '종합적으로 판단'하긴 하였지만, 결론에 가서는 피해자가 항거불능상태하에 있었음을 부정하는 태도를 취했다. 그러나 참조판결에서 대법원은 원심과는 달리 피해자가 항거불능상태에 있었음을 긍정하는 취지의 판결을 내리면서 파기환송하였다(위 참조판결 참조). 그렇지만 위 참조판결에서는 피해자가 '항거불능인 상태'에 있었는지 여부를 판단함에 있어 항거불능의 원인을 확장하는 2007년 대상판결의 법리는 등장되고 있지 않고 종합적 판단방법의 고려사항들도 명시적으로 원용되고 있지 않다. 참조판결에서 대법원은 '정신상의 장애의 정도'라는 판단기준 대신에 "피해자가 정신적 장애인이라는 사정이 충분히 고려되어야 한다."는 점만 출발점으로 삼고 있다. 그 밖의 고려사항도 사실관계의 특수성에 맞추어 변형시키면서 그러한 고려사항들을 종합적으로 검토

6) 구 성폭법(2) 제6조는 신체적인 또는 정신적인 장애가 있는 사람에 대하여 형법 제297조(강간)의 죄를 범한 사람은 무기징역 또는 7년 이상의 징역(제1항), 폭행이나 협박으로 유사 강간의 죄를 범한 사람은 5년이상의 유기징역(제2항), 강제추행의 죄를 범한 사람은 3년 이상의 유기징역 또는 3천만 원 이상 5천만 이하의 벌금(제3항)에 처하는 것으로 규정함으로써 장애인에 대한 강간죄 등의 법정형을 구 성폭법(1)의 그것에 비해 월등하게 상향조정하였다. 뿐만 아니라 구 성폭법(2) 제6조는 이를 기초로 삼아 장애인에 대한 준강간죄의 법정형도 구 성폭법(1)의 그것에 비해 자동적으로 상향조정되었다. 신체적인 또는 정신적인 장애로 항거불능 또는 항거곤란 상태에 있음을 이용하여 사람을 간음하거나 추행한 사람은 구 성폭법(2) 제6조의 제1항부터 제3항까지의 예에 따라 처벌(제4항)하도록 하고 있기 때문이다. 구 성폭법(2) 제6조 제5항 및 제6항 생략. 최근 대법원은 이러한 개정 취지가 "성폭력에 대한 인지능력, 항거능력, 대처능력 등이 비장애인보다 낮은 장애인을 보호하기 위하여 장애인에 대한 성폭력범죄를 가중처벌하는 데 있다."고 한다(대법원 2021. 2. 25. 선고 2016도4404).

해야 한다는 표현 대신 다양한 고려사항들을 "전체적으로 살펴야 한다."고 판시하고 있을 뿐이다. "피해자가 범행 당시에 성적 자기결정권을 실질적으로 표현 · 행사할 수 있었는지를 신중히 판단하여야 한다."는 대목에서도 판단'기준'을 제시하기보다는 판단의 태도의 '신중성'이라는 판단'방법'을 강조하고 있을 뿐이다.

Ⅳ. 나오는 말

2007년 대상판결은 물론이고 2014년 참조판결도 피해자가 항거불능상태에 있었는지와 관련하여 항거불능 개념 그 자체에 관한 한, 공히 '반항을 억압하거나 현저하게 곤란한 정도'로 해석하고 있는 태도를 견지하고 있다. 그러나 피해자가 실제로 항거불능의 상태에 있었는지를 판단함에 있어서는 각각의 사안의 구체적 특수성을 고려한 나름의 맞춤형 판단기준을 설시하고 있다. 그러나 2014년 참조판결에서 대법원이 장애인에 대한 준강간죄등을 비장애인에 대한 준강간죄등과 동일한 법정형으로 처벌하던 구 성폭법(1) 제8조의 해석 및 적용과 관련한 2007년 대법원의 법리(정신상의 장애가 주된 원인된 경우도 포함시키는 법리)를 장애인에 대한 준강간죄등을 비장애인에 대한 준강간죄등의 법정형에 그것에 비해 월등하게 높게 정하고 있는 구 성폭법(2) 제6조의 해석 및 적용에서도 그대로 유지하고 있는지에 관해 평가하고 있는지를 알 길은 없다. 다만 분명한 것은 피해자가 항거불능 상태에 있었는지의 여부를 판단하는 기준에 관한 한, 대법원은 사례의 구체적 특성에 따라 상이한 고려요소들을 가지고 실질적인 판단을 하고 있어 구체적인 사안에 따라 다르게 판단할 여지가 있고 따라서 피해자의 항거불능상태 여부를 판단함에 있어서는 예측가능성이 쉽게 담보되는 수준은 아닌 것으로 보인다.

〔**참고문헌**〕 김성돈, "알코올 블랙아웃과 심신상실", 형사판례연구 [29](2021)

〔**필자: 김성돈 교수(성균관대)**〕

54 통신매체이용음란죄의 보호법익과 성립요건

【대상판결】 **대법원 2017. 6. 8. 선고 2016도21389 판결**

【사실관계】 피고인은 피해자와 식당을 동업하면서 상당한 기간 내연관계를 유지하였는데, 2013. 10. 16. 18:20경 피해자와 성관계를 하면서 찍은 피해자의 나체 사진 2장을 피해자에게 사진의 영상을 직접 전송한 것이 아니라 자신의 사진이 저장되어 있는 드롭박스 애플리케이션에 접속할 수 있는 인터넷 주소를 링크하여 다른 사람과 함께 있는 피해자에게 휴대전화 카카오톡 메신저를 이용하여 전송하였다. 이로써 피고인은 자기의 성적 욕망을 유발하거나 만족시킬 목적으로 통신매체를 통하여 성적 수치심이나 혐오감을 일으키는 그림을 상대방에게 도달하게 한 행위가 성폭력범죄의 처벌등에 관한 특례법(이하 '성폭력처벌법'이라 한다)상 통신매체이용음란죄에 해당하는가가 문제되었다.

【판결요지】

[1] 성폭력처벌법 제13조에서 정한 '통신매체이용음란죄'는 '성적 자기결정권에 반하여 성적 수치심을 일으키는 그림 등을 개인의 의사에 반하여 접하지 않을 권리'를 보장하기 위한 것으로 성적 자기결정권과 일반적 인격권의 보호, 사회의 건전한 성풍속 확립을 보호법익으로 한다. ... '성적 수치심이나 혐오감을 일으키는 것'은 피해자에게 단순한 부끄러움이나 불쾌감을 넘어 인격적 존재로서의 수치심이나 모욕감을 느끼게 하거나 싫어하고 미워하는 감정을 느끼게 하는 것으로서 사회 평균인의 성적 도의관념에 반하는 것을 의미한다. 이와 같은 성적 수치심 또는 혐오감의 유발 여부는 일반적이고 평균적인 사람들을 기준으로 하여 판단함이 타당하고, 특히 성적 수치심의 경우 피해자와 같은 성별과 연령대의 일반적이고 평균적인 사람들을 기준으로 하여 그 유발 여부를 판단하여야 한다.

[2] 성폭력범죄의 처벌 등에 관한 특례법 제13조에서 '성적 수치심이나 혐오감을 일으키는 말, 음향, 글, 그림, 영상 또는 물건(이하 '성적 수치심을 일으키는 그림 등'이라 한다)을 상대방에게 도달하게 한다.'는 것은 '상대방이 성적 수치심을 일으키는 그림 등을 직접 접하는 경우뿐만 아니라 상대방이 실제로 이를 인식할 수 있는 상태에 두는 것'을 의미한다. 따라서 ... 상대방에게 성적 수치심을 일으키는 그림 등이 담겨 있는 웹페이지 등에 대한 인터넷 링크(internet link)를 보내는 행위를 통해 그와 같은 그림 등이 상대방에 의하여 인식될 수 있는 상태에 놓이고 실질에 있어서 이를 직접 전달하는 것과 다를 바 없다고 평가되고, 이에 따라 상대방이 이러한 링크를 이용하여 별다른 제한 없이 성적 수치심을 일으키는 그림 등

에 바로 접할 수 있는 상태가 실제로 조성되었다면, 그러한 행위는 전체로 보아 성적 수치심을 일으키는 그림 등을 상대방에게 도달하게 한다는 구성요건을 충족한다.

【해설】

Ⅰ. 들어가는 말

성폭력처벌법 제13조(통신매체이용음란)는 '자기 또는 다른 사람의 성적 욕망을 유발하거나 만족시킬 목적으로 전화, 우편, 컴퓨터, 그 밖의 통신매체를 통하여 성적 수치심이나 혐오감을 일으키는 말, 음향, 글, 그림, 영상 또는 물건을 상대방에게 도달하게 한 사람은 2년 이하의 징역 또는 2천만 원 이하의 벌금에 처한다.'고 규정하고 있다. 이 사건에서 대상판결의 쟁점은 두 가지로 압축할 수 있다. 첫째, 통신매체이용음란죄의 보호법익이 무엇인가 하는 점(쟁점①)과 둘째, 통신매체이용음란죄의 성립요건이 무엇인가 하는 점(쟁점②)이다. 첫째 문제와 관련하여 생각해 볼 수 있는 것은 성폭력처벌법상 통신매체이용음란죄와 형법상 음란(물)죄의 보호법익이 같은가 아니면 다른가 하는 것이고, 둘째 문제와 관련하여 생각해 볼 수 있는 것은 '상대방이 성적 수치심을 일으키는 그림 등'을 직접 접하는 경우가 아니라도 통신매체이용음란죄가 성립할 수 있는가이다.

Ⅱ. 보호법익에 관한 문제

1. 학설의 태도

쟁점①과 관련하여 성폭력처벌법상 통신매체이용음란죄와 유사한 형법상 음란(물)죄의 보호법익에 대하여 기존의 학설에서는 '일반인의 성욕을 자극하여 흥분시키고 정상적인 성적 수치심과 선량한 도의관념을 현저히 침해하기에 적합한 것'이라고 한다. 문제는 '성적 자기결정권'이 음란(물)죄의 보호법익이 될 수 있는가 하는 점인데, 이에 대하여 형법상 음란(물)죄의 경우 사회의 선량한 성풍속이 보호법익이고, 보호정도는 추상적 위험범이라고 보는 입장이 통설적 견해이다. 즉, 기존의 학설에서는 음란(물)죄의 보호법익을 사회의 선량한 풍속이라고 보고 성적 자기결정권을 포함시키지 않았다.

쟁점②와 관련하여 과거에는 성폭력처벌법이 존재하지 않았기 때문에 통신매체이용음란죄와 동일한 사건을 비교할 수 없다. 즉, 형법 제243조(음화반포등)는 '음란한 문서, 도화, 필름 기타 물건을 반포, 판매 또는 임대하거나 공연히 전시 또는 상영'하는 행위만을 처벌했으므로 오늘날처럼 핸드폰이나 PC 등을 이용한 경우와 비교하기는 어려울 것이나, 통신매체이용음란죄와 유사한 '음화 등의 공연전시 또는 상영'에 관하여 불특정 또는 다수인이 관람할 수 있는 상태에 두는 것, 또는 필름 등 영상자료를 화면에 비추어 불특정 또는 다수인에게 보여주는 것이라고 해석하였다.

2. 대법원의 태도

쟁점①과 관련하여 대법원은 기존의 보호법익인 사회의 선량한 성풍속 외에도 '성적 자기결정권과 일반적 인격권'도 보호법익이 된다는 점을 분명히 하고 있다. 이러한 대법원의 입장은 이후의 판결(대법원 2018. 9. 13. 선고 2018도9775 판결)에도 그대로 유지되고 있다. 본래 성적 자기결정권은 개인적 법익을 침해하는 강간 및 추행의 죄에서 그 보호법익으로 인정된 것이나, 이 판결에서는 사회적 법익에 속하는 통신매체이용음란죄의 보호법익에도 성적 자기결정권이 포함된다고 판시한 점에 큰 의미가 있다. 여기에서 '성적 자기결정권'은 성행위를 할 것인가 여부, 성행위를 할 때 상대방을 누구로 할 것인가 여부, 성행위의 방법 등을 스스로 결정할 수 있는 권리를 의미하고(대법원 2019. 6. 13. 선고 2019도3341 판결), 통신매체이용음란죄는 '성적 자기결정권에 반하여 성적 수치심을 일으키는 그림 등을 개인의 의사에 반하여 접하지 않을 권리'를 보장하기 위한 것이라는 점을 분명히 하고 있다. 이러한 입장은 학계에서 꾸준히 제기되어 온 주장을 대법원이 반영한 것이라는 점에서 의의가 있다. 이처럼 이제는 음란(물)죄의 보호법익은 사회의 건전한 성풍속 외에도 '성적 자기결정권과 일반적 인격권'가 포함된다고 해야 할 것이고, 이는 형법상 음란(물)죄에도 적용되어야 할 것이다.

쟁점②와 관련하여 생각해 볼 수 있는 점은 성폭력처벌법상 통신매체이용음란죄의 성립요건이 무엇인가 하는 점이다. 대상판례는 '성적 수치심을 일으키는 그림 등을 상대방에게 도달하게 한다.'는 것은 '상대방이 성적 수치심을 일으키는 그림 등을 직접 접하는 경우뿐만 아니라 상대방이 실제로 이를 인식할 수 있는 상태에 두는 것'을 의미하므로 상대방에게 성적 수치심을 일으키는 그림 등이 담겨 있는 웹페이지 등에 대한 인터넷 링크(internet link)를 보내는 행위를 통해 그와 같은 그림 등이 상대방에 의하여 인식될 수 있는 상태에 놓이고 실질에 있어서 이를 직접 전달하는 것과 다를 바 없다고 평가하고 있다. 핸드폰이나 PC 등의 매체를 활발하게 사용하는 오늘날의 실태를 고려할 때 직접 접하는 경우뿐 아니라 웹페이지 등에 대한 인터넷 링크(internet link)를 보내는 등 다양한 방법으로 상대방이 실제로 이를 인식할 수 있는 경우도 이에 포함된다고 해석하고 있어 그 성립요건을 넓게 인정하고 있다.

Ⅲ. 나오는 말

대상판례가 가지는 의미는 첫째, 통신매체이용음란죄의 보호법익에 있어서 기존의 견해, 즉 사회의 건전한 성풍속이라는 추상적 법익 외에도 '성적 자기결정권과 일반적 인격권'이라는 구체적 법익까지 확대하고 있다는 점이다. 이는 학계에서 꾸준히 제기되어 온 의견을 대법원이 반영했다는 점에서 긍정적으로 평가할 수 있다.

나아가 통신매체이용음란죄의 성립에 있어서도 '상대방이 성적 수치심을 일으키는 그림 등을 직접 접하는 경우뿐만 아니라 상대방이 실제로 이를 인식할 수 있는 상태에 두는 것'도 포함하고 있어 오늘날 보편적으로 사용되고 있는 핸드폰 등 모바일기기를 이용한 방법까지 넓게 인정하고 있다는 점에 판례의 의의가 있다고 하겠다.

〔**참고문헌**〕 김성돈, 형법각론(제7판), SKKUP(2021); 김정환 · 김슬기, 형사특별법, 박영사(2021)

〔**필자: 이경재 교수(충북대)**〕

55 성적 욕망 또는 수치심을 유발할 수 있는 신체의 의미

【대상판결】 **대법원 2020. 1. 6. 선고 2019도16258 판결**

【사실관계】 피고인은 2018. 5. 9. 22:50경 피고인의 휴대전화기의 카메라 촬영 기능을 이용하여 레깅스 바지를 입고 피고인과 같은 버스에 승차하고 있던 피해자의 엉덩이 부위 등 하반신을 약 8초 동안 피해자 몰래 동영상 촬영하였다. 이로써 피고인은 성적 욕망 또는 수치심을 유발할 수 있는 피해자의 신체를 그 의사에 반하여 촬영하였다.

【판결요지】 구 「성폭력범죄의 처벌 등에 관한 특례법」(2018. 10. 16. 법률 제15977호로 개정되기 전의 것) 제14조 제1항에서 정한 '카메라등이용촬영죄'는 이른바 '몰래카메라'의 폐해가 사회문제가 되면서 촬영대상자의 의사에 반하는 촬영 및 반포 등의 행위를 처벌하기 위하여 신설된 조항으로서, 피해자의 성적 자기결정권 및 일반적 인격권 보호, 사회의 건전한 성풍속 확립을 그 보호법익으로 하며, 구체적으로 인격체인 피해자의 성적 자유와 함부로 촬영당하지 아니할 자유를 보호하기 위한 것이다. 여기에서 '성적 자유'는 소극적으로 자기 의사에 반하여 성적 대상화가 되지 않을 자유를 의미한다.

카메라등이용촬영죄에서 촬영한 대상이 '성적 욕망 또는 수치심을 유발할 수 있는 다른 사람의 신체'에 해당하는지는 객관적으로 피해자와 같은 성별, 연령대의 일반적이고 평균적인 사람들의 관점에서 성적 욕망 또는 수치심을 유발할 수 있는 신체에 해당하는지를 고려함과 아울러, 피해자의 옷차림, 노출의 정도 등은 물론, 촬영자의 의도와 촬영에 이르게 된 경위, 촬영 장소와 촬영 각도 및 촬영 거리, 촬영된 원판의 이미지, 특정 신체 부위의 부각 여부 등을 종합적으로 고려하여 구체적·개별적·상대적으로 결정하여야 한다. 따라서 피해자가 공개된 장소에서 자신의 의사에 의하여 드러낸 신체 부분이라고 하더라도 이를 촬영하거나 촬영 당하였을 때에는 성적 욕망 또는 수치심이 유발될 수 있으므로 카메라등이용촬영죄의 대상이 되지 않는다고 섣불리 단정하여서는 아니 된다.

【해설】

Ⅰ. 들어가는 말

대상판결의 쟁점은 버스 안에서 레깅스 바지를 입고 서 있던 피해자의 엉덩이 부위 등 하반신을 피해자 몰래 동영상 촬영한 행위가 성적 욕망 또는 수치심을 유발할 수 있는 피해자의 신체를 그 의사에 반하여 촬영한 행위에 해당하는지 여부이다. 이 사안에서 원심은 비록 이 사건 동영상이 버스에서 내리기 위해 서 있는 피해자의 뒤에서 피해자를 몰래 촬영한 것이기는 하나, 피고인은 특별한 각도나 특수한 방법이 아닌 사람의 시야에 통상적으로 비춰지는 부분을 그대로 촬영한 것에 불과하고 피해자의 진술이 성적 수치심을 나타낸 것으로 단정하기 어렵고 피고인에 대한 피해자의 처벌불원의사가 있다는 점에서 무죄를 선고하였다. 이에 대법원은 피고인이 성적 욕망 또는 수치심을 유발할 수 있는 신체를 피해자의 의사에 반하여 촬영하였다고 봄이 타당하다고 판단하여 원심판결을 파기 환송하였다.

카메라등이용촬영죄에서 '성적 욕망 또는 수치심을 유발할 수 있는 사람의 신체'는 성적 욕망이나 수치심이 주관적 감정을 기초로 한 상대적 개념이라고 할 수 있다는 점에서 그 개념이 다소 추상적이고 주관적이라고 할 수 있다. 그렇다보니 그에 대한 규범적 해석이 법관에게 맡겨지는 대표적인 구성요건의 하나라고 할 수 있다. 문제는 이에 대한 법원의 판단이 국민에게 다소 혼란을 주는 면이 없지 않다는 것이다.

Ⅱ. 카메라등이용촬영죄에서 성적 욕망 또는 수치심 유발 신체부위에 대한 판단

카메라등이용촬영죄에서 '성적 욕망 또는 성적 수치심' 유발에 대한 판단은 입법 초기부터 논란의 대상이 되었다. 그 이유는 행위자 또는 제3자의 성적 흥분을 목적으로 하는 '성적 욕망'과 그러한 행위로 인하여 침해받는 피해자의 감정인 '수치심'이라는 상반된 개념으로 인해 구성요건 해석에 혼란이 발생할 수 있기 때문이다. 종래 대법원에서 카메라등이용촬영죄는 주로 의복을 착용하지 않은 신체의 부위에 대한 촬영에서 문제되었다. 그런데 대상판결의 사안에서는 레깅스차림의 신체를 대상으로 판단하고 있어 그 해석에 새로운 변화를 보여주고 있다고 할 수 있다.

1. 성적 욕망 또는 수치심을 유발할 수 있는 신체부위의 판단기준

성적 욕망 또는 수치심을 유발할 수 있는 신체부위의 판단과 관련하여, 그 해당 여부는 사회의 평균적 성인의 시각에서 객관적으로 판단해야 된다는 "평균인 기준 종합고려설", 성희롱 및 성적 욕망 또는 수치심을 유발할 수 있는 신체부위에 해당하는지 여부는 피해자의 관점에서 판단해야 한다는 "합리적 피해자 기준 종합고려설", 그 해당 여부를 신체의 부위를 놓고 판단하는 것은 성폭력의 핵심을 올바르게 이해하지 못한 것으로 성폭력은 수치심 여부가 아니라 인격권의 침해문제로 판단해야 된다는 "인격권침해 종합고려설", 그 해당 여부는 평균인 기준 종합고려설과 합리적 피해자 기준 종합고려설, 보호법익 및 입법취지 등을 종합적으로 고려해서 판단해야 된다는 "결합된 종합고려설" 등으로 나누어 보는 견해가 있다.

2. 대법원의 태도

대상판결은 '성적 욕망 또는 수치심을 유발할 수 있는 신체'란 특정한 신체의 부분으로 일률적으로 결정되는 것이 아니고 촬영의 맥락과 촬영의 결과물을 고려하여 그와 같이 촬영을 하거나 촬영을 당하였을 때 '성적 욕망 또는 수치심을 유발할 수 있는 경우'를 의미한다고 판단하였다. 또한 카메라등이용촬영죄의 대상이 되는 신체가 반드시 노출된 부분으로 한정되는 것은 아니고, 의복이 몸에 밀착하여 엉덩이와 허벅지 부분의 굴곡이 드러나는 경우에도 해당될 수 있다고 판단하였다.

대상판결의 판단은 과거 대법원(대법원 2008. 1. 17. 선고 2007도7938 판결)이 짧은 치마를 입고 지하철 좌석에 앉아있는 여성의 치마 아래쪽 다리를 휴대전화 카메라로 촬영한 피고인에게 짧은 치마를 입은 여성의 치마 및 다리부위는 성적 욕망이나 수치심을 유발할 수 있는 신체에 해당하지 않는다고 보아, 에스컬레이터를 타고 오르면서 앞서가는 여성의 치마 속을 휴대전화로 촬영하기도 하였지만, 여성의 치마 속 다리 부위가 반드시 성적 욕망이나 수치심을 유발할 수 있는 타인의 신체라고 단정하기 어렵다고 하여 무죄를 선고한 판단과 차이가 있다.

대상판결은 대법원(대법원 2008. 9. 25. 선고 2008도7007 판결)이 성적 욕망 또는 수치심 유발을 판단함에 있어 "객관적으로 피해자와 같은 성별, 연령대의 일반적이고도 평균적인 사람들의 입장에서 성적 욕망 또는 수치심을 유발할 수 있는 신체에 해당되는지 여부를 고려함과 아울러 당해 피해자의 옷차림. 노출의 정도 등은 물론, 촬영자의 의도와 촬영에 이르게 된 경위, 촬영 장소와 촬영 각도 및 촬영 거리, 촬영된 원판의 이미지, 특정 신체 부위의 부각 여부 등을 종합적으로 고려하여 구체적·개별적·상대적으로 결정"하여야 한다고 판단한 논거에 입각하고 있다.

Ⅲ. 나오는 말

카메라등이용촬영죄에서 성적 욕망 또는 수치심의 유발은 "타인의 신체 촬영을 통해 단순한 호기심의 발동을 넘어 범죄자 본인 또는 타인의 성적 욕구의 발생 내지 증가를 초래하거나, 단순한 부끄러움이나 불쾌감을 넘어 정상적인 사고를 가진 사회 평균인의 성적 도덕관념을 파괴하지는 않더라도 훼손하거나 성에 대한 건전한 가치관에 혼동을 일으켜 동물적 존재로서가 아닌 인격적 존재로서의 인간의 근원적 수치심을 약하게나마 느끼게 하는 것을 말한다."고 할 수 있다.

대상판결은 카메라등이용촬영죄의 해석에 새로운 변화를 보여주고 있다. 이러한 변화는 과거와 달라진 시대상과 대중의 성인식 등이 반영된 결과라고 할 수 있다. 대상판결에서 카메라등이용촬영죄의 보호법익이 성적 자기결정권이라고 하면서, 자기 의사에 반하여 성적 대상화가 되지 않을 권리, 함부로 촬영당하지 않을 권리가 포함된다고 본 것은 타당한 결론이라고 생각된다. 다만, 카메라등이용촬영죄가 비동의촬영죄를 규정한 것이 아니라는 점에서 현재의 해석이 지나친 확장해석이라는 비판이 제기될 수 있어 입법적인 보완을 모색하는 것도 필요하다고 본다.

〔**참고문헌**〕 김영철·조현욱, "성적 욕망 또는 수치심을 유발할 수 있는 다른 사람의 신체부위 해당 여부－대법원 2014. 7. 24. 선고 2014도6309 판결－", 법학연구 제57권 제3호(2016); 이승준, "성폭법상 카메라등 이용촬영죄에서의 구성요건 해석 문제", 형사판례연구 17(2009).

〔필자: 김혜정 교수(영남대)〕

56 피해자 본인에게 불법촬영물을 전송하는 행위가 성폭력범죄의 처벌 등에 관한 특례법 제14조에서 정한 '제공'에 해당하는지 여부

【대상판결】 **대법원 2018. 8. 1. 선고 2018도1481 판결**

【사실관계】 피고인은 연인관계이던 피해자 몰래, 나체 상태로 앉아 있는 피해자의 전신을 휴대전화기를 이용하여 촬영하고, 그렇게 촬영한 사진 1장을 피해자의 휴대전화기로 전송하였다. 검사는 그 사진을 피해자에게 전송한 행위가 구 성폭력범죄의 처벌 등에 관한 특례법(2016. 12. 20. 개정되어 법률 제14412호로 시행되기 전의 것) 제14조 제1항(현행 성폭력범죄의 처벌 등에 관한 특례법 제14조 제2항)의 '제공'에 해당한다는 이유로 기소하였다. 제1심은 이 부분 공소사실을 유죄로 인정하였으나 원심은 촬영의 대상이 된 피해자 본인에게 사진을 전송하는 것은 위 조항의 '제공'에 해당하지 않는다는 이유로 무죄로 판단하였다.

【판결요지】 성폭력범죄의 처벌 등에 관한 특례법(이하 '성폭력처벌법'이라 한다) 제14조 제1항(현행 성폭력처벌법 제14조 제2항)(괄호 부분은 인용자가 추가하였다)에서 촬영행위뿐만 아니라 촬영물을 반포·판매·임대·제공 또는 공공연하게 전시·상영하는 행위까지 처벌하는 것은, 성적 욕망 또는 수치심을 유발할 수 있는 타인의 신체를 촬영한 촬영물이 인터넷 등 정보통신망을 통하여 급속도로 광범위하게 유포됨으로써 피해자에게 엄청난 피해와 고통을 초래하는 사회적 문제를 감안하여, 죄책이나 비난가능성이 촬영행위 못지않게 크다고 할 수 있는 촬영물의 유포행위를 한 자를 촬영자와 동일하게 처벌하기 위해서이다.

성폭력처벌법 제14조 제1항에서 '반포'와 별도로 열거된 '제공'은, '반포'에 이르지 아니하는 무상 교부행위로서 '반포'할 의사 없이 '특정한 1인 또는 소수의 사람'에게 무상으로 교부하는 것을 의미하는데, 성폭력처벌법 제14조 제1항에서 촬영행위뿐만 아니라 촬영물을 반포·판매·임대·제공 또는 공공연하게 전시·상영하는 행위까지 처벌하는 것이 촬영물의 유포행위를 방지함으로써 피해자를 보호하기 위한 것임에 비추어 볼 때, 촬영의 대상이 된 피해자 본인은 성폭력처벌법 제14조 제1항에서 말하는 '제공'의 상대방인 '특정한 1인 또는 소수의 사람'에 포함되지 않는다고 봄이 타당하다.

따라서 피해자 본인에게 촬영물을 교부하는 행위는 다른 특별한 사정이 없는 한 성폭력처벌법 제14조 제1항의 '제공'에 해당한다고 할 수 없다.

【해설】

Ⅰ. 들어가는 말

현행 성폭력처벌법은 제14조 제1항에서 “카메라나 그 밖에 이와 유사한 기능을 갖춘 기계장치를 이용하여 성적 욕망 또는 수치심을 유발할 수 있는 사람의 신체를 촬영대상자의 의사에 반하여 촬영한 자는 7년 이하의 징역 또는 5천만 원 이하의 벌금에 처한다.”고 정하고, 같은 조 제2항에서 “제1항에 따른 촬영물 또는 복제물(복제물의 복제물을 포함한다)을 반포·판매·임대·제공 또는 공공연하게 전시·상영한 자 … (중략) … 는 7년 이하의 징역 또는 5천만 원 이하의 벌금에 처한다.”고 정하고 있다. 대상판결 당시의 구 성폭력처벌법은 현행 성폭력처벌법 제14조 제1항의 촬영행위와 제14조 제2항의 촬영물의 반포·판매·임대·제공 또는 공공연한 전시·상영행위를, 제14조 제1항(이 조항 중에서 불법촬영물을 반포·판매·임대·제공하거나 공공연하게 전시·상영하는 행위에 관한 부분을, 이하 ‘이 사건 조항’이라 한다)에서 한꺼번에 규정하고 있었다. 대상판결의 쟁점은 카메라 등 기계장치를 이용하여 성적 욕망 또는 수치심을 유발할 수 있는 사람의 신체를 촬영한 촬영물을 그 촬영의 대상이 된 피해자 본인에게 전송한 행위가 이 사건 조항에서 정한 ‘제공’에 해당되는가 하는 점이다.

Ⅱ. 성폭력처벌법의 ‘제공’에 해당하는지 여부

1. 상정 가능한 견해들

이 사건 조항의 문언을 볼 때 ‘제공’의 상대방을 타인으로 한정하고 있지 않은 점, 카메라 등 이용촬영 및 그 반포행위 등을 처벌하는 성폭력처벌법은 주로 피해자 개인을 보호하기 위한 것이나 건전한 성풍속 확립이라는 사회적 법익을 보호할 목적도 가지고 있는 점, 피해자 본인에게 촬영물을 보내는 것 자체가 피해자에 대한 공갈이나 협박의 수단이 되는 경우가 많아 처벌의 필요성이 있는 점 등을 근거로 ‘제공’에 해당한다는 견해가 있을 수 있다.

그 반면에 이 사건 조항은, 촬영물이 제3자에게 유포되는 것을 금지함으로써 피해자의 2차 피해를 방지하려는 것으로서 개인적 법익을 그 보호법익으로 하는데, 피해자에게 전송된 것만으로는 촬영물이 유포되어 새로운 법익침해가 있었다고 보기 어려운 점, 피해자 본인에게 촬영물을 보내는 것 자체가 공갈이나 협박의 수단이 되는 경우는 공갈죄나 협박죄로 규율하면 충분한 점 등에 비추어 볼 때, ‘제공’에 해당하지 않는다는 견해가 가능하다.

2. 검토

대상판결은 이 사건 조항의 입법취지를, 불법촬영물의 유포행위를 방지함으로써 피해자를 보호하기 위한 것이라고 보고 피해자 본인은 위 조항에서 말하는 '제공'의 상대방인 '특정한 1인 또는 소수의 사람'에 포함되지 않는다고 해석하고 있다. 한편, 대법원 2016. 10. 13. 선고 2016도6172 판결은 "성폭력범죄의 처벌 등에 관한 특례법 제14조 제1항 후단(현행 성폭력처벌법 제14조 제2항)(괄호 부분은 인용자가 추가하였다) … (중략) … 의 입법 취지는, 개정 전에는 카메라 등을 이용하여 성적 욕망 또는 수치심을 유발할 수 있는 타인의 신체를 그 의사에 반하여 촬영한 자만을 처벌하였으나, 타인의 신체를 그 의사에 반하여 촬영한 촬영물이 인터넷 등 정보통신망을 통하여 급속도로 광범위하게 유포됨으로써 피해자에게 엄청난 피해와 고통을 초래하는 사회적 문제를 감안하여, 죄책이나 비난 가능성이 촬영행위 못지않게 크다고 할 수 있는 촬영물의 시중 유포 행위를 한 자에 대해서도 촬영자와 동일하게 처벌하기 위한 것"이라고 판시하였다. 대상판결은 이렇듯 이 사건 조항의 입법취지를 불법촬영물의 유포를 방지하여 피해자 개인의 법익을 보호하려는 것으로 이해하고 있는 종전 대법원 판결과 맥을 같이한다.

특정한 법률의 입법경위를 보여주는 국회 의안정보시스템도 이러한 대상판결의 취지를 뒷받침한다. 국회 의안정보시스템에 의하면, 이 사건 조항에 '제공'이라는 구성요건이 처음으로 규정된 2012. 12. 18.자 개정 성폭력처벌법(법률 제11556호, 2013. 6. 19. 시행)의 개정이유에 관하여 나체사진 등 불법촬영물을 '타인에게 제공하는 행위'도 처벌하려는 것이라고 설명하고 있다. 한편, 피해자의 나체사진을 피해자 본인의 휴대전화기로 전송한 대상판결의 행위는 성폭력처벌법 제13조(자기 또는 다른 사람의 성적 욕망을 유발하거나 만족시킬 목적으로 전화, 우편, 컴퓨터, 그 밖의 통신매체를 통하여 성적 수치심이나 혐오감을 일으키는 말, 음향, 글, 그림, 영상 또는 물건을 상대방에게 도달하게 한 사람은 2년 이하의 징역 또는 2천만 원 이하의 벌금에 처한다)에서 정한 통신매체이용음란죄로 규율될 수 있어(대법원 2017. 6. 8. 선고 2016도21389 판결 참조) 처벌의 공백이라는 문제를 일으키지도 않는다.

Ⅲ. 나오는 말

성폭력처벌법의 입법경과에 비추어 볼 때, 촬영행위 이외에 반포·제공 등 행위까지 처벌하는 취지는 불법촬영물의 유포를 방지함으로써 피해자의 인격권을 보호하려는 데 있다고 봄이 타당하다. 따라서 피해자를 촬영한 영상물인 나체사진을 피해자 본인에게 전송한 행위는 '제공'에 해당되지 않는다. 불법촬영된 영상물을 피해자 본인에게 전송하였다고 하여 이로써 그 영상물이 유포되었다고 평가할 수는 없기 때문이다. 대상판결의 행위처럼 피해자의 나체사진을 피해자 본인에게 휴대전화기 등 통신매체를 통하여 전송하는 행위는 이 사건 조항이 아니라 성폭력처벌법 제13조에서 정한 통신매체이용음란죄로 규율될 일이다.

대상판결은 현행 성폭력처벌법 제14조에서 말하는 '제공'은 '반포'할 의사 없이 '특정한 1인 또는 소수의 사람'에게 무상으로 교부하는 것을 의미하고, 불법촬영의 대상이 된 피해자 본인은 '제공'의 상대방에 포함되지 않는다는 법리를 명확히 밝혔다는 점에서 의의가 있다.

〔**참고문헌**〕 민철기, "피해자 본인에게 촬영물을 교부하는 행위가 성폭력범죄의 처벌 등에 관한 특례법 제14조 제1항의 '제공'에 해당하는지 여부", 대법원판례해설[118](2019)

〔**필자: 최종원 부장판사(의정부지방법원 고양지원)**〕

57 신상정보 제출의 범위와 처벌의 판단기준

【대상판결】 **대법원 2019. 10. 17. 선고 2018도2446 판결**

【사실관계】 피고인은 강제추행죄로 유죄를 선고받고 그 판결이 확정되어 성폭력범죄의 처벌 등에 관한 특례법(이하 '성폭력처벌법'이라고 한다)에서 정하는 신상정보 등록대상자가 되었다. 이에 따라 피고인은 관할 경찰서의 장에게 기본신상정보를 제출하면서 연락처로 주거지 전화번호, 휴대전화 번호, 직장 전화번호를 모두 제출하였는데, 이후 휴대전화 번호를 변경하였음에도 관할 경찰서에 변경된 휴대전화 번호를 제출하지 않았다. 한편, 관할 경찰서의 경찰관은 피고인의 신상정보 변경 여부를 확인하기 위해 기존 휴대전화 번호로 전화하였으나 피고인이 전화를 받지 않자 다시 위 휴대번호로 연락을 달라는 문자메시지를 전송하였고, 이에 피고인이 휴대전화 번호 변경 당시 가입한 '번호 변경 안내 서비스'에 따라 경찰관에게 변경된 휴대전화 번호를 안내하는 문자메시지가 자동으로 전송되었다. 피고인은 제출한 신상정보가 변경되었음에도 20일 이내에 자신의 주소지를 관할하는 경찰관서의 장에게 그 사유와 변경내용을 제출하지 않았다는 범죄사실로 기소되었다.

【판결요지】 성폭력처벌법 제43조 제1항 제5호가 신상정보 등록대상자가 제출하여야 할 기본신상정보의 하나로 전화번호를 규정한 취지는 관할경찰서 등이 신상정보 등록대상자에게 신속하게 연락할 수 있는 수단을 확보하기 위한 데에 있다. 또한 동법 시행령 제3조 제1항 제5호의 문언 형식과 내용에 비추어 보면, 신상정보 등록대상자는 주거지 전화번호, 휴대전화 번호 또는 그 밖에 연락할 수 있는 전화번호 중 어느 것이든 연락이 가능한 것을 제출하면 충분하고 반드시 모든 전화번호를 제출하여야만 하는 것은 아니라고 해석된다.

한편 성폭력처벌법 제43조 제3항, 제50조 제3항 제2호는 신상정보 등록대상자가 '정당한 사유' 없이 변경정보를 제출하지 아니하였을 때에 한하여 처벌 대상으로 규정하고 있는데, 여기서 제출하지 아니한 변경정보가 전화번호인 경우 '정당한 사유'의 유무를 판단할 때에는 성폭력처벌법령에서 기본신상정보의 하나로 전화번호를 규정한 입법 취지를 충분히 고려하면서, 변경정보를 제출하지 아니한 동기와 경위, 그로 인하여 신상정보 등록대상자와의 연락이 곤란해지는 결과가 발생하였는지 여부 등을 아울러 참작하여 구체적인 사안에 따라 개별적으로 판단하여야 한다.

【해설】

Ⅰ. 들어가는 말

성폭력처벌법 제43조 제3항은 "등록대상자는 제1항에 따라 제출한 기본신상정보가 변경된 경우에는 그 사유와 변경내용을 변경사유가 발생한 날부터 20일 이내에 제1항에 따라 제출하여야 한다."라고 규정하고, 같은 법 제50조 제3항 제2호는 제43조 제3항을 위반하여 정당한 사유 없이 변경정보를 제출하지 아니한 자를 처벌하도록 정하고 있다. 한편, 성폭력처벌법 시행령 제3조 제1항 제5호 가목은 신상정보 등록대상자가 제출하여야 될 전화번호로 '주거지 전화번호, 휴대전화 번호 또는 그 밖에 연락할 수 있는 전화번호'를 정하고 있다.

이 사건은 신상정보 등록대상자인 피고인이 관할 경찰서의 장에게 주거지 전화번호, 직장 전화번호 및 휴대전화 번호를 제출한 후 그중 일부인 휴대전화 번호가 변경되었음에도 법에서 정하는 기간 내에 그 변경정보를 제출하지 않은 사안으로, 그 쟁점은 ① 신상정보 등록대상자가 '주거지 전화번호, 휴대전화 번호 또는 그 밖에 연락할 수 있는 전화번호'를 모두 제출하여야 하는지 여부 및 ② 신상정보 등록대상자가 다수의 전화번호를 제출하였고, 그중 일부 전화번호가 변경되었음에도 그 변경정보를 제출하지 아니한 경우 처벌할 수 있는지 여부이다. 신상정보의 제출범위 및 변경정보를 미제출한 경우의 처벌의 판단 기준 등에 관하여는 기존의 논의가 거의 전무하므로, 여기에서는 위 각 쟁점에 따라 발생할 수 있는 견해 대립과 이에 관한 대상판결의 태도를 중심으로 살펴보기로 한다.

Ⅱ. 신상정보 중 전화번호 제출의무의 범위(쟁점①)

1. 견해 대립

(1) 모든 전화번호를 제출하여야 한다는 견해(제1설)

원칙적으로 성폭력처벌법 시행령에서 정하는 주거지 전화번호, 휴대전화 번호를 제출하되, 위 번호들이 존재하지 않는 경우 보충적으로 그 밖에 연락할 수 있는 전화번호를 제출하여야 된다고 보는 견해이다. 성폭력범죄 피해자의 생명과 신체의 안전을 보장하고 건강한 사회질서 확립에 이바지함을 목적으로 하는 성폭력처벌법의 입법취지 및 성범죄자의 재범방지와 효율적인 수사를 위해서는 그 전제로 수사기관이 성범죄자에 대한 연락이 가능하여야 한다는 점을 그 근거로 한다.

(2) 연락 가능한 전화번호 중 일부만을 제출해도 된다는 견해(제2설)

주거지 전화번호와 휴대전화 번호 또는 그 밖의 전화번호 중 선택적으로 연락 가능한 전화번호만을 제출하는 것으로도 충분하다고 보는 견해이다. 신상정보 등록대상자가 연락가능한 전화번호 중 일부를 제출하는 것만으로도 연락처 제출을 규정한 목적을 달성할 수 있고, 만일 모든 전화번호를 제출할 의무를 부여한다고 한다면 문언의 의미를 넘어 피고인에게 과도한 제출의무를 부담하게 된다는 것을 그 근거로 한다.

2. 대상판결의 태도

대상판결은 제2설과 같이 제출하여야 할 신상정보 중 하나로 전화번호를 규정한 취지 및 성폭력처벌법 시행령 제3조 제1항 제5호 가목의 문언 형식과 내용에 비추어 보면, 신상정보 등록대상자는 주거지 전화번호, 휴대전화 번호 또는 그 밖에 연락할 수 있는 전화번호 중 어느 것이든 연락이 가능한 것을 제출하면 충분하고 반드시 모든 전화번호를 제출하여야만 하는 것은 아니라는 태도를 취하고 있다.

Ⅲ. 일부 변경된 정보의 미제출에 대한 처벌의 가부(쟁점②)

1. 견해 대립

(1) 처벌하여야 한다는 견해

앞서 본 전화번호 제출의무의 범위와 관련하여 제1설을 취하는 경우 등록대상자가 추후 일부 정보가 변경되었음에도 이를 제출하지 않는다면 처벌대상이 된다고 볼 것이다. 또한 전화번호 제출의무의 범위와 관련하여 제2설을 취하는 입장에서도 등록대상자가 일단 신상정보를 제출한 이상 그중 일부 정보가 변경되었더라도 성폭력처벌법 제43조 제3항의 문언에 따라 제출된 신상정보의 진실성 담보를 위하여 이를 처벌하여야 한다고 볼 수 있다.

(2) 구체적 사안에 따라 개별적으로 판단하여야 한다는 견해

전화번호 제출의무의 범위와 관련하여 제2설을 취하는 것을 전제로 하여 제출된 다수의 전화번호 중 일부가 변경되어 그 변경정보가 제출되지 않았더라도 여전히 나머지 전화번호로도 연락 가능한 상태가 유지되는 경우와 같이 구체적인 사안에 따라 신상정보 등록의 목적이 훼손되지 않는 경우에는 처벌의 필요성이 없다는 견해이다.

2. 대상판결의 태도 및 이 사건의 경우

대상판결은 등록대상자가 변경정보를 제출하지 아니한 경우 성폭력처벌법 제50조 제3항 제2호에 따라 '정당한 사유'가 있는지 여부를 구체적인 사안에 따라 개별적으로 판단하여야 한다고 한다. 그러면서 '정당한 사유'의 판단 기준으로 ① 성폭력처벌법령에서 기본신상정보의 하나로 전화번호를 규정한 입법취지, ② 변경정보를 제출하지 아니한 동기와 경위, ③ 그로 인하여 신상정보 등록대상자와의 연락이 곤란해지는 결과가 발생하였는지 등을 제시하고 있다.

이 사건의 경우 피고인의 주거지 및 직장 전화번호는 변경되지 않았고, 피고인이 휴대전화 번호 변경 당시 가입한 '번호 변경 안내 서비스'에 따라 종전 휴대전화 번호로 전화가 걸려오더라도 변경된 휴대전화 기기로 수신이 가능하였던 점, 실제 피고인은 경찰관으로부터 연락을 달라는 문자메시지를 받은 지 약 2분 후에 변경된 휴대전화 번호로 경찰관에게 전화를 걸었던 점 등을 고려하면, 피고인은 얼마든지 연락이 가능한 상태에 있었으므로 정당한 사유 없이 성폭력처벌법 제43조 제3항을 위반하여 변경정보를 제출하지 아니하였다고 보기 어렵다. 대상판결 역시 이와 같은 이유로 피고인을 무죄로 판단하였다.

Ⅳ. 나오는 말

대상판결은 이제까지 학계나 실무에서 제대로 논의되지 않았던 신상정보 등록대상자의 전화번호 제출의무의 범위를 명확히 밝혔다. 또한 등록대상자가 변경된 정보를 제출하지 아니한 경우에도 이를 일괄하여 처벌할 것이 아니라 성폭력처벌법 제50조 제3항 제2호의 '정당한 사유'의 유무를 처벌 기준으로 삼아 이에 대한 구체적인 판단 기준을 제시하였다는 점에서 선례적 의의가 있다.

〔**참고문헌**〕 김나영, "신상정보 등록대상자의 전화번호 변경정보 미제출에 대한 처벌조항의 해석", 대법원판례해설 [122](2020)

〔**필자: 고소영 판사(서울북부지방법원)**〕

58 신상정보 공개 · 고지명령의 소급적용 범위

【대상판결】 **대법원 2014. 3. 27. 선고 2013도13095 판결**

【사실관계】 피고인은 2007. 8. 6. 19:00경 동두천시에서 피해자 공소외 1(여, 15세)이 혼자 귀가하는 것을 보고 피해자에게 다가가 어깨동무를 하면서 손가락을 마치 흉기인 것처럼 피해자의 옆구리에 대고 위협하며 피해자를 동두천시 화장실로 끌고 갔다.

피고인이 성기를 음부에 삽입하다 피해자가 아프다고 하자, 피해자의 음부와 항문을 만지며 자위행위를 하고, 발가벗긴 채 카메라 이용 사진을 촬영하였다. 피고인은 위 일시·장소에서 피해자의 음부를 만지고 피해자에게 자신의 성기를 빨게 하고, 피해자가 뒤돌아 벽을 보고 서도록 한 후 피해자의 뒤에서 자신의 성기를 차례로 피해자의 음부와 항문에 삽입하고, 피해자가 아프다고 하자 피해자의 음부와 항문을 만지며 자위행위를 하였다.

그 후 피고인은 변기에 앉아 피해자를 피고인 위에 앉힌 후 재차 강간하려 하였으나 피해자가 아프다고 하자 피해자의 음부와 항문을 만졌다. 이로써 피고인은 피해자를 강간하고 그로 인하여 피해자에게 치료일수 불상의 회음부 찰과상을 입게 하였다.

1심에서 합의되었음에도 징역 8년을 선고받은 피고인은 항소하였다. 항소심인 서울고등법원은 회음부 찰과상이 피고인의 행위로 발생하였는지 여부 및 자연치유 가능성이 있는지에 대해 당시 진단서를 발급한 의사에 대한 사실조회신청 및 의학적 지식 등을 적극 활용하여 본건 회음부 찰과상은 자연치유가 가능하여 강간치상죄의 상해에 해당하지 않는다는 이유로 무죄를 선고하고, 강간의 점은 인정되나(피고인은 강간의 점에 대해서는 자백하였음) 1심에서 고소취소되었으므로 공소기각하는 한편 전자발찌 부착명령도 기각하였다. 성폭법 위반에 대해서는 징역 3년 및 공개고지명령을 선고하면서도 보석신청을 받아들여 석방결정하였다.

【판결요지】 아동·청소년' 대상 성폭력범죄가 2012. 12. 18. 법률 제11556호로 전부 개정되어 2013. 6. 19. 시행된 '성폭력범죄의 처벌 등에 관한 특례법' 등에서 정한 등록대상 성폭력범죄에도 해당하는 경우, 같은 법 등의 규정에 따른 공개명령 및 고지명령의 대상이 되지 아니한다.

'성폭력범죄의 처벌 등에 관한 특례법' 제42조 제1항에 의하여 새로이 공개명령 및 고지명령의 대상이 된 성폭력범죄(같은 법 제11조 내지 제15조에 정한 것)가 '아동·청소년'을 대상으로 이루어진 경우, 같은 법 부칙(2012. 12. 18.) 제4조 제1항이 적용되지 아니한다.

【해설】

I. 들어가는 말

'아동·청소년' 대상 성폭력범죄가 성폭법에서 정한 등록대상 성폭력범죄에도 해당하는 경우, 같은 법 등의 규정에 따른 공개명령 및 고지명령의 대상이 되지 않으며, 같은 법 부칙 제4조 제1항의 소급규정이 같은 법 제42조 제1항에 의해 새롭게 공개명령 및 고지명령의 대상이 된 성폭력범죄의 범행대상이 아동·청소년일 경우에도 적용되지 않는다.

이 사건 심판대상 법률조항의 생성배경은 다음과 같다. 성폭법은 성폭력범죄의 처벌 및 피해자보호등에관한법률(법률 제4702호, 1994. 1. 5. 제정, 시행 1994. 4. 1.)"로 제정되었다가, 성폭력범죄의 피해자보호 등에 관한 법률(법률 제10258호, 2010. 4. 15, 타법개정, 시행 2010. 4. 15.)로 바뀌었고, 이 법은 2010년 4월 15일 ① 성폭력범죄의 처벌 등에 관한 특례법(성폭력범죄의 처벌 및 그 절차에 관한 특례를 규정)과 ② 성폭력방지 및 피해자보호 등에 관한 법률(성폭력을 예방하고 성폭력피해자를 보호·지원함을 목적)로 각각 제정됨으로써 성폭력특별법은 폐지되었다.

II. 대법원 판단 내용

이 사건 범죄는 2007. 8. 6. 아동·청소년을 상대로 저질러진 카메라 이용 촬영 범행으로서, 그 당시 시행되던 법률 제7801호 청소년성보호법이 정한 등록·열람 요건을 충족하지 못한다. 앞서 본 해당 규정 내용과 관련 법리에 의하면, 이는 법률 제11556호 성폭력특례법은 물론 법률 제11572호 아동성보호법 등의 규정에 따른 공개명령 및 고지명령의 대상이 되지 아니한다고 할 것이다.

III. 학계의 동향

1. 대상판결과 관련하여

(1) 공개고지명령확대의 입장

이 판결은 신상정보 공개·고지명령 제도의 법적 성격과 아울러 관련법조의 입법방식이나 소급효금지의 원칙 위배 여부 및 평등권 침해의 여부 등에 대해서 문제가 있는 것으로 판단된다. 다만 아동·청소년을 대상으로 한 성범죄자에게는 법제도적 측면에서 엄격적용하여 미성년자에 대한 보호권을 강화하는 방안으로 기능하도록 비교·형량될 필요가 있으며, 결론적으로 유죄부분을 파기하여서는 안되고 아청법위반 공개고지명령대상자라고 해야 할 것이라는 입장이 있다.

(2) 공개고지명령축소의 입장

반면 이와 상반된 입장도 있다. 통상 성범죄는 재범률이 높으므로 이를 예방하기 위해 신상등록 등을 비롯한 특별한 대책이 필요하다고 여겨져 왔으나 성범죄의 재범률이 다른 범죄에 대해 유의미할 정도로 높다는 점이 증명된 바는 없는 것으로 보인다는 것이다. 오히려 일부 연구에 의하면 성범죄자의 재범률이 재범률의 평균보다 낮으며, 상당수의 성범죄자는 재범자가 아닌 초범자라고 한다. 게다가 현행법상 신상등록은 어느 특정한 범주의 범죄를 범하면 필수적으로 이루어지고 있는데, 재범의 위험성을 묻지 않고 신상등록을 강제하는 것은 성범죄자 신상등록제도가 재범을 방지하기 위한 제도라는 주장의 설득력을 약화시킬 수 있다는 것이다.

2. 성폭력특별법 등과 관련하여

향후 아청법, 성폭법, 성매매알선 등 행위의 처벌에 관한 법률, 성폭력방지 및 피해자보호 등에 관한 법률, 성매매방지 및 피해자보호 등에 관한 법률, 특정강력범죄의 처벌에 관한 특례법(제8조의2), 정보통신망 이용촉진 및 정보보호 등에 관한 법률 등의 특별법을 정비하여 주요 구성요건을 형법에 편입하고, 가능한 한 이러한 특별법을 폐지하는 것이 바람직하다. 특히 신상정보의 등록과 공개·고지의 집행에 대해 이원화되어 있는 구조를 일원화하여 등록한 기관이 집행하도록 그 구조를 혁신할 필요가 있다.

Ⅳ. 나오는 말

1. 대법원의 입장

원심은 이 사건 범죄에 관하여 피고인이 법률 제11556호 성폭력특례법 부칙 제4조 제1항 등이 정한 공개명령 및 고지명령 대상이 된다고 판단하였다. 이러한 원심판결에는 아동·청소년 대상 성폭력범죄에 대한 공개명령 및 고지명령의 요건, 법률 제11556호 성폭력특례법 부칙 제4조 제1항의 적용 범위 등에 관한 법리를 오해하여 판결에 영향을 미친 위법이 있다면서 결국 대법원에서는 원심판결 중 이 사건 범죄에 대한 공개명령 및 고지명령 부분을 파기하였다.

나아가 '성폭력범죄의 처벌 등에 관한 특례법' 등에 의한 공개명령 및 고지명령은 대상 성폭력범죄 사건의 판결과 동시에 선고하는 부수처분이므로, 그 공개명령 및 고지명령의 전부

혹은 일부가 위법한 경우 나머지 성폭력범죄 사건 부분에 위법이 없더라도 그 부분까지 전부 파기하여야 한다고 대법원은 보고 있다.

2. 결론

형법의 중요한 원칙 중의 하나로 죄형법정주의를 들 수 있다. 이는 죄와 형벌은 행위 당시의 법에 따라야 한다는 의미로 일반시민의 기본권을 보장하는 취지에서 법은 명확해야 한다. 나아가 판결에서의 자의적인 해석이나 유추해석을 지양하기 위해서는 명확한 법해석이 중요하다. 그리고 의심스러울 때에는 피고인의 이익으로 해석해야 한다. 그러한 의미에서 대상판결의 결론은 적절하다고 판단된다.

〔**참고문헌**〕 남선모, "성폭법상 신상정보 공개·고지명령", 형사판례연구 22(2014); 이용식, "성범죄자 신상등록·신상공개·신상고지 제도에 관한 소고", 한국피해자학회 제24권 제1호(2016)

〔**필자: 안정빈 교수(경남대)**〕

59 군형법상 성범죄가 성폭력처벌법상 성폭력범죄에 해당하는지 여부

【대상판결】 **대법원 2014. 12. 24. 선고 2014도10916 판결**

【사실관계】 피고인은, 해병대 ○○여단 소속 상병으로 2013. 12. 26. 06:20경 초소 내에서 피해자 甲의 구강 안으로 피고인의 성기를 넣어 약 1분간 빨게 한 다음 피해자의 입안에 사정하여 유사강간하였고, 2013. 10. 7.부터 2013. 10. 27.까지 사이에 생활관 복도에서 샤워장으로 가는 피해자 乙의 체육복 안에 우측 손을 넣고 피해자의 가슴부위를 약 5회 만진 것을 비롯하여 2013. 12. 26.까지 총 27회에 걸쳐 피해자들을 강제추행하였다.

【판결요지】 성폭력범죄의 처벌 등에 관한 특례법(이하 '성폭력처벌법'이라고 한다) 제2조 제1항은 각 호의 어느 하나에 해당하는 죄를 성폭력범죄로 규정하였는데, 제3호에는 형법 제297조의2(유사강간), 제298조(강제추행)의 죄가 포함되어 있고, 같은 법 제2조 제2항에서 '제1항 각 호의 범죄로서 다른 법률에 따라 가중처벌되는 죄'는 성폭력범죄로 본다고 규정하였다.

한편 2009. 11. 2. 법률 제9820호로 개정된 군형법은 군대 내 여군의 비율이 확대되고 군대 내 성폭력 문제가 심각해지자 여군을 성폭력범죄로부터 보호하고 군대 내 군기확립을 위하여 제15장에 강간과 추행의 죄에 관한 장을 신설하면서 제92조의2에 군인등강제추행의 죄를 규정하였고, 그 후 2012. 12. 18. 법률 제11574호로 형법이 개정되면서 제297조의2(유사강간)의 죄가 신설되자 2013. 4. 5. 법률 제11734호로 군형법도 개정되면서 제92조의2에 군인등유사강간의 죄가 신설되고, 군인등강제추행의 죄는 제92조의3으로 조항이 변경되었다.

위와 같이 군형법상 강간과 강제추행의 죄가 군인을 상대로 한 성폭력범죄를 가중처벌하기 위한 것으로서 형법상 강간 및 강제추행의 죄와 본질적인 차이가 없어 이를 성폭력처벌법상 성폭력범죄에서 제외할 합리적인 이유가 없는 점, 군인등유사강간 및 군인등강제추행의 죄는 행위주체가 군형법 제1조에 규정된 자로 제한되고 범행대상(또는 행위객체)이 군형법 제1조 제1항 내지 제3항에 규정된 자로 제한되는 점 외에 형법상 유사강간 및 강제추행의 죄와 행위태양이 동일한 점 등을 종합하여 보면, 군인등유사강간 및 군인등강제추행의 죄는 형법상 유사강간 및 강제추행의 죄에 대하여 가중처벌하는 죄로서 성폭력처벌법 제2조 제2항에 의해 성폭력범죄에 포함된다고 보아야 한다.

【해설】

Ⅰ. 들어가는 말

대상판결의 쟁점은 군인등유사강간죄, 군인등강제추행죄 등 군형법상 성범죄가 성폭력처벌법 제2조 제2항에서 정한 '성폭력범죄(제1항 각 호의 범죄로서 다른 법률에 따라 가중처벌되는 죄)'에 해당되어 성폭력처벌법 제47조 제1항, 제49조 제1항, 아동·청소년의 성보호에 관한 법률 제49조 제1항 제2호, 제50조 제1항 제2호에서 정한 신상정보의 공개 및 고지명령의 대상범죄에 포함되는지 여부이다.

법률 제9820호로 개정된 군형법이 시행되기 이전에는 성폭력처벌법 제2조에서 성폭력범죄에 해당하는 모든 범죄를 열거하고 있었던 것으로 보이는데, 개정 군형법에 여군 등을 상대로 한 성범죄가 신설되었음에도 성폭력처벌법 제2조의 성폭력범죄에 관한 정의규정은 변경이 없었고, 특정강력범죄의 처벌에 관한 특례법 등의 구성요건 자체에 형법상 성범죄에 대한 가중처벌임을 명시하고 있는 것과 달리 군형법상 성범죄의 구성요건에서는 형법을 인용하지 않고 별도의 구성요건을 정하고 있어 군형법상 성범죄가 성폭력처벌법 제2조 제2항에서 규정한 성폭력범죄에 해당하는지 여부가 문제가 되는데, 위 규정의 해석이 쟁점이 된 다수의 하급심 사건에서 군사법원 또는 일반법원의 재판부별로 엇갈리는 판단을 하고 있어서 위 규정의 해석에 관한 대법원의 판단이 필요한 상황이었다.

Ⅱ. 상정 가능한 견해

1. 포함설

군형법상 성범죄도 성폭력처벌법상 성폭력범죄에 포함된다는 견해이다. 즉, 군형법상 성범죄는 형법상 성범죄와 행위태양은 동일하되 그 주체·객체를 형법상 성범죄(사람)보다 축소시킨 것(군형법 제1조 제1항부터 제3항까지에 규정된 사람)이어서 당연히 형법상 성범죄에 포섭되는 범죄이고, 다만 그 입법취지, 보호법익 등을 고려하여 그 법정형을 형법상 성범죄보다 무겁게 규정한 것이므로, 군형법상 성범죄는 성폭력처벌법 제2조 제2항에서 규정한 형법상 성범죄로서 다른 법률에 따라 가중처벌되는 죄에 해당한다고 본다.

이 견해는, 성폭력처벌법 제2조의 입법취지와 구체적 타당성 등을 중시하여 만일 군형법상 성범죄가 성폭력처벌법상 성폭력범죄에 해당하지 않는다고 보게 되면 성폭력처벌법상 성폭력범죄에 대하여 적용되는 공개·고지명령 등 부수처분 등에 관한 특례규정을 적용할 수 없게 되어 동일한 행위를 군형법상 성범죄가 아닌 형법상 성범죄로 처벌할 때와 비교하여 부당한 결과가 발생하므로 정책적인 판단이 필요하고, 성폭력처벌법 제2조 제2항은 매번 성폭력처벌법을 개정하지 않고서도 다른 법률에서 규정의 신설 또는 개정 등으로 행위태양이 동일한 성범죄를 형법상 성범죄보다 가중처벌하는 경우까지 성폭력범죄에 포함될 수 있도록 하는 입법기술적 규정이라는 점 등을 근거로 한다.

2. 비포함설

군형법상 성범죄는 성폭력처벌법상 성폭력범죄에 포함되지 않는다는 견해이다. 즉, 군형법상 성범죄는 형법상 성범죄와 입법취지, 보호법익 등이 다른 독자구성요건이고, 행위태양이 동일하다고 하여 형법상 성범죄에 대한 가중적구성요건으로 단정하여서는 아니 되므로, 군형법상 성범죄가 성폭력처벌법 제2조 제2항에서 규정한 형법상 성범죄로서 다른 법률에 따라 가중처벌되는 죄에 해당하지 않는다고 본다.

이 견해는, 성폭력처벌법 제2조의 문언 등을 중시하여 제2조 제1항은 실질적으로 형법상 성범죄에 대한 가중적구성요건에 해당하는 범죄를 각 호에서 별도로 성폭력범죄로 일일이 명시하는 방법을 취하고 있으므로, 행위태양이 동일하다고 하더라도 성폭력처벌법 제2조 제1항에서 직접적으로 명시하지 않은 대상범죄가 같은 조 제2항의 '각 호에 해당하는 범죄로서 다른 법률에 따라 가중처벌되는 죄'라고 쉽게 인정하여서는 아니 되고, 법률 제9820호로 군형법을 개정하면서도 성폭력처벌법 제2조에 이를 반영하지 않은 것은 군형법상 성범죄를 성폭력처벌법상 성폭력범죄로 보지 않겠다는 입법자의 의사이며, 포함설이 지적하는 군형법상 성범죄에 대한 각종 특례규정의 부적용과 이로 인한 부당한 결과 초래의 문제는 법률 해석의 영역을 넘어선 것으로서 입법으로 해결하여야 한다고 점 등을 근거로 한다.

Ⅲ. 대법원의 태도

대상판결에서 대법원은 군형법상 성범죄도 성폭력처벌법상 성폭력범죄에 포함된다는 견해를 취하였는데, 군형법상 성범죄는 군인 등을 상대로 한 성폭력범죄를 가중처벌하기 위한 것으로서 형법상 성범죄와 본질적인 차이가 없어 이를 성폭력처벌법상 성폭력범죄에서 제외할 합리적인 이유가 없는 점, 군형법상 성범죄는 그 주체·객체가 형법상 성범죄보다 제한될 뿐 그 행위태양은 동일한 점 등을 그 근거로 들고 있다.

Ⅳ. 나오는 말

(1) 일반법에 대비되는 특별법의 개념상 성폭력처벌법 제2조 제2항에서 정한 '각 호에 해당하는 범죄로서 다른 법률에 따라 가중처벌되는 죄'라는 것은 단순히 형법상 성범죄와 동일한 구성요건을 규정하면서 법정형만을 높여 가중처벌하는 경우가 아닌 별도의 가중적구성요건을 포함시켜 규정한 죄를 의미한다고 보아야 한다.

(2) 비포함설은 성폭력처벌법 제2조의 문언만을 중시한 작위적인 해석을 하여 취하기 어려운 반면, 군형법상 성범죄를 신설한 입법취지와 보호법익, 군형법상 성범죄와 형법상 성범죄의 체계 및 대응규정의 구성요건이 그 주체·객체를 제외하고 모두 동일한 점, 군형법상 성범죄를 성폭력처벌법상 성폭력범죄에서 제외하여 공개·고지명령 등 부수처분 등에 관한 특례규정을 적용하지 아니할 합리적인 이유가 없는 점 등을 고려할 때 포함설이 타당하다.

(3) 대상판결로써 위 쟁점에 관한 해석론이 정리되어 더 이상 위 쟁점이 문제되는 사건은 없는 것으로 보인다. 한편 아동학대범죄의 처벌 등에 관한 특례법 등 다수의 법률 정의규정에서 성폭력처벌법 제2조 제2항과 같은 문언, 형식의 규정을 두고 있는바, 대상판결은 다른 법률의 해석과 관련하여서도 범용적인 해석 기준을 제시한 매우 의미 있는 판결이라고 평가된다.

〔**참고문헌**〕 성범죄 재판실무편람 집필위원회, "성범죄 재판실무편람"(2018); 진광철, "군형법상 성범죄가 성폭력범죄의 처벌 등에 관한 특례법의 성폭력범죄에 해당하는지 여부", 대법원판례해설[102])(2015)

〔**필자: 김기춘 재판연구관(판사)(대법원)**〕

제6장

아동 · 청소년의 성보호에 관한 법률

60 아동·청소년 대상 강제추행에서 성적 의사결정의 자유

【대상판결】 대법원 2018. 2. 8. 선고 2016도17733 판결

【사실관계】 피고인은 2014. 4.경 스마트폰 채팅 애플리케이션('랜덤채팅')을 통하여 피해자 A(여, 22세)를 알게 되고, 2015. 3.경 청소년인 피해자 B(여, 15세)후 피해자들로부터 은밀한 신체 부위가 드러난 사진을 전송받은 사실이 있고, 이후 인터넷 페이스북을 통하여 피해자들의 지인에 대한 인적사항을 알게 된 것을 기화로, 피해자들에게 '시키는 대로 하지 않으면 기존에 전송받았던 신체 사진과 개인정보 등을 유포하겠다.'고 협박하여, (1) 이에 외포된 피해자 A로부터 2014. 4.경부터 2015. 12. 25.경까지 총 11회에 걸쳐 나체 사진, 속옷만 입고 있는 사진, 성기에 볼펜을 삽입하거나 자위하는 동영상 등을 촬영하도록 하여 이를 전송받고, (2) 같은 방법으로 피해자 B로부터 2015. 5. 3.경부터 2015. 12. 22.경까지 가슴 사진, 성기 사진, 나체 사진, 속옷을 입고 다리를 벌린 모습의 사진, 가슴을 만지거나 성기에 볼펜을 삽입하여 자위하는 동영상 등을 총 7회에 걸쳐 촬영하도록 하여 이를 전송받았다

【판결요지】 강제추행죄에서 추행은 객관적으로 일반인에게 성적 수치심이나 혐오감을 일으키게 하고 선량한 성적 도덕관념에 반하는 행위로서 피해자의 성적 자유를 침해하는 것을 의미한다. 여기에 해당하는지 여부는 피해자의 의사, 성별, 나이, 행위자와 피해자의 이전부터의 관계, 그 행위에 이르게 된 경위, 구체적 행위태양, 주위의 객관적 상황과 그 시대의 성적 도덕관념 등을 종합적으로 고려하여 신중히 결정되어야 한다. 강제추행죄는 사람의 성적 자유 내지 성적 자기결정의 자유를 보호하기 위한 죄로서 정범 자신이 직접 범죄를 실행하여야 성립하는 자수범이라고 볼 수 없으므로, 처벌되지 아니하는 타인을 도구로 삼아 피해자를 강제로 추행하는 간접정범의 형태로도 범할 수 있다. 여기서 강제추행에 관한 간접정범의 의사를 실현하는 도구로서의 타인에는 피해자도 포함될 수 있으므로, 피해자를 도구로 삼아 피해자의 신체를 이용하여 추행행위를 한 경우에도 강제추행죄의 간접정범에 해당할 수 있다.

【해설】

I. 들어가는 말

본 판결은 강제추행죄에 대하여, (1) 강제추행죄에서 '추행'의 의미와 그 판단기준, 또한

(2) 강제추행죄가 '자수범'에 해당하는지 여부, 즉 피해자를 도구로 삼아 피해자의 신체를 이용하여 추행행위를 하는 경우 간접정범 형태에 의한 강제추행죄의 성립이 가능한지에 대한 사안이다. 특히, (2)의 논점에 대하여는 그간 특별한 학계의 논의나 확립된 판례가 없었던 상태에서 대법원은 상고 후 1여 년 만에 강제추행죄의 자수범 여부, 피해자를 도구로 한 간접정범 형태에 의한 강제추행죄의 성립 여지에 대한 명시적 선례를 남겨, 향후 유사사례의 해석에 많은 시사점을 주고 있다.

Ⅱ. 추행의 본질과 간접정범에 의한 강제추행의 가능성

1. 추행행위의 본질 : 피해자의 '성적 의사결정의 자유'의 침해

추행행위의 본질에 대하여 종래 판례는, "강제추행죄는 개인의 성적 자유라는 개인적 법익을 침해하는 범죄로서, 위 법규정에서의 '추행'이란 일반인에게 성적 수치심이나 혐오감을 일으키고 선량한 성적 도덕관념에 반하는 행위인 것만으로는 부족하고 그 행위의 상대방인 피해자의 성적 자기결정의 자유를 침해하는 것이어야 한다."라고 판시하여 강제추행죄의 본질은 개인의 성적 결정의 자유에 대한 침해임을 강조하고 있고, 대상판결 역시 "강제추행죄의 추행은 피해자의 성적 자유를 침해하는 것을 의미하고, 여기에 해당하는지 여부는 피해자의 의사, 성별, 나이, 행위자와 피해자의 이전부터의 관계, 그 행위에 이르게 된 경위, 구체적 행위태양, 주위의 객관적 상황과 그 시대의 성적 도덕관념 등을 종합적으로 고려하여 신중히 결정되어야 한다."라는 판례를 인용함으로써 추행죄에 대한 전통적인 판례의 입장을 받아들이고 있다. 그러므로 추행의 개념은 성적 수치심과 혐오감을 일으킨다는 본질적 성격을 가지는 것만으로는 부족하고 피해자의 성적 자기결정의 자유를 침해할 만한 것이라는 행위효과 측면의 성격을 가지고 있는 행위라고 말할 수 있다.

2. 피해자의 '성적 자기결정의 자유'와 간접정범 형태의 강제추행의 성부

사안에서는, 견해의 대립을 불문하고 피고인의 행위가 자신의 성욕의 흥분, 자극 또는 만족을 목적으로 하는 행위였음에 대하여는 다툼의 여지가 없을 것이다. 오히려 동일한 '추행'의 개념과 그 판단방법에 대한 판례를 인용하였음에도 불구하고 항소심과 대법원의 결론이 달라진 결정적 원인은, '피해자의 신체에 대한 피고인의 직접적 접촉이 없었던 경우인 사안에서, 피고인의 (공소사실) 행위를 피해자의 신체에 대한 접촉이 있는 경우와 마찬가지로 성적 수치심 내지 혐오감을 주거나 성적 자기결정의 자유를 침해하는 행위로 볼 수 있을 것인지'에 대한 포섭의 차이라고 봄이 상당하다.

형법 제298조는 「폭행 또는 협박으로 사람에 대하여 추행을 한 자」를 그 주체로 하는 바, 위에서 본 바와 같이 "피해자의 성적 의사결정의 자유를 침해하는 행위로서 일반인에게 성적 수치심이나 혐오감을 일으키고 선량한 성적 도덕관념에 반하는 행위"라는 추행행위의 개념상 반드시 피고인의 자수적(自手的) 행위를 매개로 한다고 보기 어렵다. 오히려 폭행·협박이라는 수단을 고려할 때 그 구성요건적 행위의 실현양태는 공동정범이나 제3자인 도구 등을 이용하여 광범하게 이루어질 수 있다고 해석함이 타당할 것이다. 따라서 강제추행죄는 자수범이라고 보기 어렵고, 공동정범·간접정범 형태도 가능하다고 봄이 상당하다. 그렇다면 대법원은 피고인이 피이용자인 피해자의 '객관적 구성요건에 해당하지 않는' 행위를 이용하여 강제추행죄의 구성요건을 실행한 것으로 판단한 것으로 해석가능할 것이다.

그러나 간접정범 형태의 강제추행죄의 성립을 인정하기 위해서는 피해자의 의사결정의 자유를 상실케 하였다는 점이 인정되어야 한다. 그렇다면 피해자를 도구로 하는 강제추행죄의 성립에 있어서는 피해자의 어떠한 의사결정의 자유가 상실되어야 하는가를 검토하여야 하고, 아울러 이것이 강제추행죄를 포함한 성폭력범죄 일반의 표지인, '피해자의 성적 의사결정의 자유의 침해'와 어떠한 관계에 있는지를 검토할 필요가 있다.

3. (이른바) '적극적' 성적 의사결정의 자유의 의미

성범죄에 있어, '적극적' 성적 의사결정의 자유라는 개념은 성범죄적 현상을 해석하는 잣대가 될 수 있다고 생각된다. 일반적으로 피해자는 성범죄라고 주장하고 가해자는 성행위라고 주장할 상황에서, 성적 행위의 initiative를 갖지 않았던 피해자는 (자신의 신체를 이용한) 성적 행위에 나아갈 것인지 아닐지를 결정할 선택권을 갖는다. 성(性)이란 개념적으로 신체를 매개로 하지 않고는 불가능한 것인바, 즉, 그(녀)는 자신의 신체를 이러한 성적 상황에 제공할 것인지를 결정할 자유가 있는 것이다. 피해자는 단순히 자신이 싫거나 내키지 않는 성적 상황을 당하지 않을 자유(소극적 자유)를 넘어, 자신이 원하는 경우 비로소 그러한 상황에 임할 자유를 갖기 때문이다. 대상판결은 '피해자는 자신의 의사에 반하는 행위를 하였다.'는 결과적 측면을 가지고 피해자의 위와 같은 (소극적) 성적 의사결정의 자유가 침해되었다고 판단한 것으로 보인다. 즉, 대상판결은 피해자의 '성적 의사결정의 자유'의 내용에 대한 아무런 해석도 없이 강제추행죄의 성부에 대한 판단을 하였는바, 이는 피해자의 '성적 의사결정의 자유'에 대한 해석의 부재로 인한 결과라고 보인다.

Ⅲ. 나오는 말

결론적으로, 피해자의 자수적 행위를 통한 간접정범 형태의 강제추행죄의 성립은 '피해자의 성적 의사결정 자유의 침해'라는 강제추행죄의 본질과 조화되지 않는다. 성적 의사결정의 주체인 피해자가 자신의 성적 의사결정을 침해한다는 것은 논리적으로 불가능하기 때문이다. 대상판결의 피해자들은, 비록 17세, 22세라는 비교적 어린 나이에도 불구하고 완전한 '성적 의사결정의 주체'로서, 자신의 성적 행동에 대한 의사결정을 내릴 충분한 의사능력이 있었다고 봄이 상당하다. 그렇다면 대상판결의 피해자들은 과연 (적극적 의미에서의) '성적 의사결정의 자유'를 침해당하였는가를 검토한다면 부정적으로 봄이 상당하다. 피해자들은 자신의 신체가 갖는 성적 의미를 충분히 이해한 상황에서, 자신들의 신체를 성적 행위에 '제공'하기로 '결정'하였고, 이는 위에서 본 바와 같은 '적극적 성적 의사결정의 자유권'의 행사에 부합하기 때문이다. '성적 의사결정의 주체'가 '성적 행위에 나아가기로 결정'한 순간, '(적극적) 성적 의사결정의 자유의 침해'는 문제될 수 없는 것이다.

〔**참고문헌**〕 이상민, "'성적 의사결정의 자유'의 의미와 간접정범 형태의 강제추행죄의 성부", 형사판례연구 27(2019)

〔**필자: 이상민 검사(대전지검 천안지청)**〕

61 의사의 진료행위와 아동 추행

【대상판결】 **대법원 2016. 12. 29. 선고 2015도624 판결**

【사실관계】 소아과 병원 전문의인 피고인은 감기 증상으로 내원한 14세 여성 V1, V2을 각각 진찰하면서 다리를 벌리고 진료의자를 움직여 각 피해자 무릎에 피고인 허벅지와 성기 부위를 밀착시키는 행위를 반복하였다. 또한 14세 여성 V3를 진찰하면서도 같은 방법으로 피고인 성기를 밀착시키고, 복부 촉진을 이유로 진료침대에 눕게 한 후 손으로 배꼽 주변을 누르다가 속옷 안에 손을 넣어 음모 부위를 만졌다. 피고인은 통상적인 진료행위를 벗어나 치료를 빙자하여 위계로써 아동인 피해자들을 추행하였다는 공소사실로 기소되었다.

【판결요지】

1. 진료과정에서 환자의 성적 자유를 침해하려는 의도에서 이루어진 추행행위로 평가하기 위해서는 합리적 의심 여지없는 증명이 필요하며, 유죄 확신을 갖기에 충분한 정도에 이르지 못한 경우라면 전체 치료과정에 다소 석연치 아니한 면이 있다하더라도 피고인 이익으로 판단하여야 한다(대법원 2011. 4. 28. 선고 2010도14487 판결).

2. 본 사안 피해자에 대한 진료과정에서 이루어진 피고인 행위가 피해자의 성적 자기결정권을 침해하는 추행에 해당한다거나 피고인 행위가 추행 범의로 이루어졌음이 합리적 의심 여지없이 증명되었다고 보기 어려우므로 항소심 무죄선고는 정당하다.

【해설】

Ⅰ. 들어가는 말

본 사안에서 위계에 의한 아동 추행 성립 여부를 판단하기 위해서는 상대방 아동에게 진료행위로 오인, 착각, 부지(不知)를 일으키게 하고 이를 이용하여 주관적 동기와 무관하게 피해 아동을 추행하려는 목적, 그리고 상대방에게 성적 수치심을 줌으로써 성적 자유를 침해한 결과가 인정되어야 한다. 환자의 신체를 대상으로 하는 진료과정에서 이루어진 의사의 행위에 대해서는 환자 인식에 따라서 추행으로 오해받을 소지가 있을 수 있으므로, 치료 범위를 넘어 환자의 성적 자유를 침해하려는 의도로 이루어진 행위로 평가하려면 합리적 의심의 여지없는 증명이 필요하다.

Ⅱ. 진료행위와 추행행위

1. 청소년성보호법상 추행죄

추행 여부는 피해자 의사, 성별, 연령, 행위자와 피해자의 종전 관계, 그 행위에 이르게 된 경위, 구체적 행위태양, 주위의 객관적 상황과 그 시대 성적 도덕관념 등을 종합적으로 고려하여 신중히 결정되어야 한다(대법원 2002. 4. 26. 선고 2001도2417 판결). 청소년성보호법이 아동·청소년 위계추행죄를 규정한 취지는 성인에 비해 성적 자기결정권 행사에 제약이 있는 약자 보호 관점에서 아동을 중하게 보호하고자 하는 것이다.

동법상 추행죄 성립은 고의만으로 충분하고, 성욕을 만족시키려는 주관적 동기나 목적까지 있어야 하는 것은 아니다. 교실같은 개방된 공간에서 학생들과 친밀감을 높이려는 의도로 허리 부위를 안거나 손등을 쓰다듬는 행위를 했다고 주장하더라도 이는 객관적으로 친분관계를 쌓기 위한 행위로 보기 어렵고 일반인에게 성적 수치심이나 혐오감을 일으키게 하는 등 성적 자유를 침해하는 것으로 평가할 수 있다(대법원 2017. 7. 18. 선고 2017도3390 판결).

2. 진료행위와 성적 수치심 유발

진료행위는 의료인이 환자를 상대로 진찰, 검사, 치료를 하는 행위다. 의사는 성적으로 수치심을 느낄 수 있는 신체 부위를 진찰할 때 환자가 원하는 경우 제3자를 입회시켜야 한다(2017년 개정 대한의사협회 의사윤리지침 제12조 제3항). 물론 진료과정의 성폭력은 진료행위 범위를 벗어난 범죄다.

본 사안에서 법원은 ① 진료과정에서 허벅지와 성기를 환자 신체에 접촉하는 행위를 통상적인 진료행위 범위로 볼 것은 아니지만 피고인 신체구조(짧은 팔다리)상 진료과정에서 접촉을 피할 수 없었던 사실을 인정한다. ② 피고인은 접촉행위가 아동인 상대방에게 창피함이나 불쾌감을 줄 수 있다는 사실에 특별히 주의를 하지 아니한 윤리적 문제는 있으나 추행 범의까지는 인정되지 않는다. ③ 피해자들의 창피함이나 불쾌함 정도는 진료과정에서 발생할 수도 있는 일로서 진료행위 범위에 속한다. 다만 피해자들이 명확히 성적 수치심을 느낀다면 진료행위 범위를 넘어 추행행위가 될 수 있다.

3. 성폭력 피해아동 진술의 신빙성

(1) 법원은 피해자 진술의 신빙성 유무 판단에서 진술내용 자체의 합리성, 논리성, 모순 또는 경험칙 부합 여부나 물증 또는 제3자 진술과 부합 여부 등은 물론, 공개된 법정에서 진술에 임하는 증인 모습이나 태도, 진술 뉘앙스 등 여러 사정을 직접 관찰함으로써 얻게

된 심증까지 모두 고려하여 평가한다. 한편 피해자를 비롯한 증인 진술이 대체로 일관되고 공소사실에 부합하는 경우에는 객관적으로 보아 도저히 신빙성이 없다고 볼 만한 별도의 신빙성 있는 자료가 없는 한 이를 함부로 배척하여서는 안 된다(대법원 2012. 6. 28. 선고 2012도2631 판결).

(2) 성폭력 피해아동 증언에 관하여 법원은 아동의 연령, 가해자를 지목하게 된 경위, 성인 관련인의 추측에 유도되어 진술하였는지 여부, 사건이 발생한 이후 첫 진술 사이에 시간적 간격이 있었는지 여부, 질문사항을 뛰어넘는 경험에 따른 진술이 있는지 여부, 반복적 신문 등으로 특정 답변을 유도하여 아동의 기억에 변형을 가져올 여지는 없었는지 여부 등을 신빙성 판단요소로 제시한다.

(3) 본 사안에서 법원은 ① 피해자들 진술이 주관적 느낌 및 추측에 불과한 것으로 객관적 사실관계에 관한 정확한 묘사는 아니었을 가능성이 크다. ② 피해자 진술이 수사과정에서 제1심에 이르는 동안 갈수록 묘사가 풍부해지고 피고인이 음모 부위를 만졌다고 단정하는 듯한 방향으로 미묘하게 변화하는 점에 비추어 피해자 진술의 정확성 내지 신빙성 측면에서 합리적 의심의 여지를 배제하기 어렵다. ③ 문제삼으면 즉시 발각될 수 있는 개방된 진료실에서 이루어진 행위에 대해 피해자들이 피해 당시나 그 직후 불쾌감을 표시하지 않았으므로, 추행행위에 해당하지 않았을 가능성이 있다고 판단한다.

Ⅲ. 나오는 말

(1) 현실적으로 가해자 진술은 추행 범의와 행위를 부인하는 간단하고 명료한 내용인 데 비해, 피해자 진술은 다양한 측면의 피해경험과 피해감정에 대한 장황하거나 불분명한 진술의 경우가 다수일 것이다. 특히 아동피해자 진술의 신빙성을 의심하여 피고인의 이익으로 해석하려면 성폭력 피해아동 진술의 특성과 양상에 대한 이해가 전제되어야 한다.

(2) 아동이 진술 및 증언하는 경우 진술 요소인 지각, 기억, 표현 능력이 충분히 발달되지 않았다는 특성을 고려해야 한다. 기억 상실과 왜곡이 성인에 비해 빠르고, 외부 유도와 암시에 의한 기억내용 왜곡현상, 어휘구사 및 표현능력 부족, 경험사실과 상상한 사실 간 혼동, 허위진술에 대한 억제동기 부족 등의 특성도 있다. 따라서 아동피해자는 경험한 사실을 정확하게 진술하지 않을 수 있고 기억을 못하다가 구체적 질문을 받고 나서야 기억을 회상하여 진술하는 경우도 있다.

(3) 성폭력 피해아동의 경우 실제 무슨 일이 있었는지 이해하려 애쓰면서 말하기 꺼려지고 두려운 심리상태를 고려할 때 성폭력 사실에 대한 진술의 비일관성은 불가피하다. 또한

경험한 사건이 아동에게 특별한 의미가 있다면 일상적 경험에 비해 더 많은 정보가 장기간 정확하게 기억될 수도 있다. 그런 사건일수록 아동은 부모나 친구와 의사소통 과정에서 사건에 대해 언급하는 기회를 반복적으로 갖게 되고, 이전에는 회상되지 않은 정보들이 더 추가될 수도 있다.

(4) 현실적으로 의료행위에 대한 전문적 지식이 없는 환자로서는 성적 수치심이 드는 행위를 당하더라도 의사 앞에서 즉시 문제를 제기하기 어렵다. 그래서 피해자는 망설이다가 나중에 가까운 이와 상의한 끝에 고소에 이르는 경우가 많다. 더구나 아동대상 성폭력범죄 사안에서는 부모가 아동을 관찰하여 피해사실을 밝혀내면서 형사절차가 진행되는 경우가 일반적이다. 아동 피해자 자신이 피해를 당했는지 자각하지 못하거나 자각하더라도 피해정황에 대해 정확하게 진술할 수 없는 경우도 많다

(5) 병원 진료실이 공개된 공간이라 하더라도 특히 아동 환자의 입장에서 성인남성 의사의 지위를 신뢰할 수밖에 없고 진료내용을 잘 알지 못하는 입장에서 불쾌감을 드러낼 방법을 찾기 어렵다고 보는 것이 평균적 일반인의 상식에 가깝다. 더구나 제1심이 지적한 바와 같이 피고인은 복부촉진의 이유를 설명하거나 양해를 구하지도 아니하였고, 피해자를 배려하거나 안심시키려는 조치를 취하지 아니하고 속옷 안쪽 부분을 손바닥으로 누른 사실까지 객관적으로 인정되는데도, 결국 법원은 성인 기준의 합리적 의심을 근거로 아동들의 성폭력 피해경험과 감정을 보호하지 못하였다 비판받을 수 있다.

〔**참고문헌**〕 김한균, “소아과 의사의 진료행위와 아동·청소년성보호법상 추행 행위 판단”, 형사판례연구 26(2018)

〔**필자: 김한균 선임연구위원(한국형사·법무정책연구원)**〕

62 아동 · 청소년 대상 강제추행의 미수

【대상판결】 **대법원 2015. 9. 10. 선고 2015도6980 판결**

【사실관계】 피고인은 2014. 3. 25. 22:10경 혼자 술을 마시고 직장 기숙사에서 나와 광명시 원노온사로 39번길을 배회하던 중 버스에서 내려 혼자 걸어가는 피해자(여, 17세)를 발견하고, 마스크를 착용한 채 200m 정도 피해자를 뒤따라갔다.

피고인은 인적이 없고 외진 곳에 이르러 피해자에게 약 1m 간격으로 가까이 접근하여 양팔을 높이 들어 피해자를 껴안으려고 하였으나, 인기척을 느낀 피해자가 뒤돌아보면서 "왜 이러세요? 라고 소리치자, 그 상태로 몇 초 동안 피해자를 쳐다보다가 다시 오던 길로 되돌아갔다.

【판결요지】 강제추행죄는 상대방에 대하여 폭행 또는 협박을 가하여 항거를 곤란하게 한 뒤에 추행행위를 하는 경우뿐만 아니라 폭행행위 자체가 추행행위라고 인정되는 경우도 포함되며, 이 경우의 폭행은 반드시 상대방의 의사를 억압할 정도의 것일 필요는 없다. 추행은 객관적으로 일반인에게 성적 수치심이나 혐오감을 일으키게 하고 선량한 성적 도덕관념에 반하는 행위로서 피해자의 성적 자유를 침해하는 것을 말하며, 이에 해당하는지는 피해자의 의사, 성별, 연령, 행위자와 피해자의 이전부터의 관계, 행위에 이르게 된 경위, 구체적 행위태양, 주위의 객관적 상황과 그 시대의 성적 도덕관념 등을 종합적으로 고려하여 신중히 결정되어야 한다.

그리고 추행의 고의로 상대방의 의사에 반하는 유형력의 행사, 즉 폭행행위를 하여 실행행위에 착수하였으나 추행의 결과에 이르지 못한 때에는 강제추행미수죄가 성립하며, 이러한 법리는 폭행행위 자체가 추행행위라고 인정되는 이른바 '기습추행'의 경우에도 마찬가지로 적용된다.

【해설】

I. 들어가는 말

강제추행죄는 폭행이나 협박으로 사람에 대하여 추행을 함으로써 성립하는 범죄이다(형법 제298조). 강제추행죄의 폭행이나 협박이 강간죄의 폭행 · 협박과 같은 정도여야 하는가에 대해서 견해의 대립이 있으나, 판례와 다수설은 강간죄와 마찬가지로 상대방의 반항을 불가능하게 하거나 현저히 곤란하게 할 정도에 이를 것을 요한다(대법원 2012. 7. 26. 선고 2011도

8805 판결). 다만 폭행은 반드시 추행 이전에 있을 필요는 없으며, 추행과 동시에, 또는 폭행 행위 자체가 추행이 되는 경우도 강제추행죄가 성립하는데, 이를 기습추행이라고 한다. 대법원은 기습추행의 폭행이나 협박은 상대방의 의사를 억압하거나 항거를 곤란하게 할 정도임을 요하지 않고, 상대방의 의사에 반하는 유형력의 행사가 있는 이상 그 힘의 대소강약은 불문한다고 하였다.

강제추행죄의 추행은 객관적으로 일반인에게 성적 수치심이나 혐오감을 일으키게 하고 선량한 성적 도덕관념에 반하는 행위로서 피해자의 성적 자유를 침해하는 행위를 의미한다. 대법원은 추행에 해당하는가 여부는 피해자의 의사, 성별, 나이, 행위자와 피해자의 이전부터의 관계, 그 행위에 이르게 된 경위, 구체적 행위태양, 주위의 객관적 상황과 그 시대의 성적 도덕관념 등을 종합적으로 고려하여 결정한다(대법원 2013. 9. 26. 선고 2013도5856 판결).

대상판례는 기습추행의 사안으로, 행위자가 피해자를 껴안으려고 양 팔을 든 행위만으로도 강제추행죄의 실행의 착수를 인정할 수 있는가가 문제된다. 행위자가 피해자의 신체를 접촉하지 않았는데도 불구하고 폭행을 인정할 수 있어 범죄가 개시되었는가 하는 점이 쟁점이라고 하겠다.

Ⅱ. 기습추행과 실행의 착수

1. 실행의 착수 판단기준

(1) 학설과 판례의 태도

미수범이 성립하기 위해서는 해당 범죄의 '실행의 착수'가 있어야 하는데, 어느 시점에 이를 인정할 것인가에 대해서는 학설의 대립이 있다. 먼저 ① 객관설은 구성요건에 해당하는 행위나 그 일부 행위를 했을 때에만 실행의 착수를 인정하는 형식적 객관설과 개별 구성요건의 보호법익을 직접적으로 위태롭게 하는 행위가 있거나, 구성요건적 행위와 밀접하게 관련되어 있는 행위가 있을 때 실행의 착수를 인정하는 실질적 객관설로 나뉜다. ② 주관설은 행위자의 범죄의사가 실행행위를 통해 외부에 확정적으로 나타난 때에 실행의 착수를 인정한다. ③ 절충설인 개별적 객관설(주관적 객관설)은 주관적인 측면과 객관적인 측면을 모두 고려하여, 행위자의 범행계획이나 범죄의사에 비추어 보호법익을 직접적으로 위태롭게 하는 행위나 구성요건 실현을 위한 직접적이거나 밀접한 행위가 있는 때에 실행의 착수를 인정한다. 행위자의 의사를 고려한다는 점에서 실질적 객관설과 차이가 있다.

판례는 개별 범죄유형에 따라 실행의 착수시기에 관한 기준을 달리 적용한다. 가령 절도죄의 경우는 실질적 객관설의 입장에서 밀접행위 또는 물색행위가 있을 때에 실행의 착수를 인정하나, 간첩죄의 경우는 주관설을 기준으로 실행의 착수를 인정하고 있다.

(2) 소결

구성요건 요소 중 일부라도 실행하여야 실행의 착수를 인정하는 형식적 객관설은 실행의 착수 범위를 너무 좁게 판단한다. 객관설과 주관설의 일면만을 가지고 실행의 착수를 인정하기보다는 객관적인 요소와 주관적인 요소를 결합하여 판단하는 개별적 객관설이 타당하다. 그러므로 개별 범죄 유형별로 행위자의 범죄의사 내지 범행계획에 따라서 보호법익을 위태롭게 하거나 구성요건 실현을 위한 직접적이거나 밀접한 행위가 개시되었다면 실행의 착수를 인정할 수 있다.

2. 기습추행의 실행의 착수

(1) 추행을 하기 위해 양팔을 든 행위는 강제추행죄의 폭행인가?

대상판결에서 대법원은 피고인이 피해자를 추행하기 위해 뒤따라간 것이어서 추행의 고의를 인정할 수 있고, 피고인의 팔이 피해자의 몸에 닿지 않았더라도 양팔을 높이 들어 갑자기 뒤에서 껴안으려는 행위는 피해자의 의사에 반하는 유형력의 행사로서 폭행행위에 해당, '기습추행'의 실행의 착수가 있다고 하였다.

추행과 관련하여서는, 피고인이 피해자 가까이 접근하여 갑자기 뒤에서 껴안는 행위는 일반인에게 성적 수치심이나 혐오감을 일으키게 하고 선량한 성적 도덕관념에 반하는 행위로서 피해자의 성적 자유를 침해하는 행위이지만, 마침 피해자가 뒤돌아보면서 소리치는 바람에 몸을 껴안는 추행의 결과에 이르지 못하고 미수에 그쳤으므로, 피고인의 행위는 아동·청소년에 대한 강제추행미수죄에 해당한다고 하였다.

(2) 구성요건적 행위와 구성요건 실현을 위한 직접적인 행위

강제추행죄의 구성요건요소인 폭행에 해당하는 행위를 이미 실행하였다면 실행의 착수를 인정하는 데에 어려움이 없다. 과연 추행을 위해 양팔을 든 행위를 강제추행죄의 구성요건을 일부 실행한 행위로 보아야 하는가, 아니면 강제추행죄의 구성요건을 실현하기 위한 직접적이고도 밀접한 전 단계의 행위로 본죄의 보호법익을 위태롭게 하는 행위로 보아야 하는가?

신체적 접촉이 없었더라도 피해자와의 1m 이내의 간격에서 추행의 고의를 가지고 피해자를 껴안으려고 했다는 것은 강제추행죄를 통해 보호하고자 하는 보호법익을 위태롭게 할 수 있는 행위라고 볼 수 있으나, 강제추행죄의 폭행, 즉 유형력의 행사라고 보기는 어렵다. 그것은 양팔을 든 행위에서 이미 강제추행죄의 구성요건적 행위를 실현하였다고 볼 수 있는가 하는 점은 의문이며, 피해자의 신체를 접촉하지 않고 단지 접촉하고자 하는 유형력의 행사,

즉 폭행의 직접적인 전 단계의 행위에 불과하기 때문이다.

Ⅲ. 나오는 말

피해자를 껴안으려 '양팔을 든 행위'는 추행이자 폭행인 행위를 실현하기 위한 직접적인 전 단계의 행위이지 폭행으로 보기는 어렵다. 그리고 피해자를 껴안는 행위, 추행은 성공하지 못했기 때문에 기수가 아닌 미수가 성립한다.

강제추행죄의 미수를 인정하는 대상판결의 결론에는 동의하나, 행위자가 강제추행죄의 구성요건적 행위 중 일부를 이미 실현한 것이 아니라 그 보호법익을 위태롭게 하는 구성요건적 행위와 관련 있는 직접적인 전 단계 행위를 실현한 것이어서 강제추행죄의 미수를 인정하는 것이 타당하다.

〔**참고문헌**〕 안경옥, "실행의 착수와 구성요건 실현을 위한 '직접적인' 전 단계행위", 형사판례연구 24(2016)

〔**필자: 안경옥 교수(경희대)**〕

63 아동·청소년 위계 간음죄에서 위계의 의미

【대상판결】 **대법원 2020. 8. 27. 선고 2015도9436 전원합의체 판결**

【사실관계】 피고인(36세)은 채팅 애플리케이션을 통하여 알게 된 14세의 피해자 V에게 자신을 '고등학교 2학년생인 A'라고 거짓으로 소개하고 채팅을 통해 V와 사귀기로 하였다. 피고인은 V에게 '사실은 나(A)를 좋아해서 스토킹하는 여성이 있는데, 나에게 집착을 해서 너무 힘들다. 죽고 싶다. 우리 그냥 헤어질까'라고 거짓말하면서 '스토킹하는 여성을 떼어내려면 나의 선배와 성관계하면 된다.'는 취지로 이야기하였다. V는 피고인과 헤어지는 것이 두려워 A의 선배를 만나 성관계하는 데에 동의하였고, 피고인은 마치 자신이 A의 선배인 것처럼 행세하며 V와 간음하였다.

【판결요지】 위계의 개념 및 성폭력범행에 특히 취약한 사람을 보호하고 행위자를 강력하게 처벌하려는 입법 태도, 피해자의 인지적·심리적·관계적 특성으로 온전한 성적 자기결정권 행사를 기대하기 어려운 사정 등을 종합하면, 행위자가 간음의 목적으로 피해자에게 오인, 착각, 부지를 일으키고 피해자의 그러한 심적 상태를 이용하여 간음의 목적을 달성하였다면 위계와 간음행위 사이의 인과관계를 인정할 수 있다. 왜곡된 성적 결정에 기초하여 성행위를 하였다면 왜곡이 발생한 지점이 성행위 그 자체인지 성행위에 이르게 된 동기인지는 핵심적인 부분이라고 하기 어렵다. 피해자가 오인, 착각, 부지에 빠지게 되는 대상은 간음행위 자체일 수도 있고, 간음행위에 이르게 된 동기이거나 간음행위와 결부된 금전적·비금전적 대가와 같은 요소일 수도 있다.

【해설】

Ⅰ. 들어가는 말

위계 또는 위력으로써 아동·청소년을 간음하거나 추행하면 성립하는 위계등에 의한 간음등죄는 형법에서와 달리 폭행 또는 협박으로 강간, 유사강간, 강제추행한 것과 마찬가지로 취급된다(청소년성보호법 제7조 제5항). 위계에 의한 간음죄에서는 위계가 성행위등 결과 자체에 대한 위계에 국한되는지, 그 결과에 이르는 과정에 대한 위계도 포함되는지 문제된다. 대상판결은 위계 간음죄에서 위계의 대상과 인과관계에 대한 판단을 내리면서 입법적 접근과 함께 보호법익으로서 자기결정권 및 위계와 간음과의 관계 면에서 새로운 입장을 개진하고 있다. 대상판결을 두고 위계의 개념과 대상, 위계와 실행행위 사이의 인과관계 판단, 위계로 하자있는 동의의 효력과 같은 쟁점을 살펴봄으로써 위계 간음죄 성립에 요구되는 위계의 의미와 그 해석방향을 확인할 수 있다.

Ⅱ. 위계의 대상과 인과관계 판단

1. 위계의 개념과 대상

위계 간음죄에서 위계(僞計)란 "행위자가 간음의 목적으로 상대방에게 오인, 착각, 부지를 일으키고는 상대방의 그러한 심적 상태를 이용하여 간음의 목적을 달성하는 것"이다. 위계 개념이 갖는 추상성과 포괄성으로 인해 범죄성립요건을 충족하는 위계가 무엇인지는 별도의 확정이 요구된다. 위계에 관하여 종래 판례는 "오인, 착각, 부지란 간음행위 자체에 대한 오인, 착각, 부지를 말하는 것이지, 간음행위와 불가분적 관련성이 인정되지 않는 다른 조건에 관한 오인, 착각, 부지를 가리키는 것은 아니다."라고 하여 죄형법정주의원칙에 부합하게끔 제한적 해석을 취하고 있었다.

간음행위 자체에 관한 위계로는 의료행위나 종교의식을 빙자하여 간음등을 하는 경우를 들 수 있다. 간음행위와 불가분적 관련성이 있는 조건에 관하여 대법원은 가령 성교의 대가로 돈을 주겠다고 거짓말하여 성교행위를 하였더라도 사리판단력이 있는 청소년에게 그러한 금품 제공과 성교행위 사이에는 불가분적 관련성이 없다고 하였다(대법원 2001. 12. 24. 선고 2001도5074 판결). 또 여관으로 유인하고자 남자를 소개시켜주겠다 거짓말하여 성관계를 하게 된 경우(대법원 2002. 7. 12. 선고 2002도2029 판결), 정신장애가 있음을 알면서 인터넷 쪽지로 집으로 유인하여 간음한 사안(대법원 2014. 9. 4. 선고 2014도8423 판결) 등에서 그 같은 행위자의 속임수나 유인행위와 성교행위 사이에 불가분적 관련성은 인정되지 않는다고 보았다.

대상판결은 피해자가 오인, 착각, 부지에 빠지게 되는 대상은 간음행위 자체일 수도 있고, 간음행위에 이르게 된 동기이거나 간음행위와 결부된 금전적·비금전적 대가와 같은 요소일 수도 있다고 하여, 위계의 대상을 넓히고 있다. 이에 따르면 종전 판례에서 부정된, 금품을 제공하겠다고 속이거나 금전으로 유혹, 또는 특정장소로 유인하는 것이 위계의 대상으로 포섭될 여지가 생긴다. 위계를 넓게 해석하는 이유로 대법원은 국가의 후견적 배려사상에 근거한 청소년의 성에 대한 보호, 그리고 위계를 수단으로 한 다른 구성요건에서의 해석방향과 차별적으로 처벌영역을 확대함으로써 위계 간음죄의 적용영역 확보 등을 든다. 형법상 제한적으로 인정되었던 위계의 개념이나 적용범위와 다르게 특별법에서는 강화된 법정형의 위상을 고려하여 해석도 확대되어야 함을 나타내고 있다.

2. 위계와 간음의 인과관계

대상판결은 피해자에 오인, 착각, 부지를 일으켜 왜곡된 성적 결정을 하기에 이르렀다면, 성적 자기결정권은 침해된 것이므로 위계와 간음 사이에 인과관계가 인정된다고 한다. 위계 간음죄의 인과관계 판단에 보호법익이 고려되고 있다. 대법원은 본죄가 소극적 성적 자기결정권을 보호한다고 보면서 미성년에 대한 성보호가 함께 필요하다고 판시한다. 이같은 위계 간음죄의 이중적 보호법익과 위계의 상관관계를 들여다보면, 성적 자기결정권을 우선시하면 위계의 범위를 좁게 인정하고 청소년에 대한 성보호를 강조하면 위계를 넓게 인정하는 구도가 드러난다.

대상판결에 드러난 위계와 간음등 사이에 인과관계 판단은 3단계로 나누어 볼 수 있다. 첫 번째, 위계 대상의 범주에 해당하는지에 대한 판단이다. 위계가 간음 자체에 관한 것인지, 간음등에 이른 동기나 간음등에 결부된 요소에 해당하는 것인지에 대한 판단이다. 두 번째는, 위계가 간음행위 자체 이외의 인과관계 있는 조건에 해당하는 경우에는 위계에 해당하는 언동이 성행위를 결심한 중요한 동기에 포함되는지를 본다. 단순한 동기나 조건을 배제하면서 판례가 통상 취하는 규범적 판단인 상당성 판단을 하겠다는 것이다. 세 번째는 위계의 결과로 보호법익인 성적 자기결정권이 침해되었는가에 대한 판단이다. 이 부분에서는 하자 없는 자발적이고 진지한 성적 자기결정권의 존재를 요구한다.

3. 위계로 하자 있는 동의의 효력

대상 사안에서는 행위자의 위계로 피해자가 착오를 일으켜 간음등 행위에 동의하는 구조를 보인다. 위계가 있었다고 상대방의 동의 효력을 모두 부정하기는 어렵다. 위계에 의한 동의의 경우 착오가 일어난 부분이 동의의 핵심이나 본질을 이룰 때 그 착오는 의미를 가진다. 이른바 법익관련적 착오이론에 따르면 동의자의 흠결있는 의사가 단순한 동기착오에 기인한 경우에는 무효가 되지 않지만, 그 착오가 법익관계적인 경우에는 무효로 볼 수 있다.

범죄의 성부에 영향을 주는 위계의 대상은 피해자에게 법익관련적 착오를 유발하여 순수한 의미의 성적 자기결정권이나 진지한 성적 자기결정권을 행사하지 못하게 한 경우에 모아진다. 이때 행위자가 위계를 통하여 상대방에게 법익관련적 착오를 일으켜 보호법익에 대한 침해를 가져왔는지에 따라 위계의 효과는 달리 평가된다. 대상판례는 간음행위 자체뿐 아니라 간음행위의 동기나 대가, 조건에 대한 착오를 일으켜 보호법익을 침해하는 위계행위도 위계 간음죄에 의거 처벌하겠다는 것이다.

Ⅲ. 나오는 말

대상판결은 특별법에서의 성범죄에 대한 입법적 강화경향, 청소년 성보호의 필요성, 그리고 자기결정권의 실질적 침해와 같은 요소를 내세워 위계에 의한 간음죄에서 위계의 의미를 넓히고 있다. 위계 간음죄에서 오인, 착각, 부지의 대상을 간음행위와 인과관계가 있는 대상으로 확장한다. 다만, 위계적 언동 내용 중에 "피해자가 성행위를 결심하게 된 중요한 동기를 이룰 만한 사정이 포함"되어 있고, "피해자의 자발적인 성적 자기결정권의 행사가 없었다고 평가할 수 있어야 한다."고 하여 사안에 따른 개별적 · 구체적 판단은 예정하고 있다. 아울러 인과관계 판단에 "피해자의 연령 및 행위자와의 관계, 범행에 이르게 된 경위, 범행 당시와 전후의 상황 등 여러 사정을 종합적으로 고려"해야 함을 피력한다.

대상 사안에서 피해자가 성적 자기결정권을 행사하며 동의한 부분은 성적 결정권 행사에 주된 영역에 대한 부지와 착각 아래 이루어졌다. 피해자가 착오를 일으킨 부분은 단순한 동기나 반대급부적인 조건에 해당하는 부분도 있지만, 성관계의 상대방이 누구인가 하는 성행위를 결심하게 된 중요한 동기를 이루는 사정이자 자발적이고 진지한 성적 자기결정권을 침해하는 지점이다. 이처럼 법익의 본질적인 부분에 대한 위계로 하자 있는 동의는 본죄의 성립을 방해하지 못한다.

〔**참고문헌**〕 장성원, "위계 간음죄에서 위계의 대상과 인과관계", 형사판례연구 29(2021); 허황, "아동 · 청소년 위계간음죄", 형사판례연구 29(2021)

〔필자: 장성원 교수(세명대)〕

64 구 아동 · 청소년의 성보호에 관한 법률 제2조 제5호의 '아동 · 청소년으로 인식될 수 있는 사람이 등장하는 아동 · 청소년이용음란물'에 대한 판단기준

【대상판결】 **대법원 2014. 9. 24. 선고 2013도4503 판결**

【사실관계】 피고인은 2012. 8. 중순경 자신의 주거지에서, 인터넷 사이트에 다소 어려 보이는 여자 및 남성, 교복을 입어 여자청소년으로 보이는 여성과 성년 남성이 각각 성행위를 하는 동영상을 업로드하여 아동· 청소년이용음란물을 배포한 사실로 기소되었다. 그러나 공판과정에서 그 동영상이 구 아동· 청소년의 성보호에 관한 법률(2012. 12. 18. 법률 제11572호로 전부개정되기 전의 것, 이하 '구 아청법'이라고 하고, 법률명 자체를 특정할 때에는 '아청법'이라고 한다) 제2조 제5호에서 정한 '아동· 청소년이용음란물'에 해당하는지에 대하여는 다툼이 있었고, 원심과 대법원은 이에 대하여 판단을 달리하였다.

【판결요지】 구 아청법 제2조 제5호의 아동· 청소년이용음란물 정의 규정 중 '아동· 청소년으로 인식될 수 있는 사람이나 표현물'이라는 문언이 다소 모호한 측면이 있고, 일선 수사기관의 자의적 판정으로 뜻하지 않게 처벌의 범위가 지나치게 넓어질 우려가 있게 되자, 그 의미를 분명히 하기 위해서 2012. 12. 18. 법률 제11572호로 구 아청법을 개정하면서 '명백하게'라는 문구를 추가하여 '아동· 청소년으로 명백하게 인식될 수 있는 사람이나 표현물'이라고 규정한 점 등 구 아청법의 입법 목적과 개정 연혁, 그리고 법 규범의 체계적 구조 등에 비추어 보면, 구 아청법 제2조 제5호의 '아동· 청소년으로 인식될 수 있는 사람이 등장하는 아동· 청소년이용음란물'이라고 하기 위해서는 주된 내용이 아동· 청소년의 성교행위 등을 표현하는 것이어야 할 뿐만 아니라, 등장인물의 외모나 신체발육 상태, 영상물의 출처나 제작 경위, 등장인물의 신원 등에 대하여 주어진 여러 정보 등을 종합적으로 고려하여 사회 평균인의 시각에서 객관적으로 관찰할 때 외관상 의심의 여지없이 명백하게 아동· 청소년으로 인식되는 경우라야 하고, 등장인물이 다소 어려 보인다는 사정만으로 쉽사리 '아동· 청소년으로 인식될 수 있는 사람이 등장하는 아동· 청소년이용음란물'이라고 단정해서는 아니 된다.

【해설】

Ⅰ. 들어가는 말

청소년의 성보호에 관한 법률(이하 '청성법'이라 한다)은 2000. 2. 3. 법률 제6261호로 제정되었고 같은 법 제2조 제3호에서 '청소년이용음란물'을 '청소년이 등장하여 성교행위 등을 하거나, 청소년의 수치심을 야기하는 신체의 전부 또는 일부 등을 노골적으로 노출하여 음란한 내용을 표현한 것으로서, 필름·비디오물·게임물 또는 컴퓨터 기타 통신매체를 통한 영상 등의 형태로 된 것'이라고 정의하였다. 위 청성법은 2009. 6. 9. 법률 제9765호로 전부개정되면서 법명이 아청법으로 바뀌었는데, '청소년이용음란물'을 '아동·청소년이용음란물'로 명칭을 변경한 것을 제외하고 내용에는 변경이 없었다. 그런데 위와 같은 음란물에 대한 정의는 2000년대에 접어들면서 인터넷의 급속한 확산, 성인이 성적 행위를 연출한 다음 컴퓨터 조작이나 디지털 기술을 이용하여 성인의 얼굴에 실존하는 아동의 사진을 합성한 경우 또는 컴퓨터 그래픽 등을 이용하여 실존하는 아동을 묘사한 애니메이션 등과 같이 다양한 가상 아동포르노그래피를 포섭하는 데 한계가 있었다. 이에 아청법은 2011. 9. 15. 법률 제11047호로 개정되면서, 제2조 제5호에 '아동·청소년으로 인식될 수 있는 사람이나 표현물이 등장하는'이라는 문구를 추가하여 실제 아동·청소년이 등장하는 경우뿐만 아니라 컴퓨터를 이용한 다양한 가상 아동포르노그래피에 대한 처벌을 가능하도록 하였다. 나아가 소아성애자와 같은 사람들의 성범죄를 사전에 예방하거나 음란물을 접할 아동·청소년에 대한 왜곡된 성관념을 방지하려는 개정 취지도 충분히 인정되었다. 그런데 이러한 구 아청법 규정이 개정된 이후 특히 가상 아동포르노그래피의 소지 등에 대해서도 단속을 진행하면서 종전에 이러한 음란물의 경우 대체로 정보통신망의 이용촉진 및 정보보호 등에 관한 법률에 따라 입건 및 처벌이 되던 것이 갑자기 단속된 청소년이나 대학생들이 아청법에 따라 입건 및 처벌이 되고 수사 일선에서도 법률 적용에 혼란이 생기면서 구 아청법 개정 후 얼마 되지 않아 다시 논란이 발생했고, 그 과정에서 이 사건 판결이 등장하였다.

Ⅱ. 구 아청법의 '아동·청소년으로 인식될 수 있는 사람이 등장하는 아동·청소년이용음란물'에 대한 해석론

1. 학설의 경향

이에 대하여 학설의 치열한 대립이 보이진 않지만, 헌법상 표현의 자유와 형사처벌에 있어서 명확성의 원칙, 실제 아동포르노그래피와 가상 아동포르노그래피에 대한 구별의 필요성 등을 논거로 구 아청법에 따른 처벌의 범위를 좁히려는 시도와 한편으로 소아성애자의 잠재적 성범죄 예방이나 아동·청소년이용음란물 이용자의 왜곡된 성인식을 교정하기 위하여 아동포르노그래피에 대한 강력한 처벌의 필요성을 내세우며 구 아청법에 따른 처벌의 범위를 합리적으로 확장하려는 학설들이 있다.

(1) 최광의설(내용기준설)

구 아청법의 '아동 · 청소년으로 인식될 수 있는 사람'이라는 문언을 극 중에서 아동 · 청소년으로 설정된 사람으로 해석하여, 등장인물의 실제 아동 · 청소년 여부를 떠나 영상물의 주된 내용이 아동 · 청소년의 성적 행위를 묘사하는 것이기만 하면 아동 · 청소년이용음란물에 해당한다는 견해이다.

(2) 광의설(명백한 성인 제외설)

아동 · 청소년의 성적 행위를 묘사한 영상물로서, 등장인물이 그 외모나 신체발육 상태 등에 비추어 볼 때 아동 · 청소년인지가 불분명한 경우에도 일응 아동 · 청소년이용음란물에 해당하지만, 명백히 성인으로 보이는 경우에는 아동 · 청소년이용음란물에서 제외되어야 한다는 견해이다.

(3) 협의설(명백한 아동 · 청소년 한정설)

아동 · 청소년의 성적 행위를 묘사한 영상물로서, 등장인물이 그 외모나 신체발육 상태 등에 비추어 볼 때 명백히 아동 · 청소년으로 보이는 경우에만 아동 · 청소년이용음란물에 해당한다는 견해이다.

2. 판례의 태도

원심판결은 '아동 · 청소년이용음란물'은 애초 그 대상이 '아동 · 청소년'으로 한정되어 있다가 2011. 9. 15. 법률 제11047호로 아청법이 개정되어 아동 · 청소년으로 '인식될 수 있는' 사람이나 '표현물' 부분이 추가되어 그 범위가 확대되었는바, 이와 같은 법률 규정과 입법 과정에 비추어 보면, '아동 · 청소년으로 인식될 수 있는 사람이나 표현물'에 해당하는지 여부는, '음란물의 내용'을 기준으로 음란물에서 묘사된 구체적 상황, 표현 방식 등을 고려하여 일반인이 해당 인물이나 표현물을 아동 · 청소년으로 인식할 수 있는지 여부에 따라 판별함이 상당하다는 전제하에, 등장인물의 외관이 청소년으로 보이거나, 교복으로 보이는 옷을 입고 학생으로 연출된 인물을 대상으로 음란한 행위를 하는 것을 내용으로 하고 있는 이상, 이러한 동영상은 '아동 · 청소년이용음란물'에 해당한다고 보았다. 일응 학설의 '최광의설'과 유사한 태도로 보인다.

그러나 대법원은 원심법원이 지적한 당해 음란물의 내용뿐만 아니라 등장인물의 외모나 신체발육 상태, 영상물의 출처나 제작 경위, 등장인물의 신원 등에 대하여 주어진 여러 정보 등을 종합적으로 고려하여 '사회 평균인의 시각에서 객관적으로 관찰할 때 외관상 의심의 여지없이 명백하게 아동 · 청소년으로 인식되는 경우라는 조건'을 추가하여, 구 아청법의 '아동 · 청소년이용음란물'에 대한 해석기준을 제시하였다. 이에 따라 대법원은 다소 어려보이는 여자나 교복과 유사한 형태의 옷을 입은 여자가 각각 등장하여 성적 행위를 하는 영상물로 보이더라도 당해 사건에서 동영상 전체가 증거로 채택되어 조사된 것이 아니라 단지 위 각 동영상의 스틸 사진 몇 장만 증거로 채택되어 조사된 것으로, 동영상의 내용과 출처, 제작 경위, 등장인물의 신원 등에 대한 배경 정보가 전혀 없고 각 등장인물의 외모나 신체발육의 상태로 볼 때 성인일 가능성을 배제할 수 없는 점 등을 들어 이러한 사정만으로는 사건의 동영상이 구 아청법에서 정한 아동·청소년이용음란물에 해당한다고 보기는 어렵다고 판시하였다.

Ⅲ. 나오는 말

이 사건이 발생한 이후 구 아청법이 2012. 12. 18. 법률 제11572호 개정되면서 '아동·청소년이용음란물' 중 '아동·청소년으로 인식될 수 있는 사람이나 표현물'의 개념요소로 '명백성'을 추가하였고, 대법원은 그 당시 이러한 개정과정을 반영하여 위와 같은 해석기준을 제시하였고, 이러한 법리는 현재까지도 그대로 유지되고 있다고 보인다. 다만, 다양화하는 각종 성범죄에 대한 대응의 필요성과 더불어 개별 사건의 구체적인 증거의 내용을 앞선 법리에 따라 적용하면 현재도 개정 아청법에 따른 처벌 여지는 충분하다고 보인다.

〔**참고문헌**〕 고제성, "구 아동·청소년의 성보호에 관한 법률 제2조 제5호의 '아동·청소년으로 인식될 수 있는 사람이 등장하는 아동·청소년이용음란물'인지 판단하는 기준", 대법원 판례 해설[102](2015)

〔**필자: 이배근 판사(춘천지방법원 원주지원)**〕

65 아동 · 청소년성착취물의 제작과 당사자 동의

【대상판결】 **대법원 2018. 9. 13. 선고 2018도9340 판결**

【사실관계】 피고인이 카카오톡 메신저를 이용하여 피해자에게 돈을 주겠다고 말한 다음 피해자로 하여금 피해자의 스마트폰에 부착된 카메라로 피해자를 대상으로 한 자위행위 등 음란행위 장면을 촬영하도록 지시하였고, 그에 따라 피해자가 자신의 스마트폰에 부착된 카메라로 음란행위 장면을 촬영하였다. 피고인은 피해자가 촬영한 영상 6개를 전송받았다. 이에 피고인은 다시 자신이 갖고 있던 음란사진 3장을 피해자에게 전송하였으며, 나아가 초등학생인 피해자의 동생의 음란동영상을 촬영하도록 협박하였다.

【판결요지】

1) 아동·청소년의 성보호에 관한 법률(이하 '청소년성보호법'이라 한다)의 입법목적은 아동·청소년을 대상으로 성적 행위를 한 자를 엄중하게 처벌함으로써 성적 학대나 착취로부터 아동·청소년을 보호하고 아동·청소년이 책임 있고 건강한 사회구성원으로 성장할 수 있도록 하려는 데 있다. 따라서 아동·청소년을 이용한 음란물 '제작'을 원천적으로 봉쇄하여 아동·청소년을 성적 대상으로 보는 데서 비롯되는 잠재적 성범죄로부터 아동·청소년을 보호할 필요가 있다. 특히 인터넷 등 정보통신매체의 발달로 음란물이 일단 제작되면 제작 후 제작자의 의도와 관계없이 언제라도 무분별하고 무차별적으로 유통에 제공될 가능성이 있다. 그러므로 아동·청소년의 동의가 있다거나 개인적인 소지·보관을 1차적 목적으로 제작하더라도 청소년성보호법 제11조 제1항의 '아동·청소년이용음란물의 제작'에 해당한다고 보아야 한다.

2) 피고인이 직접 아동·청소년의 면전에서 촬영행위를 하지 않았더라도 아동·청소년이용음란물을 만드는 것을 기획하고 타인으로 하여금 촬영행위를 하게 하거나 만드는 과정에서 구체적인 지시를 하였다면, 특별한 사정이 없는 한 아동·청소년이용음란물 '제작'에 해당한다. 이러한 촬영을 마쳐 재생이 가능한 형태로 저장이 된 때에 제작은 기수에 이르고 반드시 피고인이 그와 같이 제작된 아동·청소년이용음란물을 재생하거나 피고인의 기기로 재생할 수 있는 상태에 이르러야만 하는 것은 아니다. 이러한 법리는 피고인이 아동·청소년으로 하여금 스스로 자신을 대상으로 하는 음란물을 촬영하게 한 경우에도 마찬가지이다.

【해설】

Ⅰ. 들어가는 말

대상판결의 쟁점은 ① 피고인이 직접 면전에서 아동·청소년의 성적 행위를 촬영하지 않았다 하더라도 음란물을 만드는 것을 기획하고 이를 토대로 타인에게 촬영행위를 하도록 하거나 만드는 과정에서 구체적인 지시를 한 것을 제작에 해당한다고 볼 것인지 하는 점과 ② 피고인이 카카오톡 메신저로 지시하여 아동·청소년 피해자가 스스로 음란물을 촬영한 행위를 아동·청소년의 동의가 있는 경우로 볼 것인가 하는 점, ③ 아동성착취물 제작죄의 기수시기에 대하여 촬영을 마쳐 재생이 가능한 형태로 저장이 된 때라고 보는 것이 적절한지 하는 점이다.

Ⅱ. 아동성착취물 제작의 의미와 규제목적

청소년성보호법상 아동·청소년을 대상으로 하거나 이들로 하여금 금품이나 그 밖의 재산상 이익, 직무·편의제공 등 대가를 제공하거나 약속하고 성교행위, 유사 성교행위, 신체의 전부 또는 일부를 접촉·노출하는 행위, 일반인의 성적 수치심이나 혐오감을 일으키는 행위, 자위행위 등 어느 하나에 해당하는 행위를 한 경우는 아동·청소년의 성을 사는 행위(법 제2조 제4호)에 해당한다. 아동성착취물이란 아동·청소년 또는 아동·청소년으로 명백하게 인식될 수 있는 사람이나 표현물이 등장하여 동법 제2조 제4호의 '아동·청소년의 성을 사는 행위'에 해당하는 행위를 하거나 그 밖의 성적 행위를 하는 내용을 표현하는 것으로서 필름·비디오물·게임물 또는 컴퓨터나 그 밖의 통신매체를 통한 화상·영상 등의 형태를 말한다(법 제2조 제5호). 아동·청소년성착취물 개념은 종래 사용되어 온 아동·청소년이용음란물이라는 용어를 변경한 것이다. 성착취의 개념을 사용함으로써 입법자는 아동·청소년을 인간의 존엄성에 반하는 형태로 이용하는 일련의 행위를 불법임을 명확히 함과 동시에 음란물 그 자체를 아동·청소년에 대한 성착취 및 성학대를 의미하는 것으로 보고 직·간접적인 착취형태를 규율하겠다는 입법목적을 분명히 한 것이다(개정이유 참고). 따라서 청소년성보호법상 아동·청소년에 대한 직접적인 성착취뿐만 아니라 그 제작 과정에서 아동의 인간으로서의 존엄성을 침해하는 형태로 이루어지는 이상 이는 성착취물에 해당한다.

Ⅱ. 쟁점

1. 아동성착취물의 '제작'과 피해아동의 동의 여하

아동·청소년성착취물은 디지털기술을 이용한 화상, 영상 형태를 의미하므로 제작 또한 디지털 기술을 활용하는 방식으로 제작되며, 제작에는 촬영, 녹화, 편집을 포함한 일련의 작업이 포함된다.

인터넷 등 정보통신매체의 발달로 음란물은 일단 제작되면 제작 후 제작자의 의도와 관계없이 언제라도 무분별하고 무차별적으로 유통에 제공될 가능성이 크다. 따라서 그 제작 자체부터 불법화함으로써 아동·청소년을 성적 대상으로 보는 인식으로부터 아동·청소년을 보호할 필요가 크다. 아동·청소년성착취물 제작 행위는 배포에 이르지 않더라도 단순 제작한 경우에도 처벌되며(제11조 제1항), 영리를 목적으로 아동·청소년성착취물을 판매·대여·배포·제공하거나 이를 목적으로 소지·운반·광고·소개하거나 공연히 전시 또는 상영한 자는 가중처벌된다(제11조 제2항). 따라서 단순히 소지목적이라 하더라도 아동성착취물 제작행위는 처벌된다.

2. 아동성착취물 제작의 기수시점

아동성착취물 제작이 언제 기수에 이르렀는가 하는 점이다. 아동성착취물이 디지털기술을 활용하여 촬영, 녹화, 편집 등 화상·영상화작업을 통해 제작되는 만큼, 동영상을 전송받고 저장하지 않고도 다운과 동시에 재생이 가능하다. 따라서 성착취물 제작죄의 기수는 피해아동에게 성적 행위를 하도록 지시하여 피해자가 스스로 성적 행위의 촬영을 마쳤을 때이며, 이후 저장 행위까지는 범행이 계속되고 저장으로써 범행이 종료된다고 보아야 한다.

본 대상판결에서 아동·청소년이 음란물의 촬영을 마쳐 자신의 휴대전화에 재생이 가능한 형태로 저장이 된 때에 아동·청소년이용음란물 제작죄는 기수에 이르렀다고 할 경우 피고인이 핸드폰에 따로 음란동영상이 저장되지 않아 범행의 기수에 이르지 않았다고 주장할 수 있게 된다. 청소년성보호법상 아동성착취물을 금지하는 입법목적은 아동이 성적 행위를 위해 이용되는 것으로부터 보호하는 데 있다. 행위자가 전체 기획하에 피해자에게 성적 행위의 촬영을 지시한 때 제작의 실행의 착수가 있으며, 피해자 스스로의 성적 행위의 촬영을 마쳤을 때 제작은 기수에 이른다, 저장이나 재생 가능성 여부는 제작죄의 기수시점을 판단하는 데 중요한 요인이 아니라고 봄이 타당하다.

그리고 청소년성보호법상으로는 아동성착취물 제작행위를 처벌하도록 규정하고 있을 뿐 그 범죄성립의 요건으로 제작 등의 의도나 음란물이 아동·청소년의 의사에 반하여 촬영되었는지 여부 내지 동의 여부를 문제삼지 않는다(대법원 2015. 2. 12. 선고 2014도11501 판결 참조). 이는 청소년성보호법상 성착취물의 제작에 아동·청소년의 동의 내지 자의성 여부를 문제삼지 않는 것과는 차이가 있다. 피해아동이 스스로 자신의 음란행위를 촬영하였다고 하여 이를 피해자의 동의가 있다고 보아 아동성착취물 제작의 위법성이 조각되는 것은 아니다.

Ⅲ. 나오는 말

본 대상판결이 아동·청소년에게 댓가를 제공할 것을 약속하고 피해자 스스로 음란행위를 촬영하도록 한 것은 아동성착취물에 해당한다고 봄은 청소년성보호법의 입법목적에 부합한다.

그리고 피해자가 스스로 촬영하였다 하더라도 그 자체는 피고인의 전체기획과 지시하에 이루어진 것으로 아동성착취물의 제작에 해당하며, 아동성착취물 제작의 경우 아동·청소년의 동의여하를 묻지 않는다. 본 대상판결 사안에서처럼 피해자 스스로 촬영하였다고 하여 당사자의 동의가 있는 것으로 위법성이 조각되는 것은 아니다.

본 대상판결이 피해자 스스로 행한 촬영행위도 아동성착취물의 제작에 해당한다고 판시한 것은 타당하다. 다만 아동성착취물 제작죄의 기수는 이러한 촬영을 마쳐 재생이 가능한 형태로 저장이 된 때이며, 반드시 피고인이 그와 같이 제작된 아동·청소년이용음란물을 재생하거나 피고인의 기기로 재생할 수 있는 상태에 이르러야만 하는 것은 아니다.

〔**참고문헌**〕 김한균, "아동·청소년 성착취물(아동·청소년이용음란물)의 제작", 형사판례연구 29(2021)

〔**필자: 박미숙 선임연구위원(한국형사·법무정책연구원)**〕

66 아동 · 청소년성착취물배포 · 전시죄 등의 '영리목적'

【대상판결】 **대법원 2020. 9. 24. 선고 2020도8978 판결**

【사실관계】 피고인과 원심공동피고인 1 등은 음란물 공유 목적의 오픈채팅방(일명 '야톡방')을 통해 인터넷 불법 도박사이트를 홍보한 후 모집된 회원들로 하여금 도박을 하게 하는 방법으로 사설 인터넷 도박사이트를 운영하기로 공모하였다. 원심공동피고인 1은 중국과 태국에 운영 사무실을 마련한 뒤 미국에 서버를 둔 인터넷 도박사이트를 개설하였고, 피고인은 이 도박사이트를 홍보하기 위해 오픈채팅방을 개설한 다음 수천 회에 걸쳐 음란물을 게시하였는데, 그중에는 아동 · 청소년성착취물도 포함되어 있었다. 피고인과 그 직원들은 1:1 대화를 통해 불특정 다수인을 오픈채팅방의 회원으로 가입시켰고, 해당 채팅방에서 자신이 운영하는 도박사이트를 홍보하였다. 또한 오픈채팅방 가입 당시에 입력된 이름과 전화번호 등을 이용하여 사람들에게 전화를 걸어 도박사이트의 가입을 승인해주는 등의 방법으로 회원가입을 유도한 후 회원들이 위 사이트를 통해 도박하도록 하였다.

【판결요지】 구 아동 · 청소년의 성보호에 관한 법률(2020. 6. 2. 법률 제17338호로 개정되기 전의 것) 제11조 제2항은 영리를 목적으로 아동 · 청소년이용음란물을 공연히 전시한 자는 10년 이하의 징역에 처한다고 규정한다. 위 조항에서 규정하는 '영리의 목적'이란 위 법률이 정한 구체적 위반행위를 함에 있어서 재산적 이득을 얻으려는 의사 또는 이윤을 추구하는 의사를 말하며, 이는 널리 경제적인 이익을 취득할 목적을 말하는 것으로서 반드시 아동 · 청소년이용음란물 배포 등 위반행위의 직접적인 대가가 아니라 위반행위를 통하여 간접적으로 얻게 될 이익을 위한 경우에도 영리의 목적이 인정된다. 따라서 사설 인터넷 도박사이트를 운영하는 사람이, 먼저 소셜 네트워크 서비스 앱에 오픈채팅방을 개설하여 아동 · 청소년이용음란 동영상을 게시하고 1:1 대화를 통해 불특정 다수를 위 오픈채팅방 회원으로 가입시킨 다음, 그 오픈채팅방에서 자신이 운영하는 도박사이트를 홍보하면서 회원들이 가입 시 입력한 이름, 전화번호 등을 이용하여 전화를 걸어 위 도박사이트 가입을 승인해주는 등의 방법으로 가입을 유도하고 그 도박사이트를 이용하여 도박을 하게 하였다면, 영리를 목적으로 도박공간을 개설한 행위가 인정됨은 물론, 나아가 영리를 목적으로 아동 · 청소년이용음란물을 공연히 전시한 행위도 인정된다.

【해설】

Ⅰ. 들어가는 말

대상판결에서는 불법 도박사이트를 홍보하기 위해 오픈채팅방을 개설하여 아동·청소년성착취물을 공연히 전시한 경우에 영리의 목적이 인정될 수 있는지가 주된 쟁점이 되었다. 이 사건의 원심은 피고인에게 도박공간개설죄(형법 제247조)와 음란영상전시죄(정보통신망 이용촉진 및 정보보호 등에 관한 법률 제74조 제1항 제2호, 제44조의7 제1항 제1호) 및 영리목적 아동·청소년이용음란물전시죄(구 아동·청소년의 성보호에 관한 법률 제11조 제2항)를 인정하였다. 이에 피고인은 영리목적 아동·청소년이용음란물전시죄의 성립과 관련하여 자신은 인터넷 도박장을 개설하여 이득을 얻은 것일 뿐, 음란물 배포나 전시를 통해 이득을 얻거나 이윤을 추구한 것이 아니므로 영리의 목적이 인정되지 않는다고 주장하면서 상고하였다.

Ⅱ. 영리목적 아동·청소년성착취물전시죄

1. 영리목적 아동·청소년성착취물전시죄의 구성요건

이 판례에서는 구 아동·청소년의 성보호에 관한 법률(2020. 6. 2. 법률 제17338호로 개정되기 전의 것) 제11조 제2항의 적용 여부가 문제되었다. 종래 구법에 대해서는 아동·청소년을 대상으로 한 음란물이 그 자체로 성착취 및 성학대를 의미함에도 불구하고 막연히 아동·청소년을 이용한 음란물로 가볍게 해석되는 경향이 있고, 관련 범죄에 대한 처벌이 지나치게 관대하여 그 실효성이 떨어진다는 비판이 제기되었다. 이에 2020년 6월 2일, 동법이 개정되면서 '아동·청소년이용음란물'이라는 용어는 '아동·청소년성착취물'로 변경되었고, 제11조 제2항의 법정형은 '10년 이하의 징역'에서 '5년 이상의 징역'으로 상향조정되었으나, 그 구성요건은 동일하게 규정되었다.

현행 아동·청소년의 성보호에 관한 법률 제11조는 아동·청소년성착취물의 제작·배포 등에 대해 규정하고 있는데, 아동·청소년성착취물을 공연히 전시한 경우에는 '영리목적'의 존부에 따라서 그 적용 조항이 달라진다. 즉, 영리를 목적으로 아동·청소년성착취물을 공연히 전시한 경우에는 동조 제2항이 적용되어 '5년 이상의 징역'에 처해질 수 있는 반면, 영리의 목적 없이 아동·청소년성착취물을 공연히 전시한 경우에는 동조 제3항이 적용되어 '3년 이상의 징역'에 처해질 수 있는 것이다. 요컨대 동법 제11조 제2항의 아동·청소년성착취물전시죄가 성립하기 위해서는 '영리를 목적'으로 아동·청소년성착취물을 공연히 전시할 것이 요구된다.

2. 아동 · 청소년성착취물배포 · 전시죄 등에서 '영리목적'의 의미

대법원은 아동·청소년의 성보호에 관한 법률 제11조 제2항의 '영리목적'은 동법이 정한 구체적인 위반행위를 함에 있어서 '재산적 이득을 얻으려는 의사' 내지는 '이윤을 추구하는 의사'라고 파악하였다(대법원 2004. 3. 26. 선고 2003도8003 판결 등 참조). 이는 널리 경제적인 이익을 취득하고자 하는 목적을 말하는데, 아동·청소년성착취물을 배포하거나 전시하는 등의 위반행위로 인한 직접적인 대가만이 아니라 간접적으로 얻게 될 이익을 위한 경우에도 영리의 목적이 인정된다고 보았다.

이미 대법원은 구 향정신성의약품관리법상 영리목적 향정신성의약품제조죄의 성립 여부를 판단하면서 '영리의 목적'이란 널리 경제적인 이익을 취득할 목적을 말한다고 판시하였다(대법원 1997. 12. 12. 선고 97도2368 판결). 또한 형법상 도박개장죄에서 '영리의 목적'이란 도박개장의 대가로 불법한 재산상의 이익을 얻으려는 의사로서, 이는 반드시 도박개장의 직접적인 대가에 한정되지 않는바, 도박개장을 통해서 간접적으로 얻게 될 이익을 위한 경우에도 영리의 목적이 인정된다고 밝혔다(대법원 2008. 10. 23. 선고 2008도3970 판결).

이 사건에서 피고인은 자신이 아동·청소년성착취물을 배포하거나 전시하면서 이득을 얻거나 이윤을 추구한 것이 아니므로 아동·청소년의 성보호에 관한 법률 제11조 제2항의 영리목적이 인정되지 않는다고 주장하였다. 그러나 대법원은 인터넷 도박장을 운영하는 피고인이 자신의 도박사이트를 홍보하기 위해 오픈채팅방을 개설하여 아동·청소년성착취물을 공연히 전시하였다면 이는 재산적 이득을 얻으려는 의사로 볼 수 있으므로 동법 제11조 제2항의 영리목적 아동·청소년성착취물전시죄가 인정된다고 판단하였다.

III. 나오는 말

아동·청소년성착취물을 배포하거나 공연히 전시하는 행위 등은 영리목적의 유무에 따라서 그 법정형이 달리 규정되어 있는데, 영리목적이 인정될 경우에는 보다 중하게 처벌될 수 있다. 이때 '영리의 목적'은 널리 경제적인 이익을 취득할 목적을 말하는바, 아동·청소년성착취물의 배포·전시 등과 같은 위반행위의 직접적인 대가는 물론이고 그 행위를 통해 간접적으로 얻게 될 이익을 위한 경우에도 인정된다. 이는 대법원이 종전에 구 향정신성의약품관리법 위반죄나 도박개장죄의 사안에서 다루었던 '영리의 목적'에 대한 해석과 그 맥을 같이하는 것으로서 대상판결은 아동·청소년성착취물배포·전시죄 등에서의 영리목적의 의미와 범위를 명확하게 제시했다는 점에서 그 의의가 있다.

〔**참고문헌**〕 이주원, 특별형법, 홍문사(2021)

〔필자: 윤지영 선임연구위원(한국형사·법무정책연구원)〕

67 아동·청소년 매매행위의 의미

【대상판결】 **대법원 2015. 8. 27. 선고 2015도6480 판결**

【사실관계】 피고인은 가출한 13세의 중학교 1학년생인 피해 아동을 자신의 아는 형의 집에 수일간 머무르게 하면서 숙박과 식사를 제공하던 중, 인터넷으로 물색한 다른 사람으로부터 대가에 해당하는 돈을 받기로 하고 그에게 피해 아동을 넘기려고 하였으나 현장에서 경찰관에게 체포되었다. 당시 피해 아동은 피고인이 대가를 받기로 한 점은 몰랐지만 자신이 다른 사람의 집에 가게 된다는 사정을 알고도 이에 대하여 피고인에게 특별한 반대의 의사표시를 하지 않고 피고인을 따라 나섰다.

【판결요지】 아동복지법 제17조 제1호의 '아동을 매매하는 행위'는 '보수나 대가를 받고 아동을 다른 사람에게 넘기거나 넘겨받음으로써 성립하는 범죄'로서, '아동'은 같은 법 제3조 제1호에 의하면 18세 미만인 사람을 말한다.

아동은 아직 가치관과 판단능력이 충분히 형성되지 아니하여 자기결정권을 자발적이고 진지하게 행사할 것을 기대하기가 어렵고, 자신을 보호할 신체적·정신적 능력이 부족할 뿐 아니라, 보호자 없이는 사회적·경제적으로 매우 취약한 상태에 있으므로, 이러한 처지에 있는 아동을 마치 물건처럼 대가를 받고 신체를 인계·인수함으로써 아동매매죄가 성립하고, 설령 위와 같은 행위에 대하여 아동이 명시적인 반대 의사를 표시하지 아니하거나 더 나아가 동의·승낙의 의사를 표시하였다 하더라도 이러한 사정은 아동매매죄의 성립에 아무런 영향을 미치지 아니한다.

【해설】

Ⅰ. 들어가는 말

아동복지법은 아동이 건강하게 출생하여 행복하고 안전하게 자랄 수 있도록 아동의 복지를 보장하는 것을 목적으로 한다(제1조). 그리고 이를 위해 아동에 관한 모든 활동에 있어서 아동의 이익을 최우선적으로 고려한다(제2조 제3항). 이러한 입법취지와 기본 이념은 아동 관련 범죄에 대한 법적용 및 해석에 있어서도 유지될 필요가 있다.

Ⅱ. 아동복지법상 아동매매죄의 성립요건

아동복지법 제17조 제1호는 "아동을 매매하는 행위"를 금지하고, 제71조 제1항 제1호에 "(제17조) 제1호에 해당하는 행위를 한 자는 10년 이하의 징역에 처한다."는 벌칙규정을 두고 있다. 이하에서는 판례의 법리 및 해석을 중심으로 아동복지법상 아동매매죄의 성립요건 및 한계에 대해 살펴보고자 한다.

1. 객체로서 '아동'의 의미

아동을 대상으로 한 인신매매에 대해서는 원칙적으로 「아동복지법」이 적용되고, 여기서의 '아동'이란, 18세 미만인 사람을 말한다(동법 제3조 제1호).

2. 구성요건행위로서 매매(賣買)의 의미 - "보수나 대가를 받고"의 해석

(1) 대법원은 젊은 장병 甲부부가 생활형편이 힘들어 법적인 입양절차를 밟지 않고 둘째 아이를 양부모 乙에게 보내고, 甲부부의 처지를 딱하게 여긴 乙로부터 큰아이 분유 값으로 200만 원을 교부받은 사건(대법원 2014. 11. 27. 선고 2014도7998 판결)에서 '아동을 매매하는 행위'는 "보수나 대가를 받고 아동을 다른 사람에게 넘기거나 넘겨받음으로써 성립하는 범죄"라고 정의하면서, "甲은 자신이 낳은 아이를 키울 형편이 되지 않아 입양시킬 의사로 乙에게 인도한 것이고 甲이 받은 200만 원은 매매의 대가가 아니라고 봄이 상당하다."고 보아 아동매매죄의 성립을 부정한 바 있다.

하지만 이 판례에서 대법원은 교부된 금품(200만 원)이 '매매의 대가인지 여부(대가성)'를 판단함에 있어서 인도자의 의사(입양의사)와 인수자의 의사(측은지심) 등 지나치게 주관적 요소(매매의 동기)에 의존해 판단하고 있다는 점에서, (물론 다른 사정들을 종합해 볼 때, 이 사안은 해당하지 않지만) 입양, 취업, 숙식제공 등의 적법한 외관을 이용한 아동매매 행태들을 규율하는데 한계가 있어 보인다.

(2) 또한 형법상 인신매매죄는 자유를 침해하는 범죄로서 대가의 지급 여부가 죄의 성립에 영향을 미치지 않는다는 것이 일반적인 해석론인데, 아동복지법상 아동매매죄에서는 매매행위를 "보수나 대가를 받고"라고 정의하고 있어서 실제 대가의 지급 여부와 관련하여 기수시기 및 미수범 처벌규정의 적용범위 등이 해석상 문제될 수 있다.

3. 주관적 요건으로서 고의 및 목적 요부

아동매매에 대한 법적용은 고의내용 및 목적의 유무에 따라 크게 3가지 경우로 나뉜다. 즉,

① 「아동복지법」상 아동매매죄는 특별한 고의 내용이나 목적을 필요로 하지 않는 반면, ② 「아동 · 청소년의 성보호에 관한 법률(약칭: 청소년성보호법)」 제12조의 아동매매죄는 '아동의 성을 사는 행위 또는 아동이용음란물을 제작하는 행위의 대상이 될 것을 알면서'라고 규정함으로써 이를 특별히 고의(인식)의 내용으로 요구한다. 한편 아동에 대한 매매에 대해서는 특별법인 아동복지법이 우선 적용되기 때문에, 「형법」 제289조의 인신매매죄는 ③ 아동을 '추행, 간음, 결혼, 영리, 노동력 착취, 성매매, 성적 착취, 국외이송 등의 목적으로' 매매하는 경우에 한하여 적용된다(동조 제2항 내지 제4항).

다만 ②의 경우는 ③의 '성매매' 또는 '성적 착취'의 목적에 포섭될 수 있다는 점과 특별법의 남발로 인한 법적용의 혼선 등을 최소화할 필요가 있다는 점에서 폐지 · 통합하는 것이 바람직하다.

4. 아동의 묵시적 · 명시적 동의 및 승낙 여부와 아동매매죄의 성부

형법 제24조에 따라 '피해자의 동의 및 승낙'이 위법성조각사유로서 유효하기 위해서는, ① 승낙자가 자기의 동의 및 승낙이 무엇을 의미하는가(승낙의 의미와 내용)를 알 수 있는 능력이 있고(승낙능력), ② 동의 및 승낙행위 자체가 자유로운 의사에 기한 것이어야 한다.

이러한 형법의 기본 법리에 비추어 볼 때, 아동매매죄에 있어서 설령 아동이 매매행위에 대하여 명시적인 반대 의사를 표시하지 아니하거나 더 나아가 동의 · 승낙의 의사를 표시하였다 하더라도 이는 승낙능력이 없고, 자유로운 의사에 기한 것으로 보기 힘들다.

이는 범죄로부터 아동 · 청소년 · 미성년자를 보호대상으로 하는 법규정의 적용에 있어 공통된 해석론이라 할 수 있다.

Ⅲ. 나오는 말

형법은 민법을 기준으로 하여 19세 미만의 사람을 미성년자로 규정하여 보호하고 있는데, 아동복지법상 아동이 '18세 미만인 사람'이라고 한다면, 과연 구별의 실익 및 가중처벌의 정당화 근거가 있는 것인지, 특히 여기서 다룬 아동매매죄의 경우는 목적범도 아니라는 점에서 형법상 인신매매죄(제289조 제1항)로 흡수 · 통합하여 규율하는 것이 바람직하다.

〔필자: 김봉수 교수(전남대)〕

68 아동·청소년의 성매매알선행위의 요건

【대상판결】 **대법원 2016. 2. 18. 선고 2015도15664 판결**

【사실관계】 피고인들은 약취·유인한 청소년을 자신들의 지배하에 두고 성매수자인 공소외인을 상대로 성매매행위를 알선하였다. 피고인들은 피해자가 청소년이라는 사실을 알고 있었지만, 성매수자인 공소외인은 피해자가 청소년이라는 사실을 알지 못하였다. 이에 검찰은 피고인들을 「아동청소년의 성보호에 관한 법률」(이하 '청소년성보호법'이라고 한다) 제15조 제1항 제2호의 청소년의 성을 사는 행위를 알선한 혐의로 기소하였다(알선행위 이외에 인취 혐의는 논하지 않음).

【판결요지】 청소년성보호법은 성매매의 대상이 된 아동·청소년을 보호·구제하려는 데 입법 취지가 있고, 청소년성보호법에서 '아동·청소년의 성매매 행위'가 아닌 '아동·청소년의 성을 사는 행위'라는 용어를 사용한 것은 아동·청소년은 보호대상에 해당하고 성매매의 주체가 될 수 없어 아동·청소년의 성을 사는 사람을 주체로 표현한 것이다. 그리고 아동·청소년의 성을 사는 행위를 알선하는 행위를 업으로 하는 사람이 알선의 대상이 아동·청소년임을 인식하면서 알선행위를 하였다면, 알선행위로 아동·청소년의 성을 사는 행위를 한 사람이 행위의 상대방이 아동·청소년임을 인식하고 있었는지는 알선행위를 한 사람의 책임에 영향을 미칠 이유가 없다. 따라서 아동·청소년의 성을 사는 행위를 알선하는 행위를 업으로 하여 청소년성보호법 제15조 제1항 제2호의 위반죄가 성립하기 위해서는 알선행위를 업으로 하는 사람이 아동·청소년을 알선의 대상으로 삼아 그 성을 사는 행위를 알선한다는 것을 인식하여야 하지만, 이에 더하여 알선행위로 아동·청소년의 성을 사는 행위를 한 사람이 행위의 상대방이 아동·청소년임을 인식하여야 한다고 볼 수는 없다.

【해설】

Ⅰ. 들어가는 말

대상판결의 쟁점은 크게 두 가지로 압축된다. 하나는 청소년이 성매매의 주체가 될 수 있는지 여부(쟁점 ①)이고, 다른 하나는 청소년의 성을 사는 행위를 알선한 피고인들에게 청소년성보호법 제15조 제1항 제2호가 적용되기 위해서는 피고인들 이외에 청소년의 성을 산 행위자도 상대방이 청소년이라는 사실을 인식해야 하는지 여부이다(쟁점②).

쟁점①에 대해 대법원은 청소년성보호법의 입법취지가 성을 사고파는 행위의 대상이 된 청소년을 보호하는데 있다는 점, 동법 제2조 제4호가 '아동청소년의 성매매행위'가 아닌 '아동청소년의 성을 사는 행위'라는 용어를 사용하고 있다는 점을 근거로 청소년이 성매매의 주체가 될 수 없다고 판단하였다. 한편 쟁점②에 대해 대법원은 알선행위를 업으로 하는 사람이 청소년을 대상으로 삼아 그 성을 사는 행위를 알선한다는 것을 인식하기만 하면, 그 알선행위로 성을 사는 행위를 한 사람이 행위의 상대방이 청소년임을 인식하고 있었는지는 알선행위를 한 사람의 책임에 영향이 없다고 보았다.

Ⅱ. 아동청소년의 성매매 주체인정 여부(쟁점①)

「성매매알선 등 행위의 처벌에 관한 법률」(이하 성매매처벌법이라 함) 제21조 제1항에 의하면 성매매행위에 있어서는 성매수인뿐만 아니라 성매도인도 처벌된다. 현행 성매매처벌법이 성매수인만을 처벌하는 노르딕모델을 채택하고 있지 않은 이상, 성매도인은 성매매행위의 주체로서 법적·윤리적 비난을 피할 수 없는 구조라고 할 수 있다. 이와 같은 상황에서 청소년을 성매매의 주체로 인정하면 미성숙한 성의식과 불우한 환경 등으로 자신의 성을 판 청소년들이 그 법적·윤리적 비난으로부터 자유로울 수 없게 된다. 하지만 청소년은 어른들의 성착취로부터 보호받아야 할 존재이며 결코 비난의 대상이 되어서는 안 된다. 이에 청소년성보호법도 그 입법취지 등을 고려하여 청소년이 성을 사고 파는 행위에 대해 성매매라는 표현을 자제함으로써 청소년이 성매매의 주체가 될 수 없음을 분명히 하고 있는 것이다.

한편 청소년성보호법 제13조 제1항은 아동청소년의 성을 사는 행위를 한 자를 처벌하는 규정을 두고 있는데, 문제는 성을 사는 행위의 대가성 판단에 있다. 즉, 가출한 청소년에게 쉴 곳과 먹을 것을 제공하고 성관계를 가진 경우에 성을 사는 행위의 대가성을 긍정하여 동조를 적용할 수 있는가 여부이다. 이와 관련해서는 최근 형법 제305조 제2항을 신설하여 대가성 여부와 상관없이 13세 이상 16세 미만의 청소년과 성관계를 한 성인을 처벌함으로써 청소년에 대한 보호를 확대하였다.

Ⅲ. 알선행위 성립에 행위자 이외에 성매수인의 인식이 필요한지 여부(쟁점②)

대법원은 대상판례의 경우 피고인들의 알선행위 성립에 성매수인이 청소년의 성을 산다는 인식까지 요하지 않는다는 입장이다. 이에 대해서는 알선이 알선대상범죄의 방조범의 성격을 가지고 있으므로 정범인 성매수인에게 청소년의 성을 산다는 인식이 없는 이상 방조범격인 피고인들에게 청소년성보호법의 알선행위성립을 인정하는 것은 바람직하지 않으며, 법정형이 상대적으로 가벼운 성매매처벌법상의 성매매알선죄의 성립을 긍정하는 견해가 있다.

그런데 대법원은 '윤락행위의 알선'은 윤락행위를 하려는 당사자 사이에 서서 이를 중개하거나 편의를 도모하는 것을 의미한다고 하면서, 윤락행위의 알선이 인정되기 위해 당사자가 실제로 윤락행위를 하거나 대면할 것을 요구하지 않는다고 한다. 즉, 알선행위는 알선대상범죄를 조력하는 특성이 있지만, 정범의 실행행위에 대한 인식 및 성립을 요하는 전통적인 방조범과 구별된다고 할 수 있다.

한편 성매매가 성매수인 이외에 성매도인에 대한 비난을 포함하는 개념이라는 점에서 피고인들에게 성매매처벌법상 성매매알선죄의 성립을 긍정하게 되면 반사적으로 청소년에게 성매매행위자라는 낙인을 찍는 결과를 초래할 수 있다. 그리고 수사과정에서 성매수인들은 상대방이 청소년임을 알지 못했다고 부인하는 것이 일반적인 경향이므로, 전자의 입장에 의하면 청소년의 성을 사는 행위를 알선함으로써 청소년의 성을 착취하는 자들에 대해 청소년성보호법을 적용할 수 없게 된다는 점도 고려해야 한다. 따라서 대상판례의 피고인들에 대해서는 성매수인의 인식여하에 상관없이 청소년성보호법 제15조 제1항 제2호의 청소년의 성을 사는 행위에 대한 알선죄 성립을 긍정하는 것이 타당할 것이다.

Ⅳ. 나오는 말

청소년성보호법의 입법취지 및 용어사용례, 그리고 청소년성보호법이 아닌 성매매처벌법을 적용했을 때의 부작용 등을 고려하면 청소년은 그 성을 사는 행위나 알선하는 행위의 객체이며 성매매의 주체가 될 수 없다. 또한 알선행위 성립에 성매수인의 인식까지도 고려되어야 하는지와 관련해서도 알선의 의미에 대한 대법원의 입장 및 성매매처벌법을 적용함에 있어 예상되는 형사정책적 문제점 등을 감안하면 전체적으로 대상판례의 판단은 적절한 것으로 생각된다.

현행 청소년성보호법은 아동청소년의 성을 사는 행위를 알선하는 경우 외에도 동법 제13조 제1항에서 아동청소년의 성을 사는 행위를 한 자를 처벌하고 있다. 동조에는 과실범 처벌규정이 없으므로 청소년의 성을 산 행위자를 처벌하기 위해서는 그 행위자가 상대방이 청소년이라는 사실을 인식해야 하는데, 이를 인식하지 못한 경우에는 성매매처벌법의 성매매죄가 성립할 여지가 있다. 최근 형법개정으로 어른들의 성착취로부터 청소년을 보호하기 위한 토대가 개선되었지만, 형사절차에서도 성매수인의 인식 및 행위에 대한 엄정한 수사와 법적용을 통해 청소년이 성매도인의 굴레를 쓰지 않도록 주의할 필요가 있다.

〔**참고문헌**〕 오영근, "2016년도 형법판례 회고", 형사판례연구 제25권(2016)

〔**필자: 박성민 교수(경상국립대)**〕

69 청소년유해업소의 종업원 고용시 연령확인의무의 내용

【대상판결】 **대법원 2013. 9. 27. 선고 2013도8385 판결**

【사실관계】 유흥주점을 운영하는 피고인은 보도방업자인 A에게 나이 확인을 위해 신분증 있는 접객원을 소개해달라고 요청하였고, A는 청소년인 B(여 16세), C(여, 16세), D(여, 17세)를 차에 태워 피고인의 유흥주점으로 데리고 갔다. B, C, D는 피고인과 함께 있던 피고인의 남편 E에게 소지하고 있던 F, G, H의 주민등록증을 건네주었고, 유흥접객원 명부에 F, G, H라고 이름을 적은 다음 미리 외워둔 위 사람들의 주민등록번호를 기재하였다. E는 주민등록증상의 F, G, H 사진과 B, C, D의 얼굴을 자세히 대조해 보지 아니하였고, 업소에 비치되어 있던 복사기로 위 3장의 주민등록증을 복사하였다. C가 제시한 주민등록증상 G의 사진과 C의 실물은 확연히 달라 보이고, C는 유흥접객원 명부에 허위의 주민등록번호를 기재하였다가 다시 고쳤는데도 피고인은 아무런 확인 조치를 취하지 않았다. 피고인은 B, C, D를 접객원으로 고용하여 손님들에게 술을 따라주고 노래를 부르게 하는 등 접객행위를 하게 하였다.

【판결요지】 청소년 보호법의 입법목적 등에 비추어 볼 때, 유흥주점과 같은 청소년유해업소의 업주에게는 청소년 보호를 위하여 청소년을 당해 업소에 고용하여서는 아니 될 매우 엄중한 책임이 부여되어 있으므로, 유흥주점의 업주가 당해 유흥업소에 종업원을 고용할 때에는 주민등록증이나 이에 유사한 정도로 연령에 관한 공적 증명력이 있는 증거에 의하여 대상자의 연령을 확인하여야 하고, 만일 대상자가 제시한 주민등록증상의 사진과 실물이 다르다는 의심이 들면 청소년이 자신의 신분과 연령을 감추고 유흥업소 취업을 감행하는 사례가 적지 않은 유흥업계의 취약한 고용실태 등에 비추어 볼 때, 업주로서는 주민등록증상의 사진과 실물을 자세히 대조하거나 주민등록증상의 주소 또는 주민등록번호를 외워보도록 하는 등 추가적인 연령확인조치를 취하여야 할 의무가 있다.

【해설】

Ⅰ. 들어가는 말

대법원은 청소년고용금지업소의 업주가 유흥종사자를 고용하는 경우 공적 증명력이 있는 증거에 의하여 대상자의 연령을 확인하여야 하고, 연령 확인이 어려운 경우 증표에 의하여 확실히 확인할 때까지 채용을 보류하거나 거부하여야 한다고 판시하면서(대법원 2002. 6. 28. 선고 2002도2425 판결), 건강진단수첩(속칭 보건증) 또는 건강진단결과서는 연령에 관한 공적 증명력이 있는 증거로 볼 수 없다고 보았다. 나아가 연령확인의무의 이행을 다하지 아니한 채 청소년을 청소년고용금지업소에 고용하거나 청소년출입금지업소에 출입시키는 경우 특별한 사정이 없는 한 청소년보호법위반죄의 미필적 고의를 인정할 수 있고(대법원 2004. 4. 23. 선고 2003도8039 판결; 대법원 2007. 11. 16. 선고 2007도7770 판결 등 참조), 청소년유해업소의 업주가 주민등록상의 사진과 실물이 다르다는 의문을 가졌음에도 더 이상의 연령확인 조치를 취하지 아니한 경우에도 미필적 고의를 인정할 수 있다고 보았다(대법원 2005. 12. 8. 선고 2005도7954 판결; 대법원 2004. 4. 28. 선고 2004도255 판결).

Ⅱ. 사안의 검토

사안에서 원심은 B 등이 실제 얼굴과 주민등록증상의 사진이 다소 달라 보이기는 하나 얼굴에 살이 쪄서 그렇다고 거짓말을 한 점, 체중의 증감과 연령의 변화 및 사진 보정 등에 의하여 실제 얼굴이 주민등록증상의 사진과 달라 보이는 경우도 종종 있고, 더욱이 B 등은 주민등록증상의 인물과 비슷한 연령대에 속하고 위 사진과 비슷해 보이도록 화장을 하고 있었으며, 주민등록증의 이름과 주민등록번호 및 주소를 미리 외워 두었다가 유흥접객원 명부에 이를 직접 기재하는 등 E 등을 적극적으로 기망한 점, 피고인은 평소 도우미들에게 신분증을 검사하고 유흥접객원 명부를 작성, 관리하였던 점에 비추어 피고인이 B 등이 청소년임을 알았거나 청소년이라도 무방하다는 미필적 고의로 이들을 고용하였다고 단정할 수 없다는 이유로 피고인에게 무죄를 선고한 제1심판결을 유지하였다. 그러나 대상판결은 대상자가 제시한 주민등록상의 사진과 실물 사진이 다르다는 의심이 드는 경우 추가적 연령확인조치를 취할 의무가 있고 이를 이행하지 아니하는 경우 청소년보호법위반죄에 관한 미필적 고의가 있다는 기존 판례의 입장을 유지하면서, 사안에서 피고인이 주민등록증상의 사진과 실물을 자세하게 대조하지 아니하였고, C가 제시한 주민등록증상 사진과 실물은 확연히 달라 보일 뿐 아니라 유흥접객원 명부에 허위의 주민등록번호를 기재하였다가 다시 고치기도 하였음에도 아무런 추가확인조치를 취하지 않았으므로, 피고인이 B 등의 신분증 사본을 복사해 두었더라도, 연령확인의무를 제대로 이행하지 아니한 경우에 해당한다고 보았다.

Ⅲ. 나오는 말

대상판결은 청소년유해업소의 업주는 청소년 보호를 위하여 청소년을 고용하여서는 아니 될 의무가 있음을 재확인하고, 연령을 확인하기 위한 증표상의 사진과 실물이 다르다는 의문을 가졌다면 형식적으로 신분증을 검사하여서는 아니 되고 신분증상의 사진과 실물을 대조하거나 신분증상의 주소 또는 주민등록번호를 외워 보도록 하는 등 추가적이고 적극적인 연령확인조치를 취하여야 할 의무가 있다는 기존의 판시를 유지하였다. 이는 청소년 보호법의 입법취지에 맞게 청소년을 두텁게 보호하는 데에 그 의의가 있다.

〔**참고문헌**〕 위광하, "청소년유해업소에서 종업원 고용시 연령확인의무", 대법원판례해설 [104](2014)

〔**필자: 이혜린 판사(서울중앙지방법원)**〕

70 신상정보 제출의무와 법률의 부지

【대상판결】 **대법원 2014. 11. 27. 선고 2013도15164 판결**

【사실관계】 피고인은 '여자 청소년인 피해자의 엉덩이를 만져 피해자를 강제추행하였다.'는 내용의 아동·청소년의 성보호에 관한 법률 위반죄로 벌금 2,500,000원의 유죄판결이 확정된 자로, 구 아동·청소년의 성보호에 관한 법률 제34조 제1항에 따르면 아동·청소년 대상 성범죄로 유죄판결이 확정된 자는 그 판결이 확정된 날로부터 40일 이내에 신상정보를 자신의 주소지를 관할하는 경찰관서의 장에게 제출하여야 함에도, 법원으로부터 위와 같은 사실을 고지받지 못하여, 위 아동·청소년 대상 성범죄의 유죄판결이 확정된 날로부터 40일 이내에 신상정보를 주소지 관할 경찰서장에게 제출하지 않았다.

【판결요지】 구 아청법은 제33조 제1항에서 아동·청소년 대상 성범죄로 유죄판결이 확정된 자는 신상정보 등록대상자(이하 '등록대상자'라 한다)가 되는 것으로 규정하고 있고, 제34조 제1항에서 등록대상자는 유죄판결이 확정된 날부터 40일 이내에 자신의 주소지를 관할하는 경찰관서의 장에게 신상정보를 제출하여야 하는 것으로 규정하고 있으며, 제52조 제5항 제2호에서 등록대상자가 제34조 제1항을 위반하여 정당한 사유 없이 제출정보를 제출하지 아니할 경우 1년 이하의 징역 또는 500만 원 이하의 벌금에 처하도록 규정하고 있다. 위와 같은 법 규정의 문언과 취지에 의하면, 등록대상자가 아동·청소년 대상 성범죄로 유죄판결이 확정될 경우에 부담하는 신상정보 제출의무는 구 아청법 제34조 제1항에 의하여 당연히 발생하는 것이고, 등록대상자인 피고인이 위 법규에서 정한 신상정보 제출의무가 있다는 것을 알지 못하였다는 등의 사정은 단순한 법률의 부지에 불과하여 범죄의 성립에 아무런 지장이 없다고 할 것이며, 대법원이 보낸 신상정보 등록대상자 고지서가 피고인에게 송달되지 아니하는 등으로 신상정보 제출의무를 인식하지 못하였다는 것이 구 아청법 제52조 제5항 제2호에서의 '정당한 사유'에 해당한다고 볼 수도 없다.

【해설】

I. 들어가는 말

구 아동·청소년의 성보호에 관한 법률(2012. 12. 18. 개정 전, 이하 '아청법'이라 한다)은 제34조에서 아동·청소년 대상 성범죄를 범하여 신상등록의 대상이 된 사람에 대해 판결이 확정된 날부터 40일 이내에 일정한 신상정보를 자신의 주소지를 관할하는 경찰관서의 장에게 제출하도록 하는 의무를 부여하고, 등록대상자가 정당한 사유없이 이를 위반한 경우에는 1년 이하의 징역 또는 500만 원 이하의 벌금에 처하도록 하고 있었다. 그런데 대상판결 사안의 경우는 등록대상자인 피고인이 자신이 아청법에 따라 신상정보를 제출해야 하는 의무가 있다는 사실을 알지 못하여 신상정보 제출의무를 위반하게 되었고, 이에 대한 법적 평가의 문제가 발생하게 된 것이다. 주지하는 바와 같이 형법은 범죄의 사실관계에 대한 인식인 고의(제13조)와 범죄행위의 위법성 여부에 대한 구체적 인식(제16조)을 구별하고 있다. 이 사안은 피고인에게 범죄행위에 대한 고의가 조각되는지(사실의 착오), 아니면 자신의 행위에 대한 위법성의 인식에 착오가 발생한 금지착오 사안인지의 여부가 문제되는 것이다.

Ⅱ. 사실의 착오와 금지착오의 구별

1. 사실의 착오와 금지착오의 차이와 구별실익

형법 제13조(범의)는 "죄의 성립요소인 사실을 인식하지 못한 행위는 벌하지 아니한다."고 하여 범죄의 성립을 위해 죄의 성립요소인 '사실'에 대한 인식이 필요함을 규정하고 있어서, 구성요건사실을 인식하지 못한 사실의 착오의 경우에는 구성요건고의가 조각된다고 할 수 있다. 반면 구성요건사실이 아니라 자신의 행위에 대한 법적 평가의 측면에서 착오가 발생한 경우에 대해서는 형법 제16조(법률의 착오)에서 "자기의 행위가 법령에 의하여 죄가 되지 아니하는 것으로 오인한 행위는 그 오인에 정당한 이유가 있는 때에 한하여 벌하지 아니한다."는 규정을 두어 오인의 정당한 이유 여부를 기준으로 범죄성립의 여부가 갈린다. 이때 '벌하지 아니한다.'의 이론적 근거에 대해서는 전통적으로 고의설과 책임설 간의 학설대립이 있어 왔다.

일정한 행위가 사실의 인식차원에서 발생한 착오에 기인한 것이라면 이는 사실의 착오로 평가되고 원칙적으로 해당 행위에 대한 범죄의 고의가 조각되어 처벌이 대상이 되지 않는다. 하지만 자신의 행위가 위법하지 않다는 점에 대한 잘못된 판단에 기인한 경우에는 이론적 입장에 따라 법적 평가가 달라진다. 고의설에 의하면 이러한 위법성 인식의 착오는 고의를 조각시키기 때문에 고의범으로 처벌할 수 없고 결론적으로 사실의 착오와 평가의 결과가 같아지게 된다. 반면 책임설에 의하면 위법성 인식에 착오가 발생하게 된 과정을 평가하여 그 과정이 정당하다고 평가되면 책임이 조각되어 불가벌이지만 정당하지 못한 착오라면 유책성이 인정되어 범죄가 온전히 성립하게 된다(다만, 착오의 회피가능성에 따라 형의 감경여지가 있을 뿐이다). 다만 이러한 금지착오 사례의 경우 대법원은 일관되게 '법률의 부지'로 인하여 착오하게 된 경우에는 여하한 경우에도 정당성을 인정할 수 없다는 취지로 판단하고 있다(대법원 2006. 4. 28. 선고 2003도4128 판결 참조).

2. 사안의 경우

대상판결의 사안은 아동·청소년 대상 성범죄로 유죄판결이 확정된 자가 자신이 신상정보 등록대상자임을 알지 못한 경우가 '죄의 성립요소인 사실을 인식하지 못한 경우'에 해당하는가 또는 '자신의 행위가 법령에 의하여 죄가 되지 아니한 것으로 오인한 경우'에 해당하는가에 관한 것인데, 구 아청법의 규정에서 보다시피 '자신이 등록대상자'라는 사실 또는 '자신이 신상정보를 제출해야 하는 의무를 지고 있다.'는 사실은 구 아청법 위반죄의 성립요소인 사실이라고 할 수 있다. 이러한 취지에서 대상판결의 항소심 법원은 "구 아청법 제33조 제1항에 의하면 아동·청소년 대상 성범죄로 유죄판결이 확정된 자는 신상정보 등록대상자가 되고, 법원은 아동·청소년 대상 성범죄로 제1항의 판결을 선고한 경우에 등록대상자라는 사실과 제34조에 따른 신상정보 제출의무가 있음을 등록대상자에게 알려주어야 한다고 규정되어 있는 바, 피고인이 아동·청소년 대상 성범죄 판결의 확정일로부터 40일 이내에 신상정보를 제출해야 한다는 사실을 적법하게 고지 받았다고 보기 어렵고, 따라서 피고인에게 그 제출의무 위반에 따른 법적 책임을 물을 수 없으며, 검사가 제출한 증거들만으로는 공소사실이 충분히 증명되었다고 보기 어렵다."고 판단하였다.

그럼에도 불구하고 대법원은 이에 대해 피고인이 그러한 의무를 알지 못하였다는 사정은 단순한 법률의 부지에 불과하여 범죄성립에 지장이 없다는 취지로 판결하고 있다. 즉, 등록대상자가 아동·청소년 대상 성범죄로 유죄판결이 확정될 경우에 부담하는 신상정보 제출의무는 구 아청법 제34조 제1항에 의하여 당연히 발생하는 것이고, 등록대상자인 피고인이 위 법규에서 정한 신상정보 제출의무가 있다는 것을 알지 못하였다는 등의 사정은 피고인이 해당 아청법 규정의 존재나 내용을 알지 못한 것에 기인하는 것이라고 평가하고 있는 것이다. 그리하여 해당 사안은 법률의 부지에 기한 착오 사안에 해당하고 법률의 부지로 인한 경우에는 형법 제16조의 적용대상 자체가 되지 않는다는 종래의 입장에 따라 처리하고 있다고 할 수 있다.

Ⅲ. 나오는 말

대법원이 말하는 '법률의 부지'란 자신이 신상정보를 제출하지 않고 있는데 자신의 행위가 형사처벌의 대상인지를 모르는 경우를 말하고, 이 사안과 같이 피고인이 그러한 의무를 지고 있다는 사실 자체를 인식하지 못한 경우에는 형법 제13조에서 규정하고 있는 죄의 성립요소인 사실을 인식하지 못한 경우로 보는 것이 타당하다. 구 아청법에 의한 범죄의 구성요건은 '신상정보 제출의무자'를 범죄의 주체로 하고 있고, 피고인은 자신의 범죄주체성이라는 사실관계에 대해 인식하지 못한 상태이기 때문이다. 가사 이 사안을 범죄주체성이라는 사실에 대한 인식 자체의 문제가 아니라 자신이 신상정보를 보내지 않아도 처벌의 대상이 되지 않을 것이라는 법적 평가의 문제에 대해 착오한 것이라고 하더라도 이를 단순히 법률의 부지로 치부하여 착오의 정당성 조차를 평가하지 않는 것은 문제가 있다. "법률의 부지는 용서받지 못한다."는 법언은 소위 자연범에만 해당하는 것으로 오늘날 양산되는 수많은 부수·행정형법에까지 이러한 귀책론을 무조건 적용하기에는 무리가 있을 것이다.

〔**참고문헌**〕 김영환, "고의와 법률의 부지의 구별", 형사판례연구 24(2016)

〔필자: 류부곤 교수(경찰대)〕

제7장

폭력행위 등 처벌에 관한 법률

71 폭처법상 '2명 이상이 공동하여'의 의미

【대상판결】 대법원 2000. 2. 25. 선고 99도4305 판결

【사실관계】 피고인 甲이 피해자에게 채무변제를 추궁하자 피해자가 자신은 잘못한 것이 없다고 하면서 나이가 더 많은 甲에게 대들었고, 이에 화가 난 甲은 피해자를 폭행하고, 피고인 乙은 이에 가세하여 폭행하여, 피해자에게 우안면부찰과상 등을 입혀 피가 흐르게 하는 등 상해를 가하였다. 검사는 피고인들을 폭처법상 공동상해죄로 기소하였다.

【판결요지】 폭력행위등처벌에관한법률 제2조 제2항의 '2인 이상이 공동하여 폭행의 죄를 범한 때'라고 함은 그 수인간에 소위 공범관계가 존재하는 것을 요건으로 하고, 또 수인이 동일 장소에서 동일 기회에 상호 다른 자의 범행을 인식하고 이를 이용하여 범행을 한 경우임을 요하며(대법원 1996. 2. 23. 선고 95도1642 판결; 대법원 1991. 1. 29. 선고 90도2153 판결 등 참조), 이는 동일 기회에 동일 장소에서 상호 다른 자의 범행을 인식하고 이를 이용하여 범행하여 피해자에게 신체의 완전성을 훼손하는 상해를 입힌 경우에 해당한다고 봄이 상당하다. 같은 취지의 원심의 인정과 판단은 정당하고, 거기에 폭력행위등처벌에관한법률 소정의 '공동하여'의 의미에 관한 법리오해 등의 위법이 없다.

【해설】

I. 들어가는 말

폭력행위 등 처벌에 관한 법률(이하 '폭처법') 제2조는 "2명 이상이 공동하여" 형법상의 폭행, 협박, 주거침입, 재물손괴, 체포·감금, 강요, 상해, 공갈의 죄를 범한 사람은 형법 각 해당 조항에서 정한 형의 2분의 1까지 가중한다. 원심은 피고인들의 행위에 대하여 폭처법상 공동상해죄가 성립한다고 하여 유죄를 인정한 제1심판결을 유지하였다. 대법원은 피고인들의 상고를 기각하였다.

폭처법 제2조의 "2명 이상이 '공동'하여 폭력행위(8개 범죄, 즉 폭행·협박·주거침입·손괴, 체포감금·강요, 상해·공갈)의 죄를 범하는 경우"를 폭처법상 공동범(共同犯)이라 한다. 폭처법상 공동범은 공동정범에 비해 그 형이 2분의 1까지 가중된다. 그런데 폭처법상 공동범의 경우 합동범의 '합동하여' 대신 공동정범의 '공동하여'와 같은 용어를 사용하는데, ㉠ 과연 그 의미가 무엇인지, ㉡ 공동범의 경우 그 공동정범의 성립이 가능한지 문제된다.

II. '2명 이상이 공동하여'의 의미

1. 의의

여기서 "2명 이상이 '공동'하여의 의미에 대해, 판례는 "그 수인간에 소위 '공범관계가 존재'하는 것을 요건으로 하는 것이며, 수인이 '동일 장소에서 동일 기회에' 상호 다른 자가 가하는 상해 또는 폭행을 인식하고 이를 이용하여 상해 또는 폭행을 가한 경우(대법원 1970. 3. 10. 선고 70도163 판결)"라고 해석한다.

이와 같이 '2명 이상이 공동하여'의 의미는 형법상 공동정범(제30조)의 그것과는 다르다는 점이 분명하다. 요컨대, "형법 제30조의 소위 공동정범은, 공범자 전원간에 범죄에 대한 공동가공의 의사가 있는 경우, 즉 범행자 상호간에 범의의 연락이 있고 그 일부자가 범죄의 실행에 당한 경우에 성립되고, 이때에는 그 전원이 공동일체로서 범죄를 실행한 것이 되고 비록 스스로 직접 그 실행행위를 분담하지 아니한 자이더라도 그 범죄 전체에 관하여 공동정범으로서의 책임을 져야 한다(대법원 1986. 6. 10. 선고 85도119 판결 등)"는 것이다.

2. 본질

이는 공동범의 본질에 대해 현장설 내지 합동범설을 취한 것으로 평가된다. 즉, 공동범의 '공동('동일한 장소에서 동일한 기회에')'은 합동범의 '합동('시간적·장소적 협동관계')'과 비교하면, 형식적 표현에서 '협동관계'라는 용어를 명시적으로 사용하지 않을 뿐, 실질적 내용에서는 '실행행위가 시간적·장소적 동일성의 제약 하에 이루어져야 한다'는 점에서, 합동범의 '합동'과 사실상 차이가 없다. 요컨대, 폭처법상 공동범의 '공동'은 합동범의 '합동'과 같은 의미이며, 이른바 현장설의 입장이라고 할 수 있다. 폭처법의 '공동하여'를 똑같은 문구인 형법상 공동정범(제30조)의 '공동하여'보다 현장설의 관점에서 엄격해석한 결과, 합동범의 '합동하여'와 같게 된 것이다. 공동범의 경우 이러한 표현상의 차이는 단지 연혁적 이유에서 비롯한 것으로 짐작된다. 즉, 일본의 폭력행위등처벌에관한법률 제1조는 '수인이 공동하여'라고 규정하고 있고, 우리의 폭처법은 이를 참고하여 1971년 제정되었는데, '동일 장소에서 동일 기회에'라는 표현은 일본 판례(최고재판소 1956. 6. 29. 판결; 1957. 5. 7. 판결 등)의 해석론을 참고한 것으로 보인다. 어쨌든 공동범 역시 합동범과 마찬가지로 '현장에 있는' 공동정범을 의미한다. 특가법상 공동범(제5조의4 제4항)의 '공동'도 같다.

3. 성립요건

공동범이 성립하기 위해서는 ㉠ 공동정범관계가 성립해야 하고, ㉡ 범인이 현장에 있어야 한다. 이는 합동범의 경우와 다를 바 없다.

첫째, 공동범이 성립하려면, 우선 공동정범관계가 성립해야 한다. 판례는 합동범의 경우 "주관적 요건으로서의 '공모'와 객관적 요건으로서의 '실행행위의 분담'이 있어야 한다(대법원 1996. 3. 22. 선고 96도313 판결)"라고 하여 이를 분명히 하고 있다. 다만, 공동범의 경우 "소위 공범관계가 존재하는 것을 요건으로 한다"라고 하고 있는데, 결국은 같은 의미이다. 따라서 의사연락이 없는 '동시범'은 폭처법상 공동범이 될 수 없다. 공동범의 경우에도 기능적 행위지배가 있어야 함은 당연하다. 그러나 ㉠ 공모한 사실이 있더라도 직접 범행에 가담하지 않은 자는 물론, ㉡ 범행현장에 있더라도 기능적 행위지배가 없는 자 등은 공동범이 될 수 없다.

둘째, 공동범이 성립하려면, 범인이 현장에 있어야 한다. 예컨대, 폭력행위 현장에서 1인은 망을 보고 다른 1인은 폭력행위를 한 경우에는 '동일 장소에서 동일 기회에' 내지 '시간적·장소적 협동관계'라는 현장성 요건이 충족된다. 그러나 공모한 사실이 있더라도, 현장에 있지 않은 자는 공동범이 될 수 없다.

Ⅲ. 공동범의 공동정범

판례는 공동범의 공동정범을 인정한다. 즉, "여러 사람이 폭처법 제2조에 열거된 죄를 범하기로 공모한 다음, 그중 2인 이상이 범행장소에서 범죄를 실행한 경우에는, 범행장소에 가지 아니한 사람들도, 같은 법 제2조 제2항에 규정된 죄(=공동범)의 '공모공동정범'으로 처벌할 수 있다(대법원 1994. 4. 12.선고 94도128 판결)"는 것이다. 이는 N정당 지구당의 창당대회를 물리적 방법을 동원하여 전국적으로 방해하기로 공모한 다음, "비록 각 범죄의 실행에 가담한 바 없고, 각 범죄장소에 없었다고 하더라도" 2인 이상의 공범들이 실행한 이상, 공동범의 '공동정범'이 성립한다고 한 사례이다. 이 판결 이후 그 법리를 더욱 정교하게 발전시켜 '합동범의 공동정범' 판례가 나왔다. 즉, "그 공모에는 참여하였으나 현장에서 절도의 실행행위를 직접 분담하지 아니한 다른 범인에 대하여도, 그가 현장에서 절도 범행을 실행한 위 2인 이상의 범인의 행위를 자기 의사의 수단으로 하여 합동절도의 범행을 하였다고 평가할 수 있는 '정범성의 표지'를 갖추고 있다고 보여지는 한, 공동정범의 일반 이론에 비추어, 그 다른 범인에 대하여 '합동절도의 공동정범'의 성립을 인정할 수 있다. 그 결과 범행현장에 존재하지 아니한 범인도 공동정범이 될 수 있으며, 반대로 상황에 따라서는 장소적으로 협동한 범인도 방조만 한 경우에는 종범으로 처벌될 수도 있다(대법원 1998. 5. 21. 선고 98도321 전원합의체 판결)". "공모자 중 일부가 구성요건 행위 중 일부를 직접 분담하여 실행하지 않은 경우라 할지라도, 단순한 공모자에 그치는 것이 아니라 범죄에 대한 본질적 기여를 통한 기능적 행위지배가 존재하는 것으로 인정된다면, 이른바 '공모공동정범'으로서의 죄책을 면할 수 없다(대법원 2011. 5. 13. 선고 2011도2021 판결)"고 한다.

Ⅳ. 나오는 말

폭처법상 '2명 이상이 공동하여'의 의미는 합동범의 '합동하여'와 같게 해석된다. 즉, 폭처법상 공동범은 공동정범관계가 성립하고, 범인이 현장에 있어야 인정된다. 또한 '공동범의 공동정범'의 법리는 '합동범의 공동정범'의 법리와 그 의미가 같다. 따라서 합동범의 '합동'의 의미, '합동범의 공동정범'의 법리는, 공동범의 해석에서도 매우 유용한 참고가 될 것이다.

〔**필자: 이주원 교수(고려대)**〕

72 공동범의 공동정범

【대상판결】 **대법원 1994. 4. 12. 선고 94도128 판결**

【사실관계】 피고인 A와 피고인 B는 OO정당의 창당선언으로 인하여 ㅁㅁ정당의 잔류비주류만으로는 원내교섭단체의 구성조차 위협받게 되는 상황에까지 이르자 OO정당의 창당선언 직후 공소외 A와 회동하여 OO정당 지구당의 창당 및 ㅁㅁ정당의 해체대회를 물리적인 방법을 동원해서라도 전국적으로 제지 방해하기로 의견을 모아서 이 사건 범행을 공모한 후, 공소외 B에게 창당대회를 폭력적으로 방해해줄 것을 요구하였고, 공소외 B는 이에 동의한 후 수십 명의 폭력배들과 함께(순차적·승계적 공모하여), OO정당 지구당 창당대회장에 침입하여 난동을 부렸다.

【판결요지】 폭력행위등처벌에관한법률 제2조 제2항 소정의 "2인 이상이 공동하여" 죄를 범한 때라 함은 수인이 동일한 장소에서 동일한 기회에 상호 다른 사람의 범행을 인식하고 이를 이용하여 범행을 한 경우를 뜻하는 것으로서, 폭행 등의 실행범과의 공모사실은 인정되나 그와 공동하여 범행에 가담하였거나 범행장소에 있었다고 인정되지 아니하는 경우에는 공동하여 죄를 범한 때에 해당하지 아니함이 소론과 같다고 하더라도, 여러사람이 위 법률 제2조 제1항에 열거된 죄를 범하기로 공모한 다음 그중 2인 이상이 범행장소에서 범죄를 실행한 경우에는 범행장소에 가지 아니한 사람들도 위 법률 제2조 제2항 소정 죄의 공모공동정범으로 처벌할 수 있다고 보아야 할 것인바, 이 사건의 경우 소론과 같이 피고인들이 비록 각 범죄의 실행에 가담한 바 없고 각 범죄장소에 없었다고 하더라도, 원심이 인용한 제1심판결이 채용한 증거들에 의하면 2인 이상의 공범들이 이 사건 각 범죄를 실행한 사실이 인정되므로, 같은 취지로 판단한 원심판결에 위 법률 제2조 제2항에 관한 법리를 오해한 위법이 있다고 비난하는 논지도 받아들일 수 없다.

【해설】

Ⅰ. 들어가는 말

폭력행위처벌법 제2조 제2항은 "2명 이상이 공동하여 다음 각 호의 죄를 범한 사람은 형법 각 해당 조항에서 정한 형의 2분의 1까지 가중한다."라고 하고, 제1호에서는 형법 제260조 제1항 폭행죄, 제283조 제1항 협박죄 등을 열거하고 있다. 형법 제30조 공동정범이 '2인

이상 공동하여 죄를 범한 때에는 각자를 그 죄의 정범'으로 처벌하고 있으므로, 예를 들어 2명 이상이 공동으로 형법 제260조의 폭행죄를 범했다면 각자 폭행죄의 공동정범이 되고, 폭행죄의 정범의 형에 처해질 것이므로, 이들과 비교할 때 그 형의 2분의 1까지 가중되는 폭력행위처벌법의 이른바 '공동범'의 성격이 무엇인지 문제된다.

형법이나 성폭력처벌법에서는 '2인(명) 이상이 합동하여'라고 하는 합동범 규정을 두고 있다는 점에서 공동정범, 합동범 그리고 공동범은 당연히 서로 구별되는 것인지, 형법에서 합동범 규정이 없는 범죄유형 중 일부에 대해서 폭력행위처벌법에서 '공동범'이라는 명칭으로 가중처벌하고 있고, 실제 그 의미는 '합동범'과 다름없으므로 공동범=합동범으로 보는 것으로 족한지에 대해 의견이 대립한다(쟁점①).

한편, 위 판시대상 사안은 피고인 A, B, 그리고 공소외 A가 물리적 방법을 동원해서라도 ㅁㅁ정당의 해체대회를 방해하기로 공모한 후 공소외 B에게 실행을 의뢰하고, 공소외 B는 다수의 폭력배들과 함께 정당의 해체대회에서 폭력을 행사하였다는 사실을 기초로 하고 있는데, 이와 같이 범죄현장에 전혀 가담한 바 없는 피고인 A와 피고인 B를 폭력행위처벌법 제2조 제2항 제1호의 죄의 공동정범, 즉 공동범(합동범)의 (공모)공동정범으로 처벌하는 것이 가능하고 정당한 것인지에 대한 의견의 대립도 존재한다. 공모공동정범, 합동범의 (공모)공동정범과 마찬가지로 공동범의 공모공동정범을 인정하는 것은 가중된 형벌의 적용범위를 넓히는 해석으로 죄형법정주의위반은 아닌지, 그 정당성의 기초나 근거는 무엇인지에 대해서도 의견차이가 있다(쟁점②).

Ⅱ. 폭력행위처벌법 제2조 제2항 공동범의 본질(쟁점①)

1. 학설의 태도

학설상 폭력행위처벌법 제2조 제2항을 합동범과 유사한 것으로 이해하는 입장과 공동정범과 같은 것으로 이해하는 입장이 있다. 합동범으로 보는 입장도 이를 필요적 공범으로 볼 것인지, 공동정범의 특수한 형태로 볼 것인지에 의견이 대립하고 있으며, 전자로 볼 경우에는 형법총칙의 임의적 공범규정의 적용이 제한되고, 후자의 입장에 따르면 당연히 총칙의 공범규정이 그대로 적용된다는 차이가 있다.

2. 대법원의 태도

대법원은 86도380 판결에서 폭력행위처벌법 제2조 제2항의 공동범을 "2인 이상이 공동하여 죄를 범한 때라 함은 수인간에 이른바 공범관계가 존재하는 것을 요건으로 하는 것이며

수인이 동일장소에서 동일한 기회에 서로 다른 자가 가하는 상해 또는 폭행을 인식하고 이를 이용하여 상해 또는 폭행을 가한 경우"라고 정의하였고, 위 대상판결에서는 "수인이 동일한 장소에서 동일한 기회에 상호 다른 사람의 범행을 인식하고 이를 이용하여 범행을 한 경우" 라고 하여, '2인'과 '수인', '수인간의 이른바 공범관계'의 필요성 여부 등에서 차이가 있는 듯 하지만, '동일장소'에서 '동일한 기회'라는 요건이 공통적으로 부각함으로써 결국 대법원은 이른바 합동범의 '현장설'과 같은 관점에서 공동범을 이해하고 있음을 보여주고 있다.

Ⅲ. 공동범의 공모공동정범(쟁점②)

1. 학설의 태도

공동범은 결국 합동범으로 볼 수 있고, 현장에서 합동하였다는 이유로 형이 가중된 것임에도 현장에 가담하지 않은 공모자를 공모공동정범으로 처벌한다는 것은 입법취지에 반한다는 주장에서는 예를 들어 단순 폭행죄의 공모공동정범으로 처벌하거나, 공동범의 교사나 방조로 처벌하는 것이 옳다는 주장이 있다. 한편 현장적 공동정범설에서는 합동범·공동범은 현장적 공동정범으로만 성립하고, 그 밖에 이 합동범에 기능적 범행지배로 가담한 배후자 등은 당연히 합동범의 공동정범이 될 수 있다고 한다.

2. 대법원의 태도

대법원은 여러 사람이 공동범을 범하기로 공모한 다음 그중 2인 이상이 범행 장소에서 범죄를 실행한 경우에는 범행장소에 가지 아니한 사람들도 위 법률 제2조 제2항 소정 죄의 공모공동정범으로 처벌된다고 하여 이른바 합동범에서 보여준 현장적 (공모)공동정범설과 같은 취지로 공동범의 공모공동정범을 인정하고 있다. 이러한 판례태도에 대해서는 명시적인 판례변경절차 없이 현장에 있지 아니한 공범자에 대해 공모공동정범을 인정함으로써 부당한 가벌성의 확장이라는 비판이 있다.

Ⅳ. 나오는 말

(1) 폭력행위처벌법 제2조 제2항의 '공동범'은 형법총칙상 공동정범이 아닌 합동범으로 이해하는 것이 체계적 충돌을 피하는 해석으로 보인다. 물론 그 본질이 합동범이라고 해석해야 한다면 조속히 '합동하여'로 법률을 개정하는 것이 옳다.

(2) 공모공동정범, 합동범의 공모공동정범에서 가벌성의 확대라는 비판이 여전하듯이, 공

동범의 공모공동정범을 인정하고 있는 위 판례에 대해서도 동일한 비판이 행해지고 있다. 하지만 범행의 실행방식에 대한 인간의 창의성은 객관적 요건과 주관적 요건의 황금분할로 설명할 수 없다는 점에서, 원론적인 부정보다는 어떻게 합리적으로 가벌성의 확대를 통제할 것인지에 대한 세부적 척도마련의 노력이 있어야 할 것이다.

〔**참고문헌**〕 정영일, "합동범에 관한 판례연구", 형사판례연구 7(1999)

〔**필자: 김성룡 교수(경북대)**〕

73 폭처법상 '이 법에 규정된 범죄'의 의미

【대상판결】 **대법원 2017. 9. 21. 선고 2017도7687 판결**

【사실관계】 피고인은 2016. 6. 14. 12:20경 공소외인이 사용하던 칼을 빼앗으려 하다가 여의치 않자 자신의 집으로 가서 위험한 물건인 과도(칼날 길이 22cm)를 식료품 판매점에 들고 왔다. 그러나 휴대한 과도를 실제 범행에 사용하지는 않았다. 검사는 피고인을 폭력행위 등 처벌에 관한 법률(이하 '폭처법'이라 한다) 제7조 위반 혐의로 기소하였다.

제1심(서울동부지방법원 2016. 8. 24. 선고 2016고단1846 판결)은 피고인이 폭처법 제7조(우범자) 소정의 정당한 이유 없이 범죄에 공용될 우려가 있는 위험한 물건을 휴대하였다고 보아 150만 원의 벌금을 선고하였다. 피고인이 양형부당을 이유로 항소하였으나 원심(서울동부지방법원 2017. 4. 28. 선고 2016노1373 판결)이 이를 기각하였고, 이에 피고인은 대법원에 상고하였다.

【판결요지】

[1] 형벌규정 해석에 관한 일반적인 법리와 폭처법의 개정경위와 내용, 폭처법 제7조의 입법 취지와 문언의 체계, 폭처법위반(우범자)죄의 성격과 성립요건 등을 종합하여 보면, 폭처법 제7조에서 말하는 '이 법에 규정된 범죄'란 '폭처법에 규정된 범죄'만을 의미한다고 해석함이 타당하다.

[2] 폭처법 제7조에서 말하는 위험한 물건의 '휴대'란 범죄현장에서 사용할 의도 아래 위험한 물건을 몸 또는 몸 가까이에 소지하는 것을 말하고, 정당한 이유 없이 폭처법에 규정된 범죄에 공용될 우려가 있는 흉기를 휴대하고 있었다면 다른 구체적인 범죄행위가 없더라도 그 휴대행위 자체에 의하여 폭처법위반(우범자)죄의 구성요건을 충족하는 것이지만, 흉기나 그 밖의 위험한 물건을 소지하고 있다는 사실만으로 폭처법에 규정된 범죄에 공용될 우려가 있는 것으로 추정된다고 볼 수는 없다. 그리고 형사재판에서 공소가 제기된 범죄의 구성요건을 이루는 사실에 대한 증명책임은 검사에게 있다. 따라서 피고인이 폭처법에 규정된 범죄에 공용될 우려가 있는 흉기나 그 밖의 위험한 물건을 휴대하였다는 점은 검사가 증명하여야 한다.

【해설】

Ⅰ. 들어가는 말

폭처법 제7조(우범자)는 "정당한 이유 없이 이 법에 규정된 범죄에 공용(供用)될 우려가 있는 흉기나 그 밖의 위험한 물건을 휴대하거나 제공 또는 알선한 사람은 3년 이하의 징역 또는 300만 원 이하의 벌금에 처한다(이하 '대상조문'이라고 한다)."고 규정하고 있다. 여기서의 흉기나 그 밖의 위험한 물건의 '휴대'는 "범죄현장에서 사용할 의도 아래 위험한 물건을 몸 또는 몸 가까이에 소지하는 것"(대법원 1992. 5. 12. 선고 92도381 판결 등 참조)으로, 이를 "소지하고 있다는 사실만으로 폭력행위처벌법에 규정된 범죄에 공용될 우려가 있는 것으로 추정"되지는 않는다(대법원 1983. 9. 13. 선고 83도1323 판결; 대법원 1998. 4. 14. 선고 98도286 판결 참조). 이들 요건은 범죄성립요건이므로 검사가 증명책임을 진다(대상판결 참조).

대상판결의 주된 쟁점은 피고인이 흉기인 과도를 휴대하였는데 이 흉기가 대상조문의 '이 법에 규정된 범죄'에 공용될 우려가 있는 것인가였다. 대법원은 '이 법'이 폭처법만을 의미하며, 형법상의 범죄를 저지를 목적으로 흉기를 휴대한 경우는 여기에 해당하지 않는다고 판시하였다. 이러한 결론을 도출하기 위해 대법원은 풍부하고 다양한 논증을 전개하고 있다.

Ⅱ. 대법원의 논증에 대한 검토

대법원이 명시적으로 언급하고 있는 논거로는, ① 형벌규정 해석원리(죄형법정주의), ② 폭처법의 개정경위와 내용, ③ 대상조문 자체의 분석(입법 취지와 문언의 체계, 폭처법위반(우범자)죄의 성격과 성립요건) 등 3가지가 있다.

첫째, 죄형법정주의와 관련하여(①의 점), 형벌법규의 엄격해석 원칙과 피고인에게 불리한 확장해석 또는 유추해석의 금지를 든다. 일반적으로는 타당한 논거지만, 이것이 대상판결에서 반드시 필요한 것인가는 분명하지 않다. 전체 판결문의 구조상 '이 법에 규정된 범죄'에 형법상의 범죄가 포함된다고 해석하면 죄형법정주의 위반이라는 정도의 의미이다. 이 서술은 '이 법에 규정된 범죄'의 범위가 확정된 이후에 의미를 갖는, 일종의 보완적 논거에 해당한다.

둘째, 대법원은 폭처법의 개정경위와 내용(②의 점)에 관하여는, 헌법재판소의 위헌결정과 폭처법의 개정을 든다. 헌법재판소는 형법 제261조(특수폭행), 제284조(특수협박), 제369조(특수손괴)와 동일한 구성요건을 규정하면서도 법정형만 상향한 구 폭처법(2006. 3. 24. 법률 제7891호로 개정된 것, 그리고 2014. 12. 30. 법률 제12896호로 개정된 것)상의 "흉기 기타 위험한 물건을 휴대하여 형법 제260조 제1항(폭행), 제283조 제1항(협박), 제366조(재물손괴등)의 죄를 범한 자"에 관한 부분은 위헌이라고 결정하였다(헌법재판소 2015. 9. 24. 선고 2014헌바154, 398, 2015헌가3, 9, 14, 18, 20, 21, 25(병합) 전원재판부 결정). 흉기 기타 위험한 물건을 휴대하여 폭행죄, 협박죄, 재물손괴죄를 범하는 경우 검사가 적용법조를 형법 또는 폭처법 중 선택하여 기소할 수 있어 남용의 위험이 있고 형법에 의할 때만 벌금형 선고가 가능하며 폭처법과 비교할 때 징역형의 하한을 기준으로 최대 6배에 이르는 점 등(형벌체계상의 정당성과 균형 결여)을 이유로 한다. 이러한 헌법재판소의 위헌결정 취지에 따라 2016. 1. 6. 폭처법이 개정되어(법률 제13718호) 구 폭처법상 집단 또는 상습 및 특수폭력범죄 등에 관한 조항(제2조 제1항부터 제3항까지, 제3조 제1항, 제3항 및 제4항)은 삭제되었다. 따라서 이들 행위유형은 형법으로만 처벌되게 되었다. 이는 문제되고 있는 '이 법에 규정된 범죄'에서 일정한 행위유형이 법개정으로 삭제되었음을 기술한다. 이 역시 '이 법에 규정된 범죄'가 폭처법 내부적으로 확정됨을 전제로 하는 서술일 뿐이다.

셋째, 대상판결은 폭처법 제7조의 입법 취지와 문언의 체계, 법적 성격과 성립요건(③의 점)을 든다. 폭처법 제7조가 "집단 또는 상습 및 특수폭력범죄 등을 저지를 우려가 있는 사람을 처벌함으로써 공공의 안녕과 질서를 유지하기 위한 규정으로 법률 제정 시부터 현재까지 실질적인 내용의 변경 없이 그대로 유지되어 왔"고 "대상범죄인 '이 법에 규정된 범죄'의 예비죄로서의 성격을 지니고 있다."는 것이다. 따라서 폭처법위반(우범자)죄는 예비죄로서 '이 법에 규정된 범죄'를 기본범죄로 하며 "다른 구체적인 범죄행위가 없다 하더라도 그 휴대행위 자체에 의하여" 객관적 요건을 충족하여 본죄가 성립한다(대법원 2005. 8. 25. 선고 2005도3875 판결; 대법원 2007. 6. 28. 선고 2007도2439 판결 등 참조). 2016년 폭처법 개정에도 불구하고 당초의 입법취지나 현재의 대상조항이 모두 예비죄로서 성격을 유지하고 있다는 취지이나, 이 논거 역시 '이 법에 규정된 범죄' 자체를 확정하는 취지는 아니다.

요컨대, 대상판결은 이상과 같이 다양하고 풍부한 논증을 전개하고 있지만, '이 법에 규정된 범죄' 자체를 직접적으로 논증하거나 설명하고 있지는 않다.

Ⅲ. 나오는 말

대상판결은 폭처법 개정 이후 '이 법에 규정된 범죄'가 법개정으로 축소되었음을 명확하게 밝힌 최초의 대법원 판결이다. 이 판결 이후에도 동일한 취지의 판결이 계속 나오고 있다(대법원 2018. 1. 24. 선고 2017도15914 판결; 대법원 2018. 6. 19. 선고 2018도5191 판결; 대법원 2018. 7. 24. 선고 2018도3443 판결 등).

대상판결의 결론에 특별히 이견을 제시하기는 어렵다. 다만 그에 이르는 논증은 그렇지 않다. 대법원이 언급하는 ① 형벌규정 해석원리, ② 폭처법의 개정경위와 내용, ③ 대상조문 자체의 분석 등에 의지하지 않더라도, 현행 폭처법상 대상조문의 체계적 해석만으로도 무리 없이 위 결론에 도달할 수 있다. 대상조문의 체계적 해석을 통해 '이 법에 규정된 범죄'란 '폭처법에 규정된 범죄'를 의미하고 폭처법의 개정으로 '이 법에 규정된 범죄'의 범위가 바뀐다는 통상적인 법해석으로 충분하다. 대법원도 최종적인 포섭단계에서 "설령 피고인이 당시 형법상의 폭력범죄에 사용할 의도로 과도를 소지하였더라도 이러한 범죄는 2016. 1. 6. 법률개정에 따라 더 이상 폭처법 제7조에서 말하는 '이 법에 규정된 범죄'가 될 수 없으므로 피고인을 폭처법위반(우범자)죄로 처벌할 수는 없다."고 한다. 결국 이 점이 대상판결에서 가장 중요하고 실질적인 논거라고 할 수 있다. 이는 다른 논거에 선행하며 그것을 정당화하는 것이기도 하다.

〔**참고문헌**〕 류부곤, "특수폭행죄의 해석에 있어 '위험한 물건'의 의미", 형사판례연구 25(2017); 오영근, "2015년도 형법판례 회고" 형사판례연구 24(2016)

〔**필자: 오병두 교수(홍익대)**〕

제8장

정보통신망 이용촉진 및 정보보호 등에 관한 법률

74 정보통신망 이용촉진 및 정보보호 등에 관한 법률 – 사람을 비방할 목적의 의미

【대상판결】 대법원 2009. 5. 28. 선고 2008도8812 판결

【사실관계】 의사 S가 운영하는 성형외과 병원에서 턱부위 고주파 시술을 받았다가 그 결과에 불만을 품은 성형시술 의뢰인 P는 인터넷 포털사이트 네이버의 지식검색 질문·답변 게시판에 2007. 5. 2. 10:22경 "아. S씨가 가슴전문이라. 눈이랑 턱은 그렇게 망쳐놨구나… 몰랐네…"라는 글을, 같은 날 10:27경 "내 눈은 지방제거를 잘못했다고… 모양도 이상하다고 다른 병원에서 그러던데… 인생 망쳤음…"이라는 글을 각 게시하여 정보통신망이용촉진및정보보호등에 관한 법률 제61조(현재는 제70조) 제1항 위반(정보통신망이용명예훼손) 혐의로 기소되었다. 제1심은 '사실적시가 없다.'고 판단하여 무죄를 선고하였다. 검사가 항소하였다. 항소심은 제1심과 달리 사실적시의 존재를 인정하고, 또 "그 표현에 의하여 훼손될 수 있는 명예 침해의 정도 등을 비교·고려하고, 여기에 의뢰인이 수사기관 이래 일관되게 자신(P)이 S로부터 눈, 턱의 시술을 받았으나 부작용이 발생하였음에도 S가 자신의 잘못을 인정하지 않아 반성하도록 하기 위해 위와 같은 글을 작성하였다고 진술하고 있는 점 등을 종합"하여 "시술의뢰인(P)에게는 S를 비방할 목적이 있었다고 봄이 상당하다."고 판단하여 유죄판결(형의 선고유예)을 선고하였다. 피고인 P가 불복하여 상고하였다.

【판결요지】 이 사건 법률 제61조(현재는 70조) 제1항 소정의 '사람을 비방할 목적'이란 가해의 의사 내지 목적을 요하는 것으로서, 사람을 비방할 목적이 있는지 여부는 당해 적시 사실의 내용과 성질, 당해 사실의 공표가 이루어진 상대방의 범위, 그 표현의 방법 등 그 표현 자체에 관한 제반 사정을 감안함과 동시에 그 표현에 의하여 훼손되거나 훼손될 수 있는 명예의 침해 정도 등을 비교, 고려하여 결정하여야 한다. 한편 '사람을 비방할 목적'이란 가해의 의사 내지 목적을 요하는 것으로서 공공의 이익을 위한 것과는 행위자의 주관적 의도의 방향에 있어 서로 상반되는 관계에 있으므로, 적시한 사실이 공공의 이익에 관한 것인 경우에는 특별한 사정이 없는 한 비방할 목적은 부인된다고 봄이 상당하고, 공공의 이익에 관한 것에는 널리 국가·사회 기타 일반 다수인의 이익에 관한 것뿐만 아니라 특정한 사회집단이나 그 구성원 전체의 관심과 이익에 관한 것도 포함하는 것이며, 행위자의 주요한 동기 내지 목적이 공공의 이익을 위한 것이라면 부수적으로 다른 사익적 목적이나 동기가 내포되어 있더라도 비방할 목적이 있다고 보기는 어렵다(대법원 2003. 12. 26. 선고 2003도6036 판결; 대법원 2006. 8. 25. 선고 2006도648 판결 등 참조).

위 각 표현물은 인터넷 사용자들이 질문을 올리면 이에 대해 답변하면서 질문사항에 의견과 정보를 공유하는 기능을 가진 인터넷 포털사이트의 지식검색 질문·답변 게시판에 단 한 줄의 댓글 형태로 각 게시된 점, 그 동기에 대해 의뢰인은 제1심 및 원심 법정에서 S의 성형시술 결과에 불만을 품고 있던 중 인터넷에서 S의 성형시술능력에 대한 질문·답변을 보고 다른 피해사례를 막아야겠다는 생각에 자신의 경험과 의견을 다른 사람들과 공유하고자 위 각 표현물을 게시하였다고 진술하기도 한 점, 의뢰인은 S로부터 의뢰인의 글을 삭제해 달라는 요청을 받고 즉시 삭제한 점 등을 알 수 있는바, 이러한 점들과 원심이 인정한 사실관계를 위 법리에 비추어 보면, 위 각 표현물의 공표가 이루어진 상대방은 S의 성형시술능력에 관심을 가지고 이에 대해 검색하는 인터넷 사용자들에 한정되고 그렇지 않은 인터넷 사용자들에게 무분별하게 노출되는 것이라고 보기는 어려우며, 그 분량도 각 한 줄에 불과하고, 그 내용 또한 의뢰인의 입장에서는 S의 시술 결과가 만족스럽지 못하다는 주관적인 평가가 주된 부분을 차지하고 있으며, (중략) S의 입장에서는 어느 정도 그러한 불만을 가진 자들의 자유로운 의사의 표명을 수인하여야 할 것이라는 점을 고려해 볼 때, 위 각 표현물의 표현방법에 있어서도 인터넷 사용자들의 의사결정에 도움을 주는 범위를 벗어나 인신공격에 이르는 등 과도하게 S의 명예를 훼손한 것이라고 보기는 어렵다고 평가할 수 있어, (중략) 공공의 이익에 관한 것이라고 볼 수 있고, 이와 같이 의뢰인의 주요한 동기 내지 목적이 공공의 이익을 위한 것이라면 부수적으로 원심이 인정한 바와 같은 다른 목적이나 동기가 내포되어 있더라도 그러한 사정만으로 의뢰인에게 비방할 목적이 있었다고 보기는 어렵다.

【해설】

Ⅰ. 들어가는 말

항소심은 사안에서 피고인 P의 행위에 비방목적을 인정하였지만 P는 비방목적을 부정하므로 어떤 기준으로 비방목적을 인정하거나 부정할 것인가가 핵심쟁점이다.

비방목적을 구성요건으로 규정한 처벌법규는 출판물 등에 의한 명예훼손죄(형법 제309조)에서 처음 등장하였다. 대법원은 2000년에 "시정(市政)의 책임자인 시장(市長)의 정책방향에 대하여 비판을 하였지만 그것이 공익적 차원에서 비판"한 것이라면 비방목적이 부정된다고 판시한 바 있다. 비방목적을 부정한 2000년 판결의 논거는 "사람을 비방할 목적이란 가해의 의사 내지 목적을 요하는 것으로서 공공의 이익을 위한 것과는 행위자의 주관적 의도의 방향에 있어 서로 상반되는 관계에 있으므로, 적시한 사실이 공공의 이익에 관한 것인 때에는 특별한 사정이 없는 한 비방의 목적은 부인된다."는 점이었다. 이 리딩판결 이후 비방목적에 관한 판례이론은 약간씩 뉴앙스를 달리하지만 기본취지는 크게 달라지지 않고 있다.

Ⅱ. '사람을 비방할 목적'의 의미

첫째, 위와 같은 출판물 등에 의한 명예훼손죄(형법 제309조)의 비방목적에 관한 종래의 판례이론이 정보통신망이용명예훼손죄에도 응용될 수 있을 것인지 문제된다. 대상판결은 이를 긍정하는 입장으로 보인다.

둘째, 형법 제310조(위법성의 조각)의 정보통신망이용명예훼손죄에의 준용 여부가 문제된다.

형법 제310조(위법성의 조각)에 대응하는 조문이 망법에는 존재하지 않기 때문이다. 정보통신망이용명예훼손죄의 구성요건에는 사실적시행위이든 허위사실적시행위이든 비방목적이 있어야 하는데 비방목적이 있는 행위자에게 위법성조각을 논할 여지가 없으므로 형법 제310조의 준용은 부정된다(대법원 2008. 10. 23. 선고 2008도6999 판결). 비방목적이 인정되면 보통은 공공의 이익을 위한 것으로 인정되기 어려울 것이기 때문이다.

Ⅲ. 나오는 말

대상판결은 정보통신망이용명예훼손사건의 리딩케이스라 할 만하다. 그리하여 2012년의 산후조리원 사건에서도 거의 비슷한 대법원 판결이 선고되었다. 산후조리원 이용자가 정보통신망에 온수 보일러 고장, 산후조리실 사이의 소음, 음식의 간 등 자신이 13박 14일간 산후조리원에서 지내면서 직접 겪은 불편했던 사실을 알리는 내용을 게시하여 정보통신망이용명예훼손죄 혐의로 기소되어 항소심에서 유죄판결을 선고받았다. 산후조리원 이용자가 상고하자 대법원은 "② 글에 'V의 막장 대응' 등과 같이 다소 과장된 표현이 사용되기도 했지만, 이는 출산으로 몸과 마음 모두 급격하고 예민한 변화를 겪는 이용자가 제기한 불만에 대응하는 V 태도의 문제점을 지적하는 것이고, 인터넷 게시글에 적시된 주요 내용은 객관적 사실에 부합하고 (중략) 이용자는 자신도 이용 후기를 보고 산후조리원을 선택한 것처럼 산후조리원을 이용하려는 임산부의 신중한 선택에 도움을 주기 위해 인터넷에 글을 게시하게 됐다고 동기를 밝힌" 점에 착안하여 산후조리원 이용자에게 비방목적을 부정하였다.

"피고인이 이 사건 글을 게시한 것이 경찰관 승진시험의 공정성과 투명성을 제고하고자 하는 의도에서 이루어졌음을 부정하기 어렵고, 경찰관 승진시험의 공정성과 투명성은 (중략) 국가·사회에서 경찰이 차지하는 위상과 중요성에 비추어 국가·사회 기타 일반 다수인의 이익에 관한 것이라고도 볼 수 있다. (중략) 그 주요한 동기 내지 목적이 공공의 이익을 위한 것이라고 할 수 있다(대법원 2014. 5. 29. 선고 2013도3517 판결)."는 판결도 동일한 기조에서 선고된 판결이다. 대법원 2010. 11. 25. 선고 2009도12132 판결의 사안은 비방목적이 긍정된 사안이니 그 사안을 확인해 둘 필요가 있다.

〔**참고문헌**〕 김신규, "사이버명예훼손 · 모욕행위에 대한 형사규제의 개선방안", 비교형사법연구 제19권 제4호(2018. 1.); 박상기 · 전지연 · 한상훈, 형사특별법(제3판), 집현재(2020); 이주원, 특별형법(제7판), 홍문사(2021); 형사특별법 판례 50선(2020, 집현재)

〔필자: 심희기 명예교수(연세대)〕

75 정보통신망법에서 정보의 의미

【대상판결】 **대법원 2011. 5. 13. 선고 2008도10116 판결**

【사실관계】 피고인 1, 2, 피고인 5 주식회사는 공소외 6과 공모하여, 2004년 5월 말경부터 같은 해 12월 초순 경까지 사이 피고인 5 주식회사 사무실에서, ① 공소외 1 주식회사, 공소외 2 주식회사, 공소외 3 주식회사 등 경쟁업체의 플러그인 프로그램을 설치한 가입자들이 주소창에 입력한 한글 단어에 대하여 위 경쟁업체의 플러그인 프로그램이 가공한 정보 중 일부를 피고인 5 주식회사 플러그인 프로그램이 임의로 변형하여 그 한글 단어를 위 경쟁업체들의 서버가 아닌 피고인 5 주식회사 서버로 함부로 이동되게 함으로써 정보통신망에 의하여 전송되는 경쟁업체의 각 플러그인 프로그램에서 가공한 정보 및 ② 주소입력창에 공소외 1 주식회사의 영문 서브도메인이 포함된 URL이 입력되는 것을 모니터링하여 이를 발견하면 공소외 1 주식회사 메인페이지 URL로 임의 변형하여 강제로 이동되게 하였다.

【판결요지】 구 정보통신망 이용촉진 및 정보보호 등에 관한 법률(이하 "정보통신망법") 제49조는 "누구든지 정보통신망에 의하여 처리·보관 또는 전송되는 타인의 정보를 훼손하거나 타인의 비밀을 침해·도용 또는 누설하여서는 아니 된다."고 규정하고 있다. 그런데 '정보'의 개념에 대하여 구 정보통신망법 제2조 제1항에서 정한 바가 없고, 같은 조 제2항에서 "이 법에서 사용하는 용어의 정의는 제1항에서 정하는 것을 제외하고는 정보화촉진기본법이 정하는 바에 의한다."고 규정하고 있는데, 구 정보통신망법 시행 당시 구 정보화촉진기본법 제2조 제1호는 "정보라 함은 자연인 또는 법인이 특정 목적을 위하여 광 또는 전자적 방식으로 처리하여 부호·문자·음성·음향 및 영상 등으로 표현한 모든 종류의 자료 또는 지식을 말한다."고 규정하고 있음으로 구 정보통신망법 제49조의 '정보'의 개념도 이와 마찬가지이다. 이와 같이 정보는 특정 목적을 위하여 광 또는 전자적 방식에 의하여 부호 등으로 표현된 것이므로 비록 정보통신망을 통하여 정보가 처리·보관 또는 전송되는 과정에 영향을 미치는 행위라고 하더라도 그 목적을 해하지 아니하는 경우에는 이를 구 정보통신망법 제49조에서 정한 타인의 정보를 '훼손'하는 행위에 해당한다고 볼 수 없다.

【해설】

Ⅰ. 들어가는 말

대상판결에서는 형법 제314조 제2항의 ① 경쟁업체에 대한 업무방해, 구 정보통신망법 제48조 제2항 ② 악성프로그램 여부, 동법 제49조 및 지능정보화 기본법 제2조 제1호의 ③ 정보의 의미 및 타인 정보 훼손, ④ 사용자 컴퓨터 등 장애 업무방해 등이 주요 쟁점이었다. ①과 ②에 대해 1심과 2심 법원은 유죄를 인정하였다. 그리고 ③에 대해서 1심 법원은 한글단어와 영문 서브도메인 URL은 정보에 해당하지 않으므로 무죄라고 판단하였지만, 2심 법원은 그 둘을 구분하여 후자는 구 정보통신망법 제49조의 정보에 해당하며, 타인의 정보를 훼손하는 행위라고 판단하였다. 이에 대해 피고 측은 ①과 ②, 검찰 측은 ③과 ④에 대해 상고하였지만, 대법원은 원심판결에 법리 오해나 채증법칙 위반이 없다고 하며 양측의 상고를 모두 기각하였다. ③의 경우 구 정보통신망법 제2조 제2항 및 구 정보화촉진법 제2조 제1호 정의에 따라 "특정 목적"을 위한 "자료나 지식"으로 해석되어야 한다. 따라서 아래에서는 법원의 정보 개념 해석을 바탕으로 판례를 분석해 보고자 한다.

Ⅱ. 구 정보통신망법 제49조의 정보와 훼손의 의미

1. 구 정보통신망법 제49조 '정보' 개념에 대한 법원의 견해

구 정보촉진기본법 제2조 제1호에서는 정보의 개념을 "자연인 또는 법인이 특정 목적을 위하여 광 또는 전자적 방식으로 처리하여 부호·문자·음성·음향 및 영상 등으로 표현한 모든 종류의 자료 또는 지식"이라고 규정하였다. 해당 규정의 입법 해설에서는 정보가 '자료'나 '첩보'와 구별되는 특징을 "특정 목적" 여부에 두고 있다. 1심 법원은 구 정보통신망법 제49조에서 정보의 개념은 비밀에 준하여 한정적으로 해석하여야 하므로, 타인의 신용이나 개인 신상에 대한 정보가 그에 해당하고, 한글단어와 같이 타인이 작성한 콘텐츠는 정보에 해당하지 않는 것으로 보았다. 2심 법원은 비밀 개념이 정보 개념보다 좁아야 하며, 한글단어와 영문 서브도메인 URL을 모두 정보로 보았다. 대법원은 "경쟁업체들의 플러그인 프로그램을 설치한 인터넷 이용자들이 웹브라우저의 주소 입력창에 한글단어를 입력할 경우 위 경쟁업체들의 플러그인 프로그램을 통하여 가공되는 인터넷 주소 형식의 질의어는 구 정보통신망법 제49조 소정의 정보에 해당한다고 볼 수 있지만 이는 인터넷 이용자들이 웹사이트 검색을 위하여 자신의 컴퓨터에 설치한 플러그인 프로그램을 통하여 생성한 정보이므로 인터넷 이용자들이 지배·관리하는 인터넷 이용자들의 정보일 뿐 해당 플러그인 프로그램을 제작·

배포한 경쟁업체의 정보로 볼 수는 없다."고 판시하고 있다. 결과적으로 1심은 정보임을 인정하지 않지만, 2심과 대법원은 정보임을 인정하고 있으며, 다만, 대법원은 정보의 주체를 인터넷 사용자로 보고 있다.

2. 구 정보통신망법 제49조 '타인 정보 훼손'에 대한 법원의 견해

2심은 정보임은 인정하면서도 앞의 【사실관계】 ①에 해당하는 사실에 대해서는 정보 훼손 행위가 아니라고 보았고, 【사실관계】 ②에 해당하는 사실에 대해서는 플러그인 프로그램이 설치된 사용자가 정상적인 방법으로 원하는 사이트에 접속할 수 없으므로 타인의 정보를 훼손하는 행위라고 설시하였다. 해당 사안에 대해 검사가 상고하였고, 그에 대해 대법원은 【사실관계】 ①에서 인터넷 이용자의 질의어 입력에 대해 비록 해당 사이트에 접속하는 경로와 방식에서 차이가 날 수는 있지만, 인터넷 이용자들의 정보로서 충분히 목적에 달성할 수 있어서 타인의 정보를 훼손하는 것은 아니라고 판단하였다.

Ⅲ. 나오는 말

(1) 1심은 해당 사안에서 정보성을 인정하지 않는 것에 반하여 2심과 대법원은 정보성을 인정하고 있으므로 '타인 정보 훼손' 여부까지 검토하였다. 구 정보통신망법 제49조의 '정보'에 대한 1심 견해를 판단해 보자면, 한글단어는 자료나 지식에는 해당할 수 있지만 적어도 비밀에 준하거나 개인의 신용 및 개인신상 등과 관련된 '특정 목적'을 가진 자료나 지식이 아니기 때문에 정보의 개념에 포섭될 수 없는 것으로 보았다. 2심은 영문 서브도메인 URL은 해당 도메인에 접속하고자 하는 목적의 자료 또는 지식이기 때문에 정보에 포함되는 것으로 보았다. 대법원은 정보의 개념에 포섭되는지 여부에 대해 구체적으로 논증을 하지는 않았지만, 2심과 같은 견해로 보이며, 인터넷 주소 형식의 질의어가 경쟁업체가 아닌 인터넷 이용자의 정보에 해당한다는 정보주체에 대한 설시를 하였다. 구 정보촉진기본법이 정보에 대한 개념에서 '특정 목적'을 요건으로 두고 있는 것을 고려해 볼 때, 해당 요건을 엄격히 해석하자면 검색어를 구 정보통신망법 제49조의 정보의 개념에 포섭하지 않은 1심의 해석이 당시에는 조금 더 타당해 보인다. 그러나 구 정보촉진기본법이 개정된 '지능정보화 기본법'이 2020년 개정을 통해 제2조 제1호에서 '특정 목적'을 삭제하였으므로 결과적으로 현행 정보통신망법 제49조를 해석하는 경우에는 정보의 개념을 좀 더 넓게 해석할 수 있을 것이다.

(2) 구 정보촉진기본법 제2조 제1호 규정을 고려해서 구 정보통신망법 제49조를 이해하자

면 "(특정 목적을 위해) 정보통신망에 의하여 처리·보관 또는 전송되는 타인의 정보를 훼손" 하는 것을 처벌하고 있는 것으로 볼 수 있다. 따라서 정보가 정보통신망을 통해서 처리, 보관, 전송되는 과정에 영향을 미치더라도 특정 목적을 해하지 않는다면 타인의 정보를 훼손한다고 볼 수 없다. 그에 따르면 대법원이 판시하고 있는 것처럼 비록 플러그인 프로그램에 따라 인터넷 이용자가 목적하는 사이트에 이르는 과정이나 방법에서 차이가 있더라도 목적하는 사이트에 접속할 수 있다면 구 정보통신망법 제49조의 타인 정보 훼손에 해당하지 않지만, URL처럼 목적 사이트에 접속할 수 없다면 타인 정보 훼손이라고 해석할 수 있을 것이다. 따라서 그 당시 대법원의 판단은 적절하다고 할 것이다. 다만, 현행 '지능정보화 기본법' 제2조 제1호 규정에서는 특정 목적이 삭제되었기 때문에 다르게 해석할 여지가 있다.

〔**참고문헌**〕 강성주, "정보화촉진기본법 입법배경 및 해설(상)", 정보화 사회 제94권(1995. 9.); 최호진, "온라인게임 계정거래와 정보훼손죄 성립여부", 형사판례연구 21(2013)

〔**필자: 이원상 교수(조선대)**〕

76 악성프로그램을 통한 부정클릭의 죄책

【대상판결】 **대법원 2013. 3. 28. 선고 2010도14607 판결**

【사실관계】

1. A 주식회사 대표이사인 피고인은, 위 회사 운영 웹사이트에서 무료프로그램을 다운로드할 경우 악성프로그램(이하 '이 사건 프로그램'이라 한다)이 몰래 숨겨진 'ActiveX'를 필수적으로 컴퓨터 내에 설치하도록 유도하였다(위 행위에 대하여 정보통신망 침입과 악성프로그램 유포로 인한 각 정보통신망법위반죄가 유죄로 인정되었다).

2. 이 사건 프로그램은, 설치된 피해 컴퓨터 사용자들이 실제로 인터넷 포털사이트 '네이버' 검색창에 해당 검색어로 검색하거나 검색 결과에서 해당 스폰서링크를 클릭하지 않았음에도, 자동으로 A 회사의 서버 컴퓨터로부터 내려받은 작업 리스트에 따라 '네이버' 검색창에 지시된 검색어를 입력하고 그 검색 결과에서 지시된 업체의 웹사이트를 클릭하도록 하여 해당 업체와 관련된 검색어에 대하여 '연관검색어', '자동완성어'를 생성하거나 해당 웹사이트 순위를 향상시켰다.

3. 이 사건 프로그램은, 피해 컴퓨터 사용자들이 실제로 '네이버' 검색창에 해당 검색어로 검색하거나 검색 결과에서 해당 스폰서링크를 클릭하지 않았음에도 그와 같이 검색하고 클릭한 것처럼 네이버의 관련 시스템 서버에 허위의 신호를 발송하였다. 네이버의 '스폰서링크' 검색어 광고는 컴퓨터 사용자들의 클릭횟수에 따라 광고주가 선 입금한 광고비에서 차감되며, 선 입금한 광고비가 모두 소진될 경우 화면에서 사라지는 방식이었는데, 위와 같은 부정클릭으로 공동피고인의 경쟁업체가 선 입금한 광고비가 모두 소진됨으로써 검색 화면에서 사라지게 되었다.

※ 이하 정보통신망 이용촉진 및 정보보호 등에 관한 법률을 '정보통신망법', 구 정보통신망법(2008. 6. 13. 법률 제9119호로 개정되기 전의 것)을 '구 정보통신망법'이라 한다. 정보통신망법 제48조 제3항은 구법과 현행법의 내용이 같다.

【판결요지】

1. 구 정보통신망법 제48조 제3항 및 제71조 제5호는 정보통신망의 안정적 운영을 방해할 목적으로 대량의 신호 또는 정보자료를 보내거나 부정한 명령을 처리하도록 하는 등의 방법으로 정보통신망에 장애가 발생하게 한 자를 처벌하도록 정하고 있으므로, 위 정보통신망 장애 행위로 처벌하기 위해서는 정보통신망의 안정적 운영을 방해하는 장애가 발생되어야

한다. 정보통신망은 전기통신기본법 제2조 제2호의 규정에 따른 전기통신설비를 이용하거나 전기통신설비와 컴퓨터 및 컴퓨터의 이용기술을 활용하여 정보를 수집·가공·저장·검색·송신 또는 수신하는 정보통신체제를 말하므로, 정보통신망의 안정적 운영을 방해하는 장애는 정보통신망에서 정보를 수집·가공·저장·검색·송신 또는 수신하는 기능을 물리적으로 수행하지 못하게 하거나 그 기능 수행을 저해하는 것을 의미한다고 보인다. 따라서 위 규정들에서 정하고 있는 '부정한 명령'은 정보통신망의 안정적 운영을 방해하는 장애가 발생될 수 있는 방법의 하나로서 그에 해당하는 명령이라고 해석하여야 하므로, 정보통신망의 운영을 방해할 수 있도록 정보통신망을 구성하는 컴퓨터시스템에 그 시스템의 목적상 예정하고 있지 않은 프로그램을 실행하게 하거나 그 시스템의 프로그램을 구성하는 개개의 명령을 부정하게 변경, 삭제, 추가하거나 프로그램 전체를 변경하게 하는 것이 이에 해당한다.

2. 허위의 정보자료를 처리하게 하였다고 하더라도 그것이 정보통신망에서 처리가 예정된 종류의 정보자료인 이상 구 정보통신망법 제48조 제3항 및 제71조 제5호에서 정한 '부정한 명령'을 처리하게 한 것이라 할 수 없고, 나아가 허위의 자료를 처리하게 함으로써 정보통신망의 관리자나 이용자의 주관적 입장에서 보아 진실에 반하는 정보처리 결과를 만들어 내었다고 하더라도 정보통신망에서 정보를 수집·가공·저장·검색·송신 또는 수신하는 기능을 물리적으로 수행하지 못하게 하거나 그 기능 수행을 저해하지는 아니하는 이상 위 규정들에서 정한 '정보통신망 장애'에 해당한다고 할 수 없으므로, 이를 정보통신망 장애에 의한 정보통신망법 위반죄로 처벌할 수는 없다.

3. 피고인이 네이버의 관련 시스템 서버에 마치 컴퓨터 사용자들이 실제로 네이버의 검색창에 검색어를 입력하였거나 해당 업체의 웹사이트를 클릭한 것처럼 사실과 다른 정보자료를 보냈다고 하더라도 그것이 네이버의 관련 시스템에서 통상적인 처리가 예정된 종류의 정보자료여서 정보통신망의 안정적 운영을 방해하는 장애가 발생될 수 있는 방법이 사용되었다고 보기 어려우므로 정보통신망법 제48조 제3항 및 제71조 제5호에서 정한 '부정한 명령'을 처리하게 한 것은 아니고, 나아가 피고인의 위 행위로 네이버의 관련 시스템에서 정보를 수집·가공·저장·검색·송신 또는 수신하는 기능을 물리적으로 수행하지 못하게 되거나 그 기능 수행이 저해되었다고 할 수 없어 '정보통신망 장애'가 발생되었다고 할 수 없으므로 정보통신망 장애에 의한 정보통신망법 위반죄가 성립된다고 할 수 없다.

4. 피고인이, 악성프로그램이 설치된 피해 컴퓨터 사용자들이 실제로 인터넷 포털사이트 '네이버' 검색창에 해당 검색어로 검색하거나 검색 결과에서 해당 스폰서링크를 클릭하지 않았음에도 악성프로그램을 이용하여 그와 같이 검색하고 클릭한 것처럼 네이버의 관련 시스템 서버에 허위의 신호를 발송한 사안에서, 피고인의 행위는 객관적으로 진실에 반하는

내용의 정보인 '허위의 정보'를 입력한 것에 해당하고, 그 결과 네이버의 관련 시스템 서버에서 실제적으로 검색어가 입력되거나 특정 스폰서링크가 클릭된 것으로 인식하여 그에 따른 정보처리가 이루어졌으므로 이는 네이버의 관련 시스템 등 정보처리장치가 그 사용목적에 부합하는 기능을 하지 못하거나 사용목적과 다른 기능을 함으로써 정보처리의 장애가 현실적으로 발생하였고, 이로 인하여 네이버의 검색어 제공서비스 등의 업무나 네이버의 스폰서링크 광고주들의 광고 업무가 방해되었다는 이유로 컴퓨터등장애업무방해죄의 공소사실에 대하여 유죄를 인정한 원심판단을 수긍하였다.

【해설】

Ⅰ. 들어가는 말

대상판결의 쟁점은 다음과 같다. 첫째, 이 사건 프로그램을 이용하여 검색어를 입력한 행위를 허위의 정보 또는 부정한 명령을 입력한 것으로 볼 수 있는지, 그로 인하여 정보처리에 장애가 발생되어 네이버의 검색어 제공서비스 등의 업무가 방해된 것으로 볼 수 있는지 여부이다(정보통신망장애로 인한 정보통신망법위반죄 – 이하 정보통신망장애죄라 한다 – 해당 여부). 둘째, 이 사건 프로그램을 이용하여 네이버의 스폰서링크를 부정클릭한 행위를 허위의 정보 또는 부정한 명령을 입력한 것으로 볼 수 있는지, 이로 인하여 네이버 또는 네이버의 스폰서링크 광고주들의 업무가 방해된 것으로 볼 수 있는지 여부이다(컴퓨터등장애업무방해죄 해당 여부).

Ⅱ. 검색어 입력 행위가 정보통신망장애죄에 해당하는지 여부(쟁점①)

대상판결은 "'부정한 명령'은 정보통신망의 안정적 운영을 방해하는 장애가 발생될 수 있는 방법의 하나로서 그에 해당하는 명령이라고 해석"하였는데, '부정한 명령'을 '장애발생 가능성'과 결합하여 해석한 것으로 볼 수 있다.

대상판결은 비록 부정클릭이 허위의 정보에 해당한다고 하더라도 이는 정보통신망에서 처리가 예정된 종류의 정보자료이기 때문에 '부정한 명령'을 처리하게 한 것이라고 볼 수 없다고 하였다. 나아가 정보통신망에서 정보를 수집·가공·저장·검색·송신 또는 수신하는 기능을 물리적으로 수행하지 못하게 하거나 그 기능 수행을 저해하지는 않았다고 보아, '정보통신망 장애 발생' 또한 인정하지 않아, 결국 정보통신망장애죄 성립을 인정하지 않았다.

Ⅲ. 스폰서링크 부정클릭 행위가 형법상 컴퓨터등장애업무방해죄에 해당하는지 여부(쟁점②)

대상판결은 피고인의 행위가 '허위의 정보'를 입력한 것에 해당하고, 그 결과 네이버의 관련 시스템 서버에서 그에 따른 정보처리가 이루어졌으므로 이는 네이버의 관련 시스템 등 정보처리장치가 그 사용목적에 부합하는 기능을 하지 못하거나 사용목적과 다른 기능을 함으로써 정보처리의 장애가 현실적으로 발생하였고, 이로 인하여 네이버 또는 네이버의 스폰서링크 광고주들의 업무가 방해되었다는 이유로 컴퓨터등장애업무방해죄의 성립을 인정하였다.

위와 같이 정보통신망장애죄와 컴퓨터등장애업무방해죄의 성립 여부에 관한 판단이 엇갈린 것은 정보통신망장애죄의 '정보통신망 장애 발생'보다 컴퓨터등장애업무방해죄의 '정보처리 장애 발생'이 더 넓은 개념인 것에도 기인한다. 정보통신망장애죄의 '정보통신망'은 '정보통신체제'임에 비하여, 컴퓨터등관련업무방해죄의 '컴퓨터 등 정보처리장치'는 정보통신체제를 구성하지 않더라도 사람의 업무처리에 이용되는 컴퓨터 등 정보처리장치이면 다 포함되므로, 장애 발생의 대상이 더 넓다.

Ⅳ. 나오는 말

대상판결은 정보통신망장애죄와 컴퓨터등장애업무방해죄의 구성요건 차이에 관하여 명확한 입장을 밝혔다는 점에서 큰 의의가 있다.

〔**참고문헌**〕 김병식, "로봇 프로그램의 유포 및 이를 이용한 연관검색어 또는 자동완성어의 생성 등과 정보통신망법위반죄", 사법 제1권 제26호(2013); 최호진, "인터넷 검색광고의 부정클릭과 부정한 명령입력", 형사판례연구 23(2015)

〔**필자: 신동일 판사(춘천지방법원)**〕

77 온라인게임 계정거래와 정보훼손죄

【대상판결】 **대법원 2010. 7. 22. 선고 2010도63 판결**

【사실관계】 피고인 甲은 2005.6.21. K에게 주식회사 엔씨소프트가 운영하는 인터넷온라인 게임인 리니지의 계정 및 캐릭터를 유상으로 양도하였다. 이때 甲은 '일체의 권리를 행사하지 않겠다.'는 취지의 계정포기각서를 작성하여 교부하였다. 그 후 K는 S에게 이를 다시 양도하였고, S는 2006.9. 중순경 피해자 V에게 이를 43만 원에 유상으로 다시 양도하였다. V는 위 온라인게임 계정을 양수 후 자신의 이메일로 비밀번호를 변경하였다. 이후 피고인 甲은 자신이 계정개설자 겸 명의자인 점을 이용하여 2006.10.18. 계정 설정 당시 사용하였던 신용카드를 사용하여 게임계정을 초기화한 다음 현재 사용중인 전전양수인 V가 설정해둔 비밀번호를 변경하여 V의 접속을 불가능하게 하였다.

【판결요지】 1. 구 정보통신망 이용촉진 및 정보보호 등에 관한 법률(2007.1.26. 법률 제8289호로 개정되기 전의 것) 제48조 제1항은 이용자의 신뢰 내지 그의 이익을 보호하기 위한 규정이 아니라 정보통신망 자체의 안정성과 그 정보의 신뢰성을 보호하기 위한 것으로, 위 규정에서 접근권한을 부여하거나 허용되는 범위를 설정하는 주체는 정보통신서비스 제공자라 할 것이므로, 정보통신서비스 제공자로부터 권한을 부여받은 계정 명의자가 아닌 제3자가 정보통신망에 접속한 경우 그에게 위 접근권한이 있는지 여부는 정보통신서비스 제공자가 부여한 접근권한을 기준으로 판단하여야 한다.

2. 구 정보통신망 이용촉진 및 정보보호 등에 관한 법률(2007.1.26. 법률 제8289호로 개정되기 전의 것) 제48조 제1항, 제49조, 제62조 제6호의 규정 및 해석론에 따르면, ' 위 법 제49조의 규정을 위반하여 타인의 정보를 훼손한 행위'에 해당하는지 여부를 판단할 때 그 전제가 되는 정보의 귀속은 정보통신서비스 제공자에 의하여 그 접근권한이 부여되거나 허용된 자가 누구인지에 따라 정해져야 할 것이고, 이는 정보통신서비스 제공자가 정한 인터넷온라인게임 이용약관상 계정과 비밀번호 등의 관리책임 및 그 양도나 변경의 가부, 그에 필요한 절차와 방법 및 그 준수 여부, 이용약관에 따른 의무를 이행하지 않았을 경우 행해질 수 있는 조치내용, 캐릭터 및 아이템 등 게임정보에 관한 이용약관상 소유관계 등 여러 사정을 종합적으로 고려하여야 한다.

【해설】

Ⅰ. 들어가는 말

본 사안의 쟁점은 다음과 같다. ① 정보통신망법 제49조 정보훼손죄 성립 여부이다. 정보통신망에 의하여 처리·보관 또는 전송되는 타인의 정보를 훼손한 경우 본죄가 성립한다. 사안의 경우 자신이 사용하던 온라인게임 계정을 타인에게 양도하였음에도 불구하고 양도인이 이를 회수하기 위하여 양수인이 설정한 비밀번호를 변경한 경우 타인의 정보를 훼손하였는지가 문제되며, 게임계정에 포함된 정보가 '타인의 정보'에 해당하는지가 문제된다. 계정을 양도한 후에도 비밀번호 등 게임관련정보를 여전히 피고인의 정보라고 본다면 타인의 정보를 훼손한 것이 아니므로 무죄에 해당하겠지만, 계정을 양도한 이후에 비밀번호 등을 양수인의 정보라고 본다면 피고인은 타인의 정보를 훼손한 것이 된다. 결국 게임계정의 비밀번호 등 게임계정 관련 정보의 귀속주체가 누구인지에 대한 판단기준이 문제된다. ② 대상판결에서는 직접적으로 언급되지는 않았지만, 정보통신망법 제48조 제1항 정보통신망침입죄의 성립 여부도 문제가 된다. 처리대상정보가 자신의 정보라면 그 정보를 처리하기 위하여 정보통신망에 접근하는 것을 '침입'이라고 보기는 어렵지만, 정보의 귀속주체가 자신이 아니라 '타인'이라고 한다면 이를 처리하기 위하여 정보통신망에 접근하는 행위를 '침입'이라고 평가할 수 있기 때문이다.

Ⅱ. 게임계정거래와 정보의 귀속 주체(쟁점①)

대상판결의 쟁점은 자신이 사용하던 게임계정을 타인에게 양도한 경우 그 계정에 포함된 정보의 귀속주체는 누구인가라는 것이다. 계정을 양도하는 방법으로 게임 캐릭터라는 정보를 양도하였으므로, 계정에 대한 권리 유무와 상관없이 그 정보에 대한 소유권이 양수인의 소유로 보아야 하는지, 아니면 게임계정의 양도와는 상관없이 형식적으로 파악하여 여전히 양도인의 소유로 보아야 하는지가 문제된다.

이에 대하여 판례는 정보의 귀속에 대하여 "정보통신서비스 제공자에 의하여 그 접근권한이 부여되거나 허용된 자가 누구인지에 따라 정해져야" 한다고 판시하고 있다. 정보통신서비스 제공자가 정한 이용약관상 계정 등의 관리책임 및 양도나 변경의 가부, 필요한 절차와 방법 및 준수 여부, 이용약관에 따른 의무를 이행하지 않았을 경우 행해질 수 있는 조치내용, 게임정보에 관한 이용약관상 소유관계 등 종합적으로 고려하여야 한다고 판시하였다. 이른바 육군웹메일오피스 사건(대법원 2005. 11. 25. 선고 2005도870 판결)에 따라 원칙적으로 접근권한을 부여하는 주체는 정보통신서비스제공자이며, 예외적으로 이용자의 사자 내지 사실행위를 대행하는 자에 불과한 경우, 서비스제공자가 이용자에게 제3자로 하여금 사용할 수 있도록 승낙하는 권한을 부여하였다고 볼 수 있는 경우, 서비스제공자에게 고지하였다면 동의하였으리라고 추인되는 경우에는 제3자에게도 정당한 접근권한이 있다. 대법원은 이를 이유로 원심판결을 파기하고 사건을 다시 심리·판단하기 위하여 원심법원으로 환송하였다.

일반적으로 계정개설자가 설정한 ID를 개인의 실명과 대응하여 일치시킨 경우 등록된 정보와 사용자의 특정이 필연적으로 연결되어 있는 경우 저장된 정보는 양도인의 것이라고 볼 수 있지만, Admin 등 관리자 ID과 같이 접근하는 경우 ID와 비밀번호만이 필요하고 개인정보와 일치시킬 필요가 없는 경우에는 ID와 비밀번호를 인지하면 누구든지 접속권한이 부여된 것으로 볼 수 있으므로 이에 저장된 정보는 양수인의 것으로 보는 것이 타당하다. 게임회사의 약관 등을 참조하여 종합적으로 고려할 필요가 있다.

Ⅲ. 양수한 게임계정에 접속한 경우 정보통신망침입죄 성립 여부(쟁점②)

게임계정을 양도·양수한 경우 정보의 귀속주체가 누구인지는 정보통신서비스제공자가 부여한 접근권한에 따라 결정이 된다. 따라서 접근권한을 부여받지 못한 이용자가 해당 정보통신망에 접근한 경우에는 정보통신망침입죄가 성립한다.

육군의 웹메일오피스나 대학의 종합정보시스템과 같이 중요의사결정을 처리하는 경우 또는 개인에 대한 중요정보를 취급하는 경우와 같이 특정인에 한정하여 접근권한을 부여하였다고 볼 수 있는 때에는 접근권한을 부여받지 못한 제3자가 접근하였다면 정보통신망침입죄가 성립한다. 하지만 정보통신서비스제공자가 특정인에게 한정한 것이 아니라 광범위하게 접근권한을 부여하였다고 볼 수 있다면 정보통신망침입죄는 성립하지 않는다고 보는 것이 타당하다.

Ⅳ. 나오는 말

일반적으로 게임의 사행화를 방지하기 위하여 게임회사는 게임아이템, 게임머니, 게임계정의 현금거래 금지를 약관에 명시하고 있다. 이를 위반한 경우 이용정지·계정삭제 등 서비스 제재조치를 할 수 있다. 그럼에도 불구하고 게임유저간에 이를 거래하는 일은 빈번하게 일어나고 있으며, 일부 악의적인 게임유저의 경우 자신의 계정을 유상으로 판매하였음에도 불구하고 양수인의 게임 활동으로 고가의 게임아이템이 채워지면 게임계정의 적법한 권한자로 남아 있음을 기화로 비밀번호를 변경하는 방법으로 자신이 판매한 계정을 회수하는 등 게임계정구매자에게 큰 피해를 주고 있다. 게임회사의 게임운영에 있어서 등록된 게임유저(ID의 형식적 명의자)와 사실상 사용자가 반드시 상호일치하여야 한다면 게임계정 양도인은 이를 유상양도하였음에도 불구하고 언제든지 이를 회수할 수 있으며, 게임계정 양수인이 게임계정에 접근하였을 경우에는 정보통신망침입죄가 성립한다고 보는 것은 타당하지 않다. 게임계정거래와 관련된 문제는 민사법적으로 권리매매의 이행과 불이행 또는 불법행위로 접근하여 해결하는 것이 형법의 보충성 원칙에도 적합하다. 다만 게임계정양도와 관련하여 양도인이 계정에 대한 배타적 사용권을 줄 것처럼 기망한 뒤 대가를 편취하였다면 사기죄가 성립할 가능성은 있다.

〔참고문헌〕 최호진, “온라인게임 계정거래와 정보훼손죄 성립여부”, 형사판례연구 21(2013); 최호진, “정보통신망침입죄에서 정보통신망 개념과 실행의 착수”, 형사법연구 제28권 제3호(2016)

〔필자: 최호진 교수(단국대)〕

78 정보통신망 관련 비밀침해죄의 범행대상 및 행위태양

【대상판결】 **대법원 2018. 12. 27. 선고 2017도15226 판결**

【사실관계】 피고인과 V1, V2는 회사의 같은 부서 선후배들로서, VS는 피고인과 갈등이 있었고, 이에 피고인은 VS의 부당한 언사에 대한 증거를 확보하려고 기회를 엿보던 중, V1이 사무실 PC의 업무용 메신저 프로그램에 로그인을 한 상태에서 자리를 비우자, V1의 자리에서 메신저 프로그램의 보관함에 저장된 VS의 과거 메신저 대화내용을 열람, 복사하여 피고인의 PC로 전송한 다음, 부서 상급자에게 재전송하였다. 전송된 파일에는 VS의 사생활에 관한 대화내용(이하 '이 사건 대화내용'이라 한다)이 포함되어 있었다.

【판결요지】

1. 정보통신망 이용촉진 및 정보보호 등에 관한 법률(이하 '정보통신망법'이라 한다) 제49조 위반행위의 객체인 '정보통신망에 의해 처리·보관 또는 전송되는 타인의 비밀'에는 정보통신망으로 실시간 처리·전송 중인 비밀, 나아가 정보통신망으로 처리·전송이 완료되어 원격지 서버에 저장·보관된 것으로 통신기능을 이용한 처리·전송을 거쳐야만 열람·검색이 가능한 비밀이 포함됨은 당연하다. 그러나 이에 한정되는 것은 아니다. 정보통신망으로 처리·전송이 완료된 다음 사용자의 개인용 컴퓨터(PC)에 저장·보관되어 있더라도, 그 처리·전송과 저장·보관이 서로 밀접하게 연계됨으로써 정보통신망과 관련된 컴퓨터 프로그램을 활용해서만 열람·검색이 가능한 경우 등 정보통신체제 내에서 저장·보관 중인 것으로 볼 수 있는 비밀도 여기서 말하는 '타인의 비밀'에 포함된다고 보아야 한다. 이러한 결론은 정보통신망법 제49조의 문언, 정보통신망법상 정보통신망의 개념, 구성요소와 기능, 정보통신망법의 입법목적 등에 비추어 도출할 수 있다.

2. 정보통신망법 제48조 제1항은 정보통신망에 대한 보호조치를 침해하거나 훼손할 것을 구성요건으로 하지 않고 '정당한 접근권한 없이 또는 허용된 접근권한을 넘어' 정보통신망에 침입하는 행위를 금지하고 있다. 정보통신망법 제49조는 제48조와 달리 정보통신망 자체를 보호하는 것이 아니라 정보통신망에 의하여 처리·보관 또는 전송되는 타인의 정보나 비밀을 보호대상으로 한다. 따라서 정보통신망법 제49조의 '타인의 비밀 침해 또는 누설'에서 요구되는 '정보통신망에 침입하는 등 부정한 수단 또는 방법'에는 부정하게 취득한 타인의 식별부호(아이디와 비밀번호)를 직접 입력하거나 보호조치에 따른 제한을 면할 수 있게 하는 부정한 명령을 입력하는 등의 행위에 한정되지 않는다. 이러한 행위가 없더라도 사용자

가 식별부호를 입력하여 정보통신망에 접속된 상태에 있는 것을 기화로 정당한 접근권한 없는 사람이 사용자 몰래 정보통신망의 장치나 기능을 이용하는 등의 방법으로 타인의 비밀을 취득·누설하는 행위도 포함된다. 그와 같은 해석이 죄형법정주의에 위배된다고 볼 수는 없다.

【해설】

Ⅰ. 들어가는 말

정보통신망법 제49조의 해석론과 관련하여 대상판결에서 문제된 쟁점은 두 가지이다. 첫째는, 이 사건 대화내용처럼 정보통신망의 접속 내지 통신기능과 무관하게 과거에 처리·전송이 완료되어 PC에 저장·보관 중인 정보까지 타인의 비밀에 포함시킬 것인지 여부이다(범행대상). 둘째는, 침해나 누설의 대상에 사용자 로그인을 통해 정보통신망에 접속된 기회를 이용해 저장된 정보를 몰래 열람, 확인한 데에 그친 경우도 포함된다고 볼 수 있는지 여부이다(행위태양). 아직 뚜렷한 학설상의 논의는 없으므로, 판례를 중심으로 살펴본다.

Ⅱ. 정보통신망법 제49조의 범행대상(쟁점①)

1. 문제의 소재

통신기능, 정보처리장치, 메신저 프로그램의 세 가지 요소가 결합된 시스템으로서 '정보통신망'에 의해 정보나 비밀이 처리되는 유형은 다양하다. 쟁점①은 그중 어느 유형까지를 범행대상으로 인정할 수 있을 것인지의 문제이다. 일부 문언에서 정보통신망에 의해 '전송 중'인 정보나 비밀에 한정되는 것임을 전제로 한 논의가 발견되나 구체적인 논거는 제시되어 있지 아니하다. 메신저 프로그램 관련 다음과 같은 네 가지의 가능한 유형을 대조·검토해 보는 것이 유익하다. ①의 유형은 메신저 프로그램을 통해 실시간 처리·전송 또는 일시 보관이 이루어지는 대화내용을 '중간'에 가로채는 경우이다. ②의 유형은 메신저 프로그램에 의한 처리·전송이 완료되고 연계된 '원격지 서버'에 대화내용이 저장된 후에 서버와의 통신기능을 이용해 열람한 경우이다. ③의 유형은 메신저 프로그램에 의한 처리·전송이 완료되고 연계된 'PC'에 대화내용이 저장된 후 로그인 상태를 이용해 열람한 경우이다. ④의 유형은 메신저 프로그램에 의한 처리·전송이 완료된 후 통신기능과 무관한 PC '저장장치'에 저장된 대화내용을 직접 검색하여 열람한 경우이다.

먼저 ①, ②의 유형은 통신기능을 전제로 하고 있고 문언의 통상적 의미는 물론, 대상조항의 입법목적에 비추어 범행대상에 속하는 점에 이론의 여지가 없어 보인다. 반면 이 사건 사실관계는 ③의 유형에 해당하는데, 죄형법정주의의 관점에서 과연 여기까지 범행대상을 확장함이 허용되는가? 정보통신망의 정의에는 '저장'행위가 포함되고 대상조항의 문언 중에도 '보관'이 포함된 점, '보관'이란 보호·관리한다는 계속성을 전제로 한 상태 개념으로서 PC 저장장치를 통한 정보나 비밀의 계속적인 유지, 보존을 전제로 하는 점 등을 감안하면 ③의 유형도 이에 포섭시킬 여지가 있다.

2. 대법원의 태도

대상조항을 정보통신망법 제48조와 관련지어 해석한 대법원 2012. 12. 13. 선고 2010도10576 판결은 ①, ②의 유형을 전제로 한 입장이다. 반면 대법원 2012. 12. 13. 선고 2011도1450 판결은, PC가 정보통신망에 연결되어 있더라도 단순히 PC의 저장매체에 보관됨으로써 통신기능과 무관하게 접근 가능한 비밀은 범행대상이 될 수 없다고 봄으로써 ③의 유형을 배제하는 태도로 볼 여지가 있다. 그러나 전자우편과 관련된 대법원 2008. 4. 24. 선고 2006도8644 판결은 수신자가 그 내용을 확인함으로써 처리·전송이 완료되어 보관 중인 전자우편도 범행대상이 됨을 인정한 점에서 ③의 유형에 가깝다. 대상판결은 ③의 유형도 범행대상에 포함됨을 분명히 하였다.

Ⅲ. 정보통신망 제49조의 행위태양(쟁점②)

1. 문제의 소재

대법원은 '침해'를 정보통신망에 침입하는 등 부정한 수단 또는 방법으로 정보나 비밀을 취득하는 행위로 풀이하고, '누설'도 같은 취지로 이해한다. 이때 '부정한 수단 또는 방법'이기 위해서는 정당한 권한이 없는 외에 정보통신망에의 물리적·논리적 접속 행위 등 적극적 거동이 추가로 필요한가? 편지에 비유해 볼 때, 편지의 내용이 비밀에 해당한다고 하더라도, 직무상의 비밀유지에 관한 보증인의무를 부담하지 않은 상황에서 단순히 호기심으로 우연히 그 내용을 훑어 본 것에 불과하다면 비밀침해죄(형법 제316조)로 처벌될 수 없는 것처럼, 사용자가 로그인해 둔 상태로 방치된 PC를 조작해 저장된 내용을 열어 본 행위만으로 침해가 되지 아니한다는 견해가 가능하다(소극설). 반대로 사용자가 저장내용을 공개할 의사였다거나 접근에 대한 승낙을 추정할 만한 특별한 사정이 없는 한, 그 기회를 이용해 보관된 비밀을 몰래 열람·복사한 행위는 침해에 해당한다는 견해도 가능하다(적극설).

2. 대법원의 태도

정보통신망에의 침입의 의미, 그 방법이나 수단과 관련된 대법원 2008. 1. 18. 선고 2007도7096 판결은 "정보통신망법은 그 보호조치에 대한 침해나 훼손이 수반되지 않더라도 부정한 방법으로 타인의 아이디 등을 이용하거나 보호조치에 따른 제한을 면할 수 있게 하는 부정한 명령을 입력하는 등의 방법으로 침입하는 행위도 금지하고 있다고 보아야 한다."라고 판시하였다. 적극설을 취한 것으로 이해된다. 사용자가 양해한 범위를 넘어 저장된 정보(전자메일)를 몰래 출력해 간 행위도 침해행위가 됨을 인정한 대법원 2008. 4. 24. 선고 2006도8644 판결도 같은 맥락이다. 대상판결은 적극설의 입장을 분명히 하였다.

Ⅳ. 나오는 말

정보통신망에 의하여 처리되는 정보나 비밀의 질적, 양적인 중요성이 증가하면서, 침해, 누설의 위험 및 처벌의 필요성이 커지는 것이 현실이다. 대법원이 이러한 현실을 감안하여 추가로 ④의 유형에까지 적용범위를 확대할 것인지는 지켜볼 필요가 있다. 쟁점②와 관련해서는 주거침입죄에 관해 최근 선고된 대법원 2021. 9. 9. 선고 2020도12630 전원합의체 판결을 언급할 필요가 있을 것 같다. 위 판결에서는 침입 여부의 판단기준에, 과거 주거권자의 추정적 의사 외에 통상적인 출입방법인지 여부를 새로 추가함으로써 적용범위를 보다 축소하였다. 정보통신망과 관련하여 비밀침해의 행위태양이 침입 개념과 밀접히 관련된다는 측면에서는 판례 변경이 향후 대상조항의 해석론에도 영향을 미칠 가능성이 없지 않다. 이러한 점에서 대상판결의 쟁점들은 여전히 진행형이다.

〔**참고문헌**〕 하태한, "정보통신망 이용촉진 및 정보보호 등에 관한 법률 제49조에서 '정보통신망에 의하여 처리·보관 또는 전송되는 타인의 비밀 침해'의 의미", 대법원판례해설 [118](2019)

〔**필자: 하태한 고법판사(서울고등법원)**〕

79 정보통신망 이용촉진 및 정보보호 등에 관한 법률상 타인의 비밀 '누설'의 의미

【대상판결】 **대법원 2012. 12. 13. 선고 2010도10576 판결**

【사실관계】 피고인은 목사이자 인터넷 ○○사이트의 ○○동창 까페 운영자인데, 2008. 6. 15.경 위 까페 게시판에 '○○○교인명단'이라는 제목으로 ○○○교인의 성명과 주소, 집, 전화번호, 휴대전화번호 등 개인정보가 담겨 있는 '교적부(수정완료)'라는 압축파일(이하 '이 사건 교인명단 파일'이라 한다)을 업로드하여 위 까페를 접속하는 다른 회원들로 하여금 위 파일을 다운받아 볼 수 있게 하였다. 이 사건 교인명단 파일은 성명불상자가 엑셀프로그램을 이용하여 오프라인에서 관리되는 ○○○ 교인들의 개인정보를 수집하여, 이를 엑셀 파일 형태로 가공하여 저장하고 다시 압축한 것으로, 피고인은 위 성명불상의 대학동창으로부터 위 교인명단 파일을 이메일로 전달받았다.

피고인은 구 정보통신망 이용촉진 및 정보보호 등에 관한 법률(2016. 2. 4. 법률 제16955호로 개정되기 전의 것, 이하 '정보통신망법'이라 한다) 제49조 위반으로 기소되었다. 원심은 유죄로 판단한 제1심판결을 직권으로 파기하면서 '이 사건 공소사실에는 이 사건 교인명단 파일의 작성자나 그 취득 경위가 적시되어 있지 않고, 위 명단은 피고인이 성명불상의 대학동창으로부터 이메일로 전달받은 것일 뿐이며, 설령 위 명단이 타인의 비밀에 해당하여 보호를 받을 필요성이 인정된다 하더라도 위 명단이 원래 정보통신망에 의하여 처리·보관 또는 전송되던 것을 정보통신망을 침해하는 방법 등으로 위 명단의 작성자나 관리자의 승낙 없이 취득한 것이라는 점을 인정할 증거가 없는 이상 피고인의 행위가 정보통신망법 제49조 위반행위라고 볼 수 없다.'는 이유로 무죄를 선고하였다. 이에 대하여 검사는 이 사건 교인명단 파일 내용이 정보통신망을 침해하는 방법 등에 의하여 위 명단의 작성자나 관리자의 승낙 없이 취득한 것이라는 점을 인정할 수 있어야 한다는 원심의 판단이 부당하다는 이유로 상고하였으나, 대상판결은 아래 이유로 검사의 상고를 기각함으로써 원심 무죄판결이 그대로 확정되었다.

【판결요지】 정보통신망법 제49조에 규정된 정보통신망에 의하여 처리·보관 또는 전송되는 타인의 비밀 누설이란 타인의 비밀에 관한 일체의 누설행위를 의미하는 것이 아니라, 정보통신망에 의하여 처리·보관 또는 전송되는 타인의 비밀을 정보통신망에 침입하는 등 부정한 수단 또는 방법으로 취득한 사람이나, 그 비밀이 위와 같은 방법으로 취득된 것을 알고 있는 사람이 그 비밀을 아직 알지 못하는 타인에게 이를 알려주는 행위만을 의미하는 것으

로 제한하여 해석함이 타당하다. 이러한 해석이 형벌법규의 해석 법리, 정보통신망법의 입법 목적과 규정 체계, 입법 취지, 비밀 누설행위에 대한 형사법의 전반적 규율 체계와의 균형 및 개인정보 누설행위에 대한 정보통신망법 제28조의2 제1항(이용자의 개인정보를 처리하고 있거나 처리하였던 자는 직무상 알게 된 개인정보를 훼손, 침해 또는 누설하여서는 아니 된다)과의 관계 등 여러 사정에 비추어 정보통신망법 제49조의 본질적 내용에 가장 근접한 체계적·합리적 해석이기 때문이다.

【해설】

Ⅰ. 들어가는 말

정보통신망법 제49조는 '누구든지 정보통신망에 의하여 처리·보관 또는 전송되는 타인의 정보를 훼손하거나 타인의 비밀을 침해·도용 또는 누설하여서는 아니 된다.'라고 규정하고(이하 '이 사건 조항'이라 한다), 제71조 제11호는 '제49조를 위반하여 타인의 정보를 훼손하거나 타인의 비밀을 침해·도용 또는 누설한 자는 5년 이하의 징역 또는 5천만 원 이하의 벌금에 처한다.'고 규정하고 있다.

먼저 이 사건 교인명단파일은 일반적으로 알려져 있지 않은 사실로서 이를 다른 사람에게 알리지 않는 것이 본인에게 이익이 되어(대법원 2007. 6. 28. 선고 2006도6389 판결; 대법원 2007. 6. 14. 선고 2007도2162 판결 등), 비공개성과 비밀이익이 있는 타인의 비밀에 해당한다.

다음으로 이 사건 조항은 그 문언만으로는 행위주체에 제한이 없고, 타인의 비밀 취득 경위 및 그 누설행위가 다양한바, 본 판례평석 및 대상판결의 주요 쟁점인 이 사건 조항 중 비밀누설행위의 의미가 무엇이고, 대상판결 전후 판결은 어떠한지를 본다.

Ⅱ. 비밀의 '누설'행위의 해석에 관한 견해

1. 구성요건을 제한해석하는 입장(대상판결)

(1) 형벌법규는 죄형법정주의 원칙에 부합하도록 문언의 의미 내에서 해당 규정의 입법취지와 목적 등을 고려한 법률체계적 연관성에 따라 그 문언의 논리적 의미를 분명히 밝히는 체계적·논리적 방법에 따라 해석되어야 한다.

(2) 정보통신망법의 입법취지가 정보통신서비스 이용자의 사생활의 비밀뿐만 아니라 정보통신망 자체의 안정성 보호에도 있는 점, 이 사건 조항이 정보통신망의 안정성과 정보의 신뢰성 확보를 위한 장에 속해 있는 규정 체계를 고려하면, 정당한 방법으로 정보통신망을

이용한 결과 취득하게 된 타인의 비밀을 누설한 행위, 즉 정보통신망을 정상적으로 이용한 당사자 또는 전송 당사자의 의사에 기하여 그 내용을 알게 된 사람이 그 내용을 공개한 행위는 이 사건 조항의 입법취지인 정보통신망의 안정성과 정보의 신뢰성 확보와 무관하므로 이러한 행위까지 처벌대상으로 삼으면 처벌범위를 지나치게 넓히게 된다.

(3) 비밀유지, 통신비밀 침해 또는 비밀누설행위에 관한 형법 제127조, 형법 제317조, 형법 제316조, 통신비밀보호법 제16조, 전기통신사업법 제95조 제7호 등은 정당한 방법으로 취득한 타인의 비밀을 누설하는 행위를 처벌하지 않고 있다. 이러한 우리 형사법의 전반적 규율체계와의 균형을 고려할 때, 타인의 비밀이 정보통신망에 의하여 처리·보관 또는 전송되는 것이라는 이유만으로 정당한 방법으로 취득한 비밀에 대하여도 그 누설행위를 처벌대상으로 삼아야 할 합리적 근거가 없다.

(4) 이 사건 조항의 비밀누설행위에 대하여 그 취득수단이나 방법에 관계없이 정보통신망에 의하여 처리·보관 또는 전송되는 타인의 비밀이라는 이유만으로 곧바로 그 누설 등이 금지된다면, 정보통신망을 정상적으로 이용한 일상적 행위들까지 처벌대상이 될 수 있어 처벌범위가 지나치게 확대될 수 있다.

2. 구성요건을 문언 그대로 해석하는 입장

(1) 이 사건 조항은 '정보통신망을 침해하는 방법 등으로'라는 별도의 구성요건을 규정하고 있지 않고, 처벌대상 행위의 주체를 '누구든지'라고 하고 있어, 행위 주체와 피해자의 범위에 관하여 제한을 두고 있지 않다.

(2) 제한해석론에 의할 경우 정보통신망의 안정성 확보 등 정보통신망법의 입법 취지를 제대로 구현하지 못하게 될 수 있는 점을 고려할 필요가 있다.

(3) 비밀누설에 대한 형사법적 보호체계는 개별 법률에 따라 다를 수 있고, 정보통신망을 통한 전송의 당사자 또는 전송 당사자의 의사에 기하여 타인의 비밀을 알게 된 사람이 그 내용을 공개하는 행위가 이 사건 조항의 처벌대상에 해당하지 않는다고 볼 합리적 이유가 없다.

3. 대상판결 전후 판례 비교

(1) 대상판결 이전인 2006도8644 판결은 정보통신망에 처리·보관 또는 전송되는 타인의 비밀인 경우 정보통신망으로부터 직접 취득하지 않고 제3자를 통하여 취득한 사람이라도 그 정을 알면서 그 비밀을 알지 못하는 제3자에게 알려준 경우 타인의 비밀누설행위가 성립한다고 보았다.

(2) 대상판결은 정보통신망을 통하지 않고 제3자를 통하여 타인의 비밀을 취득한 사람도

이 사건 조항의 적용대상에 포함시킴으로써 2006도8644 판결과의 저촉을 피하면서도, 그 비밀이 정보통신망에 침입하는 등 부정한 수단 또는 방법에 의한 것임을 알면서라고 하여 누설행위의 의미를 제한하여 해석하는 입장이다.

(3) 2017도15226 판결은 대상판결의 입장을 유지하면서 정보통신망에 침입하는 등 부정한 수단 또는 방법에는 사용자가 식별부호(아이디와 비밀번호)를 입력하여 정보통신망에 접속된 상태에 있는 것을 기화로 정당한 접근권한 없는 사람이 사용자 몰래 정보통신망의 장치나 기능을 이용하는 등의 방법으로 타인의 비밀을 취득·누설하는 행위도 포함된다고 보았다.

Ⅲ. 나오는 말

대상판결은 이 사건 조항의 비밀누설행위를 해석함에 있어 문언해석에만 그칠 경우 형벌법규의 지나친 확장이라는 불합리한 결과가 초래되는 것을 방지하기 위해 체계적·합리적으로 이 사건 조항을 제한적으로 해석하였고, 이후의 2017도4240 판결, 2017도15226 판결 등에서 대상판결의 입장이 유지되고 있다.

〔**참고문헌**〕 박진환, "정보통신망 이용촉진 및 정보보호 등에 관한 법률 제71조 제11호, 제49조에 규정된 '정보통신망에 의하여 처리·보관 또는 전송되는 타인의 비밀 누설'의 의미", 대법원판례해설 [94](2012), 1010면(2012); 박형준, "정보통신망법 제49조 비밀누설행위의 범위, 고요한 정의의 울림: 신영철 대법관 퇴임기념 논문집 : 공의를 향한 사랑, 고민, 열정을 기리며", 사법발전재단(2015); 전지연, "정보통신망법상 개인정보누설", 형사특별법 판례 50선(2020)

〔**필자: 김지나 부장판사(대구지방법원)**〕

80 악성프로그램 판단기준

【대상판결】 **대법원 2019. 12. 12. 선고 2017도16520 판결**

【사실관계】 피고인들은 광고용 자동프로그램 판매를 위한 인터넷 사이트를 개설한 후 자동회원가입, 자동 방문 및 이웃신청 등의 기능을 이용하여 네이버 카페나 블로그 등에 자동적으로 게시 글과 댓글을 등록하고 쪽지와 초대장을 발송하는 등의 작업을 반복 수행하는 프로그램들(이하 '이 사건 프로그램들'이라 한다)을 판매하였다.

【판결요지】 구 정보통신망 이용촉진 및 정보보호 등에 관한 법률(2016. 3. 22. 법률 제14080호로 개정되기 전의 것, 이하 '구 정보통신망법'이라 한다) 제71조 제9호 및 제48조 제2항 위반죄는 정보통신시스템, 데이터 또는 프로그램 등(이하 '정보통신시스템 등'이라 한다)을 훼손·멸실·변경·위조하거나 그 운용을 방해할 수 있는 프로그램(이하 '악성프로그램'이라 한다)이 정보통신시스템 등에 미치는 영향을 고려하여 악성프로그램을 전달 또는 유포하는 행위만으로 범죄 성립을 인정하고, 그로 인하여 정보통신시스템 등의 훼손·멸실·변경·위조 또는 그 운용을 방해하는 결과가 발생할 것을 요하지 않는다. 이러한 '악성프로그램'에 해당하는지 여부는 프로그램 자체를 기준으로 하되, 그 사용용도 및 기술적 구성, 작동 방식, 정보통신시스템 등에 미치는 영향, 프로그램 설치에 대한 운용자의 동의 여부 등을 종합적으로 고려하여 판단하여야 한다. 앞서 본 법리에 비추어 살펴보면, 검사가 제출한 증거만으로는 이 사건 프로그램들이 '악성프로그램'에 해당한다고 단정하기 어렵다.

【해설】

I. 들어가는 말

구 정보통신망법 제48조 제2항은 '누구든지 정당한 사유 없이 정보통신시스템, 데이터 또는 프로그램 등을 훼손·멸실·변경·위조하거나 그 운용을 방해할 수 있는 프로그램(악성프로그램)을 전달 또는 유포하여서는 아니 된다.'라고 규정하고 있고, 같은 법 제71조 제9호는 '제48조 제2항을 위반하여 악성프로그램을 전달 또는 유포한 자는 5년 이하의 징역 또는 5천만 원 이하의 벌금에 처한다.'고 규정하고 있다.

1심에서는 악성프로그램 해당 여부는 구체적 위험범의 성격을 가진다는 점에 근거하여 이 사건 프로그램들은 구 정보통신망법 제48조 제2항의 '운용 방해 프로그램'에 해당한다고 보아 유죄판결을 하였다. 반면, 원심에서는 위 '운용 방해'를 '당해 정보통신시스템의 훼손·멸실·변경·위조에 준할 정도로 정보통신시스템이 물리적으로 기능을 수행하지 못하거나 그 기능 수행을 저해할 위험을 야기하는 경우'라고 해석하고, 이 사건 프로그램들이 운용방해 프로그램에 해당한다고 보기 어렵다는 이유로 무죄판결을 하였다.

따라서 대상판결에서는 이 사건 프로그램들이 정보통신시스템 등의 운용을 방해하는 악성프로그램에 해당하는지 여부가 쟁점이 되었다.

Ⅱ. 배경기술

1. 매크로(macro) 프로그램

매크로 프로그램이란 매크로 기능을 이용하여 한 번의 클릭으로 반복 작업 및 순서 등을 자동적으로 실행하는 프로그램으로, 이 사건 프로그램들이 이에 해당한다.

2. 악성프로그램

전형적인 악성프로그램으로는 다른 프로그램 등을 훼손하는 '컴퓨터 바이러스(Virus)'와 '웜(Worm)', 그리고 마치 유용한 프로그램인 것처럼 가장하여 설치를 유도한 후 신용카드번호 등 중요 정보를 빼내거나 문서를 삭제하는 '트로이목마(Trojan Horse)'가 있다. 그밖에 유해가능 프로그램(potentially unwanted program)들이 악성프로그램에 해당하는지 여부가 논란이 되고 있다.

3. DDOS 공격

불특정 다수의 컴퓨터에 악성 컴퓨팅 코드인 '좀비(Zombie)'를 퍼뜨린 다음 좀비에 감염된 수많은 컴퓨터가 일시에 특정 사이트를 공격(접속)하는 트래픽에 동원되도록 하여 서비스 체계를 마비시키는 공격 형태이다.

4. 프록시(Proxy) 서버

다른 네트워크 서비스에 간접적으로 접속할 수 있게 해주는 중개 기능을 갖는 네트워크 서비스로서, 주로 사이트에 접속속도를 빠르게 하거나 특정 사이트 차단 시 패킷을 우회해서 접속하기 위하여 사용된다.

Ⅲ. 악성프로그램 해당 여부

1. 구 정보통신망법 제48조 제2항의 '운용 방해 프로그램'

구 정보통신망법 제48조 제2항의 정보통신시스템 등의 훼손·멸실·변경·위조 행위는 그 문언적 의미대로 해석하는 것에 큰 어려움이 없다. 그러나 '운용 방해 프로그램'과 관련하여서는 어떠한 경우에 정보통신시스템 등의 운용을 방해하는 프로그램에 해당하는지 구체적으로 상정하기 어렵고, 이에 대하여 별도의 정의 규정을 두고 있지 않아 그 해석에 어려움이 있었다.

위 '운용 방해 프로그램'의 의미를 명확히 할 필요성은 존재하지만, 악성프로그램의 양상은 매우 다양하고 기술이 발전함에 따라 예상하지 못한 새로운 형태의 악성프로그램이 계속하여 등장하고 있는 것이 현실이므로, 악성프로그램이 무엇인지 정의하는 것은 오히려 위와 같이 급속도로 진화하는 악성프로그램에 대응하지 못할 우려가 있게 된다. 이와 같은 취지에서 기존의 대법원 판례들도 악성프로그램에 대한 구체적인 정의를 내리지 않고 개별 사건에서 문제된 프로그램이 악성프로그램에 해당하는지 여부를 판단하여 왔다.

대상판결은 악성프로그램이 무엇인지 정의하기 보다는 악성프로그램에 해당 여부에 관하여 '프로그램 자체를 기준으로 하되, 그 사용용도 및 기술적 구성, 작동 방식, 정보통신시스템 등에 미치는 영향, 프로그램 설치에 대한 운용자의 동의 여부 등을 종합적으로 고려하여 판단하여야 한다.'는 새로운 판단기준을 제시하였다. 이러한 대상판결에 의하면 악성프로그램에 해당 여부는 개개의 사안별로 증거에 따른 법원의 사실인정 문제라고 볼 수 있다.

2. 악성프로그램 판단기준

대상판결은 다음과 같은 사항들을 종합적으로 고려하여, 검사가 제출한 증거만으로는 이 사건 프로그램들이 '악성프로그램'에 해당한다고 단정하기 어렵다고 판시하였다.

(1) 사용용도

이 사건 프로그램들은 인터넷 커뮤니티 등에 업체나 상품 등을 광고하기 위한 것으로, 네이버 블로그 등에 자동으로 댓글을 등록하고 쪽지와 초대장을 발송하는 등의 작업을 수행하도록 설계되어 있다.

(2) 기술적 구성 및 작동 방식

이 사건 프로그램들은 일반 사용자가 통상적으로 작업하는 것보다 빠른 속도로 작업하기 위하여 자동적으로 댓글의 등록이나 쪽지의 발송 등의 작업을 반복 수행할 뿐이고, 기본적으로 일반 사용자가 직접 작업하는 것과 동일한 경로와 방법으로 위와 같은 작업을 수행한다.

한편, 이 사건 프로그램들 중 일부는 프록시 서버를 통하여 네이버 등에 간접적으로 접속할 수 있도록 하여 네이버 등이 IP를 차단하는 것을 회피할 수 있도록 설계되어 있다. 그러나 이는 네이버 등의 정보통신시스템 등을 훼손·멸실·변경·위조하는 등 물리적으로 그 기능을 수행하지 못하게 하는 방법으로 IP를 차단하는 것이 아닌, 정보통신시스템 등이 예정한 대로 작동하는 범위 내에서 IP 차단 사유에 해당하지 않고 통과할 수 있도록 도와주는 것에 불과하다.

(3) 정보통신시스템 등에 미치는 영향

이 사건 공소사실에서 이 사건 프로그램들이 악성프로그램에 해당한다고 본 주된 이유는 서버에 부하를 야기시키고 이는 DDOS 공격과 유사한 효과를 발생시킨다는 것이었다. 그러나 이 사건 프로그램들의 사용으로 정보통신시스템 등의 기능 수행이 방해된다거나 네이버 등의 서버가 다운되는 등의 장애가 발생하였다고 인정할만한 증거가 없다.

(4) 프로그램 설치에 대한 운용자의 동의 여부

대부분의 악성프로그램의 경우 컴퓨터 등의 사용자(피해자)의 동의 없이 몰래 다운로드되어 설치되는 것이다. 따라서 프로그램의 설치 시 이에 대한 사용자의 동의가 있는 경우 악성프로그램에 해당한다고 볼 수 없다는 것이 판례의 태도이다(대법원 2010. 8. 25.자 2008마1541 결정 등 참조).

한편, 이 사건 프로그램들의 경우 네이버(피해자)에 설치되는 프로그램이 아니므로 그 설치에 대한 사용자의 동의 여부가 문제되지 않는다.

Ⅳ. 나오는 말

구 정보통신망법 제48조 제2항의 '운용 방해 프로그램'의 해석에 관하여 그동안 논란이 되어 왔었다. 이에 대상판결은 악성프로그램의 양상이 매우 다양하게 나타나고 기술이 발전함에 따라 예상하지 못한 새로운 형태가 계속하여 등장하고 있는 현실을 고려하여, 악성프로그램의 판단기준을 새롭게 제시하였다는 점에서 의의가 있다.

매크로 프로그램은 반복 작업을 자동으로 수행하는 기능을 갖는 것으로 그 기술 자체는 중립적이고, 주로 소규모 자영업자들이 인터넷 커뮤니티 등에 업체를 홍보할 때 주로 이용되어 왔다. 그러나 최근에는 매크로 프로그램을 이용하여 네이버 기사의 순위를 조작하거나 인기 공연티켓을 대량 구매하여 이를 암표로 재판매하는 행위 등이 사회적으로 문제가 되고 있다. 이러한 매크로 프로그램이 악성프로그램의 판단기준에 미치지 못하는 경우에는 악성프로그램 유포죄에 해당하지 않게 된다. 다만, 매크로 프로그램을 이용하여 네이버 기사의 댓글 순위를 조작함으로써 네이버의 댓글 순위 산정 업무를 방해하는 경우에는 형법 제314조 제2항의 컴퓨터등장애업무방해죄에 해당한다고 보는 것이 판례의 태도이다(대법원 2020. 2. 13. 선고 2019도12194 판결 참조).

향후 새롭게 등장하는 악성프로그램에 대하여 대상판결이 유용한 판단기준이 될 것을 기대한다.

〔**필자: 이혜진 고법판사(특허법원)**〕

81 음란물유포에 해당하는 '공연한 전시'의 의미

【대상판결】 **대법원 2009. 5. 14. 선고 2008도10914 판결**

【사실관계】 피고인은 2005. 3.경부터 2007. 10.경까지 (주거지 주소 생략)에 있는 피고인의 주거지에서 인터넷사이트인 (홈페이지 주소생략)에서 닉네임 "○○○"로 "□□□"이라는 카페를 개설하여 운영하면서 남녀 회원을 모집한 후 특별모임을 빙자하여 집단으로 성행위(일명 스와핑)를 하고 이를 촬영하여 그 촬영물을 게시하거나 회원들이 그 사진을 게시하도록 하거나 그 경험을 적은 글을 모임후기라며 카페 게시판에 게재하게 하였다.

【판결요지】 구 정보통신망 이용촉진 및 정보보호 등에 관한 법률(2007. 1. 26. 법률 제8289호로 개정되기 전의 것) 제65조 제1항 제2호는 정보통신망을 통하여 음란한 부호·문언·음향·화상 또는 영상을 배포·판매·임대하거나 공연히 전시한 자를 처벌하도록 규정하고 있다. 이 법률 규정은 초고속 정보통신망의 광범위한 구축과 그 이용촉진 등에 따른 음란물의 폐해를 막기 위하여 마련된 것이고, 여기서 '공연히 전시'한다고 함은 불특정 또는 다수인이 실제로 음란한 부호·문언·음향 또는 영상을 인식할 수 있는 상태에 두는 것을 의미한다.

인터넷사이트에 집단 성행위 목적의 카페를 개설, 운영한 자가 남녀 회원을 모집한 후 특별모임을 빙자하여 집단으로 성행위를 하고 그 촬영물이나 사진 등을 카페에 게시한 사안에서, 카페가 회원제로 운영되는 등 제한적이고 회원들 상호간에 음란물을 게시, 공유해 온 사정이 있다고 하더라도, 위 카페의 회원수에 비추어 위 게시행위가 음란물을 공연히 전시한 것에 해당한다.

【해설】

I. 들어가는 말

대상판결의 쟁점은 폐쇄적인 인터넷 공간에서 회원들 상호간에 쌍방적 내지 다방적으로 음란물을 게시, 공유한 것이 「정보통신망 이용촉진 및 정보보호 등에 관한 법률」 제74조 제1항 제2호에서 규정하고 있는 정보통신망을 통하여 음란영상등을 공공연하게 전시한 경우에 해당하는지 여부이다. 피고인은 항소이유서에서 "피고인이 운영한 인터넷 카페의 회원수가 226명에 불과하고 그중에서도 특별회원은 100명으로 전화통화 등으로 승인을 받아야 회원으로 가입할 수 있는 등으로 제한적일 뿐만 아니라 회원 누구라도 글과 사진을 게시할 수 있는 바, 이러한 폐쇄적인 인터넷 공간에서 회원들 상호간에 쌍방적 내지 다방적으로 음란물을 게시, 공유한 것은 정보통신망을 이용하여 음란물을 공연히 전시한 경우에 해당하지 아니한다."고 주장하였다. 그러나 항소심과 대법원은 "카페가 회원제로 운영되는 등 제한적이고 회원들 상호간에 음란물을 게시, 공유해 온 사정이 있다고 하더라도, 위 카페의 회원수에 비추어 위 게시행위가 음란물을 공연히 전시한 것에 해당한다."라고 판시하여 피고인의 주장을 배척하였다. 그렇다면 정보통신망법상 음란영상등 배포죄에서 '공연한 전시'의 의미를 어떻게 파악해야 하는지, 사안과 같이 정보통신망에 음란영상등을 직접적으로 게시하는 것이 아니라 '바로가기 아이콘'이나 '링크(link)'와 같은 연결수단부여행위가 '공연한 전시'에 해당하는지 여부를 살펴볼 필요가 있다.

II. 정보통신망법상 음란영상등 배포죄에서 '공연한 전시'의 의미

1. 음란영상등 배포죄의 의의

정보통신망법상 음란영상등 배포죄(법 제74조 제1항 제2호)는 정보통신망을 통하여 음란한 부호·문언·음향·화상 또는 영상을 배포·판매·임대하거나 공공연하게 전시한 경우 성립하는 범죄이다. 초고속 정보통신망의 광범위한 구축과 그 이용촉진 등에 따른 음란물의 폐해를 막기 위하여 마련된 규정이다.

형법이 음란한 문서, 도화, 필름 기타 물건을 반포, 판매 또는 임대하거나 공연히 전시 또는 상영한 자를 처벌하는 음란물 배포에 관한 일반적인 처벌규정을 두고 있지만(형법 제243조), 특히 정보통신망을 통하여 음란영상등이 배포되는 경우를 염두에 두고 정보통신망법이 별도로 본죄를 규정한 것이다. 형법상 음화반포등죄는 객체가 음란물인 반면, 본죄는 음란한 부호·문언·음향·화상 또는 영상이고, 행위면에서 형법상 음화반포등죄는 상영행위가 규정되어 있으나, 본죄는 상영행위가 제외되어 있다는 차이가 있다.

2. '공연한 전시'의 의미

본죄의 행위태양의 하나로 규정된 '공연한 전시'라 함은 불특정 또는 다수인이 실제로 음란한 부호 등을 인식할 수 있는 상태에 두는 것을 의미한다. 사안에서 대법원은 "카페가 회원제로 운영되는 등 제한적이고 회원들 상호간에 음란물을 게시, 공유해 온 사정이 있다고 하더라도, 카페의 회원수에 비추어 게시행위가 음란물을 공연히 전시한 것에 해당한다."고 판시하였다. 카페의 회원수가 226명에 불과하고 그중에서 특별회원은 100명으로 전화통화 등으로 승인을 받아야 회원으로 가입할 수 있는 등으로 제한적이라고 할지라도 음란물에 해당하는 스와핑 촬영물 또는 그 사진을 게시하거나 그 경험을 적은 글을 카페 게시판에 게재하는 것은 다수인이 실제로 음란물을 인식할 수 있는 상태에 두는 것으로 '공연한 전시'에 해당한다고 판단한 것으로 타당하다고 본다.

문제는 음란영상등 그 자체를 정보통신망에 직접적으로 게시하는 것 이외에 그것이 전시된 웹페이지에 대한 '바로가기 아이콘'이나 '링크(link)'와 같은 연결수단부여행위가 '공연한 전시'에 해당하는지 여부이다. 판례는 이를 긍정하고 있다. 즉, 대법원은 ① PC방 운영자가 자신의 PC방 컴퓨터의 바탕화면 중앙에 음란한 영상을 전문적으로 제공하는 웹사이트로 연결되는 바로가기 아이콘을 설치하고 접속에 필요한 성인인증까지 미리 받아둠으로써, PC방을 이용하는 불특정·다수인이 아무런 제한 없이 위 웹사이트의 음란한 영상을 접할 수 있는 상태를 조성한 경우(대법원 2008. 2. 1. 선고 2007도8286 판결), ② 음란한 부호 등이 전시된 웹페이지에 접근할 수 있는 웹사이트로 링크(link)가 가능하도록 인터넷 주소를 게시한 경우(대법원 2003. 7. 8. 선고 2001도1335 판결), ③ 음란물 영상의 '토렌트 파일'을 웹사이트 등에 게시하여 불특정 또는 다수인에게 무상으로 다운로드 받게 하는 행위 또는 그 토렌트 파일을 이용하여 별다른 제한 없이 해당 음란물 영상에 바로 접할 수 있는 상태를 실제로 조성한 경우(대법원 2019. 7. 25. 선고 2019도5283 판결), 본죄의 '공연한 전시'에 해당한다고 보고 있다.

다만 링크행위와 관련하여 대법원은 음란물에 대한 링크행위는 공연한 전시에 해당함을 인정하면서도 저작권법위반과 관련하여 "인터넷 링크(Internet link)는 인터넷에서 링크하고자 하는 웹페이지나, 웹사이트 등의 서버에 저장된 개개의 저작물 등의 웹 위치 정보나 경로를 나타낸 것에 불과하여, 비록 인터넷 이용자가 링크 부분을 클릭함으로써 링크된 웹페이지나 개개의 저작물에 직접 연결된다 하더라도 링크를 하는 행위는 저작권법이 규정하는 복제 및 전송에 해당하지 아니한다(대법원 2017. 9. 7. 선고 2017다222757 판결)."고 판시하고 있음에 유의할 필요가 있다.

Ⅲ. 나오는 말

인터넷이 현대사회의 주요한 의사소통의 매개체로 활용되고 있는 상황에서 전통적인 형법상 음화반포등죄보다 정보통신망법상 음란영상등 배포죄의 심각성이 두드러지고 있다. 정보통신망을 통하여 광범위하게 이루어지는 음란영상등 배포죄의 반사회적 유해성을 고려할 때 보호해야 할 법익이 분명히 인정된다. 대법원이 사안과 같이 정보통신망을 통하여 음란영상등을 직접적으로 게시한 경우뿐만 아니라 그것이 전시된 웹페이지에 대한 '바로가기 아이콘'이나 '링크(link)'와 같은 연결수단부여행위에 대해서도 '공연한 전시'에 해당한 것으로 파악하는 태도는 타당하다고 본다. 특히 바로가기나 링크, 토렌트 파일 게시 등은 음란영상등이 전시된 다른 웹사이트 등을 단순히 소개·연결할 뿐이거나 다른 웹사이트 운영자의 실행행위를 방조하는 정도를 넘어 해당 음란영상등에 바로 접근할 수 있는 상태를 조성한 것으로, 그 실질에 있어서 불특정 또는 다수인이 음란영상등을 인식할 수 있도록 직접 전시하는 것과 다를 바 없다고 평가되기 때문이다.

〔**참고문헌**〕 이주원, 특별형법(제6판), 홍문사(2020); 김정환·김슬기, 형사특별법, 박영사(2021)

〔**필자: 김재윤 교수(건국대)**〕

82 음란물유포와 정당행위

【대상판결】 **대법원 2017. 10. 26. 선고 2012도13352 판결**

【사실관계】 방송통신심의위원회 심의위원이자 대학교수인 피고인이 자신의 인터넷 블로그에 2011. 7. 20. 게시한 이 사건 게시물은, "검열자 일기 #4; 이 사진을 보면 성적으로 자극받거나 성적으로 흥분되나요?"라는 제목 아래 "18차 (방송통신심의위원회) 전체회의에서 여기의 블로그 사진들이 음란물이라며 차단되었다."라는 문구로 본문이 시작한다. 그리고 2011. 7. 12. 제18차 방송통신심의위원회에서 음란정보로 의결한 다른 블로그의 화면 다섯 개를 갈무리하여 옮겨온 남성의 발기된 성기 사진 8장(이하 '이 사건 사진들'이라 한다)과 벌거벗은 남성의 뒷모습 사진 1장을 전체 게시면의 절반을 조금 넘는 부분에 걸쳐 게시하였다. 이어서, '사회통념상 일반인의 성욕을 자극하여 성적 흥분을 유발하고 정상적인 성적 수치심을 해하여 성적 도의관념에 반하는 남녀의 성기, 음모 또는 항문이 구체적으로 묘사되는 내용은 유통에 적합하지 아니한 정보로 본다.'는 등의 내용이 담긴 15줄 분량의 정보통신에 관한 심의규정 제8조를 소개한 후, '성행위에 관한 서사가 포함되지 않은 성기 이미지 자체는 자기표현의 가장 원초적인 모습이고 이것이 사회질서를 해한다고 볼 명백하고 현존하는 위험이 없는 한 처벌대상이 되어서는 아니되고, 이를 음란물이라고 보는 것은 표현의 자유를 침해하는 것으로서 부당하다.'는 취지의 12줄 분량의 피고인의 의견을 덧붙였다.

1심인 서울서부지방법원 2012. 7. 13 선고 2012고합151 판결은 정보통신망 이용촉진 및 정보보호 등에 관한 법률 제74조 제1항 제2호의 위반을 인정하여 벌금 3백만 원에 처하였다. 항소심인 서울고등법원 2012. 10. 18 선고 2012노2340 판결은 '음란한 화상 또는 영상'에 해당한다고 볼 수 없다고 하여 무죄를 선고하였다.

【판결요지】 피고인의 게시물은 ① 사진들과 음란물에 관한 논의의 형성·발전을 위한 학술적, 사상적 표현 등이 결합된 결합 표현물로서, 사진들은 오로지 남성의 발기된 성기와 음모만을 뚜렷하게 강조하여 여러 맥락 속에서 직접적으로 보여줌으로써 성적인 각성과 흥분이 존재한다는 암시나 공개장소에서 발기된 성기의 노출이라는 성적 일탈의 의미를 나타내고, 나아가 여성의 시각을 배제한 남성중심적인 성관념의 발로에 따른 편향된 관점을 전달하고 있어 음란물에 해당하나, ② 사진들의 음란성으로 인한 해악은 이에 결합된 학술적, 사상적 표현들과 비판 및 논증에 의해 해소되었고, 결합 표현물인 게시물을 통한 사진들의 게시는 목적의 정당성, 수단이나 방법의 상당성, 보호법익과 침해법익 간의 법익균형성이 인정되어 법질서 전체의 정신

이나 그 배후에 놓여 있는 사회윤리 내지 사회통념에 비추어 용인될 수 있는 행위에 해당하므로, 원심이 게시물의 전체적 맥락에서 사진들을 음란물로 단정할 수 없다고 본 것에는 같은 법 제74조 제1항 제2호 및 제44조의7 제1항 제1호가 규정하는 '음란'에 관한 법리오해의 잘못이 있으나, 공소사실을 무죄로 판단한 것은 결론적으로 정당하다고 한 사례.

【해설】

Ⅰ. 들어가는 말

대상판결은 인터넷 블로그에 성적인 사진을 비판적 관점에서 게시한 경우, 「정보통신망 이용촉진 등에 관한 법률」 제74조 제1항 제2호가 규정하는 "음란한 부호·문언·음향·화상 또는 영상을 배포·판매·임대하거나 공공연하게 전시한 자"에 해당하여 1년 이하의 징역 또는 1천만 원 이하의 벌금에 처해지는지에 관한 것이다. 통상적인 사례와 다른 점은 법학을 전공하는 피고인이 음란물을 금지, 처벌하는 것에 대한 비판적 의견을 제시하는 사례로 성적인 사진을 함께 게시하였다는 점이다. 이 사건에서 쟁점은 발기한 남성의 성기 등의 사진이 음란물인지, 그리고 이를 게시한 것이 「정보통신망 이용촉진 등에 관한 법률」 제74조의 위반인지 하는 점이다. (피고인 측은 음란물을 공공연히 전시한 점에 있어서 공공연성이나 고의 등도 문제삼고 있지만, 별로 쟁점이 되지 않았다)

대상판결에서 주목할 만한 점은 사진에 대한 음란성과 게시물 전체의 음란성을 별도로 판단하였다는 점, '결합 표현물'이라는 용어를 사용한 점, 그리고 사회상규에 위배되지 않으면 처벌되지 않는다는 형법 제20조 규정을 원용한 점 등이다.

Ⅱ. 게시물의 음란성 판단기준과 정당행위

1. 음란성 판단(① 부분)

대상판결은 정보통신망 이용촉진 및 정보보호 등에 관한 법률 제44조의7 제1항 제1호, 제74조 제1항 제2호에서 규정하는 '음란'이란 사회통념상 일반 보통인의 성욕을 자극하여 성적 흥분을 유발하고 정상적인 성적 수치심을 해하여 성적 도의관념에 반하는 것을 말한다. (중략) 특정 표현물을 형사처벌의 대상이 될 음란 표현물이라고 하기 위하여는 표현물이 단순히 성적인 흥미에 관련되어 저속하다거나 문란한 느낌을 준다는 정도만으로는 부족하다. 사회통념에 비추어 전적으로 또는 지배적으로 성적 흥미에만 호소할 뿐 하등의 문학적·예술적·사상적·과학적·의학적·교육적 가치를 지니지 아니한 것으로서, 과도하고도 노골적인 방법에 의하여 성적 부위나 행위를 적나라하게 표현·묘사함으로써, 존중·보호되어야 할 인격체로서의 인간의 존엄과 가치를 훼손·왜곡한다고 볼 정도로 평가될 수 있어야 한다. 나아가 이를 판단할 때에는 표현물 제작자의 주관적 의도가 아니라 사회 평균인의 입장에서 전체적인 내용을 관찰하여 건전한 사회통념에 따라 객관적이고 규범적으로 평가하여야 한다."고 판시하였다. 음란의 개념에 대한 기본개념은 예전과 다를바 없지만, 그 판단기준은 점차 강화되고 있다. 즉, 음란성을 제한적으로 인정하는 경향이다. 특히 "성적 부위나 행위를 적나라하게 표현·묘사함으로써, 존중·보호되어야 할 인격체로서의 인간의 존엄과 가치를 훼손·왜곡한다."고 하여 단순히 저속한 표현과 구별하고 있다. 또한 "사회통념에 비추어 전적으로 또는 지배적으로 성적 흥미에만 호소할 뿐 하등의 문학적·예술적·사상적·과학적·의학적·교육적 가치를 지니지 아니한 것"이라고 하여, 예술적, 학문적 가치가 있을 때에는 이로 인하여 성적 자극의 완화 정도, 이들의 관점으로부터 당해 표현물을 전체로서 보았을 때 주로 그 표현물을 보는 사람들의 호색적 흥미를 돋우느냐의 여부 등 여러 점을 고려하여야 한다(대법원 2006. 4. 28. 선고 2003도4128 판결 등). 대상판결은 남성의 성기 사진을 음란물이라고 판단하였는데, 이는 성적 부위를 노골적으로 찍은 사진이라는 점, 방송통신위원회에서 이미 음란물로 결정하였다는 점 등이 고려된 것으로 보인다.

2. 결합 표현물과 정당행위(② 부분)

대상판결은 본 게시물의 사진을 음란물로 판단하면서도, 사진과 함께 서술된 표현과 결합하여 '결합 표현물'이라는 용어를 처음 사용하면서, 사회상규의 문제를 심사하였다. 즉, "음란물이 그 자체로는 하등의 문학적·예술적·사상적·과학적·의학적·교육적 가치를 지니지 아니하더라도, 음란성에 관한 논의의 특수한 성격 때문에, 그에 관한 논의의 형성·발전을 위해 문학적·예술적·사상적·과학적·의학적·교육적 표현 등과 결합되는 경우가 있다. 이러한 경우 음란 표현의 해악이 이와 결합된 위와 같은 표현 등을 통해 상당한 방법으로 해소되거나 다양한 의견과 사상의 경쟁메커니즘에 의해 해소될 수 있는 정도라는 등의 특별한 사정"이 있다면, 이러한 결합 표현물에 의한 표현행위는 "공중도덕이나 사회윤리를 훼손하는 것이 아니어서, 법질서 전체의 정신이나 그 배후에 놓여 있는 사회윤리 내지 사회통념에 비추어 용인될 수 있는 행위로서 형법 제20조에 정하여진 '사회상규에 위배되지 아니하는 행위'에 해당된다." 고 보았다. 결론적으로 사회상규에 반하지 않으므로 형법상 정당행위로서 위법성이 조각되어 무죄가 된 것이다.

그런데 사회상규와 관련하여 흥미로운 점은 대상판결이 사회상규 판단의 요건으로 목적의 정당성, 수단이나 방법의 상당성, 보호법익과 침해법익 간의 법익균형성이라는 3개의 요건만을 열거하였다는 점이다. 통상 사회상규가 인정되기 위해서는 이 3가지에 더하여 긴급성과 보충성도 요구된다(대법원 2002. 12. 26. 선고 2002도5077 판결; 대법원 2017. 5. 30. 선고 2017도2758 판결 등). 대상판결은 음란성에 대한 학술적 논의를 감안하여 정당행위의 성립요건을 완화하였다고 할 수 있다.

Ⅲ. 나오는 말

대상판결은 음란성의 개념과 판단기준을 재확인하고 성기사진의 음란성을 인정하면서도, 본 사건의 결합 표현물의 경우 학술적, 사상적 표현들과 비판 및 논증이라는 점을 고려하여 사회상규에 반하지 않는 정당행위(형법 제20조)로서 위법성이 조각된다고 판단하여 표현의 자유의 범위를 넓힌 판결로 의미가 있다.

〔필자: 한상훈 교수(연세대)〕

83 정보통신망법상 불안감 등 유발문언 반복도달의 의미 및 판단 기준

【대상판결】 **대법원 2009. 4. 23. 선고 2008도11595 판결**

【사실관계】 피해자로부터 지속적으로 변제독촉을 받아 오던 피고인이 피해자의 핸드폰으로 2007. 8. 24. 01:00경 "너 어디야 기다리고 있다. 칼로 쑤셔줄 테니까 빨리 와. 내 자식들한테 뭐라구? 내 목숨같은 딸들이다."라는 내용으로, 같은 달 25. 22:20경 "당신 그 날 나 안 만난 것 잘했어. 진짜 칼 가지고 있었어. 내 자식들 얘기 잘못하면 당신은 내 손에 죽어. 장난 아냐. 명심해요. 나 자식 위해서 감옥 가는 것 하나도 안 무서워. 알았어."라는 내용의 문자메시지를 발송하였다.

【판결요지】

1. 정보통신망 이용촉진 및 정보보호 등에 관한 법률 제74조 제1항 제3호, 제44조의7 제1항 제3호는 "정보통신망을 통하여 공포심이나 불안감을 유발하는 문언을 반복적으로 상대방에게 도달하게 한 자"를 처벌하고 있는바, 이 범죄는 구성요건상 위 조항에서 정한 정보통신망을 이용하여 상대방의 불안감 등을 조성하는 일정 행위의 반복을 필수적인 요건으로 삼고 있을 뿐만 아니라, 그 입법 취지에 비추어 보더라도 위 정보통신망을 이용한 일련의 불안감 조성행위가 이에 해당한다고 하기 위해서는 각 행위 상호간에 일시·장소의 근접, 방법의 유사성, 기회의 동일, 범의의 계속 등 밀접한 관계가 있어 그 전체를 일련의 반복적인 행위로 평가할 수 있는 경우라야 이에 해당하고, 그와 같이 평가될 수 없는 일회성 내지 비연속적인 단발성 행위가 수차 이루어진 것에 불과한 경우에는 그 문언의 구체적 내용 및 정도에 따라 협박죄나 경범죄처벌법상 불안감 조성행위 등 별개의 범죄로 처벌함은 별론으로 하더라도 위 법 위반죄로 처벌할 수는 없다.

2. 투자금 반환과 관련하여 피해자로부터 지속적인 변제독촉을 받아오던 피고인이 피해자의 핸드폰으로 하루 간격으로 2번 문자메시지를 발송한 행위는 일련의 반복적인 행위라고 단정할 수 없을 뿐만 아니라, 그 경위도 피해자의 불법적인 모욕행위에 격분하여 그러한 행위의 중단을 촉구하는 차원에서 일시적·충동적으로 다소 과격한 표현의 경고성 문구를 발송한 것이어서, 위 법률에서 정한 '공포심이나 불안감을 유발하는 문언을 반복적으로 도달하게 한 행위'에 해당하지 않는다.

【해설】

Ⅰ. 들어가는 말

정보통신망 이용촉진 및 정보보호 등에 관한 법률(이하 '정보통신망법')은 정보통신망을 통하여 공포심이나 불안감을 유발하는 부호·문언·음향·화상 또는 영상을 반복적으로 상대방에게 도달하게 하는 행위를 처벌하고 있다(제74조 제1항 제3호, 제44조의7 제1항 제3호).

대상판결의 쟁점은 정보통신망을 통한 불안감 조성행위가 정보통신망법상 불안감 등 유발문언 반복도달에 해당하기 위한 요건에 관한 것이다. 본죄의 구성요건은 첫째, 공포심이나 불안감을 유발하는 문언, 둘째, 이러한 문언을 정보통신망을 통하여 반복적으로 상대방에게 도달하게 하는 것인데, 대상판결은 반복성에 대한 기준을 제시하였다.

Ⅱ. 정보통신망법상 공포심 유발문언 반복도달의 의미 및 판단 기준

1. 공포심 유발문언 반복도달의 성질과 구성요건

(1) 공포심 유발문언 반복도달의 성질

본죄는 정보통신망을 통하여 공포심이나 불안감을 유발하는 부호·문언·음향·화상 또는 영상(이하 '문언')을 반복적으로 상대방에게 도달하게 함으로써 성립한다. 보호법익은 개인의 의사형성과 의사결정의 자유이며, 상대방에게 도달함으로써 기수가 되므로 추상적 위험범이다. 본죄는 정보통신망을 통한 불안감 등을 조성하는 행위의 반복이 필수적인 요건이다. 즉, 본죄는 일련의 반복적인 여러 행위를 하나의 구성요건으로 만든 범죄로서 포괄일죄의 성격을 갖고 있다(서울북부지방법원 2010. 12. 10. 선고 2010노1311 판결). 따라서 일회성 내지 비연속적인 단발성 행위가 수차 이루어진 것에 불과한 경우 본죄는 성립하지 않는다.

(2) 공포심 유발문언 반복도달의 구성요건

본죄의 주체에는 제한이 없으며, 객체는 보호법익에 비추어 의사결정의 자유를 가진 자연인에 한정된다.

본죄의 행위는 ① 공포심이나 불안감을 유발하는 문언(문언의 내용)을, ② 정보통신망을 통하여 반복적으로 상대방에게 도달하게 하는 것(행위의 수단과 반복성)이다.

첫째, 본죄의 문언은 공포심이나 불안감을 유발하는 것이어야 한다. 공포심은 '두려워하고 무서워하는 마음'으로, 불안감은 '마음이 편하지 아니하고 조마조마한 느낌'으로 풀이되고 있다. 신원을 알 수 없는 사람으로부터 반복적으로 부인의 혼전관계 및 외도사실과 관련된 문자메시지를 받은 남편으로서는 누군가 자신의 가정을 위협하고 있고, 자신의 가정을 깨려고 한다고 느끼게 되어 불안감 내지 공포심을 느끼게 된다(대구지방법원 2007. 4. 17. 선고 2007노146 판결). 그러나 단순히 수신자의 마음을 불편하게 하거나 마음에 거슬리는 일체의 표현까지를 처벌대상으로 하는 것이 아니다(서울북부지방법원 2018. 8. 30. 선고 2018노664 판결). 도달시킨 내용이 공포심을 유발하여야 하는데 상대방 전화기에서 울리는 '전화기의 벨소리'는 정보통신망을 통하여 상대방에게 송신된 음향이 아니므로, 반복된 전화기의 벨소리로 상대방에게 공포심이나 불안감을 유발케 하더라도 본죄가 될 수 없다(대법원 2005. 2. 25. 선고 2004도7615 판결). 또한 해악의 고지를 요하는 것이 아니므로 협박과 구별된다. 따라서 단순한 욕설은 협박에 해당하지 않지만, 정보통신망을 통한 욕설의 반복적 도달은 본죄에 해당할 수 있다.

본죄는 스토킹범죄의 처벌 등에 관한 법률상 스토킹범죄와의 관계가 문제된다. 동법에 따르면, 정보통신망을 이용하여 말·부호 등을 상대방에게 도달하게 하여 불안감 또는 공포심을 일으키는 스토킹행위를 지속적 또는 반복적으로 하면 스토킹범죄로 처벌된다(제18조 제1항, 제2조 제1호 다목, 제2호). 본죄와 정보통신망을 이용한 스토킹범죄는 '정보통신망을 통한 문언의 반복적 도달'이라는 점에서 공통되나, 본죄는 불안감 등을 유발하는 내용의 문언을 요하는 반면, 스토킹범죄는 문언의 내용이 아닌 그 결과로 불안감 또는 공포심을 일으킨다는 점에서 다르다. 따라서 정보통신망을 통해 불안감 등을 유발하는 문언을 상대방에게 반복적으로 도달하게 하여 '스토킹범죄'가 성립하는 경우 본죄와 스토킹범죄는 상상적 경합관계에 있게 된다.

둘째, 본죄는 정보통신망을 통하여 반복적으로 상대방에게 도달하게 하여야 한다(행위의 수단과 반복성). 정보통신망을 통하여야 하므로, 대면 또는 우편에 의한 경우에는 본죄가 성립할 수 없다. '도달하게 한다.'는 것은 상대방이 직접 인식하는 경우뿐만 아니라 상대방이 인식할 수 있는 상태에 이른 것을 말한다. 따라서 피해자의 수신차단으로 문자메시지들이 피해자 휴대전화의 스팸 보관함에 저장되어 있었다고 하더라도, 피해자가 문자메시지들을 바로 확인하여 인식할 수 있는 상태에 있었으므로, 피해자에게 '도달'하게 한 경우에 해당한다(대법원 2018. 11. 15. 선고 2018도14610 판결). 상대방에게 도달하지 아니한 경우 본죄는 미수범 처벌규정이 없으므로 불가벌이다.

본죄는 반복적 도달을 요하므로 일회성 내지 비연속적인 단발성 행위가 수차 이루어진 것에 불과한 경우에는 협박죄나 경범죄처벌법상 불안감 조성행위 또는 스토킹범죄로 처벌할 수 있을 뿐이다. 행위의 반복성이란 행위를 되풀이하는 것을 말하는바, 여기에 해당하는가는 행위의 횟수와 기간 및 범의를 고려하여 판단하여야 할 것이다.

2. 판례의 태도

판례에 따르면, '공포심이나 불안감을 유발하는 문언을 반복적으로 상대방에게 도달하게 하는 행위'에 해당하는지는 상대방에게 보낸 문언의 내용, 표현방법과 그 의미, 상대방과의 관계, 문언을 보낸 경위와 횟수, 그 전후의 사정, 상대방이 처한 상황 등을 종합적으로 고려해서 판단하여야 한다(대법원 2018. 11. 15. 선고 2018도14610 판결). 다만 불안감 유발문언과 반복성은 구별하여야 하는데, 대상판결은 반복도달이 되려면, 각 행위 상호 간에 일시·장소의 근접, 방법의 유사성, 기회의 동일, 범의의 계속 등 밀접한 관계가 있어야 한다고 하면서, 하루 간격으로 2번 문자메시지를 발송한 행위는 일련의 반복적인 행위라고 단정할 수 없다고 하였다. 또한 채무자가 채권자의 휴대전화기에 7개월 동안 3회의 협박성 문자메시지를 발송한 경우 그 시간적 간격 및 내용에 비추어 일련의 반복적 행위로 평가할 수 없다고 한 바 있다(대법원 2008. 8. 21. 선고 2008도4351 판결). 이에 반해 피고인이 유부녀인 피해자와 성관계를 가진 것을 빌미로 2일에 걸쳐 각 2회 문자메시지를 발송하여 도달하게 한 경우 각 행위 전체를 일련의 반복적인 행위로 평가할 수 있다고 한 하급심판결이 있다(서울북부지방법원 2010. 12. 10. 선고 2010노1311 판결).

Ⅲ. 나오는 말

대상판결은 하루 간격으로 2번 문자메시지를 발송한 행위는 불안감 등 유발문언 반복도달의 반복적인 행위라고 단정할 수 없다고 판단하였다. 그러나 문자메시지의 전송이 심야에 이루어진 점, 불안감을 유발하는 문언인가는 일반인의 입장에서 객관적으로 판단되어야 한다는 점을 고려하면 행위의 반복성은 다툼이 있겠지만 대상판결의 문언의 내용이 불안감을 유발하는 것이라는 점은 부정하기 어렵다.

또한 대법원은 행위의 반복성에 대한 판단 기준을 제시하고 있으나, 정보통신망을 이용한다는 점에서 행위의 장소나 방법의 유사성, 기회의 동일을 고려하는 것은 적절치 않다.

〔필자: 이강민 교수(김포대)〕

84 사이버범죄에 대한 온라인서비스제공자의 책임

【대상판결】 **대법원 2006. 4. 28. 선고 2003도4128 판결**

【사실관계】 피고인 3 주식회사는 전기통신회선설비 임대 등을 목적으로 설립된 법인이고, 피고인 1, 2는 각 위 회사의 직원으로 피고인 1은 위 회사의 인터넷 포털 서비스 사이트 내 오락채널 총괄팀장, 피고인 2는 위 오락채널 내 만화사업 담당자이다. 피고인 1, 2는 공모하여 2000. 12. 말경부터 2001. 3. 5.경까지 위 오락채널 내 성인만화방을 개설한 다음 어떤 여대생이 트레이닝을 하러 헬스클럽에 갔다가 처음 보는 트레이너와 성기를 드러내고 성교를 하거나 사찰에 불공을 드리러 갔다가 승려와 성기를 드러내고 성교를 하는 등의 내용을 담은 일본 만화 '사춘기' 등 주로 비정상적인 남녀관계를 설정해서 변태적인 성행위를 노골적, 사실적, 집중적으로 묘사하거나 여성의 나신이나 성기를 지나치게 선정적이거나 자극적으로 묘사한 내용이 대부분을 이루는 컴퓨터 파일을 위 성인만화방에 게재해놓고 약 3만 명에 이르는 인터넷 사용자들을 무료로 회원가입시킨 다음 유료로 위 만화를 보게 하는 등 피고인들이 관리하는 성인만화방 사이트의 전기통신역무를 이용하여 음란한 영상을 반포, 판매하도록 하였다(피고인 3은 구 전기통신기본법상 양벌규정 적용).

【판결요지】 형법상 방조행위는 정범의 실행을 용이하게 하는 직접, 간접의 모든 행위를 가리키는 것으로 작위에 의한 경우뿐 아니라 부작위에 의하여도 성립한다. 형법이 금지하고 있는 법익침해의 결과발생을 방지할 법적인 작위의무를 지고 있는 자가 그 의무를 이행함으로써 결과발생을 쉽게 방지할 수 있었음에도 불구하고 그 결과의 발생을 용인하고 이를 방관한 채 그 의무를 이행하지 아니한 경우에 그 부작위가 작위에 의한 법익침해와 동등한 형법적 가치가 있는 것이어서 그 범죄의 실행행위로 평가될만한 것이라면 작위에 의한 실행행위와 동일하게 부작위범으로 처벌할 수 있고 여기서 작위의무는 법령, 법률행위, 선행행위로 인한 경우는 물론 기타 신의성실의 원칙이나 사회상규 혹은 조리상 작위의무가 기대되는 경우에도 인정된다.

피고인 1, 2는 단순히 성인만화방이라는 웹상의 메뉴를 개발하여 컨텐츠 제공업체로 하여금 독자적으로 컨텐츠를 게재, 삭제하도록 가상공간을 임대하기만 한 것이 아니라 그 사용을 허용한 가상공간에 대체로 어떠한 내용의 것이 게재될 것인가를 사전에 예상하였고 그 게시 컨텐츠의 뷰잉프로그램을 개발하여 제공하는 등 게시의 편의를 적극적으로 도모하였을 뿐 아니라 그 사용을 허용한 가상공간에 대한 시스템상 사용 및 보안권한 설정권을 보유하는 등 일반적 통제권한을 보유하여 컨텐츠의 내용을 실시간, 지속적으로 쉽사리 검색, 파악할 수 있었고 그것이 피고인들의 주요한 업무내용이었던 점 등을 종합하여보면 피고인 1, 2는 컨텐츠 제공업체가 위 성인만화방에 게시하는 만화를 적어도 사후에 관리, 감독할 권한을 가지고 있었다고 할 것이고 따라서 이 사건과 같은 음란만화가 지속적으로 게시되고 있다는 사실을 인식한 이상 인터넷 포털사이트 내 오락채널 총괄팀장과 위 오락채널 내 만화사업의 운영직원인 피고인들에게는 컨텐츠 제공업체들이 게재하는 음란만화의 삭제를 요구할 조리상의 의무가 있다고 할 것인바, 피고인들에 대해서는 구 전기통신기본법위반의 방조책임이 인정된다.

【해설】

Ⅰ. 들어가는 말

온라인 서비스 제공자는 그 업무영역에 따라 콘텐츠 제공자(Contents provider), 접속 제공자(Access provider), 호스트 서비스 제공자(Host service provider)로 구별되는데 본 사안 관련하여 문제되는 것은 호스트 서비스 제공자이다(이하 온라인 서비스 제공자는 호스트 서비스 제공자를 뜻한다). 한편 인터넷 관련 범죄는 인터넷을 직접 범죄행위의 수단이나 대상으로 활용하는 경우와 인터넷이 제공하는 사이버공간을 범죄에 활용하는 경우로 나눠볼 수 있다(필자는 후자를 '사이버 간접범죄'라고 말한다). 온라인 서비스 제공자가 제공하는 사이버 공간에서 본건과 같은 사이버 간접범죄가 발생한 경우 온라인 서비스 제공자의 형사책임은 기본적으로 그 범죄행위를 미리 방지하거나 이를 알면서 제거하지 않았다는 부작위에서 출발한다. 온라인 서비스 제공자와 그 범죄행위자간 기능적인 행위지배관계와 공모가공의 의사가 인정되지 않는다면 온라인 서비스 제공자에게 공동정범의 책임을 묻기는 어렵다. 따라서 온라인 서비스 제공자의 형사책임은 부작위 방조범의 성립요건을 중심으로 검토하여야 할 것이다.

Ⅱ. 부작위 방조범으로서 온라인 서비스 제공자의 형사책임

1. 방조범의 일반 요건

방조범이 성립하기 위해서는 객관적 요건으로 방조행위와 주관적 요건으로 이중의 고의, 즉 방조의 고의와 정범의 실행행위가 구성요건적 결과를 발생시키는 것에 대한 정범의 고의가 필요하다. 방조행위가 특정한 구성요건적 결과발생의 기회 내지 위험성을 증대시켜야 한다는 점에서 방조행위와 정범의 실행행위 간 인과관계도 요구된다고 할 것이다(기회증대설).

2. 온라인 서비스 제공자의 부작위에 의한 방조범 성립요건

사이버 간접범죄와 관련하여 온라인 서비스 제공자의 부작위에 의한 방조책임은 여타 부작위범의 경우와 같이 보증인 지위와 보증인으로서 작위의무의 존재를 전제로 한다. 보증인 지위와 작위의무의 발생근거에 대해서는 형식설, 실질설이 주장된다. 현행 전기통신사업법은 특수유형부가통신사업자의 기술적 조치(제22조의3), 부가통신사업자의 불법촬영물 등 유통방지(제22조의5), 청소년유해매체물의 차단(제32조의7) 등의 의무를 통신사업자 등에게 부과하고 미이행에 대한 과징금(제22조의6), 기술적 조치 무력화 행위에 대한 형사처벌(제96조 제6호, 제6호의2 등)을 규정하고 있으나 전통적으로는 온라인 서비스 제공자의 작위의무를 조리에서 찾는 것이 판례의 입장이었고 대상판결도 그러하다.

부작위에 의한 방조범이 성립하기 위해서는 작위의무를 이행하지 않은 것이 작위에 의한 방조행위와 실행가치면에서 동일하여야 한다. 온라인 서비스 제공자의 부작위 방조책임을 인정하기 위해서는 범죄결과물 발생을 방지하거나 그 결과물을 제거하는 데 필요한 기술적 차단가능성이 보편적으로 인정될 수 있어야 한다. 이는 행위 주체에 대한 작위행위의 기대가능성 및 작위 행위에 대한 인식가능성과도 관련된다. 사이버 공간에서 발생하는 범죄유형 중 예를 들어 저작권침해나 명예훼손 등은 규범적 문제여서 그것이 범죄의 결과물인지 명확하지 않은 경우가 적지 않다. 온라인 서비스 제공자는 이를 판단할 위치에 있지 않으므로 그와 같은 내용물들이 온라인 서비스 제공자가 제공하는 가상공간에서 저장, 유통되었다고 하더라도 그것만으로 온라인 서비스 제공자가 어떠한 제거조치의 필요성을 인식할 수 있었다고 보기 어렵고 온라인 서비스 제공자에게 그에 따른 적절한 작위의무의 이행을 기대하기도 힘들다. 그러므로 온라인 서비스 제공자의 부작위 방조책임은 사실상 그것이 범죄의 결과물이라는 점이 분명한 경우에 한정된다고 볼 것이다. 그러므로 대상판결의 판시취지를 모든 온라인 서비스 제공자에 대해 일반적으로 적용하기는 힘들고 부작위 방조범으로서의 형사책임은 개별적으로 그 성립요건을 따져 보아야 한다. 범죄의 결과물이라는 점이 분명한 경우라고 할지라도 만약 기술적으로 차단이 가능한 최상의 조치를 지속적으로 가동하는 등 범죄결과물의 발생 방지 내지 제거를 위해 기대할 수 있는 작위의무를 적극적으로 이행하였다면 부작위 방조범으로서의 고의를 인정하기 어려울 것이다. 요컨대, 본건과 같은 음란물 등 가상공간의 컨텐츠와 관련한 온라인 서비스 제공자의 부작위 방조책임은 그것의 불법성이 분명하고 기술적으로 방지 내지 삭제 등이 가능함에도 이를 제대로 이행하지 않은 경우에 인정된다고 할 수 있다.

Ⅲ. 나오는 말

앞서 정리한 것처럼 온라인 서비스 제공자에게 부작위 방조범으로서 형사책임을 묻기 위해서는 온라인 서비스 제공자가 범죄와 관련한 결과물임을 인식하고, 이를 방지하거나 차단할 기술을 보유하고 있을 뿐 아니라 그와 같은 작위행위의 기대가 가능함에도 이를 이행하지 않았을 때 인정된다. 이때 온라인 서비스 제공자의 인식은 미필적으로 충분하다. 다만 부작위 방조책임이 실제로 성립가능한지는 콘텐츠의 불법성에 대한 인식가능성 등을 개별적으로 따져 판단할 필요가 있다. 참고로 부작위 방조범으로서 형사처벌을 부담하는 행위자는 기술적으로 기대가능한 삭제조치 등을 취하여야 함에도 이행하지 않은 업무상 의무부담자이다. 의무부담자 해당 여부는 업무와 관련된 권한 유무에 따라 달라질 수 있다. 대상판결은 온라인 서비스 제공자의 부작위에 의한 방조범 성립요건으로 인식가능성은 물론 기술적 차단가능성, 작위행위의 기대가능성을 시사하였다는 점에서 의미가 있다. 다만 작위의무의 산출근거는 조리보다 법령 또는 정보통신망의 지배 및 관리에서 도출하는 것이 부작위 방조책임의 본질에 더 부합한다고 할 것이다.

〔**참고문헌**〕 김영기, “사이버 공간 범죄와 온라인 서비스 제공자(OSP)의 형사책임 - 대법원 2006. 4. 28.선고 2003도4128판결을 중심으로”, 형사판례연구 20(2012)

〔**필자: 김영기 변호사(법무법인 화우)**〕

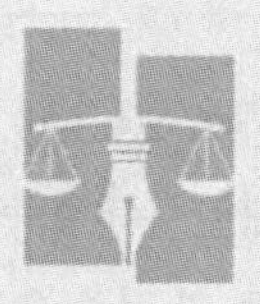

제9장

부정수표단속법

85 부정수표 단속법 제2조 제2항의 적용 제한

【대상판결】 **대법원 2013. 12. 26. 선고 2011도7185 판결**

【사실관계】 ① 피고인은 A사의 대표이사로 2003. 9. 2. 피고인 명의로 B은행과 수표계약을 체결하고 당좌수표거래를 하였다. ② 대한주택보증 주식회사(이하 '대한주택보증'이라 한다)는 2006. 7.경 A사가 시공하는 C아파트 재건축공사에 관하여 조합주택시공보증서와 주택분양보증서를 발급하였고, 피고인은 위 보증에 관한 구상채무를 담보하기 위하여 대한주택보증에 액면금액과 발행일이 백지인 B은행 당좌수표 1장을 작성·교부하였다. ③ A사는 2007. 9.경 부도가 나 보증사고가 발생하였다. ④ 대한주택보증은 2008. 2.경까지 분양보증계약에 따라 A사의 부도를 이유로 계약을 해지한 수분양자들에게 계약금·중도금 환급금으로 7,037,880,000원을 지급하였고, 시공보증계약에 따라 C아파트 재건축공사를 승계시공하여 2009. 12. 11.경 준공인가를 받았다. ⑤ 대한주택보증은 2010. 3. 30.경 위 분양·시공보증채무 이행으로 인한 A사에 대한 구상금채권에 분양대금 등을 충당한 나머지 원리금을 12,585,000,000원을 산정하고, 백지보충권을 행사하여 위 백지수표에 발행일 "2010. 3. 30.", 액면금액 "12,585,000,000원"을 보충한 후 지급제시기간 내인 2010. 4. 2.경 B은행에 지급제시를 하였으나, 거래정지처분으로 지급되지 아니하였다.

【판결요지】

[1] 금액과 발행일자의 기재가 없는 이른바 백지수표도 소지인이 보충권을 행사하여 금액과 날짜를 기입하면 완전무결한 유가증권인 수표가 되는 것이고, 특별한 사정이 없는 한 백지수표를 발행하는 그 자체로서 보충권을 소지인에게 부여하였다고 보아야 하며, 수표면이나 그 부전에 명시되어 있지 않는 한 보충권의 제한을 선의의 취득자에게 대항할 수 없으므로 백지수표도 유통증권에 해당하고, 따라서 백지수표의 발행도 부정수표 단속법의 규제를 받아야 함은 물론이다. 다만 백지수표를 발행한 목적과 경위, 수표소지인 지위의 공공성, 발행인과의 계약관계 및 그 내용, 예정된 백지보충권 행사의 사유 등에 비추어 백지수표를 교부받은 수표소지인이 이를 제3자에게 유통시킬 가능성이 없을 뿐만 아니라 장차 백지보충권을 행사하여 지급제시를 하게 될 때에는 이미 당좌거래가 정지된 상황에 있을 것임이 그 수표 발행 당시부터 명백하게 예견되는 등의 특별한 사정이 인정된다면 그 백지수표는 유통증권성을 가지지 아니한 단순한 증거증권에 지나지 아니하는 것으로서 그러한 백지수표를 발행한 행위에 대해서까지 부정수표 단속법 제2조 제2항 위반죄로 처벌할 수는 없다.

[2] 백지수표의 금액란이 부당보충된 경우, 적어도 보충권의 범위 내에서는 백지수표의 발행인이 그 금액을 보충한 것과 다를 바 없어 백지수표의 발행인은 그 범위 내에서는 부정수표 단속법 위반죄의 죄책을 진다고 할 것이나, 이와 달리 보충권을 넘어서는 금액에 관하여는 발행인이 그와 같은 금액으로 보충한 것과 동일하게 볼 수는 없으므로, 그 발행인에게 보충권을 넘어서는 금액에 대하여까지 부정수표 단속법 위반죄의 죄책을 물을 수는 없다.

【해설】

Ⅰ. 들어가는 말

부정수표 단속법(이하 '부수법'이라 한다) 제2조 제2항은 "수표를 발행하거나 작성한 자가 수표를 발행한 후에 예금부족, 거래정지처분이나 수표계약의 해제 또는 해지로 인하여 제시기일에 지급되지 아니하게 하는 행위", 즉 이른바 '부도수표' 발행·작성죄를 처벌하는 규정이다. 대상판결의 주된 쟁점은 백지수표인 이 사건 수표가 사실상 유통증권이나 지시증권으로서의 기능이 상실되었다고 볼 만한 사정이 있는 경우에도 부수법 제2조 제2항에 따른 부도수표 발행죄의 책임을 인정할 수 있는지 여부이다. 그리고 부수적으로 이 사건 수표에 부당보충행위가 있는 경우 부도수표 발행죄의 책임 범위가 문제되었다.

Ⅱ. 부도수표 발행·작성죄의 제한적 적용

1. 부도수표 발행·작성죄의 객체인 '수표'

본죄의 행위 객체는 수표법상 수표로, 실제 거래에서 유통증권으로서의 기능을 발휘할 수 있는 수표를 의미하고 그와 같은 기능을 발휘할 수 없는 수표까지 규제대상으로 한 것은 아니다. 반드시 수표법상 유효한 수표가 아닌 경우에도 실제로 유통증권으로서의 기능에 아무런 영향이 없이 유통될 경우에는 이에 해당된다(대법원 1995. 12. 22. 선고 95도1263 판결 등).

백지수표인 경우, 백지보충권 행사로 백지가 보충되어 지급제시되면 발행 당시부터 수표법상 수표요건을 모두 갖추어 발행된 수표와 마찬가지로 보므로, 본죄의 객체인 수표에 해당한다(대법원 1973. 7. 10. 선고 73도1141 판결).

2. 유통증권·지시증권성이 상실된 수표에 대한 적용 여부

가. ① 이 사건 수표는 대한주택보증의 A사에 대한 구상권 행사에 관한 담보 목적으로 교부된 점, ② 대한주택보증은 A사의 파산, 부도 등 보증사고로 승계시공하여 C아파트를 완공

한 이후 백지보충권을 행사할 수 있는 점, ③ 그 경우 A사는 이미 부도로 당좌거래가 정지되어 있을 것임이 명백하고, 이는 수표 발행 시에도 예견되어 있던 점. ④ 대한주택보증의 공공기관적 지위, 발행인과의 계약관계와 내용, 예정된 백지보충권 행사 사유 등에 의하면 승계시공 등이 완료되기 전에 이 사건 수표가 제3자에게 유통될 가능성이 없었던 점 등에 비추어 이 사건 수표는 발행 시부터 사실상 A사가 부도상황이 발생한 이후 비로소 지급제시될 것이 예정되어 있었다.

나. 이처럼 수표로서 유효한 요건을 갖추었으나 처음부터 유통증권이나 지시증권으로서의 기능을 상실한 경우에도 부수법 제2조 제2항이 적용되는지 문제된다.

적용 긍정설의 주요 근거는 다음과 같다. ① 본 조항의 객체에서 제외되는 '유통증권으로서의 수표'가 아닌 수표는 발행인이 수표법상 책임을 부담하지 않는 경우에 한정되며 유통가능성은 문제되지 않는다. ② 선일자수표, 견질(담보)용 수표와 같이 신용증권의 기능이 강한 수표라도 유통증권의 기능을 가진 경우 적용 대상이 되어야 한다. ③ 본죄의 기수는 수표 '발행 시'에 성립되므로 발행 시에 수표의 기능이 상실되었다고 평가할 수 없다면 본조의 보호법익 침해는 발생한 것이다.

적용 부정설(제한설)의 주요 근거는 다음과 같다. ① 본 조항은 유통증권의 기능을 가진 수표를 보호대상으로 하는 것이므로, 발행 당시부터 그 기능을 갖지 않을 것이 예정된 수표라면 보호대상이 될 수 없다. ② 수표를 발행인으로부터 교부받은 자가 그 수표를 제3자에게 유통시킬 가능성이 전무한 경우 지시증권의 기능도 없다고 보아야 한다.

다. 대상판결은 "대한주택보증이 이 사건 수표를 교부받을 당시부터 A사의 파산, 부도 등 약관에 규정된 보증사고가 발생하여 승계시공에 의하여 아파트를 완공한 이후에야 비로소 백지보충권을 행사할 것을 예정하고 있었음이 명백하므로, 이 사건 수표는 그 발행 당시부터 유가증권으로서 유통될 가능성은 배제되어 있었고 단지 증거증권 또는 채무이행의 압박수단에 지나지 아니하는 것이어서 피고인이 이러한 백지수표를 발행한 행위에 대해서까지 부정수표 단속법 제2조 제2항 위반죄로 처벌할 수는 없는 것이라고 볼 여지가 충분하다."라고 판시하였다.

III. 부당보충 시 부도수표 발행 · 작성죄의 책임 범위

백지수표 소지인이 금액란을 부당보충한 경우 발행인의 형사책임에 관하여 책임부정설, 전면적 책임설, 제한적 책임설의 대립이 있다. 대법원은 "백지수표의 금액란이 부당보충된 경우, 적어도 보충권의 범위 내에서는 백지수표의 발행인이 그 금액을 보충한 것과 다를 바 없어 백지수표의 발행인은 그 범위 내에서는 부정수표 단속법 위반죄의 죄책을 진다고 할 것이나, 이와 달리 보충권을 넘어서는 금액에 관하여는 발행인이 그와 같은 금액으로 보충한 것과 동일하게 볼 수는 없으므로, 그 발행인에게 보충권을 넘어서는 금액에 대하여까지 부정수표 단속법 위반죄의 죄책을 물을 수는 없다."라고 제한적 책임설의 입장을 취하고 있다(대법원 1995. 9. 29. 선고 94도2464 판결 등).

대상판결도 같은 취지에서, "대한주택보증이 C아파트를 승계시공하는 과정에서 기존 수분양자들과 미분양분 추가 수분양자들로부터 분양대금을 납입받고 있었고, 위와 같은 분양대금이 대한주택보증의 A사에 대한 구상금채권에 충당되어 백지수표의 백지보충액이 되는 구상금채권액은 계속 변동하는 상황이었으므로, 백지보충을 한 시점에서 (구상금채권액이) 최소한 백지보충액 12,585,000,000원을 초과하여야 피고인에게 그 금액 전부에 대하여 부수법 위반의 죄책을 물을 수 있다."라고 판단하였다.

IV. 나오는 말

대상판결은 발행인으로부터 수표를 받은 소지인 외 제3자에게 수표가 유통될 가능성이 없고, 소지인이 수표의 지시증권성이 상실되는 상황에서만 지급제시가 예정되어 있음을 인식하고 있는 경우 부수법 제2조 제2항 적용이 제한될 수 있다고 판시한 최초의 판결이다. 이 사건과 같이 부도가 확실한 상황에 한하여 오로지 소지인만이 행사할 것으로 예정되어 있는 경우까지 부수법으로 처벌하는 것은 신용증권으로서의 성질만을 갖는 수표까지 보호한다는 결과가 되어 입법취지에 맞지 않다는 점에서 대상판결의 입장은 적절하다.

〔**참고문헌**〕 우인성, "부정수표단속법 제2조 제2항 적용의 제한", 대법원판례해설 [98](2014); 길기봉, "백지수표가 부당보충된 경우 발행인의 부정수표단속법상의 형사책임", 대법원판례해설 [24](1996)

〔**필자: 신동헌 판사(서울중앙지방법원)**〕

86 백지수표의 보충권 소멸시효 경과 후의 보충

【대상판결】 **대법원 2002. 1. 11. 선고 2001도206 판결**

【사실관계】 피고인 甲은 1995. 10. 20.경 乙에게 액면 4,000만 원으로 된 당좌수표를 발행 교부하여 월 3%의 선이자 120만 원을 공제한 3,880만 원을 할인받으면서 수표금을 1개월 후까지 갚지 않으면 발행일을 보충하여 지급제시하라고 하였다. 그런데 피고인 甲이 수표금을 갚지 아니하였는데도 乙은 바로 발행일을 보충하지 않고 있다가 그로부터 7개월 뒤인 1996. 6. 20.경 발행일란에 '1996. 6. 20.'이라고 보충기재하고도 지급제시는 하지 않고 그대로 소지하다가 다시 1년 6개월이 지난 1997. 12. 26. 수표상의 발행일란에 기존의 '1996. 6. 20.'의 '6'자를 '8'자로 가필하는 방법으로 '1998. 8. 20.'로 정정하여 그 날 지급제시하였으나 무거래로 지급거절되었다. 이에 피고인 甲은 부정수표단속법 위반(제2조 제2항) 혐의로 기소되었다.

【판결요지】

[1] 발행일을 백지로 하여 발행된 수표의 백지보충권의 소멸시효는 다른 특별한 사정이 없는 한 그 수표발행의 원인관계에 비추어 발행 당사자 사이에 수표상의 권리행사가 법률적으로 가능하게 된 때부터 진행한다고 보아야 할 것인바, 백지수표의 보충권 행사에 의하여 생기는 채권은 수표금 채권이고, 수표법 제51조에 의하여 수표의 발행인에 대한 소구권은 제시기간 경과 후 6개월간 행사하지 아니하면 소멸시효가 완성되는 점 등을 고려하면, 발행일을 백지로 하여 발행된 수표의 백지보충권의 소멸시효기간은 백지보충권을 행사할 수 있는 때로부터 6개월로 봄이 상당하다.

[2] 백지보충권의 소멸시효가 완성된 다음 수표상의 백지부분을 보충하였다고 하더라도 이는 적법한 보충이라고 할 수 없으므로, 소멸시효기간이 완성된 후 백지수표의 백지부분이 보충되어 지급제시되었다면, 그 수표가 예금부족 또는 거래정지처분 등의 사유로 지급거절되었다고 하더라도, 이에 대하여는 부정수표단속법위반죄의 죄책을 물을 수 없다.

【해설】

Ⅰ. 들어가는 말

수표는 발행인이 지급인(은행)에 대하여 수취인 그 밖의 수표의 정당한 소지인에게 일정한 금액의 지급을 위탁하는 유가증권을 말한다. 수표가 효력을 갖기 위해서는 "① 증권의 본문 중에 그 증권을 작성할 때 사용하는 국어로 수표임을 표시하는 글자, ② 조건 없이 일정한 금액을 지급할 것을 위탁하는 뜻, ③ 지급인의 명칭, ④ 지급지, ⑤ 발행일과 발행지, ⑥ 발행인의 기명날인 또는 서명" 등의 사항이 기재되어야 한다(수표요건: 수표법 제1조 및 제2조).

백지수표는 수표요건 중 일부를 백지로 하여 후일 소지인으로 하여금 그 요건을 기재시킬 의사로 기명날인이나 서명한 수표를 말한다. 백지수표는 나중에 보충시킬 의도로 일부러 수표요건을 기재하지 않았고 후에 수표요건이 보충되면 완전한 수표가 되는 것이므로―무효인 수표와 구별되고―유효한 수표로서 통용된다.

대상판결에서의 쟁점은 발행일을 백지로 하여 발행된 수표(백지수표)의 ① 백지보충권의 소멸시효기간을 어떻게 볼 것인지와 ② 소멸시효기간이 완성된 후 보충된 백지수표 지급거절에 대하여 책임(부정수표단속법위반)을 물을 수 있는가이다. 우리나라는 수표에 대하여는 수표법(1962. 1. 1. 제정)과 부정수표단속법(1961. 7. 3. 제정)에 의한 이원적 규제체계를 갖고 있다. 수표법은 수표의 경제적 기능과 그 남용가능성을 고려하여 수표의 발행 · 방식, 양도, 보증, 제시 · 지급, 상환청구, 시효 등 수표에 관한 일반적 제한 사항을 규정하고 있고, 부정수표단속법은 수표거래의 공정성을 확보하기 위하여 위법발행수표(제2조 제1항의 부정수표)와 부도수표(제2조 제2항의 부정수표)에 대한 처벌을 규정하고 있다. 대상판결의 쟁점①은 수표법과 관련되고, 쟁점②는 부정수표단속법(부도수표)과 관련된다.

Ⅱ. 백지수표의 보충권 소멸시효기간과 책임

1. 발행일 백지수표 보충권의 소멸시효

발행일을 백지로 하여 발행된 수표의 백지보충권의 소멸시효는 "백지보충권을 행사할 수 있는 때로부터 6개월"이라는 것이 대법원의 일관된 입장이다. 즉, 대법원은 발행일을 백지로 하여 발행된 수표의 백지보충권의 소멸시효는 특별한 사정이 없는 한 그 수표발행의 원인관계에 비추어 발행 당사자 사이에 수표상의 권리행사가 법률적으로 가능하게 된 때부터 진행하고, 그 소멸시효기간은 백지수표의 보충권 행사에 의하여 생기는 채권이 수표금 채권이고 수표의 발행인에 대한 소구권의 소멸시효기간이 제시기간 경과 후 6개월인 점 등에 비추어 백지보충권을 행사할 수 있는 때부터 6개월이라고 하고 있다(대법원 1997. 5. 28. 선고 96다25050 판결; 대법원 2001. 10. 23. 선고 99다64018 판결; 대법원 2001. 10. 23. 선고 99다64018 판결; 대법원 2002. 1. 11. 선고 2001도206 판결; 대법원 2007. 6. 29. 선고 2007도2250 판결 등). 대상판결은 이를 재확인한 것이다.

2. 소멸시효 완성 후 보충된 백지수표의 지급거절과 형사책임

부도수표란 수표가 일단 정당하게 발행된 이후에 예금부족 등으로 인하여 제시기일에 지급이 거절된 수표를 말한다. 따라서 부도수표의 발행등의 죄(제2조 제2항)가 성립하기 위해서는 행위자가 ① 수표를 정당하게 발행하거나 작성한 자이어야 하고, ② 수표요건(수표법 제1조)을 모두 기재한 수표이야 하며, ③ 수표가 적법한 제시기간 내에 제시되어야 하고, ④ 지급제시기일에 수표금액의 전부 또는 일부의 지급이 거절되어야 한다. 본 대상판결은 위의 ②가 문제된 사건이다.

백지수표는 수표요건 중 일부(금액, 발행일자 등)를 백지로 발행하였다가 나중에 보충권의 행사로 적법하게 보충되어 지급제시되는 경우 그 백지수표는 발행 당시부터 수표법상 수표요건을 모두 갖추어 발행된 수표와 동일하게 볼 수 있으므로 당연히 본죄의 객체가 된다(대법원 1999. 6. 11. 선고 99도1201 판결). 따라서 보충권을 넘는 금액을 보충하여 제시한 경우와 같이 보충권의 범위를 벗어난 경우에는 본죄가 성립되지 않는다(대법원 2007. 10. 11. 선고 2007도6035 판결).

본 대상판결도 백지보충권의 소멸시효가 완성된 이후에 수표상의 백지부분을 보충한 경우 이것은 적법한 보충이라고 할 수 없기 때문에, 소멸시효기간이 완성된 후 백지수표의 백지부분이 보충되어 지급제시되고 그 수표가 예금부족 또는 거래정지처분 등의 사유로 지급거절 되었다고 하더라도 이에 대하여는 부정수표단속법위반죄의 죄책을 물을 수 없다는 점을 명확히 한 것이다.

3. 부정수표단속법 제2조 제2항의 위헌성 여부

부정수표단속법 제2조 제2항에 관하여는 위헌성 논의가 있다. 이와 관련하여 2001년과 2011년에 두 차례 헌법재판소의 결정이 이루어졌다(헌법재판소 2001. 4. 26. 선고 99헌가13 전원재판부 결정[합헌]; 헌법재판소 2011. 7. 28. 선고 2009헌바267 전원재판부 결정[합헌]).

두 개의 사건에서 논의가 되었던 사항은 민사상의 채무불이행에 대한 형사처벌의 타당성 여부(국제법 존중주의 위반 여부), 어음의 부도 불처벌과의 형평성 문제(평등의 원칙 위반 여부), 지급증권성과는 무관하게 신용증권으로 발행된 수표의 부도에 대한 수표발행인 처벌의 과잉입법 문제(과잉금지의 원칙 위반 여부), 기업의 경제적 갱생에 필요한 기회가 박탈될 가능성 문제(시장경제질서의 원칙 위반 여부) 등 이었다. 이에 대하여 헌법재판소는 동 조항은 수표의 지급증권성에 대한 일반공중의 신뢰를 배반하는 행위를 처벌하는 것으로 그 죄질에 있어 사기의 요소도 있어 처벌하는 것이며, 수표는 현금의 대용물로서 금전지급증권이라는 수표 고유의 특성 때문에 어음과는 본래적 성질을 달리하고, 수표의 지급증권성을 온전히 유지시킴으로써 수표의 기능을 보장하고 국민경제의 안전을 보호하고자 하는 본죄의 목적에 비추어 과잉입법이라 할 수 없으며, 이 사건 법률규정이 다소의 역기능이 있다고 해서 헌법상의 경제질서에 반한다고 할 수 없다고 하여 합헌결정을 하였다(99헌가13 결정은 8:1로, 2009헌바267 결정은 7:2로 합헌결정).

Ⅲ. 나오는 말

본 판결은 발행일을 백지로 하여 발행된 수표의 백지보충권의 소멸시효기간은 6개월이고, 그 소멸시효는 다른 특별한 사정이 없는 한 수표상의 권리를 행사할 수 있는 것이 법률적으로 가능하게 된 때부터 진행한다는 종래의 판례의 입장을 재확인함과 동시에, 백지보충권의 소멸시효기간이 경과된 후의 보충은 적법한 보충이라 할 수 없고 따라서 그것을 지급제시하였다가 지급거절되었다고 하더라도 부정수표단속법위반의 죄책을 물을 수 없다는 점을 명확히 하였다.

이와 같은 판례의 입장에 대하여는 학설상 논란은 없는 듯하다. 다만, 부정수표단속법 제2조 제2항에 대한 위헌성 논의를 고려해 볼 때, 그 처벌범위의 축소나 비범죄화에 대한 검토가 필요해 보인다.

〔참고문헌〕 김대근 · 안성조, 부도수표의 형사처벌 현황과 개선방향, 한국형사정책연구원(2011)

〔필자: 이천현 선임연구위원(한국형사 · 법무정책연구원)〕

87 수표요건의 정정과 부수법위반죄 여부

【대상판결】 **대법원 2014. 11. 13. 선고 2011도17120 판결**

【사실관계】 피고인은 2005. 9. 5. 피고인이 대표이사로 있는 「공소외 A 주식회사」 명의로 국민은행 옥수동지점과 당좌계약을 체결하고 당좌수표 거래를 하여오던 중, 2006. 4.경 제천시 이하 불상지에서 공소외 A 주식회사 명의로 발행일을 2006. 6. 30.로 하는 액면금 2,860만 원짜리 당좌수표 1장을 발행하여 수표 소지인인 공소외 B가 지급제시기간 내인 2006. 7. 7.에 지급제시하였으나 거래정지처분으로 지급되지 아니하게 한 것을 비롯하여 그 무렵 총 5회에 걸쳐 당좌수표 5장 액면 합계 10억 8,160만 원 상당을 발행하였으나 거래정지처분으로 지급되지 아니하게 하였다.

【판결요지】 부정수표단속법은 국민의 경제생활의 안정과 유통증권인 수표의 기능을 보장하기 위하여 제정된 것이므로 수표가 유통증권으로서의 기능을 하는 이상 부정수표 단속법의 적용대상이 된다. 따라서 수표상에 기재된 액면금액과 발행일자 등을 그 지급제시기간 내에 적법하게 정정한 경우는 물론 그 기간이 경과한 후라 하더라도 발행인이 소지인의 양해 아래 적법하게 발행일자를 정정한 경우에는, 그 정정된 발행일자로부터 기산하여 지급제시기간 내에 지급제시가 되었다면 예금부족이나 무거래 등을 이유로 한 지급거절에 대하여 발행인은 부정수표 단속법 제2조 제2항의 책임을 져야 한다.

【해설】

Ⅰ. 들어가는 말

대상판결에서 피고인은 부정수표단속법 제2조 제2항, 제1항으로 기소되었고, 부정수표단속법위반죄뿐만 아니라 사기죄도 같이 기소되어 유죄가 선고되었다. 사기죄는 피고인이 당좌수표를 교부하더라도 수표금을 은행에 입금시키거나 금원을 변제할 의사나 능력이 없음에도 당좌수표를 교부하는 조건으로 기존 채무에 대한 채권압류 및 추심명령을 해지하게 하여 청구금액만큼을 편취하였다는 것으로, 부정수표단속법위반죄와 사기죄 모두 피고인이 재정상태가 좋지 않은 상태에서 무리하게 수표를 회전하여 발생한 사안으로 판단된다.

1심에서는 징역 2년 6월의 실형이 선고되었고, 피고인만 사실오인(부정수표단속법위반죄 부분에 한정) 및 양형부당으로 항소하여 항소심에서는 징역 1년 6월에 집행유예 2년이 선고되었다. 항소심에서 피고인은 부도수표 중 일부는 피고인이 액면금과 발행일자를 백지로 하여 빌려준 것인데 수표소지인이 임의로 기재하여 사용하였으므로 수표부도에 대한 책임을 질 수 없다고 항변하였으나, 항소심은 이를 받아들이지 않았다. 한편 피고인만 상고하였는데 상고심에서 피고인은 지급제시기간 경과 후 액면금과 발행일자가 정정되었음을 이유로 법리적으로 수표부도에 대한 책임을 질 수 없음을 항변한 것으로 보이고 대법원은 전술한 판결요지와 같이 이를 받아들이지 않았다.

Ⅱ. 대상판결에 대한 검토

1. 부정수표단속법 제2조 제2항 위반죄의 의의

부정수표단속법은 부정 및 부도수표 등의 발행을 단속, 처벌함으로써 국민의 경제생활 안전과 유통증권인 수표의 기능을 보장함을 목적으로 한다(동법 제1조). 부정수표단속법 제2조 제2항에 의하면, 수표를 발행하거나 작성한 자가 수표를 발행한 후에 예금부족, 거래정지처분이나 수표계약의 해제 또는 해지로 인하여 제시기일에 지급되지 아니하게 한 경우 5년 이하의 징역 또는 수표금액의 10배 이하의 벌금에 처하도록 규정되어 있다. 이 죄는 수표의 발행 당시에는 외관상이나 형식상 불법이 없지만 사후적인 지급불능 상태의 야기에 실질적 불법성을 인정하여 처벌하는 것이다.

2. 수표의 발행과 수표문언의 사후정정

본죄의 주체는 "수표를 발행하거나 작성한 자"로 수표의 발행자로 표시된 발행명의인과 수표요건을 작성한 작성자 중 수표의 지급인인 금융기관과 사이에 실질적인 자금관계가 있는 사람이다(대법원 1988. 8. 9. 선고 87도2555 판결). 수표 발행인은 자연인에 한정되지 않고 법인 기타 단체도 포함되며, 발행인이 법인이나 그 밖의 단체일 때에는 그 수표에 적혀 있는 대표자 또는 작성자를 처벌한다(부정수표단속법 제3조). 대상 사안에서 수표 발행인이 피고인이 대표이사로 있는 주식회사이므로 대표자인 피고인을 처벌한다.

부정수표단속법 제2조 제2항이 규정하는 '수표의 발행'이라 함은 수표 용지에 수표의 기본요건을 작성하여 상대방에 교부하는 행위를 말한다. 수표의 기본요건은 수표법 제1조에서 규정하고 있는 발행일, 발행인, 지급지 등의 사항을 말한다. 한편 이미 적법하게 발행된 수표의 발행일자 등을 수표 소지인의 양해 아래 정정하는 수표 문언의 사후 정정행위는 부정수표단속법에서 규정하는 '수표의 발행'이라고 할 수 없다(대법원 2008. 1. 31. 선고 2007도727 판결 등).

발행 당시 기재된 수표요건이 나중에 적법하게 정정된 경우에는 그 정정된 내용에 따라 부정수표단속법 제2조 제2항이 적용된다. 그러나 수표요건의 정정이 적법하게 이루어지지 않은 경우에는 정정 전 내용에 따라 본항이 적용된다.

대상 사안에서 피고인은 당좌수표를 발행한 이후 수표소지인과 합의 하에 액면금액과 발행일자 등을 정정하였으므로 수표요건의 정정이 적법하게 이루어졌다고 하겠다. 따라서 반대해석으로 만일 발행인의 거부 등으로 수표요건의 정정이 적법하지 않다면 "정정 전" 문언에 따라 부정수표단속법 제2조 제2항의 적용 여부를 판단해야 한다(대법원 1985. 7. 9. 선고 84도1405 판결). 수표는 지급제시기간 내에 지급제시하여야 적법하고 부정수표단속법 제2조 제2항의 책임을 물을 수 있는데, 지급제시기간이 발행일자로부터 10일이기 때문에(수표법 제29조 제1항, 제4항) 발행일자의 정정은 수표의 적법한 지급제시와 직결된다. 그런데 대상 사안의 특이한 상황은 수표의 액면금액과 발행일자 등의 정정이 지급제시 기간 내에 이루어지지 않았다는 것이다. 이미 수표를 적법하게 지급제시할 수 있는 기간을 도과하여 지급제시 기간의 산정 기준이 되는 발행일자를 정정하는 경우 유효한 수표문언의 사후정정으로 볼 수 있는지, 정정한 발행일자를 기준으로 10일 이내에 수표를 지급제시하면 부정수표단속법 제2조 제2항의 책임을 물을 수 있는지가 대상 판결에서 법리적 쟁점이 된 것이다.

대상 판례는 수표상에 기재된 액면금액과 발행일자 등을 그 지급제시기간 내에 적법하게 정정한 경우는 물론 그 기간이 경과한 후라 하더라도 발행인이 소지인의 양해 아래 적법하게 발행일자를 정정한 경우에는, 그 정정된 발행일자로부터 기산하여 지급제시기간 내에 지급제시가 되었다면 예금부족이나 무거래 등을 이유로 한 지급거절에 대하여 발행인은 부정수표 단속법 제2조 제2항의 책임을 져야 한다고 판단하였다.

3. 관련 문제

판례에 따르면, 수표문언의 사후 정정이 수차례 이루어져 수표 기재 자체로 발행일을 확정할 수 없는 경우에는 지급제시기간 내에 적법하게 지급제시되었는지 확정할 수 없으므로 부정수표단속법 제2조 제2항의 책임을 물을 수 없다(대법원 2003. 9. 5. 선고 2003도3099 판결). 또한 기명날인의 요건을 갖추어 적법하게 발행한 이상 사후 수표의 발행일자나 액면금액 등을 정정하는 경우에 반드시 기명날인을 할 필요 없고, 무인을 사용한 경우에도 실제로 유통증권으로서의 기능에 아무런 영향 없이 유통되는 것이라면 부정수표단속법 제2조 제2항의 책임을 물을 수 있다(대법원 1995. 2. 22. 선고 95도1263 판결).

Ⅲ. 나오는 말

대상 판결은 본건 판시내용에 대한 전제로 부정수표단속법은 국민의 경제생활의 안정과 유통증권인 수표의 기능을 보장하기 위하여 제정된 것이므로 수표가 유통증권으로서의 기능을 하는 이상 부정수표 단속법의 적용대상이 된다는 점을 설시하였다. 즉 판례는 국민의 경제생활 안전과 유통증권인 수표의 기능 보장이라는 부정수표단속법의 제정취지에 비추어 유통증권으로서의 기능과 성격이 인정되는 수표인 이상 수표부도에 대한 형사책임을 묻는 것이 타당하다고 판단한 것으로 생각된다.

〔**필자: 박정난 교수(연세대)**〕

88 공범에 의한 부도수표의 회수

【대상판결】 **대법원 1999. 5. 14. 선고 99도900 판결**

【사실관계】 피고인은 자신이 경영하던 업체의 종업원이자 명목상 사업자로 등록한 공소외 A로부터 그 결제를 책임지는 조건 하에 그 명의로 가계수표를 발행하여 피고인이 사용하기로 사전 승낙을 받아, 위 A로 하여금 ○○은행과 수표계약을 체결하게 하고 수표용지와 위 A의 인장을 피고인이 소지하여 직접 가계수표를 발행하여 오던 중 가계수표 5장 액면 합계금 2,500만 원을 발행하여 각 그 소지인이 지급제시 기간 내에 위 ○○은행에 지급제시 하였으나 예금부족으로 각 지급되지 아니하게 하였다. 그러나 위 각 수표는 공소가 제기되기 전에 이미 그 발행명의자인 위 A에 의하여 회수되었다.

【판결요지】 부정수표단속법 제2조 제4항은 수표를 발행하거나 작성한 자가 그 수표를 회수한 경우 수표소지인이 처벌을 희망하지 아니하는 의사표시를 한 것과 마찬가지로 보아 같은 조 제2항 및 제3항의 죄를 이른바 반의사불벌죄로 규정한 취지라고 해석함이 상당하고, 친고죄에 있어서 고소 및 고소취소 불가분의 원칙을 규정한 형사소송법 제233조의 규정이 반의사불벌죄에 준용되지 아니하나, 부정수표단속법 제2조 제4항의 입법 취지는 수표거래질서의 확보를 위한 본래의 법기능을 그대로 유지하면서 부정수표를 회수한 경우 등에는 공소를 제기할 수 없도록 함으로써 부도를 낸 기업인의 기업회생을 도모하려는 데에 있는 것인바, 부정수표의 회수는 수표소지인이 수표를 여전히 소지하면서 단순히 처벌을 희망하지 아니하는 의사만을 표시하는 경우와는 달리 그 회수사실 자체가 소극적 소추조건이 되고, 그 소지인의 의사가 구체적 · 개별적으로 외부에 표출되지도 아니하며, 부정수표가 회수되면 그 회수 당시의 소지인은 더 이상 수표상의 권리를 행사할 수 없게 되는 점, 부정수표단속법 제2조 제4항의 규정 내용에 비추어, 부정수표를 돌려주거나 처벌을 희망하지 아니하는 의사를 표시할 수 있는 수표소지인이라 함은 그 수표의 발행자나 작성자 및 그 공범 이외의 자를 말하는 것으로 봄이 상당하므로, 부정수표가 그 발행자나 작성자 및 그 공범에 의하여 이미 회수된 경우에는 그 수표에 관한 한 처벌을 희망하지 아니하는 의사를 표시할 수 있는 수표소지인은 더 이상 존재하지 아니하게 되는 점 및 부정수표단속법 제2조 제4항의 규정 형식상 '수표소지인의 명시한 의사'는 수표를 회수하지 못하였을 경우에 소추조건이 되도록 규정되어 있는 점 등에 비추어 보면, 부정수표가 공범에 의하여 회수된 경우에 그 소추조건으로서의 효력은 회수 당시 소지인의 의사와 관계없이 다른 공범자에게도 당연히 미치는 것

으로 보아야 할 것이고, 부정수표를 실제로 회수한 공범이 다른 공범자의 처벌을 원한다고 하여 달리 볼 것이 아니다.

【해설】

Ⅰ. 들어가는 말

부정수표단속법 제2조 제4항은 수표를 발행한 자가 그 수표를 회수하거나 수표소지인의 명시적 의사에 반하는 경우 공소를 제기할 수 없다고 규정하고 있다. 수표를 회수한 경우를 수표소지인이 수표발행인에 대한 처벌을 희망하지 아니하는 것처럼 반의사불벌죄를 정한 것으로 볼 것인지, 반의사불벌죄로 본다고 한다면 친고죄의 주관적 고소불가분 원칙이 반의사불벌죄에는 적용되지 않게 되므로 공범 중 1인이 수표를 회수하였더라도 다른 공범에게는 그 수표회수의 효과가 미치지 않는다고 보아야 할 것인지 여부가 문제된다.

Ⅱ. 수표회수

1. 수표회수와 반의사불벌죄

(1) 부정수표단속법 제2조 제4항에 의하면, 수표 발행 후 부도의 경우 그 수표를 회수하게 되면 공소를 제기할 수 없다. 수표소지인이 그 수표의 발행인에 대한 처벌불원을 한 것이 아니므로, 위 규정의 문언에 따른 해석에 의하면 수표회수의 경우에도 반의사불벌죄로 정한 것이라고 단정하기는 어렵다. 그러나 판례는 부정수표단속법 제2조 제4항에서 부정수표가 회수된 경우 공소를 제기할 수 없도록 하는 취지는, 부정수표가 회수된 경우에는 수표소지인이 부정수표 발행자 또는 작성자의 처벌을 희망하지 아니하는 것과 마찬가지로 보아 같은 조 제2항 및 제3항의 죄를 이른바 반의사불벌죄로 규정한 취지라고 해석함이 상당하다는 입장을 보이고 있다(대법원 1996. 1. 26. 선고 95도1971 판결 등).

따라서 공소제기 전에 수표를 회수하게 되면 공소권없음의 불기소처분을, 이를 간과하고 기소한 경우에는 형사소송법 제327조 제2호의 공소기각판결을, 공소제기 후 수표가 회수된 경우에는 형사소송법 제327조 제6호의 공소기각판결을 해야 한다(대법원 1995. 2. 3. 선고 94도3122 판결 등). 이 경우 부도수표의 회수는 제1심판결 선고 전까지 하여야 하고, 제1심판결 선고 후 회수하였더라도 부정수표단속법 제2조 제4항의 효력은 없다(대법원 1995. 10. 13. 선고 95도1367 판결 등).

(2) 다만 제1심판결이 소송촉진등에관한특례법 제23조 본문의 특례 규정에 의하여 선고된

다음 피고인이 책임질 수 없는 사유로 공판절차에 출석할 수 없었다고 하여 같은 법 제23조의2의 규정에 의한 재심이 청구되고 재심개시의 결정이 내려진 경우, 피고인으로서는 제1심의 공판절차에서 적절한 방어를 할 기회를 가지지 못하였던 것이고 바로 그러한 이유로 인하여 재심청구가 허용된 것이므로, 이 경우에는 위에서 본 부도수표 회수나 수표소지인의 처벌을 희망하지 아니하는 의사의 표시도 그 재심의 제1심판결 선고 전까지 하면 되는 것으로 해석함이 상당하다는 것이 판례의 입장이다(대법원 2002. 10. 11. 선고 2002도1228 판결).

2. 공범에 의한 수표회수

부정수표가 공범 중 1인에 의하여 회수된 경우 그 수표를 회수한 공범에 대하여 회수의 효과를 인정하는 것은 당연한데, 수표를 회수하지 않은 다른 공범자에 대하여도 그 회수의 효력이 미친다고 할 것인지 문제된다. 대상판결에서는 부정수표가 공범에 의하여 회수된 경우 그 소추조건으로서의 효력은 회수 당시 소지인의 의사와 관계없이 다른 공범자에게도 당연히 미치게 된다고 하였다. 따라서 부정수표를 회수한 공범뿐 아니라 그 수표를 회수하지 않은 다른 공범자 모두 공소기각의 판결을 선고해야 한다(대법원 2009. 12. 10. 선고 2009도9939 판결 등).

그런데 대상판결은 수표소지인의 의사와 관계없이 수표회수의 효력이 미친다는 것 이외에도 다른 쟁점에 관하여 설시하였다. 부정수표를 실제로 회수한 공범이 다른 공범자의 처벌을 희망하는 경우 그 다른 공범자의 처벌여부에 관하여, 부정수표를 실제로 회수한 공범이 다른 공범자의 처벌을 원한다고 하여도 수표회수의 효력이 미친다고 하였다.

Ⅲ. 나오는 말

수표발행 후 부도난 그 수표를 회수하게 된 경우 그 회수의 효과를 반의사불벌죄를 규정한 것처럼 이해하게 되면, 제1심판결 선고시까지 수표를 회수해야 공소기각판결의 대상이 된다는 판례의 입장은 타당해 보인다. 반의사불벌죄에 관한 형사소송법 제232조 제3항, 제1항이 적용될 것이기 때문이다. 그러나 반의사불벌죄에 관하여 친고죄의 주관적 고소불가분 원칙을 규정한 형사소송법 제233조가 준용되지 않는다는 판례의 입장(대법원 1994. 4. 26. 선고 93도1689 판결 등)을 관철한다면, 공범 중 1인이 수표를 회수한 경우 그 회수한 공범에 대해서만 공소기각판결을 선고해야 하고 회수를 하지 않은 다른 공범자에게는 실체재판을 하는 것이 타당할 것임에도 대상판결에서는 수표를 회수하지 않은 공범에게도 그 회수의 효력이 미치고 더 나아가 실제 회수한 공소외 A가 피고인에 대한 처벌을 희망한다고 하더라도 피고인에게 수표회수의 효력이 미치게 된다고 하였다. 결국 대상판결에서 피고인에게는 형사소송법 제327조 제2호의 공소기각판결이 선고되었을 것이고 수표의 회수를 소극적 소추조건으로 정하고 있는 취지에 비추어 보면 대상판결의 결론은 이해되지만, 수표회수의 의미를 수표소지인의 처벌불원과는 다른 차원의 특수한 소추조건 정도로 본다면 판례의 입장을 더 분명하게 이해할 수 있지 않을까 한다.

〔**필자: 이순욱 교수(전남대)**〕

89 부수법 제4조의 허위신고죄의 주체

【대상판결】 **대법원 1992. 11. 10. 선고 92도1342 판결**

【사실관계】 신○○은 한일은행 노량진지점과 가계종합계정을 개설하고 수표거래를 하여오던 자이다. 피고인은 1989. 7. 4. 신○○에게 70만 원을 대여하고 담보조로 신○○이 발행한 백지가계수표 1장을 타처에 할인하지 않는다는 조건으로 교부받았음에도 불구하고 위 수표의 금액란에 "칠십만 원정"이라고 기재하여 1개월간 은행에 제시하지 않는다는 조건으로 위 가계수표를 할인의뢰하고, 그 할인을 의뢰받은 한△△는 위 가계수표를 문□□에게 할인의뢰하였다. 1989. 7. 7. 문□□는 위 가계수표를 위 은행에 지급제시하였고, 은행측으로부터 연락을 받은 신○○이 피고인에게 이를 추궁하였다. 1989. 7. 7. 피고인은 신○○에게 위 가계수표를 분실하였다고 거짓말하면서 분실신고를 하라고 하였다. 이를 믿은 신○○은 같은 날 위 은행에 가계수표의 분실신고를 하였다.

【판결요지】 발행인 아닌 자는 부정수표단속법 제4조가 정한 허위신고죄의 주체가 될 수 없고, 발행인이 아닌 자는 허위신고의 고의없는 발행인을 이용하여 간접정범의 형태로 허위신고죄를 범할 수도 없다.

【해설】

Ⅰ. 들어가는 말

대상판결의 쟁점의 하나는 부정수표단속법 제4조 위반죄(허위신고죄)는 주체가 발행인으로 한정되는 신분범인가이고, 다른 하나는 발행인이 아닌 자가 간접정범의 형태로 허위신고죄를 범할 수 있는가이다.

Ⅱ. 허위신고죄의 취지

부정수표단속법은 부정수표 등의 발행을 단속 처벌함으로써 국민의 경제생활의 안전과 유통증권인 수표의 기능을 보장함을 목적으로 1961년 제정되었다. 그런데, 자금이 없이 수표를 발행한 자가 사취, 분실 또는 도난당하였다고 허위로 금융기관에 신고한 경우에는 예금부족으로 제시기일에 지급되지 아니한 것이 아니므로 부정수표단속법위반으로 처벌이 어려웠다. 이를 보완하기 위하여 수표금액의 지급 또는 거래정지처분을 면할 목적으로 금융기관에 허위신고를 한 자를 처벌하는 부정수표단속법 제4조가 1966년 신설되었다.

Ⅲ. 허위신고죄의 주체

부정수표단속법 제4조는 허위신고를 한 자를 처벌한다고 하고 있을 뿐이며, 발행인이 허위신고를 한 경우에 처벌한다고 규정하고 있지 않다. 그러나, 부정수표단속법의 목적이 부정수표 등의 발행을 단속 처벌함에 있는 점(제1조), "수표금액의 지급 또는 거래정지처분을 면하게 할 목적"이 아니라 "수표금액의 지급 또는 거래정지처분을 면할 목적"을 요건으로 하고 있는데, 수표금액의 지급책임을 부담하는 자 또는 거래정지처분을 당하는 자는 오로지 발행인에 국한되는 점에 비추어 발행인이 아닌 자는 허위신고죄의 주체가 될 수 없다는 대법원의 판단은 타당하다. 이에 따르면 허위신고죄는 구성요건상 그 주체가 수표의 발행명의인으로 제한되는 신분범이다.

Ⅳ. 발행인이 아닌 자가 간접정범의 형태로 허위신고죄를 범할 수 있는가

발행인이 아닌 자가 허위신고의 고의없는 발행인을 이용하여 간접정범의 형태로 허위신고죄를 범할 수 있는지 여부는 두 단계의 검토를 요한다. 첫 번째 단계는 비신분자가 간접정범의 형태로 신분범을 범할 수 있는가이다(정범적격). 이것은 형법 제33조(공범과 신분)가 간접정범에게 적용이 되는지에 관한 문제이다. 형법 제33조가 간접정범에 대하여 적용되지 않으면 정범적격이 없는 자(발행인이 아닌 자)는 간접정범의 형태로 허위신고죄를 범할 수 없다. 두 번째 단계는 형법 제33조가 간접정범에 대하여 적용된다는 견해를 취하는 경우에도 허위신고죄가 자수범이라면 간접정범의 형태로 범할 수 없는 것이 아닌가 하는 의문이다.

1. 형법 제33조가 간접정범에 적용되는지

형법 제34조 제1항은 간접정범을 교사 또는 방조의 예에 의하여 처벌하고, 형법 제33조는 신분관계로 인하여 성립될 범죄에 가공한 행위는 신분관계가 없는 자에게도 공동정범, 교사범, 방조범의 규정을 적용한다. 형법 제33조는 그 적용범위에 간접정범을 직접 명시하지 않았지만, 간접정범은 교사 또는 방조의 예에 의하여 처벌되므로 교사 또는 방조의 예에 의해 처벌되는 간접정범에 형법 제33조가 적용된다고 해석할 수 있는 여지가 있다. 즉, 비신분자가 신분범의 간접정범이 될 수 있는가는 형법 제33조의 적용범위에 제34조가 포함되는가의 문제가 된다.

형법 제33조가 형법 제34조에도 적용되면 발행인이 아닌 자(비신분자)가 허위신고의 고의가 없어 처벌되지 않는 발행인(신분자)을 속여 금융기관에 허위신고를 하게 한 경우에 허위신고죄의 간접정범으로 처벌된다. 이 견해는 우리 형법의 간접정범을 공범으로 본다. 즉, 형법이 공범의 종속형식에 관하여 극단적 종속형식을 택하였기 때문에 교사범이나 방조범으로 처벌할 수 없는 경우에 대비하기 위한 보완장치로 간접정범을 파악한다(소수설).

이에 반하여 다수설은 간접정범을 정범이며, 간접정범은 사람을 도구로 이용하는 점 외에는 단독정범과 차이가 없기 때문에, 정범적격인 신분이 없는 자는 단독으로 간접정범이 될 수 없다. 다수설에 따르면 사안의 경우에 발행인이 아닌 자는 정범적격이 없으므로 단독으로 허위신고죄의 간접정범이 될 수 없다.

판례는 허위공문서작성의 주체는 직무상 그 문서를 작성할 권한이 있는 공무원에 한하고 작성권자를 보조하는 직무에 종사하는 공무원은 그 주체가 되지 못한다고 하여 다수설에 가담하는 것처럼 보인다(대법원 2011. 5. 13. 선고 2011도1415 판결). 그러나, 공문서의 작성권한이 있는 공무원의 직무를 보좌하는 사람이 그 직위를 이용하여 행사할 목적으로 허위의 내용이 기재된 문서 초안을 그 정을 모르는 상사에게 제출하여 결재하도록 하는 등의 방법으로 작성권한이 있는 공무원으로 하여금 허위의 공문서를 작성하게 한 경우에 허위공문서작성죄의 간접정범이 성립한다고 함으로써 오히려 소수설에 가까운 태도를 보이고 있다(대법원 2011. 5. 13. 선고 2011도1415 판결).

2. 허위신고죄가 자수범인지

형법 제33조와 제34조의 관계에 관한 다수설을 따르면 발행인이 아닌 자는 정범적격인 신분이 없기 때문에 허위신고죄의 간접정범이 될 수 없으므로 대상판결과 같은 결론에 이르고 더 이상의 논의가 필요없다. 그런데, 소수설을 따르면 비신분자(발행인이 아닌 자)도 신분자(발행인)을 이용하여 허위신고죄의 간접정범이 될 수 있기 때문에 허위신고죄가 자수범이 아닌지 여부를 다시 검토할 필요가 있다. 자수범이란 정범 자신이 직접 구성요건을 실행하여야 성립하는 범죄유형으로 타인을 범행도구로 이용하는 간접정범 형태로 범할 수 없는 범죄라고 정의된다. 자수범을 인정하는 경우에는 신분이라는 개념과 상관 없이 간접정범의 형태로 범할 수 없는 범죄가 존재하게 된다. 자수범에 대하여는 이를 인정하는 견해와 부정하는 견해가 대립하고 있으며, 자수범을 인정하는 경우에도 어떤 범죄가 자수범인지에 대하여는 역시 견해의 대립이 있다. 부정수표단속법상의 허위신고죄를 자수범으로 보는 견해들이 많다.

3. 대법원의 태도

대법원은 발행인이 아닌 자는 허위신고의 고의없는 발행인을 이용하여 간접정범의 형태로 허위신고죄를 범할 수도 없다고 하면서, 그 이유로 부정수표단속법의 목적이 부정수표 등의 발행을 단속처벌함에 있고(제1조), 허위신고죄를 규정한 부정수표단속법 제4조가 "수표금액의 지급 또는 거래정지처분을 면하게 할 목적"이 아니라 "수표금액의 지급 또는 거래정지처분을 면할 목적"을 요건으로 하고 있는데 수표금액의 지급책임을 부담하는 자 또는 거래정지처분을 당하는 자는 오로지 발행인에 국한되는 점에 비추어 볼 때 그와 같은 발행인 아닌 자는 부정수표단속법 제4조가 정한 허위신고죄의 주체가 될 수 없기 때문이라는 근거를 제시하였다.

대법원이 부정수표단속법의 목적과 부정수표단속법 제4조의 문언을 분석하여 발행인이 아닌 자는 허위신고의 고의없는 발행인을 이용하여 간접정범의 형태로 허위신고죄를 범할 수 없다고 한 것에 비추어 대법원은 허위신고죄를 간접정범의 형태로 범할 수 없는 자수범으로 파악한 것으로 보인다.

Ⅴ. 나오는 말

형법 제33조가 간접정범에 적용되지 않는 경우에는 자수범 여부를 따질 필요없이 발행인이 아닌 자는 정범적격이 없어 간접정범에 의해 허위신고죄를 범하는 것이 불가능하다. 따라서 허위신고죄가 자수범이라는 점을 근거로 하여 발행인이 아닌 자가 간접정범의 형태로 허위신고죄를 범할 수 없다고 한 대상판결은 형법 제33조가 간접정범에 적용된다는 것을 전제로 하고 있다고도 볼 수 있다.

〔**참고문헌**〕 김이수, "부정수표단속법 제4조의 허위신고죄의 주체", 대법원판례해설 [18](1993); 신동운, 형법총론(제13판), 법문사(2021); 이주원, 특별형법, 홍문사(2021)

〔**필자: 이윤제 교수(명지대)**〕

90 부정수표단속법 제5조(수표의 위조 · 변조)의 적용범위

【대상판결】 **대법원 2019. 11. 28. 선고 2019도12022 판결**

【사실관계】 피고인은 불특정 다수의 사업자를 상대로 한 어음수표 할인 방식의 사채업을 영위하던 중 영업부진으로 의뢰인들에게 할인금을 제대로 지급해 주지 못 할 정도로 자금난에 시달려 수많은 어음, 수표를 위조하고 할인금을 편취하는 과정에서(이 부분은 유죄 선고), A로부터 견질용으로 받은 당좌수표 1장의 배서인란에 임의로 'A'라고 기재하여 수표를 위조한 후 이를 ○○은행 직원에게 제시하여 행사하였다.

【판결요지】 구 부정수표단속법 제5조에서 처벌하는 행위는 수표의 발행에 관한 위조, 변조를 말하고, 수표의 배서를 위조, 변조한 경우에는 수표의 권리의무에 관한 기재를 위조, 변조한 것으로서, 형법 제214조 제2항에 해당하는지 여부는 별론으로 하고, 구 부정수표단속법 제5조에 해당하지 않는다.

【해설】

Ⅰ. 들어가는 말

대상판결의 쟁점이 되는 법률인 구 부정수표단속법 제5조는 '수표를 위조 또는 변조한 자는 1년 이상의 유기징역과 수표금액의 10배 이하의 벌금에 처한다.'고 규정되어 있다. 위 법 규정이 수표를 '발행'한 자만 그 처벌대상으로 하는 것인지, 수표의 '배서'를 위조, 변조한 자까지도 그 처벌 대상으로 하는지가 문제가 되었다.

이에 대하여 대상판결 1심은 전자로 보아 배서를 위조한 것은 범죄가 되지 아니하는 경우에 해당하여 형사소송법 제325조 전단에 의해 무죄를 선고해야 하나, 동일한 공소사실 범위 내에서 공소장 변경 절차 없이 유가증권위조죄 및 동 행사죄를 유죄로 인정하여 주문에서 따로 무죄를 선고하지 아니하였다.

항소심은 후자로 보아 이 부분을 유죄로 인정하였다.

대법원은 1심과 마찬가지 입장으로 보아 원심 판결을 파기하였다.

Ⅱ. 부정수표단속법 제5조의 적용범위

위 법의 입법 목적, 유가증권 발행, 배서의 표현 형식 등 그 체계에 의해 법 적용에 대한 해석이 달라질 수 있는 사안으로서 1심과 대법원의 태도, 항소심의 태도를 살펴볼 필요가 있다.

1. 대법원의 태도

대상판결은 다음과 같은 논거로 부정수표단속법 제5조는 발행의 경우에만 해당된다고 보았다.

부정수표단속법은 부정수표 등의 '발행'을 단속처벌함으로써 국민 경제 생활의 안전과 유통증권인 수표 기능을 보장함을 목적으로 한다(제1조). 수표 위·변조죄에 관한 부정수표단속법 제5조는 형법 제214조 유가증권 위·변조죄보다 형량을 강화하고 '행사할 목적'을 규정하지 않은 점에 비추어 수표의 강한 유통성과 거래 수단으로서의 중요성을 감안하여 유가증권 중 수표의 위조, 변조 행위에 관하여 범죄 성립요건을 완화하여 초과 주관적 구성요건을 요구하지 않는 한편, 다른 유가증권 위조, 변조 행위보다 그 형을 가중하여 처벌하려는 규정이다.

또한 형법 제214조에서는 발행에 관한 위조, 변조는 대상을 '유가증권'으로, 배서 등에 관한 위조, 변조는 대상을 '유가증권의 권리의무에 관한 기재'로 구분하여 표현하고 있는데 부정수표단속법 제5조는 '수표'로 표현하고 있다.

결국 가중 처벌 규정이므로 처벌 범위가 지나치게 넓어지지 않도록 제한 해석이 필요하므로 부정수표단속법 제5조는 수표 발행의 경우에만 적용될 뿐 수표 배서의 경우에는 적용되지 않는다고 보았다.

2. 항소심 태도

이에 반하여 이 사건 항소심은 수표의 유통성과 거래 수단의 중요성을 확보하기 위하여 다른 유가증권 위조보다 엄하게 처벌하려는 취지에서 부정수표 단속법이 제정되었고, 부정수표단속법 제5조에서 기본적 증권행위와 부수적 증권행위를 나누어 규정하지 않았을 뿐 아니라 위조의 문언상 권한 없는 자가 문서를 작성하는 경우이면 위조라고 할 수 있고, 일반법인 형법 제214조가 항을 나누어 유가증권 발행행위와 유가증권 부수적 증권행위의 위, 변조를 구분하고 있다고 하더라도 이를 이유로 타인 자격을 모용해서 수표 배서를 위조한 경우를 수표 위조가 아니어서 부정수표단속법 제5조의 구성요건에 해당하지 않는다고 볼 수 없다고 하였다.

Ⅲ. 나오는 말

항소심이나 대법원 모두 부정수표단속법의 입법 취지를 원용하면서 그 근거를 제시하고 있다. 형벌은 제한적 해석을 원칙으로 하고, 법의 공백이 있어 부당한 결과가 되더라도 처벌의 공백을 메우기 위하여 확대 해석을 함은 항상 경계해야 할 것이다. 또한 일반법의 체계를 법 해석의 기준으로 보아야 한다고 본다. 따라서 대법원의 판시가 형사법 해석에 있어서 보다 더 합리적이라 할 것이고, 본 사안은 결국은 일반 형법으로 공백을 일부 메울 수 있기에 큰 문제가 된다 할 수 없다고 본다.

다만 입법의 미비로 보이므로, 이 부분을 명확히 하기 위하여 배서 부분도 부정수표단속법에 처벌 근거 규정을 마련하도록 법 개정을 할 필요성이 있다.

〔**참고문헌**〕 편집대표: 김대휘 · 김신, 주석 형법(제5판), 한국사법행정학회(2017)

〔**필자: 김영미 검사(대전지방검찰청 홍성지청)**〕

제10장

여신전문금융업법

91 신용카드 등 부정사용의 의미

【대상판결】 **대법원 1995. 7. 28. 선고 95도997 판결**

【사실관계】 피고인은 (1) 1993.12. 하순 일자불상 10:00경 서울 성북구 길음 1동 551의 147 피고인이 세들어 살던 피해자 배○순의 집 안방에 다락을 통하여 침입하고 그곳 장롱 서랍속에 있던 위 배○순의 딸 이○숙 소유의 삼성위너스카드 1매와 현금 2만 원을 가지고 나왔고, (2) 1993.12.21.경 서울 성신여대전철역 내 현금자동인출기에서 위 절취한 신용카드를 사용하여 현금서비스 금 50만 원을, 1994.1.9.경 서울 창동전철역 내 현금자동인출기에서 같은 방법으로 현금서비스 금 50만 원을 각 인출하였다 하여, 위 (1)의 공소사실에 대하여는 형법 제319조 제1항의 주거침입죄와 같은 법 제329조 소정의 절도죄로, 위 (2)의 공소사실에 대하여는 형법 제329조 소정의 절도죄와 신용카드업법 제25조 제1항 소정의 부정사용죄의 상상적 경합범으로 각 공소가 제기되었다.

【판결요지】

[1] 신용카드회원이 대금결제를 위하여 가맹점에 신용카드를 제시하고 매출표에 서명하는 일련의 행위뿐 아니라 신용카드를 현금인출기에 주입하고 비밀번호를 조작하여 현금서비스를 제공받는 일련의 행위도 신용카드의 본래 용도에 따라 사용하는 것으로 보아야 한다.

[2] 신용카드업법 제25조 제1항 소정의 부정사용이라 함은 도난 분실 또는 위조 변조된 신용카드를 진정한 카드로서 신용카드의 본래의 용법에 따라 사용하는 경우를 말하는 것이므로, 절취한 신용카드를 현금인출기에 주입하고 비밀번호를 조작하여 현금서비스를 제공받으려는 일련의 행위는 그 부정사용의 개념에 포함된다.

【해설】

I. 들어가는 말

대상판결에서는 절취한 신용카드를 사용하여 현금인출기에서 현금서비스를 받아 현금을 인출하는 것이 신용카드 등 부정사용죄에 해당하는지가 문제된다. 여기에서 주요한 쟁점은 신용카드 등 부정사용에 해당하려면 본래의 용법이나 용도에 따른 사용이어야 하는데 현금서비스를 이용한 현금인출이 이에 해당하는지 여부이다. 한편 대상판결은 신용카드를 현금인출기에 주입하고 비밀번호를 조작하여 현금서비스를 제공받는 일련의 행위도 신용카드의 본래 용도에 따른 사용이라고 판시하고 있는데, 이처럼 일련의 과정을 거쳐 이루어지는 행위 중 신용카드 등 부정사용의 범위, 즉 실행의 착수와 기수의 시기는 언제인지도 검토할 필요가 있다.

대상판결에서는 신용카드 등 부정사용죄에 대한 적용법률이 신용카드업법(제25조 제1항)이었으나, 이는 1997. 8. 28. 폐지되고 여신전문금융업법(이하 여전법)이 대체법률로 제정되어 시행되었기 때문에 아래에서는 여전법의 해당조항(제70조 제1항 제2호, 제3호, 제4호)을 전제로 검토하기로 한다.

Ⅱ. 신용카드 등 부정사용의 요건으로서 본래의 용도에 따른 사용

신용카드 등 부정사용죄가 성립하기 위해서는 신용카드 등을 본래의 용법이나 용도로 사용하여야 한다는 것이 대상판결을 비롯한 대법원 판례의 일관된 입장이다(대법원 2005. 7. 29. 선고 2005도4233 판결; 대법원 2006. 7. 6. 선고 2006도654 판결 등). 이러한 본래의 용도에 따른 사용에 물품이나 용역의 대금결제를 위한 사용이 포함된다는 것은 분명하다. 더 나아가 현금지급기에서 현금서비스기능을 이용한 현금인출도 본래의 용도에 따른 사용에 포함될 것인지가 대상판결에서 쟁점이 되고 있다. 이에 대하여 원심은 신용카드의 부정사용죄에서 사용이란 대금결제를 위한 사용만을 말하는 것이고 현금자동인출기에서 현금서비스를 받은 경우는 포함되지 않는다고 판단하였다(서울지방법원 1995. 4. 6. 선고 95노683 판결). 이에 대하여 대상판결은 신용카드회원이 대금결제를 위하여 가맹점에 신용카드를 제시하고 매출표에 서명하는 일련의 행위뿐 아니라 신용카드를 현금인출기에 주입하고 비밀번호를 조작하여 현금서비스를 제공받는 일련의 행위도 신용카드의 본래 용도에 따른 사용으로 보아야 하기 때문에, 절취한 신용카드로 현금인출기에서 현금서비스를 받는 경우 신용카드업법 제25조 제1항 소정의 부정사용죄가 성립한다고 판시하였다.

대상판결은 이러한 판단의 근거로서 신용카드업법 제6조 제2항이 물품 및 용역의 할부구매 또는 연불구매와 같은 신용구매를 위한 자금융통업무(제2호)와 신용대출을 위한 자금융통업무(제1호)를 신용카드업자의 업무로 규정하고 있고, 이러한 신용대출의 한 방법으로서 현금서비스를 이용한 현금인출도 본래의 용도에 따른 사용에 포함된다는 점을 제시한다. 여신전문금융업법은 신용카드업법과 달리 신용구매나 신용대출을 위한 자금융통업무를 신용카드업자의 부대업무로 명시하고 있다는 점에서(제13조) 현금서비스 이용을 본래의 용도에 따른 사용에 해당하지 않는다고 볼 여지 여지도 있으나, 부대업무는 본래의 업무에 부수하는 것으로 본래의 업무에 포함시키는 것이 타당하고, 또한 신용대출은 신용기능을 사용하는 점에서 신용구매와 차이가 없으므로 현금서비스 이용은 신용카드의 본래의 용도에 따른 사용이라고 보아야 한다. 따라서 신용기능의 사용이 아닌 신용카드를 사용한 예금인출은 본래의 용도에 따른 사용에 포함되지 않는다.

Ⅲ. 신용카드 등 부정사용의 단계 및 착수 · 기수시기

신용카드 등 부정사용은 카드의 제시, 매출전표의 작성 등 일련의 과정을 거쳐 단계적으로 이루어지게 되는데, 이 중 부정사용에 해당하는 범위 및 실행의 착수 · 기수시기가 문제된다. 신용카드의 부정사용에서 실행의 착수는 신용카드의 제시(대금결제)나 현금인출기에 신용카드의 주입(현금대출)이 있으면 인정된다. 기수시기에 대하여 학설은 대금결제를 위한 신용카드 사용의 경우, 신용카드를 제시한 때라는 견해, 카드사용자가 매출전표에 서명하여 교부한 때라는 견해, 가맹점이 카드사용자로부터 받은 매출표의 서명을 확인하여 카드사용자에게 다시 교부한 때라는 견해, 카드사용자가 가맹점으로부터 물품 등을 교부받은 때라는 견해가 있다. 그리고 현금지급기에서 현금대출을 받는 경우 기수시기에 대하여, 신용카드를 현금지급기에 넣고 비밀번호 등을 입력하여 현금인출조작을 마친 때라는 견해, 현금인출조작 후 현금을 인출한 때라는 견해가 있다.

대상판결은 대금결제를 위하여 가맹점에 신용카드를 제시하고 매출표에 서명하는 일련의 행위뿐 아니라 신용카드를 현금인출기에 주입하고 비밀번호를 조작하여 현금서비스를 제공받는 일련의 행위가 신용카드의 본래 용도에 따른 사용이라고 판시하고 있다. 이에 따르면 대금결제를 위한 부정사용의 경우 매출표에 서명하는 때 기수가 되고, 현금서비스를 위한 부정사용의 경우는 현금서비스를 제공받는 때, 즉 현금인출시에 기수가 된다는 입장처럼 보인다. 그러나 다른 판결에서 대금결제를 위한 신용카드의 사용이라 함은 가맹점에 신용카드를 제시하고 매출표에 서명하여 이를 교부하는 일련의 행위라고 한 것(대법원 1992. 6. 9. 선고 92도77 판결; 대법원 1993. 11. 23. 선고 93도604 판결)을 보면, 판례는 매출표에 서명하고 교부까지 있어야 기수가 된다는 입장으로 이해할 수 있다.

생각건대 신용카드는 대금결제수단이므로 대금결제를 완성해야 신용카드를 사용한 것으로 볼 수 있기 때문에 카드의 제시뿐만 매출표의 작성 · 교부가 있어야 하고, 또한 신용카드의 사용은 사용자측의 행위만으로 완성되는 것이므로 기수시기는 카드사용자가 매출표에 서명하여 교부한 때로 보는 것이 타당하다. 마찬가지로 현금지급기에서 현금대출을 받는 경우에도 사용자측의 행위가 완성되는 시점인 현금인출조작을 완료한 때를 기수시기로 볼 수 있다. 따라서 단순히 신용카드를 제시하는 행위는 신용카드부정사용죄의 실행의 착수에 해당할 뿐이고, 절취한 신용카드로 대금을 결제하기 위하여 신용카드를 제시하고 카드회사의 승인까지 받았다고 하더라도 매출전표에 서명한 사실이 없고 도난카드임이 밝혀져 최종적으로 매출취소로 거래가 종결되었다면, 신용카드 부정사용의 미수행위에 불과하다(대법원 2008. 2. 14. 선고 2007도8767 판결). 이러한 미수범의 경우 위조·변조된 신용카드 등 부정사용에 있어서는 처벌규정이 존재하지만(여전법 제70조 제6항) 그밖의 경우에는 처벌규정이 없고, 사안에 따라 사문서부정행사죄 또는 사기미수죄로 처벌될 수 있다.

IV. 나오는 말

(1) 신용카드 등 부정사용죄가 성립하기 위해서는 신용카드 등을 본래의 용법이나 용도로 사용해야 한다. 이러한 본래의 용도에 따른 사용에는 물품이나 용역의 대금결제를 위한 경우뿐만 아니라 현금지급기에서 현금서비스기능을 이용한 현금인출도 포함된다.

(2) 일련의 단계를 거쳐 이루어지는 신용카드 등의 사용은, 대금결제를 위한 경우 신용카드 등의 제시로 실행의 착수가 있게 되고 매출표에 서명하여 교부한 때 기수가 된다. 현금지급기에서 현금대출을 받는 경우에는 신용카드 등의 주입으로 개시되고 비밀번호의 입력 등 현금인출을 위한 조작으로 기수에 이르게 된다.

〔참고문헌〕 하태훈, "현금자동인출기 부정사용에 대한 형법적 평가", 형사판례연구 4(1996); 김우진, "신용카드부정사용죄의 기수시기", 형사판례연구 3(1995)

〔필자: 김재봉 교수(한양대)〕

92 직불카드의 현금카드 기능 사용과 여신전문금융업법상 부정사용

【대상판결】 **대법원 2003. 11. 14. 선고 2003도3977 판결**

【사실관계】 피고인은 절취한 피해자 소유의 직불카드를 현금자동지급기에 넣고 비밀번호를 눌러 피해자의 예금 12만 원을 현금으로 인출하였다.

【판결요지】 여신전문금융업법 제70조 제1항 소정의 부정사용이라 함은 위조·변조 또는 도난·분실된 신용카드나 직불카드를 진정한 카드로서 신용카드나 직불카드의 본래의 용법에 따라 사용하는 경우를 말하는 것이므로, 절취한 직불카드를 온라인 현금자동지급기에 넣고 비밀번호 등을 입력하여 피해자의 예금을 인출한 행위는 여신전문금융업법 제70조 제1항 소정의 부정사용의 개념에 포함될 수 없다.

【해설】

Ⅰ. 들어가는 말

절취한 타인의 직불카드로 현금자동지급기에서 예금을 인출한 행위는, 우선 현금자동지급기 소유자나 관리자의 의사에 반하여 그의 지배를 배제하고 그 현금을 자기의 지배하에 옮겨 놓는 것이므로 현금자동지급기 소유자나 관리자를 피해자로 한 절도죄에 해당한다(대법원 1995. 7. 28. 선고 95도997 판결). 그리고 이 사건 범행이 있었던 2001. 12. 당시의 구 여신전문금융업법 제70조 제1항 제3호에는 "분실 또는 도난된 신용카드 또는 직불카드를 판매하거나 사용한 자"를 처벌하는 규정(현행 규정도 일부 표현만 약간 바뀌었을 뿐 내용은 전적으로 동일하다)이 있어, 검사는 피고인을 절도죄 외에 이 여신전문금융업법위반죄로도 기소하였다(두 죄는 실체적 경합 관계).

여신전문금융업법 제70조 제1항 제3호의 법문에는 '사용'이라고만 표현되어 있지만, 판례는 같은 항 제2호의 '위조·변조된 신용카드·직불카드 사용'과 한데 아울러 이를 '부정사용'이라 지칭하면서 '부정사용'의 의미를 "위조·변조 또는 도난·분실된 신용카드나 직불카드를 진정한 카드로서 신용카드나 직불카드의 본래의 용법에 따라 사용하는 경우"라고 설명하고 있다(대상판결 및 위 95도997 판결).

이 사건에서 피고인이 현금 인출에 사용한 직불카드는, '직불카드회원과 신용카드가맹점간에 전자 또는 자기적 방법에 의하여 금융거래계좌에 이체하는 등의 방법으로 물품 또는 용역의 제공과 그 대가의 지급을 동시에 이행할 수 있도록 신용카드업자가 발행한 증표'를 말한다(구 여신전문금융업법 제2조 제6호). 이 사건의 직불카드는 현금카드 기능도 겸용한 것이었는데, 예금계좌를 갖고 있는 예금주가 발급받아 현금자동지급기에서 현금을 인출하거나 계좌이체하는 수단으로서의 기능만을 갖고 있는 현금카드에 대해서는 여신전문금융업법에서 따로 규율하지 않고 있다.

여신전문금융법에서 현금카드에 대한 언급이 없기 때문에, 신용카드나 직불카드를 현금카드로서 사용한 것이 신용카드나 직불카드의 '본래의 용법에 따라' 사용한 것이라 볼 수 있는지 여부가 문제되는 것이다.

Ⅱ. 여신전문금융업법 제70조 제1항 '부정사용'의 의미

1. 종전 판례의 견해

1997. 8. 28. 여신전문금융업법 제정에 따라 1998. 1. 1.자로 폐지되기 전의 구 신용카드업법 제25조 제1항(여신전문금융업법 제70조 제1항과 동일한 내용) 위반 여부가 문제된 사건에서, 종전 판례는 신용카드의 현금카드 기능을 사용해 현금자동지급기에서 현금을 인출한 행위는 위 법상의 '부정사용'에 해당한다는 입장이었다.

즉, 신용카드를 사용하여 예금을 인출할 수 있는 현금카드 기능은 신용카드업법의 해석상 신용카드업을 건전하게 보호·육성하여 신용사회의 기반을 조성하고 소비자의 금융편의를 도모함으로써 국민경제의 발전에 이바지한다는 신용카드업법의 목적(제1조)을 달성하기 위하여 신용카드업자에게 허가된 부대업무로 볼 수 있어, 현금카드 기능의 사용은 신용카드의 본래의 용법에 따른 사용이라는 것이다(대법원 1998. 2. 27. 선고 97도2974 판결).

2. 대상판결의 견해

그런데 이와 같은 종전 판례의 견해에 대해 학설은 대체로 부정적인 입장이었다. 신용카드가 겸용하고 있는 현금카드 기능은 단지 예금잔고 내의 현금을 인출하는 것일 뿐 신용카드업자의 신용 업무와는 관계없는 것이므로 신용카드의 부정사용 개념에 포함시킬 수 없다는 것이다.

이 사건의 1심과 항소심도 종전 판례와 달리 부정사용에 해당하지 않는다는 입장이었고, 이러한 견해를 반영하여 대상판결은 종전 판례를 변경하였다.

대상판결이 종래의 견해를 변경하면서 든 논거는, 신용카드업법이 폐지되고 여신전문금융업법이 제정되면서 '신용카드업자의 업무범위'가 변경되었다는 점이다. 구 신용카드업법에서는 신용카드업자의 부대업무를 포괄적으로 규정하고 있었기에 그 부대업무에 현금카드와 관련된 업무가 포함되어 있다고 볼 여지가 있었다. 반면, 여신전문금융업법에 따르면 직불카드는 '신용카드업자'가 발행한 증표(제2조 제6호)로서, 신용카드업자는 신용카드의 발행 및 관리, 신용카드이용과 관련된 대금의 결제, 신용카드가맹점의 모집 및 관리와 같은 기본적인 업무(제2조 제2호) 외에 일부 부대업무를 할 수 있는데, 이 부대업무의 범위는 제13조 제1항에 한정적으로 열거(신용카드회원에 대한 자금의 융통, 직불카드의 발행 및 대금의 결제, 선불카드의 발행·판매 및 대금의 결제)되어 있을 뿐이다. 즉, 구법과 달리 부대업무의 범위가 제한적으로 규정되면서 현금카드 관련 업무가 신용카드업자의 업무라고 볼 근거규정이 없게 되었다는 것이다.

나아가 대상판결은, "하나의 카드에 직불카드 내지 신용카드 기능과 현금카드 기능이 겸용되어 있더라도, 이는 은행의 예금업무에 관한 전자적 정보와 신용카드업자의 업무에 관한 전자적 정보가 회원(예금주)의 편의를 위해 신용카드업자 등에 의해 하나의 자기띠에 입력되어 있을 뿐이지, 양 기능은 전혀 별개의 기능이라 할 것이어서, 이와 같은 겸용 카드를 이용하여 현금지급기에서 예금을 인출하는 행위를 두고 직불카드 내지 신용카드를 그 본래의 용법에 따라 사용하는 것이라 보기도 어렵다."라고 판단하였다.

Ⅲ. 나오는 말

신용카드나 직불카드는 결제계좌의 존재가 전제되어야 하므로, 은행에서 카드 발급을 신청할 때 그 결제계좌의 이용 편의를 위해 현금카드 기능도 함께 신청하는 것이 보통이다. 이로써 하나의 카드에 신용카드나 직불카드 기능과 현금카드의 기능이 함께 탑재되지만, 이는 은행의 예금거래 업무와 신용카드업자의 신용공여 업무가 하나의 카드로 가능하게 된 것일 뿐 두 기능은 전혀 별개의 기능이라 할 것이다. 대상판결 이후의 대법원 2005. 7. 29. 선고 2005도4233 판결 등에서도 이러한 대상판결의 결론은 그대로 유지되고 있다.

참고로, 직불카드에서는 이용할 수 없지만 신용카드에서는 이용할 수 있는 현금서비스 기능을 이용해 현금자동지급기를 통해 신용카드업자로부터 현금대출을 받는 경우는, 여신전문금융업법 규정상 현금서비스 기능이 신용카드업자의 업무범위에 포함되어 있으므로 신용카드의 본래의 용법에 따라 사용한 것이어서 여신전문금융업법위반죄가 성립한다(위 95도997 판결). 비록 현금자동지급기에서 현금을 인출한다는 결과는 동일하지만, 현금카드 기능으로 예금을 인출하는 것이냐 신용카드 기능으로 현금서비스를 이용하는 것이냐에 따라 적용되는 죄명이 달라지는 것이다.

〔**참고문헌**〕 성지호, "여신전문금융업법 제70조 제1항 소정의 부정사용의 의미 및 절취한 직불카드를 이용하여 현금자동지급기로부터 예금을 인출하는 행위가 직불카드부정사용죄에 해당하는지 여부", 대법원판례해설 [48](2003); 김대웅, "신용카드를 이용한 현금자동인출기 사용행위의 형사책임", 형사판례연구 11(2006)

〔**필자: 한제희 검사(법무부)**〕

93 여신금융업법의 '공갈하여 취득한 신용카드 사용'의 의미

【대상판결】 **대법원 2006. 7. 6. 선고 2006도654 판결**

【사실관계】 피고인 1은 2005. 8. 2. 02:29경 서울 강남구 역삼동 소재 빌딩에 있는 자신이 운영하는 유흥주점에서 피해자 공소외인 몰래 빈 양주병 5개를 올려놓은 다음 술값으로 135만 원을 요구하고, 이에 항의하는 위 공소외인을 협박하여 위 공소외인으로부터 엘지카드와 국민카드를 교부받은 후 같은 동 소재 '○○○○' 편의점에서 위 엘지카드로 60만 원, 위 국민카드로 60만 원을 결제하고, 위 공소외인으로 하여금 매출전표에 서명하게 하여 위 공소외인으로부터 갈취한 신용카드를 사용한 것을 포함하여 2005. 1. 21.경부터 같은 해 8. 2.경까지 9회에 걸쳐 피해자들로부터 갈취한 신용카드를 각 사용했다.

【판결요지】

[1] 여신전문금융업법 제70조 제1항 제4호에 의하면, "강취·횡령하거나 사람을 기망·공갈하여 취득한 신용카드 또는 직불카드를 판매하거나 사용한 자"에 대하여 "7년 이하의 징역 또는 5천만 원 이하의 벌금에 처한다."고 규정하고 있는바, 여기서 강취, 횡령, 기망 또는 공갈로 취득한 신용카드는 소유자 또는 점유자의 의사에 기하지 않고, 그의 점유를 이탈하거나 그의 의사에 반하여 점유가 배제된 신용카드를 가리킨다.

[2] 유흥주점 업주가 과다한 술값 청구에 항의하는 피해자들을 폭행 또는 협박하여 피해자들로부터 일정 금액을 지급받기로 합의한 다음, 피해자들이 결제하라고 건네준 신용카드로 합의에 따라 현금서비스를 받거나 물품을 구입한 경우, 신용카드에 대한 피해자들의 점유가 피해자들의 의사에 기하지 않고 이탈하였거나 배제되었다고 보기 어려워 여신전문금융업법상의 신용카드 부정사용에 해당하지 않는다고 한 사례.

【해설】

Ⅰ. 들어가는 말

우선, 본 대상판결의 판결요지에 기술된 "유흥주점 업주가 과다한 술값 청구에 항의하는 피해자들을 폭행 또는 협박하여 피해자들로부터 일정 금액을 지급받기로 합의한 다음, 피해자들이 결제하라고 건네준 신용카드로 합의에 따라 현금서비스를 받거나 물품을 구입한 경우, 신용카드에 대한 피해자들의 점유가 피해자들의 의사에 기하지 않고 이탈하였거나 배제되었다고 보기 어렵다."고 한 것의 적절성과 합리성을 검토해야 한다. 즉, 폭행 협박에 의하여 일정금액을 지급받기로 합의한 후 가해자에게 신용카드를 건네고 가해자의 신용카드 사용으로 인한 이익편취에 협조한 행위가 피해자의 완전한 의사에 기초한 적법한 거래행위로 보아야 하는가 아니면 하자있는 의사로 이루어진 처분행위로 보아야 하는지에 따라 본 사건의 형사적 불법성에 대한 판단이 달라질 수 있다.

두 번째로, 대법원이 본 사건의 사실관계가 여신전문금융업법상의 신용카드 부정사용에 해당하지 않는다고 결론내린 것이 정당했는지를 검토해 볼 필요가 있다. 즉, 과연 어떤 경우가 여신전문금융업법 제70조 제1항 제4호에 해당하는 불법형태인지에 대해 분명히 해야 한다. 이를 위해서는, 형법 제350조 공갈죄와는 차이가 나는 여신전문금융업법 제70조 제1항 제4호에 고유한 의미를 해석해 내야 한다. 이를 바탕으로 본 대상판결에 나타난 형사적인 불법의 적절한 형태를 기술해 내야 할 것이다.

Ⅱ. 가해자의 공갈과 피해자의 의사

1. 대법원의 접근법

대법원은 대상판결에서 폭행 및 협박을 받아 신용카드를 건네준 피해자의 의사에 대해 매우 이례적인 평가를 하고 있다. 즉, 대법원은 가해자가 술값청구를 요구하며 피해자에게 폭행과 협박을 행사하여 일정금액을 지급받기로 합의한 후 건네받은 신용카드의 "점유가 피해자의 의사에 기하지 않고 이탈하였다거나 배제되었다고 보기 어렵다."고 판단했다. 즉, 대법원은 피고인이 폭행과 협박이 있은 후에 신용카드를 받아 사용한 것이 피해자의 의사에 완전히 반하지 않은 것이기 때문에 여신금융업법 제70조 제4항의 '강취, 횡령하거나, 사람을 기망하거나 공갈하여 취득'이라는 범죄성립요건을 만족시키지 못한다고 본 것이다. 따라서, 대법원은 피고인을 무죄로 선고하는 것이 정당하다고 판시했다.

2. 학설

단순히 위법하게 점유를 이전하는 경우와 공갈에 의하여 점유를 이전하는 경우에 있어 '피해자의 의사'가 의미하는 바는 완전히 동일하지 않다. 즉, 절도로 점유를 이전하는 경우에 피해자가 승인하거나 동의하는 의사표시를 하게 되면 구성요건해당성을 확보할 수 없게 된다. 그러나, 폭행, 협박 혹은 기망을 통하여 점유의 이전이 있은 경우에는 피해자가 명시적으로 승인하거나 동의하는 의사표시를 했다고 하더라도 그 자체로 형사적인 불법성이 완전히 사라진다고 평가해서는 안 된다. 왜냐하면, 폭행, 협박 및 기망이라는 위법한 행위수단은 피해자의 의사를 하자 있는 것으로 형성하게 하는 직접적 요인이기 때문이다. 하자 있는 의사에 기초한 승낙은 공갈행위의 불법성을 상쇄하지 못한다. 따라서, 우리 형법은 하자있는 의사에 기초한 처분행위의 원인이 공갈이나 기망인 경우에는 비록 피해자의 처분의사가 분명히 존재한다고 하더라도 형법 제350조의 공갈죄와 형법 제347조의 사기죄로 처벌하고 있다. 여신금융업법 제70조 제4항을 해석하고 적용할 때에도 행위수단인 공갈과 피해자의 의사를 완전히 분리해서 이해해서는 안 되며, 공갈이 있은 경우에는 피해자가 유효한 동의를 할 수 있는 의사가 훼손되었다고 보아야 한다. 즉, 가해자의 공갈이 영향을 미치는 가운데 피해자의 동의의 의사표시를 자유롭게 형성된 것이라고 평가할 수는 없다. 본 대상판결의 접근법과 같이 가해자의 공갈이 있은 후에 피해자가 처분을 약속하고 신용카드를 건넨 사실을 피해자의 의사에 반하지 않는 취득이라고 파악하는 것은 부당하다.

Ⅲ. 여신전문금융업법 제70조 제1항 제4호의 신용카드 부정사용의 의미

흥미로운 것은 여신전문금융업법 제70조 제1항 제4호의 규정에는 이미 '공갈하여 취득한 신용카드'라는 형법 제350조 공갈죄와 동일한 구성요건요소가 포함되어 있다는 점이다. 덧붙여 여신전문금융업법 제70조 제1항 제4호는 대법원 판례가 표현하는 것처럼 '부정사용'이라는 구성요건을 포함하고 있다. 사실, 우리 판례와 학설은 절도 등 정당한 권원 없이 취득한 데 대한 불법성 평가와는 별도로 취득한 신용카드를 부정사용한 경우 형법 제347조의 사기죄 혹은 형법 제329조의 절도죄가 성립한다고 보고 있어 대상판결과 같은 신용카드의 부정사용이 분명한 형사적 불법성을 징표한다는 점은 형법규정에서도 일부 확인할 수 있다. 여기서, 여신전문금융업법 제70조 제1항 제4호가 형법 제350조의 공갈죄의 규정 보다 구성요건이 추가된 특별법 규정임에도 불구하고 법정형이 더 낮다는 점을 주의 깊게 보아야 한다. 나아가, 여신전문금융업법 제70조 제1항 제4호와 여신전문금융업법 제70조 제1항 제3호 간에는 행위수단의 불법성의 강도 면에서 다소간에 차이가 나는데도 불구하고 동일한 법정형이 적용되는 것으로 규정하고 있다. 그러면, 여신전문금융업법 제70조 제1항 제4호의 불법성의 진정한 본질은 대법원이 대상판결에서 초점을 맞추고 있는 것처럼 가해자의 신용카드의 취득에 피해자의 의사가 어떤 형태로든 기여했는지 여부 보다는 공갈이라는 위법한 수단으로 취득한 신용카드를 사용하여 피해자의 재산권을 침해하고 종국적으로 여신금융의 거래 안전과 신뢰를 해한 데서 찾는 것이 더 적절해 보인다. 따라서, 본 대상판결의 사안은 여신전문금융업법 제70조 제1항 제4호의 구성요건에 해당한다고 평가하는 데 부족함이 없다.

Ⅳ. 나오는 말

공갈로 취득한 신용카드를 사용해 물품을 구입하고 현금자동지급기에서 금전을 인출한 행위는 포괄적으로 보아 공갈로 형성된 피해자의 하자있는 처분의사에 기초하여 타인의 재산권을 침해한 것으로 형법 제350조의 공갈죄의 구성요건에 해당하는 것을 부인하기 힘들다.

나아가, 본 대상판결의 사안에서 공갈이 성립하는 이상 대법원의 판시사항과는 달리 여신전문금융업법 제70조 제1항 제4호의 신용카드부정사용죄가 성립한다고 보아야 한다.

형법 제350죄의 공갈죄와 여신전문금융업법의 제70조 제1항 제4호 신용카드부정사용죄는 보호법익에서 다소 차이가 나는 부분이 있으므로 양죄가 각각 성립하고 다만 상상적 경합관계라고 평가해야 한다.

〔필자: 강우예 교수(한국해양대)〕

94 신용카드 부정사용죄의 죄수

【대상판결】 **대법원 1996. 7. 12. 선고 96도1181 판결**

【사실관계】 피고인은 1995. 11. 2.경 09:30경 서울 강동구에 있는 공소외인의 자취방에서 동인이 보관하고 있던 피해자 소유의 비씨카드 1매를 절취하고, 같은 날 10:40경 서울 강동구 천호동에 있는 OO마트에서 텔레비전 1대를 할부로 구입하면서 그 대금을 절취한 비씨카드로 결제하여 도난된 신용카드를 사용한 것을 비롯하여 같은 날 10:40경까지 약 2시간 20분 동안에 걸쳐 같은 동에 있는 카드가맹점 7곳에서 합계 금 200만 원 상당의 물품을 구입한 후 그 대금을 절취한 위 비씨카드로 결제하여 도난된 신용카드를 사용하였다.

【판결요지】

1. 절취한 신용카드를 사용한 경우 절도죄의 불가벌적 사후행위에 해당하는지 여부

신용카드를 절취한 후 이를 사용한 경우 신용카드의 부정사용행위는 새로운 법익의 침해로 보아야 하고 그 법익 침해가 절도범행보다 큰 것이 대부분이므로 위와 같은 부정사용행위가 절도범행의 불가벌적 사후행위가 되는 것은 아니고, 신용카드업법 제25조 제1항이 규정하는 "도난, 분실된 신용카드 또는 직불카드를 판매하거나 사용한 자"에 절취한 본범이 해당되지 않는다고 볼 수 없으므로, 신용카드를 절취한 후 이를 가맹점에서 물품을 구입하는데 사용한 피고인의 행위는 신용카드업법위반죄(현, 여신전문금융업법위반죄)에 해당한다.

2. 반복된 신용카드부정사용죄의 포괄일죄 여부

피고인은 절취한 카드로 가맹점들로부터 물품을 구입하겠다는 단일한 범의를 가지고 그 범의가 계속된 가운데 동종의 범행인 신용카드 부정사용행위를 동일한 방법으로 반복하여 행하였다고 할 것이고, 또 위 신용카드의 각 부정사용의 피해법익도 모두 위 신용카드를 사용한 거래의 안전 및 이에 대한 공중의 신뢰인 것으로 동일하다고 할 것이므로, 피고인이 동일한 신용카드를 부정사용한 행위는 포괄하여 일죄에 해당한다.

3. 신용카드부정사용죄와 사기죄의 관계

신용카드를 부정사용한 결과가 사기죄의 구성요건에 해당하고 그 각 사기죄가 실체적 경합관계에 해당한다고 하여도 신용카드부정사용죄와 사기죄는 그 보호법익이나 행위의 태양이 전혀 달라 실체적 경합관계에 있다고 보아야 할 것이므로 신용카드 부정사용행위를 포괄

일죄로 취급하는데 아무런 지장이 없다.

【해설】

Ⅰ. 들어가는 말

절취한 신용카드를 반복적으로 사용한 경우, 신용카드에 대한 절도죄, 신용카드부정사용으로 인한 여신전문금융업법위반죄 및 가맹점에 대한 사기죄가 각각 성립한다. 대상판결의 원심은 신용카드에 대한 절취 행위와 신용카드 부정사용행위가 별개의 범죄를 구성한다고 보고 각 죄를 실체적 경합범으로 판결하였다(피고인은 신용카드업법위반죄 및 절도죄로만 기소됨). 이에 피고인이 상고하자 대법원은 신용카드의 각 부정사용행위를 각각 별개의 범죄로 보고 경합범으로 처리한 제1심 판결을 그대로 유지한 원심판결에는 죄수 및 경합범의 법리를 오해한 위법이 있다고 보고 원심판결의 일부를 파기환송하였다.

신용카드부정사용죄의 죄수는 그 보호법익이 무엇인가에 따라 달라지게 된다. 대상판결은 신용카드 부정사용의 보호법익은 '신용카드를 사용한 거래의 안전 및 이에 대한 공중의 신뢰'라고 판시하였는바, 그에 따라 다른 범죄와의 죄수관계를 검토하면 다음과 같다.

Ⅱ. 신용카드 부정사용행위와 신용카드 부정취득행위와의 관계

범죄에 의하여 획득한 위법한 이익을 확보하거나 사용·처분하는 구성요건에 해당하는 사후행위가 이미 주된 범죄에 의하여 완전히 평가되어 별죄를 구성하지 않는 경우를 불가벌적 사후행위라고 한다. 불가벌적 사후행위라고 하기 위해서는 사후행위가 주된 범죄와 보호법익을 같이 하고 침해의 양을 초과하지 않아야 한다.

그런데 절도·강도 등 재산범죄는 신용카드 소유자의 재산권을 보호법익으로 하는 것인 반면, 여신전문금융업법위반죄는 신용카드 거래의 안전 및 그에 대한 공중의 신뢰를 보호법익으로 하는 것이므로 양 죄의 보호법익이 상이하며, 재산범죄와 부정사용행위는 별개의 범의에 기초한 별개의 행위일 뿐만 아니라, 부정사용행위로 인한 법익 침해의 양이 재산범죄에 의해 침해된 법익의 범위를 초과하는 경우가 대부분이다.

따라서 절도·강도 등의 재산범죄에 의해 취득한 타인의 신용카드를 사용한 경우 신용카드 부정사용으로 인한 여신전문금융업위반죄는 신용카드에 대한 재산범죄의 불가벌적 사후행위가 아니며, 양죄는 실체적 경합관계에 있다.

Ⅲ. 신용카드부정사용으로 인한 여신전문금융업법위반죄의 죄수

타인의 신용카드를 절취 등의 방법으로 취득한 자가 여러 가맹점을 다니면서 그 신용카드를 사용한 경우 신용카드부정사용죄의 죄수가 문제된다. 수개의 행위가 포괄적으로 1개의 구성요건에 해당하여 일죄를 구성하는 경우를 포괄일죄라고 하는데, 같은 법익에 대하여 시간적·장소적으로 접근한 수개의 행위가 같은 의사에 의하여 반복된 때에는 일반적으로 포괄일죄로 인정하고 있다.

신용카드부정사용죄는 개인의 재산권을 보호법익으로 하는 것이 아니라 신용카드 거래의 안전과 그에 대한 공중의 신뢰라는 사회적 법익을 보호하려는 데에 목적이 있으므로, 그 사용으로 인한 피해자의 숫자에 관계없이 수 개의 부정사용행위 그 자체는 포괄하여 일죄가 되는 것으로 보아야 한다.

Ⅳ. 신용카드부정사용죄와 사기죄의 관계

절취한 타인의 신용카드로 물품을 구매하는 경우 신용카드 부정사용으로 인한 여신전문금융업법위반죄 외에 가맹점에 대한 사기죄도 성립한다. 양 죄의 관계에 대해 실체적 경합범설과 상상적 경합범설이 대립하는데, 대법원은 양죄가 그 보호법익이나 행위의 태양이 전혀 달라 실체적 경합관계에 있다고 판시하였다. 그리고 수회에 걸쳐 신용카드를 사용한 것이 포괄하여 부정사용죄 1죄가 되더라도, 각 사기죄는 여전히 실체적 경합관계라고 한다.

그러나 1개의 행위가 수개의 죄에 해당하는 경우는 상상적 경합으로 평가해야 하며, 행위가 1개이기 때문에 1개의 죄의 정한 형으로 처벌하는 점에 상상적 경합의 특색이 있다. 따라서 신용카드를 부정사용하는 행위와 사기죄의 기망행위가 1개의 행위로서 서로 겹치게 되는 본 사안의 경우 실체적 경합관계가 아니라 상상적 경합관계로 인정함이 타당하다.

Ⅴ. 나오는 말

신용카드를 절취한 자가 그 신용카드로 여러 가맹점에서 물품을 구매한 경우, 신용카드에 대한 절도죄, 7회의 신용카드 부정사용으로 인한 1개의 여신전문금융업법위반죄 및 7개의 사기죄가 각 성립하고, 대상판결에 따르면 위 여신전문금융업법위반죄와 사기죄는 실체적 경합관계가 된다.

그러나 상상적 경합범은 보호법익이나 행위의 태양에 따라 결정되는 개념이 아니라 수개의 죄에 해당하는 행위가 1개인지 여부로 결정되는 개념이라는 점에서 여신전문금융업법위반죄와 사기죄는 상상적 경합관계에 있다고 봄이 타당하다.

【관련 문제】 피고인이 절취한 신용카드로 A가맹점에서 물품을 구매(제1행위)하고, 바로 옆에 있는 B가맹점에서 물품을 구매(제2행위)한 경우 신용카드에 대한 절도죄, 여신전문금융업법위반죄, 사기죄가 각 성립한다. 이 경우 피고인에게 절도죄, 제1행위에 대한 여신전문금융업법위반죄 및 사기죄에 관하여 약식명령이 발령 · 확정된 이후, 제2행위에 대한 여신전문금융업법위반죄 및 사기죄에 관하여 기소가 이루어졌다면, 제1, 2행위로 인한 여신전문금융업법위반죄는 포괄일죄이므로 제1행위에 대한 여신전문금융업법위반죄 약식명령의 기판력이 제2행위에 대한 여신전문금융업법위반죄에 미쳐 법원은 형사소송법 제326조 제1호에 따라 면소판결을 선고할 것이나, 제1, 2행위로 인한 각 사기죄는 실체적 경합관계에 있어 제1행위에 대한 사기죄 약식명령의 기판력이 제2행위에 대한 사기죄에 미치지 않아 법원은 실체 판결을 할 수 있다.

〔**참고문헌**〕 손동권, “신용(현금)카드 부정사용의 유형별 범죄성립과 죄수”, 형사판례연구 7(1999)

〔**필자: 조지은 교수(영남대)**〕

95 현금카드 불법 취득행위와 현금자동인출행위의 죄수관계

【대상판결】 **대법원 2007. 5. 10. 선고 2007도1375 판결**

【사실관계】 피고인들은 2006. 3. 3. 14:59경 우체국이 관리하는 현금자동지급기에 B로부터 강취한 은행 현금카드를 집어넣고 6회에 걸쳐 현금 420만 원을 인출하였다. 또한 피고인들은 2006. 4. 19. 14:35경 새마을금고가 관리하는 현금자동지급기에 같은 날 C로부터 강취한 농협 현금카드를 집어넣고 3회에 걸쳐 현금 163만 원을 인출하였다.

【판결요지】 예금주인 현금카드 소유자를 협박하여 그 카드를 갈취한 다음 피해자의 승낙에 의하여 현금카드를 사용할 권한을 부여받아 이를 이용하여 현금자동지급기에서 현금을 인출한 행위는 모두 피해자의 예금을 갈취하고자 하는 피고인의 단일하고 계속된 범의 아래에서 이루어진 일련의 행위로서 포괄하여 하나의 공갈죄를 구성하며, 현금자동지급기에서 피해자의 예금을 인출한 행위를 현금카드 갈취행위와 분리하여 따로 절도죄로 처단할 수 없다. 왜냐하면 위 예금 인출 행위는 하자 있는 의사표시이기는 하지만 피해자의 승낙에 기한 것이고, 피해자가 그 승낙의 의사표시를 취소하기까지는 현금카드를 적법, 유효하게 사용할 수 있으므로, 은행으로서도 피해자의 지급정지 신청이 없는 한 그의 의사에 따라 그의 계산으로 적법하게 예금을 지급할 수밖에 없기 때문이다. 그러나 강도죄는 공갈죄와는 달리 피해자의 반항을 억압할 정도로 강력한 정도의 폭행·협박을 수단으로 재물을 탈취하여야 성립하는 것이므로, 피해자로부터 현금카드를 강취하였다고 인정되는 경우에는 피해자로부터 현금카드의 사용에 관한 승낙의 의사표시가 있었다고 볼 여지가 없으므로 강취한 현금카드를 사용하여 현금자동지급기에서 예금을 인출한 행위는 현금자동지급기 관리자의 의사에 반하여 그의 지배를 배제하고 그 현금을 자기의 지배하에 옮겨 놓는 것이 되며 강도죄와 별도로 절도죄를 구성한다.

【비교판례】 예금주인 현금카드 소유자로부터 그 카드를 편취하여, 비록 하자 있는 의사표시이기는 하지만 현금카드 소유자의 승낙에 의하여 사용권한을 부여받은 이상, 그 소유자가 승낙의 의사표시를 취소하기까지는 현금카드를 적법, 유효하게 사용할 수 있으며, 은행 등 금융기관은 현금카드 소유자의 지급정지 신청이 없는 한 카드 소유자의 의사에 따라 그의 계산으로 적법하게 예금을 지급할 수밖에 없는 것이므로, 피고인이 현금카드의 소유자로부터 현금카드를 사용한 예금인출의 승낙을 받고 현금카드를 교부받은 행위와 이를 사용하여 현금자동지

급기에서 예금을 여러 번 인출한 행위들은 모두 현금카드 소유자의 예금을 편취하고자 하는 피고인의 단일하고 계속된 범의 아래에서 이루어진 일련의 행위로서 포괄하여 하나의 사기죄를 구성한다. 현금자동지급기에서 카드 소유자의 예금을 인출, 취득한 행위는 현금카드 편취행위와 분리하여 따로 절도죄로 처단할 수는 없다(대법원 2005. 9. 30. 선고 2005도5869 판결).

【해설】

I. 들어가는 말

대법원은 절취한 현금카드를 이용하여 현금을 인출한 경우 현금카드에 대한 절도죄 외에 인출한 현금에 대한 절도죄가 성립한다고 본다(대법원 1995. 7. 28. 선고 95도997 판결). 그렇다면 갈취하거나 편취하거나 강취한 타인의 현금카드를 이용하여 현금을 인출한 경우에 인출된 현금에 대하여 절도죄가 별도로 성립하는지 여부가 문제된다. 대상판결은 강취한 현금카드를 이용하여 현금을 인출한 경우를 다루면서 갈취한 현금카드를 이용한 경우와 대비하고 있다. 비교판례는 편취한 현금카드를 이용하여 현금을 인출한 경우에 관한 것이다. 이는 현금카드의 불법 취득행위와 이를 이용한 현금인출행위의 법적 성격 및 죄수관계에 관한 문제이다.

II. 현금자동지급기 현금인출행위의 법적 성격과 죄수관계

1. 판례의 분석

대법원은 편취하거나 갈취한 현금카드를 이용하여 현금을 인출한 경우에는 인출한 현금에 대해서는 별도의 절도죄가 성립하지 않고 현금카드에 대한 사기죄 또는 공갈죄와 포괄하여 하나의 죄를 구성한다고 보는 반면, 강취한 현금카드를 이용하여 현금을 인출한 경우에는 인출된 현금에 대해서 별도의 절도죄가 성립한다고 본다. 대법원의 논리는 다음과 같다. 현금카드를 편취하거나 갈취한 경우에는 비록 하자 있는 의사표시이기는 하지만 피해자의 승낙에 의하여 현금카드를 사용할 권한을 부여받은 것이기 때문에 금융기관도 피해자의 지급정지 신청이 없는 한 적법하게 예금을 지급할 수밖에 없으며 따라서 현금 인출행위도 현금을 보관하는 금융기관의 의사에 반하지 않게 되어 절도죄가 별도로 성립할 수 없다. 그러나 현금카드를 강취한 경우에는 피해자의 반항을 억압할 정도의 폭행, 협박에 의하여 현금카드를 탈취한 것이어서 이때에는 현금카드 이용에 대한 피해자의 승낙이 있다고 볼 수 없으므로 현금을 인출하는 행위는 금융기관의 의사에 반하는 것이 되어 별도로 절도죄를 구성하게 된다.

이와 같은 판례의 논리는 다음과 같은 네 가지 점을 전제로 한다고 볼 수 있다. 첫 번째, 실질적으로 보면 현금카드는 현금을 인출하기 위한 수단에 불과하지만 판례는 현금카드와 인출된 현금의 재산적 가치를 구분하여 현금카드의 절취 또는 강취행위와 현금인출행위를 별개의 행위로 본다. 두 번째, 판례는 재물과 재산상 이익을 엄격히 구분하여 현금카드 이용으로 인해 발생한 재산상 손해가 누구에게 귀속되느냐 여부와 상관없이 인출된 현금 자체를 절도죄의 객체인 재물로 본다. 따라서 판례는 이때 재산상이익을 그 객체로 하는 컴퓨터사용사기죄는 성립할 수 없다고 한다(대법원 2003. 5. 13. 선고 2003도1178 판결). 세 번째, 판례는 현금인출행위의 절도죄 성립 여부는 현금을 보관하는 금융기관의 의사를 기준으로 판단한다. 네 번째, 판례는 그 금융기관의 의사를 판단함에 있어서 카드 명의인의 승낙 여부를 판단기준으로 삼는다. 카드 명의인이 편취 또는 갈취행위로 인해 하자 있는 의사에 의하여 카드 사용을 승낙하였더라도 그 현금 인출행위는 금융기관의 의사에 반하지 않는다는 것이다.

2. 학설

위와 같은 각각의 전제들에 대하여 비판적인 학설이 존재한다. 첫 번째 전제에 관하여, 카드의 불법 취득은 처음부터 현금인출을 목적으로 한 것이므로 두 행위는 불가분의 상호연관성이 있으며, 따라서 카드를 강취한 경우 이후의 현금인출행위는 하나의 강취행위의 일부를 구성한다거나, 카드 강취행위의 포괄일죄가 된다거나, 현금카드 강도죄의 불가벌적 사후행위로서 흡수되어야 한다는 비판들이 존재한다. 두 번째 전제에 관하여는, 재물과 재산상 이익은 특별과 일반의 관계로서 재물 취득은 이를 포함하는 재산상 이익의 취득으로 볼 수 있으므로 현금인출행위에 대해서는 형법 제347조의2의 컴퓨터등사용사기죄가 성립하여야 한다는 비판이 있다. 세 번째 전제에 관해서도 현금자동지급기 관리자는 신용카드와 비밀번호를 제대로 입력하기만 하면 아무런 유보 없이 현금을 지급하겠다는 조건 없는 점유이전의 의사표시를 한 것이므로 선행 카드취득행위가 어떤 불법적 행위인지와 상관없이 현금자동지급기 관리자의 의사에 반하지 아니하여 절도죄가 별도로 성립하지 않는다는 비판이 있다. 네 번째 전제에 관해서도 현금자동지급기 관리자가 카드취득과정의 불법성을 알았다면 현금카드 명의인의 하자 있는 승낙이 있었다고 해도 현금인출을 용인하지 않았을 것이므로 편취 또는 갈취한 현금카드를 이용한 현금인출행위에 대해서도 절도죄가 인정되어야 한다는 비판이 존재한다.

Ⅲ. 나오는 말

판례는 불법취득한 현금카드로 현금을 인출한 행위를 별도의 절도죄로 의율할 것인지에 관해서 카드 명의인의 형식적 승낙 여부를 기준으로 일관되게 판단하는 것으로 평가할 수 있다. 한편, 보다 근본적인 차원에서 생각해 보면 이 문제는 형법상의 행위를 사회생활상의 실질적인 목적과 의사, 재산상 손익의 실질적 결과에 어느 정도 부합되도록 구성할 것인지에 관한 것이다. 판례의 전제들을 비판하는 학설들은 이에 관한 근본적 관점의 차이를 다양하게 보여준다.

〔**참고문헌**〕 한영수, "강도죄와 절도죄의 경합", 형사판례연구 16(2008)

〔**필자: 이창온 교수(이화여대)**〕

제11장

기타

96 집회 부대물의 집시법 및 도로법 위반 여부

【대상판결】 **대법원 2016. 7. 7. 선고 2015도20298 판결**

【사실관계】 '쌍용자동차 희생자 추모와 해고자 복직을 위한 범국민대책위원회(이하 '쌍용차 대책위'라고 함)'는 2012. 4. 5. 서울 중구 정동 5-5 덕수궁 대한문 앞 인도상에 분향소 및 농성용 천막을 설치하고 집회·시위를 하다가 같은 해 5. 24. 위 천막이 도로점용허가를 받지 아니한 시설물이라는 이유로 중구청의 행정대집행 절차를 통해 철거되었음에도 같은 날 천막 1동을 재설치하여 집회·시위를 계속하였다.

그 후 행정대집행을 통해 2013. 4. 4. 천막이 다시 강제 철거된 후에도 쌍용차 대책위가 매일 대한문 앞에서 야간 미사, 야간 집회 등을 개최하면서, 점용허가 없이 비닐가림막, 깔판, 분향대, 서명대, 발전기, 기름통 등을 적치하고 노숙 농성을 지속하자, 중구청은 2013. 5. 30. 쌍용차 대책위에 도로법, 행정대집행법에 근거하여 불법노상적치물 자진정비 명령서를, 2013. 6. 3. 불법노상적치물 자진정비 재촉구서를 각각 송부하여 화단 앞 인도 상에 설치된 비닐가림막, 깔판 등 적치물을 자진 철거하도록 명하였다.

그럼에도 쌍용차 대책위가 이에 불응하자, 중구청은 도로법 제65조에 근거한 강제 철거 방침을 정하고, 2013. 6. 10. 09:15경 중구청 가로환경과 소속 이○○ 등 공무원 60여 명을 동원하여 대한문 앞 인도 상에 적치된 비닐가림막, 깔판 등을 제거하기 위해 행정대집행을 실시하자, 피고인은 이름을 알 수 없는 중구청 공무원을 손으로 밀치고 양팔로 다른 공무원의 몸통을 잡아 끌어당기고, 금속노조 기획부장인 김○○은 철거대상물을 깔고 앉은 상태에서 이름을 알 수 없는 다수의 중구청 공무원들을 향해 바구니를 던지고, 이어 그들을 향해 물을 뿌렸다.

이로써 피고인은 위 김○○과 공모하여 중구청 소속 공무원들의 행정대집행에 관한 직무집행을 방해하였다.

【1심판결(무죄) 요지】 집회 및 시위에서 집회 참가자들에 의한 장소 점용은 불가피하다. 또한 집회에 부수하여 준비되는 물건에 의한 집회 장소(가령 도로)의 점용도 불가피하다. 이러한 경우 어느 정도까지 보호될 것인가 문제된다. 헌법에서 집회의 허가제를 금지하고 있고 집시법에서 집회 신고시 따로 도로점용허가를 받을 것을 규정하고 있지 아니한 점을 고려하면 집회 참가자들이 점용할 것으로 예정되어 있는 장소적, 시간적 범위 내에서 집회의 자유를 실현하기 위하여 집회 신고의 대상으로 삼은 것으로서 사용이 필요불가결한 물건이라는

점이 인정된다면, 그 물건이 타인의 법익이나 공공의 안녕질서에 대한 직접적이고 명백한 위험을 초래하지 않는 이상, 관련 법규정에 의한 규제는 제한적으로 해석되어야 한다. 다만, 집회의 자유 실현에 필요한 장소적, 시간적 범위를 넘는 공간의 점용이나 불필요한 물건의 사용에 대하여는 사전, 사후적 규제가 가능할 것이나 집회를 원천적으로 불허하는 조치는 최후 수단으로서만 허용될 수 있다.

기록에 의하면 이 사건 장소에서의 적법한 집회 신고에 따라 1년가량 같은 장소에서 계속적으로 집회가 이루어질 수 있었던 사실, 이 사건 행정대집행의 목적이 된 물건들은 방송장비, 비닐가림막, 깔판, 분향대, 서명대, 발전기, 기름통, 침낭 등이고, 이러한 물건들이 집회 신고된 장소에서 집회 참가자들이 점용 예정한 장소적, 시간적 범위를 벗어나 설치되어 있다고 보이지 아니하며, 그중 방송장비, 분향대, 서명대 등은 사전에 집회 신고되어 그 사용이 금지되지 아니한 물건들로 사망한 해고노동자들에 대한 애도, 추모의 의사를 대외적으로 표시하기 위한 이 사건 집회의 목적에 비추어 집회의 자유 실현에 필요불가결한 물건들이라고 판단되며 달리 그 물건들이 타인의 법익이나 공공의 안녕질서에 대한 직접적이고 명백한 위험을 초래하였다고 볼 만한 자료가 없다. 그러나 그 이외의 일부 물건들은 필요불가결한 물건들이라고 보기 어렵기 때문에, 도로점용허가 불비를 이유로 그 철거를 요구하는 계고처분이 위법하다고 볼 수 없다.

결국 집회 신고된 장소에 있던 물건들 중 일부가 집회의 자유 실현에 필요불가결한 물건들이 아니라서 행정대집행의 대상이 될 수 있다 하더라도, 필요불가결한 물건들까지 포함하여 전체를 행정대집행의 대상으로 삼은 것은 비례의 원칙에 위반된다.

그러므로 위 집회 장소에 있던 물건들 전부에 대하여 계고처분을 하고 행정대집행으로 나아가 이 사건 집회의 목적 달성을 불가능하게 하여 집회를 사실상 해체시키는 결과를 초래한 것은 위법하다고 보아야 하고, 공무집행의 적법성을 전제로 한 공무집행방해죄는 성립할 수 없다.

【2심판결(유죄) 요지】 집회 참가자들이 점용할 것으로 예정되어 있는 장소적, 시간적 범위 내에서 집회의 자유를 실현하기 위하여 집회 신고의 대상으로 삼은 것으로서 집회에 필요한 물건이라는 점이 인정된다면, 그 물건이 타인의 법익이나 공공의 안녕질서에 대한 직접적이고 명백한 위험을 초래하지 않는 이상, 관련 법규정에 의한 규제는 제한적으로 해석되어야 할 것이다. 그리고 그 물건이 타인의 법익이나 공공의 안녕질서에 대한 직접적이고 명백한 위험을 초래하는지 여부는, 그 물건이 존재하는 형태, 장소, 기간 등을 종합적으로 고려하여 실질적으로 평가하여야 한다.

집회가 일시적이거나 비교적 단기간에 걸쳐 진행될 경우에는 집회의 자유와 충돌하는 다른 법익에 대한 제한을 수인해야 하는 정도가 커지는 반면, 그 집회가 장기화될수록 질서유지 또는 공공복리를 위한 집회의 자유에 대한 제한의 정도도 증가할 수밖에 없다고 보는 것이 이익형량의 원리나 규범조화적 해석에 부합한다.

이 사건에 관하여 살피건대, ① 피고인을 포함한 쌍용차 대책위는 2012. 4.경부터 1년 이상의 장기간 대한문 앞 인도에 물건들을 적치하고 도로를 점용해 온 것이어서, 그들의 집회를 '일시적, 단기적 집회'로 보기 어려운 점, ② 이 사건 집회장소에 적치된 물건들 중에는 집회의 목적인 희생자 추모 및 문화제 개최와 직접적 관련이 없이 조합원들의 기거 또는 숙식 등을 위한 잡다한 물건들이 상당수 있었던 점, ③ 집회장소가 문화재인 덕수궁에 인접해 있어 문화재 보호와 도로미관의 유지 등의 필요성이 큰 곳이었던 점, ④ 집회장소 부근에는 지하철역과 서울광장이 있을 뿐만 아니라, 관공서 및 상업용 건물들이 밀집해 있어 일반 시민의 통행이 빈번한 곳인 점 등의 사정들을 종합해 보면, 비록 피고인 등이 집회신고서에 집회에 사용할 물건으로 기재하였다고 하더라도 그 물건들을 사용한 집회가 1년 이상 진행되어온 이 사건 발생 당시를 기준으로 보면, 구 도로법이 정하는 도로점용 허가를 받지 않고 도로에 장애물을 쌓아놓거나 교통에 지장을 끼치고 도로를 점유한 행위에 구 도로법 제45조가 정하는 '정당한 사유'가 있다고 할 수 없다.

또한 쌍용차 대책위는 중구청의 대화와 계고장 발부 등을 거부하고 2013. 4. 및 2013. 4. 행정대집행시 공무원들의 정당한 철거집행에 대하여 폭력을 행사하는 등 수 차례의 폭력을 행사한 사실이 인정되는바, 적어도 이 사건 당시인 2013. 6. 10.경에는 피고인 등의 이 사건 집회는 원천적으로 금지되는 공공의 안녕 질서에 직접적인 위협을 끼칠 것이 명백한 집회 또는 시위에 해당한다고 볼 수 있다.

【대법원 판결】 상고기각(특별한 판시 내용 없음)하여 2심 판결을 유지하였다.

【해설】 1심과 2심의 판단이 엇갈린 사안이다. 1심과 2심 모두 집회에 있어서 불가피하게 수반될 수 있는 물건이 존재할 수 있고, 이러한 물건에 의한 도로점용에 대하여도 집회에 대한 보호와 마찬가지로 일정한 보호가 필요하다는 점에 대하여는 견해를 같이 하였다. 다만 1심과 2심은, 이 사건 집회가 보호할 가치가 있는 집회였는지 여부인지에 관하여 관점을 달리하였다. 1심은 보호할 가치가 있다고 보았고 2심은 보호할 가치가 없다고 보았다. 따라서 1심은 보호할 가치가 있는 집회이므로 이에 부대한 물건들 중 집회에 필요불가결한 물건들에 대하여는 도로법위반을 이유로 행정대집행이 불가하고(만약 필요불가결한 물건들에 대하

여까지 행정대집행이 가능하다고 보면 실질적으로 집회를 와해시키는 결과를 가져오므로), 그렇다면 집회에 부대한 물건들 전체에 대한 행정대집행은 비례의 원칙에 반하여 위법하므로 이러한 위법한 공무집행에 대한 저항행위는 공무집행방해죄를 구성하지 않는다고 보았다. 이에 반하여 2심은 이 사건 집회가 보호할 가치가 없다는 전제에서 집회에 부대하여 도로를 점용한 물건들 전체에 대하여 도로법위반을 이유로 행정대집행이 가능하다고 보았다.

집시법 제1조에서도 알 수 있듯, 집회는 보호의 대상일 뿐만 아니라 규제의 대상이기도 하다는 점에서, 집회를 어느 정도로 보호 내지 규제를 할 것인지는 매우 어려운 문제이다. 1심과 2심 중 어느 입장이 더 타당하다고 단정할 수는 없다. 다만 보호되어야 할 집회라면, 그 집회에 필요불가결한 물건들에 대한 행정대집행이나 민사적인 수거청구는 불가능하다는 점을 밝혔다는 점에서 판결의 의미를 찾을 수 있다.

〔**참고문헌**〕 우인성, "집회 부대물의 철거와 공무집행방해에 관한 사례－대법원 2016. 7. 7. 선고 2015도20298 판결－", 형사판례연구 27(2019)

〔필자: 우인성 판사(서울서부지방법원)〕

97 의료법상 무면허의료행위의 의미

【대상판결】 **대법원 2012. 5. 10. 선고 2010도5964 판결**

【사실관계】 피고인1(○○○○○의원의 사업이사이자 간호사)과 피고인2(○○○○○의원에서방문간호사들을 총괄하는 업무를 담당하는 간호사)는 보험회사와 방문검진 위탁계약을 체결한 후 고용된 간호사들(이하 '방문간호사들'이라 한다)로 하여금 보험가입자들의 주거에 방문하여 의사의 지도·감독 없이 문진, 신체 계측, 채뇨, 채혈 등(이하 '건감검진'이라 한다)을 하게 한 뒤 이를 바탕으로 건강검진결과서를 작성하여 보험회사에 통보하는 등의 행위를 하고 보험회사로부터 그에 따른 대가를 받았다. 피고인 3(피고인 1, 2의 위와 같은 영업방식을 알면서도 ○○○○○의원을 인수한 이래 이 의원 소속의 유일한 의사)은 피고인 1, 2가 위와 같은 영업행위를 하는 기간 동안 ○○○○○의원의 사무실로 매일 출근하지는 아니하였고, 위와 같은 건강검진의 실시 여부에 관하여 개별적인 지시를 하지 아니하였을 뿐만 아니라 실제 보험가입자들에 대한 건강검진의 실시 과정이나 건강검진결과서의 작성·통보에 이르기까지 모든 과정에 의사로서 지시하거나 관여하지 아니하였다.

【판결요지】

1. (위) 건강검진은 피검진자의 신체부위의 이상 유무 내지 건강상태를 의학적으로 확인·판단하기 위하여 행하여지는 것으로서 이를 통하여 질병의 예방 및 조기발견이 가능할 뿐만 아니라 의학적 전문지식을 기초로 하는 경험과 기능을 가진 의사가 행하지 아니하여 결과에 오류가 발생할 경우 이를 신뢰한 피검진자의 보건위생상 위해가 생길 우려가 있으므로 의료행위에 해당하고, (중략) 피고인들이 계속적·반복적으로 건강검진을 실시한 행위는 영리를 목적으로 구 의료법(2009. 1. 30. 법률 제9386호 개정되기 전의 것) 제27조 제1항에서 금지하는 무면허의료행위를 업으로 한 것으로서 구 보건범죄단속법 제5조 위반에 해당한다.

2. 건강검진의 일환으로 행하여진 문진, 각종 신체계측 및 이를 바탕으로 한 건강검진결과서 등의 작성·통보 등의 행위는 의료행위인 건강검진을 구성하는 일련의 행위이므로, 이를 포괄하여 구 '보건범죄 단속에 관한 특별조치법(2011. 4. 12. 법률 제10579호로 개정되기 전의 것)' 제5조 위반으로 처벌할 것이(다) (후략).

3. (선략) 의사가 이러한 방식으로 의료행위가 실시되는 데 간호사와 함께 공모하여 그 공동의사에 의한 기능적 행위지배가 있었다면, 의사도 무면허의료행위의 공동정범으로서의 죄책을 진다.

【해설】

Ⅰ. 들어가는 말

대상판결은 3가지 쟁점을 다루고 있다. 첫째, 피고인 1, 2가 한 '건강검진' 등이 보건범죄단속법 제5조 위반(무면허의료행위를 영업으로 하는 행위)에 해당하는가, 둘째, 건강검진을 위한 일련의 행위와 이를 바탕으로 하는 건감검진결과서 등의 작성과 결과 통보 등의 행위는 구 보건범죄단속법 제5조의 포괄일죄인가 아니면 각 행위별로 독립적으로 평가해야 하는가, 셋째, 피고인1, 2의 행위가 무면허의료행위에 해당할 경우 의사인 피고인 3에 대해 무면허의료행위의 공동정범이 될 수 있는가? 이하에서는 무면허의료행위의 범위와 무면허의료행위의 주체와 직접관련 되는 쟁점 1, 3에 대해서만 검토하기로 한다.

Ⅱ. 무면허의료행위의 의미(쟁점①)

보건범죄단속법 제5조 위반 여부를 검토함에 있어서는 우선 피고인 1, 2의 행위가 구 의료법 제27조 제1항의 '의료행위'에 해당하는지가 문제된다. 의료행위 개념에 관해서는 대법원이 이미 확고한 해석공식을 가지고 있다. 이에 의하면 "'의료행위'라 함은 의학적 전문지식을 기초로 하는 경험과 기능으로 진찰, 검안, 처방, 투약 또는 외과적 시술을 시행하여 하는 질병의 예방 또는 치료행위 및 그 밖에 의료인이 행하지 아니하면 보건위생상 위해가 생길 우려가 있는 행위를 의미하고, 여기서 말하는 '의료인이 행하지 아니하면 보건위생상 위해가 생길 우려'는 추상적 위험으로도 충분하므로 구체적으로 환자에게 위험이 발생하지 아니하였다고 해서 보건위생상의 위해가 없다고 할 수는 없다(대법원 1993. 8. 27. 선고 93도153 판결; 대법원 2004. 10. 28. 선고 2004도3405 판결 등 참조)."고 한다. 그러나 위 사실관계에 따르면 피고인 1, 2가 주도한 건강검진 행위는 '질병의 예방이나 치료행위에 해당한다고 볼 수 없고, 그로 인하여 사람의 생명, 신체나 공중위생에 위해를 발생시킬 우려가 있다고도 보이지 않기 때문에 의료행위에 해당하지 않을 수도 있다. 원심법원도 같은 취지에서 피고인들의 행위가 의료행위에 해당하지 않는다고 보았다(따라서 보건범죄단속법 제5조 위반죄에 대해서도 무죄를 선고하였다). 그럼에도 대법원은 위와 같은 방식의 '건강검진'도 의료법상의 의료행위에 해당하는 것으로 보았다. 왜냐하면 건강검진은 "피검진자의 신체부위의 이상 유무 내지 건강상태를 의학적으로 확인·판단하기 위하여 행하여지는 것으로서 이를 통하여 질병의 예방 및 조기발견이 가능하게 될 뿐만 아니라 의학적 전문지식을 기초로 하는 경험과 기능을 가진 의사가 행하지 아니하여 그 결과에 오류가 발생할 경우 이를 신뢰한 피검진자의 보건위생상 위해가 생길 우려"가 있기 때문이라고 한다. 뿐만 아니라 대법원은 건강검진이 실시된 이유가 보험회사가 피검진자와 사이에 보험계약을 체결할 것인지 여부를 결정하기 위한 것이라 하더라도 건강검진의 의료행위로서의 성질과 기능이 상실되는 것도 아니라는 태도를 보였다.

다른 한편 대법원은 의사가 간호사로 하여금 의료행위에 관여하게 하는 경우에도 그 의료행위는 의사의 책임 아래 이루어지는 것이고 간호사는 그 보조자에 불과하다(대법원 1998. 2. 27. 선고 97도2812 판결 등 참조). 따라서 간호사가 '진료의 보조'를 하는 경우 모든 행위 하나하나마다 항상 의사가 현장에 입회하여 일일이 지도·감독하여야 한다고 할 수는 없고, 경우에 따라서는 의사가 진료의 보조행위 현장에 입회할 필요 없이 일반적인 지도·감독을 하는 것으로 충분한 경우도 있을 수 있다(대법원 2003. 8. 19. 선고 2001도3667 판결; 대법원 2006. 8. 24. 선고 2005도8360 판결 등 참조)는 태도를 취하고 있었다. 이러한 법리에 따를 때 위 사실관계에서 피고인 1, 2의 의료행위는 무면허의료행위에 해당하는지가 문제될 수도 있다. 그러나 대법원은 대상판결에서 위 법리에 따르더라도 피고인 1, 2의 행위는 무면허의료행위에 해당하는 것임을 분명히 하였다. "이는 어디까지나 의사가 그의 주도로 의료행위를 실시하면서 그 의료행위의 성질과 위험성 등을 고려하여 그중 일부를 간호사로 하여금 보조하도록 지시 내지 위임할 수 있다는 것을 의미하는 것에 그친다. 이와 달리 의사가 간호사에게 의료행위의 실시를 개별적으로 지시하거나 위임한 적이 없음에도 간호사가 그의 주도 아래 전반적인 의료행위의 실시 여부를 결정하고 간호사에 의한 의료행위의 실시과정에도 의사가 지시·관여하지 아니한 경우라면, 이는 구 의료법 제27조 제1항이 금지하는 무면허 의료행위에 해당한다고 볼 것이다.

Ⅲ. 무면허의료행위의 공동정범성립여부(쟁점③)

의사 면허 없는 피고인 1, 2의 행위가 무면허의료행위에 해당할 경우 그 행위에 가담한 의사 피고인 3의 죄책이 문제된다. 의사 면허 있는 피고인 3은 의료법위반(무면허의료행위)죄의 주체가 될 수 없는 불구성적 신분자에 해당한다. 불구성적 소극적 신분자는 의료법위반죄의 정범적격이 결여되어 있으므로 공동정범도 성립되기 어렵다. 그럼에도 대법원은 기능적 행위지배를 근거로 내세우면서 피고인 3에 대해 공동정범이 된다는 판시를 하고 있다. 이러한 태도는 형법 제33조의 '신분'에 적극적 신분뿐 아니라 소극적 신분도 포함된다는 전제하에서만 가능하다. 그러나 이러한 전제하에서 형법 제33조를 적용하더라도 피고인 3에게 의료법위반죄의 공동정범이 성립되기는 어려울 것으로 보인다. 형법 제33조 본문은 신분

없는 자가 신분있는 자의 신분범죄에 가담했을 경우를 예정한 규정인데, 대상판결의 사실관계에서는 반대로 신분자(소극적 신분을 가진 자: 면허자)가 비신분자(무면허자)의 의료행위에 관여하고 있기 때문이다.

IV. 나오는 말

소극적 신분이 형법 제33조의 신분개념에 해당될 수 없다고 보는 입장을 취하면 소극적 신분자와 비신분자의 행위는 공범종속성의 일반원칙에 따라 평가된다. 이에 따르면 피고인 3은 의료법위반죄의 정범이 아니라 공범(방조범)이 성립될 수 있을 뿐이다. 특히 대상판결이 선고된 시점의 형법 제33조는 "신분관계로 인하여 성립될 범죄"라는 문구를 사용하고 있어서 여기에 소극적 신분도 포함된다고 해석할 여지가 있었지만, 2021년 12월 9일부터 시행될 개정 형법 제33조는 위 문구를 "신분이 있어야 성립되는 범죄"라고 바꿈으로써 소극적 신분의 경우는 해석상 형법 제33조의 적용가능성은 원천적으로 사라지게 되었다. 따라서 장차 무면허의료행위에 가담한 의사에 대한 형사책임 문제는 형법 제33조의 규정을 통해서가 아니라 공범종속성의 일반원칙에 따라 해결되어야 할 것으로 보인다.

〔필자: 김성돈 교수(성균관대)〕

98 '면허된 것 이외의 의료행위'의 판단기준

【대상판결】 **대법원 2014. 1. 16. 선고 2011도16649 판결**

【사실관계】 한의사인 피고인은 2010. 5. 11.경 부산 소재 한의원에서, 1회용 주사기를 이용하여 甲의 코와 볼에 조직수복용 생체재료인 히알루론산을 성분으로 하는 의료기기 제품인 '필러스타(Fillostar)'를 이용하여 필러를 주입하는 시술을 하였는데, 검사는 이를 의료법상 '한의사에게 면허된 것 이외의 의료행위'를 하였다고 보아 피고인을 기소하였다.

【판결요지】

1. 구 의료법(2012. 2. 1. 법률 제11252호로 개정되기 전의 것. 이하 같다) 제2조 제1항, 제2항 제1호, 제3호, 제5조, 제27조 제1항 본문, 제87조 제1항에서 의사와 한의사가 동등한 수준의 자격을 갖추고 면허를 받아 각자 면허된 것 이외의 의료행위를 할 수 없도록 하는 이원적 의료체계를 규정한 것은 한의학이 서양의학과 나란히 독자적으로 발전할 수 있도록 함으로써 국민으로 하여금 서양의학뿐만 아니라 한의학이 이루고 발전시켜 나아가는 의료혜택을 누릴 수 있도록 하는 한편, 의사와 한의사가 각자의 영역에서 체계적인 교육을 받고 국가로부터 관련 의료에 관한 전문지식과 기술을 검증받은 범위를 벗어난 의료행위를 할 경우 사람의 생명, 신체나 일반 공중위생에 발생할 수 있는 위험을 방지하기 위한 것이다.

2. 의료법령에는 의사, 한의사 등의 면허된 의료행위의 내용을 정의하거나 구분 기준을 제시한 규정이 없으므로, 의사나 한의사의 구체적인 의료행위가 '면허된 것 이외의 의료행위'에 해당하는지 여부는 구체적 사안에 따라 이원적 의료체계의 입법 목적, 당해 의료행위에 관련된 법령의 규정 및 취지, 당해 의료행위의 기초가 되는 학문적 원리, 당해 의료행위의 경위·목적·태양, 의과대학 및 한의과대학의 교육과정이나 국가시험 등을 통하여 당해 의료행위의 전문성을 확보할 수 있는지 여부 등을 종합적으로 고려하여 사회통념에 비추어 합리적으로 판단하여야 한다. 한의사가 전통적으로 내려오는 의료기기나 의료기술(이하 '의료기기 등'이라 한다) 이외에 과학기술의 발전에 따라 새로 개발·제작된 의료기기 등을 사용하는 것이 한의사의 '면허된 것 이외의 의료행위'에 해당하는지 여부도 이러한 법리에 기초하여 판단하여야 하고, 의료기기 등의 개발·제작 원리가 한의학의 학문적 원리에 기초하지 아니하였다는 사정만으로 한의사가 해당 의료기기 등을 진료에 사용한 것이 그 면허된 것 이외의 의료행위를 한 것이라고 단정할 것은 아니다.

【해설】

Ⅰ. 들어가는 말

우리나라에서는 종래 역사적으로 전통적 한의학이 발전해 오던 중, 근대화를 거치면서 그와 전혀 별개의 체계를 가진 양의학이 들어와 함께 발전해 왔음은 주지의 사실이다. 그런데 한의학과 양의학의 경계가 무엇이냐는 질문을 던진다면 다양한 답변이 나올 수 있을 것이나, 그 누구도 양자 사이의 경계선이 어디에 그어져야 하는지 명쾌하게 말하기는 쉽지 않을 것이다. 이러한 애로사항을 반영하듯 우리나라 의료법령 역시 의사, 한의사 등의 면허된 의료행위의 내용을 정의하거나 그 구분 기준을 제시한 규정이 존재하지 않는다.

위 사례에 대한 결론부터 말하자면, 위 판결은 위와 같은 기준을 제시한 후 피고인의 필러 주입 행위는 의료법상 한의사에게 면허된 것 이외의 의료행위에 해당한다고 판단하였다.

그러면 이러한 결론은 대체 어떤 논리와 근거하에 이끌어내진 것인지를 이하에서 상세히 살펴보도록 한다.

Ⅱ. 의료법령 규정의 체계와 이 사건의 연결고리

구 의료법(2012. 2. 1. 법률 제11252호로 개정되기 전의 것, 이하 같다)상 의료인이란 보건복지부장관의 면허를 받은 의사, 한의사 등을 말한다(제2조 제1항). 그런데 여기서 의사(즉, 양의)는 의료와 보건지도의 임무를, 한의사는 한방 의료와 한방 보건지도의 임무를 각기 수행한다고 정할 뿐이다(제2조 제2항 제1호, 제3호). 결국 의료와 보건지도의 임무는 똑같이 수행하는데, 양의는 양방의료와 보건지도를, 한의는 한방의료와 보건지도의 임무를 가진다고 규정한 것에 그치고 있으므로, 무엇이 양방인지, 무엇이 한방인지에 대하여는 침묵하고 있다.

또 나아가, 의료인이 아니면 누구든지 의료행위를 할 수 없고 의료인도 면허된 것 이외의 의료행위를 할 수 없으며(제27조 제1항 본문), 이를 위반한 자는 형사처벌을 받게 되어 있다(제87조 제1항). 그런데 의료법에서는 의료인이 아니면 할 수 없는 의료행위가 무엇인지, 그리고 의사·치과의사·한의사가 각 할 수 있는 면허된 의료행위가 무엇인지에 대한 구체적인 규정 역시 두고 있지 않다.

결국 이 사건에서 한의사인 피고인이 한 이 사건 시술행위가 구 의료법 제27조 제1항 위반행위에 해당하기 위해서는, 이 사건 치료행위가 의료행위에 해당하면서도 한의사의 면허된 의료행위에 해당하지 않아야 한다. 그 판단을 위해서는 이 사건 시술행위의 구체적인 내용, 이 사건 시술행위가 의료행위에 해당하는지 여부, 이 사건 시술행위가 한의사의 면허된 의료행위에 해당하는지 여부에 대하여 차례로 논증이 되어야 하는데, 위 대상판결의 판시요지 부분은 바로 한의사의 면허된 의료행위에 해당하는지 여부의 판단기준에 관한 것이다.

Ⅲ. 대법원 판례에 따른 양의와 한의사에게 면허된 의료행위의 구별 기준의 분석

1. 종래의 판례(대법원 2011. 5. 26. 선고 2009도6980 판결)

위 판례는 위와 같은 구별기준을 최초로 제시한 판결이나, 그 기준이 상당히 추상적이었다. 즉, 위 판결은 "구체적인 행위가 '면허된 것 이외의 의료행위'에 해당하는지 여부는 구체적 사안에 따라 구 의료법의 목적, 구체적인 의료행위에 관련된 규정의 내용, 구체적인 의료행위의 목적, 태양 등을 감안하여 사회통념에 비추어 판단하여야 한다."라고 판시함으로써 상당히 추상적 기준만을 제시하고 있다.

2. 대상판결에서 재차 종합적으로 제시한 기준

먼저 판시내용을 다시 살펴보면 다음과 같다.

"의사나 한의사의 구체적인 의료행위가 '면허된 것 이외의 의료행위'에 해당하는지 여부는 구체적 사안에 따라 이원적 의료체계의 입법 목적, 당해 의료행위에 관련된 법령의 규정 및 취지, 당해 의료행위의 기초가 되는 학문적 원리, 당해 의료행위의 경위·목적·태양, 의과대학 및 한의과대학의 교육과정이나 국가시험 등을 통해 당해 의료행위의 전문성을 확보할 수 있는지 여부 등을 종합적으로 고려하여 사회통념에 비추어 합리적으로 판단하여야 할 것이다."

위 문언상 차이에서 보듯이, 판례는 한의학과 양의학의 서로 상이한 체계와 발전과정에 주목하고 있음을 알 수 있다. 그에 따라 학문적 원리, 교육과정, 시험 등을 통해 문제된 의료행위의 전문성을 확보할 수 있는지 여부를 중요한 추가적 판단기준으로 제시하고 있다.

대법원은 또한, 이러한 법리가 새로운 기술발전에 따른 의료기기 사용 문제에도 마찬가지로 적용됨을 밝히면서, 의료기기 등의 개발·제작 원리가 한의학의 학문적 원리에 기초하지 아니하였다는 사정만으로 한의사가 해당 의료기기 등을 진료에 사용한 것이 그 면허된 것 이외의 의료행위를 한 것이라고 단정할 것은 아니라는 단서를 주의적으로 두고 있다.

그런데 이러한 신기술과 관련한 구체적 판단기준은 무언가 조금 부족한 느낌을 지울 수 없는데, 역시나 위 대상판결이 있은 후 한 달 뒤 선고된 대법원 2014. 2. 13. 선고 2010도10352 판결은 그 구체적 판단기준을 추가적으로 자세히 밝히고 있다. 즉, 위 판결은 ① 관련 법령에 한의사의 당해 의료기기 등 사용을 금지하는 취지의 규정이 있는지, ② 당해 의료기기 등의 개발·제작 원리가 한의학의 학문적 원리에 기초한 것인지, ③ 당해 의료기기 등을 사용하는 의료행위가 한의학의 이론이나 원리의 응용 또는 적용을 위한 것으로 볼 수 있는지, ④ 당해 의료기기 등의 사용에 서양의학에 관한 전문지식과 기술을 필요로 하지 않아 한의사가 이를 사용하더라도 보건위생상 위해가 생길 우려가 없는지 등을 종합적으로 고려하여 판단하여야 함을 강조하고 있다.

Ⅳ. 나오는 말

대법원은 이 사건 필러시술은 전적으로 서양의학의 원리에 따른 시술일 뿐, 한의사의 면허된 것 이외의 의료행위에 해당한다고 판단한 원심판결을 수긍하였다.

이 사건 판결에서 제시된 법리는 이후 의사와 치과의사(둘 다 양의이므로 대상판결 법리가 바로 적용되지는 않음에 유의)의 면허범위 구별기준에 관한 대법원 2016. 7. 21. 선고 2013도850 전원합의체 판결에도 영향을 준 바 있다.

〔참고문헌〕 조민석, "의사와 한의사의 의료행위가 면허된 것 이외의 의료행위에 해당하는지 여부의 판단 기준", 대법원판례해설 [100호](2014)

〔필자: 강우찬 부장판사(서울행정법원)〕

99 무진찰 처방전 작성죄의 성립 범위 - 타인 명의의 처방전

【대상판결】 **대법원 2013. 4. 11. 선고 2011도14690 판결**

【사실관계】 피고인은 서울 중구 을지로 소재 'ㅇㅇ의원' 원장으로 의사면허를 취득하여 의료업에 종사하고 있다. 의료법상 의료업에 종사하고 직접 진찰한 의사가 아니면 처방전을 작성하여 환자에게 교부할 수 없고, 당시 식약처 고시 등에서 향정신성의약품은 28일 이상 처방할 수 없도록 제한하고 있었다. 피고인은 2010. 6. 1.경 위 의원에서 갑(향정신성의약품 임의처방 실태를 고발하기 위해 환자를 가장한 기자)을 진료한 후, 갑에게 펜타신(향정신성의약품) 등을 처방함에 있어, 갑이 바빠서 병원에 못 오니 3달치 처방전을 교부해달라고 하자, ① 갑 명의로 28일치 처방전을 끊어주는 한편, ② 자신이 진찰하지도 않은 위 의원 소속 간호사인 A, B 명의로 각 28일치 처방전을 추가로 끊은 다음 이를 갑에게 교부하였다.

【판결요지】 의사나 치과의사(이하 '의사 등'이라 함)와 약사 사이의 분업 내지 협업을 통한 환자의 치료행위는 의사 등에 의하여 진료를 받은 환자와 약사에 의한 의약품 조제와 복약지도의 상대방이 되는 환자의 동일성을 필수적 전제로 하며, 그 동일성은 의사 등이 최초로 작성한 처방전의 기재를 통하여 담보될 수밖에 없다. 따라서 의사 등이 의료법 제18조에 따라 작성하는 처방전의 기재사항 중 의료법 시행규칙 제12조 제1항 제1호에서 정한 '환자의 성명 및 주민등록번호'는 치료행위의 대상을 특정하는 요소로서 중요한 의미를 가진다고 보아야 한다. 의사 등이 처방전을 작성하여 환자에게 교부할 때에 직접 진찰하여야 할 상대방은 처방전에 환자로 기재된 사람을 가리키고, 만일 의사 등이 처방전에 환자로 기재한 사람이 아닌 제3자를 진찰하고도 환자의 성명 및 주민등록번호를 허위로 기재하여 처방전을 작성·교부하였다면, 그러한 행위는 의료법 제17조 제1항(현행 제17조의2 제1항)에 위배된다고 보아야 한다.

【참조조문】 구 의료법(2016. 12. 20. 법률 제14438호로 개정되기 전의 것) 제89조, 제17조 제1항(현행 제89조 제1호, 제17조의2 제1항 참조)

【해설】

Ⅰ. 들어가는 말

대상판결의 쟁점은, "환자 본인(갑)을 진찰한 후 다른 사람(A, B)의 인적사항을 기재한 처방전을 작성하여 환자 본인(갑)에게 교부한 행위"가 이 사건 조항에서 규율하고 있는 '무진찰 처방전 작성죄'에 해당하는가이다.

대법원은 '무진찰 진단서 등 작성죄'에 있어서, ① 진찰의 정도 및 방법과 관련하여, 전화 진찰을 하였다는 사정만으로 의료법을 위반한 것으로 볼 수 없다는 취지로 판시하였고(대법원 2013. 4. 11. 선고 2010도1388 판결), ② 진찰의 시기에 관하여, 진단서는 그 기재 내용을 담보할 수 있을 정도의 기간 안에 작성되어야 하며, 진찰과 진단서 작성 사이에 기간이 너무 떨어져 있는 경우에는 환자를 진찰한 의사라고 보기 어렵다는 취지로 판시하였다(대법원 1996. 2. 23. 선고 95누16318 판결). 한편, ③ 의사가 진단서에 상해일로 기재된 날에 환자를 진찰한 바 없다 하더라도 그 진단서 작성일자에 그 환자를 직접 진찰하고 그 진찰 결과에 터잡아 그가 말하는 상해년월일과 그 상해년월일을 기준으로 한 향후치료기간을 기재한 진단서를 교부한 행위는 의료법을 위반한 것으로 볼 수 없다고 판단하였다(대법원 1996. 6. 28. 선고 96도1013 판결).

종래 '진단서'에 관한 대법원 판결의 취지, 의료법의 규정 취지 및 그 내용에 비추어 볼 때, 이 사건과 같이, 의사가 다른 사람(A, B)의 인적사항을 기재한 처방전을 작성하여 자신이 직접 진찰한 환자 본인(갑)에게 교부한 행위가 '무진찰 처방전 작성죄'에 해당하는지는 첨예한 의견 대립이 있었다.

Ⅱ. 직접 진찰한 환자에게 타인 명의의 처방전을 교부한 행위가 '무진찰 처방전 작성죄'에 해당하는지 여부

2019년 의료법 개정 이후 예외적으로 환자의 직계가족등에게 처방전을 교부할 수 있게 되었으나(의료법 제17조의2 제2항), 의료법 제17조의2, 제18조 등에 의하면 처방전은 그 처방전에 환자로 기재된 자에게 교부하는 것이 원칙이라 할 것이다. 다만, 직접 진찰한 환자에게 타인 명의로 처방전을 작성하여 교부한 행위가 '무진찰 처방전 작성죄'에 해당하는지 여부는 해석상 여전히 문제가 된다.

1. 견해의 대립

무죄설의 논거는 다음과 같다. ① 이 사건 조항은 문언상 '직접 진찰한 의사가 아니면 처방전을 작성하여 환자에게 교부하지 못한다.'는 것이므로, '처방전에 기재된 환자'와 '실제 처방전을 교부받은 환자'가 다르다면, 교부받은 환자를 기준으로 직접 진찰 여부를 판단할 수밖에 없다. 죄형법정주의의 원칙에 따라 진료기록부의 허위기재에 대하여 그 처벌규정이 없어 무죄로 판단된 것(대법원 2005. 11. 24. 선고 2002도4758 판결)과 같은 취지로, 의사가 직접 진찰한 환자에게 처방전을 교부한 이상 그 처방전이 타인 명의로 작성되었다고 하더라도 이를 처벌하는 규정이 없다면 무죄로 보아야 한다. ② 진단서는 그 내용이 허위인 경우에 대한 처벌규정이 있는 반면, 처방전의 경우에는 마약에 한하여 별도의 규정이 있을 뿐 처방전의 허위기재 그 자체를 처벌하는 규정이 없다. ③ 이 사건 조항이 의약분업 유지, 약물 오남용 방지까지 목적으로 하는 것이라고 볼 수 없고, 설령 그렇다고 보더라도 의사가 직접 진찰한 환자에게 처방전을 발급한 이상 환자 명의를 차용하였다 하더라도 그 취지에 어긋나지 않는다.

유죄설은 다음과 같이 설명한다. ① 이 사건 조항의 문언해석상, '처방전상의 환자 명의(작성 상대방)'와 '처방전을 교부받은 환자 명의(교부 상대방)'가 동일해야 한다는 것은 당연한 전제이며, 진료기록부의 허위기재는 처벌규정 자체가 없는 경우이지만, 처방전의 경우에는 이 사건 조항에서 규율하고 있다. ② 처방전의 내용 중 환자 명의가 실제 진찰 및 교부 상대방과 다른 경우 처방전에 기재된 환자를 기준으로 본다면, 의사가 직접 진찰하지 않은 환자에게 처방전을 작성, 교부한 행위가 될 수 있다. ③ 의료법에서 환자를 직접 진찰한 의사에 한하여 처방전의 작성 권한을 부여한 것은, 최소한 처방전과 관련해서는 적정한 진료행위로서 직접 진료를 요구하는 것이다. 적정한 진료행위에 의하여 의약품 오남용을 막는 것도 이 사건 조항의 보호법익이라고 볼 수 있다.

2. 대법원의 태도

대상판결은 의사가 의료법에 따라 작성하는 처방전의 기재사항 중 동 시행규칙에서 정한 '환자의 성명 및 주민등록번호'는 치료행위의 대상을 특정하는 요소로서 중요한 의미를 가지므로, 의사가 이 사건 조항에 따라 직접 진찰하여야 할 상대방은 처방전에 환자로 기재된 사람을 가리키고, 만일 의사가 제3자를 진찰하고도 환자의 성명 및 주민등록번호를 허위로 기재하여 처방전을 작성·교부하였다면, 그러한 행위는 이 사건 조항에 위배된다는 것을 명시적으로 선언하였다. 의사가 진찰한 환자 본인의 인적사항을 처방전에 기재하여 이를 진찰받은 환자 본인에게 교부하도록 규정한 의료법의 취지 및 의약분업정책 등을 고려하여 이 사건 조항에서 말하는 환자는 '처방전을 교부받는 자'가 아니라, '처방전에 환자로 인적사항이 기재된 자'를 의미함을 최초로 밝힌 판례이다.

이후 대법원은 진단서 등이 중요한 사회적 기능을 담당하고 있음을 밝히며, 허무인 명의로 처방전을 작성하여 교부한 경우에도 같은 취지로 판단하였다(대법원 2021. 2. 4. 선고 2020도13899 판결).

Ⅲ. 나오는 말

이 사건 조항은 처방전의 작성 상대방 및 교부 상대방이 모두 동일함을 전제로 그 사람을 환자로서 진찰할 것을 상정하고 있다. 피고인의 행위로 작성 상대방과 교부 상대방이 다른 상태가 야기된 이상, 그중 어느 쪽이라도 진찰하지 않으면 이 사건 조항을 위반한 것으로 보아야 한다. 만약 피고인이 처방전의 작성 상대방 및 교부 상대방이 다른 상태를 야기하였다 하여 그중 한 사람만 진찰하여도 이 사건 조항을 위반한 것이 되지 않는다면, 오히려 위법한 상태를 초래한 자가 유리한 취급을 받게 되는 부당한 결과가 도출된다. 설령 처방전의 작성 상대방과 교부 상대방이 다른 경우에, 그중 1명만을 진찰하여야 한다면, 부득이한 경우 환자 가족들의 처방전 대리수령을 인정하고 있는 의료법의 취지 등에 비추어 볼 때, 적어도 처방전의 작성 상대방을 진찰의 대상으로 삼아야 한다고 해석함이 타당하다.

결국 당해 처방전에 환자로 기재된 자를 진찰하지 않은 의사로서는 처방전을 작성할 수도 없고, 교부할 수도 없다. 처방전에 기재된 환자를 진단하지 않은 이 사건은 유죄임이 분명하다.

〔참고문헌〕 박영호, “직접 진찰한 환자가 아닌 자의 인적사항을 처방전에 기재하여 교부한 행위가 의료법 제17조 제1항 위반행위인지 여부”, 대법원판례해설 [96](2013)

〔필자: 김형진 고법판사(서울고등법원)〕

100 외국환거래법에서 몰수 · 추징 대상인 취득의 의미

【대상판결】 **대법원 2017. 5. 31. 선고 2013도8389 판결**

【사실관계】 甲(피고인)은 거주자인 A 재단법인(○○○선교회)의 이사이자 사무총장으로서 위 재단법인의 자금관리 업무를 총괄하고 있었다. 비영리 법인인 거주자가 비거주자로부터 외화자금을 차입하고자 하는 경우 지정거래 외국환은행을 경유하여 한국은행총재에게 신고하여야 하고, 거주자가 비거주자로부터 원화자금을 차입하고자 하는 경우에는 지정거래 외국환은행을 경유하여 기획재정부장관에게 신고하여야 한다. 그럼에도 불구하고, 甲은 A 재단법인 명의로 2009. 11. 9. 비거주자인 B 회사(워싱턴 타임스, Washington Times Aviation USA LLC)로부터 원화 자금(160억 원) 및 외화자금(미화 700만 달러)을 차입하는 금전대차계약을 하면서 당일 안에 이 사건 금전대차계약에 의한 송금절차를 마무리하기 위하여 의도적으로 신고의무를 회피하였다.

이러한 사실관계에 대하여, 1심(서울중앙지방법원 2011고정7114)은 甲에게 벌금 3,000만 원, 추징 235억 3,200만 원을 선고하였고, 이에 甲이 항소하였지만 2심(서울중앙지방법원 2013. 6. 21. 선고 2012노4404 판결)에서는 피고인의 항소를 기각하였다. 이에 대하여 피고인은 대법원에 상고하였다.

【판결요지】 형벌법규의 해석은 엄격하여야 하고 명문규정의 의미를 피고인에게 불리한 방향으로 지나치게 확장해석하거나 유추해석하는 것은 죄형법정주의의 원칙에 어긋나는 것으로서 허용되지 아니한다. 외국환거래법 제30조가 규정하는 몰수·추징의 대상은 범인이 해당 행위로 인하여 취득한 외국환 기타 지급수단 등을 뜻하고, 이는 범인이 외국환거래법에서 규제하는 행위로 인하여 취득한 외국환 등이 있을 때 이를 몰수하거나 추징한다는 취지로서, 여기서 취득이란 해당 범죄행위로 인하여 결과적으로 이를 취득한 때를 말한다고 제한적으로 해석함이 타당하다.

【해설】

Ⅰ. 들어가는 말

대상판결의 쟁점은 두 가지로 압축될 수 있다. 하나는 외국환거래법상 몰수와 추징의 법적 성격이 일반적 몰수·추징인지, 아니면 징벌적 몰수·추징의 성격을 가지고 있는지 여부이고(쟁점①), 다른 하나는 외국환거래법상 몰수· 추징의 대상이 되는 외국환의 '취득'의 의미이다(쟁점②). 전자에서는 외국환거래법상 몰수· 추징을 징벌적 몰수· 추징으로 보는 근거가 무엇인지 문제되고, 후자에서는 징벌적 몰수·추징에서 추징을 공동연대 추징으로 보는 대법원의 입장에서 취득의 의미가 문제된다.

대법원의 판결요지에는 쟁점②에 대해서만 답하고 있고, 쟁점①에 대한 답은 없다. 그 이유는 외국환거래법의 몰수·추징을 징벌적 몰수·공동연대 추징으로 보는 기존 대법원의 견해를 변경한 것이 없기 때문이다. 쟁점②와 관련하여서는 공동연대 추징을 하더라도 취득의 의미를 좁게 해석하고 있는 대법원의 견해를 설명할 필요가 있다.

Ⅱ. 외국환거래법상 몰수 · 추징의 법적 성격(쟁점①)

1. 징벌적 몰수 · 추징으로 보는 견해(대법원)

대법원은 구 외국환관리법의 몰수· 추징은 '징벌적 몰수· 추징'이라고 하면서 그 근거로 구 외국환관리법 제33조의 규정(현재 외국환거래법 제30조)과 구 외국환관리법 제1조(현재 외국환거래법 제1조)의 입법목적을 제시하고 있다. 즉, 일반적 몰수· 추징이 '이익박탈'을 목적으로 하고 있는 것과 달리 외국환거래법상 몰수·추징은 '이익박탈'을 목적으로 하지 않고 '징벌'을 목적으로 하는 '징벌적 몰수· 추징'이라고 하면서 본범 이외에 공범이 있는 경우에는 본범과 공범 간에 공동연대 추징을 인정하고 있다.

2. 일반적 몰수 · 추징으로 보는 견해

외국환거래법상의 입법목적과 추징규정을 특정범죄 가중처벌 등에 관한 법률(이하 '특가법'이라 함)의 입법목적 및 추징규정과 비교해보면 내용 및 형식이 거의 같다고 할 수 있는데, 대법원은 특가법의 추징규정에 대하여는 이익박탈적 성격을 갖는 일반적 추징이라고 하고 있다. 따라서 외국환거래법상 추징은 추징규정의 형식, 입법목적에서 이익박탈적 성격을 갖는 일반적 추징과 크게 다르지 않기 때문에 외국환거래법상 추징은 이익박탈적 성격을 갖는 일반적 추징으로 파악한다.

3. 검토

특별법의 입법목적에서 징벌적 몰수·추징의 근거를 찾는 것은 타당하다고 할 수 없다. 왜냐하면 일반적· 추상적인 문구로 이루어진 특별법의 입법목적에서 형법상의 몰수· 추징과 다른 성격을 갖는 징벌적 몰수· 추징의 특징을 나타내는 어떠한 근거도 찾을 수 없기 때문이다. 또한 이러한 대법원의 견해에 대하여는 범죄에 대한 엄격한 처벌이라는 목적을 우선시 하여 본질적으로 같은 것을 다르게 판단한 것으로서 유추해석금지원칙 및 명확성의 원칙에 위반된다고 할 수 있다.

Ⅲ. 공동연대 추징의 대상인 취득의 의미(쟁점②)

1. 공동연대 추징을 인정하는 대법원 판결에서 '취득'의 의미

대법원은 "외국환거래법 제30조가 규정하는 몰수·추징의 대상은 범인이 해당 행위로 인하여 취득한 외국환 기타 지급 수단 등을 뜻하고, 이는 범인이 외국환거래법에서 규제하는 행위로 인하여 취득한 외국환 등이 있을 때 이를 몰수하거나 추징한다는 취지로서, 여기서 취득이란 해당 범죄행위로 인하여 결과적으로 이를 취득한 때를 말한다고 제한적으로 해석함이 타당하다."고 하여 甲에 대한 추징을 인정하지 아니하였다. 즉 외국환 등을 취득한 것은 甲이 아니라, A 재단법인이므로 추징의 대상은 A 재단법인만으로 한정된다는 것이다.

2. 공동연대 추징을 부정하는 입장에서의 '취득'의 의미

외국환관리법 제33조는 '제30조 내지 제33조의 각 호의 1에 해당되는 자가 당해 행위로 인하여 취득한 외국환 기타 증권, 귀금속, 부동산 및 내국지급수단은 이를 몰수하며, 이를 몰수할 수 없을 때에는 그 가액을 추징한다.'고 규정하고 있다. 이를 몰수·추징에 관한 일반규정인 형법 제48조에 따라서 해석해보면, 몰수의 대상을 형법 제48조 제1항 제2호 후단의 '범죄행위로 인하여 취득한 물건'만으로 한정하고 이를 필요적인 것으로 볼 수 있다. 그리고 공동연대 추징을 인정하는 관세법에서는 범칙물건의 소유자와 구별하여 추징의 대상자를 포괄적으로 별도로 규정하고 있음에 비하여 외국환거래법의 몰수와 추징에 관하여는 그 대상자를 하나의 조문에 동일하게 규정하고 있다. 따라서 외국환관리법 제33조의 몰수·추징에 관한 규정을 문리에 따라 해석하여 보면, 몰수의 대상이 된 외국환 등을 '취득한 사람'만이 추징의 대상자가 되는 것으로 해석함이 마땅하다. 예를 들면, 공범 甲, 乙, 丙 중에서 甲이 외국환 등을 전부취득하여 소지하고 있은 경우에는 甲으로부터 그 외국환 등을 몰수하여야 하고, 그 외국환 등을 몰수할 수 없을 때에는 그 외국환 등의 취득자인 甲만이 추징의 대상자가 될 뿐이다.

Ⅳ. 나오는 말

위 판결이 외국환거래법의 추징에 있어서는 공동연대 추징을 부정하고 일반적 추징의 해석론에 따른 것이라면, 타당한 것이라고 할 수 있다. 그러나 기존에 공동연대 추징이라는 견해를 유지하면서 단지 공동연대 추징이 갖는 문제점을 해결하고자 외국환거래법 제30조에서의 '취득'의 의미를 제한적으로 해석한 것이라면 공동연대 추징에 의한 문제점은 그대로 남는다. 예를 들어 공범 甲, 乙, 丙, 丁이 외국환거래법상 자본거래의 신고의무를 위반하였고, 이에 따라 甲과 乙만이 외국환 등을 취득하였고 丙과 丁은 결과적으로 취득한 외국환이 없다면, 甲과 乙 사이에서는 역시 공동연대 추징을 인정하게 될 것이고, 이에 대하여는 공동연대 추징의 문제점에 대한 비판이 그대로 타당하다고 할 것이다.

〔**참고문헌**〕 김대원, "외국환거래법상 징벌적 추징에 대한 비판적 고찰", 형사판례연구 26(2018); 김대휘, "징벌적 추징에 관하여", 형사판례연구 8(2000)

〔**필자: 김대원 초빙교수(성균관대 과학수사학과)**〕

101 공범관계에서의 범죄수익 추징

【대상판결】 **대법원 2013. 4. 11. 선고 2013도1859 판결**

【사실관계】 피고인은 오피스텔 성매매 업소의 총책, 나머지 공동피고인 甲, 乙, 丙은 피고인의 지시에 따라 성매매 남성의 응대 및 안내(甲), 오피스텔의 청소 및 정리(乙), 대금 정산 등(丙)의 사무를 담당하였다. 피고인, 공동피고인 甲, 乙, 丙은 공동하여 약 6개월간 17여개의 오피스텔을 임차하여 성매매를 알선하여 156,000,000원의 이득을 얻었다. 공동피고인 甲, 乙, 丙은 모두 총책인 피고인으로부터 급여 명목으로 일용노임과 비슷한 금원만을 취득하였다.

검사는 피고인과 공동피고인 갑, 을, 병 모두를 성매매알선 등 행위의 처벌에 관한 법률 위반의 공동정범으로 기소하였는바, 1심은 피고인 및 공동피고인 갑, 을, 병에게 모두 유죄 판결을 선고하면서 그 범죄수익은 피고인으로부터만 추징하는 취지의 판결을 선고하였다. 피고인만이 이에 대하여 항소하였는바, 항소심은 공범들이 각각 개별적으로 얻은 구체적인 이득액을 정확히 알 수 없다는 이유로 균분하여 추징금액을 산정하여야 한다고 하여 피고인으로부터 39,000,000만 원[=156,000,000원÷4]을 추징하는 내용의 판결을 선고. 이에 대하여 검사가 상고하였다.

【판결요지】 성매매알선 등 행위의 처벌에 관한 법률 제25조의 규정에 의한 추징은 성매매알선 등 행위의 근절을 위하여 그 행위로 인한 부정한 이익을 필요적으로 박탈하려는데 그 목적이 있으므로, 그 추징의 범위는 범인이 실제로 취득한 이익에 한정된다고 봄이 상당하고, 다만, 범인이 성매매알선 등 행위를 하는 과정에서 지출한 세금 등의 비용은 성매매알선의 대가로 취득한 금품을 소비하거나 자신의 행위를 정당화시키기 위한 방법의 하나에 지나지 않으므로 추징액에서 이를 공제할 것은 아니다. 피고인은 이 사건 성매매업소를 총괄적으로 운영하는 업주이고, 나머지 공동피고인들은 피고인에게 고용되어 피고인의 지시를 받아 성매매 남성의 응대 등의 업무를 담당하면서 피고인으로부터 월급을 지급받은 직원들인 사실을 알 수 있는바, 위 법리에 비추어 보면 이 사건 성매매알선 등 행위로 인하여 얻은 이득액 전부는 피고인이 취득한 것으로서 공범들이 피고인으로부터 지급받은 급여는 피고인이 성매매알선의 대가로 취득한 금품을 소비한 것에 불과하므로 피고인으로부터 범죄로 인한 이득액 전부를 추징하여야 한다.

【해설】

Ⅰ. 들어가는 말

(1) 대상판결은 비록 공동정범으로 처벌받는 다른 공동피고인들이 있더라도, 그 공동피고인들이 범행을 총괄하는 피고인으로부터 단순히 월급 등 명목으로 금원을 지급받는 지위에 불과하다면, 범행을 총괄하는 피고인으로부터 전체 범죄수익을 추징하고, 월급 등 명목으로 지급한 금원을 위 범죄수익에서 공제할 수 없다는 판결이다.

이러한 판례 법리를 일관하면, 공동피고인들로부터는 그들이 단순히 급여형태로 취득한 범죄수익을 추징할 수 없게 된다. 왜냐하면, 대법원은 징벌적 추징(특수한 입법목적과 취지에 따라 형사제재적 성격을 지닌 추징으로서 관세법 제282조의 추징, 마약류 관리에 관한 법률 제67조의 추징, 외국환거래법 제30조의 추징 등을 의미하는 바, 이 경우 범죄와 관련된 모든 이익에 관여한 공동피고인들 전원에 대한 연대추징이 가능하다(대법원 1998. 5. 21. 선고 95도2002 전원합의체 판결))이 아닌 일반적 추징(위 징벌적 추징을 제외한 나머지 추징)에서는 몰수에 대신하는 이득의 박탈의 측면에서 파악하여 중복적인 추징이 불가능한 것으로 본다(대법원 1996. 11. 29. 선고 96도2490 판결 등 참조). 이에 따라 대법원은 총책으로부터 범죄수익을 추징한 사안에서 범행도구를 제공하고 그 대가를 받은 피고인에 대하여는 그 대가를 추징할 수는 없다고 판시하였다(대법원 2020. 5. 28. 선고 2020도2074 판결).

(2) 그런데 대상판결의 태도 등은 공범자들에 관한 추징에 관한 기존 대법원의 태도와 사뭇 배치되는 것이 아닌가 하는 의심이 든다. 2009도13912 판결 등은 "게임산업진흥에 관한 법률(이하 '게임산업법'이라 한다) 제44조 제3항에 의한 추징은 부정한 이익을 박탈하여 이를 보유하지 못하게 함에 그 목적이 있는 것이므로, 수인이 공동으로 게임산업법 제44조 제1항 각 호의 범죄로 인하여 이익을 얻은 경우에는 그 분배받은 금원, 즉 실질적으로 귀속된 이익금만을 개별적으로 몰수·추징하여야 하고, 그 분배받은 금원을 확정할 수 없을 때에는 이를 평등하게 분할한 금원을 몰수·추징하여야 한다."고 판시하였다. 한편 여기서의 범인에는 공동정범자 뿐만 아니라 종범 또는 교사범도 포함되고 소추 여부도 불문한다(대법원 1984. 5. 29. 선고 83도2680 판결 참조).

즉, 2009도13912 판결 등에 따르면 범인 각자가 분배받은 금원, 즉 실질적으로 귀속된 이익금을 개별적으로 몰수·추징하되, 만일 분배받은 금원을 확정할 수 없는 경우에는 이를 평등하게 분할한 금원을 몰수·추징하고, 여기서의 범인은 공동정범 뿐만 아니라 종범이나 교사범도 고려하라고 한다. 그런데 대상판결은 오히려 공동정범인 종업원이 급여형태로 범죄수익을 취득한 경우 그 금원을 종업원이 아닌 업주로부터만 추징하도록 판시한 것이다.

Ⅱ. 해결

(1) 범죄수익 등의 몰수·추징은 기본적으로 범죄로 인한 부정한 이익을 박탈하여 이를 보유하지 못하게 하는 것에 그 목적이 있다. 반면에 형사법상 공동정범, 교사범, 종범은 범죄행위의 가담에 따른 범죄성립 및 그 처벌을 목적으로 하는 것이므로 양자가 반드시 궤를 같이 할 필요는 없다. 즉, 단순히 방조범에 그치는 자더라도 범행을 통하여 큰 범죄수익을 얻은 경우라면 그 수익을 추징하고, 반면에 대상판결 사안과 같이 공동정범이더라도 범행을 통하여 얻은 범죄수익이 통상의 노동 대가와 유사하다면 총괄업주로부터 추징하는 것이 상당하다. 이렇게 하는 것이 범죄로 인한 부정한 이익을 박탈하여 이를 보유하지 못하게 하는 범죄수익 추징의 기본정신에 부합한다.

(2) 대법원도 대상 판결 이전에 공범자들 상호간의 범죄수익 등의 몰수·추징과 공범 형태는 그 궤를 같이 하는 것은 아니라고 보았다. 즉, '여러 사람이 공동으로 뇌물을 수수한 경우 그 가액을 추징하려면 실제로 분배받은 금품만을 개별적으로 추징하여야 하고 수수금품을 개별적으로 알 수 없을 때에는 평등하게 추징하여야 하며 공동정범뿐 아니라 교사범 또는 종범도 뇌물의 공동수수자에 해당할 수 있으나, 공동정범 아닌 교사범 또는 종범의 경우에는 정범과의 관계, 범행 가담 경위 및 정도, 뇌물 분배에 관한 사전약정의 존재 여부, 뇌물공여자의 의사, 종범 또는 교사범이 취득한 금품이 전체 뇌물수수액에서 차지하는 비중 등을 고려하여 공동수수자에 해당하는지를 판단하여야 한다. 그리고 뇌물을 수수한 자가 공동수수자가 아닌 교사범 또는 종범에게 뇌물 중 일부를 사례금 등의 명목으로 교부하였다면 이는 뇌물을 수수하는 데 따르는 부수적 비용의 지출 또는 뇌물의 소비행위에 지나지 아니하므로, 뇌물수수자에게서 수뢰액 전부를 추징하여야 한다.'고 판시(대법원 2011. 11. 24. 선고 2011도9585 판결)하였다. 결국 일정한 요건을 갖춘 경우에만 "공동수수자"가 되고, 공동수수자가 상호 간에 뇌물액을 나눈 경우에는 분배받은 뇌물액 만큼을 추징하되, 공동수수자로 볼 수 없는 자에게 뇌물을 분배한 경우에는 이는 뇌물을 수수하는 데 따르는 부수적 비용의 지출로 보아 뇌물을 분배한 공동수수자로부터 추징해야 한다(종범 또는 교사범으로부터 추징할 때에만 공동수수자 징표를 요한다고 해석될 여지가 있는 것은 다소 아쉽다).

(3) 대법원은 대상 판결 이후에 '국민체육진흥법상 유사행위를 범한 주범이 공범인 직원(공동정범으로 기소되어 유죄판단을 받았다)에게 급여를 지급한 경우, 이를 범죄수익 분배의 일환으로 지급한 것으로 볼 수 있다면 국민체육진흥법 제51조 제1항 및 제3항에 의하여 공범인 직원으로부터 그가 주범으로부터 수령한 급여 상당액을 추징할 수 있으나, 주범이 단순히 범죄수익을 얻기 위하여 비용 지출의 일환으로 공범인 직원에게 급여를 지급한 것에 불과하다면

공범인 직원에 대하여 위 규정에 의한 추징은 허용될 수 없다.'고 판시(대법원 2018. 12. 28. 선고 2018도13969 판결 참조)하여, 추징과 공범의 성립과는 필연적으로 연결되는 것이 아니라는 점을 분명히 하여 대상판결의 법리를 좀 더 명확히 하였다.

Ⅲ. 나오는 말

(1) 범죄수익의 추징은 기본적으로 범죄로 인한 부정한 이익을 박탈하여 이를 보유하지 못하게 하는 것에 그 목적이 있으므로 범죄행위의 가담에 따른 범죄성립 및 그 처벌을 목적으로 하는 공범론과 궤를 같이할 필요는 없다.

(2) 공범자가 급여형태로 범죄수익을 얻었다고 하더라도 그 수액이나 공범자들 상호 간의 관계 등을 고려하여 사실상 투자자로서 배당받은 것과 같은 다름없는 형태를 띠거나 수행한 노동의 정도 등에 비추어 일반적으로 지급받을 수 없는 금원을 받은 경우에는 범죄수익의 배분을 보아 그 공범으로부터 추징하고 수행한 노동의 정도 등에 비추어 통상의 대가에 불과하면 총책이 단순히 범죄수익을 얻기 위하여 비용 지출한 것으로 보아 총책으로부터 추징할 것이다.

〔참고문헌〕 권순건, "급여 등 형태로 취득한 공범의 범죄수익 추징(대법원 2013. 4. 11. 선고 2013도1859 판결, 공동수익자 이론의 필요성)", 형사판례연구 26(2018)

〔필자: 권순건 부장판사(창원지방법원)〕

102 저작권법상 온라인서비스제공자의 책임 제한

【대상판결】 **대법원 2013. 9. 26. 선고 2011도1435 판결**

【사실관계】 피고인들은 웹스토리지(통칭 '웹하드') 서비스를 제공하는 8개 사이트의 운영 업체와 그 대표 등 경영자들로, 회원 가입한 이용자들에게 무료로 저장공간을 제공하거나, 파일을 다운로드하는 이용자들을 상대로 과금하여 얻은 수익 중 일부를 파일을 업로드하는 이용자들에게 분배하거나, 원하는 파일을 쉽게 검색하여 찾을 수 있는 편의 기능을 제공하는 등으로, 각종 온라인컨텐츠 파일을 업로드 또는 다운로드받을 수 있게 하였다. 위 사이트에 회원으로 가입한 불특정 다수의 이용자들은 2008. 2.경 위 사이트에서 저작재산권의 보호를 받는 영화 파일을 업로드 또는 다운로드 하여 저작재산권자의 전송권·복제권을 침해하였다.

제1심 및 항소심 법원은 웹스토리지 서비스 제공 사이트 이용자들의 복제권·전송권 침해행위에 관한 피고인들의 방조 책임을 인정하였다. 이에 피고인들은, 이용자들의 저작재산권 침해행위가 발생하였을 당시의 기술 수준에 비추어 최선의 기술적 조치를 취하였으므로 구 저작권법 제102조 제2항에 따라 형사책임이 면제되어야 한다거나, 저작재산권 침해행위를 알게 된 후 또는 저작재산권 침해 통지를 받은 후 해당 저작물이 전송·복제되지 않도록 조치하였으므로 구 저작권법 제102조 제1항 또는 제103조 제5항에 따라 형사책임이 감경 또는 면제되어야 한다는 등의 이유로 상고하였으나, 대법원은 피고인들의 주장을 배척하고 상고를 기각하였다.

【판결요지】

[1] 구 저작권법(2008. 2. 29. 법률 제8852호로 개정되기 전의 것, 이하 같다)은 제102조 제1항 에서 '온라인서비스제공자가 저작물의 복제·전송과 관련된 서비스를 제공하는 것과 관련하여 다른 사람에 의한 저작물의 복제·전송으로 인하여 그 저작권이 침해된다는 사실을 알고 당해 복제·전송을 방지하거나 중단시킨 경우에는 다른 사람에 의한 저작권의 침해에 관한 온라인서비스제공자의 책임을 감경 또는 면제할 수 있다.'고 규정하고, 같은 조 제2항에서 '온라인서비스제공자가 저작물의 복제·전송과 관련된 서비스를 제공하는 것과 관련하여 다른 사람에 의한 저작물의 복제·전송으로 인하여 그 저작권이 침해된다는 사실을 알고 당해 복제·전송을 방지하거나 중단시키고자 하였으나 기술적으로 불가능한 경우에는 그 다른 사람에 의한 저작권의 침해에 관한 온라인서비스제공자의 책임은 면제된다.'고 규정하고, 같은 법 제103조 제5항에서 '온라인서비스제공자가 저작권자로부터 불법 저작물의 복제·전송을 중단시킬 것을 요구받고 즉시 그 저작물의 복제·전송을 중단시킨 경우에는 온

라인서비스제공자의 책임을 감경 또는 면제할 수 있다.'고 규정하고 있는데, 위 각 조항의 입법 취지나 위 각 조항의 해당 문구상 별다른 제한이 없는 점 등에 비추어 보면, 위 각 조항은 형사상 책임에도 적용된다고 보아야 한다.

[2] 구 저작권법 제102조 제2항 이 규정하고 있는 '기술적으로 불가능한 경우'란 온라인서비스의 제공 자체는 유지함을 전제로 이용자들의 복제·전송행위 중 저작권의 침해행위가 되는 복제·전송을 선별하여 방지 또는 중단하는 것이 기술적으로 불가능한 경우를 말하므로, 비록 온라인서비스이용자들이 해당 온라인서비스를 이용하여 저작물을 복제·전송함으로써 그 저작권을 침해하였다고 하더라도, 온라인서비스제공자가 그와 같은 침해사실을 알고 저작권의 침해가 되는 복제·전송을 선별하여 이를 방지 또는 중단하는 기술적 조치를 다하였다고 인정되는 경우에는 해당 침해행위에 대한 형사상 책임이 면제된다. 그리고 온라인서비스제공자가 구 저작권법 제103조 제5항에 의하여 그 책임을 감경 또는 면제받을 수 있기 위해서는 저작권자로부터 중단 요구를 받은 즉시 그 저작물의 복제·전송을 중단시켜야 하는 점에 비추어, 온라인서비스제공자가 스스로 저작권 침해사실을 알게 된 경우에도 그 즉시 당해 복제·전송을 중단시켜야 구 저작권법 제102조 제1항에 의하여 그 책임을 감경 또는 면제받을 수 있다고 보아야 한다.

【해설】

Ⅰ. 들어가는 말

2003. 5. 27. 개정을 통하여 신설된 온라인서비스제공자의 책임에 관한 조항은 2006. 12. 28. 전부개정을 통하여 구 저작권법 제6장의 3개 조문으로 편제되었다. 그중 제102조 제1항 및 제103조 제5항에서는 책임의 임의적 감면을, 제102조 제2항에서는 필요적 면제를 각 규정하였다(이하 위 3개 조항을 '책임제한 조항'이라 약칭하고, 개별 조항을 기재할 시 법명 표시를 생략한다).

대상판결은 책임제한 조항이 형사책임에도 적용될 수 있음을 선언하고, 그 적용을 위하여 충족되어야 할 구체적 요건을 정한 최초의 판결이라는 점에 그 의의가 있다.

Ⅱ. 온라인서비스제공자의 형사책임 제한

1. 책임제한 조항이 형사책임에 적용되는지 여부

(1) 학설의 태도

학설은 책임제한 조항의 대상이 되는 책임에 민사책임뿐만 아니라 형사책임도 포함되는 것으로 보고 있다. 다만, 형법체계상 책임제한 조항을 구성요건 해당성 배척 사유나 위법성 조각 사유로 파악할 것인지, 형의 감경 또는 면제 사유에 해당된다고 볼 것인지에 관하여는 견해가 나뉘고 있다.

대법원은 대상판결 선고 이전에 책임제한 조항이 형사책임에도 적용됨을 전제한 것으로 보이는 태도를 취하여 오다가, 대상판결에서 책임제한 조항이 형사책임에도 적용될 수 있음을 최초로 명시하면서, 그 근거로 입법 취지 및 형사책임에 대한 적용을 제한하는 문언의 부존재를 들었다.

2. 책임제한 조항의 적용 요건

(1) 책임제한 조항의 구조

구 저작권법상 책임제한 조항의 구조는 다음 표 기재와 같다.

조항	요건	효과
제102조 제1항	① 권리침해사실 인식 ② 침해행위의 방지·중단	임의적 감면
제103조 제5항	① 권리침해중단의 요구 ② 요구 받은 즉시 침해행위 중단	
제102조 제2항	① 권리침해사실 인식 ② 침해행위 방지·중단의 기술적 불가능	필요적 면제

(2) 임의적 감면 조항

제102조 제1항과 제103조 제5항은 실질적으로 유사한 조항으로, 책임 감면을 받기 위하여 온라인서비스제공자가 스스로 침해행위를 중단시켜야 한다는 공통점이 있다. 다만, 제103조 제5항에서는 중단 요구를 받은 즉시 침해행위를 중단시킬 것을 요구하는 반면, 제102조 제1항에서는 침해사실을 인식한 후 어느 시점에 침해행위를 중단시켜야 하는지에 관한 문언이 없다. 대상판결은 제102조 제1항의 해석과 관련하여 침해사실을 인식한 경우에도 침해행위를 즉시 중단시켜야 형의 감면을 받을 수 있음을 명시하였다.

(3) 필요적 면제 조항

제102조 제2항에서 정한 책임면제 요건인 '침해행위 방지·중단의 기술적 불가능'은 '온라인서비스제공자가 서비스이용자들의 행위를 통제할 수 있는 가능성이 없다는 것'으로 해석될 수 있다. 이러한 '통제가능성'의 의미를 '이용자들의 침해행위를 제지할 수 있는지 여부', 즉 제지가능성으로 보는 견해와 '특정 파일 교환이 침해행위임을 알고, 그러한 파일 교환만을 구별하고 제지할 수 있는지 여부', 즉 구별가능성으로 보는 견해가 있다. 현재까지 '기술적 가능성'의 의미를 구체적으로 밝힌 대법원 판례는 없다.

Ⅲ. 책임제한 요건의 불명확성에 관한 문제

대상판결 이후 한－미 FTA, 한－EU FTA 등의 이행입법으로 저작권법이 전면 개정되었음에도, 온라인서비스제공자가 저작권 침해 방지·중단을 위하여 어떠한 조치를 어느 정도까지 취하여야 책임을 면할 수 있는지, 기술적으로 가능한 조치의 범위를 어떻게 설정할 것인지에 관한 기준은 구체적으로 정하여진 바 없다.

이러한 불명확성은 제102조 제2항과 유사한 내용의 면책조항을 둔 다른 법률조항, 즉 온라인서비스제공자가 아동·청소년이용음란물을 발견하기 위한 조치 및 이를 삭제하고, 그 전송을 방지·중단하는 기술적인 조치를 취할 의무를 위반하였을 시 처벌하는 구 아동·청소년의 성보호에 관한 법률(2012. 12. 18. 법률 제11572호로 전부개정된 것) 제17조 제1항(현행 전기통신사업법 제95조의2 제1의2호에 해당하는 조항이다)과 관련하여서도 공통적으로 나타나는 문제이다.[1)]

저작권 침해를 방지·중단할 수 있는 기술이 다양할 뿐만 아니라 빠르게 발전하고 있어 보편적 기준 설정이 곤란한 이상, 현재로서는 사안별로 기술적으로 가능한 조치가 다하여졌는지를 따져볼 수밖에 없을 것인바, 온라인서비스제공자가 취하여야 할 조치에 관한 하위법령의 규정, 행정기관의 고시나 지침 등이 일차적 판단 근거가 될 수 있을 것으로 예상된다(대법원 2017. 8. 31.자 2014마503 결정 참조).

Ⅳ. 나오는 말

온라인서비스제공자는 서비스이용자들을 통하여 수익을 얻을 뿐만 아니라 그들의 저작권 침해행위를 막을 수 있는 실효적인 수단을 보유하고 있다는 점에서 저작권 침해의 책임 주체가 될 필요가 있지만, 온라인서비스제공자의 저작권 침해 책임은 방조에 그 본질이 있고, 현대사회에서 자유로운 정보 유통과 의사 표현을 상당 부분 인터넷의 주요 운용주체인 온라인서비스제공자에 의존하고 있음을 감안할 때, 온라인서비스제공자의 책임은 적정하고 정교하게 제한될 필요가 있다. 대상판결은 온라인서비스제공자에 대한 책임제한의 범위와 요건을 최초로 정하였다는 점에서 의미가 있고, 책임제한 조항이 형사책임에도 적용된다는 대상판결의 취지는 이후 개정된 저작권법의 적용에서도 유효하다. 저작권법의 전면개정으로 온라인서비스제공자의 책임제한 조항이 구체화된 만큼 그 적용 요건에 관한 사례의 축적과 비교법적

---

1) 헌법재판소는 위 법률조항에 관하여 재판관 전원 일치 의견으로 합헌결정을 내린 바 있다(헌법재판소 2018. 6. 28. 선고 2016헌가15 전원재판부 결정).

연구가 뒤따라야 할 것으로 생각된다.

〔**참고문헌**〕 장낙원, 온라인서비스제공자에 대한 책임제한 조항의 성격 및 요건, 사법 28호, 사법발전재단 2014; 김정아, "특수한 유형의 온라인서비스제공자에 대한 과태료처분에 관하여", 대법원판례해설 [114](2017).

〔필자: 강건우 판사(서울중앙지방법원)〕

103 인터넷 링크행위와 저작권 침해

【대상판결】 **대법원 2021. 9. 9. 선고 2017도19025 전원합의체 판결**

【사실관계】 'X사이트'를 개설·운영하는 甲은, 성명불상자들(정범)이 해외 동영상 공유사이트(Y)에 저작권자의 이용허락없이 드라마·영화·예능 등의 영상저작물을 임의로 업로드하여 게시하면 다른 공중의 구성원들이 Y사이트에 접근하여 이러한 영상저작물(침해게시물)을 클릭함으로써 개별 송신이 이루어져 저작권자의 공중송신권을 침해하고 있다는 사실을 알고 있었다. 그럼에도 甲은 2015.7.25.부터 2015.11.24.까지 총 450회에 걸쳐, 광고수익을 얻고 있는 위 X사이트인 '다시보기 사이트' 게시판에 위 Y사이트의 침해게시물과 연결되는 링크를 게시하고, X사이트 이용자들이 제목 등으로 영상저작물을 검색하여 게시된 링크를 찾을 수 있게 한 뒤, 이들이 링크를 클릭하면 성명불상자들이 업로드하여 이용제공중인 Y사이트의 침해게시물의 재생준비화면으로 이동하여 개별적인 송신이 이루어지게 하였다. 이에 甲은 영리를 목적으로 또는 상습으로 성명불상자들의 전송권 침해행위를 용이하게 하여 저작권법 위반의 방조로 기소되었다.

【판결요지】 링크행위자가 정범이 공중송신권을 침해한다는 사실을 충분히 인식하면서 그러한 침해게시물 등에 연결되는 링크를 인터넷 사이트에 영리적·계속적으로 게시하는 등으로 공중의 구성원이 개별적으로 선택한 시간과 장소에서 침해게시물에 쉽게 접근할 수 있도록 하는 정도의 링크 행위를 한 경우에는 방조 요건을 충족하여 침해게시물을 공중의 이용에 제공하는 정범의 범죄를 용이하게 하였다고 볼 수 있으므로 공중송신권 침해의 방조범이 성립할 수 있다.

【관련 판결】 대법원 2015. 3. 12. 선고 2012도13748 판결

【해설】

I. 들어가는 말

저작권을 침해한 불법저작물이 손쉽게 제작되고 이용 가능할 뿐만 아니라, 이러한 불법저작물에 대한 접근을 쉽게 하는 링크행위 또한 만연되어 있다. 그러나 불법저작물이 해외에 서버를 두고 있는 웹사이트에 업로드되는 현실에서 이러한 불법저작물을 최초로 업로드한

성명불상자들인 정범을 파악하기란 매우 어렵다. 이에 따라 이러한 불법저작물로 손쉽게 접근 가능하도록 하는 링크행위자에 대한 법적 책임 문제가 그동안 꾸준히 제기되어 왔으며 몇 차례 판결로도 이어졌다.

대상판결은 정범을 특정하지 못한 유사한 사안에 대해 판시한 종래의 판례입장(대법원 2015. 3. 12. 선고 2012도13748 판결)을 변경하여 링크행위자의 공중송신권침해에 대한 방조범 성립을 긍정하였는데, 대상판결의 반대의견에서는 종래의 판례와 마찬가지로 표현의 자유가 위축된다는 점, 방조에 대한 확장해석을 통해서 형사처벌의 과잉화가 초래된다는 점 등을 우려하였다.

Ⅱ. 공중송신권의 법적 성격과 방조범 성립요건

대상판결에서 성명불상자들인 정범의 범죄는 저작권법상의 '공중송신권'을 침해한 행위임은 논란의 여지가 없다. 문제는 이러한 '공중송신권침해' 사이트를 링크하는 행위만으로도 甲에게 공중송신권 침해의 방조책임을 물을 수 있는지 여부가 쟁점이다.

1. 정범의 '전송'행위에 대한 법적 성격

2006년 12월 28일 전부개정된 저작권법에서 도입된 '공중송신'은 '저작물, 실연·음반·방송 또는 데이터베이스를 공중이 수신하거나 접근하게 할 목적으로 무선 또는 유선통신의 방법에 의하여 송신하거나 이용에 제공하는 것'으로 규정되어 있는데(제2조 제7호), 이러한 '공중송신'은 방송(동조 제8호), 전송(동조 제10호), 디지털음성송신(동조 제11호) 및 기타의 송신행위를 모두 포괄하는 상위개념으로 이해된다.

대상판결의 사안에서는 '전송'행위를 두고 다수의견과 반대의견에서 입장 차이를 보였다. 먼저 저작권법에서 정의되는 전송이란 공중송신 중 공중의 구성원이 개별적으로 선택한 시간과 장소에서 접근할 수 있도록 저작물 등을 이용에 제공하는 것을 말하는데(제2조 제10호), 이러한 정의에 의하면 '전송'이란 공중의 구성원에게 실제로 저작물을 송신하지 않더라도, 저작물이 업로드된 상태에서 공중의 구성원이 각자 원하는 시간과 장소에서 언제든지 저작물에 접근할 수 있다면 그 상태 그대로 '전송'에 해당하는 것으로 해석된다. 이러한 해석에 따라 대상판결의 다수의견에서는 '전송'이란 '시간적 계속성'이 예정되어 있는 것으로 볼 수 있으므로, 전송의 방법에 의한 공중송신권의 침해범위는 침해저작물의 게시가 철회되기 전까지는 침해행위가 계속되는 '계속범'으로 판단하였다.

반면 반대의견에서는 공중송신권을 침해하는 정범들의 행위는 침해게시물을 업로드함으로써 종료된 것이라고 보아, 이러한 침해게시물의 업로드된 사이트를 링크하는 행위는 침해게시물의 웹위치정보 내지 경로를 알려준 것에 불과할 뿐, 정범의 송신행위 자체에 실질적인 기여를 한 것으로 볼 수 없어 방조성립을 부정하였다. 이러한 반대의견은 '전송'의 법적 성격을 불법저작물을 업로드함으로써 행위가 완성되는 즉시범(상태범)으로 이해한 것으로 볼 수 있다. 정범에 의한 전송행위의 법적 성격에 대한 이러한 입장차이는 결국 링크행위를 통한 방조 성립에 있어서도 차이를 보이게 된다.

2. 방조행위의 시점

일반적으로 방조행위는 정범의 실행행위시에 같이 이루어지지만, 정범의 장래범행을 예상하는 경우 정범의 실행착수이전에도, 그리고 정범이 실행행위의 일부를 한 이후 기수이전(승계적 종범)에도 인정된다. 그러나 정범이 기수에 이르고 실행행위도 종료한 이후의 사후방조는－특별규정에 따라 독립범죄(범인도피·은닉죄, 증거인멸죄, 장물죄 등)를 구성하는 경우가 아닌 한－학설, 판례 모두 방조범 성립을 부정한다.

이에 따라 반대의견처럼 정범의 전송행위에 대하여 침해게시물을 업로드함으로써 행위가 종료되는 것(상태범)으로 이해한다면, 이러한 업로드된 침해게시물의 사이트와 연결해 주는 링크행위는 사후방조적 성격을 가지므로 방조범이 인정될 수 없다. 그러나 다수의견처럼 정범의 전송행위를 계속범으로 파악하게 되면, 정범이 침해게시물을 철회하기 전까지는 공중의 구성원이 이러한 침해게시물 사이트에 언제든지 접근하여 공중송신권을 침해할 수 있게 되므로, 이러한 사이트의 링크행위는 공중의 손쉬운 접근성에 기여하고 결과적으로 공중송신권에 대한 법익 침해도 강화하므로 방조범성립을 긍정할 수 있게 된다.

3. 링크행위와 방조범 성립요건

나아가 대상판결(다수의견)에서는 링크행위의 방조범 성립을 긍정하면서 기존의 일반적인 방조성립 요건에 더하여 좀 더 세분화된 기준을 근거로 제시하였다. 첫째, 이중의 고의를 요하는 방조의 고의에서, 정범의 행위가 구성요건에 해당하는 행위라는 인식인, 정범의 고의는 미필적 고의로도 충분하며, 둘째, 정범의 공중전송권 침해행위에 대한 방조의 인식에 있어서도 일시, 장소, 객체 등을 구체적으로 인식할 필요가 없고, 셋째 정범에 대해서도 누구인지 확정적으로 인식할 필요가 없음(대법원 2013. 9. 26. 선고 2011도1435 판결)을 재차 인용하였다. 나아가 넷째, 방조의 시기와 관련해서는 정범의 공중송신권 침해행위 중에 방조하는 경우뿐만 아니라, 정범이 공중송신권 침해행위에 착수하기 전이라도 장래의 전송권 침해행위를 예상하고 이를 용이하게 해주었다면 방조범이 성립할 수 있음을 다시 확인하였다.

이러한 대상판결의 방조성립 요건에 대한 해석은 그동안 방조행위를 '정범의 실행행위를 용이하게 해 주는 직접·간접의 행위'로 이해하였던 태도보다 구체화된 기준을 제시한 것이다.

Ⅲ. 나오는 말

이러한 대상판결(다수의견)의 태도는 방조범 성립요건을 완화하여 실제 온라인을 통한 저작권침해가 주로 해외서버를 통해 발생한다는 점에서 정범의 특정 및 적발이 어렵다는 현실적인 형사처벌의 한계를 극복하기 위한 자구책으로 보인다.

물론 대상판결이 그동안 부정되었던 링크행위자의 저작권침해에 대한 방조범 성립을 인정하였다는 점 외에도 방조범 성립을 위한 고의 및 인과관계 요건 등에 대한 보다 세부적인 기준을 제시하였다는 점에서 큰 의의가 있겠으나, 반대의견에서 지적하고 있는 바처럼 기존의 방조범성립보다 완화된 기준을 제시함으로써 방조범성립이 확대될 우려도 없지 않다. 이러한 우려를 위해 다수의견은 검사로 하여금 첫째, 링크행위자가 자신이 링크하고 있는 대상의 게시물이 불법성이 있다는 것을 명확하게 인식할 수 있는 정도에 이르렀다는 사실에 대한 엄격한 증명이 요구되고, 둘째, 이러한 링크행위가 정범의 범죄실현과 밀접한 관련이 있으며, 셋째, 공중송신권 침해의 기회를 현실적으로 증대시켜 정범의 범죄실현에 현실적인 기여를 하였다고 평가할 수 있는 경우에만 비로소 방조범 성립을 인정할 수 있도록 방조범 성립의 한계를 명확히 설정함으로써 링크행위를 통한 표현의 자유와 함께 저작재산권자의 보호도 도모하였다고 밝히고 있다.

〔필자: 홍승희 교수(원광대)〕

104 사기이용계좌 현금인출행위의 통신사기피해환급법 제15조의2 제1항 제2호 구성요건 해당 여부

【대상판결】 **대법원 2016. 2. 19. 선고 2015도15101 전원합의체 판결**

【사실관계】 2015. 4. 1. A와 B는 피해자에게 저금리 대출을 받게 해주겠다고 기망하고 인지세 등 명목으로 C 명의 계좌로 212만 원을 이체 받고, 피고인은 C 명의 체크카드를 현금인출기에 넣고 비밀번호를 입력하여 위 돈을 인출한 뒤 3% 수수료를 제외한 나머지 금액을 A에게 송금한 것을 비롯하여 같은 방법으로 A와 B는 피해자 5명으로부터 합계 1,130만 원을 편취하고, 피고인은 그 돈을 인출하여 A에게 송금하였다.

【판결요지】

1. 다수의견

(1) 전기통신금융사기 피해 방지 및 피해금 환급에 관한 특별법(이하 '통신사기피해환급법'이라 한다) 제15조의2 제1항(이하 '이 사건 처벌조항'이라 한다)이 처벌대상으로 삼고 있는 '통신사기피해환급법 제2조 제2호에서 정한 전기통신금융사기(이하 '전기통신금융사기'라 한다)를 목적으로 하는 정보 또는 명령의 입력'이란 '타인에 대한 전기통신금융사기 행위에 의하여 자금을 다른 계좌(이하 '사기이용계좌'라 한다)로 송금·이체하는 것을 목적으로 하는 정보 또는 명령의 입력'을 의미한다고 해석되며, 이러한 해석은 이른바 변종 보이스피싱 행위도 처벌할 수 있도록 하기 위하여 처벌조항을 신설하였다는 통신사기피해환급법의 개정이유에 의하여서도 뒷받침된다. 그리고 전기통신금융사기를 목적으로 타인으로 하여금 컴퓨터 등 정보처리장치에 정보 또는 명령을 입력하게 하는 행위(처벌조항 제1호, 이하 '제1호 행위'라 한다)나 전기통신금융사기를 목적으로 취득한 타인의 정보를 이용하여 컴퓨터 등 정보처리장치에 정보 또는 명령을 입력하는 행위(처벌조항 제2호, 이하 '제2호 행위'라 한다)에 의한 정보 또는 명령의 입력으로 자금이 사기이용계좌로 송금·이체되면 전기통신금융사기 행위는 종료되고 이 사건 처벌조항 위반죄는 이미 기수에 이른 것이므로, 그 후에 사기이용계좌에서 현금을 인출하거나 다시 송금하는 행위는 범인들 내부 영역에서 그들이 관리하는 계좌를 이용하여 이루어지는 행위이어서 이를 두고 새로 전기통신금융사기를 목적으로 하는 행위라고 할 수 없다.

(2) 또한 통신사기피해환급법 제2조 제2호에서 정한 '타인'은 '기망의 상대방으로서 전기통신금융사기의 대상이 된 사람'을 의미하고, 제1호 행위에서 정하고 있는 정보 또는 명령

을 입력하는 주체인 '타인' 역시 위와 같은 의미임이 분명하다. 이에 비추어 보면 제2호 행위에서 정하고 있는 정보 취득의 대상인 '타인' 역시 위와 마찬가지로 '전기통신금융사기의 대상이 된 사람'을 의미한다고 해석함이 타당하고, 제2호 행위에 관하여서만 이와 달리 해석하여 '타인'에 사기이용계좌 명의인까지 포함된다고 볼 수는 없다.

(3) 결국 구 통신사기피해환급법(2014. 1. 28. 법률 제12384호 통신사기피해환급법으로 개정되기 전의 것) 제2조 제2호 본문 가목, 나목, 통신사기피해환급법 제2조 제2호 본문, 이 사건 처벌조항의 문언과 내용 및 신설 취지 등을 종합하면, 전기통신금융사기로 인하여 피해자의 자금이 사기이용계좌로 송금·이체된 후 계좌에서 현금을 인출하기 위하여 정보처리장치에 사기이용계좌 명의인의 정보 등을 입력하는 행위는 '전기통신금융사기를 목적으로 하는 행위'가 아닐 뿐만 아니라 '전기통신금융사기의 대상이 된 사람의 정보를 이용한 행위'가 아니라서 이 사건 처벌조항이 정한 구성요건에 해당하지 않는다.

2. 대법관 5인의 반대의견

(1) 이 사건 처벌조항 위반죄는 '전기통신금융사기의 목적'이라는 초과 주관적 구성요건요소를 가지고 있는 목적범에 해당한다. 이 사건 처벌조항의 객관적 구성요건은 '타인으로 하여금 정보나 명령을 입력하게 하거나, 취득한 타인의 정보를 이용하여 정보나 명령을 입력하는 행위'이고, 구성요건적 행위가 '전기통신금융사기를 목적'으로 이루어진 것이라면 불법성이 인정되는데, 여기서 '전기통신금융사기'는 초과 주관적 구성요건인 목적의 대상일 뿐 이 사건 처벌조항의 객관적 구성요건요소는 아니다. 전기통신금융사기의 목적을 달성하기 위해서는 피해자의 자금을 제3자 명의의 차명계좌인 이른바 대포통장 계좌(이하 '제3자 명의 사기이용계좌'라 한다)로 송금·이체 받는 것만으로는 부족하고, 적어도 통신사기피해환급법에 따른 지급정지 조치를 회피하여 자금을 자유롭게 처분하거나 사용할 수 있는 상태에 이르러야 한다. 따라서 제3자 명의 사기이용계좌에서 자금을 인출하는 행위는 전기통신금융사기를 목적으로 하는 행위로 보아야 하고, 전기통신금융사기의 목적을 달성한 이후의 행위라고 볼 것은 아니다.

(2) 통신사기피해환급법은 제2조 제3호에서 따로 "피해자란 전기통신금융사기로 인하여 재산상의 피해를 입은 자를 말한다."라고 정의하고 있다. 그럼에도 이 사건 처벌조항에 '피해자'라는 용어 대신 굳이 '타인'이라는 용어를 사용한 것은 문언 그대로 '범인 이외의 다른 사람'을 대상으로 삼겠다는 입법자의 의사로 볼 수 있다. 따라서 제3자 명의 사기이용계좌의 명의인도 이 사건 처벌조항에서 말하는 '타인'에 해당한다.

(3) 전기통신금융사기 조직의 인출책이 범행 목적을 달성하기 위하여 피해자의 자금을 찾

3고자 제3자 명의 사기이용계좌의 명의인으로부터 취득한 정보 등을 정보처리장치에 입력하는 행위는 이 사건 처벌조항의 문언을 굳이 확장하거나 유추하지 않더라도 문언에 그대로 들어맞는 행위이다. 이와 같이 이 사건 처벌조항을 해석한다고 하여 죄형법정주의 원칙상 금지되는 확장해석이나 유추해석이라고 할 수 없다.

(4) 결론적으로, 피해자의 자금이 제3자 명의 사기이용계좌로 송금·이체된 후 계좌에서 현금을 인출하기 위하여 계좌 명의인의 정보를 이용하여 정보처리장치에 정보 등을 입력하는 행위는 이 사건 처벌조항 제2호의 구성요건에 해당한다.

【해설】

Ⅰ. 들어가는 말

대상판결은 피해자의 자금이 사기이용계좌로 송금·이체된 후 그 계좌에서 현금을 인출하기 위하여 정보처리장치에 사기이용계좌 명의인의 정보 등을 입력하는 행위가 이 사건 처벌조항 제2호의 구성요건에 해당하는지에 관한 사안으로, 구체적으로 두 가지 쟁점, ① 위 행위가 '전기통신금융사기를 목적으로 하는 행위'에 해당되는지, ② 사기이용계좌 명의인이 이 사건 처벌조항의 '타인'에 해당하는지에 관하여 판시하고 있다.

Ⅱ. 대상판결의 분석

1. 적용법률

통신사기피해환급법 제15조의2 제1항 제2호는 "전기통신금융사기를 목적으로 취득한 타인의 정보를 이용하여 컴퓨터 등 정보처리장치에 정보 또는 명령을 입력하는 행위를 한 자는 10년 이하의 징역 또는 1억 원 이하의 벌금에 처한다."라고 규정하고 있다.

2. 학설 대립

광의설은 ① 전기통신금융사기 과정에서 이루어진 행위이면, 비록 그 행위가 피해자의 자금을 송금·이체하는 내용이 아니더라도, 전기통신금융사기를 목적으로 하는 행위에 해당한다고 보는 견해로, ② 이 사건 처벌조항의 '타인'을 '행위자 본인 이외의 다른 사람'으로 해석한다. 그리고 협의설은 ① 전기통신금융사기 과정에서 이루어지는 모든 행위가 아니라 피해자의 자금을 사기이용계좌로 송금·이체하는 행위만이 전기통신금융사기를 목적으로 하는 행위에 해당한다고 보는 견해로, ② 이 사건 처벌조항의 '타인'을 '전기통신금융사기의 피해자'로 해석한다.

3. 대법원 태도

다수의견은 ① 전기통신금융사기로 인하여 피해자의 자금이 사기이용계좌로 송금·이체가 이루어지면 전기통신금융사기 행위는 종료되어 이미 기수가 되므로, 그 이후 계좌에서 현금을 인출하기 위하여 정보처리장치에 사기이용계좌 명의인의 정보 등을 입력하는 행위는 전기통신금융사기를 목적으로 하는 행위라고 할 수 없고, ② 통신사기피해환급법 제2조 제2호의 '타인'은 기망의 상대방으로서 '전기통신금융사기의 대상이 된 사람'을 의미하고, 이 사건 처벌조항의 '타인'도 마찬가지로 해석할 것이어서 사기이용계좌의 명의인은 위 '타인'에 해당하지 않는다고 판단하였다. 이에 반하여, 반대의견은 ① 전기통신금융사기의 목적을 달성하기 위해서는 피해자의 자금을 사기이용계좌로 송금·이체 받는 것만으로는 부족하고, 자금을 자유롭게 처분하거나 사용할 수 있는 상태에 이르러야 하므로, 사기이용계좌에서 현금을 인출하는 행위도 전기통신금융사기를 목적으로 하는 행위에 해당하고, ② 이 사건 처벌조항은 '피해자' 용어 대신 '타인' 용어를 사용하였으므로, 위 '타인'은 문언 그대로 '범인 이외의 다른 사람'을 의미한다고 할 것이어서 사기이용계좌의 명의인도 위 '타인'에 해당한다고 판단하였다.

Ⅲ. 나오는 말

이 사건 처벌조항과 전기통신금융사기의 정의 규정에 대한 체계적·종합적 해석 및 다수의견에 의하더라도 사기죄의 공동정범 내지 방조범으로 처벌할 수 있어 처벌 공백이 발생하지 않는 점(실제 이 사건에서 피고인은 사기죄, 전자금융거래법위반죄로 처벌) 등을 고려하면, 대상판결 다수의견의 결론에 더 수긍이 간다.

〔**참고문헌**〕 고제성, "통신사기피해환급법 제15조의2 제1항에서 말하는 '정보 또는 명령의 입력행위'의 의미", 사법 제36호(2016)

〔**필자: 박진욱 판사(대전지방법원 서산지원)**〕

105 자본시장법 제174조 제1항이 규정하는 '미공개중요정보 이용행위'와 '타인'

【대상판결】 **대법원 2020. 10. 29. 선고 2017도18164 판결**

【사실관계】

1. 피고인 1, 2, 3은 증권을 발행한 회사(이하 '이 사건 회사'라 한다)의 기업홍보팀 직원들이고, 피고인 4, 5, 6은 이 사건 회사를 담당하는 증권회사의 애널리스트들이다.

2. 피고인 1, 2, 3은 실적 공시를 앞둔 2013. 10. 10. 이 사건 회사의 영업이익이 시장의 기대치에 미치지 못하다는 내용의 미공개중요정보(이하 '이 사건 정보'라 한다)를 알게 되었고, 같은 달 15.부터 같은 달 16.까지 피고인 4, 5, 6에게 이 사건 정보를 제공하였다. 피고인 4, 5, 6은 이 사건 정보를 제공받은 당일에 자산운용사의 펀드매니저들에게 이 사건 정보를 전달하였다. 위 펀드매니저들은 이 사건 회사의 주식 약 106만 주를 약 406억 원에 매도하였고, 이 사건 정보를 알지 못했던 개인투자자들은 이 사건 회사의 주식 약 104만 주를 약 395억 원에 매수하였다.

3. 이 사건 회사의 주가는 주식매매가 이루어진 당일에 전일대비 약 9.45% 하락하였고, 이 사건 회사의 영업실적은 위 주식매매가 이루어진 며칠 뒤인 2013. 11. 14. 분기보고서를 통해 공개되었다. 피고인 1 내지 6은 구 자본시장과 금융투자업에 관한 법률(2014. 12. 30. 법률 제12947호로 일부 개정되기 전의 것, 이하 '자본시장법'이라 함) 제443조 제2항, 제1항, 제174조 제1항을 위반하였다는 공소사실로 기소되었다.

【판결요지】 자본시장법 제174조 제1항은 각 호의 어느 하나에 해당하는 자, 즉 상장법인의 내부자 및 제1차 정보수령자(이하 '수범자'라 한다)가 업무 등과 관련된 미공개중요정보를 특정증권 등의 매매, 그 밖의 거래에 이용하거나 타인에게 이용하게 하는 행위를 금지한다. 위 규정에 따른 금지행위 중 '타인에게 미공개중요정보를 특정증권 등의 매매, 그 밖의 거래에 이용하게 하는 행위'는 타인이 미공개중요정보를 당해 특정증권 등의 매매, 그 밖의 거래에 이용하려 한다는 정을 알면서 그에게 당해 정보를 제공하거나 당해 정보가 제공되도록 하여 위 정보를 특정증권 등의 매매, 그 밖의 거래에 이용하게 하는 것을 말하고, 이때 타인은 반드시 수범자로부터 정보를 직접 수령한 자로 한정된다고 볼 수 없다. 따라서 정보의 직접 수령자가 당해 정보를 거래에 이용하게 하는 경우뿐만 아니라 위 직접 수령자를 통하여 정보전달이 이루어져 당해 정보를 제공받은 자가 위 정보를 거래에 이용하게 하는 경우도 위 금지행위에 포함된다고 보아야 한다.

【해설】

Ⅰ. 들어가는 말

내부자거래는, 상장법인의 임직원 및 주요주주 등 법인과 일정한 관계에 있는 자가 그 직무와 관련하여 또는 그 권한을 행사하는 과정에서 알게 된 미공개중요정보를, 다른 투자자들에게 미공개중요정보가 공개되기 전에 유가증권의 매매 그 밖의 거래에 이용하거나 타인에게 이용하게 하는 행위를 의미한다. 내부자거래는 정보의 비대칭을 이용하는 행위로서 주식시장의 건전성과 공정성을 해치게 되므로, 자본시장법은 내부자거래를 방지하기 위하여 제174조, 제443조 제1항 등의 처벌규정을 두고 있다.

자본시장법 제443조 제1항은 '다음 각 호의 어느 하나에 해당하는 자는 10년 이하의 징역 또는 그 위반행위로 얻은 이익 또는 회피한 손실액의 1배 이상 3배 이하에 상당하는 벌금에 처한다. 다만, 그 위반행위로 얻은 이익 또는 회피한 손실액의 3배에 해당하는 금액이 5억 원 이하인 경우에는 벌금의 상한액을 5억 원으로 한다.'고 규정하고 있고, 같은 항 제1호는 '제174조 제1항을 위반하여 상장법인의 업무 등과 관련된 미공개중요정보를 특정증권등의 매매, 그 밖의 거래에 이용하거나 타인에게 이용하게 한 자'라고 규정하고 있다.

한편, 자본시장법 제443조 제1항에 의하여 처벌되는 주체에 관하여 같은 법 제174조 제1항 제1호는 '그 법인(그 계열회사를 포함한다. 이하 이 호 및 제2호에서 같다) 및 그 법인의 임직원·대리인으로서 그 직무와 관련하여 미공개중요정보를 알게 된 자'를, 같은 항 제6호는 제1호가 규정하는 자로부터 미공개중요정보를 받은 자를 각각 규정하고 있다.

위와 같은 규정에 의하면 피고인 1, 2, 3은 자본시장법 제1항 제1호가 규정하는 회사의 내부자에 해당하고, 피고인 4, 5, 6은 같은 법 제1항 제6호가 규정하는 제1차 정보수령자에 해당한다. 자본시장법 제174조 제1항에 의하여 금지되는 행위는 회사의 내부자 또는 제1차 정보수령자가 취득한 미공개중요정보를 직접 특정증권의 매매 그 밖의 거래에 이용하거나 타인에게 이용하게 하는 것이다. 대상 사건에서는 제1차 정보수령자인 피고인 4, 5, 6으로부터 미공개정보를 취득함으로써 제2차 정보수령자가 된 자산운용사의 펀드매니저들이 이 사건 회사의 주식을 매도하였는바, 위 펀드매니저들이 자본시장법 제174조 제1항이 규정하는 '타인'에 해당하는지가 쟁점이다.

Ⅱ. 원심법원의 판단

원심법원은 자본시장법 제443조 제1항 제1호가 규정하는 '타인'을 정보제공자로부터 직접

정보를 제공받은 자로 한정하되, 해당 주체와 실제 정보이용자가 다르더라도 양자가 실질적으로 하나의 주체 또는 단체로 인정되고, 정보전달자가 이러한 사정을 인식하고 있었던 경우라면 실제 정보이용자 역시 '타인'에 해당된다고 해석하였다.

이에 따라 원심법원은 피고인 1, 2, 3에 대해서는 이 사건 회사의 주식을 거래한 자산운용사의 펀드매니저들이 제2차 정보수령자 이후의 자들에 해당하여 자본시장법 제443조 제1항 제1호의 '타인'이 아니라는 이유로 무죄로 판단하고, 피고인 4, 5, 6에 대해서는 피고인 4, 5, 6과 자산운용사의 펀드매니저들이 실질적으로 하나의 주체 또는 단체로 인정할 수 있는 경우에는 유죄로, 그렇지 않은 경우에는 무죄로 각 판단하였다.

원심법원은 위와 같은 해석의 근거로, ① 자본시장법 제174조 제1항이 처벌의 대상인 정보제공자를 내부자와 제1차 정보수령자로 제한하여 열거하고 있는 점, ② 미공개중요정보는 전달과정에서 변질되어 단순한 소문 수준의 정보가 될 수 있으므로 미공개 중요정보의 이용에 대한 규제대상을 적절한 범위 내로 제한하여야 할 필요가 있는 점, ③ 제2차 정보수령자 이후의 정보수령자의 미공개 중요정보 이용행위도 처벌범위에 포함한다면, 그 처벌범위가 불명확하게 되거나 법적 안정성을 해치게 될 위험이 있어 죄형법정주의 원칙에 부합하지 않는 점을 근거로 제시하였다.

Ⅲ. 대상판결의 판단

반면, 대상판결은 자본시장법 제174조 제1항의 '타인'이 수범자로부터 정보를 직접 수령한 제1차 정보수령자로 한정되지 않고, 제1차 정보수령자로부터 미공개중요정보를 취득한 제2차 정보수령자도 위 규정의 '타인'에 해당한다고 판단하였다.

대상판결은 위와 같은 해석의 근거로, ① 자본시장법에서 '타인'의 개념을 달리 정의하고 있지 않고, 동법 제174조 제1항에서 타인에 관한 제한 또는 예외규정을 두거나 타인과 정보전달자의 관계를 요건으로 정하고 있지 않은 점, ② 자본시장법 제174조 제1항에서 처벌대상인 정보제공자를 제1호부터 제6호까지 제한적으로 열거하면서 제6호에서 제1차 정보수령자를 '내부자로부터 미공개중요정보를 받은 자'로 규정하고 있으나, 이는 수범자의 범위에 관한 규정이지 금지행위의 태양 중 '타인'의 개념에 관한 규정이 아닌 점, ③ 정보전달과정에서의 변질가능성을 이유로 입법자가 제한하지 않은 '타인'의 개념을 문언보다 제한하여 해석하여야 한다고 볼 수 없고, 위 개념을 '정보제공자로부터 직접 정보를 수령받은 자'로 제한하여 해석하지 않는다고 하여 죄형법정주의에 어긋난다고 볼 수 없는 점, ④ 공개중요정보 이용행위는 거래에 참여하는 자로 하여금 가능한 동등한 입장과 동일한 가능성 위에서 거래할 수 있도록 투자자를 보호하고 자본시장의 공정성·신뢰성 및 건전성을 확립하고자 하는 자본시장법의 입법 취지에 반하므로, 이러한 입법 취지와 목적 등에 비추어 타인의 개념을 제한적으로 해석할 이유가 없다는 점 등을 제시하였다.

Ⅳ. 나오는 말

대상판결은 자본시장법 제174조 제1항의 '타인'이 제1차 정보수령자에 한정되지 않는다는 점을 최초로 판시한 판결이다. 이후 하급심 법원은 자본시장법 제443조 제1항의 적용 여부를 판단함에 있어 대상판결의 취지에 따라 제1차 정보수령자 이후에 정보를 수령한 사람도 자본시장법 제174조 제1항이 규정하는 '타인'에 해당한다고 인정하고 있다.

자본시장법 제174조 제1항의 문언에 비추어 입법자의 의도가 제1차 정보수령자로 하여금 정보이용행위를 하게 한 경우에만 내부자 또는 제1차 정보수령자를 처벌할 수 있다는 것으로 해석하기 어려우므로, 대상판결의 결론이 타당한 것으로 판단된다.

〔**참고문헌**〕 송미경, "자본시장법 제174조 제1항에서 금지되는 미공개중요정보 이용행위에 있어 '타인'의 범위", 대법원판례해설[126](2021)

〔**필자: 임정엽 부장판사(서울서부지방법원)**〕

106 비트코인을 중대범죄로 인한 범죄수익으로 취득한 경우 몰수가 가능한지 여부

【대상판결】 **대법원 2018. 5. 30. 선고 2018도3619 판결**

【사실관계】 피고인은 2014. 5.경부터 2017. 4.경까지 해외에 서버를 둔 음란사이트를 운영하면서 회원을 모집·관리하고 대량의 음란물을 유포하는 한편, 위 사이트에 불법 인터넷 도박 사이트의 광고를 게시하여 도박개장 범행을 방조하고, 타인의 접근매체를 불법 양수하여 차명계좌를 사용하는 방법으로 회원들 및 광고주들로부터 비트코인 등을 대가로 지급받았는데 이에 대하여 정보통신망 이용촉진 및 정보보호 등에 관한 법률(이하 '정보통신망법'이라 한다) 위반(음란물유포)죄 및 형법상의 도박개장방조죄 등의 공소사실이 유죄로 인정되었다.

(수사기관은 피고인이 임의로 진술한 전자지갑의 주소 및 비밀번호를 근거로 피고인이 위와 같은 범죄수익으로 보유하고 있던 비트코인을 특정한 다음, 그 비트코인을 수사기관이 생성한 전자지갑에 이체하여 보관하는 방법으로 압수하고 있었고, 위와 같은 이체기록은 블록체인을 통해 공시되어 있었다)

【판결요지】

1. 범죄수익은닉의 규제 및 처벌 등에 관한 법률(이하 '범죄수익은닉규제법'이라 한다)은 국제적 기준에 맞는 자금세탁방지 제도를 마련하고 범죄수익의 몰수·추징에 관한 특례를 규정함으로써 특정범죄를 조장하는 경제적 요인을 근원적으로 제거하여 건전한 사회질서의 유지에 이바지함을 목적으로 제정된 법률이다. 특정범죄를 직접 처벌하는 형법 등을 보충함으로써 중대범죄를 억제하기 위한 형사법 질서의 중요한 일부를 이루고 있다.

범죄수익은닉규제법은 "중대범죄에 해당하는 범죄행위에 의하여 생긴 재산 또는 그 범죄행위의 보수로 얻은 재산"을 범죄수익으로 규정하고[제2조 제2호 (가)목], 범죄수익을 몰수할 수 있다고 규정한다(제8조 제1항 제1호). 그리고 범죄수익은닉규제법 시행령은 "은닉재산이란 몰수·추징의 판결이 확정된 자가 은닉한 현금, 예금, 주식, 그 밖에 재산적 가치가 있는 유형·무형의 재산을 말한다."라고 규정하고 있다(제2조 제2항 본문).

위와 같은 범죄수익은닉규제법의 입법 취지 및 법률 규정의 내용을 종합하여 보면, 범죄수익은닉규제법에 정한 중대범죄에 해당하는 범죄행위에 의하여 취득한 것으로 재산적 가치가 인정되는 무형재산도 몰수할 수 있다.

2. 피고인이 음란물유포 인터넷사이트를 운영하면서 정보통신망법 위반(음란물유포)죄와 도박개장방조죄에 의하여 비트코인(Bitcoin)을 취득한 사안에서, 범죄수익은닉규제법 [별표]

제1호 (사)목에서는 형법 제247조의 죄를, [별표] 제24호에서는 정보통신망법 제74조 제1항 제2호의 죄를 중대범죄로 규정하고 있어 피고인의 정보통신망법 위반(음란물유포)죄와 도박개장방조죄는 범죄수익은닉규제법에 정한 중대범죄에 해당하며, 비트코인은 경제적인 가치를 디지털로 표상하여 전자적으로 이전, 저장 및 거래가 가능하도록 한, 이른바 '가상화폐'의 일종인 점, 피고인은 위 음란사이트를 운영하면서 사진과 영상을 이용하는 이용자 및 음란사이트에 광고를 원하는 광고주들로부터 비트코인을 대가로 지급받아 재산적 가치가 있는 것으로 취급한 점에 비추어 비트코인은 재산적 가치가 있는 무형의 재산이라고 보아야 하고, 몰수의 대상인 비트코인이 특정되어 있다는 이유로, 피고인이 취득한 비트코인을 몰수할 수 있다고 본 원심판단이 정당하다고 한 사례.

【해설】

Ⅰ. 들어가는 말

대상판결은 가상화폐인 비트코인에 대한 몰수가 가능한지에 관한 최초의 사례이다. 대상판결 이전에도 범죄수익으로 비트코인을 취득한 사례는 다수 있었으나 비트코인에 대한 몰수의 가부가 직접 문제된 사례는 없었다. 추측건대 대상판결에서 수사기관은 위에서 본 것과 같은 방법으로 비트코인을 압수하였는데, 그와 같이 비트코인을 압수하는 것이 피고인(피의자)의 협조가 없이는 사실상 불가능하기 때문에 비트코인을 압수한 사례가 많지 않았기 때문일 것이다.

Ⅱ. 가상화폐 및 비트코인의 일반론

1. 용어의 정리

2020. 3. 4. 신설된 특정 금융거래정보의 보고 및 이용 등에 관한 법률(이하 '특정금융정보법'이라 한다) 제2조 제3호는 '가상자산'이라는 용어를 쓰면서 그것을 '경제적 가치를 지닌 것으로서 전자적으로 거래 또는 이전될 수 있는 전자적 증표'로 정의하고 있다. 위 규정이 신설되었기 때문에 '가상화폐' 또는 '암호화폐' 대신 '가상자산'이라는 용어를 통일하는 것이 불필요한 혼란을 줄일 수 있다. 그러나 이하에서는 대상판결에 대한 평석의 편이를 위하여 '가상화폐'라고 한다.

2. 가상화폐 또는 비트코인의 개념 및 특징

(1) 가상화폐는 '교환수단으로 사용되는 경제적 가치의 디지털 표상으로 그 경제적 가치가 전자적으로 이전·저장·거래되는 것'의 총칭이다. 비트코인은 2009년경 탄생한 암호화된 디지털 가상화폐로서, 발행 또는 거래의 승인을 담당하는 중앙기관 없이 P2P 네트워크와 블록체인 기술을 이용하여 거래의 승인과 그 기록 보관을 네트워크 참가자들이 공동으로 수행한다.

(2) 비트코인은 디지털 공간의 전자지갑에 보관되고, 그 공개주소와 비밀키(비밀번호)를 통해 거래된다. 거래는 약 10분마다 생성되는 블록(block)에 기록되어 기존 블록에 덧붙여진다.

(3) 비트코인은 수학적 작업인 채굴을 통해 생성된다. 채굴에 참여하는 사람들은 그 채굴 과정에서 비트코인 네트워크 시스템의 운영에 기여하게 되며, 채굴에 성공하는 자에게는 새로 발행된 비트코인이 주어진다.

(4) 비트코인은 거래소의 중개를 통해 법정통화로 매수 또는 매도할 수 있다.

Ⅲ. 비트코인에 대한 몰수 가부

1. 몰수 관련 규정

(1) 형법 제48조 제1항은 몰수의 대상으로 '범인 이외의 자의 소유에 속하지 아니하거나 범죄 후 범인 이외의 자가 정을 알면서 취득한 다음 기재의 물건'으로 규정한다.

(2) 범죄수익은닉규제법은 제2조에서 '범죄수익'을 '중대범죄에 해당하는 범죄행위에 의하여 생긴 재산 또는 그 범죄행위의 보수(報酬)로 얻은 재산'으로 규정하면서 제8조에서 범죄수익을 몰수의 대상으로 하고 있다. 동법 시행령은 제2조는 '은닉재산'을 '몰수·추징의 판결이 확정된 자가 은닉한 현금, 예금, 주식, 그 밖에 재산적 가치가 있는 유형·무형의 재산'으로 규정하고 있다.

2. 비트코인이 형법상 몰수의 대상인 '물건'에 해당하는지 여부

형법에는 관리 가능한 동력은 재물로 간주한다는 규정은 있으나(동법 제346조) '물건'에 관한 정의는 없다. 학설은 재산죄의 객체로서 재물에 관하여 유체성설과 관리가능성설의 대립이 있다. 민법의 물건 개념을 유추할 수밖에 없는데, 민법 제98조는 물건을 '유체물 및 전기 기타 관리할 수 있는 자연력'으로 정의한다. 살피건대 비트코인은 경제적 가치는 있으나 그것이 디지털 전자정보라는 점에서 형법상 몰수의 대상인 물건으로 볼 수 없다.

3. 비트코인을 범죄수익은닉규제법에 의하여 몰수할 수 있는지 여부

(1) 대상판결의 정보통신망법 위반(음란물유포)죄와 도박개장방조죄는 범죄수익은닉규제법상의 중대범죄에 해당하므로 위 범죄로 인하여 취득한 비트코인을 범죄수익으로 보아 동법 제8조에 따라 몰수할 수 있는지 문제된다.

(2) 대상판결 이전에는 온라인 게임업체가 발급하여 온라인 게임에서 게임 아이템을 거래하는 데 사용되는 '게임머니'도 '재산적 가치가 있는 모든 유체물과 무체물'을 의미하는 부가가치세법상의 '재화'에 해당한다(대법원 2012. 4. 13. 선고 2011두30281 판결)고 하거나, 범죄수익은닉규제법 제2조 제2호에 정한 '범죄행위에 의하여 생긴 재산'이란 중대범죄의 범죄행위에 의하여 새로 만들어진 재산뿐만 아니라 그러한 범죄행위에 의하여 취득한 재산도 포함하는 것(대법원 2004. 12. 10. 선고 2004도5652 판결)이라고 본 사례도 있다.

(3) 대상판결은 비트코인도 범죄수익은닉규제법의 범죄수익으로 몰수할 수 있다고 하였다. 그 근거는 다음과 같다. ① 범죄수익은닉규제법의 입법 취지 및 그 규정의 내용을 종합하면, 동법에 정한 중대범죄에 해당하는 범죄행위에 의하여 취득한 것으로 재산적 가치가 인정되는 무형재산도 몰수할 수 있다. ② 비트코인은 경제적인 가치를 디지털로 표상하여 전자적으로 이전, 저장 및 거래가 가능하도록 한, 이른바 '가상화폐'의 일종이다. ③ 피고인은 음란사이트를 운영하면서 사진과 영상을 이용하는 이용자 및 광고를 원하는 광고주들로부터 비트코인을 대가로 지급받아 재산적 가치가 있는 것을 취급하였다. ④ 몰수의 대상인 비트코인이 특정되어 있다.

(4) 다음과 같은 이유로 대상판결의 태도는 정당하다. ① 범죄수익은닉규제법 시행령 제2조 제2항이 은닉재산으로 '현금, 예금, 주식, 그 밖에 재산적 가치가 있는 유형·무형의 재산'을 규정한 것에 비추어 범죄수익을 이루는 '재산'이란 사회통념상 경제적 가치가 인정되는 이익 일반을 의미한다고 본다. ② 비트코인은 그것이 보관된 전자지갑에 의하여 특정될 수 있고, 전자지갑과 비밀키를 이용하는 등 전자적인 방법으로 관리되고 있다는 점에서는 주식이나 예금과 달리 볼 이유가 없다. ③ 현실적으로 비트코인에 일정한 경제적 가치를 부여하는 것을 전제로 다양한 경제활동이 이루어지고 있고, 거래소 등을 통하여 시세도 형성되어 있다.

Ⅳ. 나오는 말

대상판결 이후에도 범죄수익은닉규제법이 적용되지 않는 범죄에 대하여는 특별규정이 없는 이상 형법 제48조에 의하여 몰수할 수 없다는 점은 여전히 문제로 남는다. 실무적으로는 피고인(피의자)의 협조가 없는 상황에서 비트코인을 어떻게 특정하고 압수할 수 있을지도 문제이다.

〔**참고문헌**〕 김정훈, "비트코인을 범죄수익으로 취득한 경우 몰수·추징이 가능한지 여부", 대법원판례해설 [116](2018)

〔필자: 김태균 판사(서울중앙지방법원)〕

107 자본시장 불공정행위의 죄수와 부당이득 산정

【대상판결】 **대법원 2011. 10. 27. 선고 2011도8109 판결**

【사실관계】 (본 사건의 피고인은 총 13명이다. 이들은 크게 ① 무자본 기업인수합병 전문가, ② 사채업자, ③ 시세조종꾼 세 부류로 분류된다) 甲 등은 2008. 11.경 사채업자 乙과 '투자원리금 보장약정'을 체결하고 乙의 자금을 빌려 코스닥 상장사 A회사(수소연료제조 등 기술업체)의 지분을 대량매수함으로써 소유권을 취득하였다. 이후 甲 등은 A회사를 중심으로 다른 사채업자 丙의 자금을 빌려 코스닥 상장사 B회사를 인수한 후 A회사와 B회사의 합병 및 A회사의 제3자 배정 유상증자계획을 발표하여 이들 회사 주식에 대한 시장의 관심세, 추격매수세를 유발하였다. 주가가 오르자 일부 지분을 처분하여 사채업자로부터 빌린 자금을 상환하였다. 그리고 사실은, 증자지분은 甲 본인이나 그 공범들이 인수하였을 뿐 외국 기업이 증자에 참여한 사실이 없기 때문에 제3자 배정 유상증자에 성공한 것이 아님에도 丁 등을 시켜 마치 홍콩, 버진아일랜드 등 소재 외국 법인이 해외에서 국내 증권사를 통해 유상증자에 참여한 것처럼 지속적으로 시장의 신뢰를 부추겼다. 甲 등은 이와 같이 ① 사채업자의 자금을 융통하여 기업 인수, ② 그 기업 주식이나 재산을 사채업자에게 담보로 제공, ③ 다시 사채업자의 자금을 융통하여 추가 기업 인수, ④ 합병 및 제3자 배정 유상증자 발표, ⑤ 증자지분(주식)은 모두 甲이나 그 공범들이 취득하였음에도 마치 외국 법인의 참여로 제3자 배정 유상증자가 성공한 것처럼 허위공시하고 금융위원회 등에 허위증권신고서 제출, ⑥ 甲 등 소유지분 허위공시, 그에 따른 거짓 보호예수 확약, ⑦ 합병신주 상장, 주가부양 후 지분 처분, ⑧ 그 처분대금으로 다시 다른 기업인수 합병을 반복하였다. 같은 방법으로 2009. 10.경까지 甲 등이 인수한 기업은 코스닥 상장사, 비상장사를 포함하여 법인 6개, 주가 상승으로 인해 취득한 이익은 약 290억 원에 이르렀다. 한편 甲 등은 합병에 반대한 주주나 채권자들의 주식매수청구권 행사가격을 제시하면서 그 상환규모를 최소화하기 위해 시세조종꾼들을 동원하여 2009. 4.경부터 2009. 11.경까지 시기를 나눠 수 차례 허수매수, 고가매수, 물량소진 등 방법으로 시세조종을 함으로써 주식매수청구권 행사가 이상으로 주가를 유지시켜 이득을 극대화하였다.

【판결요지】 시세조종행위와 부정거래행위 등의 금지를 규정하고 있는 자본시장법 제176조와 제178조의 보호법익은 주식 등 거래의 공정성 및 유통의 원활성 확보라는 사회적 법익이고, 주식 소유자 등 개개인의 재산적 법익은 직접적인 보호법익이 아니므로 주식시세조종 등의

목적으로 자본시장법 제176조와 제178조에 해당하는 수 개의 행위를 단일하고 계속된 범의 아래 일정기간 계속하여 반복한 경우 자본시장법 제176조와 제178조에서 정한 시세조종행위 및 부정거래행위금지 위반의 포괄일죄가 성립한다. (피고인들은 일부 횡령, 배임에 대해 무죄를 선고받았으나 자본시장과 금융투자업에 관한 법률(자본시장법)위반 등 대부분 혐의가 유죄확정되었다. 이하에서는 대상판결의 판시취지 중 자본시장법상 불공정행위의 죄수 및 그와 관련된 부당이득액 산정을 중심으로 설명한다.)

【해설】

Ⅰ. 들어가는 말

자본시장법 제178조는 사기적 부정거래행위 일반을 포괄적으로 금지하는 규정이다. 대상판결은 동조 제1항 제1호 '부정한 수단, 계획, 기교'의 의미에 대해 '사회통념상 부정하다고 인정되는 일체의 수단, 계획, 기교를 뜻한다.'고 판시하였다. 아울러 각각 별개로 이루어진 시세조종과 부정거래행위도 포괄일죄가 될 수 있다고 하였다. 한편 자본시장법은 불공정거래로 얻은 이익 또는 회피한 손실 규모에 따라 가중처벌을 하는데(제443조 제2항) 시세조종과 부정거래를 별개의 범죄로 본다면 각 행위를 통해 얻은 이득을 개별적으로 산정하여야 하므로 개별이익이 가중처벌요건에 미달한다면 가중처벌할 수 없는 반면 포괄일죄로 본다면 개별이익이 가중처벌요건에 미달하더라도 그 합산이익이 가중처벌요건에 해당한다면 가중처벌할 수 있다는 결론에 도달하게 된다. 대상판결은 이에 관한 최초의 판례이다.

Ⅱ. 불공정거래의 죄수와 부당이득의 산정

1. 부당이득 산정의 기본 원칙

주가는 어느 한 가지 요소에 의해서만 영향을 받는 것이 아니므로 특정 불공정거래범죄로 인한 부당이득액을 정확히 산출하는 것은 불가능에 가깝다. 실무에서 산정하는 불공정거래의 부당이득액은 '추정치'이며 일정한 기준에 따라 합리적 의심이 들지 않도록 실제 수치에 근접한 추정수치를 계산하는 것이 관건이다. 그런 점에서 자본시장 불공정거래의 부당이득액 산정은 규범의 영역이며 자유로운 증명의 대상이라고 할 수 있다.

부당이득액 산정을 떠받치는 세 가지 원칙은 '죄형균형, 책임주의, 인과관계'이다. 기본적으로 부당이득액은 위반행위와 관련된 거래로 인한 총 수입에서 그 거래를 위한 총 비용을 공제하는 방식(차액설)으로 산출하나 위반행위가 주가에 미치는 효과를 본질적으로 상쇄할 만한 제3의 요인이 주가형성에 영향을 주었다면 그 부분은 제거하여야 한다(대법원 2010. 4. 15. 선고 2009도13890 판결 참고. 필자는 이를 '본질적 상쇄 기준'이라 말한다), 제3의 요인으로 인해 결국 위반행위로 얻은 이익 전체를 산정할 수 없다면 가중처벌도 할 수 없다.

부당이득액은 실현이익 외에 미실현이익도 포함한다(대법원 2006. 5. 12. 선고 2004도491 판결 등). 부당이득액 산정에서 가장 중요하게 보아야 하는 인자는 '매도단가와 매수단가의 확정'이다. 단가의 확정은 곧 부당이득액 산정의 기준시점 및 기간 특정과 연관된다. 실무상 미공개중요정보이용의 부당이득액 산정은 비교적 정형화되어 있다. 정보공개시점을 전후로 최초 형성 최고가(호재성 정보), 최초 형성 최저가(악재성 정보)를 따져 계산한다. 시세조종은 그보다 까다로운데 단가 외에 시세조종 기간의 확정도 부당이득액 규모에 직접 영향을 준다. 또한 시세조종기간 중 처분 당시 단가(실현이익)도 살펴보아야 한다. 부정거래의 부당이득액 산정방식은 시세조종의 그것과 유사하나 행위유형이 정형화되어 있지 않아 부당이득액을 산정하기 힘든 경우가 많다. 불공정거래의 미실현이익 산정에서는 그 단가의 기준시점을 처분 당시의 종가로 할 것인지 위반행위에 영향을 받아 최초로 형성된 최고가 등을 간주단가로 할 것인지도 문제된다. 한편 공범의 부당이득액은 합산한다(대법원 2005. 12. 9. 선고 2005도5569 판결 등). 그 외 부당이득액 산정과 관련하여 예컨대 불공정거래로 합병비율을 유리하게 조작해 합병에서 이익을 얻은 경우처럼 위반행위로 인해 형성된 결과를 기초로 추가적인 법률, 사실상의 행위가 이루어진 때에 부당이득액은 어떻게 산정할 것인지 등 해결하여야 할 쟁점이 많다.

2. 불공정거래의 죄수 판단 및 부당이득 산정과 관련성

대상판결은 구성요건이 다름에도 단일하고 계속된 범의 아래 일정기간 이들 행위를 반복한 경우 포괄일죄라고 하였다. 그와 같은 판단은 자본시장법상 불공정거래범죄 처벌의 보호법익이 사회적 법익이라는 인식에 기초하고 있다.

학설상 이견은 있으나 자본시장법 형사처벌규정의 법익이 사회적 법익이고, 이질적인 구성요건행위일지라도 포괄일죄가 될 수 있다는 대상판결의 판단은 타당하다고 본다. 포괄일죄로 본다면 가중처벌 여부를 결정함에 있어서도 각 불공정거래의 부당이득액을 합산하여야 한다. 실제로 대상판결과 원심은 대상사건에서 수 개의 부정거래와 시세조종을 통해 얻은 이익을 합산하였다. 다만 일부 행위에 대해서는 "2009. 6. 2. 당시 대통령이 한-아세안 특별정상회의장에서 수소연료전지 자동차 기술에 대해 'This is our dream'이라고 설명했다는 소식이 전해지면서 수소에너지 관련주들의 거래량과 주가가 급증한 사실"을 인정한 다음 "그 부분은 시세조종과 인과관계가 인정된다고 보기 어려워 분리하여야 하는데 대통령의 발언으로 인한 주가상승분을 정확히 산정할 수 없어 그 전체 이득액을 산정할 수 없다."고 판시하였다.

Ⅲ. 나오는 말

대상판결의 판시취지는 타당하나 대상판결처럼 시세조종과 부정거래를 포괄일죄로 본다면 예를 들어 '(1차) 시세조종으로 3억 이익 취득−(2차) 부정거래로 얻은 이익 산정 불능−(3차) 시세조종으로 5억 이익 취득'의 경우처럼 두 번의 시세조종으로 인한 이익액을 더하면 가중처벌의 대상이 분명함에도(자본시장법 제443조 제2항 제2호) 포괄일죄에 해당하는 부정거래액수까지 포함할 경우 그 전체 이득액이 불상이 되는 문제가 발생할 수 있다. 이는 가중처벌 적용의 형평 논란을 유발할 수도 있다.

자본시장 불공정거래의 죄수 판단은 기본 법리에 따라야 하지만 특히 자본시장 불공정거래의 죄수는 부당이득액의 합산에 따른 가중처벌과 밀접하게 연관되어 있으므로 신중히 검토할 필요가 있다.

〔**참고문헌**〕 김영기, "자본시장 불공정행위의 죄수와 부당이득 산정 - 대법원 2011. 10. 27.선고 2011도8109판결을 중심으로", 형사판례연구 23(2015)

〔**필자: 김영기 변호사(법무법인 화우)**〕

108 관세법상 반송신고 대상

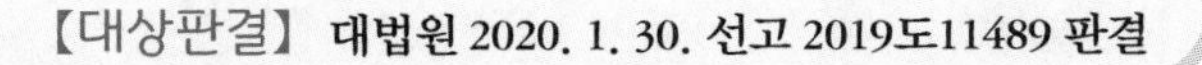
【대상판결】 **대법원 2020. 1. 30. 선고 2019도11489 판결**

【사실관계】 피고인들은 홍콩에서 금괴를 싸게 구입한 후 일본으로 밀반입하여 판매하기로 하면서, 홍콩에서 매입한 금괴를 휴대하여 바로 일본으로 반출할 경우 일본 세관에 쉽게 적발되지만, 우리나라에서 출발하는 여행객들에 대한 일본 세관의 휴대품 검사는 상대적으로 완화되어 있다는 점을 이용하기로 하였다. 피고인들은 홍콩에서 금괴를 매입한 후 이를 휴대하여 우리나라 인천국제공항과 김해국제공항의 각 환승구역으로 금괴를 반입하고, 국내에서 모집하여 교육한 여행객들에게 공항에서 일본행 출국심사를 받고 위 각 환승구역에 진입하게 한 다음 홍콩에서 반입된 금괴를 건네받아 각자 5~6개씩 나누어 몸에 숨겨 소지하도록 한 채 일본행 여객기에 탑승하여 일본으로 출국하게 함으로써 금괴를 밀반출하였다. 한편 인천국제공항의 경우 법무부 출국심사대를 제외한 3층 출국검사장 전체가, 김해국제공항의 경우 2층 출국검사장 전체가 각 세관검사장으로 지정되어 있는데, 위 각 환승구역은 모두 위 각 출국검사장에 포함되어 있다.

【판결요지】

1. 관세법은 '반송'이란 '국내에 도착한 외국물품이 수입통관절차를 거치지 아니하고 다시 외국으로 반출되는 것을 말한다.'라고 정의하면서(제2조 제3호), '외국으로부터 우리나라에 도착한 물품으로서 제241조 제1항에 따른 수입의 신고가 수리되기 전의 것'은 '외국물품'에 해당한다고 규정하고 있다[제2조 제4호 (가)목]. 또한 관세법은 물품을 '반송'하려면 해당 물품의 품명·규격·수량 및 가격과 그 밖에 대통령령으로 정하는 사항을 세관장에게 신고하도록 규정하면서(제241조 제1항), 위 규정에 따른 신고를 하지 아니하고 물품을 '반송'한 자를 처벌하도록 규정하고 있다(제269조 제3항 제1호). 다만 관세법 제241조 제2항은 '휴대품·탁송품 또는 별송품 등에 해당하는 물품은 대통령령으로 정하는 바에 따라 제1항에 따른 신고를 생략하게 할 수 있다.'고 규정함으로써 신고의무의 예외를 두고 있다. 한편 관세법 제2조 제13호는 "통관이란 이 법에 따른 절차를 이행하여 물품을 수출·수입 또는 '반송'하는 것을 말한다."라고 규정하고 있고, 제2조 제14호는 "환적이란 동일한 세관의 관할구역에서 입국 또는 입항하는 운송수단에서 출국 또는 출항하는 운송수단으로 물품을 옮겨 싣는 것을 말한다."라고 규정하고 있다. 관세법은 통관을 화물의 이동경로에 따라 크게 수입통관, 수출통관 및 반송통관 등 세 가지로만 분류하는 전제에서 통관제도에 대하여 규율하고 있는

데, 관세법 제241조 제1항이 물품을 수출·수입 또는 '반송'하고자 할 때 세관장에게 신고하도록 규정한 취지는 통관절차에서 관세법과 기타 수출입 관련 법령에 규정된 조건의 구비 여부를 확인하고자 하는 데 있다. 한편 관세법 제269조에서 무신고 수출입 및 '반송' 행위를 처벌하는 주된 취지는 수출입 및 반송 물품에 대한 적정한 통관절차의 이행을 확보하는 데에 있고, 관세수입의 확보는 부수적인 목적에 불과하다. 이와 같은 관련 규정의 문언, 체계와 취지 등을 종합하여 보면, 외국으로부터 국내에 도착한 외국물품이 수입통관절차를 거치지 아니하고 다시 외국으로 반출되는 경우에는 관세법 제241조 제2항에 해당하는 등 특별한 사정이 없는 한 반송신고의 대상이 되므로, 이러한 신고 없이 해당 물품을 '반송'하는 행위는 관세법 제269조 제3항 제1호에 해당한다고 봄이 타당하다.

2. 우리나라가 가입하여 2006. 2. 3.부터 국내에서 발효된 '세관절차의 간소화 및 조화에 관한 국제협약 개정 의정서'(이하 '개정 교토협약'이라고 한다)의 특별부속서 E(운송) 제2장(환적)의 이행지침에서는, 환적물품에 대하여 통관절차가 면제되는 취지로 규정하면서, 환적의 필수적인 특성으로 해당 물품은 오직 해당 관세영역으로부터 반출을 위하여 다른 운송수단으로 옮겨 실을 목적으로만 그 관세영역에 도착할 것 등을 규정하고 있다. 따라서 출국지를 우리나라로 변경할 목적으로 국내에 도착한 외국물품은 개정 교토협약에 따라 반송신고 등 통관절차가 면제되는 환적물품에 해당하지 않는다고 볼 것이다.

【해설】

Ⅰ. 이 사건 금괴가 관세법상 반송신고의 대상에 해당하는지 여부

관세법상 '반송'은 그 물품을 보냈던 화주에게 당해 물품을 도로 돌려보내는 경우로 한정되지 않는다(헌법재판소 2008. 11. 27. 선고 2007헌바11 결정).

보세(保稅)는 '관세의 부과가 보류되는 것'을 의미하고, 보세구역은 보세 상태로 화물을 보관·사용할 수 있는 지역이다. 관세법 제154조에 의하면 보세구역은 지정보세구역·특허보세구역 및 종합보세구역으로 구분하고, 그중 지정보세구역은 지정장치장 및 세관검사장으로 구분한다. 이 사건 각 환승구역은 세관검사장으로 지정된 출국검사장에 포함되어 있으므로 지정보세구역에 해당한다. 인천공항세관장과 김해공항세관장이 이 사건 각 환승구역을 세관검사장으로 지정하는 행위에 관한 행정의사를 위 각 공항의 시설관리 법인에 통지함으로써 그 의사가 외부에 표시되었으므로 세관검사장 지정행위가 외부적으로도 성립하였고, 세관검사장 지정행위의 성립이 고시나 공고를 통하여야 한다거나 고시나 공고가 없었다고 해서 세관검사장 지정행위가 행정행위로서 존재하지 않는다고 볼 것은 아니다.

이 사건 각 환승구역에 반입됨으로써 '국내에 도착'한 이 사건 금괴는 보세구역인 환승구역에서 바로 우리나라 여행객들에게 전달되었는데, 이 여행객들은 출국심사를 받고 환승구역에 진입한 상태에서 금괴를 전달받아 소지한 후 곧바로 일본행 항공기에 탑승하여 출국하였으므로, 이 사건 금괴는 수입의 신고가 수리되기 전의 '외국물품'으로서 '수입통관절차를 거치지 아니하고 다시 외국으로 반출'된 것이다.

따라서 이 사건 금괴는 '국내에 도착한 외국물품이 수입통관절차를 거치지 아니하고 다시 외국으로 반출되는 것'으로 관세법상 반송신고 대상에 해당한다.

Ⅱ. 반송신고의 요건

관세법 제243조 제3항은 "제241조 제1항에 따른 반송의 신고는 해당 물품이 이 법에 따른 장치 장소에 있는 경우에만 할 수 있다."고 정하고 있다. 수입통관절차를 거치지 않은 '외국물품'은 보세구역이 아닌 장소에 장치할 수 없고(관세법 제155조 제1항), 크기 또는 무게의 과다나 그 밖의 사유로 보세구역에 장치하기 곤란하거나 부적당한 물품은 세관장의 허가를 받아 보세구역이 아닌 장소에 장치할 수 있으므로(관세법 제156조 제1항, 제155조 제1항 제2호), 이들 장소가 바로 관세법에 따른 장치 장소이다. '장치'란 보세화물이 동적 상태에 있는 경우를 말하는 '보세운송'에 대비하여 보세화물을 정적 상태에 두는 것을 의미하므로, 이 사건 금괴가 보세구역인 환승구역에 반입된 이상 '이 법에 따른 장치 장소에 있는 경우'에 해당한다. 위 규정은 반송신고의 대상에 관한 규정이 아니라 반송신고의 요건에 관한 규정이므로, 설령 금괴가 장치 장소에 있는 것으로 볼 수 없다 하더라도 금괴를 예치하는 등 장치 장소에 장치하여 반송신고를 하여야 되는 것이지 이 때문에 반송신고 대상이 아닌 것으로 되지는 않는다.

Ⅲ. 환적물품에 해당하는지 여부

환적은 '동일한 세관의 관할구역에서 입국 또는 입항하는 운송수단에서 출국 또는 출항하는 운송수단으로 물품을 옮겨 싣는 것(관세법 제2조 제14호)'으로 통관의 일종이 아니라 반입, 반출 등과 같이 '물품이동'에 해당하는 것이다. 환적에 해당하면 통관절차에 해당하는 반송신고 의무가 면제되고 수출입통관절차 없이 물품을 옮겨 실을 수 있다.

관세법상 환적에 대한 정의는 개정 교토협약의 내용을 반영한 것인데, 개정 교토협약은 환적의 필수적인 특성 중 하나로 '대상 물품은 오직 해당 관세영역으로부터 반출을 위하여 다른 운송수단으로 옮겨 실을 목적으로만 그 관세영역에 도착할 것'을 들고 있다. 그런데 이 사건 금괴는 우리나라 국제공항의 환승구역에서 다른 여행자에게 전달되어 출국지를 우리나라로 변경할 목적으로 국내에 도착한 것으로, 이러한 물품이동은 본래의 항공권에 기재된 경로에 따라 단순히 운송수단만을 바꾸어 옮겨 싣는 것을 말하는 '환적'으로 볼 수 없다. 따라서 이 사건 금괴는 반송신고 등 통관절차가 면제되는 환적물품에 해당하지 않는다.

Ⅳ. 여행자 휴대품으로서 반송신고가 생략되는지 여부

일정한 요건을 갖춘 여행자 휴대품은 반송신고를 생략하게 할 수 있으나, 이 사건 금괴와 같이 '판매를 목적으로 반입하는 상용(商用)물품'은 반송신고를 생략하게 할 수 없다고 봄이 타당하다(대법원 2005. 3. 25. 선고 2004도8786 판결).

Ⅴ. 나오는 말

이 판결은 관세법상 반송 및 환적의 정의와 반송신고의 대상에 대해 정면으로 다룬 판결이다. 특히 통관절차 중 하나로서 신고의 대상이 되는 '반송'과 물품이동에 불과한 '환적'을 구분하는 하나의 기준을 제시하였다는 점에서 중요한 의미가 있다.

〔**참고문헌**〕 이용호, "외국으로부터 우리나라 국제공항의 환승구역에 반입되었다가 본래의 출발지와 점유자가 변경되어 다시 제3국으로 반출된 금괴가 관세법상 반송신고 대상에 해당하는지 여부", 대법원판례해설 [124](2020)

〔**필자: 김동혁 부장판사(인천지방법원 부천지원)**〕

109 대부업법상 '금전의 대부'와 형벌법규 해석의 한계

【대상판결】 **대법원 2019. 9. 26 선고 2018도7682 판결**

【사실관계】 피고인은 인터넷에 '소액대출 및 소액결제 현금화' 등의 문구를 적시한 광고를 게시하였다. 피고인은 광고를 보고 연락한 사람(이하 '의뢰인')으로 하여금 모바일 문화상품권 45,000원을 휴대전화 소액결제를 이용해 구매하고 그 핀(PIN) 번호를 자신에게 알려주게 끔 하였다. 그 후 피고인은 의뢰인이 구매한 문화상품권 액면가의 약 22%인 수수료 10,000원을 공제한 나머지 35,000원을 의뢰인에게 지급하고, 위 핀 번호를 상품권업자에게 판매하였다. 한편 피고인은 따로 관할관청에 대부업 등록을 하지는 않았다.

【판결요지】 대부업 등의 등록 및 금융이용자 보호에 관한 법률(이하 '대부업법')의 관련 규정과 입법 목적, '금전의 대부'의 사전적인 의미, 대부업법 제2조 제1호가 '금전의 대부'에 포함되는 것으로 들고 있는 어음할인과 양도담보의 성질과 효력 등에 비추어 보면, 대부업법 제2조 제1호가 규정하는 '금전의 대부'는 그 개념요소로서 거래의 수단이나 방법 여하를 불문하고 적어도 기간을 두고 장래에 일정한 액수의 금전을 돌려받을 것을 전제로 금전을 교부함으로써 신용을 제공하는 행위를 필수적으로 포함하고 있어야 한다고 보는 것이 타당하다. 따라서 재화 또는 용역을 할인하여 매입하는 거래를 통해 금전을 교부하는 경우, 해당 사안에서 문제 되는 금전 교부에 관한 구체적 거래 관계와 경위, 당사자의 의사, 그 밖에 이와 관련된 구체적·개별적 제반 사정을 종합하여 합리적으로 평가할 때, 금전의 교부에 관해 위와 같은 대부의 개념요소를 인정하기 어려운 경우까지 이를 대부업법상 금전의 대부로 보는 것은, 대부업법 제2조 제1호 등 조항의 문언의 가능한 의미를 벗어나 피고인에게 불리한 방향으로 지나치게 확장해석하거나 유추해석하는 것이 되어 죄형법정주의의 원칙에 위반된다.

【해설】

I. 들어가는 말

대부업법 제19조 제1항 제1호는 시·도지사에게 등록하지 않고 대부업을 한 자를 처벌하며, 동법 제2조 제1호는 "'대부업'이란 금전의 대부(어음할인·양도담보, 그 밖에 이와 비슷한 방법을 통한 금전의 교부를 포함한다)를 업으로 하거나, 등록한 대부업자 또는 여신금융기관으로부터 대부계약에 따른 채권을 양도받아 이를 추심하는 것을 업으로 하는 것을 말한다."

고 규정하고 있다.

피고인이 의뢰인으로부터 매입한 모바일 문화상품권은 상품권으로서 유가증권의 일종에 해당하고, 전자금융거래법상 선불전자지급수단에 해당한다. 대상판결의 쟁점은 모바일 문화상품권이라는 재화를 구매한 의뢰인으로부터 이를 다시 할인 매입하는 형태로 피고인이 의뢰인에게 금전을 교부함으로써 사실상 자금을 융통하는 행위를 한 경우, 이를 대부업법상 '금전의 대부'에 해당한다고 볼 수 있는지 여부이다. 결국 대부업법상 '금전의 대부'에 해당하려면 어떤 개념요소를 포함하고 있어야 하는지가 문제된다.

Ⅱ. 재화의 할인매입에 대부업법이 적용되는지

1. 원심의 판단

대상판결의 원심판결은 "피고인의 행위는 실질적으로 금전의 대부 행위에 해당한다."고 보아 유죄를 선고한 제1심판결을 유지하였다. 그 근거의 요지는 다음과 같다.

(1) 피고인은 수수료를 공제한 돈을 의뢰인에게 바로 송금하였다. 결국 의뢰인이 문화상품권을 결제한 후 받은 것은 물품이 아니라 돈이다.

(2)의뢰인의 목적은 상품권 구매가 아니라 피고인으로부터 즉시 돈을 교부받는 것이고, 피고인의 목적도 이와 다르지 않다.

(3) 의뢰인은 휴대전화요금 결제일에 최초 결제한 금액 전부를 지불하여야 하므로, 결국 피고인으로부터 선이자가 공제된 금원을 차용하고, 이후 원금 전액을 변제하여야 한다.

2. 대법원의 판단

대상판결은 "피고인이 의뢰인들에게 일정한 할인료를 공제한 금전을 교부하고 이와 상환하여 교부받은 상품권은 소지자가 발행자 또는 발행자가 지정하는 일정한 자에게 이를 제시 또는 교부하는 등의 방법으로 사용함으로써 권면금액에 상응하는 물품 또는 용역을 제공받을 수 있는 청구권이 화체된 유가증권의 일종인 점, 피고인과 의뢰인들 간의 상품권 할인 매입은 매매에 해당하고, 피고인과 의뢰인들 간의 관계는 피고인이 의뢰인들로부터 상품권 핀 번호를 넘겨받고 상품권 할인 매입 대금을 지급함으로써 모두 종료되는 점 등의 여러 사정을 종합하면, 피고인이 의뢰인들로부터 상품권을 할인 매입하면서 그 대금으로 금전을 교부한 것은 대부의 개념요소를 갖추었다고 보기 어려워 대부업법의 규율 대상이 되는 '금전의 대부'에 해당하지 않는다."고 보아 원심판결을 무죄 취지로 파기하였다. 그 근거의 요지는 다음과 같다.

(1) 대부업법은 대부원리금의 연체 시 불법적인 채권추심행위와 과도한 이자율을 규제하는 것을 일차적인 입법목적으로 하고, 이를 위해 대부업자 등에게 등록의무를 부과하고, 대부업자의 이자율을 제한하며, 이를 위반할 경우 형사처벌 대상으로 규정하고 있다.

(2) '금전의 대부'의 사전적 정의는 '이자와 기한을 정하고 돈을 빌려주는 것'이다. 금전의 대부는 일정한 장래에 반환받을 것을 전제로 금전을 교부하여 사용·수익하게 하고, 그 대가로 사용·수익기간에 따른 약정이자를 수취하는 등의 행위를 전제로 한다.

(3) 대부업법 제2조 제1호는 어음할인, 양도담보, 그 밖에 이와 비슷한 방법을 통한 금전의 교부도 대부의 개념에 포함하고 있다. ① 어음할인의 경우 어음 취득자는 금전채권인 어음금채권을 취득하고, 할인의뢰인은 어음이 부도나는 경우 소구의무 등을 부담하며, 할인율에 따라 산출되는 어음할인금과 어음에 기재된 어음금액의 차액은 어음 만기에 지급될 어음금액에 관한 이자와 마찬가지로 볼 수 있다. 따라서 어음할인은 할인의뢰인에게 일정한 기간 동안 신용을 제공하는 행위를 포함한다. ② 양도담보의 경우 피담보채권을 담보하고 채무자의 채무불이행시 채권자가 채권원리금을 회수하는 수단이 된다. 따라서 이를 통한 금전의 교부 역시 피담보채권 관계를 통해 신용을 제공하는 행위를 포함한다.

3. 재화 할인매입의 특성

대상판결 사안의 경우 의뢰인의 입장에서는, 휴대전화요금 결제일에 휴대전화 소액결제로 구입한 재화의 대금을 그들이 가입한 통신회사를 상대로 변제해야 한다는 점에서 금전의 대부와 유사한 측면이 있기는 하다.

그러나 대부업법상 '금전의 대부'에 해당하는지 여부는 어디까지나 피고인과 의뢰인 사이의 관계를 기준으로 판단해야 하는데, 양자 간 관계는 피고인이 의뢰인에게 자금을 융통해 주는 단계에서 모두 종료된다. 설령 의뢰인이 통신회사에 소액결제대금을 제때 변제하지 않아도, 피고인이 의뢰인을 상대로 이를 추심하거나 의뢰인이 피고인에게 이자를 가산하여 지급하여야 하는 상황은 발생하지 않는다. 오로지 의뢰인과 통신회사 사이의 채권채무관계가 잔존할 뿐, 피고인과 의뢰인 사이에는 아무런 채권채무관계가 존재하지 않는 것이다. 결국 피고인과 의뢰인 사이에 자금의 융통행위는 존재하나 그 변제행위는 존재하지 않아서, 일반적인 '금전 대부'사안과는 확연히 다르다.

또한 피고인이 의뢰인에게 융통하는 금액이나 공제하는 수수료도 의뢰인의 신용과는 무관하고, 단지 의뢰인이 매입하는 문화상품권의 액면가를 기초로 정하여졌을 뿐이다. 그리고 피고인의 행위에 대해서는 정보통신망 이용촉진 및 정보보호 등에 관한 법률(이하 '정보통신망법') 제72조 제1항 제4호 (나)목이 '통신과금서비스이용자로 하여금 통신과금서비스에 의하여 재화 등을 구매·이용하도록 한 후 통신과금서비스이용자가 구매·이용한 재화 등을 할인하여 매입하는 행위를 통하여 자금을 융통하여 준 자'를 처벌하는 규정을 두고 있고, 이것이 피고인의 행위에 직접 대응하는 규정이기 때문에 굳이 대상판결의 사안에 대부업법을 적용하지 않더라도 처벌의 공백이 발생하지 않는다(실제로 대상판결 사안에서 피고인에 대한 정보통신망법위반 부분 공소사실은 유죄가 확정되었다).

따라서 대상판결의 사안이 대부업법상 '금전의 대부'에 해당한다고 볼 수 없다.

Ⅲ. 나오는 말

형벌법규의 해석은 엄격하여야 하고, 명문의 형벌법규의 의미를 피고인에게 불리한 방향으로 지나치게 확장·유추해석하는 것은 죄형법정주의의 원칙에 어긋난다. 대상판결은 이를 전제로 하여 "적어도 기간을 두고 장래에 일정한 액수의 금전을 돌려받을 것을 전제로 금전을 교부함으로써 신용을 제공하는 행위"를 필수적으로 포함하고 있어야 대부업법상 '금전의 대부'로 볼 수 있음을 분명히 하였다.

사회변화의 과정에서 기존 형법이 규율하지 못하는 신종 범죄에 대한 형사법적 보호의 필요에 대응하기 위하여 다수의 형사특별법이 마련되고 있다. 형사특별법을 해석함에 있어서도 죄형법정주의의 대원칙은 유지되어야 한다. 복잡·다양한 현대사회에서 대상판결과 같이 '재화 할인 매입'이라는 하나의 현상에 대하여 어떤 형사특별법의 적용대상인지 여부가 문제되는 사례는 자주 등장할 것이다. 이러한 경우 입법목적과 사전적 정의 등을 기초로 현상의 본질을 신중히 검토하여, 처벌의 필요성만을 강조한 나머지 명문의 형벌법규의 의미를 피고인에게 불리하게 확장·유추해석하는 오류를 경계하여야 한다.

〔**참고문헌**〕 맹준영, "대부업법상 대부의 개념과 해석상 한계", 대법원판례해설[122](2019)

〔**필자: 이원식 판사(전주지방법원 남원지원)**〕

색인

※ 판례번호 옆의 [회색 고딕숫자]는 쟁점번호를, 그 옆의 숫자는 페이지를 나타낸다.

특별형법 판례100선

초판발행 2022년 5월 20일
중판발행 2023년 3월 10일

지은이 한국형사판례연구회 · 대법원 형사법연구회
펴낸이 안종만 · 안상준

편 집 윤혜경
기획/마케팅 조성호
표지디자인 이영경
제 작 고철민 · 조영환

펴낸곳 (주) 박영사
서울특별시 금천구 가산디지털2로 53, 210호(가산동, 한라시그마밸리)
등록 1959. 3. 11. 제300-1959-1호(倫)
전 화 02)733-6771
f a x 02)736-4818
e-mail pys@pybook.co.kr
homepage www.pybook.co.kr
ISBN 979-11-303-4135-4 93360

정 가 29,000원